한승헌 변호사
변론사건실록
6

간행위원회

위원장 : 박원순 (변호사, 희망제작소 상임이사)

위　원 : 박종화 (목사)

　　　　　백승헌 (민주사회를위한변호사모임 회장, 변호사)

　　　　　신인령 (전 이화여대 총장)

　　　　　윤형두 (범우사 대표)

　　　　　임헌영 (문학평론가, 중앙대 교수)

　　　　　장영달 (국회의원)

　　　　　정동익 (동아투위 위원장)

　　　　　최종고 (서울대 법대 교수)

　　　　　한명숙 (국무총리)

이 도서의 국립중앙도서관 출판시 도서목록(CIP)은
e-CIP홈페이지(http://www.nl.go.kr/cip.php)에서 이용하실 수 있습니다.
(CIP제어번호 : CIP2006002416)

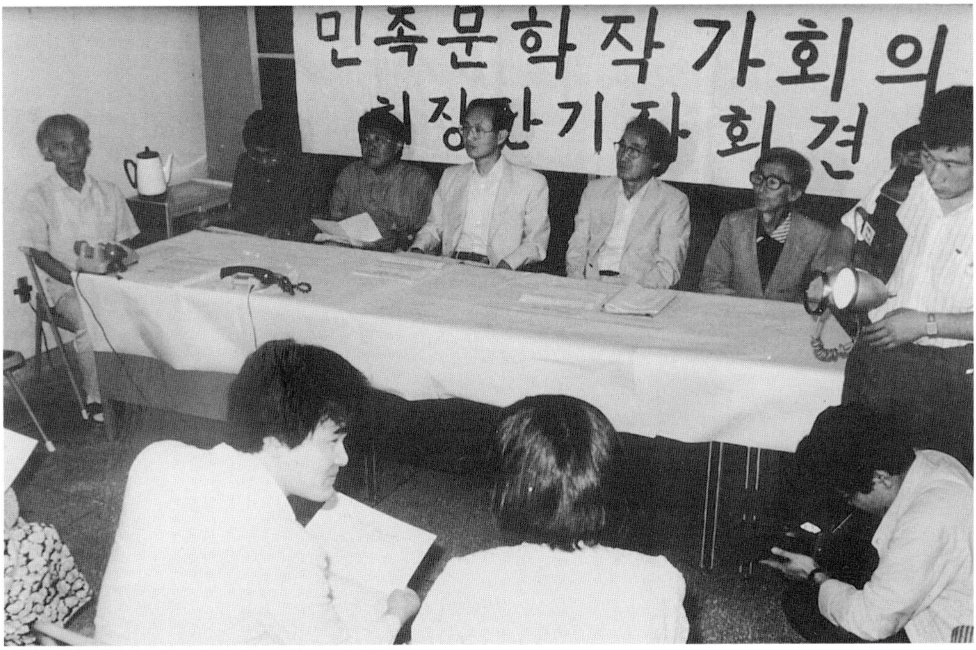

남북작가회담 개최계획을 밝히는 민족문학작가회의 회장단 (1988. 7. 2.)

민족문학작가회의 사무실 앞에서 버스편으로 판문점으로 향하는 작가회담 대표단 일행
▷고은, 김진경, 백낙청, 유시춘, 현기영, 윤정모, 박태순, 김규동

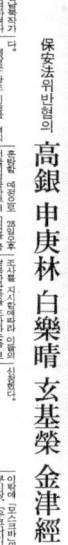

남북作家회의관련 5명 令狀

保安法違反혐의
高銀 申庚林 白樂晴 玄基榮 金津經씨

민족문학작가회의 남측작가회담대표단 일행이 운천리 여우고개에서 경찰의 제지를 받고 있다. (1989. 3. 27.)

방북 귀환 후 구속된 문익환 목사가 변호인들과 접견하고 있다. (1989. 4.)

방북사건으로 구속기소된 문익환 목사(오른쪽)와 유원호 씨가 법정(1심)에 나오고 있다. (1989. 8.)

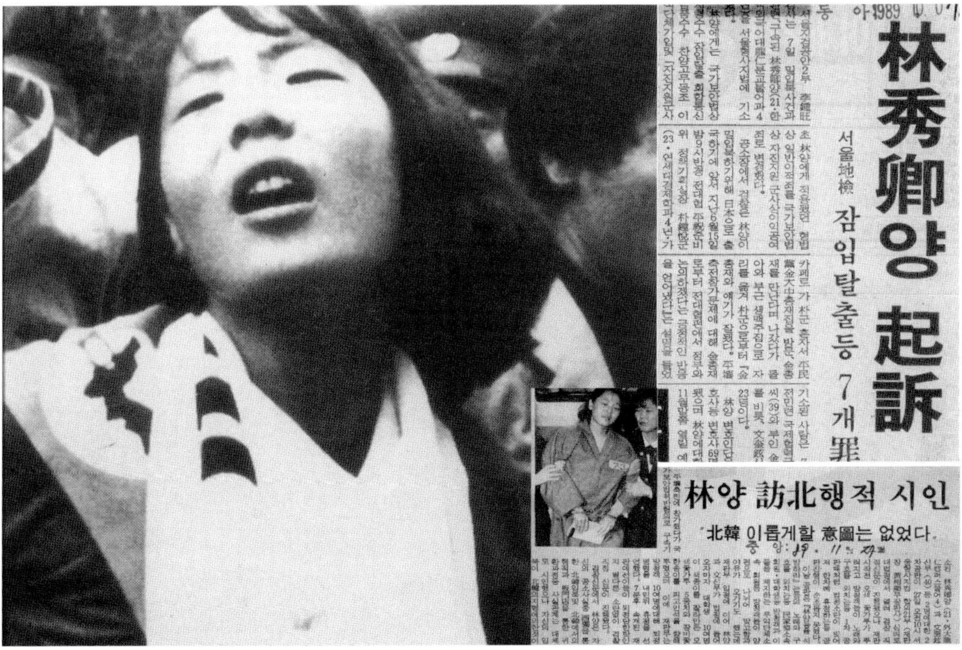

방북 후 개성에서의 임수경 (1989. 7. 27.)

방북 후 판문점을 통해서 남한으로 귀환하는 임수경 양과 문규현 신부

임수경씨 '북한 지령' 부인

문신부와 병합 첫 공판 방청객 꽃 던지며 '통일' 노래
"장관도 평축 참관…처벌 부당"

"임수경씨 구출" 옥상시위
대학생 7명 연행

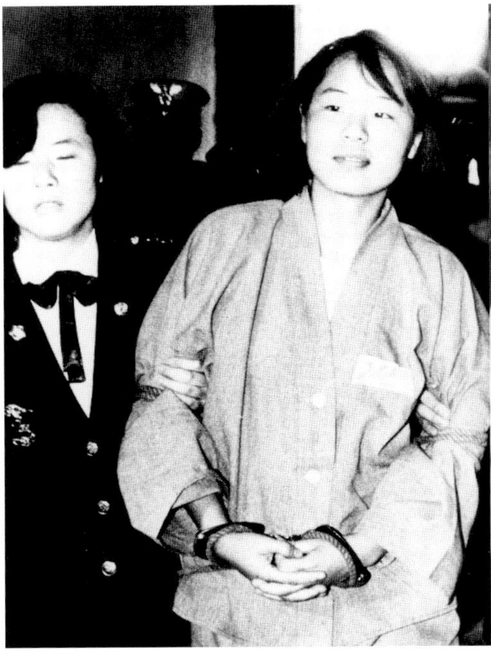

평양에서 열린 세계청년학생축전에 참가하고 돌아와 국가보안법위반 등으로 재판을 받게 된 임수경 양 (1989. 11.)

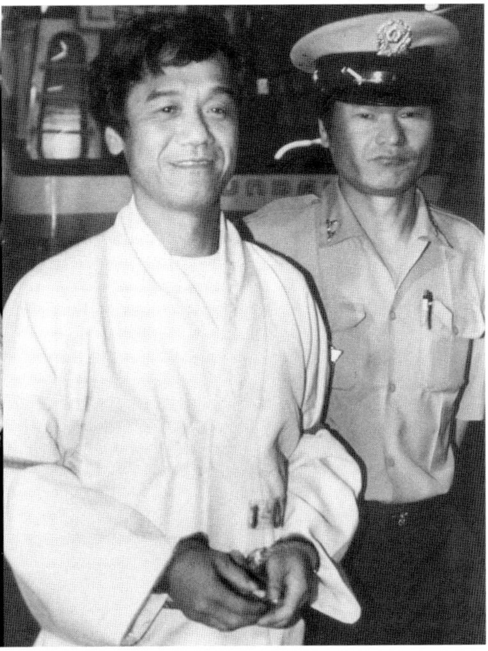

단신 입북한 임수경 양을 보호하고 휴전선을 넘어온 문규현 신부가 포승에 묶인 채 법정으로 향하고 있다. (1989. 9.)

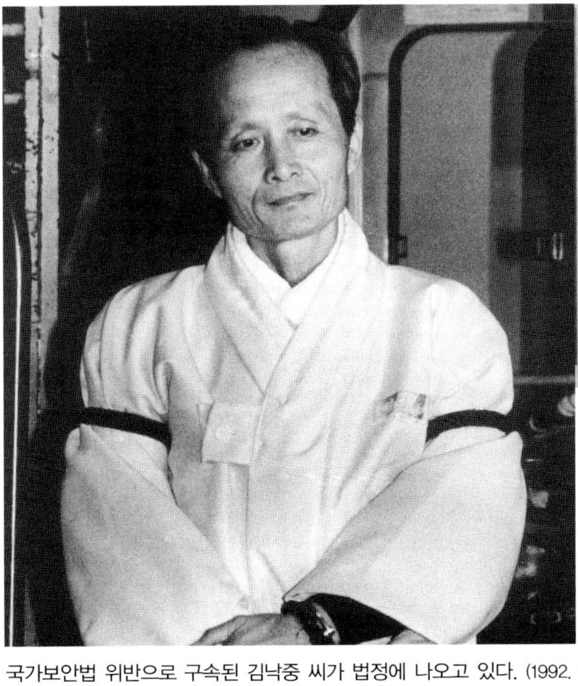

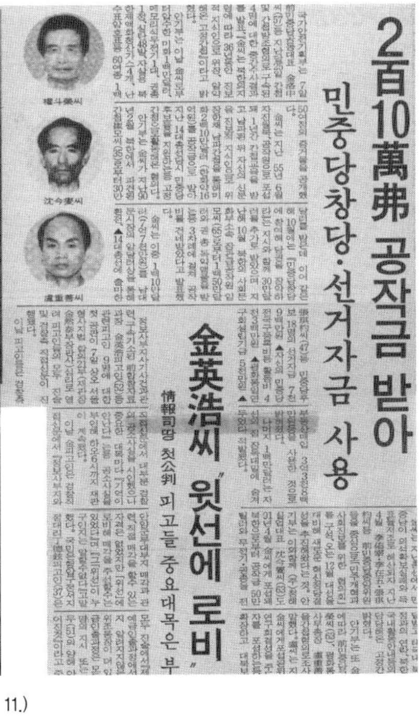

2百10萬弗 공작금 받아
민중당창당·선거자금 사용

金英浩씨 "윗선에 로비"
情報司令 첫公判 피고들 중요대목은 부

국가보안법 위반으로 구속된 김낙중 씨가 법정에 나오고 있다. (1992. 11.)

'기독교와 민족통일' 강연 사건으로 구속되어 법정에 들어서는 박순경 교수 (1991. 11.)

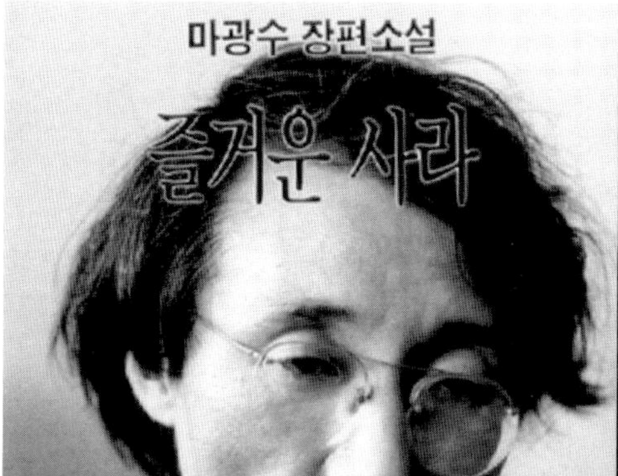

'음란'으로 기소된 《즐거운 사라》의 표지

'음란'으로 기소된 《즐거운 사라》의 작가 마광수 교수

한승헌변호사 변론사건실록

한승헌변호사변론사건실록간행위원회

6

범우사

■ 일러두기

1. 이 〈…실록〉에는 한승헌 변호사가 지난 1965년 이후 변호한 시국사건 또는 정치적 사건 중 67건을 골라서 그에 관한 문헌 자료가 실려 있다. (한 변호사의 변호사 자격 박탈 기간(1976~1983)과 감사원장 재임기간(1988~1989)에는 변론한 사건이 물론 없다.)
2. 사건 당사자와의 연락이나 자료 수집이 여의치 않아 이번에 수록치 못한 사건에 대해서는 앞으로 사정이 풀리는 대로 추가해서 실록을 발간할 계획이다.
3. 사건의 배열 순서는 사건의 발생(입건, 기소 포함)이나 수사 재판의 시기의 선후를 기준삼아 정하였다.
4. 사건별 중간 표지에 피고인 또는 사건 당사자 전원의 이름을 싣고, 그중 한 변호사가 수임 변호한 당사자 이름에는 밑줄을 그어 식별이 되도록 하였다.
5. 외래어나 외국어의 발음 표기는 일반적 기준에 맞게 손질을 하였으나, 판결문 등 공문서의 경우는 그대로 두었다.
6. 간행물의 이름이나 글의 제목, 대화, 인용 등의 경우에는 일반적으로 쓰여지고 있는 기호나 표시를 따랐다.
7. 공소장, 판결문 등 문서에 나와 있는 사건 당사자의 본적이나 주민등록번호는 개인정보를 보호하는 뜻에서 △△△△△△ 등으로 덮어서 처리하였다.
8. 사진 화보에는 수록 사건이나 재판에 직접 관련 있는 사진을 싣되, 수록 사건 외에 그 당사자의 활동과 연관 있는 사진도 실었다.
9. 글이나 기사의 필자의 직업(직분)은 집필 또는 공표 당시의 표시에 따랐다.

| 간행위원장 인사말씀 |

세월은 가도 역사는 남는다
-한승헌 변호사 변론사건 실록 출간에 즈음하여

박원순 (변호사, 희망제작소 상임이사)

　세월은 가고 사람도 갔다. 질풍노도의 한국 현대사 속에서 수많은 사건이 있었고 그속에 풍운의 주인공들도 있었다. 그 사건들 중에는 재판을 받고 그 주인공들이 교도소로 간 사람들도 적지 않다. 그중에는 사형에 처해진 사람도 있고 나중에 대통령이 된 사람도 있다. 그 이후의 어떤 사회적 역할을 했든 이제 많은 세월과 함께 모두가 역사의 저편으로 사라지고 있다.
　그러나 아무리 세월이 흐르고 사람이 사라져도 역사는 남는다. 그들의 활동과 발언과 행적은 역사 속에 생생히 남는다. 후세의 사람들은 그것을 통하여 배우고 따른다. 그러므로 기록을 통해 남은 역사는 엄중하고도 소중하다.
　한국의 지난 현대사는 독재와 권위주의, 분단과 전쟁, 외세와 투쟁, 이념의 갈등과 대립, 빈곤과 소외로 점철되어 있다. 양심과 정의가 실종되기 일쑤였고 정치적 반대자와 소수자들이 정권에 의해 철저히 억압, 보복당했다. 그 결과는 흔히 사법적 절차와 과정을 통해 정당화되었다. 반공의 이데올로기가 지배하던 시대에 수많은 지식인들이 빨갱이라는 너울을 뒤집어쓰거나 반국가사범이라는 낙인이 찍혀 법정에 서야 했다.
　그러므로 법정은 이 모든 현대사의 분류가 모이는 곳이었다. 단순히 사람과 사람, 사익과 사익의 충돌이 벌어지는 곳이 아니었다. 오히려 그 시대의 핵심적 모순과 그에 대한 저항이 불꽃을 튀기며 충돌하는 곳이었다. 그러나 대체로 의로운 저항자들의 패배로 귀결되는 것이 보통이었다. 적어도 법정에서 정의를 찾기는 어려웠다.

그러나 이 의로운 사람들을 향해 기꺼이 그들의 뜻에 동조하고 그들의 분투를 지원하기 위해 나선 사람들이 있었다. 바로 '인권변호사'라는 사람들이 그들이었다. 이들은 단지 한 직업인으로서의 사명을 넘어서 동시대 지식인으로서의 양심에 기초하여 그 저항자들과 한 편이 되었던 것이다.

한승헌 변호사는 이러한 인권변호사의 선구자적 지위에 있는 분이다. 일제시대의 인권변호사들의 뜻을 이어받고, 인권변론의 비조라고 일컬어지는 이병린 변호사의 뒤를 이어, 1960년대 이후 그는 수많은 문인들의 필화사건과 억울하게 법정에 선 정치인들, 예술인들, 평화통일 운동가, 기타 지식인들의 변론을 맡은 단골 변호사였다. 이른바 시국사건이라는 이름의 재판에서 자신이 피고인으로 서는 바람에 변호사 자격을 박탈당한 70년대 말의 몇 년을 제외하고는 그의 이름이 변호인으로 올라 있지 않은 사건은 찾아보기 어려울 것이다. 한때 반공법 위반으로 구속되고 처벌되는 등 한 변호사 자신도 큰 희생을 치르기도 하였다.

이제 그 엄혹하던 시대는 갔다. 아직 인권의 문제가 완전히 사라졌다고 보기는 어려워도 과거와 같은 무지막지한 고문과 처형의 시대는 갔다. 산타나라고 하는 미국의 철학자는 "역사를 잊으면 같은 잘못을 되풀이한다"고 갈파한 적이 있다. 과거의 역사와 기록을 소홀히 하는 민족은 또 그 착오를 반복할 수밖에 없다. 오늘 우리 시대의 인권의 과제 중의 하나는 바로 과거의 기록을 정확히 기록하고 그 교훈을 후세에 남겨주는 것이다.

그러나 과거의 그 처절한 시절에는 기록을 제대로 남기기도 어려웠다. 당사자 본인들은 말할 것도 없고 변호인들마저 그 기록을 보존하기 어려웠다. 그러나 한승헌 변호사는 스스로 역사학자처럼 자신이 변론했던 기록을 보존하고 사건의 당사자들에게 당시상황을 회고하게 하는 등 역사를 복원하고 정리하고 기록하려는 노력을 다해왔다. 이 실록은 바로 그 노력의 한 매듭에 다름 아니다.

이책에 나오는 사건은 가능한 한 당시의 상황을 복원하기 위해 공소사실, 판결문, 변론요지서와 같은 공식문건뿐만 아니라 피고인 본인의 회고, 전문가들의 평가와 의견 등을 함께 싣고 있다. 언제나 그렇듯이 검찰이나 법원의 공식문건만으로는 당시의 상황을 제대로 설명하기 어렵다. 관계된 여러 당사자들의 각기 다른 입장과 해명을 들음으로써 비로소 진실과 성격의 온전한 복원이 가능해진다. 이책은 바로 이러한 다각적인 접근을 함으로써 현대사 속에 매몰되어 있는 사건의 실체를 하나하나씩 풀어가고 있다는 점에 그 특색이 있다.

사실 본인을 포함해서 간행위원들이 한 일은 많지 않다. 오히려 대부분이 모든 사건을 꼼꼼히 챙기고, 기록을 뒤적이고, 당사자들에게 글을 채근하는 것을 한승헌 변호사 본인이 했다. 그런 점에서 부끄럽기 짝이 없다.

한변호사님은 자주 이런 말을 하곤 해 좌중을 웃기곤 했다. "내가 맡은 사건에서 무죄가 난 경우는 거의 없다. 그럼에도 사건이 끝나고 모두들 나에게 고맙다고들 했다." 언제나 유죄가 나고 엄혹한 형이 선고되어도 한변호사는 인기있는 시국사건의 단골 변호사였다. 그것은 바로 유무죄의 문제라기보다는 피고인의 뜻을 가장 잘 이해하고 그 사건을 가장 잘 설명할 수 있었기 때문이다. 어차피 당시 인권변호사들의 변론은 법정과 재판부 판사들에게 향해 있었다기보다는 다음의 시대와 국민대중에게 향해 있었던 것이다. 이제 후세를 향해 외쳤던 한변호사의 변론이 다시 우리와 다음의 세대를 향해, 이 실록을 통하여 더욱 가슴에 남고 그 시대의 정의를 세우는 데 큰 역할을 하리라는 점에서 큰 의미를 찾는다. 한변호사 – 그는 당시의 법정에서는 연전연패했지만 역사의 법정에서는 승리자로 남을 것이다.

| 머리말 |

변호사의 또 다른 책무로서

[1]

이 《…실록》은 지난 40년 동안 내가 변호했던 시국사건 또는 정치적 사건의 수사·재판 문서와 관련 자료를 집대성한 문헌집이다. 당초 추려낸 약 1백 건의 사건 중에서 67건을 여기에 수록했다. 세월이 흐르는 동안 기록이 없어지기도 하고 자료수집이 어려워졌는가 하면, 사건 당사자 본인의 글(체험기)을 얻지 못했거나 아예 연락조차 안되는 경우가 있었기 때문이다. 하지만 나머지 사건에 대해서도 계속 노력을 해서 이 《…실록》의 증보판으로 추가해서 간행하고자 한다.

[2]

나는 이 실록물을 통하여, 이 나라의 험난했던 역사 속에서, 특히 분단과 독재의 칼바람 속에서 권력의 핍박을 받고 감방에 갇히거나 심지어는 형장의 이슬로 사라진 사람들의 고난을 사건기록을 중심으로 역사에 입력해두고자 했다. 뿐만 아니라 이 실록이 지난 한 시대의 아픔과 권력의 무도함 그리고 그런 불행으로부터 주권자와 민주주의를 지켜주었어야 할 사법부의 실체를 구체적으로 점검해보는 임상臨床보고서가 되었으면 한다.

다시 말해서 분단상황과 독재치하에서 일어난 온갖 정치적 또는 시국적인 사건을 정확하게 이해하고, 연구하고, 거기에서 얻어진 깨달음을 통해서 역사의 상처를 치유함은 물론 세상을 바로잡기 위해서 헌신한 분들의 발자취를 널리 알릴 수 있게 되기를 바란다. 또한 기구한 한국 현대사의 연구에도 값지게 쓰일 수 있는 사료집 내지 문헌집이 되었으면 한다.

[3]
수록사건을 죄명별로 보면, 정치적 사건 또는 시국사건의 속성상 국가보안법 위반, 반공법 위반, 간첩, 대통령긴급조치 위반, 집회시위에관한법률 위반 등이 주류를 이루고 있다. 그밖에 내란예비음모, 폭력행위등처벌에관한법률 위반, 업무방해 등이 끼어 있는가 하면, 심지어 저작권법 위반이나 장식방해죄葬式妨害罪까지 등장하여 실로 다채롭고 기발하다.

나는 사건과 재판에 대한 이해를 돕기 위해서 각 사건의 첫머리에 '사건개요'라는 해설을 실었고, 다음에 피고인(또는 사건 당사자)의 사건 체험기를 앉혔다. 그리고 공소장, 조사보고서, 구속영장, 모두진술, 변론서, 최후진술, 판결문 또는 항소 (또는 상고)이유서 등을 수록하였다. 사건의 내용과 성격 등에 대한 이해를 돕기 위해서 사건과 관련된 논문, 기사, 대담, 수기, 방청기 등 참고자료도 실었다.

[4]
이 《…실록》을 준비하면서 법정과 구치소(또는 교도소)에서 서로 뜻을 같이했던 많은 분들의 삶을 다시 생각하게 되었다. 변호인의 쓸모는 과연 무엇인가라는 자문自問도 잊지 않았다. 많은 시국사범들이 무죄임을 확신하면서 동시에 유죄판결이 나오리라는 점도 확신해야 했던 지난날의 기막힌 사법현실 속에서 나의 변호는 어떤 의미가 있었을까? 나의 변호는 그들에게 무슨 효용이 얼마나 있었을까? 그들에게 얼마쯤의 위로와 격려라도 되었을까?

벌거벗은 권력의 독기와 맞서거나, 아니면 그앞에서 기죽기 쉬운 '피고인'들에게 힘을 실어주고, 격려를 보내고 그리고 법정 안팎의 진실을 목격한 사람으로서 시간과 공간의 벽을 뛰어넘는 '진실의 전달자'가 되자고 나는 다짐했다. 이 실록의 간행은 내 그런 다짐의 작은 실천이라고 말할 수 있다.

[5]
나는 이 《…실록》이 범우사 창립 40주년 기념사업의 하나로 간행되는 것을 매우 기쁘게 생각한다. 지금까지 나는 범우사에서 여러 권의 책을 낸 바 있는데, 1975년 초에는 난데없는 필화사건으로 책의 판매가 금지되고 내가 구속되는 바람에 범우사에 적지 않은 손해를 끼친 적도 있다. 범우사의 창업자인 윤형두 회장님은 지난 70년대 초입 이래 힘난한 시대를 살아오면서 나와는 형제와 같은 우정으로 얽혀서 지내온 사이이다.

생각건대 범우사 40년은 윤형과 나 사이의 우정의 연륜이기도 하다. 그동안 내가 두 번의 옥고를 치르는 등 힘들었던 시기에 여러 모로 따뜻한 정을 베풀어준 윤회장님께 이 지면을 빌려 다시금 감사한 마음을 전하고자 한다.

[6]
지난 1994년, 나의 회갑기념문집 《분단시대의 피고들》의 간행위원들이 전원 그대로 이 《…실록》의 간행위원이 되어주셔서 참으로 감사하다. 10년이 넘는 세월이 흘렀지만 그분들과의 정으로 보아 간행위원도 그냥 그대로가 좋겠다는 생각이 들었는데, 모두들 같은 생각으로 참여해주셔서 여간 고맙지가 않다. 특히 12년 전 그때의 간행위원장이었던 박원순 변호사와 이 《…실록》의 성격상 새 위원으로 모신 백승헌 변호사께서 편집과정에서 여러 모로 힘을 보태주셨다.

분에 넘치는 축하의 글을 써주신 강만길 교수님, 그리고 오래 전부터 나에게 이런 실록의 필요성을 일깨워주면서 이번 상재上梓에 이르기까지 프롬터 역할을 해주신 박원순 간행위원장님께 참으로 고맙다는 말씀을 드리지 않을 수 없다.

이 《…실록》의 간행이 범우사 창립 40주년을 기념하는 데 조그마한 의미라도 보탤 수 있다면 큰 기쁨이 되겠다. 방대한 이 《…실록》의 간행을 맡아주신 윤형두 형에게는 말할 것도 없고, 책이 나올 때까지 애써주신 범우사의 윤재민 사장, 윤성혜 실장, 교정·교열에 수고해주신 김정숙 교수 그리고 표지 디자인을 맡아주신 김장수 님께 두루 감사를 드린다.

2006년 11월 1일

| 축사 |

《변론사건 실록》, 감사합니다

 평생 역사학을 공부한 사람으로서, 특히 우리 근·현대사를 전공한 사람으로서 《한승헌 변호사 변론사건 실록》 발간을 축하하기에 앞서 깊은 감사의 말씀을 드리고 싶습니다. 그리고 《한승헌 변호사 변론사건 실록》이 반드시 출간되어야 함은 이 나라의 역사학도라면 누구나 바라는 일이요, 또 함께 감사해야 할 일이라 하지 않을 수 없습니다.
 역사는 인류 이상의 현실화 과정이라 생각하지만, 그 현실화 과정에는 많은 우여곡절이 있게 마련임도 부인할 수 없습니다. 그럼에도 역사는 결국 그것이 가야 할 방향으로 가야 할 만큼 가고 만다는 생각을 가진 지도 오래되었습니다. 특히, 우리 근·현대사의 전개과정을 되돌아보면 그런 생각에 대한 확신도가 높아지기도 합니다.
 우리 정도의 문화수준에 있는 민족사회가 20세기에 들어서서 남의 지배를 받게 된 일부터가 대단히 '억울한' 일이었지만, 어떻든 지금은 제2차세계대전 후 주권을 되찾은 민족사회 중에서는 정치·경제·사회·문화적인 면에서 일단 선두그룹에 들었다고 하겠습니다. 그 저력은 역시 역사시대 이래 축적된 우리의 문화적 역량 그것에 있으며, 그 역량은 역사가 한때나마 어두운 길에 들어섰을 때 더 선명히 드러나게 마련이었습니다.
 지난 1960년대에서 80년대에 걸친 약 30년간의 군사독재 시대는 분명

역사적으로 어둡고 암울한 시대였지만, 그것을 기어이 극복할 수 있었다는 점에서 또한 자랑스러움이 깃든 시대이기도 했습니다. 그리고 이 어두운 시대를 밝은 시대로 바꾼 주역들은 시민과 노동자-농민들이었습니다.

프랑스혁명 때도 그랬지만, 그 시민 속에는 역사의식이 투철한 법조인-교수-교사-언론인-문인-의료인-학생 등이 들어 있었습니다. 이들 시민과 노동자, 농민들이 한 덩어리가 되어 역사를 기어이 바꾸고 마는 주역으로서의 민중이 된 것입니다. 우리 사회의 경우, 민주화가 이루어진 1990년대 이후에는 시민운동과 노농운동의 분화과정을 겪게 됩니다만.

특히 암울했던 1970년대와 80년대의 군사독재 아래에서는 교수와 교사들이 교단에서 쫓겨나고 언론인들의 붓이 꺾이면서 이른바 해직교수, 해직언론인이 양산되고 많은 학생들이 학원에서 쫓겨났습니다. 이 혹독한 시절에 반독재운동의 현장에 섰다가 구속된 노동자-농민-학생-지식인들을 변호하는 인권변호사가 탄생했고, 그들 자신이 권력의 횡포에 의해 변호사 자격을 빼앗기거나 구속되기도 했습니다. 어두웠던 시대를 헤쳐나간 자랑스러운 역사의 이면에는 그만큼 많은 희생이 따랐음을 잊을 수 없습니다.

1970년대, 80년대의 어두운 역사를 밝고 보람찬 역사로 바꾸어가는 과정에서 누구보다도 큰 역할을 한 법조인의 한 사람이 한승헌 변호사임은 아무도 부인하지 못할 것입니다. 가냘픈 그몸의 어디에 그런 정의감과 의지와 용기가 깃들었는지 그야말로 감탄하지 않을 수 없었습니다. 그 자신이 영어의 몸이 되면서까지 투쟁을 멈추지 않았음은 우리 모두가 잘 아는 사실입니다.

한승헌 변호사는 1965년에 작가 남정현 씨의 소설 '분지' 필화 사건의 변호를 맡은 때부터 시작하여 2003년 노무현 대통령의 탄핵 사건에 이르기까지 약 40년간에 걸쳐 무려 100여 건에 이르는 중요한 시국사건의 변호를 맡아 활약했습니다. 그야말로 격동하는 우리 현대사의 한복판에 우뚝 서 있는 역사의 산 증인이라 하지 않을 수 없습니다.

해방 후 우리 역사의 발전방향 자체도 그렇지만, 한승헌 변호사가 활약한 1960년대 이후 우리 역사의 바른 노정은 크게 보아 민주주의 발전과 평화통일의 진전이라고 하겠습니다. 이 시대를 산 지성인으로서 또 양심적 법조인으로서의 그의 활동도 크게 보아 이 두 가지 역사의 길을 누구보다도 충실히 걸어왔다고 할 수 있습니다. 그가 담당했던 시국사건을 분석해 보면 정확한 답이 나올 수 있습니다.

그분이 맡아서 활약한, 아니 투쟁한 사건들 중 자신이 직접 관여된 김대중 내란음모 사건, 야당대통령후보 선거법위반 사건, 긴급조치1호 민주인사구속 사건, 역시 긴급조치1호 성직자구속 사건, 민청학련 사건, 민주회복국민회의 대표위원 구속 사건, 반유신 야당의원 구속 사건, 광주희생자 추모식 사건, 부천서 성고문 규탄대회 사건, 6월민주항쟁 사건 등등은 군사독재정권 아래에서 감행된 민주화운동으로서 으레 그분의 변호를 기다리는 사건들이었습니다.

자신이 법조인인 동시에 뛰어난 논객이기도 한 한승헌 변호사는 모든 부문이 경직되었던 군사독재정권 아래에서 분출된 민주주의 운동의 일환으로서의 언론의 자유, 사상의 자유를 신장시키기 위해 각종 필화사건에도 적극적인 변호활동을 폈습니다.

소설 '분지' 필화 사건을 비롯해서 김지하 씨의 담시 '오적' 필화 사건, 월간 《다리》지 필화 사건, 동아방송 선거보도 사건, 김주언 씨 등의 보도지침폭로 사건, 리영희 교수의 〈한겨레신문〉 방북취재기획 사건, 마광수 교수의 《즐거운 사라》 필화 사건 그리고 자신이 직접 당한 '어떤 조사' 필화 사건 등 "필화사건 있는 곳에 한변호사 있다"고 해도 과언이 아닐 만큼 모든 희생을 감수하며 적극 나섰습니다.

군사독재정권 아래에서 특히 활동하기 어렵고, 따라서 변호하기도 어려운 문제가 남북문제, 즉 통일문제였습니다. 한승헌 변호사를 비롯한 몇 분의 역사의식과 사명감이 투철한 법조인이 없었다면 아마 많은 남북관계 통일관계 사건들의 진상이 밝혀지기 어려웠을 것입니다.

이른바 동백림거점 간첩단 사건, 문익환 목사 방북 사건, 임수경 학생 방북 사건, 통일혁명당 사건, 고은 시인 등의 남북작가회담 추진 사건, 작가 황석영 씨의 방북 사건, 박순경 교수의 '기독교와 민족통일' 강연 사건, 강희남 목사의 김일성 주석 조문기도 사건, 김낙준 씨 사건, 송두율 교수 사건 등등 남북문제 평화통일 문제를 진전시키기 위한 활동들의 재판에는 반드시 한변호사의 변호가 있게 마련이었습니다.

엄혹한 군사독재 정권 아래에서의 민주화운동과 평화통일 운동은 곧 이 시기 우리 역사의 핵심적 내용이었고, 후세의 역사서술을 위해 반드시 그 세세한 진상까지 밝혀져야 하고 또 기록되어야 함은 말할 나위가 없습니다. 군사독재 시기 우리 역사의 원동력이 바로 이 두 가지 운동에 있기 때문입니다.

이번에 출판되는 《한승헌 변호사 변론사건 실록》은 그가 변론을 맡았던 민주화운동과 평화통일 운동 등에 관한 67건의 재판에 대해, 변호인으로서의 사건내용 및 그 성격을 요약한 해설을 붙였고, 사건의 피고인과 원고와 피해자 등 당사자의 사건체험기가 실려 있으며, 각 사건의 공소장과 판결문 그리고 결정문 등이 기재되어 있습니다.

그리고 각 사건마다의 변론서와 최후진술서가 있고, 그밖에도 항소이유서 및 상고이유서 외에 관련문헌과 자료 그리고 사진까지 갖추어져 있는 '실록'이 무려 일곱 권이나 됩니다. 이 '실록'에 등재된 인물이 곧 우리 현대사 위의 주요인물이며 이 '실록'에 기재된 사건이야말로 우리 현대사의 중요한 사건들이라 하겠습니다. 따라서 이 '실록'은 바로 현대사의 중요한 사료 그것이 되는 것입니다.

우리나라에는 예부터 그때마다의 역사적 사실을 기록하는 사관이 있었습니다. 사실 자체를 기록하는 것이 주된 목적이지만, 사관의 의견이나 관점을 덧붙이기도 했고 그것이 후세인들에게 좋은 참고가 되기도 합니다. 한승헌 변호사가 간행하는 이 '실록' 역시 사실과 판결결과 외에 피고의 항소이유서와 변호인의 해설까지 곁들어진 제1급 사료요, 한변호사님 자신이 바로 사관이 된 경우라 하겠습니다.

아마 중앙정보부나 국가안전기획부의 자료가 보관되고 개방되지 않는 한 군사정권 30년간의 역사적 진실을 밝힐 수 있는 사료는 부실한 점이 많다고 하지 않을 수 없습니다. 그런데 이 '실록'에 실린 사건들은 대부분 당시의 '중정' 및 '안기부'가 다룬 사건들이 아닌가 합니다. 그렇다면 이 '실록'의 역사자료로서의 가치는 한층 더 높아지는 것이라 할 수 있습니다.

올바른 우리 현대사의 서술을 위해 귀중한 사료를 잘 간수했다가 세상에 내어놓는 한승헌 변호사의 꾸준한 노력과 높은 지성과 투철한 역사의식을 높이 사면서 다시 한번 감사해 마지 않습니다.

2006년 6월 15일

강 만 길 씀

한승헌변호사변론사건실록

제6권 차례

인사말씀 _박원순 (간행위원회 위원장·변호사) ·················· 11
머 리 말 _한승헌 (변호사) ··· 14
축   사 _강만길 (고려대 명예교수·사학자) ························ 18

54. 문익환 목사 방북 사건 _문익환 (외)
1. 사건개요: 분단의 벽을 뛰어넘은 성직자의 길 ············· 31
2. 체험기(1): 가슴으로 만난 평양 – 문익환 ······················ 35
3. 체험기(2): 통일염원과 국가보안법 사이 – 유원호 ······· 54
4. 문익환 목사 옥중접견록 ·· 70
5. 문익환 목사 첫 공판 방청기 ··· 79
6. 국가보안법 위헌여부심판제청신청 – 변호인단 ·········· 85
7. 상고이유서 – 변호인단 ··· 98
8. 문익환 목사 밀입북 사건 ·· 120

55. 전대협 임수경 양 입북 사건 _임수경 (외)
1. 사건개요(1): 평양세계학생축전 참가한 전대협 대표 ······· 125
2. 사건개요(2): 신부님, 임수경 양 데리고 판문점 귀환 ······ 128
3. 체험기(1): 민족의 분단을 넘어서 – 임수경 ··················· 132
4. 체험기(2): 분단통과인가, 밀입북 사건인가? – 문규현 ···· 140
5. 체험기(3): 하나의 조국, 하나의 민족, 하나의 교회 – 문규현 ··· 152
6. 수사결과 발표요지 – 안기부 ·· 158
7. 공소장 ·· 172
8. 항소이유서 – 임수경 ·· 183
9. 최후진술(항소심): 하나 된 조국의 딸이고자 합니다 – 임수경 ··· 217
10. 임수경 양 밀입북사건 ·· 229

56. 통일운동가의 간첩 연계 사건 _김낙중

1. 사건개요: '분단'을 넘나든 담대한 행적 ········· 235
2. 체험기: 국가보안법과의 끈질긴 악연 – 김낙중 ········· 238
3. 공판 모두진술 – 김낙중 ········· 248
4. 변론요지서 – 한승헌 ········· 270
5. 최후진술서 (1심) – 김낙중 ········· 278
6. 항소이유서 – 김낙중 ········· 289
7. 판결 (대법 93도 1951) ········· 353

57. '기독교와 민족통일' 강연 사건 _박순경

1. 사건개요: 범민련활동과 통일문제강연의 공안사건화 ········· 361
2. 체험기: 피고인석에서 본 재판 – 박순경 ········· 364
3. 공소사실 ········· 379
4. 공판 모두진술 – 박순경 ········· 391
5. 변론요지서 – 변호인단 ········· 425
6. 판결 (1심; 서울형사지법 91고합 1547) ········· 433
7. 판결 (2심; 서울고법 92노 302) ········· 447

58. 《즐거운 사라》 필화 사건 _마광수

1. 사건개요: 《즐거운 사라》의 즐겁지 않은 수난 ········· 457
2. 체험기(1): 그래도 '사라'는 즐겁다 – 마광수 ········· 461
3. 체험기(2): 《즐거운 사라》 재판, 그 탈억압의 끝없는 싸움 – 장석주 ········· 471
4. 판결 (1심; 서울형사지법 92고단 10092) ········· 490
5. 항소이유서 – 한승헌 ········· 504
6. 항소이유보충서 – 마광수 ········· 515
7. 상고이유서 – 한승헌 ········· 527

韓 勝 憲

제 1권

1. 소설 '분지' 필화 사건 _남정현
2. 동백림 간첩단 사건 _이응로 (외)
3. 동백림 간첩단 '장외' 사건 _천상병
4. 전국체전 재일동포선수단 감독 사건 _홍성인
5. 통일혁명당 사건 _노인영 (외)
6. 담시 '오적' 필화 사건 _김지하 (외)
7. 월간 《다리》지 필화사건 _윤형두 (외)
8. 재일동포 모국 유학생 '간첩' 사건 _서 승 (외)
9. 여간첩 사망보도 사건 _박영수
10. 반유신 야당의원 구속 사건 _김상현 (외)
11. 남북한 유엔동시가입론 탄압 사건 _김준희
12. 동아방송 선거보도 사건 _고준환

제 2권

13. 남산 부활절예배 사건 _박형규 (외)
14. 긴급조치1호 민주인사 구속 사건 _백기완 (외)
15. 긴급조치 1호 성직자 등 구속 사건(1) _김진홍 (외)
16. 긴급조치 1호 성직자 등 구속 사건(2) _김동완 (외)
17. 《한양》지 관련 문인 사건 _임헌영 (외)
18. 울릉도 간첩단 사건 _이성희 (외)
19. 긴급조치 4호 민청학련 사건 _이직형 (외)
20. 민청학련 사건 연계 인민혁명당 사건 _여정남 (외)

제3권

21. 군법회의 변호인 구속 사건 _강신옥
22. 거액 금융부정 배후보도 사건 _이원달
23. 긴급조치 4호 연세대교수 구속 사건 _김동길 (외)
24. 야당 대통령후보 선거법위반 사건 _김대중
25. 민주회복국민회의 대표위원 구속 사건 _이병린
26. '어떤 조사田辭' 반공법 필화 사건 _한승헌
27. 김대중 내란 음모사건 _김대중 (외)
28. 《노동과 노래》 책 저작권법 사건 _허병섭
29. 기독교사회문제연구원 사건 _조승혁 (외)
30. 재일동포 '위장전향 간첩' 재심 사건 _손유형
31. 국회의원선거 무효소송 사건 _전대열
32. 《민중교육》지 사건 _김진경 (외)

제4권

33. 5·3 인천시위 사건 _탁지일
34. 부천서 성고문 규탄집회 사건 _오대영
35. 광주희생자 추모, 대구·인천시위 사건 _장영달
36. 부천서 성고문 재정신청 사건 _권인숙
37. 변호사의 '범인은닉' 위장 사건 _이돈명
38. 목요기도회 설교사건 등 _고영근
39. 정부 보도지침 폭로 사건 _김태홍 (외)
40. 백범 시해범 안두희 응징 사건 _권중희
41. 전북대 총학생회 사건 _정도상 (외)
42. 6월 민주항쟁 사건 _김병오 (외)

韓 勝 憲

제5권
43. 대우조선 노동자 '장식방해' 사건 _노무현 (외)
44. 민중미술 – '진달래' 걸개그림 사건 _이상호 (외)
45. 호남대 교수 해직 사건 _변진흥 (외)
46. 전경련회장실 성직자 진입 사건 _조화순
47. 국회공무원 집단면직 사건 _임정호 (외)
48. 서울대 문리대생 데모조종혐의 사건 _이재오 (외)
49. 북한판《해방조선》출판 사건 _이재선
50.《한국 근현대 민족해방운동사》사건 _이승환
51. 〈한겨레신문〉 방북취재 기획 사건 _리영희
52. 북한판《조선전사》출판 사건 _강병선
53. 남북작가회담 추진 사건 _고 은

제7권
59. 작가 황석영 방북 사건 _황석영
60. 구국전위 사건 _정화려 (외)
61. 김일성 주석 조문기도 사건 _강희남
62. 역사학 교수의 간첩혐의 사건 _박창희
63. '성남 외국인 노동자의 집' 사건 _김해성 (외)
64. 불교인권운동 스님 수난 사건 _박용모
65. 감사원장서리 법리논쟁 사건 _김대중
66. 효성가톨릭대 교수 해임 사건 _손덕수
67. 노무현 대통령 탄핵심판 사건 _노무현

ptop
54

문익환 목사 방북 사건

피고인 **문익환**

1. 사건개요: 분단의 벽을 뛰어넘은 성직자의 길 ·················· 31
2. 체험기(1): 가슴으로 만난 평양 – 문익환 ·························· 35
3. 체험기(2): 통일염원과 국가보안법 사이 – 유원호 ············ 54
4. 문익환 목사 옥중접견록 ·· 70
5. 문익환 목사 첫 공판 방청기 ··· 79
6. 국가보안법 위헌여부심판제청신청 – 변호인단 ················· 85
7. 상고이유서 – 변호인단 ·· 98
8. 문익환 목사 밀입북 사건 ·· 120

사건개요

분단의 벽을 뛰어넘은 성직자의 길

한승헌 (변호사)

1989년 3월 말에 결행된 문익환文益煥 목사의 방북은 그 의미와 충격, 그리고 파장으로 보아 조국분단 50년사에 크게 기록될 사건이었다. 남한 내에서의 문목사의 비중으로 보나, 그가 북한에서 김일성 허담許錟 등 지도급 요인과 만난 뒤에 나온 발표문, 기자회견 등이 모두 괄목할 만한 것이었다.

'난 올해 안으로 평양으로 갈 거야
기어코 가고 말 거야. 이건
잠꼬대가 아니라고. 농담이
아니라고
이건 진담이라고.'

그가 이런 시를 발표했을 때만 해도 그것이 진짜 북행결의였음을 알아차린 사람은 별로 없었다.

그러나 그는 1989년 3월 20일 김포공항을 떠나 일본에 가서 머무르다가 중국 베이징을 거쳐 3월 25일 북한측이 제공한 특별기편으로 평양 순안비행장에 도착했다.

그리고 북한에 머무르는 동안 기자회견, 봉수교회에서의 부활절 예배, 조국평화통일위원회(조평통)와의 협의, 김일성 주석과의 회담, 학생소년궁전 방문 등 일정을 끝내고 일본을 거쳐 4월 13일 서울로 돌아왔다.

그가 김포공항에서 바로 안기부에 연행·구속된 것은 말할 것도 없다.

마침 13대 총선 후 여소야대 정국에 시달리던 6공 정권은 문목사의 방북을 호재로 공안정국을 조성하여 국면전환에 성공하였고, 결과적으로 5공청산과 민주화 작업은 좌절되고 말았다.

나는 문목사의 방북소식을 들었을 때 심란한 생각이 들었다. 정국에 미칠 영향도 걱정되었거니와 어차피 내가 변호를 맡아야 될 그 사건이 큰 일거리로 생각되었기 때문이다.

문목사는 검찰조사를 받을 때 검사에게 이렇게 말했다.

"나를 국가보안법으로 기소하지 말아달라. 만일 그런 기소를 한다면 7·7선언과 유엔연설에서 북한을 동반자라고 부른 노대통령의 공신력과 명예에 먹칠을 하는 일이자 막 열리려는 통일의 문을 닫는 일이 되겠기 때문이다."

문목사 귀국 후에 벌어진 재판에서는 예상을 훨씬 뛰어넘는 논쟁과 격돌이 벌어졌다. 그런 가운데 변호인단은, 검찰은 물론이고 재판부와도 유례없는 충돌을 빚었다.

피고인·증인의 신문과정에서나 증거채택 여부를 정하는 과정에서 재판부와 갈등을 되풀이했는가 하면 피고인의 출정 거부, 변호인의 총퇴장 등 파란이 많았다.

인정신문이 끝나자 방청석에서 한 할머니의 외침이 들렸다.

"재판 시작하기 전에 내가 아들에게 부탁할 일이 있소. 아들은 72살이고 나는 95살이오. 너는 우리 7천만 민족을 위해 일하고 감옥에 들어가 있는데……."

이때 판사가 발언을 중단시키려 했으나 문목사의 자당이신 그 할머니는 아랑곳하지 않고 말을 계속했다. "예수님이 십자가를 메고 골고다를 향해 가는 심정으로 재판을 받아라! 익환아, 그것을 기억해라!" 법정 안은 숙연

해져 있었다. "문목사가 김일성이를 안아줬다고 뭐라 하는데, 여보시오, 목사가 아니면 김일성이를 안아줄 사람이 없어요!"

이어 터진 요란한 박수소리와 판사의 제지, "그냥 두시오"하는 방청객의 반발로 법정 안은 잠시 벌집을 쑤셔놓은 듯했다.

문목사의 모두冒頭진술에서는 이런 말도 나왔다. "……검사님이 공소장 낭독하는 것을 들으니 '북괴' '북괴' 하는데, 노대통령이 북의 김주석을 만날 때 '당신, 북괴 수령이오?' 할 수 있습니까. 할 수 있어요? 한 입으로는 북괴! 또 한 입으로는 민족공동체!…… 정부의 정신분열증은 전국민에게 정신분열증을 일으키게 하고 있습니다." "내가 유죄선고를 받아 얼마나 형을 사느냐는 데는 전연 관심이 없다. 스무살, 서른살 나이 어린 꽃들이 민족의 제단에 그 소중한 목숨들을 아낌없이 바치는데, 일흔이 넘도록 살아 있다는 것 자체가 그냥 욕스러울 뿐이다."

안기부와 검찰은 문목사와 유원호劉元琥 씨의 방북이 북의 지령에 의한 것이고 그들의 대남혁명전략에 이용당한 행위라고 주장했고, 당사자 본인들은 '통일을 앞당기기 위한 자발적인 행위'라고 맞섰다. 변호인단은 재판부가 예단을 갖고 심리하면서 피고인을 위한 중요한 증거신청을 모두 기각하는 등 불공정한 재판을 한다는 이유를 들어 재판부 기피신청을 했다. 재판장의 일방통행적 재판진행에 항의하는 뜻에서 변호인단의 총퇴장이라는 거부표시도 서슴지 않았다. 재판부는 재판부대로 변호인 없는 재판을 강행하여 훗날 항소심에서 위법이라는 지적을 받기도 했다.

문목사는 당초 선고 공판날에 출정을 거부해서 판결선고가 연기되었고, 10월 5일에는 강제로 끌려나온 피고인들이 판결 직전에 법정에서 퇴정해버린 가운데 각 징역 10년이 선고되었다(구형은 각 무기징역).

재판부는 "피고인들은 모든 통일은 선이라는 전제 아래 감상적 통일론에 사로잡혀 밀입북을 강행, 북한의 연방제 통일방식에 동조, 이용당했다"면서도 "민족을 사랑하는 마음이 밀입북의 동기가 된 점을 다소나마 참작했다"면서 위와 같은 판결을 내린다고 밝혔다.

"남북은 서로 상대방을 찬양·동조해야만 통일이 됩니다. 찬양·동조를 범죄라고 처벌하면 어떻게 남북합의가 이루어집니까."

문목사의 외침 가운데 가장 기억에 남는 한마디였다.

문목사는 1990년 2월 10일 서울고등법원에서 징역 7년, 자격정지 7년을 선고받았다. 그리고 상고했다.

그는 마침내 세 번째 상고이유서를 쓰게 되었다. 1976년의 민주구국선언사건('3·1사건' 또는 '명동사건'이라고 불렸음) 때 첫번째 상고이유서를 쓴데 이어 그가 두 번째로 상고이유서를 쓴 것은 1980년 5월 소위 김대중 내란음모사건으로 구속되어 계엄군법회의에서 재판을 받고 난 뒤였다.

그러니까 이번 방북사건의 상고이유서는 세 번째 불복선언이 되는 셈이었다.

그의 상고이유서는 1990년 6월《가슴으로 만난 평양》이라는 제호의 단행본으로 삼민사에서 간행된 바 있다.

체험기 (1)

가슴으로 만난 평양

문익환 (목사, 전 민통련 의장)

가슴으로 만난 평양

분초를 다투는 도쿄에서의 일정을 마치고 정경모·유원호 씨 등 일행과 함께 중국민항편으로 북경을 향해서 도쿄를 떠난 것이 1989년 3월 24일 오후 2시 50분이었다. 북경에 도착하여 입국수속을 마치고 비행장으로 나서니 날은 이미 어두워 있었다.

그런데 정작 마중나와야 할 사람들이 보이지 않았다. 한 30분 기다리다가 택시로 예약된 토론토 호텔에 가서 여장을 풀고 저녁 먹으러 식당에 가 앉았는데, 북경주재 북한대사관 직원 하나와 평양에서 마중나온 사람 하나가 헐레벌떡 찾아들어서는 것이었다.

이야기를 들어보니, 23일에 간다는 연락을 받았다가 다시 25일에 간다는 연락을 받았다고 한다. 평양에서는 다음날 특별기가 오는데, 그날(24일) 5시에야 우리가 바로 그날 간다는 연락이 와서 북경에 있는 호텔들을 찾아 헤매다가 여기 와서 만났다는 것이었다.

다음날 오후 비행기에 올랐다. 북한의 조선민항 특별기 P-814편이었다. 특별기편으로 마중온 사람의 말이, 공개로 들어간다는 말을 듣고(공개로 들어간다는 것을 도쿄에서 평양쪽에 알렸다) 공개 환영준비를 하고 있으니 도착성명이 있어야겠다는 것이었다. 그래서 정경모 씨에게 갑자기 도착성명을 준비시켰고, 그것을 손질하였다.

이윽고 비행기는 북한의 관문인 순안비행장 활주로에 안착하였다. 그토록 그리던 북녘땅. 실로 몇 해 만인가. 감개가 무량하였다.

비행기에서 내리니 정준기(부총리 겸 조국평화통일위원회 부주석), 윤기복(범민족대회 소집을 위한 북측 예비회담 단장), 최덕신(천도교 청우당 위원장), 장재철(천주교 교인협회 위원장), 여연구, 백인준, 기독교 지도자들 그리고 육촌동생 문익준·문순옥이 나와 있어서 반가이 만났다. 화동花童들이 우리 일행의 목에 꽃다발을 걸어주었다.

정준기 부위원장의 안내로 공항 귀빈실에 들어가 기자들 앞에서 도착성명을 읽고 간단한 기자회견을 가졌다. 그 자리에서 나는 말로 하는 대화가 아니라 가슴과 눈으로 하는 대화를 하려고 왔다는 말을 했다.

저녁 7시에 정경모·유원호 씨와 함께 조국평화통일위원회가 주최한 환영만찬에 참석하였다. 허담 위원장은 이탈리아를 방문중이었기 때문에 북한측에서는 정준기 부위원장을 비롯하여 윤기복·최덕신·장재철 등이 참석하였다. 정준기 부위원장이 북측을 대표하여 환영사를 해주었고, 이에 답하여 내가 즉석답사를 했다.

다음날은 부활절이었다. 아침 10시에 봉수교회 부활절 예배에 참석하였다. 정경모·유원호 씨 등 우리 일행과 신도 300여 명, 그리고 당시 북한을 방문하고 있던 재미교포 교사 이승만 씨 등 10여 명과 캐나다에서 온 전충림(67세) 씨 부부가 함께 예배를 보았다.

예배를 마친 후 봉수교회 이성봉 담임목사로부터 "남조선에서 민주화운동을 하던 문익환 목사가 칼바람을 뚫고 평양에 도착, 오늘 이 자리에 참석하셨습니다"라는 내용의 소개를 받고 앞에 나가 인사를 하게 되었다.

"남한의 젊은이들과 노동자들은 조국의 통일을 위해 열심히 노력하고 있습니다. 저는 민주는 부활이요, 통일은 민족의 부활이라고 믿고 있었는데, 통일을 위해서 온 제가 민족의 부활을 바라며 평양을 방문해 부활절 예배에 참석하게 된 것을 매우 기쁘게 생각합니다. 지금 제가 목이 쉬었는데 방방곡곡으로 돌아다니며 조국의 통일을 외치다가 이렇게 목이 쉬었습니다. 남한에서 전태일은 죽었지만 그의 정신은 부활하였고 남한에는 전태일 같은 사람이 수천 수만이 있습니다."

감회 깊은 인사말을 마친 뒤 자작 찬송가인 '사랑'을 부르고 이어서 운동권 노래인 '마른 잎 다시 살아나'를 불렀다.

예배를 마친 후 교회 별관에 있는 회의실로 옮겨 조선기독교연맹 강영섭 위원장(강양욱의 아들), 봉수교회 이성봉 담임목사 등과 차를 마시며 환담을 나누었다.

숙소에 돌아와 점심식사를 마치고 정경모·유원호 씨와 함께 숙소인 모란봉초대소 부근의 모란봉에 올랐다. 산책길에서 젊은 남녀 두 쌍이 술잔을 나누며 데이트하고 있는 것을 발견하고 내가 끼어들었다.

"나는 남한에서 온 문익환 목사요. 나도 술 한잔 주시오."

그러자 그중 한 청년이 나섰다.

"제 이름은 문익선인데 친구들이 너 문익환 목사 동생 아니냐고 묻습니다. 남조선에서 통일을 위해 싸우시는 형님을 만나 반갑습니다."

그러면서 술을 한잔 따라주었다. 우리는 그곳에서 함께 술을 마시며 즐거운 한때를 보냈다.

오후 3시에 평양 만수대의사당 소회의실에서 조국평화통일위원회측과의 공식회담이 개최되었다. 북쪽을 대표해서 정준기·윤기복·여연구·안병수가 나왔고, 비공식이기는 하지만 해외교포를 대표하는 정경모 씨를 대동하고 내가 전민련의 고문자격으로 마주앉았다.

정준기 씨가 북쪽을 대표해서 개회사를 했다. 개회사의 내용은 통일에 관한 북쪽의 입장을 밝히는 것이었다. 연방제 통일만이 현실적이며 합리적인 통일방안이라는 점, 평화협정 체결과 주한미군 철수, 남북 불가침선언 등을 위한 정치군사회담의 중요성, 팀스피리트 군사훈련은 평화통일을 추진하는 데 바람직하지 못하다는 점 등을 내용으로 하는 개회사였다.

뒤이어 내가 우선 남쪽국민의 통일열기가 얼마나 뜨겁게 달아오르고 있는가를 설명하고 이제 분단 50년을 넘기는 것을 민족적인 치욕으로 알고 유연하고 열린 자세로 대승적인 입장에 서서 문제를 풀어나가자는 말을 했다.

그러나 나의 방문은 어디까지나 이쪽을 저쪽에 바로 알리고 저쪽의 진의를 타진함으로써, 국회 대 국회, 당국 대 당국 차원에서 풀지 못하는 것을 민간차원에서 풀어 광범위한 회담과 교류를 원활히 하고 이에 박차를 가하자는 데 목적이 있다고 말했다. 그리고 평소에 내가 주장하던 '연방제 3단계 통일안'을 설명하였다.

그렇게 의견을 주고 받는 중에 정준기 부위원장에게 쪽지가 전달되었다. 그 쪽지의 내용은 김주석이 발전소 건설현장에서 급거 귀환해서 내일 아침 나와 만나겠다는 것이었다.

저녁에는 숙소에서 친척을 만났다. 농장에서 일하다 현재 연금으로 생활하고 있다는 육촌동생 문익준(64세)과 인민학교 교원생활을 그만둔 뒤 역시 연금생활을 하고 있다는 육촌동생 문순옥(61세)이 찾아왔던 것이다. 우리는 서로 친척들의 안부를 교환하며 정담을 나누었다.

통일을 비는 건배

다음날인 27일은 월요일이었다. 약속대로 오전에 김일성 주석과의 제1차 단독회담이 열리게 되었다. 9시경 정준기 부위원장이 승용차를 갖고 왔다. 그의 안내를 받아 평양 시가지를 가로질러 약 30분쯤 교외로 빠져나갔다. 별장식 건물이었는데 김주석의 공관으로 보였다. 현관을 거쳐 거실에 들어서자 김일성 주석이 서서 기다리고 있었다.

나는 거실에 들어서면서 김일성 주석과 세 차례 포옹하며 인사를 나누었다. 이것은 숙소에서 '북한건국 40년'이라는 기록영화를 보면서 익힌 의전이었다. 화면 속에서 김일성 주석은 외국인사와의 접견장면에서 이와 같이 인사를 나누었던 것이다. 그리고는 곧바로 김일성 주석의 집무실로 이동하여 김일성 비서 1명만을 배석시킨 가운데 단독회담을 시작하였다.

준비해가지고 들어갔던 인사치레·외교사례 같은 것은 필요없었다. 전날의 회담내용을 이미 소상히 알고 있어서 금방 본론으로 들어갈 수 있었다. 이야기는 타진을 목적으로 간 나의 질문으로 시종 전개되었다.

나는 남쪽의 통일열기는 이미 아무도 끌 수 없을 정도로 뜨겁게 달아오르고 있다고 말하고는 분단 50년을 넘기는 것은 민족적인 수치라고 생각한다는 말을 했는데, 김주석은 크게 공감하면서 "잘하면 될 수도 있죠"라고 하는 것이었다.

김주석은 나의 통일론을 알고 있었다. "문목사님의 통일론은 민주이자 통일이요, 통일이자 민주이지요?"라고 묻기에 "그것은 70년대의 통일론입니다. 지금은 민주와 자주와 통일, 이 셋이 하나입니다"라고 대답했더니 "나와 같구만" 하는 것이었다. 민주가 무엇이냐는 데서는 우리 두 사람의 생각이 다르다는 것은 말할 나위가 없지만 그말은 하지 않았다.

이런 말이 오고 간 다음에 나의 첫 질문이 던져졌다.

"저도 분단을 고정시키는 교차승인은 반대합니다. 그러나 통일을 전제하고 통일을 지향하는 과도기적인 단계로서의 교차승인제는 고려할 의지가 없습니까?"

이 질문에 대한 답변은 단호한 거부였다.

"교차승인이나 교차접촉은 기본적으로 두 개의 조선을 만들려는 분열주의 책동이기 때문에 절대로 허용되지 말아야 합니다. 과도기적인 단계라고 아무리 못을 받아도 그 과도기가 언제까지 갈지 누가 알겠습니까?"

그렇기 때문에 교차승인제는 어떤 형태로든 고려될 수 없다는 것이 그의 확고부동한 자세라는 것을 확인할 수 있었다.

다음으로 북쪽이 주장하는 고려연방제에 질문을 던졌다.

"북쪽이 주장하는 고려연방제는 남과 북을 두 단위로 지방자치제를 실시하여 남과 북의 현체제를 존속 공존시키는 것입니까?"

김주석은 그렇다고 대답하였다.

"군사·외교는 연방정부의 주관하에 두고 통일정부 밑에서 남과 북이 같은 권한과 의무를 지니고 각각 지역자치제를 실시하는 연방공화국을 창립하여 통일해야 합니다. 고려민주연방공화국 창립방안은 가장 현실적인 통일방안입니다."

나는 연방제가 이질화된 남과 북의 두 사회를 통일하는 불가피한 길이라는 점에 동의하면서도 구체적인 실행방법에 대해서는 다음과 같은 의견을 내놓았다.

"남과 북 사이에는 불신과 적대감이 깊을 대로 깊어졌기 때문에 연방제 통일도 단계적으로 추진하는 것이 필요하지 않겠습니까? 당분간 남과 북의 자치정부가 군사와 외교까지 독립적으로 운영하는 단계를 두고 여건이 성숙한 후 연방정부의 주도하에 외교와 군사를 점진적으로 통합해야 분단 50년을 넘기지 않고 통일을 이룩할 수 있지 않겠습니까?"

김주석은 의외로 쉽게 "단번에 할 수도 있고 협상을 통해서 단계적으로 할 수 있다"고 합의해주었다. 그러나 유엔에 한 나라로 가입한다는 것을 절대적인 조건으로 강조했다.

이렇게 하여, 지금까지 단번에 통합을 이룩하자고 꾸준히 주장해온 북한의 양보를 얻어내어 단계적 통합도 가능하다는 합의를 보게 되었다.

다음으로 내가 제기한 것은 영세중립화의 문제였다. 그는 중립화 문제에 관해서는 거의 흥분상태에서 열을 올려 강조하였다. 주체사상의 논리적인 귀결이라는 강한 인상을 받았다. 오스트리아 수상이 평양을 방문했을 때 '나는 너희들이 정말 부럽다'는 말을 했다고 거듭 강조했다.

"북쪽은 정치·군사회담이 결착되지 않은 상태에서 하는 모든 회담·협상·교류는 독일식 항구분단에 기여하기 때문에 이에 매우 소극적인 입장이라고 알고 있는데 과연 그렇습니까?"

대답은 그렇다는 것이었다.

"저도 정치·군사회담이 꼭 이루어져야 한다는 데 이의가 없습니다. 그러나 그와 병행해서 다른 회담과 교류를 적극 추진하는 것이 정치·군사회담에도 좋은 압력이 된다고 생각되지 않으십니까? 교류가 이루어지는 만큼 긴장이 풀리고 긴장이 풀리는 만큼 통일의 전망이 밝아오고 통일의 전망이 밝아오는 만큼 통일의 열기는 더 뜨겁게 달아오를 것입니다. 통일의 열기가 이미 달아오를 대로 달아오른 민중을 믿읍시다."

이렇게 말했더니 그는 "좋습니다. 병행해서 동시에 추진합시다" 하고 이번에도 쉽게 동의해주었다.

이상으로 나는 김일성 주석의 통일의지가 얼마나 뜨겁고 얼마나 확고한가를 확인하는 동시에 통일문제에 접근하는 그의 자세 또한 매우 유연하다는 것을 확인한 셈이다.

이에 용기를 얻어 팀스피리트 군사훈련과 남북회담에 관한 문제를 제기해보았다.

"저도 팀스피리트 훈련을 반대합니다. 그것이 남북회담에 분명한 지장을 초래한다고 봅니다. 그러나 한미합동으로 팀스피리트 훈련이야 하건 말건 모든 회담을 중지하지 않고 추진하는 것이 좋지 않겠습니까? 그렇게 하면 팀스피리트 훈련이 실질적으로 무의미한 것이 될 텐데요."

김일성 주석은 그것만은 안된다고 단호히 거부하는 태도를 보였다.

"그런 저자세로는 어떤 회담에도 임할 수 없습니다."

이렇게 딱 잘라 말하는 것이었다. 평화회담장에 들어가려면 피스톨을 떼어놓고 들어가야 하지 않겠느냐며 매우 불쾌한 표정을 지었다. 그래서 나는 금년 팀스피리트 훈련기간중에 보여준 북쪽의 유연한 자세가 좋았다는 말을 해주었다.

그리고 "돌아갈 때는 판문점을 경유해서 돌아가겠습니다"라고 했더니 김일성 주석은 "좋지요" 하며 비서에게 검토할 것을 지시하였다.

이어서 김일성 주석은 뜻밖에도 비서에게 4월 1일 나의 숙소를 방문할 수 있도록 일정을 잡으라고 하는 것이었다. 나는 고맙다는 인사를 건네었다.

이로써 두 시간에 걸친 회담을 마쳤다. 회담이 끝난 후 미리 준비해간 책자 가운데 나의 저서 《죽음을 살자》와 박용수 저 《우리말 갈래사전》 한 권씩을 김일성 주석에게 선물로 증정하였다.

김일성 주석과의 제1차 단독회담은 뜻밖의 성과를 거둔 만족스러운 내용이었다. 그리고 그의 의중을 거의 확실하게 알 수 있었다. 자기 대에 통일을 이루고 싶다는 확고한 뜻을 가지고 있다는 것이 확인된 셈이다. 그 뜻이 이렇듯 중대한 사항들에 그리도 쉽게 합의하게 했던 것이라고 생각된다.

회담장 밖으로 나오자 정경모·유원호·황석영 씨가 기다리고 있었다.

이들을 김일성 주석에게 인사 소개시킨 후 금강산 구룡연 그림을 배경으로 기념촬영을 하였다. 그리고는 곧바로 식당으로 가서 김일성의 항일투쟁 활동 등을 화제로 오찬을 나누었다. 오찬에는 정준기 · 윤기복 · 여연구 · 안병수 그리고 김주석의 비서 등이 동석했다. 즐거운 오찬이었다. 아무 긴장이 없는 담소가 계속되었다. 황석영 씨는 나에게 북한의 문인들과 만나고 있으며, 구월산 · 멸악산에도 가볼 계획이라고 알려주었다.

그 편지 내가 전해줄게

숙소에 돌아와서 좀 쉬다가 2시에 학생소년궁전으로 갔다. 이곳은 인민학교의 어린이들이 과외활동을 하는 곳이다. 과외활동은 세 가지로 나뉜다. 하나는 과학기술 습득이요, 하나는 예능활동이요, 또 하나는 체육이다. 전쟁놀이 같은 것은 없었다.

소년궁전 입구에서 어린이들이 환영하면서 목에 걸어준 빨간 스카프를 매고 기술교육 실태, 예능활동, 체육시설 등을 관람하였다.

참관 도중 가장 감격한 것은 '바른 말 쓰기' 소조에서였다. 어린이 셋이 '편지'라는 제목으로 촌극을 하고 있었다.

"어느 편지나 우표만 붙이면 가는데 이 편지는 우표를 붙여도 못 간단다."

"왜 그래?"

"이 편지는 광주에 계시는 할아버님께 가는 편지거든."

이때 내가 뛰어들었다.

"그 편지 내가 전해줄게. 편지만이 아니야. 너희들 광주 계시는 할아버님, 할머님 만나는 세상 만들려고 내가 왔어."

그러자 그 세 아이가 눈물을 펑펑 쏟으며 엉엉 우는 것이었다. 그 세 아이뿐 아니라 20명쯤 되는 그 소조의 아이들이 모두 울음을 터뜨리는 것이었다. 통일교육이 얼마나 철저하면, 이 어린이들까지 이렇듯 울 수 있을까 하고 느꼈다.

그러고 나서 서예반에 들렀다. 어린이들이 글씨 좀 남겨달라고 하여

'조국은 하나다. 분단 45년 3월 27일 문익환' 이라고 종이에 써주었다.

참관이 끝나고 강당에 들어가서 어린이들의 춤, 노래, 무용공연을 보았다. 이렇다 할 이념의 표현이 거의 없는 그냥 아름답고 평화롭고 즐거운 예술이었다. 숙소로 돌아오니 익준이와 순옥이가 와 있어서 같이 저녁을 먹고 이야기를 나누다가 돌려보내고 자리에 들었다.

다음날(28일)에는 김일성 주석의 생가인 만경대를 방문하였다. 만경대가 어떤 곳인가는 이미 알고 있었기 때문에 새삼스런 느낌이 없었다. 만경대에서 내려오며 남리부락에 있는 길가의 농가에 들러 농촌 살림집을 구경하였다. 외국인을 대상으로 한 관광용 가옥 같다는 생각이 들었다.

오후에는 봉수교회를 방문하여 신구교 기독교 지도자들과 환담하는 시간을 가졌다. 북한측에서는 기독교연맹중앙위원장 강영섭, 기독교연맹중앙위 서기장 고기준, 봉수교회 담임목사 이성봉, 천주교인협회위원장 장재철, 장충성당 주임신부 박경수 등이 참석하였다. 북한의 교회현황을 비롯하여 민족단합과 통일촉진을 위한 남북 기독교인의 역할 등에 관하여 대화를 나누었다.

평양의 교회는 아직 독자적으로 서는 교회도 아니고, 독자적인 목소리를 가진 교회도 아니라는 인상을 받았다. 갓 돋은 연한 움에 지나지 않는 것같았다. 정부와 교회 사이에는 아무 갈등이 없고 모든 일을 한마음 한뜻으로 잘 협력해가는 사이라는 말을 거듭 강조하였다.

그래서 내가 문제를 제기해보았다. 기독교 신앙과 유물사관 사이에도 갈등이 없느냐고. 그제야 그것이 자녀교육에서 심각하게 문제가 된다고 고백하였다. 밥상 앞에서 하느님께 감사하던 아이들이 학교에 가서 몇 해 공부하면 "수령님께 감사해야지, 왜 하느님께 감사해야 하느냐?"라는 질문을 한다는 것이었다. 교회가 독자적인 비판의 목소리를 낼 수 있어야 빛의 구실이며 소금의 구실을 할 수 있을 것 아니냐는 한마디 충고를 해주었다.

저녁에는 만수대 예술극장에서 교역자·노동자들과 함께 항일무장투쟁을 묘사한 혁명가극 '꽃파는 처녀'를 관람하였다. 북쪽에서는 불후의 명작이라고 입에 침이 마르게 자랑하는 작품인데, 괜히 길기만 하고 노랫가락도 거의 같은 것이어서 별로 감복할 수 없었다.

29일에는 남포로 가서 대동강 하류를 막은 길이 8킬로미터의 서해갑문을 보았다. 대동강을 최대한으로 활용하고 있다는 인상을 받았다.

거기서 돌아와 만수대 의사당에서 열린 조국평화통일위원회와의 회담에 참석하였다. 이때는 중국을 거쳐 이탈리아공산당대회에 다녀온 허담(조국평화통일위원회 위원장)이 북한측 수석이었다. 회담에는 허담과 조국평화통일위원회 서기장 안병수, 정경모, 그리고 나까지 모두 4명이 참석하였다.

통일문제에 관한 대화는 김일성 주석과 회담에서 논의된 내용을 재확인하는 정도였다.

다음으로는 범민족대회 추진문제를 논의하였다. 그리하여 예비 실무회담이 남한정부의 저지로 판문점에서 직접 만나 협상하는 방법으로는 실현 불가능하기 때문에 이를 성사시키기 위해 앞으로 공개서한을 통해 회담을 계속 추진하는 것이 좋겠다는 데 합의하였다.

이어서 허담 씨가 합의된 사항을 공동성명으로 발표하는 것이 어떻겠느냐고 제안했고 내가 동의하여 그 자리에서 정경모 씨와 안병수 씨가 공동성명 문안을 기초하기로 합의하였다.

이 자리에서 내가 허담에게 "돌아갈 때는 판문점으로 가겠습니다. 괜찮겠지요"라고 묻자 허담 씨는 "우리는 문목사님이 판문점을 통하지 않고 제3국을 경유해 돌아가시도록 결정했습니다"라고 말하는 것이었다.

판문점으로 귀환할 경우 미군에게 신병을 인도해야 하므로 위험이 있을 뿐만 아니라 남한당국에서 즉시 구속하게 되므로 방북 취지와 결과를 설명할 기회가 없어진다는 이유에서였다. 그러므로 제3국인 중국·일본을 경유하면서 여권 유효기간 만큼까지 기자회견, 성명서 발표, 단독인터뷰 등을 통해 방북취지와 성과를 내외에 널리 알리는 일이 필요하지 않겠느냐는 것이었다. 아울러 귀국시 처벌은 부당하므로, 구속되면 남북대화가 중단된다는 여론을 조성하여 남한정부에 압력을 넣음으로써 미리 구속을 방지해야 한다고 덧붙였다.

이야기를 듣고 보니 남북문제를 조금이나마 해결하려고 왔는데, 내 문제 때문에 남북관계가 오히려 경색된다면 본래의 의도에 어긋난다는 생각이 들었다. 그래서 "좋습니다. 그러면 북경과 일본을 경유해서 돌아가겠습니다"라고 대답하였다. 이렇게 귀로문제를 매듭짓고 회담을 마쳤다.

이날 오후에는 주체탑과 개선문, 혁명열사릉 등을 돌아보았다. 먼저 주체탑을 방문하고 그곳에 있는 방명록에 '7천만 겨레 백두산에서 한라산까지 모두모두 주인 되는 주체사상 만세. 통일염원 45년 3월 29일 문익환'이라고 서명하였다. 이어서 개선문과 평양지하철을 관람하였다. 다음으로는 김일성 주석과 함께 항일무장투쟁을 한 동지들이 묻혀 있다는 대성산 혁명열사릉과 홍명희 등 그밖의 독립운동가들이 묻힌 신미리 애국열사릉을 방문, 헌화하였다.

저녁이 되어 숙소에 돌아오니 농장에서 일하고 있다는 육촌동생 문익선(50세)과 문영묵(45세)이 찾아왔다. 함께 저녁을 먹으며 가족들의 안부를 묻고 정담을 나누었다.

30일에는 묘향산에 가서 국제친선전람관과 보현사를 둘러보았다. 우리 일행은 아침 일찍 안병수의 안내로 순안비행장에 도착하여 그곳에서 헬리콥터를 타고 묘향산 헬기 착륙장에 내렸다. 국제친선전람관은 외국인들이 김일성·김정일에게 보낸 선물을 전시해놓은 곳이다. 먼저 그곳을 관람하고 보현사에 가서 스님들을 만나 인사를 나누었다. 다음에는 순천으로 날아가서 경공업단지 건설현장을 둘러보고 평양에 돌아왔다.

다음날인 31일에는 오전을 숙소에서 쉬었다. 점심때에는 고려호텔 회전식당에서 육촌동생인 문익준·문순옥·문익선·문영묵 등과 함께 점심을 먹었다.

숙소로 돌아와 쉬고 있으려니 저녁 6시쯤에는 황해도 해주에서 연금으로 생활하고 있다는 백기완(전민련 고문) 씨의 누이(61세 가량)가 찾아왔다. 내가 평양에 왔다는 소식을 듣고는 만나고 싶다고 해서 오라고 했던 것이다. "백기완 씨는 나와 형제처럼 지내고 있다"고 알려주며 여러가지 근황을 전해주었다. 그리고 친척들에게 주려고 미리 준비해간 사진 가운데 마침 백기완 씨와 함께 찍은 사진이 있어서 이것을 백기완 씨 누이에게 전해주었다. 이야기를 나누는 도중에 육촌동생들인 문익준·문익선·문영묵·문순옥과 이종사촌 3명이 찾아와 함께 저녁을 먹었다. 식사 후에 백기완 씨 누이는 돌아가고 우리 친척끼리 모여 밤 늦게(11시 반)까지 이야기를 나누며 회포를 풀었다.

4월 1일은 김주석이 내 숙소로 오게 되어 있는 날이었다. 9시 반 정각에 그는 나타났다. 우리는 곧 회담장에 들어가 마주앉았다. 먼저 김주석이 말을 꺼냈다.

"금년 신년사에서 언급한 노태우 대통령과 김대중 평민당총재 등의 평양방문 초청은 현재도 유효하며 집단적·개별적 방문도 환영합니다. 통일은 연방제 방식에 의해 실현되어야 하며 이를 위해서는 정전협정을 평화협정으로 바꾸고 불가침선언을 채택하고 군대와 군비를 축소해야 합니다. 동시에 이산가족 내왕, 철도 연결, 금강산 공동개발을 비롯한 경제, 문화 및 인도적 문제들을 해결해야 합니다. 문목사가 판문점을 통해 귀환하는 것은 민족문제를 해결하기 위해 북쪽에 온 사람을 침략자인 미군에게 넘겨주는 꼴이 되므로 판문점을 통해 돌아가는 것은 곤란합니다."

그의 말을 듣고 나서 몇 가지 문제를 제기하였다.

"미군의 단계적인 철수를 주장하는 종전의 입장에 변함이 없습니까?"

이 물음에 그는 "변함이 없다"고 단호하게 답하기에, 그 문제는 그 이상 논하지 않았다.

다음으로 남과 북의 경제협력과 교류를 적극적으로 추진해줄 것을 강조했더니, 지난번 합의한 대로 적극 추진할 것이라고 확고한 답변을 하면서 금강산 공동개발에 관해 이런 말을 하였다.

"군사분계선 때문에 남쪽의 군부가 난색을 보이는 것같은데, 배를 이용하여 원산으로 돌아오면 되지 않겠습니까?"

또한 이산가족 문제를 제기하자, 이산가족 문제는 자유로운 민간교류가 열리면 자연히 해결될 것이 아니냐고 답변하였다. 민간교류를 활발히 할 것을 바라는 희망을 전제로 한 답변이었다고 생각된다.

이어서 나는 실현 가능한 구체적인 일들을 몇 가지 제안해보았다.

첫째, 남북한 공동국어사전 편찬사업.
긍정적인 답변이었다.
둘째, 북경 아시아경기대회에 단일팀으로 참가할 때 국가 대신 '아리랑'을 부르는 것보다는 새 노래를 지어 부르는 것이 어떤가 하는 문제.
북에서 가사를 지으면 남쪽에서 곡을 붙이고, 남에서 가사를 지으면 북에서 곡을 붙이는 것이 좋겠다고 제안하였다. 이것도 긍정적으로 받아주었다.
셋째, 남에서 출판되는 책들을 파는 서점을 북쪽 몇 도시에 여는 일.
이에 대한 응답은 긍정도 부정도 아니었다.
마지막으로 주체사상에 대한 질문을 던졌더니, 이렇게 답변했다.
"어느 나라나 다 주체사상이 있지요. 그런데 우리가 그걸 강조하는 까닭은 우리가 약소국가이기 때문입니다."
그래서 내가 주체사상을 민족주의라고 보아도 되겠느냐고 했더니, 그렇다고 하는 것이었다.
그리고 정말 하기 힘든 이야기를 꺼냈다.
"이제 주체사상은 인민에게로 강조점이 옮겨져야 하지 않겠습니까?"
배석해 있던 비서관이 순간 벌떡 일어나면서 "문목사님은 주체사상을 몰라서 그런 얘기를 하는 것입니다" 하고 소리쳤는데, 김주석은 손을 내저으며 생각에 잠기는 것이었다. 회담중 이처럼 그의 얼굴이 굳어진 것은 처음이었다.
그는 질문에 대해서 심중하고 무겁게 입을 열어 말했다.
"그렇지요. 주체사상도 인민에게서 온 거지요."
이렇게 하여 제2차 단독회담은 끝났다. 정확하게 11시 30분이었다.
이 회담에서 기록으로 덧붙여 남아야 할 일은 남과 북의 회담이야기를 하는 과정에서 김일성 주석이 비서에게 지시한 다음과 같은 내용이다.
"노태우 대통령, 김대중 총재, 김영삼 총재, 김종필 총재, 김수환 추기경, 백기완 선생 등 누구나 집단적으로든 개인적으로든 오면 만날 용의가 있는 걸 오늘 밤으로 방송하시오."

회담이 끝난 다음 오찬을 하려고 초대소 식당으로 향했다. 우리 두 사람과 정경모·유원호 씨, 그리고 김주석의 비서가 함께 오찬을 들었다. 이때에는 정준기·윤기복·여연구·황석영 등은 참석하지 않았다. 오찬은 1시까지 화기애애한 분위기 속에서 진행되었다. 주요 화제는 모란봉초대소에 묵은 적이 있는 외국원수 주은래, 수카르노 등을 김주석이 만난 이야기였다.

오후에는 외화상점에 들렀다. 정경모 씨는 우리를 돌보는(초대소에서 일하는) 남성들에게 주려고 담배를 사고 나는 여성들에게 주려고 화장품을 샀다.

4월 2일(부활절 다음 첫 주일) 우리는 장충성당 미사에 참석했다. 아침 10시였다. 신부님이 몇 번씩이나 눈물을 흘리면서 말씀의 전례만으로 미사를 간단히 끝냈다. 미사가 끝난 다음 소개를 받고 나서니 봉수교회때보다 한결 마음이 가벼웠다. 해야 할 일을 기대 이상으로 하고 난 뒤에 느끼는 홀가분함이랄까. 신구교가 하나라는 것을 실감하면서 감사하는 심정으로 인사를 겸해 소감을 말했다.

미사를 마치고 우리는 만수대 의사당으로 향했다. 의사당에 도착하여 별장 소회의실에 안내되었다.

곧이어 우리는 공동성명서에 조인하기 위해 옆방에 마련된 조인실로 자리를 옮겼다. 공동성명서 기초에는 우리 측에서 정경모 씨, 그리고 북측에서 안병수 씨가 위촉된 바 있었다. 북측 기초위원으로 위촉된 안병수 씨는 지난 3월 29일 저녁에 숙소로 나를 찾아와 공동성명서에 무엇을 어떻게 담아야 할까를 물었다. 나는 "그간 합의된 내용을 담고 의견이 다른 건 다른 대로 표시하며, 해당되는 당국에 건의함으로써 미래의 대화와 교류에 교량역할을 할 수 있다고 인정되는 내용을 담는 것이 좋겠다"는 의견을 피력하였다.

그 다음날 저녁에 안병수 씨가 공동성명을 기초해서 다시 우리 숙소를 찾았다. 그것을 토대로 정경모 씨와 함께 밤새워 문안을 고쳐 써서 공동성명서 문안을 확정하였다. 그리하여 4월 2일 드디어 공동성명서 조인식을 갖게 된 것이다.

조인식을 마치고 안병수의 안내로 부벽루 강가 선착장에서 배를 타고 대동강을 내려가다가 용악산 기슭에서 내렸다. 자동차를 타고 산정에 올라 대동강을 굽어보며 점심을 먹었다.

오후 3시에 우리는 인민문화궁전에 다달아 공동기자회견실로 들어갔다. 먼저 정준기 조국평화통일위원회 부위원장이 공동성명서를 낭독한 뒤 내가 소개를 받고 일어서서 간단한 인사말을 했다. 곧이어 기자들과의 문답에 들어갔다.

이날 저녁에는 우리 일행을 떠나보내는 마지막 결별만찬이 열렸다. 저녁 7시쯤 우리는 허담 위원장이 주최하는 만찬에 참석하기 위해 인민문화궁전에 도착하였다.

만찬에 앞서 허담 위원장이 인사말을 했다.

"남조선에서 민주화운동을 하는 문익환 목사님이 고령에도 불구하고 조국통일을 위해 평양을 방문한 데 대하여 진심으로 감사의 말씀을 전합니다. 북에 체류하는 동안 허심탄회한 대화를 나누어주어 고맙습니다."

이어서 내가 답사를 하였다.

"존경하는 김일성 주석과 직접 대화를 나눌 수 있게 해주고, 허심탄회한 회담을 갖게 해준 데 대해 감사합니다. 정말 행복하게 느끼고 있습니다."

답사가 끝난 뒤 모두들 통일을 비는 건배를 들고 식사를 시작했다. 동석자 가운데 백인준 씨가 나의 고우故友 윤동주와 연전 동기라면서, 윤동주와 잘 아는 사이로 알고 있는데 과연 그런가고 물었다. 나는 잘 아는 정도가 아니라 소학교 6학년과 세 중학을 같이 다녔다고 대답하였다. 백인준 씨는 몹시 반가워하면서 윤동주의 학창시절 모습이 담긴 흑백사진 2장을 기념으로 주었다.

4월 3일 오전, 숙소인 모란봉을 출발하여 밤 10시에 다시 숙소에 돌아오니 선물이 도착해 있었다. 풀어본 다음 도쿄로 부치기로 하고 잠자리에 들었다.

새롭게 깨닫는 분단의 슬픔

4월 3일. 출발일이다. 숙소에서 떠날 채비를 하고 있는데 오전 10시경 황석영 씨가 작별인사를 왔다며 초대소로 찾아왔다. 그와 인사를 나누며 남북합동으로 국어사전을 편찬하는 문제에 대해 김주석과 상의했으니 북한학자들과 의논해보라고 당부하였다.

숙소에서 점심을 먹고 비행장으로 출발하였다. 비행장에 도착한 것은 오후 2시 30분경이었다. 비행장에는 허담·정준기·윤기복·여연구·김용준·최덕신 등이 나와 전송해주었다. 이렇게 하여 평양에서의 모든 일정을 마치고 귀로에 오르게 되었다.

북경에는 4시 15분에 도착했다. 북경주재 북한대사의 영접을 받고 그의 차로 숙소인 건국호텔로 향했다. 차 안에서 아침 민항으로 오는 줄 알고 많은 기자들이 비행장으로 나갔다는 말을 들었다. 호텔에 내리니 벌써 기자들이 알고 들이닥쳤다. 그래서 대사관 직원들에게 부탁하여 공동기자회견을 주선해줄 것을 요청했다.

이튿날 정경모·유원호 씨와 함께 북경주재 일본대사관에 가서 전날 북경주재 북한대사관 직원들이 신청해놓은 비자 인터뷰를 실시한 후 9일간의 일본체류 비자를 받았다.

일본 입국비자를 수령한 뒤 우리는 기자회견장으로 향했다. 회견은 11시부터 12시 30분까지 중국어와 영어 통역으로 진행되었다.

오후에는 북경주재 북한대사관에서 내준 승용차를 타고 북한대사관 직원들과 함께 북경시내 고궁을 관람하였다. 저녁 6시쯤에는 북한대사관에 도착하여 북한대사 주창준이 주최하는 만찬에 참석하였다. 만찬에는 우리 일행과 북한대사 주창준, 대사관 직원 및 가족 그리고 평양에서 북경으로 우리를 안내한 북한측 요원 2명 등 10여 명이 참석하였다. 만찬에 앞서 주창준이 통일을 위해 좋은 길을 터주어 고맙다는 내용의 환영사를 하였다. 이어서 내가 간략하게 답사를 했다.

"북경에 체류하는 동안 대사관 직원들이 나서서 여러가지로 보살펴주어 고맙습니다. 저의 이러한 시작이 통일까지 연결되어 진짜 성과를 거두었으면 좋겠습니다."

만찬을 나누는 도중 대사관 직원 가족들이 김일성을 찬양하는 노래를 불렀다. 나도 일어나 '선구자'를 불렀다.

이날 밤부터 다음날인 4월 5일 북경을 출발할 때까지 도쿄주재 한국기자 및 국내에 있는 기자들로부터 숙소인 건국호텔 471호로 수시로 전화가 걸려와 그때마다 간단히 인터뷰에 응하며 평양방문의 내용과 통일문제에 대한 합의사항 등을 밝혔다.

첫째, 나의 평양행이 한국정부에 엄청난 충격을 주고 있으나 정부가 이성을 찾게 되면 나의 진의를 알게 될 것이라 확신한다.

둘째, 민간 대 민간의 대화가 트인 연후에나 실질적인 공식대화가 가능하다는 것이 내 생각이었는데, 이번에 그것이 처음으로 실현된 것은 늦은 감이 있다.

셋째, 나의 구속은 남북한의 평화정책과 대화에 도움이 되지 않을 것이며 나의 방북성과를 물거품으로 만들 것이다.

넷째, 나의 통일방안과 북의 고려연방제가 구태여 차이가 있다면 남과 북 두 단위로 한 연방제안이 북의 연방제안이고, 나의 연방제안은 도道 단위로 한 연방제안을 3단계로 밝히고 있다는 점이다.

다섯째, 내가 평양도착시 '존경하는 김일성 주석' '4천만의 뜨거운 친선을 등뒤로 느낀다'고 말한 데 대해 심한 거부반응을 보이고 있다는데 그런 사소한 문제는 왈가왈부할 게 못된다. 누가 무슨 자격으로 감히 그런 말을 하는가? 지금까지 어느 누가 통일을 위해 평양에 간 사람이 있는가? 나 하나밖에 없지 않느냐?

4월 5일 9시 50분 중국민항을 타고 도쿄로 향하였다. 공항까지는 북경 주재 북한대사 주창준을 비롯한 직원들이 안내해주었다.

북경발 도쿄행 중국민항에 탑승하자 〈한겨레신문〉·〈서울신문〉·〈조선일보〉 기자 2명이 찾아와 인사를 하며 회견을 요청하였다. 그리하여 김일성과의 회담내용을 설명하고 질문에 답변하였다.

도쿄에 도착한 것은 오후 2시 5분 곧바로 일본 NCC사무실에 갔다가 거기 강당에서 6시부터 8시까지 기자회견을 가졌다. 이 회견에서는 북경에서 가진 기자회견에서 문제되었던 연방제 통일문제가 가장 먼저 제기되었다.

통일을 향한 길에서 남과 북이 해야 할 일이 무엇이냐는 질문에 대해서는 북은 자유를 향해서 남은 평등을 향해서 궤도수정을 해야 한다는 나의 평소주장을 말했다.

다음날 오전에는 숙소인 도부호텔에서 〈한겨레신문〉의 김종철·박우정·이주익 기자 등과 회견을 가졌다.

저녁에 일본인 목사로부터 한통련이 준비중인 환영대회에 관한 유인물을 받았다. 그러나 나는 이에 대한 생각이 달랐기에 다음날 정경모 씨를 시켜 한통련 고문 배동호 씨를 불렀다. 오후 2시에 배동호 씨가 왔을 때 환영회(9일 1시로 예정)를 중지해달라고 요청했다. 조용히 이성적인 대화로 문제를 풀려고 하는데, 여기에 도움이 되지 않는다는 것이 주된 이유였다.

그날 아침에 서울 전민련 사무실에도 전화를 걸어 환영회를 중지해달라고 요청했다. 이유는 같았다.

다음날 오전 11시 30분경에는 '재일한국인 정치범을 구원하는 가족교포회'의 사무국장 김태명 등이 찾아와 정경모·유원호 씨와 호텔 식당에서 점심을 같이 먹으며 환담했다. 그리고 일본 NHK와 〈아사히신문〉 기자들과도 회견을 가졌다.

일요일인 9일 오전에는 도쿄신학교 후배인 이인하가 담임목사로 있는 가와사키시 소재 한국인교회인 사쿠라모토 교회에서 '나의 백성을 위로하라' 라는 제목으로 약 1시간 가량 설교하였다. 저녁에는 도쿄에 있는 시나노마치 교회의 특별예배에 참석하여 '평화와 복음' 이라는 제목으로 설교를 하였다.

10일에는 이원경 주일대사를 만나고자 정경모 씨를 대사관으로 보냈으나 거절당하였다.

11일에는 오후 2시부터 한국 YMCA 회의실에서 재일 한인목사 10여 명과 좌담회를 가졌다. 여기서는 북한의 기독교에 관한 이야기, 기독교와 공산주의의 관계에 관한 이야기가 많았던 것으로 기억된다.

다음날 오전 8시경에는 투숙하고 있던 도부호텔 양식당에서 〈한국일보〉 장명수 기자와 아침을 함께하면서 단독 인터뷰를 했다. 그 자리에서 나는 전민련 대표로 북한에 왔다는 사실과 진의가 왜곡되고 있어 몹시 답답한 심정이며 귀국 후 구속은 각오하고 있다고 이야기하였다.

오후 2시 30분쯤부터는 약 1시간 가량 도쿄 유락조에 있는 외신기자클럽에서 세계 주요 언론기관 기자 60여 명과 북한방문 문제에 대해 회견을 가졌다.

계속하여 오후 4시부터는 한국 언론기관의 주일특파원들이 귀국하기 전에 한번 만나자는 요청을 하여 고별회견을 가졌다. 그 자리에서 나는 남북교류는 정부간 대화를 민간대화로 보충하는 역할을 해야 하며, 김주석은 통일문제를 이룰 만큼 건강했고, 통일정책을 장악하고 있으며 통일에 대한 확신을 가지고 있었다고 이야기해주었다. 또한 정부의 사전승인이 불가능한 상황에서 길을 떠날 수밖에 없었던 고충을 양해해주기 바라며, 통일을 위해서라면 어떠한 희생도 감수하겠다는 내용의 '귀국을 앞두고 국민 여러분께'라는 제하의 성명서를 나누어주었다.

고별기자회견을 마치고 숙소로 돌아오니 나를 만나기 위해 일본에 와서 내가 묵고 있는 도부호텔에 여장을 풀었다며 이우정 교수가 기다리고 있었다.

이상으로 도쿄에서의 일정을 마치고 13일 아침 10시 노스웨스트 항공편으로 귀국길에 올랐다. 기상에서 기자들의 질문에 대답하면서 처음으로 "나는 슬프다"라는 말을 했다. 45년에 걸친 분단이 사람들을 이렇게도 비이성적으로 만들다니 슬프지 않을 수 없었다.

돌아와서 하려고 했던 일은 첫째, 이번 나들이에서 얻은 새 통찰, 새 깨달음과 확신을 여·야 정계와 국민에게 널리 알리는 일이요, 둘째, 이제 운동권의 지도력은 젊은 세대에게 넘겼으므로 나는 모처럼 일어난 통일에 대한 전국적인 관심을 북돋우며 전국민이 합의할 수 있는 구체적인 통일방안을 창출해내도록 정계와 운동권과 학계와 국민 모두의 슬기와 지식과 열의와 뜻을 모으는 일에 전심하고 싶었다.

체험기 (2)

통일 염원과 국가보안법 사이

유원호

김포공항에서 법정까지

역사적인 평양방문을 마치고 김포공항에 도착한 것이 1989년 4월 13일. 문익환 목사와 나는 비행기 안으로 뛰어든 안기부 요원에 의해 체포·연행된 후 49일간의 조사를 받고 5월 2일에 서울지검 공안1부에 의해 국가보안법 위반 등 혐의로 기소되었다.

동년 6월 26일 서울형사지법 합의10부 심리로 시작된 공판은 9월 11일 7차 공판까지 사실심리를 마치고 9월 18일 결심공판에서 검찰측은 문목사와 나에게 모두 무기징역을 구형하였다. 동년 10월 5일의 선고공판에서 재판부는 국가보안법상의 지령수수, 잠입탈출죄와 회합통신 및 금품수수죄를 적용하고 문목사에게는 찬양고무죄를, 나에게는 자진지원 국가기밀 누설죄를 추가적용하여 각각 징역 10년 자격정지 10년을 선고하였다.

1990년 2월 10일 서울고법 형사5부는 항소심 선고공판에서 문목사와 나에게 각각 징역 7년, 자격정지 7년을 선고하였고(검찰측은 1심때와 같이 무기징역을 구형), 같은 해 6월 8일 대법원(3부)은 검찰과 피고인의 상고를 모두 기각하고 원심(징역 7년 자격정지 7년)을 확정하였다.

1993년 3월 6일 문민정부에 의해 문목사와 나는 가석방되었으나 문목사는 1994년 1월 18일 확정된 형기가 끝나기도 전에(사면·복권 및 재심기회를 갖지 못한 채) 타계하셨다.

한승헌 변호사를 비롯, 서른다섯 분의 변호사가 우리의 변호를 맡아주셨다. 이 지면을 통해 다시 한번 감사드린다. 특히 3심에 이르기까지 일체의 소송업무를 도맡아 관장해주신 한승헌·박원순·박인제 세 분 변호사와 '민주사회를 위한 변호사 모임' 소속 변호사들의 노고에 마음에서 우러나오는 감사를 드린다.

누가 반통일적인가?

나는 먼저 문익환 목사님의 말씀을 여기에 옮김으로써 우리들이 감행한 방북의 의미를 되새겨보고자 한다.

검찰은 저더러 반통일적이라고 하는군요. 제가 국민의 통일열기에 찬물을 끼얹었다는 것입니다. 제가 불을 지른 통일열기에 찬 물을 끼얹은 것이 정부 아니었습니까?
검찰은 또 제가 법정에서 궤변을 늘어놓았다고 합니다. 대통령이 만나려는 사람은 북쪽의 국가주석이고 제가 만난 사람은 역적 괴수라는 게 궤변인지, 아니면 제가 만난 사람도 국가주석이라고 말하는 것이 궤변인지…… 세상엔 알다가도 모를 일이 너무 많다는 생각이 듭니다.(문익환 목사의 상고이유서 중 한 구절)

저희는 우리 민족의 모든 문제의 근원은 분단에 있다고 보는 사람입니다. 분단의 극복 없이는 어떤 문제건 제대로 풀릴 수 없다는 확신으로 살아왔습니다. 모든 문제의 해결은 궁극적으로는 통일을 지향해야 한다는 것이 저희의 소신입니다. 그러나 이 확신, 이 소신은 저희만의 것이 아닙니다. 나라와 겨레를 사랑하는 여러분 모두의 것이라고 저희는 굳게 믿습니다. (중략)

지난 3월 20일 김포공항을 떠날 때 정부의 승인을 얻어 당당히 떠날 수 없었던 것은 정말 서러운 일이었습니다. 일본, 중국을 거쳐 가지 않을 수 밖에 없다는 것도 정말 가슴 아픈 일이었습니다. 이것을 저희는 하루속히 극복해야 할 민족의 비극으로 느꼈습니다. 제 나라라고 돌아와서는 반국가적 행동을 했다는 죄목으로 조사를 받고 재판을 받게 되었다는 것 또한 슬픈 일이라 하지 않을 수 없습니다.

그래서 저희는 검찰의 조사를 마치고 나서 정부당국에 간곡히 호소했습니다. 저희의 충정은 어디까지나 분단이라는 민족모순을 극복하고 통일의 날을 앞당기려는 데 있었다는 것을 이해해달라고, 그리고 북쪽을 적으로 규정한 국가보안법만은 적용하지 말아달라고…….(중략)

그러나 정부는 기어코 저희를 국가보안법 위반혐의로 기소했습니다. 이제 저희는 법정을 정부와 겨레 그리고 한반도 문제에 이해관계가 있고 관심이 있는 세계 모든 나라들과 한반도 문제를 놓고 허심탄회하게 토론하는 마당으로 알고 담담한 심정으로 법정에 나설 것입니다.(문목사의 1994년 8월 1일자 옥중서신에서)

문익환 목사는 위 옥중서신(법정에 설 날을 기다리며)을 통해서, 이번만은 우리에게 국가보안법을 적용하지 말 것을 호소하는 까닭을 이렇게 설명하였다.

북쪽을 적으로 규정한 국가보안법을 우리에게 적용한다면, 이것은 남과 북이 모처럼 합의한 7・4공동성명의 통일의지와 통일원칙을 일방적으로 부인하는 꼴이 되며, 지금 뜨겁게 달아오르는 겨레의 통일열기에 찬 물을 끼얹어 통일을 그만큼 지연시키기 때문이라고 강조하고, 나아가 이 중대한 역사적 시점에서 대한민국 정부는 7천만 겨레의 통일염원을 배신하고 통일을 가로막았다는, 극히 불행하고 극히 불명예스러운 기록을 역사에 남기게 되므로…… 정부는 국가보안법을 적용해서는 안된다.

그러나 정부는 끝내 우리를 국가보안법으로 기소하고 말았다. 구속일부터 대법원 확정판결까지 장장 13개월 25일, 실로 파란만장한 대송사大訟事였다. 그리고 이른바 국가보안법의 악법적 위력은 참으로 대단했다. 분단의 장벽을 뛰어넘어 내 조국의 다른 한 쪽을 온 몸으로 확인하면서 우리의 통일염원이 얼마나 크고 절실한 것인지를 남과 북의 동포와 당국에 호소하는 것을 민족사적 소명으로 알고 당당하게 북한을 방문하고 돌아온 문목사 일행의 '역사적 양심'은 국가보안법의 '만용'에 의해 가차없이 유린되고 말았다.

재판의 승패는 처음부터 예정되어 있었으며, 소송 당사자간의 의사소통과 대화에 의해 실체적 진실을 형성해나가는 변증론적 과정으로서의 소송절차는 애초부터 완전히 배제된 채 재판은 일방적으로 그리고 일사불란하게 진행되었다. 안기부나 검찰에서의 수사과정을 통해 우리는 공안당국과의 엄청난 사고의 괴리를 느꼈으며, 또한 군사정권과 분단체제를 고수하려는 공안세력의 의도를 좇아 꼭두각시마냥 예정된 각본대로 '정치재판'을 강행하려 드는 공안 판·검사들과 마주앉았을 때 이 재판이 공개적인 통일논의의 마당이 되기를 기대했던 우리의 바람이 얼마나 어리석었는지를 깨달았다. 그렇다! '대화 없는 재판'! 소송 당사자간 대화가 원천적으로 성립될 수 없는 바탕 위에서 미리 짜인 각본과 시간표대로 정치재판이 일방적으로 강행되었을 뿐이다.

따라서 분단된 조국의 통일운동에 굵은 획을 그은 역사적 사건의 진실을 국가보안법의 틀에 짜맞추어 재구성해나가는 정치재판의 와중에서 우리는 표현의 차이나 왜곡에 대해 일일이 다투려 하지 않았다. 문목사 일행의 북한방문은 북한땅에서의 모든 언행이 완전히 공개되었고 아울러 남북동포의 객관적 평가를 받았으므로 사건의 전체적인 흐름이나 구체적인 사실들을 놓고 그렇다 아니다 다투고 싶지도 않았다. 우리 사건에 대한 실정법(국가보안법)의 처벌규정이 얼마나 가혹한 것인지, 과연 어떤 중형重刑이 구형되고 언도될 것인지 별로 신경을 쓰지도 않았다. 재판부 기피신청, 변호인단의 퇴장과 묵비권 행사 등 제1심공판에서의 항변과, 항소심공판의 전면거부 등 크고 작은 법정투쟁을 전개하면서 우리는 이 모든 노력이 재판결과에 전혀 영향을 줄 수 없는 무모한 헛수고라는 사실을 깨닫고, 급기야는 스스로 '정치재판의 소송 당사자'이기를 거부하고 순전한 구경꾼의 눈으로 우리 재판을 바라볼 수 있게 되었다.

우리는 크게 열린 마음으로 일체의 싸움訟事에 대응하지 않기로 작정했다. '싸움은 이기는 것만이 능사가 아니라 지는 것이 곧 이기는 것'이라는 고사故事의 가르침을 담담하게 받아들였다. 쉽게 지면서도 어느덧 이겨버리는 이른바 승패의 변증법을 터득하는 것이다. 강물이 낮은 데로 흘러 결국 바다에 이르는 원리대로 재판에서는 지더라도 결국 역사에서는 이긴다는 확신을 갖게 되었다.

이점을 극명하게 밝히기 위해서 나는 대법원에 제출한 상고이유서에서 우리 두 사람에 대한 재판의 오류를 이미 지적한 바 있기에, 그 내용을 요약, 발췌해가면서 역사의 진실을 밝혀두고자 한다.

국가보안법 위반사가 곧 민주통일운동사

일제시기 치안유지법 위반사건의 역사를 뒤집어놓으면 바로 독립운동사가 되듯이 이 시대의 국가보안법 위반사가 바로 정당한 민족통일운동사라는 평가를 후대 역사가들이 내릴 것임에 틀림없습니다.(이화여대 한인섭 교수)

이말은 오늘날 국가보안법 위반으로 국가권력에 의하여 탄압받고 학대받는 수많은 사람들이 얼마나 민족적 정당성 위에 서 있는가를 상징적으로 대변해주고 있다.

우리는 반민주악법 서열 1위로 국가보안법을 꼽고 있다. 그것은 자유민주주의를 보호하기 위한 체제수호법이 아니라 자유민주주의의 본질을 훼손하면서까지 군사독재 체제를 유지하기 위한 통치기술법으로 작용해왔기 때문이다.

1948년 민족분단의 산물로 태어난 국가보안법은 그 이후의 우리 헌정사에서 자유로운 통일논리와 남북간의 화해노력을 실질적으로 봉쇄하고 남북간에, 심지어는 남쪽 내부에서조차 적대와 증오감을 조성하는 분단의 법제, 증오의 법제로 기능해왔다. 이법이 명분으로 삼았던 경직된 안보논리, 냉전이데올로기의 무분별한 확산은 정치권력에 대한 비판과 사회경제적 변혁의지, 민중의 생존권적 요구, 사상과 양심 · 언론 · 학문의 자유 일체를 억압하는 정권안보의 도구로 구실해왔을 뿐이다.

　장장 32년간 지속된 오욕의 군사통치체제하에서 국가보안법은 온 국민에게 공포와 침묵을 강요하고 체제에 저항하는 모든 민주세력을 탄압하는 '합법적' 독재의 수단으로 군림하면서 특히 정치적 격변기일수록 독재자들은 잔인하리만큼 가혹하게 이법을 확대적용해왔다.

　공안사건에 관한 한 피의자는 인간으로 대접받기를 포기해야만 했다. 인간이기 때문에 천부의 인권으로 승인된 신체와 양심의 자유마저 이들 공안사건 피의자들에겐 철두철미 배제되었다. 불법연행, 장기구금, 고문에 의한 불법수사는 관행으로 굳어졌고, 법원조차 인권보장의 최후보루로서의 기능을 포기한 채 공안사범에 대해서는 일사불란한 공동전선을 구축하기에 이르렀다. 마치 '나치' 12년의 독재처럼 우리는 5 · 6공 군사독재를 겪으면서 '악법도 법'이라는 법실증주의의 논리를 학습받아왔던 것이다.

　19세기 말 제기된 이른바 법실증주의는 '극악한 법률도 그것이 형식적으로 바르게 제정되었다면 구속력 있는 것으로 승인되어야 한다'는 논리로 절차적 정당성만 있으면 법의 내용은 묻지 말자고 주장하였다.

　그러나 군사독재정권의 실정법 추종자들은 절차의 정당성도 묻지 말라는 것이었다. 로마에서 타는 불이나 모스크바에서 타는 불이나 불은 불이듯, 악법이든 무슨 법이든 법률이라는 이름의 옷을 걸쳐입은 것이면 다 같이 법이라는 논리이다. 법실증주의자들은 정의의 기준이 입법자의 힘일 뿐이라고 주장한다. 그 입법자가 폭군이건 독재자이건 불문한다. 법관도 법과 양심에 따라 재판해서는 안되고 오직 실정법률에 따라서만 재판해야 한다. 양심의 눈으로 그법의 내용을 의심하거나 적용을 주저하지 말고, 마치 광신자처럼 그 법률에 맹종해야 한다. 바로 실정법 속에 영도자의 확고한 의지가 나타나 있기 때문이라는 것이다.

악법을 통치와 억압의 도구로 사용하던 '실정법적 불법'의 현실을 우리만큼 몸서리치게 체험한 국민이 또 있을까. 우리도 이제, 법률은 그것이 단순히 법률이기 때문에 효력을 갖는 것이 아니라 더 높은 다른 기준에서 그 효력을 증명받았을 때 참된 효력을 갖는다는 사실을 깨달아야 한다. 즉, 법률은 그것이 사회적 이익의 정당한 조정과 인간의 존엄성에 충분한 보장수단이 될 때 정의의 기준에 알맞은 내용을 획득하게 된다는 사실이다. 법률이 적나라한 폭력과 인간학대의 도구로 변하면 더 이상 정의로운 법일 수 없다는 새로운 깨달음이다. 이러한 효력을 제시해줄 법률 이외의 정당성을 법률이 갖지 않을 때 누구도 그 법률에 대해 복종해야 할 의무를 지지 않는다고 할 것이다.

국가보안법은 폐지되어야 한다

문익환 목사는 평양방문 귀국길에 일본에서 가진 내외신 기자회견을 통해 국가보안법은 비극적인 민족분단을 법제화하고 통일을 저해하는 냉전시대의 유물로 악법 중의 악법이라고 단정하고 '악법은 어기면서 부셔버려야 한다'고 일갈一喝했다. 냉전 이후 세대인 임수경 양도 평양에서 기자들에게 '귀국 후 감옥에 가는 것을 두려워하지 않는다. 한국에서는 감옥에 가는 것이 죄가 아니며 나는 이를 자랑스럽게 여길 것'이라는 소신을 밝혔다.

문규현 신부, 서경원 의원, 작가 황석영 씨 등 1989년 그해에 이어진 방북사건의 주역들 모두가 통일을 가로막는 국가보안법의 고정관념의 틀을 깨뜨리기 위해서 의도적으로 국가보안법을 무시하고 북한을 방문한 확신범들이다. 국가보안법의 반인륜·반민주·반통일적 악법구조에 분연히 대항해서 온 몸과 온 인격으로 저항한 양심수들임에 틀림없다. 이들의 잠재의식 속에는 통일의 열망과 민족의 화해에 대한 원초적 욕구와 희망이 깔려 있었으며 이러한 그들의 확신과 양심은 냉전시대의 지배이데올로기를 완전히 뛰어넘고 있었다.

이제 우리는 우리나라에서 가장 무겁고 또 가장 무섭다는 정치입법의 대표격인 국가보안법의 규범력 누수현상에 관해 심각하게 반성해야 할 법 정책상의 과제를 안고 있다. 왜냐하면 규범력 누수현상은 이미 규범과 현실 사이의 괴리가 넓어지고 있다는 증거이기 때문이다.

그러한 괴리를 좁히는 일은 규범 스스로 현실을 따라가는 방법으로 조정하는 것이 순리이지 현실을 규범에 얽어매는 것은 현재의 국내외 정치상황과 의식의 전환속도에 비추어 무리라고 생각된다. 그러므로 시대상황의 변화에 따라 국가보안법이 모순에서 벗어나는 것이 오히려 법정책적으로 바람직하다는 생각에서 국가보안법의 완전폐지론을 긍정한다.

이제 '국가보안법시대'는 완전히 물러가야 할 때가 왔다. 역사의 무대에서 악역惡役 노릇을 끝내고 막을 내릴 때가 온 것이다. 지난 시대 우리 사회의 각 분야가 반공의 그림자와 국가보안법의 우세 밑에 주눅들어 고난과 좌절, 폐쇄와 퇴행 속에 갇혀 지내던 온갖 불행이 더 이상 지속되어서는 결코 안될 일이다.

국가보안법은 시대상황의 변화에 따라 이제 그 존재기반을 상실했고, 국가보안법이 정부의 대북한 정책과 괴리되어 국민의 통일관과 안보관에 오히려 혼란을 초래하고 있으며, 국가보안법 규정에는 추상성·광범성·불명확성이 짙은 조항들이 들어 있어 적용자의 자의가 개재할 위험이 많을 뿐만 아니라, 정치적 자유와 시민의 각종 기본권을 침해하는 수단으로 남용된 선례들에 비추어 완전히 그리고 하루속히 폐지되어 마땅하다.

민주주의사회에서 법은 인간을 위해 봉사하며 인권보장을 위한 의미를 담고 있는 것이지 지배계층의 고정관념이나 안정을 위해 개인의 인권을 침해하는 것일 수 없다. 비록 다수의 이익을 위한 것일지라도 개인의 자율성과 창의성을 박탈하거나 과도하게 제약하는 법은 정당성을 갖지 못한다. 정당성을 의심받거나 시대에 뒤떨어진 법은 민주발전을 위해 빨리 개폐되어야 한다. 그렇지 않으면 법은 국민의 자유를 얽매는 함정일 뿐이다. 그것이 덫에 불과할 때 시민의 법에 대한 불복종이 오히려 정당성을 획득한다.

민족적 불행은 지난 시대의 뼈아픈 경험만으로 족하다. 더이상 우리 민족의 진취성과 에너지가 국가보안법이라는 좁은 틀 속에 갇혀 소모되고 학대받고 고통받아서는 안된다. 조국의 현실과 전망에 대한 백화제방의 논의가 용솟음치고 그 바탕 위에 민족통일의 열기와 설계가 이루어져야 한다. 진실로 국가보안법의 시대는 가고 민족통일의 시대를 열어야 할 때가 온 것이다.

국가보안법의 위헌성과 관련하여

'문익환 등 밀입북사건'이라는 제목의 공소장과 서울형사지방법원 제30부의 판결문은 공히 그 모두에서 문목사 일행이 방문한 휴전선 이북에 실존하는 정치적 실체를 '공산집단이 정부를 참칭하고 국가를 변란할 목적으로 불법조직한 반국가단체'로 단정하고 있다.

그러나 휴전선 북방에 존재하는 정치적 실체를 '북한 공산집단이 정부를 참칭하고 국가를 변란할 목적으로 불법조직한 반국가단체'라고 매도하는 이론이야말로 한때 냉전시대의 맹목적 반공이데올로기에 근거한 법률적 허구일 뿐 객관적 진실과는 거리가 먼 이론이다.

① 우선 우리의 제6공화국 헌법은 그 전문에 조국의 평화적 통일에 대한 전국민적 사명을 부여하고 있는 점과 대통령이 평화통일을 위해 성실히 노력해야 한다는 선서조항을 두고 있는바, 이것은 북방지역에 있는 이른바 '적의 영토'는 우리 영토가 아니라는 것을 사실상 전제하고 있다.

② 국가보안법에서의 '반국가단체' 법이론은 헌법 제3조, 즉 '한반도 전체가 대한민국의 영역이기 때문에 휴전선 이북의 어떤 정치집단도 불법집단이거나 반국가단체이다'라는 것에 근거하고 있다. 그러나 국제법적 대원칙에서 살펴볼 때 국가의 영토는 국가권력이 미치는 데서 끝나는 것이다. 현실적으로 우리의 휴전선 북방은 대한민국의 국가권력이 미치지 못하는 것이 엄연한 사실이다. 해방과 동시에 한반도는 38도선으로 분할

되었기 때문에 불행하게도 '반국가단체'가 지배한다는 북녘지역에 대해서 대한민국은 통치권을 행사한 역사적 사실이 없는 것이다.

③ 한반도의 남쪽에는 '대한민국'이 북쪽에는 '조선민주주의인민공화국'이라는 두 개의 국가가 세워진 후 40여 년간, 양쪽 정부의 실체는 국제사회에서 실존해왔다. 실제로 북쪽정부를 승인하고 외교관계를 수립하고 있는 나라가 100여 개국에 이르고 있으며 따라서 북한을 '반란단체'라 하여 북한을 승인한 국가와의 불수교 및 수교단절을 고수하던 60년대의 이른바 '할슈타인 원칙'은 이미 백지화된 지 오래이다. 그 결과 우리 대한민국 정부는 북한을 승인하고 있는 100여 국가 중 70여 국가와 동시수교하고 있다.

④ 박정희 정권에 의한 이른바 '통일 원칙에 관한 남북공동성명(1972년 7월 4일)은 남북한 당국간의 최초의 사실적 상호승인이라 하지 않을 수 없다.

⑤ 1980년 이래 지금도 추진중에 있는 '남북한 총리회담'은 그 명칭이 말하듯이 주권국가 정부간의 회의임을 전제하고 있다.

⑥ 우리 정부의 주장과 노력에 의해서 남북한의 유엔동시가입이 이루어졌다. 주권국가만이 회원국으로 가입할 수 있는 유엔기구에 함께 가입하자고 독촉한 것은, 북한을 '불법조직된 반국가단체'로 보면서 동시에 국제사회에 동참하자는 것은 아니었을 것이다.

⑦ 우리 행정부와 국회는 1985년부터 '남북국회회담' 개최를 추진중이다. 국회는 이른바 '반란집단'의 기관이라고 할 수 없다.

⑧ 남북한 당국은 지금 쌍방 국호를 사용하고 있으며 전두환 전대통령이나 노태우 전대통령은 '남북최고책임자회의' 또는 '남북영수회담'을 제의하면서 '김일성 주석'이라는 국가원수의 호칭으로 거듭 제의하고 있다.

이와 같은 몇 가지 사례는, 북쪽 영역을 지배하고 있는 실체를 국가보안법에서 주장하고 있는 이른바 '반국가단체'나 '반란집단'이 아니라 조국의 통일을 성취시키기 위해 대등한 관계에 서서 상호신뢰를 바탕으로 노력하고 있는 당사자로서 인식하는 것이라는 게 올바른 객관적 진실이라고 사료된다.

따라서 북한의 경직된 체제를 비난만 하고 있을 게 아니라, 우리가 먼저 엄연한 실체적 정부로 존립하고 있는 북한을 '정부를 참칭하고 있는 반국가단체'로 규정하고 있는 국가보안법을 없애는 일부터 단행해야 할 것이다. 이법을 그대로 둔 채 '남북 동반자' 관계를 역설한 7·7선언은 등 뒤에 총칼을 숨기고 화해의 악수를 청한 것이나 다름없다.

정경모 씨는 누구인가

문익환 목사의 북한방문에 동행한 정경모 씨는 '반국가단체의 공작원'이거나 '반국가단체나 그 구성원으로부터 지령을 받은 자'가 아니다.

정경모 씨는 재일 지식인의 일원으로 일본 언론계에 '한국문제 전문기고가'로 널리 알려진 사회평론가로서, 그 동안 박정희·전두환 역대정권의 실정·비정을 비판, 조국의 민주화운동에 이바지하였을 뿐 아니라 일본에서의 한국인 지위향상 등 인권신장을 위해서도 크게 공헌한 민족주의자이다.

그럼에도 불구하고 그가 1989년 1월 초 문익환 목사 방북을 위한 북한 당국과의 '사전 교섭'차 평양을 방문했다는 이유만으로 그를 이른바 '반한 인사'로 매도하고 나아가 '반국가단체의 공작원' 또는 '반국가단체나 그 구성원으로부터 지령을 받은 자'로 단죄하는 것은, 과거 불행했던 유신·군사독재체제에서 반정부활동을 해온 해외 민주인사들을 모두 친북경향으로 몰아붙이고 또한 해외동포들의 민주화운동단체들을 일방적으로 북한의 전위조직으로 단정해온 역대정권하에서의 불법적 작태를 그대로 답습하였다.

또한 정경모 씨를 '반국가단체나 그 구성원으로부터 지령을 받은 자'로 예단하고, 그 논리를 전제해 작성한 공소내용과 제1심 판시내용을 전면적으로 부인·불복치 않을 수 없다.

원심은 정경모 씨가 "일본에 거주하면서 한때 반국가단체인 재일한국민주회복통일촉진국민회의(이하 한민통) 구성원으로 활약하다가……"라고 판시하면서 그가 한민통 구성원으로 장기간 활약한 것처럼 표현하고 있으나, 정경모 씨는 한민통 창설 직후 바로 그 단체에서 제명(탈퇴가 아님)되었으므로 그 구성원으로 장기간 활약하였다고 함은 사실을 오인하고 있음에 기인하는 것이다.

또한 "……계속하여 반한 문필활동을 벌여오다가……" 하는 사례를 들며 마치 그가 문필활동을 통해 대한민국의 국체를 부인하거나 비방하는 듯한 '반한국적 문필활동'을 해온 양 판시하고 있으나, 이도 사실과 다르다. 그의 문필활동에 나타난 글의 대부분은 박정희·전두환 정권의 이른바 유신·군사독재체제를 비판하고 조국의 민주화를 촉진시키는 글이 그 대종을 이루고 있을 뿐, 이른바 국체를 부인하거나 비방하는 '반한국적 문필활동'이라 할 수는 없다.

또 원심은 정경모 씨가 "1986년경부터 여운형의 추모식을 거행하면서 북한의 조국통일민주전선 의장 여연구와 연계되어 활동하여오던 중……" 하고 예시하면서 마치 1986년 이래 여연구 씨와 연계된 것처럼 표현하고 있으나 이는 사실과 다르다.

정경모 씨가 1986년부터 계속하여 매년 일본에서 여운형 씨의 추모식 겸 강연회를 개최해온 것은 사실이나 1988년 9월 여연구 씨로부터 '감사전문'을 받기 전까지는 전혀 여연구 씨와 '연계된 사실'이 없으며 이는 여연구 씨가 정경모 씨에게 보낸 '감사전문'의 내용을 보더라도 그 사실이 입증되고도 남음이 있으리라 생각된다. 따라서 '여연구와 연계되어 활동하여오던 중' 하는 판시도 또한 실체적 사실을 잘못 오인하고 있는 것이다.

계속하여 원심은, '한편 피고인 유원호는 위 정경모가 반국가단체 또는 그 구성원의 지령에 따라 피고인 문익환을 방북시키려 한다는 사실을 확정적으로 또는 적어도 미필적으로나마 인식하면서 그와 의논끝에 상 피고인 문익환을 입북시키기로 합의하고……' 라고 판시하고 있는바,

① 나는 문익환 목사의 북한방문이야말로 조국의 통일을 앞당기는 과업의 실마리를 풀어보고자 하는 애국적 충정에서 이뤄지는 '통일이념의 자구적 실행행위'로 확신하고 목사님을 수행키로 결심하였고, 나아가 문목

사 방북 거사를 성공적으로 이룩하기 위해 정경모 씨와 적극 협력하였을 뿐…… 그 추진과정에서 정경모 씨를 이른바 '반국가단체 또는 그 구성원으로부터 지령을 받은 자'로 생각해본 일이 추호도 없으며 또 '……문익환 목사를 입북시키려 한다'는 것을 확정적으로 또는 적어도 미필적으로 인식하고 행동한 일은 전혀 없다.

② 하물며 정경모씨를 '○○○으로부터 지령을 받은 자'로 추호도 생각해본 일이 없는 내가 어떻게 '○○○를 입북시키려 한다'는 정을 인식할 수 있겠으며, 나아가 어떻게 '반국가단체 또는 그 구성원으로부터 지령을 받은 자'를 '이롭게 한다'는 인식인들 가질 수 있겠는가?

③ 따라서 원심판시 각 항에서 지칭하는 위법성, 즉 '반국가단체 또는 그 구성원으로부터 지령 내지 요구를 받고 이를 수행하기 위하여 위법하게 행동하였다'는 모든 판시내용은 재판부가 실체적 진실을 오인하고 법리를 잘못 해석하는 데 기인하는 것이라 항의하는 바이다.

자진지원 국가기밀누설죄와 관련하여

원심은 '자진지원 국가기밀누설죄'와 관련하여 '국가기밀'이란 ① 그것이 반국가단체에 대하여 기밀로 하거나 확인되지 아니함이 대한민국의 이익을 위하여 필요하다고 생각되는 모든 정보·자료를 뜻하며, ② 순전한 의미에서의 국가기밀에 한하지 아니하고 정치·경제·사회·문화 등 각 방면에 관한 기밀사항이 모두 포함되며, ③ 그 내용 사실이 대한민국에서는 자명하고도 당연하여 상식에 속하는 공지의 사실이라고 하더라도 그것이 반국가단체에는 유리한 자료가 되고 우리에게는 불이익을 초래할 수 있는 것이면 국가기밀에 속하는 것……이라 정의하고, 또한 ④ '그들을 지원할 목적'은 행위자에게 그 상대방을 지원하여 이롭게 한다는 인식이 있음으로 족하고 그 상대방을 이롭게 할 것을 의식하거나 희망할 것까지를 요구치 않는 것이라고 그 법리를 해석하고 있다.

무릇 국가기밀은 마땅히 보호되어야 할 가치가 있는 내용에 한정되어야 합니다. 날마다 국민에게 배포되고 있는 신문 자체가 이미 방대한 국가기밀을 담고 있는 터에 공지의 사실까지 국가기밀에 포함시킨다면 실제에 있어 이른바 '간첩죄'의 적용을 받지 않을 사람이 누가 있겠는가? 국가기밀은 특별히 보호되어야 할 가치가 있는 군사상 중요한 기밀에 한정되어야 하며 따라서 기밀의 범위를 한정하지 않은 '국가보안법'은 법률로서 그 논리를 잃고 있으며 대법원 판례도 하루속히 변경시켜야 마땅하다고 생각한다.

원심은 대법원 판례의 법리에 따라 '전민련에 관한 사항은 국가기밀에 해당되고…… 전민련의 조직체계와 구성원 등에 관한 사항이 위 정경모에게 알려짐으로써 그의 방북추진 활동에 유리한 자료가 된다는 정을 알고 있었다……'라고 판시하고 있는바, 이야말로 실체적 진실을 잘못 인식하고 있는 것이고 나아가 그 법리해석도 잘못될 수밖에 없는 것이라 주장하면서 아래와 같이 반론코자 한다.

① 공소장 및 제1심 판결문에 내가 정경모 씨에게 '누설'하였다는 '국가기밀'과 연관되는 대화내용이 기재되어 있다. 그 대화내용에서 도대체 어느 구절은 대화가 구체적으로 또 명시적으로 '국가기밀'에 해당되는 부문이고 나아가 그 부문이 왜, 또 어떻게 해서 국가기밀일 수밖에 없다는 객관적이고 논리적인 법리해석이 선행되어야 함에도 불구하고 원심은 일언반구의 설명도 없이 무조건 '위 전민련에 관한 사항은 국가기밀에 해당한다고 할 것이며……' 하고 단정하고 있어 실로 납득키 어렵다.

② 원심은 또한 '문목사가 고문인 전민련 조직체계 및 구성원에 관한 사항이 정경모에게 알려짐으로써 그의 방북추진활동에 유리한 자료가 된다는 정을 알고 있었다고 할 것이므로'라고 판시하면서 유죄판시의 근거로 삼고 있는바, 공소장 및 제1심 판결문에 기재되어 있는 '대화 내용'이 과연 판시문안처럼 '전민련 조직체계 및 그 구성원에 관한 사항'이라고 거창하게 명명할 수 있는 그런 국가기밀에 해당되는 내용인지 전혀 납득할 수 없다.

또한 이러한 대화내용이 '정경모를 이롭게 한다는 정을 알면서……'라고 원심은 판시하면서, 나에게 '확정적 내지 미필적 인식이 있는 것'으로 판시하고 유죄의 근거로 삼고 있으나 정경모 씨를 '반국가단체의 지령을 받은 자'로 생각해본 적이 전혀 없는 내가 '……그를 이롭게 한다……'는 인식을 지닐 수 없음은 너무도 자명한 일이다.

이점과 관련하여 1990년 4월 2일 헌법재판소는 국가보안법 제7조에 대한 위헌성을 판시하는 결정문을 통해, '모름지기 반국가단체를 이롭게 한다는 것은 구체적·객관적으로 이익이 될 수 있게 하였다는 자명한 증거를 필요로 하는 것이고 단순한 추상적으로 이익이 될 수 있다는 개연성만으로 처벌하는 것은 엄격히 따져 위헌'이라고 판시하면서, '반국가단체를 이롭게 한다는 것을 인식하거나 또는 이익이 될 수 있다는 미필적 인식만 있으면 처벌할 수 있다'는 지금까지 국가보안법을 폭넓게 해석해온 대법원 판례는 '엄정제한 해석을 전제로 할 때에만 합헌'이라는 결정을 내린 바 있다.

이와 같은 모든 정황에 비추어 내가 이른바 '……의 지령을 받는 정경모'를 이롭게 한다는 정을 알면서 '……국가기밀을 자진하여 누설'하였다는 나에 대한 자진지원 국가기밀누설죄의 유죄판결은 재판부가 실체적 진실 파악을 외면, 오해하고 나아가 그 법리를 잘못 적용하는 데 기인하는 것이라고 감히 주장하는 바이다.

맺음말

하나님은 '르호보암' 이래 남왕국과 북왕국으로 갈라져 다투고 있던 이스라엘 백성들에게 "두 막대기에 각각의 이름을 쓰고 이 둘을 붙여 한 막대기로 만들어라"라고 말씀하셨다. 통일은 반으로 갈라져 역겨운 우상들을 섬기고 몸을 더럽히는 죄악으로부터 해방되는 길이며, 그것은 바로 하나님과 영원히 깨지지 않을 평화의 계약을 맺는 과정이어야 한다.(《구약성서》 에제키엘 37장 17~26절)

한반도에서 분단의 고통을 극복하고 하나 되고자 하는 민족적 염원이 분출되고 있을 때 문익환 목사 일행이 꿈에 그리던 조국의 나머지 한 쪽을 45년 만에 밟고 그곳 형제들과 부둥켜안고 통일을 앞당기는 과업의 실마리를 풀어보고자 한 몸의 안일을 버리고 고행의 길을 다녀왔다. 나라와 겨레를 사랑하는 애국충정과 민족통일이라는 간절한 염원 그리고 강고한 의지를 행동으로 나타낸 우리들 모두의 꿈의 표출이다.

나는 혈육을 같이하는 동포의 일치와 구원을 위해서라면 나 자신이 저주를 받아 그리스도에게서 떨어져나갈지라도 조금도 한이 없겠습니다.(《신약성서》 로마서 9장 3절)

우리는 그리스도교를 믿는 신앙인으로서 먼저 분단의 장벽을 허물기 위해 '빛과 소금'으로서의 역할을 다하지 못하고 분단에 안주해온 과거를 하나님과 민족 앞에 참회하면서 동족간의 불화와 갈등으로 남북이 서로 원수같이 대적해온 불행한 분단사에 종지부를 찍으려는 정치적 결단과 함께 북녘땅에 하나님의 복음을 전하려는 선교적 사명을 걸머지고 하나님의 뜻과 섭리에 따라 북한을 방문했다.

그리스도적 사랑으로 '모든 이가 하나 되기를 바라는'(《신약성서》 요한복음 17장 21절) 우리들의 간절한 기도가 하나님의 큰 뜻과 하나 되는 섭리로 우리의 통일염원이 90년대에는 기어이 성취되리라 확신한다.

우리는 무죄이다. 권력의 법정보다는 겨레와 역사의 법정에서 우리들 행동에 대한 책임을 묻고자 한다. 역사는 언젠가는 오늘의 재판을 다시 심판할 것이다.

자료

문익환 목사 옥중 접견록

문익환 목사의 방북사건은 올 봄 한국사회에 심대한 충격파를 던졌다. 이 사건은 우리에게 통일문제에 대한 체계적이고도 실천적인 성찰을 시급히 요구하고 있다. 문목사는 현재 안양교도소에 구속, 수감돼 있다. 당국은 이미 이 사건에 대한 조사결과를 발표했다. 그는 최근 변호사들을 2차에 걸쳐 접견했다. 여기, 그가 털어놓은 사건의 알려지지 않은 측면과 이면의 부분까지 담고 있는 변호사 접견록을 입수, 재정리해 소개한다.

(편집자 주)

1차 접견

문목사의 1차 변호사 접견은 지난 4월 22일 오후3시 중부경찰서에서 있었다. 한승헌·박원순·박용일·이경우·천정배·조승형·박병일 변호사가 참석했다. 이 자리에 10여 명의 수사요원이 합석해 처음부터 실랑이가 벌어지기도 했으나 접견은 그대로 진행됐다.

— 방북 기간중 국내상황을 알고 있었나.

보도내용을 북한에서 소상히 알고 있었다. 누가 어떤 발언을 했는지까지 상세히 알 수 있었다. 그러나 다시 말하지만, 나는 정말 우리 정부가 승리하도록 노력했다. 이 정부를 무시하려 하지 않았다. 가능한 방법으로 승인을 구하려 노력했다. 한국의 관변측도 알 정도였다고 생각한다.

- 사전에 김대중 평민당총재를 만난 데 대해서.

두 번 만났다. 처음 올림피아 호텔에서 만났을 때 북한에 가는 문제를 그에게 물을 생각이 없었다. 이미 가기로 마음을 정해놓고 있었기 때문이다. 다만 국가원수 만났을 때 의전상의 문제도 알아보고 야당 정치인으로서 통일문제를 어떻게 보는지 한번 읽어볼 생각에서였다. 아무튼 김총재는 좋지 않다고 생각하나 결정은 본인이 하고 또한 정부의 양해를 받도록 하라고 얘기해줬다. 안기부장이나 통일원장관을 만나는 게 좋겠다는 얘기도 했다. 그러나 말 꺼내는 것 자체가 못 가는 것이므로 실제로 접촉하진 못했다. 3일 후 다시 만났을 땐 이미 전민련내에서도 여럿이 안 가는 게 좋겠다는 의견도 있어 사실 안 갈 생각도 하면서 만났다. 주로 중간평가 연기문제를 놓고 격론까지 벌였다.

- 그후 어떻게 됐나.

동경에 가보니 이미 이 문제가 널리 누설돼 있었다. 원래 10일 정도 머무르면서 호근(아들)이와 합류할 예정이었으나 일이 급박하게 되었다. 바로 중국으로 떠나게 되었다. 내 생각으로 이원경 대사와 점심이라도 해가며 양해를 구할 생각이었으나 그러지 못했다. 편지라도 띄워야겠다고 정경모 씨에게 써주며 보내라 했는데 그가 정신없이 잊어버리고 떠나는 바람에 북경에서 부칠 수밖에 없었다.

- 평양 도착성명은 어떻게 발표했나.

비행기 안에서 필요할 것같다는 얘기가 나와서 정경모 씨에게 초안을 잡도록 했다. 내가 많이 수정했는 데도 내용을 충분히 검토하지 못했다. 나는 처음부터 남한도 북한도 비난할 마음을 갖지 않고 떠났다는 점을 얘기하고 싶다.

― 초청장에 대해서 설명해달라.

북한으로부터 연초에 온 초청장은 통일원의 구모 씨로부터 직접 전달받았다. 원본을 지금도 가지고 있다. 회수요청도 없었다.

차이점 전제하고 임했다

― 공동성명이 이루어지기까지의 과정은.

경제·사회의 다른 점에 대해 전혀 얘기하지 않았다. 차이점은 처음부터 전제된 것이었다. 그러나 그것은 생각보다 더 심각하다는 것을 알았다. 결국 양 체제의 차이를 공존시키는 통일 이외엔 방법이 없다는 것이 내 생각이며 그것이 바로 연방제통일안이다. 이러한 전부터의 내 생각을 굳히고 돌아왔다. 문제는 통일에 이르는 과정인데 여기에 서로간 의견의 차이가 있었다.

김일성 주석은 나의 1단계 방안(일종의 체제연합안)까지는 쉽게 인정했으나, 정치군사회담의 병행을 주장하는 내 방안에 대해 이를 우선시켜야 한다는 그의 주장을 크게 내세웠다.

결국 이를 병행하기로 동의를 받은 것이 성과라면 성과이며 이는 우리 정부의 논리도 같다고 생각한다. 그러나 김주석은 통일의 전제 또는 과정으로서의 교차승인은 단호히 거부했다. 또 회담과 교류가 다방면으로 진행되면 통일열기가 치솟을 것이니 팀스피리트 등에 구애받지 말고 한걸음 더 나가자는 제의에도 단호히 거부했다. 그는 팀스피리트는 회담장에 피스톨을 갖고 들어가는 것이 아니냐며 그같은 저자세로는 통일이 될 수 없다고 단언했다. 나는 많은 얘기를 했으나 너무 깊이 들어가지는 않으려 했다. 우리의 책임부서에 대한 월권이 될까 염려됐기 때문이다.

― 변호인들에 대한 요망사항은.

우선 북한에 나 때문에 남북교류가 중단되지 않도록 모든 회담을 진행시켜달라는 뜻을 전해달라. 나는 북한에서 판문점을 통해 들어오고 싶었지만

나 때문에 남북이 경색되기를 원치 않아 이를 포기했다. 다음으로 국민 여러분께 심려를 끼쳐 죄송하다고 전해달라. 정부의 승인을 못 받은 점은 불가피한 것으로 안타깝게 생각한다. 문제가 된다면 응분의 책임을 지겠다. 또한 이 기회에 남북대화와 통일에 대한 국민열기가 높아지기를 바란다.

— 정부측에선 대북 '창구1원화'를 주장하는데.

나는 여기에 대해 원래 반대다. 관 주도로 지난 45년 동안 도대체 뭘 했는가. 이해관계 없는 민간교류를 통해 남북을 터줌으로써 합의의 길을 열어주는 게 순서다. 북한에서의 나의 서명은 법적 효력은 없으나 이를 구체화하고 효력을 갖게 하는 것은 정부가 할 일 아닌가.

내가 정권적 욕심이 없으니까 단 2시간 만에 중요사항을 타결한 것이 아닌가. 나는 시종 투명한 유리장 속에 있었다. 모든 것을 공개했다. 기억을 못할망정 숨길 게 없도록 행동했다.

뜨거운 포옹 관행인 줄 알아

— 김일성 주석과 뜨겁게 포옹하는 장면이 자주 TV에 나왔는데.

김주석을 만나기 전 그곳에서 건국 40주년 기념식 필름을 보았다. 거기서 그는 언제나 외국원수와 세 번 포옹했다. 나는 관례가 그런 줄 알았다. 그러나 김주석이 나와 포옹할 때는 그렇게 자연스럽고 즐거워할 수가 없었다고 현장의 기자들이 얘기해줬다. 소년궁을 방문했을 땐 눈물바다였다. 그러나 가끔 격정적이라는 말을 듣는 나는 거기서 눈물 한 방울 흘리지 않았다. 사명의식이 나를 짓눌렀다. 처음부터 나는 어떤 합의를 이루게 해달라고 기도하지 않았다. 다만 우리 젊은 학생들이 불에 탁탁 타면서 목숨을 잃고 있는데 어른들이 뒷짐지고 있어야 되겠는가. 어른들이 뚫어야 한다. 그쪽 결의를 정말 파악하고 싶어서 갔던 것이다. 나에게 양복이 두 벌 있었다. 한 벌은 여기서 입고 간 것이고 한 벌은 거기서 해줬다. 거기서 해준 것은 그곳에서 만난 이종형님께 드리고 왔다.

― 북한의 독재체제에 대해 비판하지 않았는가.

남북문제를 풀기 위해서 만난 자리에서 쌍방이 서로 비판만 하면 통일 안하겠다는 게 아닌가. 김주석과의 회담시 주체사상과 1인지배에 대한 얘기가 잠시 나왔을 때 그는 심각하고 정중하고 무겁게 입을 연 적이 있다.

― 안기부 조사는 어떻게 진행됐나.

나는 조사받으면서 시종 이것이 정부와 간접적으로 대화하는 것이라는 생각으로 임했다. 자필진술서를 작성하면서도 노대통령이 한번이라도 읽어보았으면 하는 심정으로 썼다. 나는 정부를 돕는 마음으로 갔다. 이제 불기소를 바라지만 기소해도 좋다. 전국민·전세계를 향해 우리의 통일문제를 얘기할 수 있는 기회가 될 것이기 때문이다.

― 북한에 이용당했다는 지적에 대해서.

때로는 이용당해줘도 좋다고 생각한다. 유도선수가 상대방 힘을 빌려 때려눕히기도 하지 않는가. 북한의 조통협은 반관반민 단체이지만 북에도 궁극적으로 변화가 오리라고 보며 또 그러길 기대한다.

― "모든 통일은 선"이란 말을 둘러싼 논쟁에 대하여.

장준하 씨가 "모든 통일은 선"이라고 말했다. 물론 나도 이를 지지하는데 이말을 놓고 일부 정치인들이 발칵했다고 동경에서 들었다. 그것이 공산통일을 의미한다면 그분들의 발언이 책임있는 것이라고 생각한다. 그러나 장준하 씨의 그말은 자유·민주·평등이 의미가 있는 통일을 전제로 하고 있다. 민주주의를 무시한 통일이 아니라 그것과 1원화된 통일을 말한다.

2차 접견

문목사의 2차접견은 5월 10일 오전 11시 안양교도소에서 있었다. 한승헌·황인철·박원순·박용일·이석태·박인제·조승형 변호사가 참석했다. 문목사는 그즈음 밤 늦게까지 검찰조사를 받는 것으로 알려졌다.

― 요즘 검찰조사 상황은.

어제 오후부터 본론으로 들어가 회담, 합의사항, 성명서 내용 등에 대해 조사받았다. 어제도 밤 10시까지 받았다. 이적행위 여부에 대해선 "북에 대한 이적행위는 궁극적으로 적에 대한 이적행위"라고 말했다. 고무·찬양 부분에 "적은 북을, 북은 적을 고무 찬양해야 통일이 빨리 된다"고 대답했다.

― 유원호 씨는 어떻게 알게 됐나.

전에 김녹영 의원이 동경에 입원중일 때 처음 알게 됐다. 그후 작년 9월 경. 정경모 씨 편지를 가지고 와서 만난 일이 있다.

― 그는 왜 위험을 무릅쓰고 북에 갔다고 생각하나.

처음에 유씨 자신도 뒤따라오겠다고 해서 오지 말라고 했다. 동경에서도 정경모 씨에게 그렇게 말했다. 무슨 연락이나 도움을 요청하지도 않았다. 그러나 그는 대북정책 변화에 따라 북에 가도 괜찮겠다고 생각했던 것 같고 고향인 신의주를 한번 가보고 싶었는 데다 이 역사적인 일에 자신도 한번 참여하고 싶다고 생각한 것이 아닌가 보고 있다.

― 그가 에이전트란 발표도 있는데.

말도 되지 않는다. 에이전트는 일만 하고 빠지는데, 그는 그렇지 않았다. 카메라에도 잡히지 말라 했는데 스스로 잡혔다. 그가 에이전트라면 왜 한국에 돌아오겠는가. 그는 이렇게 말했다. "내가 안 돌아가면 나를 완전히 북의 공작원으로 만들 것입니다. 내가 들어가야 나도 괜찮고 문목사님도 괜찮아집니다." 나는 그의 말이 옳다고 말해줬다. 만약 북에서 나를 데려다가 공작하려 했다면 그보다 좋은 루트가 얼마든지 있다고 생각한다.

— 정경모 씨와의 사이에서 누가 먼저 북한에 가자고 했는가.

정경모 씨가 이 분단상황을 깨기 위해선 나의 방북이 한번 필요하다는 편지를 보내왔다.

평소의 내 생각과 딱 맞아떨어지는 내용이었다. 나는 이동수·김세진·이재호 같은 젊은 청년들이 불에 타고, 떨어져 목숨을 끊는 상황을 보면서 나이 많은 사람으로 가만히 있을 수 없다고 생각했다. 백기완·박형규 씨 등에게 가벼운 마음으로 이런 문제를 얘기했을 때 "형님이 한번 다녀오시라"고 얘기했다. 7·7선언이 나왔을 땐 나는 안 가도 잘되겠다고 생각했는데, 8·15학생회담 추진에서 다시 그들이 깨지고 터지는 꼴을 보며 가야겠다고 생각했다.

김주석의 신년사 초청자 중 백기완 씨와 나만 수락하니 성사되지 못했다. 그후 정주영 씨가 갔다오고 해서 내가 안 가도 문은 열리겠다 했는데, 마침 정경모 씨가 초청장을 가져왔다. 초청이 아직도 유효하다는 것을 확인한 것이다. 마침 정부는 강경자세로 돌아가고 학생예비회담도 막히고 해서 내가 갔다와야겠다는 생각을 굳혔다.

공산화는 전진 아닌 후퇴

— 정경모 씨와의 관계는.

UN사령부 동경사무실에서 같이 3년을 근무한 일이 있고 판문점에서 통역으로 같이 근무한 적도 있다. 그후 그는 일본에서 〈민족시보〉 편집장을 지냈는데 조총련 신문으로 알고 오랫동안 접촉을 기피했다. 1978년, 그가 그 신문사에서 테러를 당하고 쫓겨나는 것을 보고 이북노선과 갈리는 것을 알았다. 그래도 조심했다. 80년 봄 그가 민주주의국민연합 일본지부 결성을 허가해달라는 연락을 해왔으며 윤보선 씨는 이를 허락했지만 내가 반대하여 막은 적이 있다. 그후 《찢겨진 산하》라는 그의 책을 보면서 그가 여운형의 좌우합작, 김구·장준하의 입장에 튼튼히 서 있다는 확신을 갖게 됐다. 또 하나, 그는 동경에서 한국어학교를 하고 있는데 그곳 학생들이 서울에 오면 한국을 그토록 잘 알고 또 좋아한다. 나는 그것이 정경모 씨의 철저한 민족애가 일본인 학생들에게까지 깊이 끼친 것이라고 생각했다. 한마디로 그는 강렬한 민족주의자다. 한번은 정경모 씨가 이렇게 말했다. "5년 전에 헤어진 하숙집 딸을 우연히 길에서 만났어요. 그녀와는 좋아하는 사이였으나 헤어졌었지요. 그때 그녀와 그 하숙집에 가보니 그녀는 5년 전의 내 사물함을 그대로 간직하고 있었어요." 그 얘기를 들은 내가 그 자리에서 "니가 뭔데 그런 여자를 물리쳐"라고 말했던 것같다. 결국 그들은 결혼하고 내가 주례를 서게 됐다. 한 민족주의자가 이민족의 여자를 택한다는 것은 어려운 일이었다. 지금도 그의 집에 가면 그는 애들에게 "문목사가 아니었으면 너희들은 세상구경 못했을 것"이라며 농담을 한다. 공작차원의 얘기가 낄 사이가 아니다.

― 김일성 주석과의 회담은 어떻게 진행됐나.

시종 내 페이스대로 끌어갔다. 그쪽은 별 계획이 없어보였다. 주로 내가 질문했다. 2차 회담은 예상도 안했다. 2~3시간내에 김주석의 생각을 어떻게 타진하느냐는 데 관심이 있었다. 김일성 개인숭배사상을 자인케 하는 것은 고양이 목에 방울 달기 같은 것 아닌가.

"주체사상의 강조점을 인민에게로 옮기는 것이 어떠냐." 이렇게 물은 적이 있다. 그때 옆에 있던 비서가 벌떡 일어나며 "문목사님은 주체사상이 뭔지 몰라서 그렇습니다"하고 소리쳤다. 김주석도 심사숙고하더니 정말 무겁게 입을 떼며 "그렇죠, 주체사상도 인민에게서 온 거죠"라고 대답했다.

2차회담은 나의 숙소에서 이루어졌다. 예상치 않은 그의 답방이었다. 그것은 국가원수급의 대우로 인정되었다. 얘기 중 주체사상 문제를 다시 꺼내어 "주체사상이 무엇이죠"라고 물었더니 "주체사상 없는 나라가 어디 있겠소"라고 말했다. "그러면 주체사상은 민족주의군요"했더니 "사회주의도 민족을 위해 있는 겁니다"하고 "기독교도 민족을 위해 있어야죠"라고 대답했다.

- 방북사건을 정부가 정치적으로 이용하리라 예상하지 않았나.

이용할 줄은 알았지만 이렇게 히스테릭하게 나올 줄은 몰랐다.

- 공산화통일도 가능하다고 보나.

인민민주주의를 얘기하나? 인민을 위한 민주주의란 것이 내 생각엔 'for the people'이 아니라 'by the people'이어야 한다고 생각한다. 공산주의화란 전진이 아니라 후퇴다.

— 《월간중앙》 (1989. 6.)

자료

문익환 목사 첫 공판 방청기

문익환 목사(민통련의장) 1차공판이 지난 10월 7일 오전 10시 서울형사지법 합의14부 심리로 150여 명의 민주인사들이 방청한 가운데 열렸다. 이날 공판에서 문목사는 검찰의 기소장 낭독에 앞서 재판부에 진술기회를 요청, 공판에 임하는 자신의 심경을 밝혔다. 문목사는 다음공판부터는 재판을 거부하겠다고 밝혔다. 재판 후 일부 방청객들은 대법정 안과 밖에서 1시간 40여 분 동안 "교도소내 폭행 중단하라" 등의 구호를 외치며 농성을 벌였다.

다음은 문목사의 진술내용의 일부이다.

(일어서며) 이것은 너무 중요한 얘기라 서서 하고, 나중 국가보안법 문제 등은 앉아서 하겠습니다. (잠시 숨을 가다듬고 차분한 목소리로) 제 생애에 최대의 충격은 지난 5월 20일 서울대학 강연에서 젊은 학도가 국가를 위해 자기 몸에 불을 지르고 떨어져 죽는 엄숙한 경험이었습니다. 이일은 제가 죽어 무덤에 가더라도 제 망막에 남아 있을 것입니다. 지금도 그 불덩어리가 보입니다.

그의 숭고한 죽음을 생각하면서 그에게 명복을 빔과 동시에 그의 죽음에 값하는 인생을 살아가겠다는 그러한 심정입니다. 그의 죽음에 욕이 돌아가지 않도록 옷깃을 여미고 이 자리에 서려고 합니다. 그일이 그토록 가슴 아픈 것은, 저기 뒤에 아흔이 넘으신 저의 어머님이 앉아계신데 제가 그날 서울대에 강연을 간다고 말씀드리니 "이 얘기는 꼭 해라. 제 몸에 불을 지르고 죽는 일은 제발 중단해달라고 간곡히 부탁해라"고 말씀하시는 것이었습니다.(목소리에 조금 울음이 섞여 나온다. 자제하려 애쓴다.) 제 어머님은 분신한 사람들 이름 모두를 적어 가슴 속에 지니고 계신 분이십니다. (방청석 맨 앞줄에 앉은 문목사의 어머니 김신묵은 헉! 하고 갑자기 작은 소리로 울음을 터뜨린다. 옆에 앉은 손녀가 할머니 손을 잡으며 진정시킨다.)

"일제시대에 만주에 있던 독립군 중에서 자살한 사람은 없다. 절대로 죽지 말라 간곡히 부탁해라" 그 얘기를 먼저 하려 했는데 못했습니다. 대검에서 민통련을 과격단체로 몰고 과격단체의 두목으로 이 문익환이를 매도하는 데 충격받아 그 얘기부터 하느라고 뒤로 미루었는데…….

얘기 끊고 말머리를 돌리려고 주변을 돌아보는 순간 그때 떨어져 죽은 것입니다. 그 학생은 물론 미리 유서를 준비해두었고 제가 강연하는 동안에는 이미 그 자리에 올라가 있었겠죠. 제 얘기가 스피커를 통해 거기까지 다달았는지도 모르겠고 또 다달았어도 그의 결심을 바꿀 수 있었는지는 모릅니다. 그러나 어머님의 부탁을 왜 처음에 하지 못했나? 나중에 학생이 분신한 것을 알고 가슴을 쳤으나 이미 때는 늦었습니다. 저는 영원한 죄인입니다. 그의 죽음이 나의 죽음입니다. 나는 그때에 죽었고 남은 생은 너를 위해 살겠다고 다짐했습니다.……(중략)

(재판을) 받으려 했습니다. 그런데 곰곰이 생각을 하니, 공소장을 받던 날이었습니다. 안되겠다 싶어요. 왜 안되느냐? 민통련을 깨려는 재판이다. 각본에 의해 깨려고 민통련의장을 끌어냈다. 민통련의장인 나를 구속하고, 부의장인 계선생을 조사하고, 이창복 씨를 구속하고, 장기표를 기소하고, 인권위원장, 총무국장을 구속하고, 전간부를 수배하고, 이건 지방조직도 마찬가지예요. 이렇게 민통련을 깨려는 데에 이런 놀음에 놀아날 수 없다. 안 그렇겠습니까, 판사님? 꼭두각시로 춤을 출 수는 없잖아요?……(중략)

저는 무죄입니다. 무죄이면서도 고생하고 있는 1,000여 명의 양심수들은 앞으로 또 얼마나 더 늘어날 것인가? 저는 그들과 같이 유죄를 받고 역사에 무죄를 받을랍니다. 역사에 3번 무죄를 받은 문익환은 유죄를 받고 손에 시커먼 것을 묻혀 손도장을 찍겠지요. 저는 1,000여 명 유죄 받은 양심수를 위해 손도장을 찍습니다. 그들이 유죄이고 내가 무죄라면 혹시 사람들이 그들이 정말 유죄라고 생각할지도 모릅니다. 그래서 나는 유죄를 받아야 합니다. 그래서 저에게 국가보안법을 추가로 적용해달라고 요청하는 것입니다. 저는 무죄 여부를 놓고 검사와 싸움할 생각이 전혀 없습니다. …(중략)…

이제 다시는 1,000여 명의 양심수들을 뒤에 남기고 먼저 나갈 수는 없습니다. 1,000여 명 양심수들을 먼저 내보내고 늙은 사람, 나 이제 칠순이 다 됐습니다. 인생 다 산 내가 나중에 나가야 한다는 것입니다.(방청석에서 한숨소리 들린다.) 저에게 국가보안법을 추가적용해야 하는 것은 너무나 당연한 얘기입니다. 법에는 형평의 원칙이 있습니다.

제가 법전문가가 아니라 자세히는 모르나 그런 것이 있는 것으로 압니다. 저는 민통련의 총책입니다. 내가 모르고 이루어진 일이 없고 따라서 민통련의 모든 움직임은 내 책임입니다. 7·4 공동성명 14돌 성명이 국가보안법 위반이라는데 그 성명은 제가 낭독했습니다. 그런데 왜 저한테는 국가보안법을 적용하지 않습니까?

신검사님, 저를 국가보안법으로 추가기소해주십시오. 안하면 직무유기입니다.(방청석에서 웃음이 인다.)

운동론에서 문제된 것은 두 가지인데 하나는 생산수단의 공유화이고 하나는 민중봉기입니다. 이것에 대해 저는 장기표와 근본적으로 견해차이가 없습니다. 생산수단의 만인공유화는 기독교윤리의 기초입니다. 저는 생산수단의 공유화를 기독교신앙으로 신봉해온 사람입니다. 기독교인은 나의 모든 것, 재산, 건강, 심지어 생명까지 내 것으로 사유하는 것은 죄악으로 압니다. 그것은 하나님의 것입니다. 하나님의 것은, 즉 만민의 것입니다. 재산, 건강…… 이 모든 것을 어떻게 다루어야 하는가. 하나님이 맡긴 것을 관리하는 겁니다. 이게 청지기 직분입니다. 하나님의 것을 받아 관리하며 하나님의 자녀, 모든 세계 사람들—우리에게는 한국인입니다—을 위해 써야 합니다. 만일 생산수단의 공유화가 공산주의라면 전기독교인을 공산주의자라고 판단하는 겁니다. 나는 생산수단의 공유화를 신봉하는 사람이니 그들을 기소하려면 저도 하십시오.

(이때 밖에서 다시 싸우는 소리가 들린다. 뒤에 들은 바로는 심한 몸싸움 끝에 박형규 목사, 구속자 가족들 다수 입장했다) 공산주의에서 얘기하는 것은 공유화가 아니라 국유화입니다. 국유화는 공유화의 한 방식이나 결함이 많은 방식입니다. ……(중략) 한국에서 민통련이 할 일은 무엇인가? 민족통일을 주요과제로 생각하고 두 체제 사이에서 민족의 살 길을 지향하는 것, (단호하게, 격하게) 민족주의입니다. 평양을 향한 게 아닙니다. ……(판사의 저지로 잠시 휴정) 민중봉기 얘기만 하면 됩니다. 저도 빨리 끝내고 집에 돌아가 점심 먹겠습니다. (방청석, 변호사, 판사, 검사 모두 잠깐 웃는다.) 민통련의 최대과제는 민주화와 민족통일입니다. 이것은 둘이 아니고 하나입니다. 이는 선후문제가 아니고 하나입니다. 따라서 우리는 민주헌법쟁취위원회를 구성할 때 민주헌법의 조건으로, 첫째 대통령 직선제, 실제 권력구조 문제가 결정적인 주요사항은 아닙니다. 박정희도 민주헌법으로 독재를 했기 때문이죠. 그러나 대통령직선제는 2·12총선에 나타난 국민의 총의입니다. 신민·민한·국민당이 직선제를 내걸고 70% 이상의 표를 얻었으니 이는 국론입니다. 따라서 이의를 제기할 수 없습니다. 둘째 인권이 철저하게 보장된 민주헌법, 셋째 통일지향적인 헌법입니다. 다음은 민중봉기 얘기인데, 민통련의 원래 강령은 민중궐기론입니다. 이것도 상당한 토론을 거쳐 내린 결론이었습니다. 저는 정부가 국민의 압력 없이 민주개헌을 할 것이라고는 추호도 믿지 않습니다. 정부에 기회가 없었던 것도 아닙니다. 2·12총선 이후 국민의 뜻에 따라 궤도수정을 착실히 했으면 용서도 받고, 임기도 채우고, 평화적 정권교체도 할 수 있었을 것입니다. 국민의 확실한 의사표현에 이 정권은 당황했고 더이상 국민의 지지를 받는 정권이 되려는 노력을 포기하고 때려누르려는 발악상태가 되었습니다. 학원안정법은 학원뿐 아니라 국민 모두를 잡으려 했던 법입니다. 그건 상정도 안됐는데 그대로

살아 있습니다. 새파랗게 살아 있습니다. 그것은 학원을 때려잡고 민통련을 부시려 하고 있습니다. 현정권은 민주화 의사도 없고 능력도 없습니다.

그러면 어떻게 해야 하나? 민중의 힘으로 압력을 가해 받아들이도록 해야 합니다. 그것이 민중궐기입니다. 방법으로는 서명운동, 대중집회 등이 있습니다. 이것은 신민당과 같습니다. 민중궐기의 시작은 신민당에서 했습니다. 부산을 시발로 광주에서도 가졌습니다. 민통련은 원래 좀 느립니다. 24개 단체의 합의가 필요하므로 늦을 수밖에 없습니다. …(중략)… 또 인천시위에서 신민당 현판식을 시작도 하기 전에 경찰이 최루탄을 쏘며 민중을 공격했습니다. 그 다음날 ABC-TV와 인터뷰를 했는데 기자한테 영어로 물었습니다. "Who made the first move?" "police." 간단하게 답변하는 것이었습니다. 그러므로 우리가 했다 해도 무죄가 됩니다.

(아래 *표로 표시된 부분은 공판당일 오후 서대문교도소 면회시 준비하고 갔는데 휴정시간에 웅성웅성하는 통에 잊었다며 추가로 얘기한 것을 첨가하는 것임)

또 인천대회에서 우리는 개헌을 요구했고 정부는 호헌이라고 했는데 이제 정부도 임기내 개헌으로 후퇴했으니 우리는 무죄가 됩니다.

이렇게 신민당 대회 후에 시민대회를 가지려 했는데 신민당도 못하게 하니 민중궐기로는 한계가 있다고 보고 한걸음 더 전진해야 하는 것은 당연합니다. 자기의 책임상 토론에 부치기 위해 제안하는 것은 당연합니다. 정부가 민주헌법 개정의사가 있다며 왜 국민이 궐기를 합니까? 저는 교도소 체질이라(방청석 웃는다) 즐기는 편이지만 좋은 것은 아닙니다. 정부가 민주화의사가 있으면 왜 민중이 궐기를 해요? 미쳤어요? 이 정부는 의회정치를 통해 민주화할 의사가 추호도 없습니다. 그 증거로 드러난 것을 보면, 첫째, 작년 국가예산통과 과정입니다. 한 가정의 예산문제도 식구들이 모여 앉아 종일 의논해야 하는데 하물며 국가예산을 뚝딱! 몇 분 동안에 해치울 수 있습니까? (차츰 소리가 높아진다) 그리고 그것을 항의하는 신민당 의원을 기소할 수 있습니까? 이것은 의회민주주의의 부정, 압살정도가 아니라 반란행위입니다.(옳소! 하는 함성과 함께 박수소리) 그것을 보면서 저는 이 정부가 민주주의를 할 의사가 있느냐? 분명히 알았습니다. 둘째, 얼마 전에 정신보건법 상정했다는 소식 듣고 놀랐습니다. 소련이 정치범들을 잡아 정신병원에 평생을 가두어두는 것을 여기에서 하겠다는 겁니까? 지금 감옥마다 아우성입니다. 내 이번이 4번째지만 이건 감옥이 아니고 고문장입니다. 학생들이 똥을 싸고 있어요.(방청석에 학생 어머니들 웅성거린다.)

이걸 보면서, 나라를 비민주, 반민주가 아니라 야만국으로 끌고 가는데 젊은이들이 민중궐기에 만족 못하는 것은 너무나 당연합니다. 민중봉기를 검토할 단계에 분명히 와 있습니다. *또 정부는 민주화를 위한 최소한의 성의―즉, 구속자 석방문제―도 보이지 않았고 민주화문을 여는 열쇠는 언론인데 개헌하기 전에도 얼마든지 개정이 가능한 언론기본법을 고치지 않는 것은 분명히 민주화 의사가 없다는 것입니다.*

저는 정부가 임기내 개헌을 밝힐 때 궐기를 안해도 될지 모른다. 얘기로 해결할 수 있을지도 모른다고 생각했습니다. 그런데 내놓은 제도가 대통령직선제가 아니라(역시 또박또박 강조한다) 국무총리 독재제입니다.(방청석에서 "맞습니다" 소리) 어떻게 정부의 민주화공약을 믿습니까?

그러므로 분명 민중궐기를 봉기로 바꾸는 문제를 검토해야 할 단계입니다. 그러나 제 개인생각으로는 아직도 궐기로 해낼 수 있다고 판단하고 있습니다. 물론 중요한 전제가 있습니다. 민주적인 절차를 통해 민주화헌법이 제정되면 궐기나 봉기는 없어도 됩니다.

다시 말해 봉기도 궐기도 정부의 태도에 달려 있습니다. 정말 정부도 더 이상 사랑하는 학생들을 감옥에 넣는 욕된 일은 안해도 됩니다.

신광호 검사님, 이러한 의미에서 저는 장기표의 운동론에 이의가 전혀 없습니다. 그러므로 국가보안법을 제게 추가적용해주어야겠습니다.(중략) 마음대로 구형하고 마음대로 언도하십시오. 그러나 저는 사법부가 인권의 보루가 되는 것을 보고 죽을 겁니다.

죽어서 뼈가 가루가 되더라도, 죽어서라도 보겠습니다. 그리고 이 나라가 민주화가 되는 것을 보고 죽을 겁니다.(중략)

심판제청 신청

국가보안법 위헌 여부 심판제청 신청

사건 및 당사자의 표시
서울형사지방법원 89가합 643 국가보안법 위반

피고인　　　　1. 문익환
　　　　　　　2. 유인호
피고인들의 변호인　변호사 한승헌
　　　　　　　　　변호사 조준희
　　　　　　　　　변호사 홍성우
　　　　　　　　　변호사 황인철
　　　　　　　　　변호사 박원순
　　　　　　　　　변호사 박인제
　　　　　　　　　변호사 조용환

위 신청인들은 헌법재판소법 제41조에 의하여 다음과 같이 위헌 여부 심판 제청을 신청합니다.

신청취지

국가보안법이 헌법 제1조, 제40조, 제41조 또는 헌법전문, 제4조, 제66조 제2항, 제3항 또는 헌법전문, 제5조 제1항, 제6조 제 1항에 위반되는 법률인지의 여부, 국가보안법 제2조, 제3조, 제4조 제1항 제2호, 제5조 제2항, 제6조 제2항, 제7조 제1항, 제8조 제 1항이 헌법 제 10조, 제11조, 제12조 제1항, 제13조 제1항, 제14조, 제17조, 제18조, 제19조, 제21조, 제22조, 제37조에 위반되는 규정인지의 여부 및 국가보위입법회의법이 헌법 제1조, 제40조, 제41조에 위반되는 법률인지의 여부의 심판을 헌법재판소에 제청하는 결정을 바랍니다.

신청이유

1. 국가보위입법회의법의 위헌성-국가보안법 위헌 판단의 전제

현행 국가보안법은 1980년 12월 31일 소위 국가보위입법회의에서 만들어졌는바, 국가보위입법회의는 '국가보위입법회의법'에 의해 구성된 것이다.

그런데 국가보위입법회의법은 다음과 같은 이유로 위헌 무효이므로 국가보위입법회의 또한 입법권을 가질 수 없는 위헌적 존재이고 따라서 국가보위입법회의에서 만들어진 국가보안법 역시 위헌무효이다.

국가보위입법회의법(법률 제3260호)는 1980년 5월 27일 국가보위입법회의설치령(대통령령 제9897호)에 의하여 비상계엄하 대통령의 자문보좌기관으로 설치되었다는 이른바 '국가보위비상대책위원회'에서 같은 해 10월 27일 의결되어 같은 달 28일 공포된 것이다. 그런데 국가보위비상대책위원회는 입법권을 가질 수 없는 기관이므로 이 기관에서 의결된 국가보위입법회의법은 법률이라고 할 수 없다.

국가보위비상대책위원회가 설치된 1980년 5월 27일 당시는 1972년 12월 27일 공포된 소위 유신헌법이 시행되고 있었는데 유신헌법 제75조는 '입법권은 국회에 속한다'고 하고 제76조 제1항은 '국회는 국민의 보통·평등·직접·비밀선거에 의하여 선출된 의원 및 통일주체국민회의가 선거하는 의원으로 구성된다'고 규정하고 있었고, 제54조 제1항, 제2항에서

는 대통령의 비상계엄 선포권을 규정한 다음 제3항에서는 '비상계엄이 선포된 때에는 법률이 정하는 바에 의하여 영장제도, 언론 출판 집회 결사의 자유, 정부나 법원의 권한에 관하여 특별한 조치를 할 수 있다'고 하고, 제4항은 '계엄을 선포한 때에는 대통령은 지체 없이 국회에 통고하여야 한다', 제5항은 '국회가 재적의원 과반수의 찬성으로 계엄의 해제를 요구한 때에는 대통령은 이를 해제하여야 한다'고 규정하고 있었다.

즉, 당시 비상계엄이 선포되어 있었다 하더라도 국회의 권능은 결코 침해될 수 없는 것이다. 그리고 국보위설치령 자체도 '비상계엄하에서 대통령을 보좌하고 국가를 보위하기 위한 국책사항을 심의하기 위해 대통령 소속하에 국가보위비상대책위원회를 설치한다'(제1조)고 규정하고 있었을 뿐이다. 그러므로 국가보위비상대책위원회는 도저히 입법권을 가질 수 없는 기관이며, 이 기관에서는 '법률'을 제정할 수 없었다.

1980년 10월 27일 공포된 이른바 '제5공화국 헌법'은 역시 제76조에서 '입법권은 국회에 속한다'고 하고 제77조 제1항은 '국회는 국민의 보통·평등·직접·비밀선거에 의하여 선출된 의원으로 구성한다'고 규정한 다음 부칙 제6조 제1항은 '국가보위입법회의는 이 헌법에 의한 국회의 최초의 집회일 전일까지 존속하며, 이 헌법 시행일로부터 이 헌법에 의한 국회의 최초의 집회일 전일까지 국회의 권한을 대행한다'고 하고 제2항은 '국가보위입법회의는 각계의 대표자로 구성하되, 그 조직과 운영, 기타 필요한 사항은 법률로 정한다'고 규정하고 있었다. 다시 말해서 이른바 제5공화국 헌법 역시도 국가보위비상대책위원회에 입법권을 부여한 바가 없었다. 그럼에도 불구하고 국가보위비상대책위원회는 1980년 10월 27일 '국가보위입법회의법'을 의결하였고 같은 달 28일 당시의 정부가 이를 공포하였으며, 대통령이던 전두환이 지명한 자들이 같은 달 29일 10:00 집회를 갖고 국가보위입법회의 개회식을 열었던 것이다.

이와 같이 국가보위입법회의는 유신헌법이나 제5공화국 헌법 그 어느 것에 의해서도 입법권이 부여되지 않은 국가보위비상대책위원회에서 만들어진 것으로서 비록 '법률'의 외형은 가지고 있으나 법률이 아닌 것이고, 이에 근거하여 만들어진 국가보위입법회의도 위헌적 존재라고 할 것이다. 따라서 국가보위입법회의에서 만들어진 현행 국가보안법은 입법권을 가질 수 없는 국가보위입법회의에서 만들어 진 것이므로 '법률'로서의 효력을 가질 수 없는 위헌무효의 것이다.

현행헌법은 입법권을 국회에 속하게 한 다음 국회는 국민의 보통·평등·직접·비밀선거에 의해 구성된 국민의 대표기관으로서 구성되게 하고 있다(제40조, 제4조). 이는 헌법조문을 따지기에 앞서 나라의 주권이 국민에게 있고 모든 권력이 국민으로부터 나오는(헌법 제1조) 민주주의국가의 존립을 정당화시킬 수 있는 최소한의 전제조건이다. 그런데 현행 국가보안법을 만든 1980년 당시의 국가보위입법회의는 그 형식적 근거가 무엇이었는가는 불문하고 그 실질은 민주주의를 정면으로 파괴하고 등장한 군사쿠데타 집단이 자신들의 권력을 유지·정당화하기 위한 정치기구로서, '국헌을 문란할 목적으로 폭등한 자'들이(형법 제87조) '정부를 참칭하거나 국사를 변란할 것을 목적으로 하는 결사 또는 집단'(국가보안법 제2조 제1항)에 해당한다고 보아야 할 것이다.

군사쿠데타에 의하여 정권을 찬탈한 전두환에 의하여 임명된 81명으로 구성되어 있었던 국가보위입법회의는 과연 어떠한 이유와 명분을 붙인다 하더라도 국민주권을 표방하는 자유민주주의국가 입법기관이라고는 할 수 없다. 따라서 입법권을 가질 수 없는 국가보위입법회의에서 만들어진 국가보안법은 비록 형식상으로는 법률의 의관을 가지고 있으나 현행헌법에서 규정하는 법률의 요건을 갖추지 못한 것으로서 위헌이고 무효이다.

2. 국가보안법의 위헌성

가. 국제평화주의에 대한 이반

헌법은 전문에서 '대한민국은…… 항구적인 세계평화와 인류공영에 이바지'한다고 선언하고 제5조에서는 '대한민국은 국제평화의 유지에 노력하고 침략적 전쟁을 부인한다'고 규정한 다음 제6조 제1항에서 '헌법에 의하여 체결·공포된 조약과 일반적으로 승인된 국제법규는 국내법과 같은 효력을 가진다'고 하고 있다.

국제평화를 유지하고 국제법을 존중한다는 것은 외국의 주권과 영토 및 주권의 행사를 존중한다는 뜻인데, 어느 국가 또는 정부의 존재 및 어떤 무력의 행사가 침략적 전쟁인가의 여부는 분쟁의 한 당사자의 일방적 주장에 의해서가 아니라 객관적 사실에 기초하여 결정되어야 한다. 예컨대, 대한민국 정부에 의해 공식적으로 승인되지 않았다고 해서 소련이나 중화인민공화국을 주권국가가 아니라고 하고, 대한민국이 임의로 그들의 영토와 국민에 대해 무력을 사용해도 침략적 전쟁이 아니라고 주장할 도리는 없다.

북한의 경우에도 마찬가지이다. 북한은 '조선인민공화국'이라는 공식명칭을 가지고 1948년 9월 9일 창건된 이래 국제사회에서 주권과 영토와 국민을 가진 하나의 주권국가로서 현재까지 존속해왔고, 100여 개국 이상의 나라로부터 승인을 받고 있다. 그렇다면 북한에 대한 대한민국의 주관적 감정이 어떠하든지간에 이를 하나의 주권국가로 인정하고 그 실체를 존중하는 것이 국제평화주의에 합치하는 것이고 국제법을 존중하는 것이다.

국제평화주의와 뒤에 보는 바와 같이 평화통일을 규정하고 있는 헌법 규정에 비추어볼 때 '대한민국의 영토는 한반도와 부속도서로 한다'라고 규정한 헌법 제3조는 언젠가 평화적으로 통일되어 하나의 국가가 되어야 한다는 주관적 희망 및 통일의지의 표현이라고 보아야 한다. 그럼에도 불구하고 국가보안법은 북한을 겨냥하여 '반국가 북한을 타도 또는 토벌대상'으로 규정하여 무력의 사용을 정당화하고 있으므로 국제평화주의를 선언한 헌법에 위반한 것이고 국제법의 일반원칙에도 반하는 것이다.

대한민국이 북한지역을 '미 수복의 영역'으로 규정하고 북한을 '반국가단체'라고 규정해 온 법적 근거는 UN이 대한민국정부를 승인한 1948년 12월 12일의 총회결의 제195호의 III이다. 그 동안 정부는 이 결의를 대한민국의 관할권이 38도선 이북 전역에 미치는 한반도의 유일 합법정부로 승인한 것이라고 강조해왔다. 그러나 이는 사실과 다르다.
1948년 12월 12일 UN총회결의 제195호의 Ⅲ은 다음과 같다.

UN 한국임시위원단이 감시 및 협의를 할 수 있었던, 전 Korea 인민의 대다수가 거주하고 있는 Korea의 그 지역에 대한 효과적인 통치력과 사법권을 갖고 있는 합법적인 정부(대한민국 정부)가 수립되었다는 것, 그리고 그 정부가 Korea의 그와 같은 지역의 유권자의 자유의사의 정당한 표현이며, 임시위원단이 감시한 선거에 기초를 두고 있다는 것, 또 그 정부는 'Korea에서 유일한 그와 같은 정부'라는 것을 선언한다.

위 결의 후단의 'Korea에서 유일한 그와 같은 정부'는 앞부분에 비추어 볼 때 '선거가 실시된 그 지역에서 합법성을 가지는 유일한 정부'라는 뜻으로 해석되어야 한다. 다시 말해서 UN은 대한민국 정부가 UN한국임시위원단이 감시 및 협의를 할 수 있었던 Korea의 그 지역, 즉 남한에 있어서만 합법적인 정부임을 승인했으며 북한에 대해서는 언급을 하지 않고 있을 뿐이다.

그렇기 때문에 한국전쟁 당시 UN군이 38도선 이북으로 진격했을 때 대한민국 정부는 북한지역을 대한민국 영토로 주장했으나 UN은 이를 부인하고 있다. UN 한국통일부흥위원단은 '대한민국 정부는 UN 한국임시위원단이 관찰을 하고 협의를 할 수 있었던 Korea의 그 부분을 효과적으로 통치하는 합법적 정부로서 UN에 의한 승인을 받았다. 그런데 Korea의 그 밖의 부분을 합법적 효과적으로 통치하는 정부로서는 UN이 어떠한 기타 정부도 승인하지 아니하였다는 사실을 상기시키고 대한민국 정부의 효과적인 통치하에 있는 것으로 UN이 인정하지 아니하는, 지금 UN군 점령하에 들어올 Korea의 그 부분의 민간통치와 행정에 대한 모든 책임을 임시적으로 UN군 통합사령부가 담당하도록 권고하며'라고 보고하고 있고〔국회도서관 입법조사국, 국제연합 한국통일부흥위원단 보고서(1954~1960), 입법 참고자료 제23호, 1954년도 보고서, 16~17쪽〕, 대한민국 헌법상 영토규정에 대해서도 '(한국의) 대통령은 대한민국 헌법에 따라 전체 Korea에 걸친 그의 정부의 사법관할권을 주장하였다. 본위원단은 UN총회의 195 (Ⅲ)호 결의가 북부 Korea에 대하여 UN이 인정하는 정부가 없다고 한 사실을 대한민국 헌법이 단순한 논리적 추론으로 그렇게 규정한 것으로 지적하였다(앞의 보고서, 19쪽).'

대한민국 정부가 한반도의 남쪽지역에 있어서만 유일한 합법정부라는, 위와 같은 UN총회 결의는 이미 우리 정부도 국제조약에서 스스로 인정한 바 있다.

한미방위조약은 제1조에서 '어떠한 국제적 분쟁이라도 국제적 평화와 안전을 위태롭게 하지 않는 방법으로 평화적 수단에 의하여 해결할 것'과 '국제관계에 있어서 유엔의 목적이나 당사국이 유엔에 대하여 부담한 의무에 배치되는 방법으로 무력의 위협이나 그 행사를 삼갈 것을 약속'하고 있고 제2조에서는 이 조약의 발동이 '외부로부터의 무력공격'에 한정된다고 하고, 그 부칙의 미합중국 양해사항에서 미국은 '조약 타방국에 대한 외부로부터의 무력공격의 경우를 제외하고는 그를 원조할 의무를 지는 것이 아니다', '이 조약의 어떤 경우도 대한민국의 통치하에 합법적으로 존치하기로 된 것과 합중국에 의해 승인된 영역에 대한 무력공격의 경우를 제외하고는 합중국이 대한민국에 대하여 원조를 공여할 의무를 지는 것으로 해석되어서는 안된다'고 하고 있다.

나아가, 한일기본조약 제3조도 '대한민국 정부 국제연합총회의 결의 제195호의 Ⅲ에 명시된 바와 같은 한반도에서의 유일한 합법정부임을 확인한다'고 하고 있는 것이다. 그리고 한미상호방위조약이나 한일기본조약은 유엔총회 결의 제 195호 Ⅲ의 제9항에서 '유엔회원국과 기타 국가는 대한민국 정부와의 관계를 수립함에 있어서 본결의 제2항에 명시된 제 사항을 고려할 것을 권고한다'라고 규정한 데 따른 것이다.

이처럼 대한민국 정부가 한반도에 있어서 남한지역에 대해서만 합법적 관할권을 행사하는 정부이고 북한지역에 대해서는 아무런 통치권을 행사할 수 없다는 것은 국제법상 인정된 것이고, 대한민국 정부도 이를 이미 받아들이고 있는 것이다.

　더 나아가, 1971년의 남북적십자회담, 1973년의 남북한 유엔 동시가입 제의는 물론이고 1972년의 7·4 남북공동성명, 1980년의 총리회담 제의, 1981년 정상회담 제의, 1982년 민족화합민주통일방안 제시 등 일련의 대북한 제의와 교류 및 공동성명은 북한을 하나의 합법적 정부로 승인하지 않고서는 나올 수 없는 것들이다. 더구나 현정부가 행한 1988년 7월 7일 선언 및 UN총회 연설은 북한을 반국가단체로 규정해온 정책을 포기한다는 것으로 받아들일 수밖에 없는 것이다. 오로지 주권국가만이 가맹국이 될 수 있는 유엔에 동시가입하자고 요청하고, 대통령이 스스로 '조선인민공화국의 김일성 주석'과 만날 것을 제의하며 평양방문을 제의한 것은 북한을 사실상 하나의 주권국가로 승인하였기 때문이다.

　나. 평화통일원칙에 대한 위반

　헌법은 전문에서 '조국의 평화적 통일의 사명'을 선언한 다음 제4조에서 '대한민국은 통일을 지향하며, 자유민주적 기본질서에 입각한 평화적 통일정책을 수립하고 이를 추진한다'고 규정한 다음 제 66조는 대통령에게 '조국의 평화적 통일을 위한 성실한 의무'를 부과하고 있다. 그러나 국가보안법은 근본적으로 평화적 통일을 불가능하게 하는 법이다. 국가보안법은 북한을 하나의 정부가 아니라 대한민국 영토의 일부를 불법 점령하여 '정부를 참칭'한 반란단체, 즉 반국가단체라고 규정하고 있다. 북한은 대한민국 정부에 대해 '정부를 참칭'한 반란단체도 아닐 뿐더러 만일 반국가단체라면 이에 대해서는 대한민국의 군사력 및 경찰력을 동원한 진압과 영토의 회복이 있을 뿐이지 평화적 통일이란 있을 수 없다. 반국가단체가 내건 국호 및 그 최고지도자의 공식지위를 한국의 대통령이 공식적으로 사용하고 그 지도자와 정상회담을 요구하고, 국회회담, 총리회담 및 다양한 공식적 비공식적 접촉을 한다는 것은 있을 수 없는 일이다.

　나아가, 국가보안법은 북한지역으로의 이전 및 그로부터의 귀국, 북한 및 그와 관련 있는 자와의 회합 통신, 그들의 실상에 대한 조사연구 발표·소개 등 평화통일을 위하여 필연적으로 수반될 상상할 수 있는 모든 활동을 금지하고 오로지 북한 및 그 주민들에 대한 비난과 흑색선전, 매도만이 가능하도록 하고 있다.

이와 같은 국가보안법의 내용은 결국 평화통일의 원칙을 선언한 헌법에 위반되는 것이다.

다. 죄형법정주의에 위반한 국가보안법

국가보안법상의 범죄구성요건은 너무나 애매하고 광범위하여 사회과학적으로 개념규정이 도저히 불가능한 추상개념으로 이루어져 있기 때문에 죄형법정주의에 위반하여 무효이다.

헌법 제12조 제1항에서 '누구든지······ 법률과 적법한 절차에 의하지 아니하고는 처벌과 보안처분을 받지 아니하며'라고 하고, 제13조 제1항에서 '모든 국민은 행위시의 법률에 의하여 범죄를 구성하지 아니하는 행위로 소추되지 아니하며'라고 할 때의 '법률'은 범죄의 구성요건을 명확히 규정하여 오해의 여지 및 행정권에 의한 자의적 집행과 사법권의 유추, 확장해석의 여지가 없는 그러한 법률을 의미하는 것이다.

어떤 행위를 금지하거나 요구하는 법률의 용어가 통상적 지성을 갖춘 사람이 그 의미를 추측할 수밖에 없고 그 적용 여부에 대하여 견해가 갈릴 수밖에 없을 정도로 애매하다면 그것은 적법절차의 으뜸가는 본질을 훼손한 것으로서 무효이며, 입법부는 자의적이고 차별적인 집행을 방지하기 위하여 법 집행 공무원과 법관들에게 명확한 지침을 규정할 것이 요구되며, 이에 위반한 법은 무효로 하는 애매성 무효의 원리는 자유민주주의 형사법의 첫 번째 원칙이다.

또한 어떤 법률이 헌법상 보호되지 않는 활동을 규제하거나 처벌하고자 만들어졌으나 그 범위 속에 헌법상 보호되는 활동까지 포함하고 있는 경우에 그 형벌법규는 너무 광범위하여 무효라고 보아야 한다는 원칙도 인정되고 있다. 특히 이 원칙이 중요한 것은 지나치게 광범위한 법률은 헌법상 보호되는 권리의 영역에 실제 적용되어 부당한 규제와 처벌을 가져오는 해악을 미친다는 의미에서 더 나아가 헌법상 보호되는 행위를 위축시켜 막는 결과, 즉 냉각효과(Chilling effect)를 가져오는 더욱 큰 해악을 초래하기 때문이다.

이런 관점에서 국가보안법을 살펴보면 정상적인 상식과 이성을 가지고는 도저히 이해할 수 없는 추상개념으로 가득 차 있음을 알 수 있고, 이는 곧 행정부와 법원에 의해 자의적 차별적 법 적용과 해석을 가능하게 하며, 헌법상 당연히 보호받아야 할 행위에 대해서까지 무분별하게 적용할 수 있도록 되어 있음을 의미한다. 그리고 실제로 국가보안법은 그렇게 해석·적용되어온 것이 사실이다.

반국가단체(제2조)를 정의하는 '정부참칭' 또는 '국가변란' 그리고 '결사 또는 집단'이란 무엇인가. 어떤 이유로든 정부라는 이름을 내걸기만 하면 되는가, 아니면 그것이 어느 정도의 정치성과 실현성 내지는 실현의 의지를 가지고 있어야 하는가. 국가란 국민주권과 민주적 기본질서, 기본권 보장 및 권력분립 등과 같은 국가의 기본질서를 의미하는가, 아니면 국가기관 내지는 그 담당자를 포함하는가. 변란은 어떤 방법과 수단을 의미하며, 그 결과 새로운 정부의 수립을 구성하여야 하는가. 결사 또는 집단은 어느 정도의 수와 조직 및 계속성을 가져야 하는가. '반국가단체의 구성원', '그 지령을 받은 자', '목적수행'은 무엇인가. 구성원은 공식적인 조직원만을 의미하는가, 아니면 그 단체와 직접 간접의 관련이 있는 모든 자를 포함하는가. 지령은 반국가단체의 정치적 목적과 직접 관련이 있어야 하는가, 아니면 인간활동의 전부에 따르든지 말든지 특정활동의 요구이든 대화나 권유이든 간에 어떠한 종류의 인간사고의 전달만 있으면 모두 지령인가. '받은 자'란 승락을 하였다는 것인가, 단지 어떤 경위로든 상대방의 의사를 그 사실로서 알게 된 것까지 포함하는가. 목적수행을 위해서란 어느 정도의 의사를 말하는가. '국가기밀', '탐지', '누설', '전달', '중개'는 또 무엇인가. 공개되지 아니한 것이 기밀인가 아니면 공개된 사실도 기밀인가. 적극적으로 어떤 사실을 알아내고 또 알려주는 의사를 가지고 하는 것이 '탐지', '수집', '누설', '전달', '중개'인가, 아니면 지나가다 우연히 보고 들은 것, 대화중 무심코 하게 된 모든 것이 다 포함되는가. '금품의 수수'는 어느 범위의 어떤 목적을 가진 어떤 물건을 받는 것을 의미하는가. 국제대회에 참가한 북한선수에게서 배지를 받는 것도 포함되는가. '반국가단체의 지배하에 있는 지역', '잠입', '탈출'은 어떤 의미인가. 단지 장소적 이동만으로 잠입·탈출의 요건이 충족되는가. '지배'의 내용은 무엇인가. '반국가단체나 그 구성원 또는 그 지령을 받은 자의 활동', '찬양', '고무', '동조', '기타의 방법으로', '이롭게'는 어떻게 개념규정 지을 수 있는가.

'활동'은 의식주에서 시작하여 학문연구와 체육, 나아가 정치활동까지 다양하고, 그에 대한 '찬양', '고무', '동조' 역시 마찬가지이다. 북한운동선수의 묘기에 환호를 보내는 것은 어떠한가. 나아가 '기타의 방법', '이롭게'를 과연 어떻게 설명할 수 있는가. '이익이 된다는 점을 알면서', '회합', '통신', '기타의 방법으로 연락' 등은 과연 개념을 명확히 규정할 수 있는가. 신문과 방송의 뉴스를 본 것, 정부 공무원이 전해주는 서신도 통신에 해당하는가.

이 모든 구성요건에 대해 수사기관과 법원의 감정 및 '안보적 상상력'에 근거한 직관이 아니라 객관적 합리적인 과학적 개념규정이 가능하여야 한다. 그러나 그것은 불가능하며, 이 사실은 국가보안법이 죄형법정주의에 위반하여 너무 애매하고 광범위하기 때문에 행정부와 법원의 자의적인 해석 적용을 가능하게 해주고 있음을 나타낸다. 다시 말해서 국가보안법은 형법법규로서의 기본요건을 결여한 것으로 헌법상 죄형법정주의에 위반한 무효의 법률이다.

국민의 사상과 양심의 자유, 학문과 예술의 자유, 언론·출판·집회·결사의 자유, 신체의 자유, 거주이전의 자유, 통신의 자유, 나아가 인간의 존엄을 본질적으로 침해하는 국가보안법은 앞서 본 바와 같이 그 구성요건이 '탁월한 안보적 상상력'을 가진 법 집행자들만이 풀어낼 수 있는 '마술적 암호'로 가득 차 있는바, 이는 진실의 추구와 발견을 가로막고 진실의 발표를 억압하며, 진실의 추구와 인간 상호간의 자연스러운 접촉과 공공활동을 탄압하는 법으로서의 성격을 가지고 있다.

북한을 반국가단체라고 허위규정을 해놓은 다음 제6조 제1항에서는 '반국가단체의 지배하에 있는 지역으로부터 잠입하거나, 그 지역으로 탈출'하는 것을, 제2항에서는 그러한 지역적 제한규정조차도 없이 막연하게 '잠입하거나 탈출'하는 것을 처벌하고 제5조에서는 '금품수수', 제8조에서는 '회합, 통신, 기타의 재산상의 이익을 제공하거나…… 기타의 방법으로 편의를 제공한 자'를 처벌함으로써 당국의 입장에 따라 어떠한 종류의 지리적 이동도, 사람과의 만남과 연락도 모두 금지할 수 있게 되었는바, 이는 거주이전의 자유와 통신의 자유 그리고 신체의 자유에 대한 본질적 침해이다.

제2조는 '반국가단체'를 추상적으로 규정한 다음 제3조에서 반국가단체의 구성 또는 가입을 처벌하고 있는바, 이는 '반국가단체 또는 국외 공산계열의 활동을 찬양·고무 또는 이에 동조하거나 기타의 방법으로 반국가단체를 이롭게' 하는 행위, 이를 목적으로 하는 단체의 구성 및 가입행위, '사회질서의 혼란을 조성할 우려가 있는 사항에 관하여 허위사실을 날조·유포 또는 사실을 왜곡하여 전파'하는 행위 및 '문서, 도면, 기타의 표현물을 제작·수입·복사·소지·운반·반포·판매 또는 취득'하는 행위를 처벌하는 제7조와 함께, 당국의 입장에 반대되거나 비판적인 모든 종류의 지적 활동 및 공동의 활동을 금지·처벌할 수 있게 되어 있다. 즉, 국민의 사상과 양심의 자유, 학문과 예술의 자유, 언론 출판·집회 결사의 자유, 나아가 행복추구권과 인간의 존엄과 가치를 송두리째 부정하고 권력의 행사를 가능하게 하는 조항이다.

또한 제8조에서는 추상적인 문구에 의하여 일체의 만남과 의사전달을 봉쇄함으로써 통신의 자유를 침해하고 있다.

이와 같은 국가보안법의 독소적 조항들은 국민의 자유와 권리를 제한하는 경우에도 자유와 권리의 본질적인 내용을 침해할 수 없다는 헌법 제37

조에 위반하는 것이고, 궁극적으로는 인간의 존엄과 가치를 부정함으로써 오히려 자유민주주의의 헌법질서를 파괴하고 있다.

그렇다면 위 피고인들에게 구체적으로 적용되고 있는 국가보안법의 제 조항들은 기본적 인권보장을 선언한 헌법의 제 조항에 위반한 무효의 것이라고 할 것이다.

1989년 9월 18일

신청인   피고인들의 변호인
변호사   한승헌
변호사   조준희
변호사   홍성우
변호사   황인철
변호사   박원순
변호사   박인제
변호사   조용환

상고이유서

상 고 이 유 서

문익환 목사 방북 관련

변호사 한승헌, 박원순, 박인제, 조준희
　　　　황인철, 조용환, 이석태, 천정배
　　　　홍성우, 조승형, 박용일, 박병일

위 사건에 관하여 피고인들의 변호인들은 다음과 같이 상고이유(요지)를 밝힙니다.

1. 서론

(1) 이 사건의 중대성

어느 사건인들 피고인 개인에게 있어서나 사회에 대하여 커다란 역량이 없는 것은 없겠으나, 이 나라의 시대적 상황에서 이 사건만큼 중대한 의미를 가진 사건을 우리는 쉽게 발견하기 어려울 것입니다. 이 사건에 대하여 긍정적 입장 또는 비판적 입장 그 어느 쪽에서든간에 그 판결은 우리 민족의 통일에의 길에 중대한 표지와 영향을 미치게 되어 있습니다. 그만큼 사법부의 판결이 큰 의미를 가지고 민족사에 큰 발자국을 남기는 일이 다시 있지는 않으리라고 확신합니다.

(2) 정치 · 사회적 현상과 법해석의 상관관계

법관은 실정법의 엄격한 해석을 통하여 사안을 바라보아야 한다는 원칙에는 이론의 여지가 있을 수 없습니다. 그러나 그러한 법해석 또한 그 시대의 정치 · 사회적 현상과 일반국민의 보편적 상식을 벗어날 수 없다는 것도 당연한 일입니다.

싫든 좋든간에 이 사건에는 우리 시대가 당면하고 있는, 그리고 이 민족이 처하고 있는 가장 첨예하고 민감한 정치 · 사회적 문제들이 모두 망라되어 있습니다. 사법부의 재판과 판결이 그와 같은 정치 · 사회적 현상의 일반적 흐름에 맹목하고 그러한 현상에 대한 일반국민의 보편적 시각을 무시한 채 실정법이라는 이름의 형식적 논리 속에 매몰되어버린다면 그 사법부의 판결은 웃음거리가 될 수밖에 없습니다.

이미 남북한 관계는 엄청난 속도로 변화되어왔고 이에 따라 우리 정부의 통일정책도 변화를 거듭해왔으며 이 사건의 적용법률인 국가보안법이 제정되고 개정되어왔던 당시의 정치 · 사회적 환경차는 도저히 비교할 수 없는 상황이 되고 말았습니다. 이를 바라보는 국민의 시각과 입장도 크게 바뀌고 있습니다. 개방과 화해의 물결 아래 전세계가 변화되고 있는 것입니다. 이러한 모든 변화를 무시하고 국민의 법감정에 유리된 채 사법부의 판결이 이루어진다면 그 판결은 모순과 허구의 덩어리가 되고 말 것이며 민족사의 발전과 역사의 진보에 커다란 장애물로 남고 말 것입니다.

(3) 헌법 규범과 실정법의 해석

우리는 흔히 많은 사람들이 '실정법에는 위반된 건 아니냐' 하고 하는 말을 듣습니다. 그 행위는 정당하나 법률에는 위반된 것이라는 논리입니다. 그러나 이 경우 대체로 헌법적 인식과 논리를 망각하고 있을 때가 많습니다. 특히 사법부의 구체적 판결에 있어서 하위법률에 얽매여 헌법 규정과 그 이념에 동떨어진 해석을 하는 경우가 적지 않았다고 봅니다.

헌법은 법률의 상위에 서 있는 최고규범입니다. 그것은 또한 실효성과 규범력을 갖고 있는 실정법입니다. 장식물이 아닌 것입니다. 헌법은 모든 단계의 사법부가 가장 우위에 두고 해석해야 할 실정법으로서 결코 헌법재판소만이 취급하는 법률이 아닙니다.

이 사건에서는 국민의 표현의 자유, 통신의 자유, 거주·이전의 자유 등을 정하고 있는 기본권 그리고 평화통일의 원칙 등 모든 헌법상의 규정이 마땅히 존중되어야 하며 그에 어긋나는 하위법률인 국가보안법의 규정은 적용이 거부되거나 변형되어 해석되어야 할 것입니다.

(4) 이 사건의 상고심이 해결해야 할 과제

이상과 같은 제 관점에서 보면 원심판결은 헌법규범은 말할 것도 없고 변화된 법현실과 국민의 일반적 법감정과도 배치되어 실체적 진실 발견과 구체적 타당성을 지닌 법해석에 실패하고 있는 것입니다. 이것은 원심 재판부가 구태의연한 법의식을 가지고 있음은 물론이고 종래 대법원 판례가 지녀온 냉전 이데올로기와 폐쇄적 사고방식의 틀 속에 안주하고 있음을 말해주고 있습니다.

이러한 의식과 사고는 원심판결 이유의 곳곳에서 나타나고 있거니와 이로 말미암아 정당한 법해석과 건전한 법률판단을 그르치고 있습니다. 소송절차와 수사과정의 위법성에 관한 판단에 있어서 원심 재판부는 사법부의 사명에 어울리지 않는 '국법 질서' 운운의 공안적 또는 치안적 사고를 보여주고 있는가 하면 국민의 기본권 보장보다는 재판권 또는 사법권을 강조함으로써 사법부 본래의 임무를 망각하고 말았습니다. 이것은 민주화 시대에 있어서 수구적 또는 보수회귀적 입장을 보임으로써 사법부의 시대적 부적응성을 노출하고 있음에 다름 아닙니다.

또한 실체적 판단에 있어서 피고인들에 대한 비난과 유죄의 선입관을 앞세운 나머지 논리적 모순, 이유설시의 구체성 결여, 증거 없는 사실 인정 등의 잘못을 저지르고 있습니다. 이러한 위법은 곧바로 채증법칙 위배 및 법령 적용의 잘못으로 이어지고 있음은 물론입니다.

이제 상고심은 바로 이 사건에서 변화한 법현실에 맞추어 헌법규범과 국민의 기본권 보장이라는 원래 사법부의 사명으로 되돌아가 제대로 된 판단을 해주어야 할 상황에 이르렀습니다. 그럼으로써 전반적 법불신 현상과 형평성이 상실된 법적용 현실에 일대 경종을 울리고 하급심에게 새로운 법해석의 준거를 마련해주어야 할 것입니다. 이것은 상고심이 어떤 혁명적인 변혁적 의식전환을 하여야 한다는 것이 아니라 사법부가 본래 갖추어야 할 정당하고도 자연스러운 법해석기관으로 자리해주기를 바라는 뜻일 뿐입니다.

2. 절차적 측면에 대한 원심판단의 위법부당성

(1) 소송절차상의 위법 여부에 관한 판단에 대하여

① 비공개재판 문제

원심판결은 '1심 8회 공판 기일에서 방청을 일부 제한하였다가 해제하였을 뿐 그 재판을 비공개로 진행한 것이 아님이 명백하므로 1심의 재판이 비공개로 진행된 것이 아님이 명백하다'고 판시하고 있습니다.

그러나 먼저 '방청을 일부 제한'한 것이 어떻게 '비공개로 진행한 것이 아님'이 명백한지 알 도리가 없습니다. 방청제한이 바로 비공개가 아니고 무엇입니까?

또한 원심판결은 변호인의 항소이유서에서 주장한 바와 마찬가지로 매회 지나친 방청제한을 함으로써 사실상 비공개로 진행한 것이 되고, 따라서 재판의 공개원칙에 어긋났다는 주장 부분에 대하여는 아예 판단을 유탈하고 있습니다.

재판의 공개원칙이란 단순히 피고인 자신의 이익을 위해서뿐만 아니라 재판의 모든 진행과 절차를 일반국민에게 내보임으로써 재판부의 법해석과 그 적용, 절차진행의 공정성을 담보한다는 뜻을 내포하고 있습니다. 따라서 1심에서의 재판의 공개원칙에 대한 유린은 위법한 것으로 엄격하게 선언되었어야 마땅한 것이었습니다.

② 반대신문의 제한 문제

원심판결은 '반대신문의 제한과 같은 조치는 재판장의 소송지휘권에 속하는 것이고 이것을 항소이유로 주장하는 논지는 이유 없다'고 판단하고 있습니다.

그러나 이러한 판단이야말로 지극히 권위주의적 발상에서 나온 해석으로서 재판장의 소송지휘권의 절대성을 주장하고 있음에 다름 아닙니다. 재판장의 소송지휘권은 헌법과 형사소송법 등 관련법규가 정하고 있는 범위 안에서 재판의 원활과 신속을 위해 편의상 주고 있는 권한에 불과한 것입니다. 항소이유서에서 자세하게 주장한 대로 제1심 7차 공판의 오전 및 오후 공판에서 피고인과 그 변호인은 이 사건의 가장 중요하고 본질적 부분에 관한 반대신문권을 유린당했습니다.

피고인에 대한 위와 같은 반대신문은 실제적 진실 발견과 피고인의 방어권 행사에 결정적 중요성은 갖는 것으로서 그것이 재판지연을 목적으로 할 권리남용임이 명백하지 않은 이상 제한되어서는 아니될 일이었습니다. 이것은 분명히 재판장의 소송지휘권을 넘어서는 위법부당한 일이었습니다.

뿐만 아니라 이러한 위법 부당한 소송지휘권의 행사로 피고인은 자신의 방어에 충분한 진술을 제약당하고 결과적으로 심리미진에 빠져서 사실오인을 초래하고 있음이 분명한 것입니다. 그것은 바로 반대신문과 그에 대한 피고인의 진술이 제약당한 부분이 공소사실 그대로 유죄로 선고되고 있음에 비추어 의문의 여지가 없습니다.

③ 증거채부의 결정 문제

원심판결은 또한 '증거의 채부의 결정은 판결 전의 소송절차에 관한 결정으로서 이의를 하는 외에 달리 불복할 수 없고, 다만 그로 인하여 사실을 오인함에 이른 경우에 한하여 이를 상소의 이유로 삼을 수 있을 뿐' 이라고 판단하고 있습니다.

그러나 증거채택의 결정이 개별적 이외의 방법 외에 불복의 대상이 되지 않는다는 논리는 우선 형사소송법의 일반적 해석이기는 하나 적어도 이 사건의 경우는 별개라고 할 것입니다. 피고인과 변호인측에서 신청한 증거 방법은 대단히 방대한 것이었고 이러한 증거방법은 모두 실체적 진실을 밝히기 위해서 필수불가결한 것이었습니다. 이 사건에 관한 경찰, 검찰의 수사기록은 관련 수사기관이 총동원되어 거의 50여 일에 걸쳐 방대한 수사를 벌인 결과 거의 7천 페이지의 분량에 이르고 있고, 그 수사의 결론이라고 할 수 있는 공소장 기재 공소사실이 100여 페이지를 넘고 있으며 공소장 기재 범죄사실의 장소와 기간이 다양하고 장기간이었던 점에 비추어본다면 증거신청 분량은 결코 과다한 것이거나 불필요한 것이 아니었습니다. 이와 같이 실체적 진실을 밝히기 위해 신청되었던 수십 가지의 증거방법이 일거에 모조리 기각되고 피고인의 방어권이 본질적으로 훼손된 이 사건의 경우에는 마땅히 그 자체로서 불복의 이유가 되기에 족한 것이었습니다.

나아가 이와 같은 전면적인 증거 조사의 봉쇄와 진실발견 의무의 포기는 사실오인에 연결될 수밖에 없는 노릇이었습니다. 공판조서 자체에 의해서 명백하듯이 변호인이 신청하였던 각종의 증거방법은 피고인의 행위내용과 동기를 밝히는 데 필수불가결한 것이었고, 이러한 증거조사의 기피로 말미암아 모두가 피고인에게 불리하게 유죄로 인정되고 말았던 것입니다.

이러한 상황은 1심뿐만 아니라 원심 재판부에 의해서도 꼭 같이 연출된 것으로서 사실심의 최종심이라 할 원심이 진실발견을 포기하고 있었음을 말해주고 있는 것입니다.

④ 기피신청과 소송진행의 정지문제

원심판결은 '법관에 대한 기피신청이 있는 경우에는 그 소송의 진행이 정지되는 것이나 급속을 요하는 때에는 예외이고, 기피신청으로 인하여 소송의 진행이 정지되는 때에도 형사소송법 제92조 및 제306조의 규정상 구속기간의 진행은 정지되지 아니하는 것이므로 구속기간의 만료일이 임박하였다는 것도 소송진행 정지의 예외사유인 급속을 요하는 경우에 해당된다고 할 것인바, 당시는 구속기간 만료일을 불과 24일 앞두고 있었으므로 급속을 요하는 때에 해당되므로 기피신청에도 불구하고 소송을 정지하지 않고 그대로 진행한 것은 정당하다'고 결론내리고 있습니다.

그러나 원심 판결의 이러한 판단은 명백히 형사소송법의 원리와 규정에 어긋난 것입니다. 이것은 형사소송법상의 불구속원칙에 명백히 위반된 해석입니다.

더구나 형사소송법 제92조 및 제306조는 신속한 재판을 통하여 피고인의 구금의 장기화를 방지하기 위한 규정일 뿐 형식적 해석으로 실체적 진실 발견에 우선하여야 한다는 취지는 아닌 것입니다. 더구나 이 사건은 사법 역사상 가장 방대한 사건이었습니다. 따라서 1심 재판부 또는 원심 재판부는 실체적 진실 발견을 위하여 진력하다가 구속기간 만료일이 다가오면 피고인들을 석방시켜 불구속 상태에서 재판을 진행했어야 마땅합니다. 그 당시 수사기관에 의해 증거수집이 완료된 상태로서 피고인들이 더 이상 증거를 인멸할 여지도 없었고 피고인들은 구속 등의 방침을 알고도 자기 발로 국내로 들어온 사람들로서 도주의 우려도 없었던 상태였기 때문에 구속사유의 어느 것에도 해당이 되지 않았습니다.

그러므로 형사소송법 제92조 및 제306조의 구속기간을 이유로 모든 증거조사를 포기하고 이에 대해 이의하는 방법으로 피고인의 변호인들이 신청한 기피에도 불구하고 그대로 재판을 진행한 것은 어느 모로 보나 위법부당한 일임이 분명합니다.

⑤ 기타 소송절차에 관한 판단유탈 부분

피고인들의 변호인들은 원심에 제출한 항소이유서에서 이외에도 피고인들의 방어권 행사에 관련한 석명사항의 발문권 유린 사실, 재판 중의 집필허가 거부 사실, 자유롭고 공개적인 재판의 유린 사실, 법정경찰권의 남용 사실, 소송지휘권의 부당한 남용 사실 등에 관하여 수많은 위법 부당한 조치들을 지적하였습니다. 이 모든 조치들은 직접적으로 피고인의 방어권 행사와 실체적 진실 발견에 관련되어 있는 사항으로서 모두 1심 또는 원심 재판부의 사실오인 등을 야기할 수밖에 없었던 것임에도 이에 대한 판단을 모두 유탈함으로써 위법을 저지르고 있는 것입니다.

⑥ 1심 재판의 소송절차의 위법과 원심 소송절차의 위법과의 상관성

1심 재판부가 저지른 소송절차 과정에서의 위법성은 그것으로 끝나지 않고 원심의 소송절차의 위법으로 이어졌다고 할 것입니다. 항소심의 성격을 어떻게 규정하든간에 1심의 소송절차와 그 과정을 통하여 형성된 증거자료는 항소심에 이어지고 있음이 분명합니다.

원심 판결은 변호인들의 항소 이유 가운데 필요적 변론사건임에도 변호인 없이 진행한 위법사실을 인용하면서 이러한 위법사유로 말미암아 1심 판결이 파기될 수밖에 없으나 원심이 변호인 출석하에 다시 증거조사를 거쳐 원심 판결과 같은 범죄사실을 인정한다고 밝히고 있습니다.

그러나 막상 원심이 설시하고 있는 증거의 요지에 의하면, '피고인들의 원심(1심) 법정에서의 판시사실에 일부 부합하는 각 진술'과 '검사 작성의 피고인들에 대한 각 피의자 신문조서 중 판시사실에 부합하는 각 진술 기재' 등을 증거로 사용하였음을 밝히고 있는 것입니다. 필요적 변론의 원칙을 어긴 공판기일뿐만 아니라 그 공판기일과 연속성을 지닌 전후 공판절차에서 이루어진 피고인들의 진술은 모두 증거로서 인정할 수 없다고 보는 것이 타당하기 때문에 '피고인들의 1심 법정에서의 진술'을 원심에서 증거로 사용하는 것은 위법한 것입니다. 또한 원심에서 피고인과 변호인들은 검사 작성의 피고인들에 대한 피의자 신문조서 역시 성립 및 임의성 자체를 부인하였으며 이에 대한 검찰의 아무런 입증이 없는 상태에서 역

시 원심의 증거로 사용될 수 없는 것입니다.

따라서 원심은 증거능력 없는 증거를 채용, 사용함으로써 채증법칙 위반의 위법을 저지르고 있음이 명백한 것입니다.

⑦ 위법사실의 축적과 소송절차의 무효성

또한 위에서 지적한 사항 및 항소이유서에서 지적한 수많은 1심 및 원심의 위법 부당한 조치들이 개별적으로 볼 때는 위법성과 부당성의 정도가 약하다고 할지라도 그 모두를 합쳐놓고 보면 소송절차 전체를 무효로 할 만큼 중대한 것이므로 마땅히 원심판결을 파기해야 할 사유가 된다고 할 것입니다.

이러한 논리는 소송행위 및 소송절차가 각자 따로 절단된 것이 아니라 순차 발전되고 승계되어 진행되는 연속성에 비추어볼 때 당연한 해석이라고 할 것입니다.

1심 및 원심의 소송절차는 재판부의 위법성, 부당성, 선입관과 편견, 권한의 남용, 위압성 등으로 얼룩져 있고 이것은 정상적이고 통상적인 소송절차라고 볼 수 없는 지경에 이르고 있는 것입니다. 그것은 변호인들의 항소이유서에서 자세히 밝힌 바 있으며 또한 항소심까지 온 것 자체가 '기적과 같이 보인다'는 변호인들의 공통된 심정, 피고인과 방청객들의 끊임없는 야유와 항의, 소동이 증명해주고 있는 사실입니다.

(2) 수사 및 공소제기의 위법 여부에 관한 판단에 대하여

① 공소제기 절차의 위법성 문제

원심판결은 '기록에 의하면 적법한 수사권한이 있는 사법경찰관에 의하여 수사가 개시되고 서울지검에 송치되어 검사들에 의하여 보완수사가 이루어진 후 그 검사들의 명의로 공소를 제기하였음이 명백하다'고 판단하고 있습니다.

그러나 원심 판결 스스로 설시하고 있듯이 '기록'에는 형식적으로 사법

경찰관과 검사에 의하여 수사가 진행되고 검사에 의해 공소가 제기된 것으로 '기재' 되어 있는 것은 사실이나 실제에는 검사에 의해 수사가 진행되고 공소가 제기된 것이 아닙니다. 이 사건 수사와 공소는 현행법상 그 어디에도 존립의 근거가 없는 공안합수부에 의해 이루어졌고 이러한 사실은 당시의 모든 신문과 방송 등에 의해 매일같이 보도되어 법원에 공지의 사실 내지 현저한 사실로 알려져 있습니다. 위 공안합수부는 단순히 정부의 관련부처간의 협의체 또는 업무연락기구로서 기능한 것이 아니라 구체적 사건에 관한 업무지침, 처리 방향, 수사방법 및 기소 여부 등을 결정한 것으로 당시 언론은 보도하고 있었습니다. 따라서 원심 재판부가 형식적 기록의 정사만으로 판단한 것은 명백히 잘못된 것입니다.

② 공소권의 남용 문제

원심판결은 '형사소송법상 검사에게는 공소의 제기 여부에 관하여 광범위한 재량권이 부여되어 있어 공소의 제기가 검사의 공소 남용으로서 무효라고 하기 위해서는 적어도 그 공소의 제기가 직무상의 범죄를 구성할 정도의 극한적인 경우에 한한다고 할 것이고 자신과 동일한 범죄구성요건에 해당하는 행위를 하였으면서도 공소제기되지 아니한 다른 사람이 있다는 바유만으로 그 평등권이 침해되었다고 할 수 없으며, 국가보안법이 유효하게 존속하는 한 현재 우리나라에서 반국가단체 또는 그 구성원과 접촉하는 등의 일체의 행위에 대하여 국가보안법을 적용치 아니하기로 하는 내용의 법집행의 관행이 있지도 아니하고 있을 수도 없다 할 것이므로 공소권을 남용한 것이 아니다' 라고 판단하고 있습니다.

그러나 이러한 판단은 다음과 같은 이유로 부당합니다.

첫째로, 공소의 제기가 직무상의 범죄를 구성할 정도의 극한적인 경우에 한하여 공소권 남용으로서 무효가 된다고 하는 부분입니다. 우선 아무리 우리나라 형사소송법이 기소편의주의와 기소독점주의 원칙을 채택하고 있다고 하더라고 검사가 형사소송법 또는 검찰청법에 의한 공익의 대표자로서의 지위를 벗어나 사적인 감정과 보복적인 차원에서 특정한 피고인에게 고통을 주기 위한 목적으로만 공소를 제기하는 경우에는 그 공소제기는 무효라고 판단하여야 할 것입니다. 이것은 검사의 공소권이 헌법과 법률의 제반규정과 이념에 따라 행사되어야 한다는 당연한 원칙에 비추어본다면 의문의 여지가 있을 수 없습니다. 그것은 이미 공소권의 범위를 이탈할 뿐만 아니라 검사의 공소라고 볼 수조차 없을 것입니다. 더구나 원심판결이 논리적 근거로 들고 있는 기소편의주의적 한계를 넘어서고 있는 것입니다. 그런데 항소이유서에서 자세히 주장, 설명한 바와 같이 국정의 최고책임자이자 검찰권의 종국적 책임자인 대통령이 7·7선언, 유엔 연설, 국회 연설 등에서 북한을 민족공동체로 규정하고 북한과의 평화적 통일과 민간차원의 교류를 허용할 것을 선언하였고 실제로 국내외에서 북한 및 그 구성원과의 접촉을 해온 수많은 공무원, 기업인, 종교인, 체육인 등에 대하여 수사기관이 거의 처벌을 해오지 않은 관행에 비추어볼 때 유독 피고인들에 대해서만 수사와 공소를 제기한 것이야말로 검사가 공익의 대표자로서의 지위에서가 아니라 감정과 보복의 차원에서 한 것이라고 볼 수밖에 없는 것입니다.

둘째로, 동일한 행위로 공소제기되지 아니한 사람이 있다는 이유만으로 피고인에 대한 공소제기가 평등권에 침해된 것은 아니라는 판단 부분입니다. 원심은 위와 같은 판단의 논리적 근거로서 '동일한 범죄구성 요건에 해당되는 행위라고 하더라도 그 행위자 또는 행위 당시의 상황에 따라서는 위법성의 조각 또는 책임 조각의 경우가 있을 수 있는 것' 이기 때문이라고 설명하고 있습니다. 이것은 북한을 방문하고 북한당국 및 그 구성원과 접촉, 교역, 통신해온 수많은 외교관, 기업가, 종교인, 체육인 등이 모두 위법성 조각 또는 책임 조각 사유에 해당한다고 해석하고 있는 것으로 보입니다. 그러나 이러한 해석은 이른바 통치행위론 또는 정부승인론을 염두에 두고 있는 것임이 분명하나 오늘날 이와 같은 이론이 민주주의를 표방하는 이 나라에서는 존립할 여지가 없을 뿐 아니라 나아가 전혀 통치행위와 무관한 기업가, 종교인, 체육인 등의 경우는 피고인들의 경우와 달리 해석할 길이 없는 것입니다. 정부의 승인으로 북한과 교류한 사람이 있다면 마땅히 그 행위자뿐만 아니라 그런 행위를 승인해준 정부인사까지 함께 공범으로 처벌받아야 마땅할 것입니다.

셋째로, 반국가단체 또는 그 구성원과 접촉하는 행위에 대하여 국가보안법을 적용치 아니하기로 하는 법집행의 관행이 있지 않다는 판단부분입니다. 그러나 이러한 판단은 위에서 보았듯이 북한을 반국가단체가 아닌 민족공동체로 규정하고 북한과의 교류를 적극 추진하고 허용하겠다는 행정부의 최고책임자인 대통령의 선언과 정책을 처음부터 시행할 의사도 없이 발표된 사기극으로 보거나 경찰 또는 검찰이 대통령의 선언이나 정책방향과는 전혀 무관하게 권한행사를 할 수 있다고 보지 않는 이상 도저히 있을 수 없는 일입니다. 평화통일을 위해 노력해야 할 헌법적인 의무를 지고 있는 대통령이 국내외에 널리 선포하고 언명한 정책을 사기극이라고 볼 수 없음과 아울러 경찰 또는 검찰이 국정의 최고책임자인 대통령의 정책에 구속되어 이와 어긋날 수 없음도 명백합니다. 뿐만 아니라, 실제 북한 및 그 구성원과 접촉한 수백, 수천의 국민이 처벌받지 아니한 사례가 그 동안 계속 이어져온 마당에 국가보안법의 적용을 않겠다는 관행이 형성되었다고 말하지 않을 수 없을 것입니다.

③ 수사절차상의 위법성 문제

첫째로, 원심판결은 "구속영장 집행에 있어서의 방식 및 절차위배 등의 위법이 없었다"고 판단하고 있습니다. 그러나 항소이유서에서 자세히 주장한 바와 같이, 영장에 기재된 구금장소에서 구금되지 아니하였으며, 피고인들의 변호인 선임 및 접견요청이 여러 차례 묵살되었고 또한 1989년 4월 28일 구속영장상의 구금장소인 서울 중부경찰서로 찾아간 변호인들이 피고인들이 그곳에 구금되어 있지 아니한 사실을 확인한 상태에서 접견이 거부당한 사실 그리고 연행 당시 아무런 영장제시도 없었던 사실은 피고인들의 1심 및 원심에서의 진술, 당시의 신문보도 등에 의하여 명백히 인정할 수 있는 일임에도 이를 위법하지 않다고 판단한 원심판결의 근거는 어디에 있는지 알 수가 없습니다.

둘째로, 피고인 유원호는 사법경찰관 작성의 피의자 신문조서에 기재된 진술이 폭행, 협박 등 고문에 의하여 임의성 없이 이루어진 것이라는 주장은 그 피의자 신문조서를 증거로 사용하지 않으므로 그 자체로서 이유가 없다고 판단하고 있습니다. 그러나 피고인 유원호는 사실상의 구금장소인 국가안전기획부에서 담당수사관들로부터 장기간의 잠 안 재우기, 구타 등의 저항할 수 없는 고문에 시달렸으며 이러한 고문은 검찰에 송치되기 직전까지 계속되었던 것입니다. 이러한 고문으로 인한 심리적 위축과 육체적 고통은 당연히 검찰에서의 수사과정에까지 미쳤음이 명백하고 검사 작성의 피의자 신문조서 역시 증거능력이 없는 것입니다. 그럼에도 불구하고 사법경찰관으로부터의 고문이 검찰에 송치된 이후 어떻게 영향을 미쳤는가를 전혀 심리한 바도 없이 검찰에서 고문이 없었다는 이유만으로 피고인 유원호의 주장을 배척한 것은 논리모순, 심리미진에 해당한다 할 것입니다.

3. 실체적 측면에 대한 원심판단의 위법부당성

(1) 국가보안법의 위헌 여부 문제

① 원심판결은 피고인들과 변호인들이 국가보안법에 관하여 입법권이 없는 기관에서 제정된 것, 헌법 전문 제4조 제5조의 규정에 위반된 것, 국가보안법의 각 조항이 죄형법정주의에 위반한다는 것 등을 주장한 것에 대하여, '국가보안법은 헌법이 지향하는 조국의 평화적 통일과 민주적 기본질서를 위태롭게 하는 반국가활동을 규제함으로써 국가의 안전과 국민의 생존 및 자유를 확보함을 목적으로 하는 법률'이라는 이유로 위헌이 아니라고 판단하고 있습니다.
② 그러나 원심판결의 국가보안법에 대한 입장은 온 국민이 사법부의 법관이 이런 정도로 생각과 인식을 가지고 있는가라고 두려워 떨 정도의 몰헌법적이며 반인권·반민주적입니다.

원심판결의 논리는 모두 거꾸로 구성되어야 마땅합니다. 국가보안법은 조국의 평화적 통일과 명백히 모순되는 법률입니다. 평화통일이란 통일의 대상인 북한의 실체를 인정하고 북한과 대화와 협의를 통하여 통일로 나아가겠다는 전제를 담고 있습니다. 그런데 국가보안법은 그 골격개념으로서 반국가단체라는 개념을 규정하고 북한을 반국가단체로 보고 있는 것입니다. 이것은 평화통일이라는 말을 꺼낼 여지조차 마련하고 있지 못합니다. 국가보안법은 민주적 기본질서를 위태롭게 하는 반국가활동을 규제하기 위한 법률도 아니고 국민의 자유를 확보하기 위한 법률도 아닙니다. 국가보안법은 국가안보를 위하여 국민의 자유를 제한하고 있는 법률이며 그러하기 때문에 국민의 기본권 보장을 가장 큰 내용으로 하고 있는 민주적 기본질서를 위태롭게 하는 법률입니다. 이것은 이 나라의 법운용과 법적용의 현실과 과거의 역사가 증명하고 있습니다.

③ 이미 항소이유서에서 자세히 언급한 바와 마찬가지로 국가보안법은 여러가지 이유와 근거에서 위헌임이 분명합니다.

첫째, 국가보안법을 1980년 12월 31일 제정한 국가보위입법회의는 아무런 입법권한이 없는 기관이었습니다. 국가보위입법회의는 국가보위입법회의법에 의하여 설치되었고 국가보위입법회의법은 1980년 5월 27일 국가보위입법회의설치령에 의하여 설치된 이른바 국가보위비상대책위원회에서 의결되어 공포된 '법률'입니다. 그러나 단순히 대통령령에 의하여 설치된 위 국가보위비상대책위원회가 국가보위입법회의법이라는 법률을 제정할 근거가 어디에 있으며 더구나 헌법상 입법권을 가진 국회의 권한을 박탈하고 국가보위입법회의가 입법권을 가질 수 있다는 말입니까? 이것은 형식적인 법의 효력단계와 논리에 비추어보아도 있을 수 없습니다. 국가보안법은 입법권한이 없는 기관에 의해 제정된 법률로서 그 자체로 법률로서의 효력을 가질 수 없습니다.

둘째, 국가보안법은 헌법이 규정하고 있는 전문 제4조, 제5조의 국제평화주의, 평화통일의 원칙에 위반되어 무효의 법률입니다. 국가보안법은 이미 위에서 보았듯이 북한을 반국가단체로 규정하며 위 각 헌법조항과 명백히 모순됩니다.

셋째, 국가보안법상의 각종 범죄구성 요건은 지나치게 애매모호하고 광범위하여 사회과학적인 개념 규정이 불가능한 추상개념으로 이루어져 있기 때문에 죄형법정주의에 위반하며 무효입니다. 이미 국가보안법 제7조 1항 및 제 5항에 관하여 최근 헌법재판소는 일부 위헌 결정을 한 바 있습니다. 헌법재판소의 결정은 모든 국가기관을 기속하며, 따라서 사법부 역시 헌법재판소의 결정에 따라 국가보안법을 해석하여야 할 것입니다. 그 결정에 따르면 민주적 기본질서에 명백하고 현존하는 위해를 가져오는 것이 아닌 이상 단순찬양, 고무, 동조를 처벌하는 것은 위헌이라는 것입니다. 나아가 이 조항 외에도 아직 헌법재판소의 위헌결정이 난 적은 없으나 모두 위헌임이 분명합니다.

(2) 잠입탈출죄 부분

① 국가보안법 제6조 2항의 해석에 있어서 잠입 및 탈출의 개념, 지령의 개념, 잠입의 방법 등에 관한 원심판단은 법리오해에 해당합니다.

잠입, 탈출은 그 개념에 관하여 국가보안법 자체에 별도규정이 없는 이상, 사전적 의미 또는 수범자인 국민의 일반적 언어수준에 의하여 해석되어야 할 것인바, 잠입이란 '몰래 숨어 들어오는 것'을 말하며 탈출이란 '체재가 강요되고 있는 사람이 영구히 또는 상당기간 그 지역을 벗어나는 것'을 말합니다. 그러나 피고인들은 '몰래 숨어 들어온 사실이 전혀 없으며 체재가 강요되지도 않았으며 잠시 일정지역을 방문 또는 여행하고 돌아온 것' 뿐입니다.

지령 역시 지시와 명령을 포함하는 개념으로서 상명하복의 관계에 있거나 최소한 지령을 내리는 쪽에서 지령을 받는 자에 대하여 우위성을 가지고 있어야 하는 것입니다. 만약 동등한 관계에서 이루어지는 의사라면 그것은 협조요청과 수락에 불과할 뿐 지령이라 말할 수 없는 것입니다. 더구나 지령이 없기 위해서는 지령을 받는 쪽에서 열등한 지위에서 그 지령을 받는다는 인식 및 그 지령을 수행할 의사를 가지고 있어야 하는 것입니다. 만약 그러한 인식과 의사를 가지고 있지 않다면 그것은 평면적 관계에 지나지 않아 특수잠입탈출죄를 적용할 수 없습니다.

② 원심판결은 '아래 설시의 증거에 의하여' 공소 외 정경모가 반국가단체 또는 그 구성원에 의하여 지령을 받은 자라고 인정하고 있습니다.

그러나 원심판결이 설시하는 그 어느 증거에도 공소 외 정경모가 북한 당국 또는 그 구성원으로부터 지령을 받았다는 사실이 나오지 않습니다. 원심이 설시하고 있는 증거의 요지 가운데 위 정경모의 관련부분은 피고인들의 1심 진술과 검사 작성의 피고인들에 대한 피의자 신문조서뿐입니다. 위 두 가지 증거서류는 자체가 증거능력이 없다는 점은 이미 주장한 바와 같거니와 가사 증거능력이 있는 증거라고 하더라도 그 어디에도 정경모가 북한의 어느 당국, 어떤 사람으로부터 어떠한 내용의 지령을 받았다는 것인지 전혀 나오지를 않습니다. 오히려 피고인들은 1심 법정에서 위 정경모가 전혀 친북 반한 인사가 아니며 북한의 지령을 받아 활동할 인물이 아님을 누누이 주장해왔습니다.

원심판결의 설시 그 자체에 의하더라도 '1986년경부터 여운형의 추도식을 거행하면서 북한의 조국통일민주전선의 의장인 여연구와 연계되어 활동하여왔다'는 것일 뿐 그 여연구와 연계되어 활동해온 내용이 무엇인지, 그것이 이 사건 피고인들의 방북과 관련한 어떠한 지령을 내렸다는 것인지 전혀 설명하고 있지 않습니다. 뿐만 아니라 위 정경모가 피고인 유원호에게 피고인 문익환의 방북을 제의하면서 '김일성을 비롯한 북한 고위 당국자와의 회담 및 면담이 가능하다고 장담'하였고 '피고인 문익환의 초청을 내용으로 하는 김일성의 1989년도 신년사가 발표된 후 그 초청이 자신의 공작결과인 것을 자랑'하였으며 그후 실제 '북한을 방문하여 피고인들에 대한 조국평화통일위원회 명의의 초청장을 받아 가지고 와서 방북을 추진한' 사실을 들어 정경모가 북한 또는 그 구성원의 지령을 받은 사실을 인정하고 있으나 위 사실의 인정근거 자체가 모호할 뿐 아니라 가사 그 사실이 인정된다고 하더라도 그것은 위 정경모가 북한의 어느 당국자로부터 언제 어디서 어떤 내용의 지령을 받았는지 특정하는 것이 아니고 다만 피고인들의 방북에 관련된 협의가 있었음을 간접적으로 추측할 수 있는 정도에 불과합니다. 지령의 존재 여부라는 이 중대한 사실인정을 추측에 의하여 한 원심의 판단은 결국 선입관에 의해 이루어진 것일 뿐 증거에 의하여 이루어진 것이라고는 도저히 볼 수가 없습니다.

③ 원심판결은 또한 피고인 유원호가 위 정경모로부터 그가 반국가단체 또는 그 구성원의 지령에 따라 피고인 문익환을 방북시키려 한다는 사실을 확정적으로 또는 적어도 미필적으로 인식하면서 입북시키기로 하고 1심 판시 나, 다, 라, 바, 사, 아, 차, 카 항의 구체적인 지시 내지 요구를 받고 이를 수행하기 위하여 귀국하였다는 사실을 인정하고 있습니다.

그러나 원심판결 스스로 표현하고 있듯이 정경모가 피고인 유원호에게 피고인 문익환의 방북을 '제의'하고, 정경모와 '의논' 끝에 피고인 문익환을 입북시키기로 '합의'하여 귀국하였다는 것이고, 이것은 모두 정경모가 피고인 유원호에게 지시와 명령을 한 것이 아니라는 사실을 자인하고 있는 것이나 마찬가지입니다. 원심판결은 공소장과 꼭 마찬가지로 정경모와 유원호 피고인간의 관계를 악의로 왜곡하고 있을 뿐 그 어떤 증거에도 피고인 유원호가 정경모의 일방적인 지시나 명령을 받았음을 인정할 만한 대목은 없습니다. 오히려 정경모는 피고인 유원호와 상의하고 협의한 것일 뿐입니다. 유원호 피고인은 스스로 사명감을 가지고 스스로 좋아서 하였다고 1심 법정에서도 진술하고 있는 것입니다.

④ 원심 판결은 피고인들이 허담의 방북초청을 받고 입북한 사실 및 김일성으로부터 공개적인 방북요청을 받은 사실 그리고 방북의 일정과 경로에 관하며 정정모로부터 구체적인 지시를 받았다고 하여 이 모두를 지령에 의한 것으로 판단하고 있습니다.

그러나 이 부분 역시 증거에 없는 사실인정이며 명백한 사실오인입니다. 신년사에 의한 초청 또는 허담의 방북초청장이 어떻게 지령이라고 볼 수 있겠습니까? 또한 방북일정과 경로에 대한 사항은 정경모의 일방적인 지시를 받은 바 없고 오히려 정경모가 상의를 해와 문익환 피고인이 최종적으로 결정하였으며, 또한 방북일시는 피고인들이 의뢰한 여행사가 마련한 스케줄에 따랐다는 것이므로 도대체 정경모가 지령하였다는 것이 말이 되지 않습니다.

⑤ 원심판결은 '북한에서 허담으로부터 범민족대회 예비회담의 추진방법과 귀국방법 및 귀국시의 조치 등에 관하여 구체적인 지시를 받아 이를 승락한 다음 그 합의사항을 수행할 의사로 귀국한 사실을 넉넉히 인정'할 수 있다고 단정하고 있습니다.

그러나 허담과의 회담에서는 대등한 입장에서 의견의 교환과 상의가 있었을 뿐 구체적인 지시를 받은 바는 전혀 없습니다. 또한 북한당국과의 합의사항 일부를 자신의 자의에 의하여 실행할 의사는 있었으나 지시에 의해 실행할 의사로 귀국하지는 않았던 것입니다. 지시를 받아 그 지시사항을 수행할 의사로 귀국하였다는 '넉넉한' 증거가 도대체 어디에 있습니까? 피고인들은 1심 법정에서 이점에 대해서도 충분히 합리적인 진술을 해왔거니와 도대체 어린애도 아니며 민족적 대의를 안고 떠난 피고인들이 누구의 지령을 받고 귀국한다는 것은 있을 수가 없는 일입니다.

(3) 찬양·고무 동조죄 부분

① 이 부분에 대한 헌법재판소의 결정은 이미 설명한 대로이고 그 결정의 취지는 그대로 이 사건에서도 적용되어 모두 무죄가 선고되어야 할 것입니다. 헌법재판소의 결정문에서 제시하고 있는 기준에 의하더라도 피고인의 원심판시 언동이 이 조항에 해당될 리 없습니다.

② 피고인 문익환이 1심 판시 제 2의 나, 다, 마, 사, 자, 카, 타항의 각 기재와 같은 내용의 발언을 하거나 행동을 한 사실을 원심 판결은 그대로 인정하고 있습니다. 그러나 항소이유서에서 자세히 밝혔으며 1심 법정에서 피고인 스스로 자세히 진술한 바와 마찬가지로 1심 판시와 같은 내용의 발언을 피고인이 한 바가 없습니다. 판시내용의 발언은 실제 피고인이 한 발언과는 전후발언을 단절시키고 일부 발췌하는 등으로 본래의 발언이 제

대로 파악될 수 없도록 하고 있습니다.

또한 그 발언의 동기와 과정 역시 생략됨으로써 피고인이 했던 발언의 진의가 왜곡되고 있습니다. 원심판결 스스로 '반국가단체를 이롭게 한다는 것을 확정적으로 또는 미필적으로 인식' 해야 범죄로서 성립된다 할 것인바 피고인은 미필적으로도 반국가단체를 이롭게 할 생각을 한 바가 없습니다. 도대체 그러한 인식을 하였다고 인정할 증거가 어디에 있는지 알 수 없는 노릇입니다. 더구나 원심판결이 설시하고 있듯이 '신학대학을 마치고 목사로 안수받아 다년간의 목회활동 및 정치활동을 하여왔고 71세의 고령에 이른' 피고인이 하필이면 반국가단체를 이롭게 할 리가 있겠습니까?

(4) 회합 · 통신죄 부분

① 피고인 유원호에 관한 1심 판시 제1의 가항에 있어서 원심판결은 '공소 외 곽동의가 반국가단체인 재일 한국민주회복통일촉진국민회의(이른바 '한민통')의 구성원으로서 위 단체의 사무총장이라는 사실을 잘 알면서 자진하여 만나 선거자금 지원을 받았다' 는 사실을 인정하고 있습니다.

그러나 우선 한민통이 과연 반국가단체인지 여부에 관한 아무런 증거가 없습니다. 한때 한민통이 반국가단체라는 판결이 선고된 적은 있으나 어떤 단체의 강령과 구성원은 영구불변하는 것이 아니라 계속 변화하는 것이 당연하고, 피고인 유원호가 접촉할 당시, 위 한민통이 반국가단체로 존속하고 있었는지의 여부에 관한 아무런 입증도 없는 것입니다.

② 피고인 유원호가 상피고인 문익환을 방북시키는 문제를 협의하거나 그 추진상황을 알려주기 위하여 전화 또는 텔렉스 등을 통하여 의사연락을 하였다는 원심판결에 대해서는, 이미 지적한 대로, 위 정경모가 반국가단체의 구성지령을 받은 자라는 사실을 알지 못하였으며 미필적으로도 반국가단체의 이익이 된다는 점을 알지 못하였고 이를 입증할 아무런 증거도 없다는 점에서 이를 유죄로 인정하는 원심판결은 위법 부당합니다.

③ 피고인 유원호가 1심 판시 제 1의 거, 너, 더 항과 같이 북한체류기간

중에 반국가단체의 구성원들과 만나 환대를 받았다는 사실, 피고인 문익환이 북한체류기간중에 1심 판시 제2의 다 내지 차항의 기재와 같이 반국가단체의 구성원인 김일성이나 허담, 정준기 등과 만나 환대를 받거나 통일방안에 관한 논의를 구실로 그들의 활동을 찬양, 고무, 동조하였다고 원심판결은 단정하고 있으나 항소이유서에서 자세히 언급한 바와 마찬가지로 피고인들은 결코 북한의 주장에 일방적으로 동조하거나 찬양, 고무한 것이 아니고 오히려 북한의 종래주장과 입장을 크게 완화시키고 대한민국이 주장해오던 방향으로 이끌어냈던 것이므로 이 부분에 대한 동조죄의 적용은 잘못된 것임이 분명합니다.

(5) 금품수수죄

원심판결은 국가보안법 제5조 제2항의 금품수수죄는 금품수수의 목적이 무엇인가는 가리지 아니하고 성립되므로 피고인들이 어떠한 의미에서는 금품을 받은 사실은 인정하고 있어 유죄라고 판단하고 있습니다.
그러나 위 조항의 입법취지에 비추어볼 때 이 사건과 같은 단순한 기념품의 교환에 불과한 정도가 이 조항에 해당한다고는 볼 수 없습니다.

(6) 피고인 유원호에 대한 자진지원 국가기밀누설죄 부분

원심판결은 국가보안법 제5조 제1항, 제4조 제1항 제2호에서 말하는 국가기밀은 '그것이 반국가단체에 대하여 비밀로 하거나 확인되지 아니함이 대한민국의 이익을 위하여 필요하다고 생각되는 모든 정보자료를 말한다'고 설시하고 있습니다.
그러나 형벌법규는 죄형법정주의 원리에 의하여 엄격하게 제한하여 해석해야 할 것이고 막연히 확대 유추 해석하여서는 안될 것입니다. 따라서 원심판결 스스로 자인하고 있듯이 '순전한 의미에서의 국가기밀'에 한정되는 것이지 '정치·경제·사회·문화 등 각 방면에 모든 기밀사항으로서

그 내용 사실이 대한민국에서는 자명하고도 당연하여 상식에 속하는 공지의 사실이라도 반국가단체에 유리한 자료가 되고 우리에게 불이익을 초래할 수 있는 것이면 국가기밀에 속한다'고 할 수는 없을 것입니다.

만일 원심판결대로의 해석을 한다면. 북한과의 모든 교류를 봉쇄하는 것이 될 뿐만 아니라 이 나라를 완전히 폐쇄된 나라로 만들고 말 것입니다. 이러한 법해석은 과거 냉전이데올로기가 지배하던 시대에서나 있을 수 있는 일이지 오늘날 전세계가 한 집안과 같이 되고 남북한간의 정부간 또는 민간차원의 교류가 활발히 진행되고 있는 시점에서는 도저히 유지될 수 없는 것임이 분명합니다.

4. 정당행위 주장에 대한 원심판단의 위법부당성

(1) 원심 판결은 '정당한 행위로서 위법성이 조각되기 위해서는 그 행위의 동기나 목적이 정당하여야 하고 행위의 수단이나 방법이 상당한 정도의 것이어야 하며 그 행위로 인하여 침해되는 법익보다 보호되는 법익이 더 커야 하고 그 행위 이외에 다른 수단이 없었을 것 등의 요건을 맞추어야 할 것인데 이 사건은 국법질서와 사회질서를 위반하고 어지럽힌 것으로서 정당행위의 요건 어느 것 하나도 충족시키지 못하는 것'이라고 단정하고 있습니다.

(2) 그러나 이미 항소이유서에서 자세히 밝힌 바와 마찬가지로 피고인의 본건 방북의 동기나 목적이 개인적 이익을 취하는 데 있지 않고 오히려 민족의 이익과 화합에 있었고, 행위의 수단 및 방법에 있어서 당시상황으로서는 최선의 길, 대한민국 정부에 아무런 영향을 미치지 않는 최소한의 방식을 채택하였으며, 그 행위로 인하여 통일정책에 아무런 진실된 의지를 갖지 않고 있던 정부에 대하여 커다란 자극을 주고 통일에 대한 국민의 열망을 확산시켰으며 대화를 통한 민족의 단결이라는 국내외의 좋은 이미

지를 전달하였습니다.

　원심판결이 운운하는 '국법질서' 또는 '사회질서'라는 것이 도대체 무엇을 의미하는 것인지 정확히 알 수 없으나 이것은 치안관계자나 사용할 수 있는 용어이지 적어도 사법부의 법관이 분별없이 사용할 수 있는 용어는 아닙니다. 구체적 법률이 국민의 보편적 감정과 시대적 이념에 배치되어 이른바 악법으로써 기능할 뿐만 아니라 헌법에 위반하며 위헌무효의 법률임이 분명할 때 이러한 법률은 더 이상 국민을 규율하는 형벌법규로 존립할 수가 없는 것입니다. 더구나 피고인들의 방북은 구체적 성과들을 거두었음이 분명하고 귀국 전후의 소란과 국론분열은 정부당국의 광기 어린 매도에 기인된 것이었을 뿐 피고인들이 자초한 것이 아니었습니다. 만일 정부당국이 진정한 통일의지를 가지고 이를 수용하기만 했다면 남북관계에 한 단계 높은 진전이 이루어졌을 것임이 분명합니다. 이미 피고인들의 방북사건에 대해서는 역사적 평가가 이루어지고 있으며 그것은 시간이 갈수록 빛을 발하게 될 일임이 분명합니다.

5. 결론

　원심 판결은 체면치레처럼 몇 가지 사항에 대하여는 무죄를 선고하고 있으나 그나마 무죄 부분과 유죄 부분의 구별이 제대로 되어 있지 않습니다. 피고인들에 대한 공소사실 전체가 무죄인데 억지로 일부분을 따로 떼어내어 무죄를 선고하려니 부자연스러운 것입니다.
　이미 원심에 제출한 항소이유서에 자세히 본건 공소사실에 대한 법리오해, 사실오인 등의 주장을 한 바가 있고 그러한 공소사실은 그대로 1심 판결, 원심 판결에 이어지고 있어 이 사건 상고이유로서도 위 항소이유서의 내용을 전면적으로 인용하고자 하는 바입니다. 민족사에 큰 획을 그을 이번 사건에 관하여 정당한 법해석을 통하여 사법부가 역사의 진운을 거역하지 말고 민족사의 큰 물줄기를 터놓는 데 공헌하기를 바랍니다.

자료

문익환 목사 밀입북 사건

1989년 3월 25일 문익환 목사와 그 일행인 유원호, 정경모가 비밀리에 평양을 방문하였다는 소식이 국내에 전해져 국민들을 놀라게 하였다. 정부가 1987년 발표한 '7·7선언'을 통하여 앞으로 북한을 동반자 관계로 보겠다는 등의 입장을 천명한 이후, 경제계 인사들이 정부의 사전허가를 받아 북한을 방문한 적이 있었다. 그러나 정부로서는 어디까지나 통일문제에 관한 대북창구만은 정부로 단일화하여야 한다는 확고한 입장에 서 있었다. 이러한 상황에서 문익환 일행이 김일성의 1989년 신년사에 의한 초청을 수락하는 형식으로 북한에 들어가 김일성과 회담을 하고, 북한의 허담과 공동성명을 발표하는 등 10여 일 간의 일정을 마치고 돌아온 것이다.

문익환, 유원호는 1989년 4월 13일 귀국하자 마자 김포공항에서 즉시 구속되어 국가보안법상의 잠입, 탈출, 회합, 통신, 찬양, 고무, 동조, 금품수수죄 등의 공소사실로 서울형사지방법원에 기소되었다. 제1심 공판은 그해 6월 25일 처음 열린 이래 모두 9차례 진행되었는데, 순탄하게 나아가지 못하고 진통을 겪었다. 방청인들의 잦은 법정소란행위, 변호인들의 재판부 기피신청 및 집단퇴장, 피고인들의 일방적인 퇴정에 의한 궐석상태에서의 증거조사 및 구형 등으로 이어졌다. 서울형사지방법원 제30부(재판장 정상학 판사, 임호영, 임종헌 판사)는 1989년 10월 5일 문익환, 유원호에게 각 징역 10년과 자격정지 10년을 선고하였다(89고합 643). 다만 공소사실 전부가 유죄로 인정된 것은 아니고 극히 일부 공소사실에 대하여는 무죄라고 판단하였다. 피고인들과 검사 쌍방이 모두 이 판결에 불복하여 항소하였다.

서울고등법원 제5형사부(재판장 안문태 판사, 김능환, 정대훈 판사)는 1990년 2월 10일 항소심 선고공판에서 제1심 판결을 파기하고, 문익환, 유원호에게 각 징역 7년과 자격정지 7년을 선고하였다(89노 3586). 그 파기사유의 요지는, 원심 제8회 공판기일에 변호인들이 재판부의 절차진행에 대한 항의 표시로 전원퇴장한 일이 있었는데 재판부는 그 상황에서 그대로 증거조사 절차를 진행한 후 이 증거들을 피고인들에 대한 유죄의 자료로 삼았는바, 이는 필요적 변호제도에 관한 헌법 및 형사소송법의 규정을 위반하여 위법하다는 것이었다. 항소심에서도 판결주문에 나타나지는 않았지만 그 판결이유에서 피고인들에 대한 공소사실 중 일부에 대하여 무죄라고 판시한 부분이 있다.

대법원 제3부(재판장 이재성 대법관, 주심 김용준 대법관, 박우동, 윤영철 대법관)는 1990년 6월 8일 선고한 이 사건 상고심 판결에서 피고인들 및 검사의 상고를 모두 기각함으로써 서울고등법원이 선고한 징역 7년과 자격정지 7년의 형을 그대로 확정하였다. 한편, 문익환 목사는 고령인 점 등이 참작되어 그해 10월 말경 형집행정지로 일단 풀려났으나 그후 다시 재수감되기도 하였다.

전대협 임수경양 입북 사건

피고인 임수경, 문규현

1. 사건개요(1): 평양세계학생축전 참가한 전대협 대표 ………… 125
2. 사건개요(2): 신부님, 임수경 양 데리고 판문점 귀환 ………… 128
3. 체험기(1): 민족의 분단을 넘어서 – 임수경 ………………… 132
4. 체험기(2): 분단통과인가, 밀입북 사건인가? – 문규현 ……… 140
5. 체험기(3): 하나의 조국, 하나의 민족, 하나의 교회 – 문규현 … 152
6. 수사결과 발표요지 – 안기부 ……………………………… 158
7. 공소장 ……………………………………………………… 172
8. 항소이유서 – 임수경 ……………………………………… 183
9. 최후진술(항소심): 하나 된 조국의 딸이고자 합니다 – 임수경 … 217
10. 임수경 양 밀입북사건 …………………………………… 229

사건개요 (1)

평양 세계학생축전 참가한 전대협 대표

한승헌 (변호사)

1989년 6월 하순 어느날, 평양 세계청년학생축전에 참가할 전국대학생대표자협의회(전대협) 대표가 북한 순안비행장에 내렸다는 보도는 남한 천지를 발칵 뒤집어놓았다. 더구나 그 대표가 임수경林秀卿이라는 한 여대생이라는 데 다시금 놀랐다.

임양은 7월 1일부터 8일까지 평양에서 열린 세계청년학생축전에 참가한 다음 그를 데리고 귀환하기 위해 미국에서 뒤따라 방북한 문규현文奎鉉 신부와 함께 8월 15일 판문점 군사분계선을 넘어 남한으로 돌아왔다.

안기부는 두 사람을 구속하고 나서 한때는 변호인 접견조차도 봉쇄하였다. 변호인단에서는 임양의 구속적부심을 청구했다. 그의 건강과 안전 그리고 그 자신이 알리고 싶은 진실을 확인하는 공개적인 기회를 얻기 위해서였다. 나는 변호인단의 한 사람으로서 임양에 대한 신문을 하였으며 본안재판때처럼 자세한 변론도 하였다(9월 7일 오후).

훗날 임양이 쓴 글에는, 적부심을 마치고 돌아가는 차 안에서 안기부 수사관들이 주고 받았다는 말이 나온다.

"아, 거 참 되게 지겹데. 무슨 변론이 그렇게 길어?" "한승헌 변호사 몰라? 그 양반 변론 지겹게 하기로 유명하잖아."

정부와 언론은 임양 사건을 온통 여론재판으로 몰아갔고, 재판부 역시 그 거친 바람에 휩쓸리지 않을 만큼 탄탄하지 못했다.

검찰이나 법원은 전대협의 평양 세계학생축전 참가 추진을 북한의 지령에 의한 것이라고 했다.

그러나 소위 '북한의 지령'이라고 하는 조선학생위원회 명의의 초청장을 두고 처음에는 노태우 대통령도 "평양축전을 교류의 기회로 활용하겠다"고 말했다. 뒤이어 남북학생교류추진위원회(위원장 정용석 단국대교수)까지 발족되고 남한 대학생의 평양축전 참가문제를 협의하기 위한 남북학생교류회담을 제안하기도 했다. 그러다가 공안합동수사본부가 설치되고 공안정국이 엄습하면서 정부가 방침을 1백80도 바꾸어 참가불허 방침으로 돌아섰던 것이다.

이런 일련의 과정을 덮어놓은 채 북한의 초청을 북한의 지령이라 주장한 것부터가 억지였다.

법정은 천주교 신부, 수녀들을 비롯한 각계 인사들과 대학생들로 초만원을 이루었고, 임양과 문신부가 입장할 때면 박수와 환성으로 장내가 떠나갈 듯하였다. 임양은 다른 운동권 학생들과는 달리 아주 담백한 진술을 하여 그 순박성 때문에 더욱 큰 감명을 주었다. 휴정시간에 문규현 신부의 형 문정현 신부가 "수경이는 운동권 학생 같지가 않네"라고 말했을 정도였다.

임양은 1심에서 징역 15년 구형에 10년형이 떨어지자 항소하였다.

1심에서는 재미언론인 안동일 기자와 메릴랜드주립대학 교목 정기열 목사를 증인으로 채택하였으나 정부는 이들의 입국을 거부함으로써 의혹을 자아냈다.

왜냐하면 정기열 목사와 안동일 기자는 임씨의 북한체류중 평양축전 참가를 비롯한 모든 행적을 직접 보아온 사람들이기 때문이다.

그러므로 임씨의 방북중 언동에 이적성이 있었는지를 알아보기 위해서는 위 두 사람의 증언이 매우 중요한 열쇠였다. 그런 데도 그 두 사람의 입국을 정부가 거부하였으니 예사로운 일이 아니었다.

임양은 2심에서 징역 5년을 선고받았고 대법원에서는 상고가 기각되었다.

문규현 신부는 1심 8년, 2심 5년에 상고기각이었다.

문신부의 항소이유서 《분단의 장벽을 넘어서》 출판기념회에서 문정현 신부는 이렇게 말했다.

"까짓것, 이북을 갔다와도 징역 5년 살면 되는데, 우리 다같이 갑시다. 너도 나도 가서 분단의 장벽을 허물어버립시다."

두 사람은 1992년 성탄 전야에 풀려났다.

임양과 나의 인연은 서강대학교 언론대학원 강의실에서 이어졌다. 법정에서 변호인과 피고인 사이였던 우리는 강의실에서는 선생과 학생으로 마주하며 한 학기를 보냈다. 그리고 훗날 그의 혼례때 우리는 주례와 신부의 자리에서 다시 마주서게 되었다.

주례사에서 나는 말했다.

"이 혼인이 결코 어느 한 쪽에 의한 흡수통일이 되어서는 안된다. 서로 찬양·고무·동조하며 잘 살아가기 바란다"라고.

사건개요 (2)

신부님, 임수경 양 데리고 판문점 귀환

한승헌 (변호사)

1989년 6월 30일 오후 1시반, 평양 순안비행장, 막 도착한 비행기에서 한 여학생이 트랩을 내려왔다. 그는 남한의 전국대학생대표자협의회(전대협) 대표로서 평양세계청년학생축전(평축)에 참가하기 위해 서울에서 날아온 한국외국어대학생 임수경(20세)이었다. 임양은 한 달 반 동안 북한에 머무르면서 평양축전 참가를 비롯하여 바쁘고 감격적인 일정을 보낸 후 그해 8월 15일 판문점을 통하여 서울로 귀환했다. 북에 갈 때는 혼자였으나 남으로 돌아올 때는 사제복의 신부 한 분이 동행했다. 천주교 정의구현전국사제단이 파견한 문규현 신부였다.
한국정부가 평양축전에 전대협이 참가할 수 없도록 철통 같은 봉쇄망을 치고 있을 때, 전대협 대표 임수경이 홀연히 순안공항에 나타났으니 이때 남한 공안당국은 물론 일반 사회의 놀라움이란 엄청난 것이었다.
임양은 북한에서 각종 행사에 참석하여 환영도 받고 연설도 했다. 나중에 검찰은 임양이 북측의 시나리오에 놀아난 것처럼 폄하하는 공소사실을 내보였지만, 임양 본인은 북의 지령에 따르거나 북을 찬양한 사실이 없다고 단호히 부인했다. 어쨌든 임양의 방북은 굉장한 파문을 일으켰고, 그가 남으로 귀환 후에 닥칠 가혹한 처벌은 불문가지였다.
이때 천주교 정의구현전국사제단('사제단'으로 약칭)에서는 미국에 유학중인 문규현 신부에게, 북에 들어가 임수경 수산나와 동행하여 귀환하도록 요청을 한다. 7월 7일 전주교구의 박병준 신부가 도청을 무릅쓰고 국제전화로 알렸던 것이다.

당시 문신부는 참으로 오랜 만에 친형인 문정현 신부와 미국에서 만나게 되어 있었는 데다(그러나 임양 방북 후의 정세악화로 출국정지당함) 그달 말에는 필리핀에 있는 아시아주교인성회 사무총장으로 부임하게 되어 있어서, 방북은 매우 어려운 처지였다. 그러나 그는 결국 평양행을 결심한다. "수산나에게 보내는 짐을 지고 평양에 다녀와달라"는 사제단의 요청을 뿌리칠 수가 없었다.

7월 26일 사제단은 상임위원 일동의 이름으로 문신부의 북한파견을 공식 발표한다.

"……우리 사제단은 문신부를 7월 25일자로 북한에 파견하였고…… 임양의 원하는 바에 따라 귀환하리라 믿습니다. 이는…… 그리스도를 따르려는 사제로서 신앙적 양심에 입각한 결단이며, 목자로서 양떼의 고난에 함께 겪으신 그리스도의 모범에 따른 것입니다. ……우리 사제들은 이러한 의지와 믿음으로 27일 귀환하는 문규현 신부와 임수경 양을 맞으러 나갈 것입니다. 우리는 쪼개지고 부서짐으로써 인류의 화해와 일치를 이룩하신 예수 그리스도의 삶이 곧 우리들의 삶이 되어야 한다고 고백합니다."

사제단에 대한 비난이 일부 언론과 친정부단체에서 쏟아져나왔다. '좌경용공'이라는 색깔론은 그들의 18번이라 치고, 이번에는 한국천주교주교단에서조차 '유감'을 표명하는 담화문이 나왔다.

실인즉, 문신부는 그해 6월 6일 평양 장충성당에서 열린 '남북통일 염원 미사'를 집전하기 위해서 북한을 한 번 다녀온 적이 있었다. 그러므로 아주 생소한 길은 아니었다.

임양이 의도한 7월 27일 판문점 귀환은 이루어지지 않았다. 그날 문신부와 함께 판문점 북측 통일각에 도착한 임양은 국제평화대회에 참석한 후 군사분계선을 넘어 남쪽으로 돌아오려고 했으나 북측의 제지로 뜻을 이루지 못했다. 북한 당국은 자칫 정전협정 위반으로 문제가 커지거나 남북의 긴장이 고조될 것을 원치 않아서인지 한사코 판문점 통과를 저지했다. 그러나 두 사람은 제3국을 거쳐서 귀환하라는 북측의 권고를 뿌리친 채 통일각에서 단식농성을 시작했다.

단식 6일 만에 북한당국은 임양을 평양 외국인병원에 입원시켜 치료를 받게 했으며, 두 사람은 장충성당 미사 참석, 기자회견, 군중집회 참석 등으로 2주일을 보냈다. 그리고 마침내 8월 15일 오후 1시 30분 판문점에 도착, 오후 2시 20분 문신부는 임수경 양과 함께 기어이 군사분계선을 넘었다. 남쪽에서 그들을 기다리고 있는 것은 국가보안법의 칼날이었다. 당장 서울시경찰국과 중앙정보부 요원들의 조사를 받고 나서 서울구치소에 수감되었다. 그들의 첫 공판은 그해 11월 13일 오전 10시 서울형사지방법원 합의21부(재판장 황상현 부장판사)의 심리로 열렸다.

재판부는 공판을 시작하기 전에 법정내의 질서유지를 당부했다. 그러나 방청객들은 피고인 두 사람이 법정에 들어서는 순간부터 박수를 치고 장미꽃 송이를 던지며 '우리의 소원은 통일' 노래를 불렀다. "통일의 꽃 임수경을 석방하라"라는 구호도 외쳤다.

재판장은 개정 5분 만에 휴정을 선언했다. 다시 속개된 공판에서 10명의 방청객이 퇴정명령을 받았다. 법정 안팎에는 3천여 명의 전경과 3백여 명의 시위학생과 시민이 대치하는 살벌한 광경이 벌어지고 있었다. 변호인들은 경찰의 과잉경비에 항의하고 병력의 철수를 요구했다. 임양과 문신부도 "자유로운 분위기에서 재판을 받고 싶다"고 재판연기를 요청했다. 법정 안에도 자유총연맹 등 우익단체 회원 50여 명이 이른 아침부터 들어와 자리를 차지하고, 방청객들의 구호나 박수에 맞서 고함을 지르고 야유하는 등 살벌한 분위기가 계속되었던 것이다.

그 소란 속에서도 피고인들의 모두진술이 있었다. 임양은 "전대협의 평양축전 참가는 통일을 앞당기기 위한 청년·학생들의 독자적 결단이었으며, 정부도 7·7선언이나 대통령연두기자회견에서 남북학생 교류와 평축 참가 문제를 언급해놓고서, 나의 평축 참가가 북한의 지령에 의한 것이라고 기소한 것은 인정할 수가 없다"고 단호하게 검찰과 맞섰다.

또한 문신부는 이렇게 말했다. "나는 통일을 염원하는 사람들과 고통을 함께 나누기 위하여 북한에 갔다. 실정법상의 판결을 받아야 한다면 달게 받겠다. 그러나 국가보안법상의 판결을 내리기 전에 통일의 정신으로 이 사건을 보아야 한다.……"

다음해 2월 5일, 1심 판결이 떨어졌다. 임수경 징역 10년, 문규현 징역 8년이었다. 항소심에서는 두 사람 다 징역 5년이었다.

문신부의 친형인 또 한 사람의 문(정현)신부가 선고 직후 외쳤다. "징역 5년만 살면 되니까 우리 모두 북한에 다녀옵시다."

체험기 (1)

민족의 분단을 넘어서

임수경

1989년 6월 30일, 그리고 8월 15일

　1989년의 여름과 가을, 그해는 내 인생에서 새로운 전환점을 맞이한 시기였다. 이미 알려진 바와 같이 나는 1989년 6월 30일, 평양에서 열리는 제13차 세계청년학생축전에 전대협 대표로 참가하고자 북녘 땅에 발을 내디뎠고 그해 8월 15일에 판문점을 거쳐 서울로 돌아왔다.
　뜨겁게 내리쬐는 태양 아래 나를 기다리고 있던 안기부 수사관들과 경찰 헬기, 중무장한 군인들, 그속에서 나는 사시나무처럼 떨어야 했던 어쩔 수 없는 스물두 살짜리에 불과했다.
　경찰 헬기에 실려 서울로 호송되어 장충동 국립극장 앞마당에 던져졌을 때, 저 멀리서 보이는 누군가가—나중에야 알게 되었지만 그들은 '임양의 귀환'을 포착하고자 경비망을 뚫고 기다리고 있던 사진기자들이었다—그렇게도 반가울 수가 없었다. 뭐랄까, 내 생명을 위협하고 있는 적진에서 유일하게 아군을 발견한 기분 같다고나 할까, 아무튼 그런 느낌 비슷했다.
　사실 따지고 들면 그들은 아군이 아니었다. 사건 당시에 안기부의 의도대로 움직여준, 아니 그보다도 훨씬 치밀하고 악의적으로 보도한 제도언론의 행태를 놓고 본다면 말이다. 그럼에도 불구하고, 내가 그들을 보며 느꼈던 안도감은 지푸라기 하나라도 잡고 싶고, 세상에 내 편이 한 명이라도 있으면 좋겠다는 가녀린 들풀의 생명력 같은 것에 기인했다.

불법구금 닷새와 법적 수사기간 스무 날을 합쳐 총 600시간을 통칭 '남산'으로 일컬어지는 국가안전기획부의 지하 밀실에서 보내야 했던 때, 나는 들풀의 생명력이 여지없이 무너져가는 소리를 듣고 있었다. 나의 존재는 인간으로서의 존엄성이 아닌, 습한 방구석을 기어가는 바퀴벌레만도 못한 존재로 취급되었다.

24시간 머리 위에서 나를 괴롭히던 백 촉짜리 백열등 두 개, 그보다 더 나를 닥달하던 14명의 대공수사관들, 그들이 날라다주던 식판에 놓인 밥알갱이를 볼 때마다 나는 내 삶의 끄트머리를 느끼곤 했다. 중앙정보부와 안기부로 이어지는 '남산'의 역사상 그나마 양반대접을 받았다는 내가 이 정도일진대, 그곳을 거쳐간 수많은 이들의 피울음이 가히 짐작이 가는 시간이었다.

구속적부심에 불려나가서

내일이면 검찰로 송치되어 구치소로 넘겨진다던 날이었다. 그들은 나에게 조사기간중 입던 트레이닝복 대신—안기부에서는 피의자에게 검거 당시 입던 옷을 벗기고 군복을 입힌다. 아마도 심리적 압박감을 더해주려는 의도에서이리라. 그나마 군복 대신 때 절은 트레이닝복을 준 것만으로도 나는 '양반' 대접 받았다고 말하기에 충분하지 않은가 말이다—남산 입구까지 와서 면회도 못하고 돌아간 어머니께서 넣어주셨다는 티셔츠를 주며 입으라 했다.

3교대로 근무하던 여자 수사관 한 명도 평소의 차림과는 달리 정장을 입었고, 살벌하게 인상만 쓰던 남자 수사관은 넥타이에 면도까지 한 모습이었다. 항상 무표정하던 경비 아저씨가 지하실 밖으로 향하는 철문의 자물쇠를 철커덩 열었다.

내가 하늘을 본 것은 아주 잠시뿐이었다. 20명 정도가 탈 수 있는 미니

버스는 내 주위 겹겹이 덩치 좋은 장정들을 태우고 커튼을 내렸기 때문이었다. 버스가 남산 1호터널을 지나는 듯하더니 나는 금세 방향감각을 잃어버렸다. 도대체 어디로 가는 건지, 나에게는 어떤 미래가 펼쳐지는 건지 온통 두려움뿐이었다. 두려운 표정을 감추고 애써 태연한 척하는 것은 더욱 두려운 일이었다.

끼익 하는 소리와 함께 버스가 섰다. 사방이 막힌 시멘트벽 사이로 지하통로가 보였다. 나는 그때까지도 그곳이 어디인지 몰랐다.

"법원이야."

누군가 멀뚱거리는 나를 향해 차갑게 한마디를 던졌다. 나의 구속이 정당한 일인지 아닌지를 가려내는 구속적부심을 받기 위해 당시 새로 지어 이전했다는 서초동 법원에 도착했던 것이다. 나는 그후 6개월에 걸친 1, 2심 재판기간 동안 그곳이 몹시 익숙해져서, 어느 편에 엘리베이터가 있고 어느 쪽 벽에는 낙서가 있다는 등의 세세한 것까지 알게 되었지만 당시로서는 또 하나의 두려움일 뿐이었다.

지하통로를 지나니 양 옆의 유치장 안에 사람들이 보였다. 푸른 죄수복을 입고, 손에는 수갑을 차고 온 몸에 포승이 묶인 낯선 사람들…… 그들 가운데 한 사람이 나를 어떻게 알아보았는지 큰 소리로 말했다.

"임수경 씨! 힘내세요!"

아, 이 느낌이야말로 적진에서 아군을 만난 느낌이었다. 그러나 나는 그를 향해 한마디 말은커녕 고개도 돌리지 못했다.

진짜아군은 잠시 후에 나타났다. 적부심이 시작되기 전 대기실을 들락거리던 안기수 수사관이 빼꼼히 열어놓은 문틈 사이로 어머니와 언니의 모습이 보였다. 사제복을 입은 신부님들도 계셨고, 내 이름을 부르는 사람도 있었다.

법정 안에 들어서니 가운데에 세 명의 판사들이 있고 왼쪽에는 날카로운 눈빛의 검사, 맞은 편에 변호사들이 두 줄로 앉아 있었다. 방청석의 일부는 안기부 수사관과 경찰, 법원 관계자로 채워져 있는 듯했지만, 적어도 이곳에서만큼은 아군이 많아 보였다.

1989년 9월 7일 오후 3시 서울형사지방법원 318호 법정에서 열린 구속
적부심의 내용은 대략 이런 것이었다.

- 문   헌법은 변호인의 조력을 받을 권리를 규정하고 있으며 이를 고지받지
     않고는 구속당하지 않도록 되어 있는데, 이런 내용을 고지받은 일이 있
     나?
- 답   없다.
- 문   영장에 기재된 구속 장소가 안기부가 아닌 중부서인 것을 아는가?
- 답   알고 문제를 제기하니까, 왔다갔다 하면 번거로우니 그냥 있는 게 편하
     다고 해서 그대로 있게 됐다.
- 문   판문점 귀환 후 안기부에 의해 병원에 입원했는데, 입원중 수사를 받은
     사실이 있나?
- 답   연행된 지난 15일 서울대병원으로 옮겨진 뒤 식사를 마치고 곧바로 안기
     부 수사관이 조사를 시작했다. 조사 도중 의사가 들어오면 10분 정도 진
     찰을 받고 다시 수사를 해 진료보다는 수사를 목적으로 병원에 데려간
     것같았으며 이것은 구속기간을 연장하기 위한 수단에 불과한 것으로 생
     각된다.
- 문   전대협 대표가 평양축전에 참가하는 명분이 있다면?
- 답   45년간 쌓여 있던 민족적 이질감을 극복하고, 세계 각국의 2만여 참가자
     들에게 남북이 한 민족임을 알리는 것이며, 실제로 그들이 자기 나라에
     가서 그렇게 알리겠다고 약속했다.
- 문   수사당국은 전대협이 북한의 지령을 받아 외국의 불순단체와 연계해 임
     씨를 보낸 것으로 발표하고 있는 듯한데?
- 답   사실무근이며 축전 참가는 전대협이 독자적으로 결정한 것이다.
- 문   평양축전 개막식에서 주석단에 허리 숙여 경례했다는데?
- 답   개막식 이전에도 시가행진에서 45년간 떨어졌던 북한동포를 만난다는
     생각에 그런 인사를 했으며, 그날도 특별히 주석단을 향해 인사한 것은
     아니었다.

문   공동선언문 중 주한미군의 단계적 철수는 어떤 의미인가?
답   언젠가는 철수되어야 할 것이나 북한과의 대치상태를 걱정하는 사람이 있다면 급격하게 하지 않고 단계적으로 할 수 있다는 뜻이다.
문   집단체조 관람 도중 퇴장한 이유는?
답   예정에 없던 프로그램이었기 때문이다.
문   축전기간중 계속해서 그들의 구호인 '조선은 하나다'를 굳이 '조국은 하나다'로 바꿔 외친 이유는?
답   조선은 북한에서 통용되는 자신들의 국호이고, 남한에는 또 다른 국호가 있기 때문에 우리 민족 전체가 별다른 거부감 없이 받아들일 수 있는 조국이라는 용어를 사용했다.
문   판문점 통과를 둘러싸고 북한 당국자와 대화를 나누었나?
답   김창룡 조선학생위원장이 '가면 구속될 텐데 9월쯤 적십자회담이 재개되어 분위기가 풀리면 신변안전을 보장받고 가는 게 어떠냐'는 말을 하기도 했다.
문   돌아가면 전대협이 '국제학생동맹'에 가입하라는 지시를 김창룡 조선학생위원장으로부터 받았는가?
답   그것은 지시가 아니라 제안이었다. 그리고 그것은 내가 결정할 사안이 아니므로 그말을 전대협에 전달하겠다고만 밝혔다.

변호인, 검찰, 언론

이어진 변론에서는 '서울대학병원에 입원한 8월 15일부터 구속영장이 발부된 8월 20일까지 5일 동안 사실상 불법감금하는 등 연행과 구금에 적법절차를 지키지 않았다'는 내용과 '북한을 일방적으로 동경하거나 찬성해서 방북한 것이 아니라고 말하고 있고 통일운동의 계기를 마련한다는 차원에서 방북했다는 등 그 정당성을 강조하고 있으며 증거인멸과 도주의 우려가 없다'는 내용이 담겨 있었는데, 당시의 변론을 통해 나는 '진짜 아군'이었던 한승헌 변호사님을 처음 뵈었다.

실은 한승헌 변호사님의 존함을 알지는 못했다. 존함을 알게 된 것은 안기부 수사관들의 대화를 통해서였는데, 구속적부심을 마치고 돌아오는 차 안에서 한 수사관이 하는 말이 들렸다.
"아, 거 참 되게 지겹데. 무슨 변론이 그렇게 길어?"
그러자 다른 수사관이 말을 받았다.
"한승헌 변호사 몰라? 그 양반 변론 지겹게 하기로 유명하잖아."
나는 그 다음날로 검찰에 송치되어 서울구치소에 수감되었고, 물론 구속적부심은 '이유 없다'는 재판부의 판결로 기각된 이후였다.
국가안전기획부는 나를 검찰로 송치하면서 악의적인 수사결과를 발표했다. 모든 피의자는 법원의 판결 확정 전까지는 무죄로 추정된다거나 피의자의 인권보호라는 측면은 완전히 무시한 채 단지 '국민의 알 권리'만을 내세웠다. 그러나 그 '알 권리'라는 것이 진실에 부응하지 않는다면 그것이 어떻게 진정한 알 권리일 수 있겠는가.
역시 국민의 알 권리를 추구한다는 제도언론에서는 안기부의 수사결과 발표를 여과 없이 그대로 전재하는 행태를 보였다. 전체 신문지면의 3분의 1 이상을 차지했던 당시의 수사결과의 기사제목은 다음과 같다.

· 북한 '임양 방북' 작년부터 공작
조평등 등 대남기구 총동원
미, 일, 호 등 해외조직도 가담
(《경향신문》1989년 9월 8일자 1면)

· 각종 성명 · 서신 북지도원이 작성
핵심임무'인 공동선언문도 거의 북측의 원안原案
북한이 '한청련韓靑聯' 조종, 해외 전위조직 입체공작
허담許錟 등 주요인물 면담, 자신의 석고상 제작 등 '환상대우'에 세뇌
(《국민일보》1989년 9월 8일자 4면)

· 행사 때마다 북측이 써준 원고 낭독
  국빈급 묵는 고려호텔 38층 투숙
  권력 핵심인물 면담, 김일성 찬양
  (《조선일보》 1989년 9월 9일자 4면)

· '북한이 정해준 일정따라 반국가 활동'
  체북중 성명발표 4회, 집회연설 12회
  국빈 대우… 북한 핵심인물 거의 다 면담
  (《세계일보》 1989년 9월 9일자 5면)

· 북측이 써준 원고대로 각종 성명·연설
  '국제학생동맹에 전대협 가입' 지령 받아
  '북한은 적화야욕 없는 통일세력' 찬양도
  (《서울신문》 1989년 9월 9일자 4면)

 이쯤에서 접어두기로 한다. 권력의 의도대로 철저히 움직이는 언론의 자세는 환멸을 뛰어넘어 연민의 정마저 들게 했다. 나는 갇혀 있었고 어떠한 항변도 할 수 없는 위치에 있는 '약자'에 불과했지만 악의적인 매도 앞에서도 '승자'의 여유로움을 가질 수 있었으니, 그들의 의도는 결국 모래성처럼 무너져버린 셈이다.
 그해 11월부터 재판이 시작되었다. 검찰은 나에게 징역 15년, 자격정지 15년을 구형했다. 그리고 서울형사지방법원 합의 24부(재판장 황상현 부장판사)는 검찰의 공소사실 전체를 유죄로 인정하는 동시에 징역 10년 자격정지 10년을 선고했고, 이에 불복하여 항소한 서울고등법원 제3형사부(재판장 송재헌 부장판사)에서는 징역 5년, 자격정지 5년을 선고했다. 이는 대법원에서 최종 확정되었다.

대학원 강의실에서 만난 한변호사님

나는 1992년 성탄 전야에 집으로 돌아왔다. 3년 반 만의 일이었다. 실로 많은 분들이 나의 수감생활의 고통을 함께 나누어주었고, 이는 나 자신을 지켜낼 수 있는 버팀목이었다. 그중에서도 여러 변호사님들의 헌신적인 노력을 나는 잊을 수가 없다. 단순히 변호사와 피고인으로서가 아니라 분단의 십자가를 함께 걸머지고 나가는 사람들, 때로는 아버지와 딸처럼, 누이동생이나 조카처럼 사랑으로 대해주기도 하셨다.

한승헌 변호사님은 마치 아버지처럼 다가오는 분이셨다. 실제로 그분은 우리 아버지와 동년배의 친구분이기도 하다. 안기부 수사관들은 그분의 변론에 대해 '지겹다'는 표현을 썼지만 잔잔하게 자신의 의견을 피력하시는 그분의 모습에서 나는 평화와 정의를 발견할 수 있었다.

집에 돌아온 나는 미처 마치지 못한 학생신분으로 돌아갔고 대학을 졸업한 뒤에는 대학원에 진학했다. 이곳에서 나는 다시 한승헌 변호사님을 만났다. 이번에는 교수와 학생의 입장으로였다. 2학점짜리 '저작권론' 강의로 인해 나는 일 주일에 한 번씩 그분과 만날 수 있었다.

변호사로서 그분은 피고인인 나의 무죄를 몇 번이고 강조하셨지만, 선생님으로서는 학생의 입장이 된 나의 학습태도가 썩 마음에 들지는 않으셨는지 최상급의 학점을 주지는 않으셨다. 사실 '저작권론' 수강신청을 할 때 '설마 한승헌 변호사님이……' 하는 생각도 없지는 않았다는 사실을 고백해야겠다.

체험기 (2)

분단통과인가 밀입북 사건인가

문규현 (신부)

그해 1989년, 통일의 물줄기

1989년은 분단과 통일운동의 역사에 길이길이 기억될 해였다. 비록 이 한 해가 이른바 '공안정국'이라는 말로 덧칠해져 탄압과 체포, 투옥의 행렬로 날마다 숨막히고 답답한 공기 속에서 보내기는 했으나, 그 질곡을 뚫고 끝없이 퍼져나갔던 통일의 열망과 몸짓을 어찌 가릴 수 있으랴.

그해 4월에는, 이제는 고인이 되신 문익환 목사님께서 북한을 방문하고 돌아오셨다가 감옥행을 당하고 말았다. 6월에는 서경원 의원이 1988년 10월 방북사건과 관련하여 구속됨으로써 나라를 발칵 뒤집어놓았고, 6월에는 당시 미국에 있던 내가 다녀왔다.

7월 1일부터 8일까지는 평양에서 '세계청년학생축전'이 개최되기로 되어 있었다. 당연히, 지극히 상식적으로 정부와 공안당국은 민족민주운동에 대한 탄압의 칼날을 대대적으로 휘두르며 이제 어느 때, 어떤 식으로 전개될지 모를 청년학생들의 축전참가를 막기 위해 온갖 촉수를 뻗치고 있었다. 그들은 아마도 꽤나 속을 태우며 전전긍긍하고 있었으리라.

보도를 듣자 하니 학생들은 어떻게든 축전참가를 성사시키기 위해 무척 애를 쓰고 있었다. 정치색을 배제하겠다, 참관만 하겠다, 관변 청년단체와도 함께하겠다 등등 정부의 요구를 최대한 반영시키며 애써 마련된 판을 깨지 않으려 큰 인내심과 지혜를 발휘하고 있었다. 정부의 통일의지가 워낙 없었으니 그도 어쩌면 상식적인 수준이었다 싶지만, 막판에 정부는 판을 뒤엎고 전대협의 축전참가를 봉쇄해버렸다.

민족민주운동체와 공안당국은 팽팽한 평행선을 그으며 대립과 긴장의 연속선 위에 있었다. 민족민주운동 세력 일부에서는 방북자들에 대한 불만의 소리도 터져나왔다. 감상주의적 통일관이라느니 공안당국의 탄압을 자초, 운동의 위축을 불러왔다느니…….

이런 와중에 전대협 대표 임수경이 홀홀단신으로 평양에 도착했다. 안기부원이 뒷날 임수경을 취조하는 중에 그랬단다. 전대협이 무슨 수를 써서라도 평양에 대표를 파견할 줄은 알았지만 이런 공주님이 그런 식으로 혼자 갈 줄은 생각도 못했다고.

이미 6월달에 북한을 방문하고 뉴욕에 돌아와 있던 나는 임수경의 북한 도착 소식을 신문을 통해 알게 되었다. 저 어린 것이 서슬 푸른 독재권력에 의해 얼마나 고초를 당할 것인가! 나도 모르게 터져나오는 탄식이었다. 임수경은 7월 27일 판문점을 통해 귀환하겠노라 선언을 해놓고 있었다. 그러나 그일은 그일, 나는 이미 축전 참가요청을 마다한 채 뉴욕에서 형 문정현 신부와 만나기로 한 약속준비에 골몰했다.

느닷없이 고국에서 '천주교정의구현 전국연합' 사무국장 문국주로부터 전화가 걸려왔다. 형 문정현 신부가 출국정지를 당했다는 것이다. 아무래도 나의 6월 방북문제 때문이 아닐까 하는 추측이 들었다. 외무부의 한 관계자는 "문신부는 88년 2월 미 영주권을 취득, 거주여권을 소지하고 있으므로 그의 입북은 7·7선언 제1항(해외동포의 남북한 자유왕래)에 따라 허용되어 있을 것"(《동아일보》 1989년 6월 7일자)이라고 했는데…… 어이가 없었다. 얼마나 기다리고 기다리던 형제지간의 만남이었던가. 각자의 일에 정신 쏟기도 바빴던 탓에, 이날 이때까지 우리 두 형제는 오순도순 얼굴 맞대고 편안한 시간을 가져본 적이 없었다. 그래서 참으로 신경을 쏟으며 준비하던 만남이었건만 이런 식으로 망가지고 말다니, 분통이 끓어올랐다.

"수산나에게 보내는 짐을 지고 평양에 다녀와달라."

7월 7일 새벽(현지 시간), 도청의 위험도 무릅쓴 채 전주교구 박병준 신부는 이런 내용의 전화를 내가 머무르고 있던 휴스턴으로 걸어왔다. 그 간단한 말 속에서 동료 사제들의 고민과 실행의 공식 의미를 대강 짐작으로 알 수 있었다. 그러나 그 맹랑하고 막연한 요청에 의지하며 개인적인 일정을 모두 깨버리고 훌쩍 따를 수는 없었다. 7월 12일 뉴욕에 돌아왔고, 7월 18일 한국에서 온 동료 사제의 전언으로 구체적인 내용을 확인할 수 있었다. 임수경 수산나와 함께 7월 27일 판문점을 통과, 함께 귀국하라는 것이었다.

지난 6월 6일 '남북공동 통일염원미사'를 준비할 때 사제단(천주교 정의구현 전국사제단) 관계자들은 나더러 북한에 가는 것을 신중히 고려해달라며 굼뜨게 움직였다. 그런데 이번에는 이 촉박한 시간에 아무 준비도 안되어 있는 상태에서 평양으로 가라니! 평양이 어디 소풍이라도 가는 가벼운 곳인가? 난 못 간다, 못 간다며 속터지는 심정을 드러냈다. 당장이라도 외로운 싸움의 현장에서 뜨거운 행진을 계속하고 있는 수경이와 함께하고 싶은 마음이야 간절했지만, 또 사제가 제 마음대로 행동반경을 결정지을 수 있는 신분은 아니었다.

나는 머지 않은 때인 7월 31일, 필리핀 마닐라에 있는 '아시아 주교회의 인성회(The Office Of Human Development)' 사무총장으로 부임할 예정이었던 것이다. 그런데 이대로 평양에 간다면 언제 필리핀으로 갈 수 있을지 모를 일이었다. 더구나 그들은 내가 미국에서 공부하고 있는 2년을 꼬박 기다려주고 있었으니, 도의상으로도 참 못할 노릇이었다. 그러나 여의치 않았던 그 모든 형편, 사제의 신분으로 두 번 세 번씩 평양을 드나드는 데 대한 부담스러운 마음을 삭여내야 했다. 나는 누구에게랄 것도 없이 투덜투덜 불평을 늘어놓으면서 얼마 남지 않은 시간에 마음을 조이며 평양 갈 채비를 했다.

사제단의 고뇌, 나의 결단

……이에 따라 천주교정의구현 전국사제단은 7월 5일 전국상임위원회에서 사제단의 일원인 문규현 신부를 우리의 대표로 북한에 파견하여 임수경 양과 함께 판문점을 거쳐 귀환하도록 결의하였습니다. 이에 따라 우리 사제단은 문신부를 7월 25일자로 북한에 파견하였고, 문신부는 오늘 오후 5시경 북한 도착 즉시 임수경 양과 만나 임양의 귀환문제를 협의할 것이며, 임양이 원하는 바에 따라 귀환하리라 믿습니다. 이는 앞서 언급한 바와 같이 그리스도를 따르려는 사제로서 신앙적 양심에 입각한 결단이며, 목자로서 양떼의 고난에 함께 겪으신 그리스도의 모범에 따른 것입니다.

특히 중요한 것은 이번 문규현 신부의 방북이 문신부 개인의 결단이 아니라 천주교정의구현 전국사제단의 결정에 의하여 사제단의 대표자격으로 파견했다는 사실입니다.

우리는 이일로 말미암아 우리 사제들이 비난의 표적이 되고, 정부당국에 의해 실정법에 따라 처벌될 수도 있음을 잘 알고 있습니다. 그러나 이런 위험들이 우리의 의지를 꺾을 수는 없습니다. 왜냐하면 일부 권력자들에 의해 자의적으로 제정 시행되는 실정법보다 우선하는 가치는 하느님께서 세우신 양심의 법임을 믿기 때문이며, 통일은 반드시 이루어지고야 말 것이기 때문입니다. 따라서 이일로 인하여 우리가 고난받게 된다 하더라도 우리는 그것을 기꺼이 감수할 것입니다.……

우리는 수많은 고뇌와 갈등 속에서 이 시대에 우리를 향해 말씀하시는 주님의 참뜻을 찾으려고 노력했습니다. 그 결과, 우리는 부족하나마 이 시대의 고난받는 자들과 함께 그 고난에 참여하는 방법으로 이러한 결단을 내리게 되었습니다. 우리 사제들은 이러한 의지와 믿음으로 27일 귀환하는 문규현 신부와 임수경 양을 맞으러 나갈 것입니다. 우리는 쪼개지고 부서짐으로써 인류의 화해와 일치를 이룩하신 예수 그리스도의 삶이 곧 우리들의 삶이 되어야 한다고 고백합니다.

끝으로 우리는 이러한 의지와 결행이 카톨릭 교회내에서뿐 아니라 우리

민족 모두에 대하여 민족의 화해와 재일치를 이루기 위해 거듭나는 계기
가 되기를 바랍니다.

1989. 7. 26.
천주교정의구현전국사제단 상임위원 일동

　나로서는 길게 인용할 수밖에 없는 성명서이다. 교회 안팎에 엄청난 충격을 던지며 사제들이 이제 민족통일의 역사에 기꺼이 동참하겠노라 결연히 선언한, 교회통일운동의 역사에도 하나의 큰 획을 그은 일대 '사건'이었기 때문이다. 7월 5일, 사제단 상임위원들은 그 누가 먼저랄 것도 없이 임수경 수산나의 귀환에 누군가를 보내야 한다는 마음들을 내놓았다. 그것이 나의 평양도착에 때맞추어 공식 성명서로 발표된 것이었다.

　천주교회는 분단을 조장하고 굳히는 데 한몫 단단히 차지해온 역사를 가지고 있다. 갈라져 신음하고 고통받는 민족분단의 현실에 참으로 둔감했다. 그렇다고 사제단과 나 자신, 그 교회의 모습과 다르다면 얼마나 달랐을까. 그 딱한 태도에 뼛속을 후벼내는 충격과 아픔으로 다가와 이제 민족통일운동에 분명한 모습을 취할 것을 요구한 사건이 있었으니, 조성만 요셉의 죽음이다.

　올림픽 개최로 나라 안이 한창 들떠 있던 1985년 5월 15일, "누가 반민족적이고 도대체 누가 애국하는 사람인지 구별하지 못하는 현실"과 "현재 우리나라 사람 중에서 남북공동올림픽을 거부한 집단은 현군사정부와 그 밑에서 민족을 팔아먹는 사람들 이외에는 없다"고 질타하며 그는 명동성당 옥상에서 자기 배를 가르고 흰 한복을 붉은 피로 물들이며 투신했다. 민족의 통일, 화해와 일치를 간절히 염원하며…… 대학을 졸업하면 사제가 되겠노라 늘 외던 눈 맑던 청년. 잠시 귀국중에 맞닥뜨린 그의 죽음 앞에서 나는 맹세, 다짐을 했다. 제대로 인식하지 못했고, 아파하지 못했던 조국의 분단을 무너뜨리는 데 열과 성의를 바치마 하고. 결코 너의 죽음, 외침을 헛되이 하지 않겠노라고.

　뉴욕 메리놀 신학대학원에서의 내 논문주제는 '통일신학'으로 모아졌

다. 그리고 1989년 6월에는 갈라진 형제를 보고 싶은 간절한 마음을 안고 평양으로 달려갔다. 비록 사제단과의 공식합의는 아니었으나, 평양의 장충성당과 남쪽의 임진각에서 6월 6일 민족통일을 위한 미사가 동시에 드려졌다. 이때 내가 평양을 먼저 방문했던 경험이 없었다면 사제단은 7월에 파견할 신부문제로 적지 않이 고심했지 않았을까 싶다.

생각에도 없던 공부를 갑작스럽게 하게 된 일, 평양을 그렇게 찾아갈 수 있도록 도와주기 위해서였음인지(?) 너무도 쉽게 나왔던 영주권. 7월에 다시 갈 때 의외로 격려하고 기뻐하며 나의 방북을 허락해주던, 내 장상인 일본인 하마오 주교. 수속이며 절차며 시간이며 도무지 가기가 쉽지 않았던 상황에서도 이리저리 잘 맞아떨어지던 상황들.

그래서 언제나 하는 생각—나를 북한에 공식적으로 파견한 사제단의 결단은 어느날 느닷없이 툭 불거져나온 것이 아니라는 점이다. 뒤늦게나마 민족통일의 대역사에 눈뜨고 자신의 부끄러운 모습에 대한 죄의 고백과 참회의 결단이었으며, 그것들이 여러 사건으로 흘러오다 결국 한데로 모아진 결과였던 것이다. 그리고 사제단은 민족의 십자가를 기꺼이 나누어지기로 한 것이었다.

분단주의자들과의 싸움

사제단과 천주교회, 이들은 좌경용공의 온상이라는 비난과 중상모략이 쏟아졌다. 7월 27일, '한국 천주교 주교단'은 사제단의 결행에 '유감'을 표명하는 담화문을 발표하였다. 그렇지 않아도 사제단과 전대협, 나와 임수경 등에 대해 온갖 비방을 일삼던 많은 언론과 공안당국은 주교단의 담화에 더욱 힘을 얻었다. 나의 구속문제를 두고 고심하던 검찰은 그 담화에 고무되어 사전구속영장 발부를 결정지었다 한다.

주교단이 담화문을 발표하던 그날은 임수경과 내가 판문점을 통해 귀환하기로 선언된 날이다. 그날 임수경과 나는 넘지 못했다. 북한당국은 판문점 통과를 원치 않고 있었다. 자칫 정전협정 위반이 되어 국제적 문제로 비화되거나, 남북 긴장상태가 고조될까 우려한 까닭이다. 문목사님 때도 그랬던 것이다. 남측은 당연히 통과를 허락하지 않았다. 우리는 남과 북 가운데 어느 한쪽의 동의라도 끌어내야 한다는 생각을 했고, 제3국을 경유한 귀국 종용 따위를 용납하지 않기 위해 단식투쟁을 선언했다.

같은 시각, 사제단 소속 신부 20명이 나와 임수경의 귀환을 환영하기 위해 판문점으로 오다가 구파발 검문소에서 전원이 강제연행당했다. 7월 28일에는 나를 비롯하여 남국현·구일모·박병준 신부 등에 대한 사전구속영장이 발부되었으며, 사제단 사무실에 대한 압수수색이 실시되었다. 무엇보다 가슴아팠던 것은, 사제단의 결단이 마치 주교단에 대한 순명을 거스르는 행위로 비쳐지고, 보수와 진보의 대결인 양 혹은 교회 분열의 전초전인 양 들쑤셔대는 일이었다. 그해 10월에는 카톨릭계 최대행사인 '세계성체대회'가 서울에서 개최되기로 되어 있었건만…….

여론재판, 일방적인 매도는 끝이 없었다. 북괴의 적화통일 전술에 놀아난 꼭두각시, 철딱서니 없는 것들, 빨갱이 신부 따위의. 심지어 어느 소설가는 한 신문의 지면을 크게 채우며 이런 식의 공격을 해대었다. "차라리 사제복을 벗어라"라고. 7월 29일 오전 10시 구속영장이 발부된 나 외에 세 명 신부의 고별미사가 있었다. 그들은 12시쯤 '민족의 십자가를 함께 지고자 구속연행에 임하며'라는 제목의 성명서를 낭독한 뒤, 명동성당 앞에서 시경 대공분실로 구속 연행되었다.

8월 15일, 그날 우리는 끝내 판문점을 넘어섰다. 서울특별시 경찰국과 안기부에서의 기나긴 심문끝에 서울구치소로 넘겨졌다. 감옥생활의 시작이었다. 전국 방방곡곡의 법정이며 구치소, 교도소는 어디든 쫓아다녀보지 않은 곳이 없을 정도로 인연이 많았으나, 정작 그 생활을 내가 속속들이 겪어내야 했던 것이다.

초행길의 감옥, 거기에는 수많은 젊은이들이 '신념' 하나 때문에 끌려와 눈물과 분노, 절망과 희망을 한데 녹여내고 있었다. 초보적인 정치적 권리는커녕 생존권마저 박탈당한 노동자들, 꽃같은 청춘을 쇠창살에 걸어놓고 살면서도 결코 웃음과 꿋꿋함을 잃지 않던 학생들, 참교육을 갈망한다는 이유로 그곳까지 들어온 선생님들, 민중예술가들…… 늦바람이 무섭다고, 나는 그들과의 생활이 무척 즐거웠다. 그들의 희생과 고난에 찬 투지에 비하면 차라리 늦깎이가 아니었던가.

그곳에서 만난 한 학생이 내게 말했다.

"신부님, 지금 신부님이 입고 계신 푸른 수의가 바로 이 시대의 사제복인 것같습니다."

새삼 그리스도를 따르는 고난의 영성을 일깨워주는 말이었기에 무척이나 고마웠다.

재판과정은 참으로 싸움의 연속이었다. 재판이 열리는 날이면 법원 주위는 수백 명의 전경들이 점령하였고, 그래서 방청하러 온 이들과 전경들의 몸싸움과 고함은 재판때면 늘상 있는 일이었다. 첫 재판때 학생들이 구호를 외치고 꽃을 던지는 행위를 했다 하여 방청객도 제한되었다. 그나마의 방청석도 우익단체에서 동원되었음직한, 정체를 알 수 없는 사람들과 사복경찰로 많은 좌석이 점거당해 있었으니, 공정한 재판, 공개재판이란 아예 생각도 말 것이었다.

첫 재판이 열리던 날 아침, 임수경 수산나는 속옷차림으로 아침도 못 먹은 채 법정에 끌려나오기까지 했다. 재판을 조용하게 치러보겠다는, 철저한 준비성이 그런 어처구니없는 작태까지 서슴지 않게 했으니, 인간의 기본적인 권리조차 깡그리 짓밟았던 것이다. 많은 학생들이 감치명령을 받아 구치소로 넘겨졌다. 우리들이 재판을 거부할 때도 있었고, 변호인단이 집단퇴정한 적도 있었다.

나에 대한 검찰의 줄기찬 기소이유는 대략 다음과 같았다.

그런데 피고인 문규현은 1989년 6월 5일부터 같은 달 19일까지 북한에 머무르면서 극진한 대우를 받고 북괴가 마련한 일정에 따라 활동하면서 북괴의 구성원인 전금철·안병수·박영수 등과 회합하는 과정에서 북괴의 대남적화 선전에 세뇌된 나머지 앞서 본 바와 같은 북괴의 대남선전원 역할을 하여오던 중 천주교정의구현전국사제단으로부터 임수경을 대동,

판문점을 통과하여 귀환하라는 부탁을 받자 이를 기화로 상 피고인 임수경의 밀입북으로 인한 국내외 정세의 상황변화와 그에 따른 대책 및 임수경의 판문점 통과 등 제반 문제에 관하여 북괴의 지령을 받기 위하여 입북한 것…….(1990년 7월 12일 검찰의 상고이유서)

1심에서 임수경은 10년, 나는 8년을 선고받았다. 아직 나이 어린 한 여대생이 북한에 다녀왔다 하여 세상이 뒤집힐 듯 그렇게 난리를 치더니 스무 살 갓 넘은 처녀더러 10년, 10년을 감옥살이 하라는 것이었다. 어디 못 갈 데 다녀왔고, 못 볼 것 보고 왔고, 해서는 안될 말을 터뜨리다 왔던가. 내 핏줄 품에 안겼기로서니, 이제 정말 하나가 되어 신나게 살아보자는 것이었건만 그게 그토록 엄청난 죄악이란 말인가. 내 형량 위에 임수경의 형량을 얹어달라고 진심으로 재판부에 호소했다. 참으로 부질없고 어리석은 짓임을 알면서도, 얼마나 가슴 터지고 기가 막혔던지…… 그럼에도 우리는 희망과 확신에 차서 1심 최후진술을 했다.

사실 내가 지금 이 순간에도, 아니 앞으로도 가장 두려운 것이 하나 있습니다. 그것은 내게 내려질 어떠한 고난이나 혹은 이 법정에서 내려질 중형에 대한 것은 아닙니다. 내가 진정으로 두려운 것은 바로 문익환 목사님으로부터 시작된 우리들의 방북실천이 과거에 있었던 하나의 '사건'으로 세월의 흐름 속에 묻혀가는 바로 그것입니다. 과거에 임수경이라는 여대생과 문규현이라는 신부 한 사람이 정권의 반대에도 불구하고 분단 휴전선을 통과한 일이 있었다…… 나는 이것이 가장 두려운 것입니다. 이제 우리 민족의 하나됨을 향한 행렬은 계속되어야 합니다. 그것도 이제 대중적 운동으로 계승되고 확산되어야 할 시점에 와 있습니다.
……지금 나의 가슴은 작년 8월 15일 분단 휴전선을 넘어서던 그때보다 통일에 대한 열망으로 더욱 뜨거워져 있습니다. 여러분! 우리들의 투쟁은 결코 끝나지 않았습니다. 나는 꿈을 꿉니다. 결코 화려하지는 않지만 통일을 위한 아름다운 꿈을…… 그꿈 가운데는 이러한 꿈도 있습니다. 백두에

서 판문점까지 물결쳤으나 한라에서 판문점으로 이어지지 못했던 그 통일에의 행진을 이제 백만 학도와 함께, 분단에 죽고 통일에 사는 사천만 민중과 함께 문목사님을 앞세우고 수경이를 앞세우고 걸어보는 꿈을 말입니다. 이꿈이 이루어질 때까지 나는 결코 여러분과 함께 한 걸음도 이 자리에서 물러서지 않을 것을 약속드립니다.

2심에서 임수경과 나의 형량은 각각 5년으로 줄어들었다. 상고심에서도 그대로 확정되었다. 몇 가지 검찰의 공소내용을 수정하기는 했으나 재판부의 선고이유는 한결같이 검찰의 공소장을 그대로 베껴쓴 것이었다. 그러는 중에 내 항소이유서 《분단의 장벽을 넘어서》가 출판되었다. 그를 기념하는 자리에서 형 문정현 신부가 말했다 한다. 까짓것, 이북을 갔다 와도 5년 사는데 우리 다같이 갑시다, 너도 나도 가서 이 분단장벽을 허물어버리자고.

곳곳에서 우리의 석방을 위한 노력이 계속되었다. 우리들 머리 위로 퍼부어진 단죄의 세례에도 불구하고 우리는 외롭지 않았다. 북측 당국자들은 남북관계를 풀 현안으로 늘 문목사님과 임수경 그리고 나의 석방을 요구해왔다. 남측 당국자들이 번번이 이를 거절했음은 물론이다. 정치인이라는 이유로 그 논의의 대상에서 언제나 서경원 의원이 빠져 있었음이 참으로 마음을 아프게 했다.

이제 민족의 통일은 눈앞에 있으니

1992년 12월 24일, 성탄전야에 임수경과 나는 가석방되었다. 전혀 생각도 않았던 일이었다. 3년 4개월. 감옥 언저리는 상상도 못해본 사람들이야 끔찍한 세월이지만 수십 년 혹은 10년, 20년을 그안에서 생을 말리우고 있는 숱한 이들을 생각한다면 아무것도 아니었다. 우리들의 가석방은 임기를 거의 끝내가는 노태우가 자신의 심복들을 사면시키고 그 비난여론을 무마시키기 위한 포장용이었다. 그 대가로 자유로운 몸이 되었다는 것, 치욕이었다. 그러나 현실은 현실이어서, 나는 새로운 결심으로 새로운 상황에 적응해야 했다.

1993년 2월 12일, 전주교구 요촌성당 주임신부로 부임했다. 3년 4개월 만에 돌아온 내 직분이었다. 지금 이글을 쓰고 있는 동안에도 변함이 없다. 그간 본당 사목과 통일강연 요청들에 응하느라 정신없이 바빴다. 더러는 벅차기도 했다. 감옥때부터 고심해온 교회사 쓰는 일에까지 달라붙어야 했으니까. 민족의 운명과 함께하지 못하고, 민중의 처지에 깊이 들어가지 못한 채, 분단과 반민족의 자리에 서 있던 그간 천주교회의 모습을 성찰하고자 하는 내용이었다. 그를 통해 민족 앞에 철저히 사죄하고, 민족의 교회로 거듭 태어나고자 하는 소망을 담아내고자 했다. 부족한 글이나, 《민족과 함께 쓰는 한국천주교회사》라는 이름으로 사람들에게 내보였다. 이는 교회가 뿌리부터 속죄의 길을 걸어 민족통일의 길에 옳게 섰으면 하는 내 간절한 바람의 표현이었다.

올해 2월, 문목사님은 통일의 길을 더 크고 든든하게 아우르려 혼신의 힘을 다하시다 그만 돌아가시고 말았다. 그 슬픔과 애통함에 함께 젖어들지 않는 이 얼마나 되겠는가. 그분이 걸어오신 생애, 삶의 흔적, 외침과 격려가 온통 민족의 통일에 있었으니, 이제 우리들이 그 남은 과제를 풀어가야 할 것이다. 임수경이 문목사님이 준비하셨던 '통일맞이 칠천만 겨레 모임'에서 그분 뜻을 잇고자 애를 쓰고 있다.

분단 44년 만의 판문점 통과. 그 철옹성 같던 장벽은 그렇게 허물어져 내렸다. 통일의 물꼬가 콸콸 터진 것이다. 다른 이들의 평가야 어찌 되었든, 그 당시의 여러 '방북 사건'은 공안정국을 정면으로 돌파하며 그에 굴하지 않았던 힘이라고 나는 생각하고 있다. 그 이후, 통일운동의 대중적 지평은 활짝 열려갔다. 해외동포, 남북 통일운동체들이 한 틀 안에 모여 대단결을 이룬 조직도 결성되었다. 통일에 대한 국민들의 관심도 고조되어왔다. 통일은 막연한 감상이 아니며, 얼마 안되어 꼭 이루어지고 말리라는 확신들이 밑바닥에 깊숙이 자리잡아갔다.

그뒤 경제인들이며 남북한 당국자들이 이미 뚫린 그길, 판문점을 통해

빈번히 오갔다. 그러더니 1991년 12월에는 '남북 교류협력에 관한 합의서'까지 만들어지기에 이르렀다. 남북 통일문제를 획기적으로 풀, 그야말로 그것만 제대로 이행된다면야 통일은 이미 다 된 것이나 다름없을 문서였다. 그러나 지금은 어떤가. 정부당국의 필요와 구미에 맞아야만 판문점 경유, 북한방문이 허용될 뿐이다. 지겹도록 들어온 논리, '창구 단일화'의 힘은 아직 막강하고 완고하다. 어찌 보면 민족통일의 경전이 되어야 할 '합의서'에는 먼지가 쌓여 있다.

이처럼 반통일 세력이 안간힘을 쓰고 있으나, 민족통일을 향해 넓고 깊어진 이 강줄기를 가래로 막을 수는 없다. 이미 그것은 이 민족과 민중에게는 거스를 수 없는 대세가 되었기 때문이다. 그 흐름에서 벗어나지 않았다는 것, 조금이라도 통일운동의 지평을 여는 데 한몫 했다는 안도감이 있다. 그러나 그 보람은 나를 제 자리에 두지 않고 계속 전진하게 만드는 동력이기도 하니, 통일이 될 때까지, 통일이 되어서도, 해야 할 일은 여전히 많지 않으랴.

그간 기쁨과 고통을 함께했던 많은 이들이 있다. 그들은 내가 외롭지 않고 온전히 설 수 있도록 부축해주는 큰 힘이었다. 그 힘에 앞으로도 든든히 의지할 것이니, 결코 빠뜨릴 수 없는 분들이 바로 우리들의 변호인단이었다.

우리들의 형량을 보고 마치 자신들의 책임인 양 어쩔 줄 몰라 하며 죄인 된 표정으로 괴로워하던 분들. 최후진술의 자리를 빌려 변호인단에게 간곡히 말했다. 그분들에게 정말 고마웠기에, 우리가 받은 형량에 낙심하지는 않을까 되레 내 쪽에서 안쓰러운 마음이 들어 격려의 말이라고 한 것이었다. "1심이 안되면 2심에서 노력해봅시다. 2심에서 안되면 3심에 가서 노력해보고 그래도 안되면 4심에 맡깁시다"라고.

3심 재판 다음의 4심?

그것은 역사의 심판이 아니던가. 하느님의 심판이 아니던가.

한 길, 한 자리에 있던 우리들 모두, 그 미래의 길에 또한 함께 있을 것이다.

체험기 (3)

하나의 조국, 하나의 민족, 하나의 교회
― 문규현 신부의 1차 북한방문기

문규현 (신부)

평양은 약 200만이 사는, 한창 건설중인 깨끗한 도시였습니다. 남쪽이 88올림픽을 위해 온갖 힘을 기울였듯 북쪽은 제13차 세계청년학생축전 준비를 위해서 온갖 힘을 기울이고 있었습니다. "평양은 조선의 심장이다"는 구호에서 나타나듯, 평양은 전인민의 참여로 전쟁의 잿더미 위에 새로 그려지는 도시였습니다. 올림픽 공동주최의 목표 아래 건설된 안골 체육촌 건물의 이름에 각 도의 이름을 붙인 의미가 전인민의 참여를 말해주는 듯합니다. 건설현장은 '군' 과 '민' 이 함께 어울려 '평화건설' 을 말하듯 격의 없이 노력하는 아름다운 모습을 보였으며, 다소 피로에 젖은 모습이었으나 인민의 꿈을 키워가는 현장이었습니다.

"힘드시죠?"

"예, 연일 힘듭네다. 그러나 우리 인민이 살 곳이고 건설이 끝나면 생활이 더 좋아지니까요."

광복거리 건설 일꾼과 잠깐의 대화입니다. 그도 그럴 것이 이 거리에는 45층짜리 곤계('형제'라는 뜻) 고층건물들과 더불어 2만 5천 세대가 살게 될 아파트와 편의시설(상점, 공원 등을 말함)이 건설되고 있었고 5천 세대의 주택이 건설될 계획이었습니다. 그들의 힘에 겨운 얼굴에 마음 아팠지만 긍지와 희망을 볼 수 있는, 꿈을 키워가는 현장이었습니다. 이러한 꿈이 있기에 일과 후 쉽게 피로를 잊고 이동방송차의 음악에 맞춰 한마당 어울려 춤추고 노래하며 피로를 풀고 내일의 건설을 기쁘게 준비할 여유를 가질 수 있다고 느껴집니다.

분단 45년이 되는 오늘에 이르기까지 북은 우리 조국의 일부가 아닌, 찾아갈 수 없는, 세계에서 가장 먼 외국으로 강요되어오고 있으며, 국경도 아닌 휴전선이 가장 견고한 국경이 되어 있습니다.

'우리의 소원은 통일'이라고 노래하면서도 통일을 먼 훗날의 일로만 여기는 관념적인 생각으로 그칠 수만은 없어 통일의 길을 실천적으로 모색해야 하는 엄연한 사실에 저는 북의 동포를 찾아갔습니다. 이는 '민족공동체'라는 의식은 등진 채 서로를 대결의 상대로 여겨 절대관계가 격화되는 비극적 현실의 극복이 나의 민족적·크리스찬적 사명임을 인식함에서 온 작은 행위였습니다. 또한 이러한 오늘의 비극적 현실을 극복하고 민족의 통일과 평화를 나누는 일이 하느님의 명령이며 마땅히 교회가 담당하여야 할 사명(마태 5, 23-24)임을 인식했기 때문입니다. 또한 교회는 민족의 땅에 평화를 구축하는 사도적 공동체로 부름을 받았기 때문입니다(마태 5, 9 골로 3, 15). 요한 바오로 2세는 "조국이 분단된 고통에 신음하고 있는 한국은 상호불신 때문에, 형제적 사랑으로 화해할 수 있다는 신념이 없기 때문에 분열된 세계를 상징한다"라고 말씀하셨습니다. 이에 통일의 길은 서로간의 깊은 이해와 포용의 길밖에 없기에 북쪽사회를 눈으로 보고 느낀 바를 나누어 민족적 신뢰를 회복하고자 합니다. 우리 동포끼리 전쟁을 통해 서로를 정복하지 않고 겨레가 찢겨진 상태를 평화적으로 청산하기 위해서는 서로 용서하고 인정하고 격려하며 믿고 살 수 있는 상태를 회복해야 하며, 그러기 위해서는 서로 만나 실상을 파악하고 생각하는 바를 나누어야 함이 당연하지 않을까요.

미국 로스앤젤레스 60만 교포를 상대로 한 통일에 관한 여론조사 결과 81.5퍼센트가 통일을 오늘의 최고 당면과제로 본다고 나타났으며, 현정권의 통일의지에 대해서는 부정적인 경향을 보였습니다. 대신, 북의 사회를 있는 그대로 인정하고 포용하자는 통일론이 지배적이었습니다. 그러나 북한은 우리의 조국이 아닌 것으로 규정되고 있고, 형제애마저 끊어놓으려는 이 현실은 민족의 땅에 평화를 구축하는 실천적 삶에로 교회를 부르고 있습니다. 책임성 있는 우리의 자세를 요구하고 있습니다. 평화의 사도적 공동체인 교회는 하느님의 지혜의 현실을 판단하고 진리의 편에 분명히 서야 할 책임을 가졌다고 봅니다. 통일에 대한 태도를 분명히 하여 민족과 함께해야 합니다. "이제 남과 북은 분단의 벽을 헐고 모든 부문에 걸쳐 교류를 실현해 나아가야 한다"고 남과 북이 동반자임을 천명한 7·7선언은 현정권의 집권안보의 덫이었음을, 하나의 민족·하나의 조국을 되찾기 위한 오늘의 민족적 염원을 담보한 사기극이었음을 직시하고 민족을 통일의 길로 바르게 인도함이 오늘날 교회의 책임이라고 생각합니다.

재일동포로서 부모따라 평양에 와 자랐다는 한 아가씨를 우연하게 만났습니다. 평양에 사는 대부분 재일동포들의 연고가 남한이라고 하는데 이 아가씨도 연고가 남쪽에 있다고 합니다. 그런데 처음에는 부모와 마찬가지로 적응이 어려웠으나 할아버지의 권고인 "조국은 하나이며 어느 곳에든지 사회에 기여하는 데 보람과 긍지를 가진 삶이 참삶이다"라는 말씀따라 이제는 부모와 자신도 기쁘게 살고 있다고 합니다. 사회와 자신이 별개가 아님을 인식하면서 통일 되면 고향을 꼭 찾고 싶다는 그의 통일에 대한 염원은 대단했습니다. 일본에서 같이 자랐던 그의 친구가 만나러 와서 "후회하지 않느냐"고 물었을 때 처음에는 돌아갔으면 하는 마음도 들었으나 이제는 자신의 선택으로 민족의 일원으로서 기쁨과 긍지를 가지고 살아간다는 것입니다. 통일조국의 내일은 어느 민족에게도 뒤지지 않겠구나 하는 자신감이 생겨왔습니다.

어느날 저녁엔 본의 아니게 길거리에서 술이 거나하게 취한 두 사람의 대화를 엿듣게 되었는데, 자신의 현위치에 만족하지 못하고, 자신의 자리를 찾게 된다면 옆의 친구를 잊지 않겠다던 주정 어린 말이 단순한 주정처럼 들리지는 않았습니다. 어느 사회에서든지 자신이 더 크게 인정받기를 원하는 것은 인지상정이겠지요. 이북에서는 하나뿐인 성당이 평양 장충동에 있다는 것은 많이 알려져 있습니다. 젊은이들에게는 한낱 위로를 찾는 이들의 비생산적인 푸닥거리에 지나지 않게 생각되어온 교회가 되살아나기 시작한 것입니다. 50여 년 동안의 침묵을 깨고 하느님께서는 기묘한 모습으로 역사하신 것이라 믿습니다. 85년도에 조선천주교협회 준비위원회가 발족, 작년 88년에는 성당 완공과 더불어 조선천주교인협회가 조직되어 전국의 800여 신도가 가입했다고 합니다. 현재 150명 정도의 평양시내 신자들이 주일 공소예절에 참여하고 있으며 자기 수입의 2퍼센트를 헌금으로 바쳐 교회를 운영하고 있다고 합니다.

'정말 신앙생활을 할까?' 하는 의문을 가졌으나, 그들은 서로의 만남과 기도 속에 교회의 성장을 소망하고 있으며, 이러한 소망 안에 평양교구장이신 김수환 추기경님께서 함께하여주실 날을 고대하고 있음을 확인할 수 있습니다. 또 서울에서 열릴 세계성체대회에도 하나의 조국, 하나의 교회로서 참여할 수 있기를 소망하고 있었습니다. 저는 그들과 대화하면서 참된 신앙생활에의 열정을 느낄 수 있었습니다. 조과, 만과를 통한 매일기도에의 소홀과 이웃사랑 실천을 다하지 못함에 대해 안타까워하는 모습, 아직 인식이 환전하지 못한 상태에서 신자를 찾아내고 새 신자를 받아들이려는 데서 오는 어려움과 자신들의 소홀함을 고백하는 모습을 보며 안타까움과 함께, 저도 이 교회와 함께하고픈 마음이 들었습니다.

이런 의도에서 협회는 저와의 연대적 표명을, 특히 조국통일에 대한 교회적 표명을 원했으나 가슴 아프지만 개인자격으로 왔음을 이유로 거절할 수밖에 없었습니다. 통일은 외침으로 되는 것이 아니고 조국통일에의 소명 속에 남과 북이 끊임없는 형제적 사랑으로 서로 안에 사는 공동체를 이루며, 그 정신으로 연대하여 반통일적 악에 대처하는 삶으로 이루어야 한다는 말로 위로할 수밖에 없었습니다.

성령께서는 교회 밖에서도 역사하시듯 이제 다시금 일어나고 있는 북쪽 교회에도 역사하시리라 믿습니다. 그곳 교회가 성령의 역사의 도구가 되어 북의 사회가 민족의 평화를 위한 밀알이 되도록 북의 사회 입장에서 이해되고, 이남에서는 그들이 안고 있는 신앙적 한계가 너그럽게 이해되는 가운데 그들의 성장을 위해서 동반자로서의 교회가 되는 내일을 기원했습니다. 실상 북쪽 교회의 현재 신자들 중 99퍼센트가 40대 후반이며 대부분 고령으로 사회적 한계가 있음을 이해해야 한다고 생각합니다. 또한, 행여 과거 역사 속에서 겪은 피해의식으로 인해 소극적 관찰자적 입장이 되어선 아니되리라 생각합니다. 하나의 조국, 하나의 민족, 하나의 교회라는 의식의 연대적 삶은 바로 통일로 가는 길이라 믿기 때문입니다.

"왜 나이 드신 어른들만 오시는지 모르겠습네다. 나와 같이 젊은 동무들이 왔으면 좋겠습네다. 함께 자주 만나며 지내고 싶습네다. 이번 축전이 기다려집네다. 오면 잘 대접할 겁네다."

"왜 싸워야 합네까? 명령이라도 서로 총을 안 쏘면 될 거 아닙네까? 적이 아니잖습네까? 나라도 사정하렵네다."

길들여졌다고 매도할 순 없다고 믿어지는 호텔 접대원 아가씨의 천진한 말입니다. 싸워서도 안되고 서로 적이 될 수도 없는, 서로 보고 싶고 만나고 싶은, 함께 살아야 하는 우리임을 강하게 호소하던 그가 잊혀지질 않습니다. 놀이터에서 엄마, 아빠 앞에 재롱 피우다 카메라 앞에 거리낌 없이 포즈를 취하는 아이들이나, 사진을 찍든 말든 의식조차 않고 재롱 피우며 안기는 아이들, 그들은 분명 이 민족의 새싹들이었습니다. 때로 "우리 조선을 찾아오신 선생님을 열렬히 환영합니다"하고 외쳐대는 모습에선 길들여진 듯하여 못내 아쉽고 마음아팠던 것도 사실이지만 그것은 잠깐이었습니다. 그것은 의례적 인사였으며 이내 내가 남쪽에서 만나던 아이들과 다를 바 없는 아이로 돌아갔습니다. 이런 아이들, 이런 사람들에게 전쟁의 비극을 안겨준다는 것은 큰 죄라고 생각되었습니다.

6월 10일 북쪽 판문점에서 만난 학생대표에게서 '같은 민족의 젊은이로서 하나의 조국의 미래를 논하고 민족의 장래를 지고 가야 하기에 꼭 만나야 된다'는 확신에 찬 의지를 읽을 수 있었습니다. 그러나 단식이라도 하며 만날 때까지 투쟁하겠다는 남쪽 젊은이들의 그 불타는 투지와 항구성이 더 자랑스러웠고 그들을 대하는 데에도 힘이 되었다고 하겠습니다.

그보다 앞서 6월 6일 통일염원 미사는 분단을 아파하고 통일염원 속에 사는 우리임을 확인하는 자리였습니다. 통일의 재단에 몸바친 조성만 열사를 비롯해 통일의 그날을 향해 몸부림치는 장한 형제들의 이야기 그리고 우리는 갈라져 살 수 없다며 통일의 당연성과 소명을 나눌 때는 통곡의 시간이었습니다. 미사를 마친 후 '우리의 소원은 통일'과 '조선은 하나다'라는 통일의 노래를 부르기까지 우리 모두의 눈에선 눈물이 마를 수 없었으며 통일의 그날까지 우리 모두 우리의 모든 것을 봉헌하고 그리스도 안에 하나 되어 평화의 사도 되자고 다짐 또 다짐했습니다.

2주일, 짧은 기간 동안의 갈라진 동포와의 삶이었지만 처음부터 다른 세계에 있다는 느낌은 그리 크지 않았습니다. 서로 다른 성장과정과 사회구조 속에서 살아왔지만 언어와 문화와 전통의 차이를 크게 느낄 수 없었으며 가족적 관계도 전혀 없지만 역시 우리는 하나였습니다. 공항에서 내려 평양시내로 들어가는 길에 볼 수 있었던 평범한 가정의 밥짓는 연기는 먼 여정을 거쳐온 나를 반겨주는 듯해 고향생각을 하게 하였고, 가는 곳마다 만나는 사람마다 이질감보다는 따뜻한 동포애를 느낄 수 있었으며 때로는 피로에 지쳐 있는 모습이 저를 몹시 아프게 하였습니다.

같이 울고 같이 웃는 시간들이었습니다. 내가 있으므로 사회가 있고 사회가 발전하므로 내게도 발전이 있다는 사회의식과, 이것이 통일과업을 앞당기는 일이라는 민족적 긍지는 대단하였다고 말해도 될 듯합니다. 북에 다녀온 후, 남한과 비교해서 어떻더냐는 질문을 받을 때마다 당혹스러웠지만 '긍지와 보람을 갖고 사는, 생동감 있는 곳'이라고 말하고 싶습니다. 이러한 모습이 더욱 성숙되고, 행여 전쟁의 회오리 속에 꿈을 깨버리는 불행이 다시 없기를 빌었습니다.

하나의 조국, 하나의 민족임을 이해와 포용 속에 확인해야 합니다. 통일조국의 밝은 내일은 소원일 수만은 없으며 오늘이 바로 그날이어야 합니다.

자료

임수경 양 밀입북사건 수사결과 발표 요지

국가안전기획부

사건개요

△ 이 사건은 북한 허담(60세)이 관장하고 있는 '조국평화 통일위원회' (이하 '조평통')와 '통일전선부' 등 대남공작 기구를 총동원하여 북한의 해외공작전위조직인 '재미 한국청년연합' (이하 '한청련'), '재유럽 민족민주운동협의회' (이하 '유럽 민협') '재일한국민주통일연합' (이하 '한통련'), 호주 '한국민족자료실' (이하 '민족자료실') 등을 조종, '전대협' 의 핵심 '주사파' 인 정은철, 박종열 등과 연계하여 추진한 북한의 치밀한 공작이었음이 밝혀졌음.

△ 북한은 88서울올림픽을 의식하고 김일성 부자의 직접 주관하에 그들의 모든 역량과 경제력을 투입하여 추진한 '평양집회' 의 성공과 정치선전 효과의 극대화는 '전대협' 의 참가로서 가능하다는 판단하에 공개적으로는 '조평통', 평양집회 '조선준비위원회', '조선학생위원회', '국제학생동맹' 등과 해외공작 전위조직을 총동원하여 '국제평화대행진' 및 '합법적인 평화집회 참가' 투쟁을 선동하는 자료 교환 및 투쟁자금을 지원하고 재미 '한청련' 외교부장 이지훈(33세), 동 시카고지부연합회장 김미혜(32세, 평양집회 참가차 입북) 등을 국내에 잠입시켜 '전민련' 지도부와 접촉, 선동공작을 전개하는 한편 그 이면에서는 대남 비밀공작 기구인 '통일전선부' 가

재미 '한청련' 조직총책 윤한봉(41세), '조국통일북미주협회' 회장 양은식(52세), '한청련' 고문 겸 '평양집회 북미주 추진본부' 워싱턴 추진위원장 정기열(36세 · 목사 · 평양집회 참가차 입북) 등을 조종, 외교부장 이주훈을 호주 '민족자료실'과 연계하에 동 운영위원 김승일(24세 · 연대 지질 졸 · 전 권투선수 김덕팔의 장녀)을 국내로 보내 소위 '통일사업' 목적으로 기히 국내에 침투한 그의 약혼자 김진엽과 함께 '전대협' 지하지도부 정은철 · 박종열을 접촉, 밀입북을 모의하였으며 '유럽 민협'의 프랑크푸르트 조직책 겸 롯데여행사 사장인 북한공작원 이영준(46세)이 임수경을 대동, 밀입북한 것으로 드러났음.

△ 밀입북한 임수경은 외국 국가원수급이 투숙하는 초호화 객실 제공 등 극진한 환심공세와 강제동원된 군중들의 열렬한 부추김에 고무, 세뇌되어 북한이 사주하는 대로 그들의 적화통일 전략전술을 그대로 담은 '남북청년학생 공동선언문' 채택에 합의하고, '국제평화대행진'을 선도하였으며, 각종 행사시마다 북한에서 작성해준 원고를 그대로 낭독, 북한의 주의주장을 대변하는가 하면, 북한과 재미 '한청련' 고문 정기열 및 문규현(40세 · 미국 세인트브리지 성당 신부 · 밀입북 후 임수경 대동 귀환자) 등의 조종에 따라 판문점에서 정치선전극을 연출하는 등 반미, 연공통일투쟁 전위대로 반국가 이적활동을 하였음이 확인되었음.

△ 한편 북한은 이번 '평양집회'에 앞서 재독 북한공작원 성낙영(33세)이 간첩 서경원(51세 · 평민당 '국회의원')을 통해 포섭한 '민미연' 대표인 간첩 홍성담에게 지령하여 '민미연' 회원들을 동원, 남로당의 10월 1일 폭동사건 등을 미화한 '민족해방운동사' 제하의 걸개그림을 그린 후 이를 슬라이드로 제작케 하여 재미 '한청련' 윤한봉을 통해 평양에 보내 평양집회기간중 전시한 다음 현재 북한 전역을 이동 전시중에 있음.

△ 또한 '전민련' 국제협력국 간사 고현주, '전청협' 김영애 등은 '유럽민협', 재미 '한청련' 등과 연락, 국내에서 국제평화대행진 추진 및 '전대협' 대표의 평양집회 참가를 모의하고, '유럽민협' 어수갑의 지시로 임수경의 체북행동지침을 '전대협'으로부터 입수, 보고하는 등의 지원활동을

하였음이 확인되었음.

수사결과

1. 북한이 재미 '한청련'을 조종, 밀입북공작 추진
가. 해외 전위조직과 국내 친북세력의 연대공작 배경
△ 북한은 정치선전장인 이번 '평양집회'에 '전대협' 대표를 참가시켜 반미, 연공통일 전선을 구축한다는 의도하에 대남공작총책 허담(60세)이 장악하고 있는 '조평통'과 '통일 전선부' 등 대남공작기구를 총동원, 해외 친북반한단체들을 전위 조직화하여 일본지역을 새의 '몸통', 미주지역을 '오른쪽 날개', 유럽지역을 '왼쪽 날개'로 삼아 이른바 '대남 포위공격 전선'을 구축하고, 국내 '전민련', '전대협' 등과의 연계공작에 주력하여왔음.

△ 이러한 해외 전위조직들의 국내 연계공작 활동은 88년부터 두드러지게 나타났는바 88년 7일 이후 재일 '한통련'(당시 한민통) '유럽민협', 재미 '한청련' 등이 소위 '한반도 평화와 통일을 위한 범민족대회' 해외추진본부를 결성, '전민련'과 긴밀한 연계하에 이를 추진하는 한편 88년 8월 15일 남북학생회담 기도시 재미 '한청련'은 이번 '평양집회'에 참석한 정기열과 이상연(31세·'한청련' 회원, 문규현 1차 밀입북 주동자 이행우의 아들) 등을 입국시켜, 연세대에서 개최된 이른바 남북학생회담 출정식에 참가, 학생들을 선동토록 하였고 특히 '조총련'이 급조한 '재일교포 학생연합'(대표 이수남·재일 조선대생 4년)은 88년 8월초 재일 조선대생 최영훈(가명)을 은밀히 국내에 침투시켜, 당시 '전대협' 의장 오영식에게 남북학생회담 추진자금 2천만 원을 제공하고, 남북학생회담 성사를 위해 '전대협' 대표를 일본으로 밀항, 입북시킬 것을 모의하는 등 해외 전위조직과 국내 친북세력의 연계공작을 꾸준히 추진하여왔음.

나. 재미 한청련의 전대협 침투공작과정

△ 이번 임수경 밀입북사건은 이와 같이 북한의 해외전위조직과 국내친북세력이 연계된 가운데 북한이 공개적으로는 '조평통', '조선학생위원회' 등을 동원하여 '전대협'에 평양집회 참가요청서 발송, '전대협' '전청협' 대표와의 실무회담제의, 조선학생위 부위원장 '리찬'이 체코에서 '전대협' 의장 임종석에게 참가촉구 전화를 하는 등 선전선동 공세를 취하는 한편, 그 이면공작으로서 대남비밀공작기구인 '통일선전부'를 동원, 88년 9월 북한을 방문한 재미 '한청련' 회원이며 '조국통일 북미주협회' 회장인 양은식(53 · 76년부터 10회 방북 · 로스앤젤레스민족학교 강사)과 89년 3월 방북한 정기열에게 각각 "(한청련)이 중심이 되어 해외교포와 국내 '전대협' 등이 평양집회에 참가토록 하고 평양집회 후 국제평화대행진을 주도하라"고 지시하여, 이들이 재미 '한청련'을 실질적으로 주도하고 있는 '로스앤젤레스 민족학교' 책임자 윤한봉과 함께 추진한 공작으로 밝혀졌음.

△ 북한의 지령에 따라 재미 '한청련' 조직총책 윤한봉 등은 동 외교부장 이지훈(33세)을 89년 1월 및 4월 2회에 걸쳐 입국시켜 '전민련' 고문 백기완(57세), 공동대표 이부영(47세), 정책실장 김근태(42세), 사무처장 장기표(44세), 조통위원장 이재오(44세), 국제협력국장 김현장, 간사 고현주 및 '전청협' 김영애 등과 접촉, '한청련'에서 추진하고 있는 '한반도 평화와 통일을 위한 국제평화대행진'에 '전민련'이 적극적으로 참여해달라고 요청하였음.

△ 한편 윤한봉 등은 이지훈에게 호주에 가서 재미 '한청련'과 연계활동을 하고 있던 호주지역 반한단체 '민족자료실'로 하여금 '전대협' 대표의 평양집회 참가를 주선토록 지시하였으며, 이지훈은 89년 5월 중순 호주를 방문, 약 2주간 체류하면서 호주 '민족자료실' 운영위원인 김승일과 접촉하고 동인에게 국내에 입국하여 "전대협의 평양집회 참가 준비과정을 파악하고 양평집회 참가를 지원할 것"

"전대협이 평양집회에 참가치 못할 경우 '성명서' 등 그들의 입장을 위임받아 해외동포들이 평양에 전달할 수 있도록 할 것" 등을 지시.

△ 위 이지훈으로부터 지시를 받은 김승일은 89년 5월 22일 입국하여 약혼자 김진엽과 함께 6월 4일 기독교회관내 KSCF사무실을 방문, "평양

집회에 호주 '민족자료실' 회원과 공동으로 참가하자"고 제의한 후 6월 12일 오전 고대 영자신문 기자 이성철(21세·법학4)의 소개로 한양대 학생회관내 '전대협' 사무실을 방문, 정책위원장 정은철을 만나 자신은 호주 '민족자료실' 운영위원이라고 소개하고, '전대협' 대표의 '평양집회' 참가문제를 논의하자고 제의하여 6월 3일 이후 김진엽, 정은철, 박종열 등 3인과 함께 수차에 걸쳐 만나 임수경의 밀입북 공작을 추진하였음.

△ 한편 윤한봉은 '전대협' 대표 밀입북이 실패할 것에 대비하여 '한청련' 시카고지부장 김미혜(여·32세)를 89년 6월 9일 국내에 별도로 잠입시켰고, 동 김미혜는 광주시 거주 윤한봉의 매제 박형선(37·윤한봉의 여동생 윤경자의 남편)의 집 등에 체류하면서 '전민련' 국제협력국장 김현장, '전청협' 김영애, '천주교사회운동협의회' 사무국장 문국주(37세), '전청협' 대표 이범영(34세) 등을 만나 윤한봉의 말을 전달하고, 6월 15일 미국으로 돌아간 사실이 있으며 위 김미혜는 7월 14일 '한청련' 회원자격으로 입북, '국제평화대행진'에 참가하기도 했음.

2. 임수경의 밀입북 경위

가. 임수경이 대표로 선발된 과정

△ 임수경은 대학입학 후 이념서적 탐독에 몰두, 좌경의식화되어 각종 학내외 시위에 가담하는 등 행동대원으로 적극 활동하다가 김일성 주체사상으로 무장된 소위 '주사파'로 변모하였음.

△ 4학년이 되면서 애인관계인 윤원철(23·외대 용인분교 총학생회장)의 추천으로 '용인·성남지역 총학생회연합'(이하 '용성총련')의 '평양집회' 준비위원회 정책기획실장으로 들어간 후 '전대협'의 '평양집회' 준비위원회 정책기획실장 박종열과 '평양집회' 참가투쟁 등에 앞장서왔음.

△ 박종열을 6월 1일 23시~6월 2일 05시 간 대전 한남대에서 개최된 전대협 산하 '각 지구 평양집회준비위 정책기획실장' 회의를 마친 후 6월 2일 임수경과 함께 상경, 종로2가에 있는 로얄제과에서 임수경과의 면담을 통해 그의 전과관계, 아버지의 직업, 가족관계, 재일친척 유무, 해외여행 경험 등을 구체적으로 심사한 바 전과가 없고 일본에 펜팔하는 친구가

있어 참가대표로 선발하기로 하였음.

나. 밀입북 모의 및 출국

① 밀입북 모의상황

△ '전대협'의 '평양집회' 참가대표로 정은철이 남자대학생 '훈'(신원미상 복학생·음어: 나비)을 물색하고, 박종열이 여자대학생 임수경(음어: 엔젤)을 각각 물색한 다음 여권수속 등 출국준비를 시키기로 함.

△ 6월 6일, 정은철과 박종열은 종로2가에 있는 '연 타운' 레스토랑 4층에서 임수경을 만나 출국준비 상태를 점검한 다음 "제3국을 통해 평양에 가야 하기 때문에 모든 준비를 극비리에 추진해야 한다" "지금부터 여러가지 마음의 준비를 하고, 내일부터는 총학생회실이나 '용성총련' 사무실 출입을 금하고 자숙하라"는 지시와 함께 명동성당에서 이철규 사인규명 단식농성시 모금한 돈 중 80만 원을 임수경에게 전달하였고, 임수경은 한보관광(주)에 일본행 항공권 예약을 의뢰하였음.

△ 한편 재미 '한청련' 이지훈으로부터 '전대협' 대표의 '평양집회' 참가를 주선하라는 지시를 받고, 5월 22일 입국한 호주 '민족자료실' 운영위원 김승일은 6월 12일 한양대 학생회관내 '전대협' 사무실을 방문하여 처음 정은철과 만난 데 이어 6월 14일 오전 9시 부산 삼익비치아파트 207동 410호 소재 김진엽가에서 김진엽과 함께 정은철을 다시 만나 정은철로부터 "전대협이 6월초에 남녀 2명을 대표로 선발하였으나, 입북하는 방법을 몰라 고심하고 있다"는 말을 듣고, 구체적인 입북방안은 6월 17일 서울에서 다시 만나 결정키로 합의

△ 6월 15일 오후, 임수경은 여권을 찾은 후 21시 30분경 연대 앞, '영' 오락실에서 박종열을 만난 뒤 6월 16일 한보관광에서 6월 21일 11시 50분발 UA820편 일본행 항공권을 구입하였음.

6월 17일 18시 00분 서울 아현동 소재 '그랑프리' 경양식집에서 김진엽과 김승일은 정은철에게 '대표의 입북방법은 전대협이 구상하고 있는 첫째 동경 → 북경 → 평양, 둘째 동경 → 홍콩 → 북경 → 평양, 셋째 동경 → 서독 → 동독 → 평양 등 3개 코스 중 추후 우리들이 지정해주는 코스대

로 따르라' '남·여 1개조는 보안유지상 어려움이 있으므로 대표를 임수경 1인으로 하는 것이 좋겠다' 고 지시.

△ 6월 19일 23시~ 6월 20일 09시 00분 신촌소재 '청아장' 여관에서 임수경은 정은철, 박종열로부터 밀입북과 관련한 여러가지 방법을 최종적으로 지시받았는데 '먼저 평양에 가는 방법은 첫째 동경 → 북경 → 평양, 둘째 동경 → 홍콩 → 북경 → 평양, 셋째 동경 → 서독 → 동독 → 평양 등 세 가지 방법이 있다' '우선 일본으로 출국하는 것이 급선무이므로 남학생의 출국은 지연되고 있으니 너(임수경)가 먼저 일본으로 나가서 대기타가 구체적인 지시를 받아 행동하고, 여비송금방법과 송금처를 보고하라' 는 지시를 받았음.

△ 한편 '연락방법' 으로는, 일본 등지에 체류시 신촌에 있는 카페 5개소로 매일 16시 또는 19시에 임수경은 '연희', 박종열은 '이명훈' 이라는 가명을 사용하여 박종열에게 보고하되 '비 카페는 B' '에스펜 카페는 애숙이네' '르네상스 카페는 상수네' '오래된 시계 카페는 오민이네' '수정다방은 수정이네' 라는 음어를 약정, 사용하고 평양행 루트를 연락할 때는 동경은 '백병원', 홍콩은 '세브란스병원', 유럽은 '중앙대 부속병원' 이라는 음어로 약정 사용하고, '28일 홍콩으로 출발하라' 고 지시할 경우 그 날짜에서 3일을 빼 '25일 세브란스병원에 입원하라' 고 위장키로 하였음.

△ 또한 정은철과 박종열은 임수경에게 평양에서의 '행동지침' 에 대해 "전대협대표자격으로 '평양집회' 에 참가하라. 입북에 성공하면 '전대협' 의장 임종석이 기자회견을 통해 대표성을 선언할 것이다." "7월 27일 반드시 판문점을 통해 귀환하되 여의치 않을 경우 8월 15일에 돌아오라." "평양에서의 가장 중요한 일은 7월 7일 '조선인의 날' 에 남북학생 공동 선언문을 발표하는 것이다. 북한측과 잘 협조해서 하라."

(2) 출국과정

△ 밀입북준비를 끝낸 임수경은 6월 20일 오전 9시경 연대 무악극장 분장실에서 정은철, 박종열과 함께 평양집회준비위원장 전문환(21·서강대총학생회장)을 만나 그로부터 "잘 갔다오라. 북한에 가 있는 동안 우리도 함께

투쟁하겠다"는 격려를 듣고 6월 21일 부모와 언니에게 남해안으로 졸업여행을 간다고 거짓말을 하고 10만 원의 여비를 받은 다음, 동일 09:40분경 약수지하철 역으로 나가 정은철 박종열과 김승일을 만났음.

△ 임수경은 출국에 따른 최종점검을 받은 후 김승일로부터 '나는 김승일이라고 한다. 호주교포이며 천주교신자인데 얼마 전 가족이 전부 호주로 이민했다.' '나도 오늘 14시 50분 JAL편으로 김포를 출발하는데 17시 동경에 도착하여 3시간 정도 체류 후 시드니로 갈 예정이니 동경공항내에서 만나자' '나는 호주 도착 즉시 중국대사관에 들러 입북비자를 받을 예정이다' '내가 호주집의 전화번호를 적어줄 테니 동경에서 만나지 못하면 일본시간으로 6월 22일 09시에 전화하고 평양에서 다시 만나자' 는 지시를 받고 공항으로 출발, 공항우체국에서 친구인 이수정(21 · 외대불어4) 앞으로 부모, 애인 윤원철, '전대협' 학우에게 각각 보내는 3통의 편지를 한 봉투에 넣어 우송한 다음 6월 21일 11:50 UA항공편으로 출국.

(6월 1일 이후 모의과정에서 임수경은 '전대협' 의장 임종석과는 전혀 만나지 못했고 정은철, 박종열 등 지하세력이 모든 것을 주도했음)

다. '유럽 민협' 어수갑을 통해 밀입북 ① 체일중 유럽 통한 밀입북 방법 결정

△ 임수경은 89년 6월 21일 13시 55분 일본 나리타공항에 도착하여 약속대로 김승일을 만나기 위해 기다렸으나 만나지 못하고 사전 약정한 연락방법대로 19시에 신촌에 있는 '오래된 시계' 카페로 전화를 하여 박종열에게 "무사히 도착하였다"고 보고 후 "김승일이 나오지 않았다"고 하자 "나가지 말라고 했다"는 말을 듣고 동경역 부근 '하이마특' 호텔에 투숙.

△ 임수경은 6월 22일 호텔 부근에 있는 공중전화로 호주의 김승일에게 전화하여 두 번째 방법인 '동경 → 홍콩 → 북경 → 평양' 루트로 입북하라는 지시를 받고 6월 25일 동경발 홍콩행 항공권을 예약하였음.

△ 임수경은 박종열의 코스변경 지시에 따라 6월 24일 홍콩행 항공권을 취소하고, 동 사실을 박종열에게 보고하자 박종열은 '유럽민협' 전화번호를 알려주면서 "베를린에 전화하여 '수갑' 이 형을 찾고, 동생 '미연' 이라

고 하라"고 지시하였으며 행동지침을 받은 임수경은 서독의 어수갑에게 즉시 전화하여 어수갑으로부터 "베를린으로 오라"는 지시를 받았음.

△ 그러던 중 일본체류 경비가 떨어지자 임수경은 박종열에게 일본내 친구 고미네 가쓰히로(31, 小峰一浩)의 주소를 알려주며 여행경비를 송금해 달라고 부탁하고, 6월 28일 베를린행 항공권(스위스항공사)을 예약하는 한편 서독의 어수갑에게 '6월 29일 9시 30분 베를린에 도착한다'고 통보하였음.

△ 임수경은 6월 28일 박종열이 한양대 여학생 김지선(24·가정4)을 통해 DHL(항공속달)편으로 고미네의 주소로 송금한 미화 3천7백50달러짜리 여행자 수표(한화 2백50만 원)를 수령한 다음 베를린으로 향발하였음.

(2) 어수갑 연계사실 은폐 李英俊과 입북

△ 임수경은 6월 29일 09:30분 (이하 현지시간) 서베를린 공항에 도착하여 '유럽 민협' 총무부장 어수갑(35) 및 서베를린 자유대 유학생으로 '유럽 민협' 회원인 김성경(33), 양영순(29) 부부 등의 출영을 받고 어수갑의 집에 안내되어 그로부터 '유럽 민협'과 '전대협'으로 이어진 밀입북공작선을 은폐하기 위해 '89년 5월 1일자 《민주조국》 20호에 실린 금강산 관광단 모집 광고를 보고 이영준의 전화번호를 알아 직접 연락, 오게 된 것이다"고 말을 맞추자는 제의를 받고 이에 합의 후 그와 신상문제, 평양집회 일정, 귀국경로 및 《민주조국》의 금강산 관광단 모집광고를 보고 베를린까지 왔다고 조작한 밀입북경로 등 위장내용의 인터뷰를 하였음.

△ 임수경은 어수갑과 함께 6월 29일 14:00 동베를린 공항 버스정류장으로 가서 '유럽 민협' 프랑크푸르트지역책 이영준(46)에게 인계되어 기히 이영준과 입북키로 되어 있던 서독 교포학생 박병호(21) 등 3명을 만나 동일 16:00 서베를린 공항을 출발, 동베를린 공항에 도착하여, 동독주재 북한대사의 영접을 받고, 체코에 파견되어 국제전화로 '전대협' 의장 임종석에게 '평양집회' 참가를 위한 남북학생회담 개최를 선동하였던 '조선학생위원회' 부위원장 '리찬'(37)일행과 합류하여 조선민항 JS216편으로 동베를린을 출발, 6월 30일 13시 30분 순안비행장에 도착, '조평통' 부위원장

전금철, '조선학생위원회' 위원장 김창룡 등의 출영을 받았음.

△ 한편 '유럽민협'은 89년 7월 11일자 《민주조국》 20호에 어수갑과 임수경이 조작하여 인터뷰한 내용을 6월 29일 오전 10시 서베를린 공항내 커피숍에서 이영준과 인터뷰한 것처럼 위장하여 게재하려고 이를 국내에 송부, 기사화되도록 하는 등 임수경 밀입북 공작선을 은폐하기 위해 안간힘을 다했음.

3. 입북 후 반국가 이적활동

가. 북한의 극진한 환심공작에 세뇌, 정치선전대원으로 활동

△ 북한은 임수경에게 최신형 벤츠승용차 1대 및 운전기사와 안내지도원 정명순(여·41)을 고정 배치하는 것은 물론 김일성종합대학 학생위원장 고응삼(정치경제학부 5년) 평양연극영화대 학생 김순영(배우학부 4년) 등 대학생 7명(남 5·여 2)을 신변안전 및 동태감시 담당 경호원으로 배치하였음.

또 1개 층 전체가 하나의 객실로 외국 국빈 방북시나 사용하는 고려호텔 38층(소위 초대층)에 투숙시켜 고급 외제비품 및 기호에 맞는 식단을 짜서 제공하는가 하면 '평양집회' 개막식때 여타 참가자 입장시와는 달리 임수경 입장과 동시 김일성 부자를 비롯한 10만 군중이 일제히 기립하여 박수와 함성으로 환호하고, 김일성 주최 리셉션에서 김일성이 "통일을 위하여"라고 건배를 하는 등 최대의 환대를 베풀었으며 '조평통' 위원장 허담, 부위원장 전금철, 윤기복, '조국전선' 의장 여연구, '인민무력부장' 오진우 등 대남공작기구 간부 등 북한권력의 핵심인물들과 면담을 시키는 등 최고의 국빈 대우를 하였음.

나. 북한의 대남전략에 동조, 이적활동(1) 북한이 고려연방제 통일방안에 따라 작성한 공동선언문 발표

△ 임수경은 정은철로부터 지시받은 대로 평양에서의 가장 중요한 임무인 공동선언문을 발표하기 위해 평양도착 직후부터 지도원 정명순, '유럽민협' 이영준 및 양영순을 통해 '전대협'으로부터 공동선언문 초안을 전달받으려 하였으나 연락이 없자 7월 2일부터 독자적으로 작성하기 위해 구상하던 중 7월 5일 지도원 정명순으로부터 "'전대협'이 7월 4일 외대에서

'조국의 자주적 평화통일을 촉진하기 위한 공동선언문'을 발표했는데, 그 내용은 대체적으로 휴전협정을 평화협정으로 대체, 주한미군철수 남북불 가침협정 체결 등이다"라는 말을 전해듣고 이를 바탕으로 문안을 작성하기 시작.

△ 임수경은 학생신분이 아니고 북한노동당 간부인 조선학생위원장 김창용(41·사로청 부위원장 겸 남북회담자문위원)과 7. 7. '조선인의 날'에 모란봉 청년야외극장에서 '조평통' 부위원장 전금철, 정준기 등 8천여 명이 참석한 가운데, 우리 정부의 통일정책을 완전히 무시하고 북한의 '고려연방제' 통일방안에 따라 '휴전협정을 평화협정으로 대체' '남북 불가침선언 채택' 등 8개항으로 작성된 공동선언문을 발표하고 이를 '유럽민협'을 통해 '전대협'에 전달하였음.

(2) 북한의 선전도구화, 반미 반정부 반국가 언동 자행

△ 임수경은 6월 30일 평양도착 이후 내외신 기자회견과 호소문 낭독 등을 통해 "미제의 책동과 반통일 세력에 대한 비판을 강화해야 하며, 이를 위한 남조선 청년학생들의 투쟁에 지지와 성원을 보내달라"고 주장, 한국과 미국을 반통일 세력이라고 매도하면서 북한은 적화야욕이 없는 자주적 통일세력으로 찬양, 미화하는 등 북한의 대남통일전선 전략에 적극적으로 동조하는 언동을 서슴없이 자행.

(3) 북한이 작성해준 내용대로 연설, 서신발송

△ 임수경은 체북기간중 북한이 작성해준 원고내용을 그대로 연설하고 북한이 작성해주는 대로 판문점을 통과하여 귀환시켜줄 것을 요구하는 서신을 '세계적십자연맹총재' 등에게 발송

△ 임수경은 7월 23일 '평양시 군중대회' 시 10만 관중 앞에서 정명순이 제공한 16절지 4장 분량의 연설문 내용 그대로 "이번 국제평화대행진은 휴전협정 체결일을 평화협정 체결일로 전환시키기 위해 시작된 것이다" "통일의 걸림돌을 뽑아내는 데 나의 청춘과 정열을 다 바쳐 싸워나가겠다"고 주장.

△ 특히 판문점통과 귀환과 관련하여 7월 29일 '세계적십자연맹 총재에

게 보내는 편지', 8월 1일 '김상협 대한적십자사 총재에게 보내는 편지', 8월 15일 '유엔사무총장에게 보내는 편지'를 정명순으로부터 받아 읽어본 후 자기 명의로 그대로 발송하도록 하는 등 임수경은 자신의 행위가 북한의 대남정치선전과 통일전선전략에 이용되고 있다는 것을 잘 알면서도 서슴지 않고 반국가 이적행위를 자행.

다. 대북보고 및 지령 수수 사항

△ 임수경은 밀입북 직후 정명순에게 가족사항, 아버지의 직업, 생활환경, 자신의 투쟁전력 등 신원사항을 설명.

△ 특히 조선학생위원장 김창용에게 '전대협의 실태' 및 "전대협의 조직동원 능력은 3만 명 정도다", "운동권 내부의 사상적 흐름은 '주사파'가 주도권을 잡고 있다", "등록금부담이 너무 커서 입학후 등록금 때문에 대학을 포기하는 경우도 있다"는 등 운동권과 학원가의 실정을 자세히 보고.

△ 한편 임수경은 8월 14일 김창용으로부터 "앞으로 남북학생회담을 정기적으로 개최하고 남북학생간 수학여행 및 체육행사, 문화행사 등을 교환하도록 힘쓰라"는 지령을 받았음.

라. 재미 '한청련'이 밀파한 문규현과 합류, 판문점정치선전 등의 활동

△ 임수경은 평양일정을 마치고 판문점을 통한 귀환을 준비하던 중 문규현을 만나 그와 합류하여 밀입북 전 '전대협'의 지시대로 7월 27일 판문점을 통해 귀환하려 하였으나 북한측이 임수경을 계속 억류시켜 정치선전 도구로 최대한 활용키 위해 정기열, 정명순 등을 동원하여 조기귀환을 포기하도록 설득.

- 임수경은 안내지도원 정명순으로부터 "판문점 남측 경비구역에서는 박격포를 설치해놓고 발포하겠다고 협박하고 있으며 각 초소에는 너의 사진을 배포하고 있는 등 신변에 위협을 받고 있으니 다음으로 연기하라"는 강요를 받은 데 이어

- 정기열이 "남쪽에는 투쟁무드가 조성되지 않았고 상황이 좋지 않으니 내려가는 것을 연기하는 것이 좋겠다. 북한입장도 생각해줘야 되지 않느냐"고 설득하자

- 임수경은 "사정이 그렇다면 지시에 따르겠다"며 귀환을 포기하고 7월 27일 문규현 및 재미 '한청련' '유럽 민협' 일본 '한통련' 등 해외 북한 전위조직원 1백여 명과 함께 판문각에 나타나 북한이 의도하는 대로 정치선전을 한 다음 단식농성에 돌입.

△ 또한 문규현은 대남선전에 적극 동조하여 "미제국주의 하수인으로 정권안보에 연연하는 노○○과 각료들은 통일을 외면하면 살아남을 수 없다" "이땅을 "강점하고 있는 미제국주의자의 축출을 다시 한번 촉구한다" "미군은 핵무기로 무장되어 있고 이땅을 갉아먹는 악당이며 저들이 존재하는 한 우리는 하나가 될 수 없기 때문에 백만 학도와 함께 통일염원을 안고 통일의 그날을 위해 사명을 다하겠다"며 반국가적인 극렬한 발언을 서슴없이 자행하였음.

△ 한편 단식농성을 마친 임수경은 탈진으로 8월 1일~8월 11일간 평양에 있는 '외국인 병원'에 입원하여 치료를 받은 후 이른바 혁명 열사능 헌화참배, 조평통위원장 허담 접촉, 기자회견, 환송집회 등에 참가.

△ 문규현은 임수경의 입원기간중 8월 6일~8월 12일간 정기열과 함께 미국으로 가 '한청련' 윤한봉과 귀환일자 협의 및 임수경사건과 관련한 국내동향을 게재한 신문 스크랩을 입수하는 한편 조셉 R. 베네로스 신부(41 · 미국메리놀 외방전교회 소속)를 만나 "나의 북한활동에 대해 말이 많으니 나에 대해 좋은 글을 써서 국내신문에 보도해달라"고 부탁한 후 다시 평양으로 돌아왔음.

△ 한편 '전대협'은 8월 15일 임수경 귀환예정일이 임박했는 데도 학원가의 투쟁열기가 의외로 저조하자, 8월 11일 기자회견을 통해 "8월 15일 귀환이 어려울 경우, 9월 1일에 와도 좋다"고 발표하였는 데도, 임수경은 이를 모른 채 밀입북 전 정은철, 박종열의 '8. 15.귀환' 지시사항만을 이행하기 위해 8월 12일 윤한봉의 지시를 받고 돌아온 정기열로부터 "남쪽의 상황이 지난번보다 더 안 좋으며 탄압이 생각보다 훨씬 심하다. 8월 18일 국회의원 선거에 이용당할 수 있으니 10월까지 여기에 있다가 10월 3일 교황바오로의 서울성체대회때 가는 게 어떻겠는가"라는 제의와 8월 14일

자신을 찾아온 조선학생위원회 위원장 김창용으로부터 "지금 시끄러울 때 가지 말고 우리와 더 같이 있자. 9월에 적십자회담도 열리고, 이제 대화를 하면 네 문제를 다시 거론할 수도 있다. 그러니 9월이나 10월에 내려가는 것을 생각해보라"는 권유를 받았으나 이를 거부하고 8월 15일 오후 1시 30분 조평통부위원장 전금철 등과 판문점에 도착하여 귀환연설 및 '교황에게 보내는 편지'를 낭독한 후 오후 2시 20분 문규현과 군사분계선을 불법적으로 통과, 귀환하였음.

공소장

	서 울 지 방 검 찰 청	
89 형 제 72320 호		1989 . 10. 7.
수 신 서울형사지방법원		발 신 서울지방검찰청
		검 사 이종왕

제 목 공소장

아래와 같이 공소를 제기합니다.

피 고 인	① 본 적	△△△△△△
	② 주 거	상동
	③ 직 업	학생 (한국외국어대학교 용인분교 불어과 4년)
	④ 주민등록번호	△△△△△△ - △△△△△△
	⑤ 성 명	임수경 林秀卿
	⑥ 생 년 월 일	1963 . 11 . 6 . 생 (20 세)
⑦ 죄 명	국가보안법위반	
⑧ 적 용 법 조	국가보안법 제5조 제1항, 제4조 제1항 제1호, 형법 제99조, 국가보안법 제5조 제2항, 제6조 제2항, 제7조 제1항, 제3항, 제8조 제1항, 제14조, 형법 제37조 제38조.	
⑨ 신 병	1989 . 8 . 20 . 구속	
⑩ 변호인	변호사 유현석 등 68명	
첨 부 :	1. 구속영장 1통 2. 피의자 수용증명 1통 3. 변호인 선임계 7통 4. 구속기간 연장 결정서 2통	

공소사실의 개요

(모두사실: 좌경의식화) 외국어대 용인분교(4년) 학생회 활동과 학내서클활동을 통하여 김일성 주체사상을 탐독하여 남한사회에 배태된 미제에 의한 분단모순과 계급모순을 주체적이고도 자주적으로 통일로 연결시키기 위하여서는 남한사회의 반공 철폐, 휴전협정의 평화협정으로의 대체불가침협정 체결, 팀스피리트훈련의 중단, 미핵무기철거, 유엔동시가입 저지, 연방제통일 실현, 민간교류 우선실현이 되어야 한다고 인식하여 좌경화된 자로서 북한공산집단에 대남폭력적화통일을 위하여 상술한 내용의 선동주장 아래 통일전선전술과 위장평화공세를 전개하여 평양축전을 위 집단의 입장에 대한 선전계기로 삼기 위하여 우리 정부당국을 배제하고 전대협을 대남교섭창구로 선정하여 평양집회에 참석하도록 지령한 사실을 알고 있음에도 불구하고,

1항

(전대협 가입활동) 1988. 12. 26. 북괴조선학생위원회 위원장 김창룡이 전대협을 평양집회에 초청, 동년 12. 30. 전대협 지지성명이 있었고 1989. 2. 16.자 전대협유인물에서 전대협은 투쟁방향에 대하여, 89년 반미통일운동의 기조, 평양축전참가투쟁의 의의, 평양축전참가투쟁의 기본원칙과 방도에 관한 내용을 제시하고 2. 23. 전대협의장 임종석 기자회견, 평축 공식 참가, 준비위원회 구성,

3. 3. 평축준비위원회 구성(위원장 전문환) 28개 지역 준비위원회 결성 대표단 500여 명 구성결의

3. 19. 전대협지구대표자회의 및 위 조직 정비

4. 22. 전대협축전준비 주체결의대회: 평양집회준비위원회 구성 추인, 남북학생실무회담 강행, 모의축전개최 결의

4. 22.~6. 초순 임종석, 전문환은 각대학총학생회장을 만나 각 지역 평양집회준비위원회 위원장직을 맡기고 각 평양집회준비위원회 구성

4. 초 용인·성남지역 총학생회연합 결성, 의장으로 임수경, 애인인 윤원철이 피선되자 피고인은 용성총련 선전국원으로 가입, 평양축전선전사업담당 대자보 등 작성 배포

5. 3. 피고인은 전대협 제3기 발대식에 용성총련 평축준비위원회 정책기획실장으로 참석, 위원장 전문환과 정책기획실장 박종렬과 접촉

5. 10. 서강대 위원장들 모임에 참석, 1차 보고서 24부 수령배포, 그 이후 각 대학 전전, 박종열 등과 평축 참가 대중투쟁 논의

5. 18. 용성총련 산하 각 대학 평축준비위원회 회의 개최, 동위원회 구성, 위원장 선임 및 기구 구성, 피고인이 동 준비위원회 정책기획실장으로 취임(연락 및 회의참석업무 총괄)하여 전대협 평축 준비위원회에 가입하여,

/ 찬양고무, 동조 및 이적단체 가입

2항

(탈출) 1989. 6. 1. 평축준비위원회 정책기획실장회의 참석

6. 2. 위 박종열과 면담, 동인으로부터 피고인의 인적사항, 전대협의 평축참가투쟁방법, 비공개적 참가방법에 관한 의견, 참가의사를 타진받고 이에 적극적으로 호응하여 대답

6. 3. 용성총련통일토론회 참석, 회의결과 박종열에게 보고, 동인과 면담 약속

6. 3. 박종열, 정은철(전대협정책위원장)과 회합, 동인들에게 전대협대표로 입북의사표명, 정은철로부터 여권 등 준비지시를 받음

6. 4. 동급생 태용현으로부터 일본출국에 관하여 탐문

6. 4. 박종열로부터 여권발급 지시를 받음

6. 5. 한보관광에 6. 15. 출국예정으로 일본관광목적 여권 발급의뢰

6. 6. 정은철, 박종열에게 위 준비상황 보고

정으로부터 기밀유지를 위한 지침을 지시받고 여비 80만 원 수수함, 연락망 확인

6. 9. 15일자 동경행 탑승권 예약, 윤원철(애인)에게 그 동안의 경과 실토, 격려를 받음

6. 10. 박종열에게 위 탑승권예약사실 보고

6. 11. 박종열로부터 입북 후의 일정 및 행동지침에 대한 지시와 유일한 대표가 될 가능성이 높다는 사실을 고지받음

6. 14. 박종열로부터 출국일자 1주일 연기지시 받고 예약 취소

6. 15. 일본입국비자와 여권 수령

박종열이 김대중 총재와 참가문제 협의를 한 후, 피고인에게 일본 체류 중 연락처 준비 지시

6. 16. 21일자 항공기 탑승권 구입

6. 17. 태용련의 일본거주 누나를 연락처로 함

6. 18. 박종열에게 경과보고. 동인으로부터 다른 대표자 1인이 더 있음을 고지 받음

6. 19. 정은철과 평양에 가는 방법, 일본과 북한에서 취할 주요행동 내용, 연락시 사용할 음어약속, 접선 및 인식방법에 관한 약속 등을 함

6. 20. 전문환 격려

6. 20. 박종열이 복장검사함

6. 21. 정은철, 박종열로부터 일본까지 중간연락 및 동반자 호주교포 김승일 소개받음, 마지막 격려, 지시를 받고 공항에서 '부모님께 드리는 글' '학우들에게 보내는 메시지' 등 우송, 일본도착, 김승일 접촉 실패, 박종열과 통화, 동경 하이야트호텔에서 1박

6. 22. 호주 김승일과 통화 홍콩-북경 경유방법을 지정받음. 일본연락처 태남실 이용포기. 일본인 고미네와 친교, 박종열로부터 전화를 통하여 유럽 경유방법으로 변경할 것과 여비송금처 등에 관하여 대화

6. 24.-6. 28. 27일자 프랑크푸르트 탑승권 예약 후 서독 거주 어수갑과

접화접촉, 동인으로부터 서베를린으로 오라는 말을 듣고 박종열에게 위 고미네의 집으로 여비송금 요구, 고미네집 여비 도착예정 확인 후 서베를린항공권 예약, 소포로 여비 수수, 항공권 구입 후 박종열에게 보고 후 일본 출발

  6. 29. 서베를린 도착. 사전인식방법에 따라 양영준 등 남녀 3인을 만나 영접을 받고 인물사진 즉석촬영 후 어수갑의 집에서 동인 등이 유럽민협 회원임을 소개받음, 동인이 북한의 지령에 따라 주선함을 알고도 주선사실을 숨기기로 하고 동인에게 밀입북취지를 설명하며 북괴와 연계하여 추진중임을 은폐하고 박종열에게 전화로 도착 및 평양 향발 보고. 정은철, 박종열로부터 마무리 지시를 받음. 이영준, 김성경, 양연순 및 동행할 교포와 함께 동베를린으로 향발

  유럽민협에 전대협 남북학생공동선언문 초안 송달과 남은 여비 송금 부탁, 이영준이 동독 주재 북괴대사 소개, 동대사로부터 위 선언문 초안 전달과 평양측 영접준비 등 후원을 다짐받고 조선민항편으로 모스크바 경유,

  6. 30. 평양 순안비행장 도착

/ 반국가단체의 지령을 받고 그 지배하에 있는 북한지역으로 탈출하고

3항

3의 가.

  6. 30. 순안비행장에서 안내원 정명순(40·여)의 안내로 조국통일을 위하여 전대협 대표로 방북하였다는 취지의 도착성명에 이어서 조선학생위원회 위원장 김창룡, 김일성종합대학 학생위원회 부위원장 허태수의 영접하에 정명순, 김창룡과 동승하여 벤츠편으로 고려호텔 투숙

  동일 18:00경 고려호텔 기자회견에서 향후일정 개진, 국보법철폐주장 대한민국정부와 미국을 반통일세력으로 매도함

  동일 19:00 고려호텔 환영연에 참석. 김문현, 이찬, 허찬조, 박관오, 김경환, 최금순 등과 교담하여

/ 구성원 등과 회합 활동찬양

3의 나.
7. 1. 한복 주문, 국제축전준비위원회 사무실 방문
동일 오후 세계 100여 개국 대표와 함께 전대협 깃발을 들고 평양시내 주체탑으로부터 능라도경기장까지 행진. 동일 19:00경 개막식에 북한대표에 이어 전대협 깃발을 들고 입장, 김일성 부자 앞에서 인사한 뒤 주석단에서 식전행사 관람하여
/ 활동찬양고무

3의 다.
7. 20. 김일성생가 만경대 관광 기념사진 촬영
동일 오후 평양시 금수산 의사당 환영연회 참석 김일성에게 인사하고 동인이 주는 술잔을 받아 건배하여
/수괴 및 구성원과 회합

3의 라.
7. 3. 인민문화궁전에서 내외신기자회견
전대협의 호소문 발표, 기자와의 문답 중 미군과 대한민국정부를 반통일세력으로 매도하여
/선전선동활동 동조

3의 마.
7. 4. 평양 김일성종합대학 체육관의 국제대학생회의 및 토론회 참석 미국과 핵철수를 주장하는 연설
동일 김일성광장의 '비핵평화를 위한 촛불행진' 참여
7. 5. 세계안전 제1센터의 '평화, 군축, 핵무기 없는 세계를 위한 토론회' 참석, 핵무기와 미군철수 등의 발언

/ 선전선동활동 동조

3의 바.
7. 5. 국제평화대행진준비위원회 상임위원 정기열 방문, 동인으로부터 위 집회의 취지를 듣고 참가요구를 받고 응락,
루이제 린저 격려편지 수령, 전대협으로부터 공동선언문 초안이 전달되지 않자 혼자서 초안 구상함
7. 6. 국제학생동맹사무실 방문, 반미통일투쟁 지원 요청
동일 저녁 북한측이 작성하여온 공동선언문 초안을 전대협에 팩스송부 요청
7. 7. 청년야외극장에서 열린 '조국의 자주적 평화통일을 위한 조선인민과 청년학생들의 투쟁을 지지하는 연대성 집회'에서 김창룡과 함께 '조국의 자주적 평화통일에 관한 북남청년학생공동선언문'(전문과 8개항) 발표
북괴의 위장 평화통일정책 등에 동조하여
/ 구성원 등과 회합, 선전선동활동 동조

3의 사.
1989. 7. 9. 10:00 인민문화궁전 '코리아의 평화와 통일을 위한 국제평화대행진' 국제준비위원의 기자회견 참석 행진참여 호소,
동일 19:00 평양청년회관조선구락부, 무용관람, 연설, 최덕신 등 10여명과 교담,
7. 10. 11:00, 서해갑문 관광, 김일성 부자와 공사지도찬양 청취
동일 16:00 김형직사범대학 방문중 국내 운동권학생 중 사망자 중 등록된 명예학생 참배,
유응호 교수와 조우,
7. 11. 지하철 부흥역 관람, 김일성 부자 건설지도 찬양 청취, 감상록에 기재.
동일 16:00 김책종합대학 방문, (한영헌) 명예학생 참배 방명록 기재

학생1만 명에게 인사.
/ 찬양고무동조

3의 아.
7. 12. 08:20 고려호텔에서 장주희가 제공하는 북한돈 3,000원과 김일성의 찬양시 수령
/ 금품 수수

3의 자.
7. 13. - 19. 북한 각 명소 관광, 우상화 선전을 듣고
7. 20. '코리아 평화와 통일을 위한 국제대행진' 참가차 삼지연 도착, 발대식에서 대한민국 정부 비난 연설, 2km 행진, 삼지연 연못가의 김일성 동상 참배,
7. 21. 백두산 천지휴게소 출정식에서 김창룡 등과 출정선언문 낭독, 동일 오후 백두밀영 도착,
7. 22. 무산지구 전투지 방문
7. 23. 14:00 비행기편으로 평양도착, 시가행진 후 동일 17:00 환영군중대회서 통일을 위한 투쟁연설
동일 19:00 모란봉청년야외극장에서 8,000여 명의 청년 참석하에 '남북청년학생공동선언문 실현을 위한 결의대회'에 김창룡 등과 참석하여
미군철수, 연방제 통일안 지지내용 연설
/ 찬양고무동조

3의 차.
7. 24. 13:30 평양체육관에 1만 명 참석하 환송대회에서 통일희구 연설, 구호 3창,
동일 15:00 사리원시에서 시가행진,
동일 18:00경부터 동시에서 1만여 명 참석하 외세지배 배격, 자주통일

희구 연설,
　7. 25. 10:00 신천군 전쟁박물관 방문 후 미군만행규탄집회 참석
　동일 21:00 개성역에서 통일을 위한 행진결의 연설함.
　7. 26. 12:00 휴전선 도착,
　14:00 지남산여관에서 북한이 통일열망하고 있다는 등 기자회견함, 판문점 통과결의 표명
　/ 찬양고무동조

　3의 하.
　7. 27. 북한기자에게 판문점 통과시 전대협의 출영바람 표명, 개성행진 후 자동차편으로 비무장지대 제1차단소 도착,
　동일 11:00 통일각 도착대회 개최,
　동일 13:00 문신부 상봉 후 판문점 통과를 요구하는 연설함,
　정기열이 통과연기 제의,
　동일 16:30 판문각으로부터 군사분계선 통과 시도, 북측 경비병 저지, 남쪽을 향하여 통과결의 천명과 단식투쟁 표명 / 선전선동활동 동조

　3의 거.
　동일 17:30 통일각 재집결 시한부단식농성 회견,
　20:30 판문각 뒤뜰 기념식수 후 통일각에서 80여 명과 함께 단식농성 시작,
　7. 28. 10:00 북쪽 대학총장 및 개성청년학생 위문 방문,
　동일 14:00 재일 조총련동포 위문방문
　동일 16:00 농성자들과 판문각에 나아가 통과저지 항의,
　동일 19:00 행진대표 다모스미스와 공동선언문 발표,
　7. 30. 10:30 김일성종합대학 총장 등 3개대 총학장 방문 받음,
　7. 31. 10:00 여연구 및 평양어머니회 10여 명의 방문 받음,
　동일 15:00경 문규현 호소문 낭독

8. 1. 08:00경 정기열의 단식해지요청에 의하여 단식종료,
12:30 통일각에서 기자회견, 성명서 및 대한적십자에 보내는 편지 낭독과 김창룡 격려 후 단식 종료,
/ 구성원회합 선전선동활동 동조

3의 너.
8. 1. 21:30 평양 외국인병원 입원, 전금철 등 문병
8. 3. 19:00 평양 만수대 예술극장 연회 참석 조선반핵평화위원회 위원장 김용수와 치하 및 축배
/ 구성원 회합

3의 더.
8. 12. 10:00 혁명열사능 참배 국화꽃 헌화, 방명록 기록,
/ 공산혁명찬양 선전선동활동 고무동조

3의 러.
동일 13:00 김창룡으로부터 금목걸이 1개 시가 15만 원 상당 선물 수수
/ 금품수수

3의 머.
동일 14:00 인민문화궁전 기자회견에서 북한사회 찬양 발언
/ 찬양, 고무

3의 버.
동일 19:00 정기열로부터 국내일간신문기사 교부받고 동인으로부터 '8. 15. 판문점 통과 연기' 제의 받고 거절함,
8. 13. 12:00 문규현은 전금철 등에게 8. 15. 판문점 통과 협조요청 응락 받음,

동일 20:00경 환송연 참석 저녁식사 및 작별인사,

8. 14. 15:00 평양시 김일성광장 환송대회 참석 연설 후 평양시에서 카퍼레이드함,

동일 17:00 개성으로 가는 열차 속에서 미국언론기자와 인터뷰, 남한정권이 반통일세력이라고 발언하여

/ 구성원회합, 선전선동활동동조

4항

6. 30.-8. 중순까지 김창룡 등으로부터 수시로 계속적인 학생교류 등의 지시를 받고 정명순 등에게 국내대학가 실태 및 학생운동권 활동상황을 보고하여

/ 구성원 등 지원목적하 자진 군사상 이익 공여

5항

8. 15. 12:30 판문점 도착 판문각 환송식에서 '북녘동포 여러분께 드리는 인사'와 '로마교황 바오로 2세에게 보내는 편지' 낭독, 전금철 등과 포옹 작별 후

동일 14:00 판문점에 북한공산집단 경비구역에서 유엔군측 경비구역을 통하여 넘어옴으로써

/ 잠입

항소이유서

항 소 이 유 서

사건번호   90노 1023

피 고 인   임수경
              서울구치소 재감중
              수번 : 73
              본적   △△△△△△
              주소   상동
              성명   임수경林秀卿
              생년월일   1968년 11월 6일
              직업   학생(한국외국어대학교 용인캠퍼스 불어과 4년)

요   지

   본피고인은 1990년 2월 5일 서울형사지방법원 합의 21부에서 국가보안법위반 사건으로 징역 10년, 자격정지 10년 형을 선고받고 이에 불복, 다음과 같이 그 이유를 개진합니다.

다 음

유난히도 길었던 겨울이 지나가고 봄이 찾아왔습니다. 교도소의 창살에 찢긴 하늘에도 봄기운이 완연하고, 백두에는 진달래가 한라에는 유채꽃이 만발하고 있을 것입니다. 냉전 이데올로기로 다져졌던 그 높디 높은 이념의 장벽이자 전세계 냉전의 상징이었던 베를린 장벽이 붕괴된 바로 그곳에도 봄이 찾아왔을 것입니다.

그러나 서로를 적대시하고 상대방을 향해 총부리를 겨누고 있는 이땅의 분단된 현실은 허리를 꽁꽁 동여매고 있는 철조망을 당연하게 받아들이며 살아가는 우리 민족에게는 통일된 한반도의 봄을 멀게만 느껴지게 합니다. 하지만 우리의 진정한 봄을 되찾고자, 통일된 한반도의 봄을 하루라도 빨리 맞이하고자 이땅의 청년학생들은 통일운동의 최선봉에 서왔습니다.

우리에게 있어서 분단이라는 문제는, 아무리 민주화를 부르짖어도 북괴의 남침야욕으로부터 국민을 수호해야 한다는 명분 아래 자행되는 모든 탄압이 정당화되어 민주화가 도리어 제약되는 변명으로써 사용되었습니다. 또한 분단은 민족적인 차원에서 미국에 대한 우리의 이익을 지켜야 한다고 주장하더라도 미국은 우리의 국방을 지켜주고 있다는 말로써 민족의 문제를 제약받게 하였고, 정당한 생존권을 요구하는 민중들이 걸핏하면 좌경이요, 용공으로 매도당하였습니다.

이에 청년학생들은 우리 민족 최대의 장애물인 분단을 뛰어넘기 위하여 통일문제를 전면적으로 제기하였고, 1988년의 일련의 사건들로 인하여 통일논의는 전민중적으로 확산되고, 학생운동을 중심세력으로 하여 자랑찬 통일운동의 물꼬를 터뜨렸습니다.

6공화국 출범 직후에 KNCC(한국기독교교회협의회)의 '민족의 통일과 평화에 대한 한국 기독교회 선언'이 발표되고, 같은 해 3월 서울대학교총학생회장 선거에서 김중기 후보가 남북학생회담과 국토순례대행진을 제안하면서 암울했던 5공 독해치하에서 가리어졌던 통일문제가 사회적 현안으로 부각되었습니다. 이때부터 학생운동을 중심으로 통일운동이 추진되었는데, 같은 해 5월 15일 서울대학교에 재학중이던 조성만 열사가 조국 통일을 외치며 명동성당에서 할복·투신자살함으로써 통일운동은 각계각층으로 확산되었습니다. 전국토를 뜨겁게 달구었던 6·10과 8·15의 조국통일투쟁을 거치면서, 통일운동은 시대적 요구로 정착되었고, 북한을 적이 아닌 동반자로 규정하는 7·7선언을 강제하였습니다.

7·7대통령특별선언은 북한을 '남한과 함께 번영을 이룩하는 민족공동체'로 규정하고, 통일조국의 실현을 위해 모든 부문에 걸친 교류를 제안하는 내용으로 당시로서는 획기적인 선언이었습니다. 그로 인하여 해외동포들의 북한왕래가 자유로워지고 제반 통일정책들이 수립되는 듯했으나, 지금까지 자행된 통일운동세력에 대한 무자비한 탄압과 형평을 잃은 통일정책을 볼 때, 현정권은 그 내용을 감당할 능력이 없으며 뜨겁게 달아오른 통일열기에 대한 일시적인 기만책이었음을 스스로 드러내고 말았습니다. 한 마디로 무분별하고 무책임한 현 노태우 정권은 국민에게 내세운 공약을 지킬 능력이 없을 뿐만 아니라 지킬 생각도 없다는 것입니다.

민중들의 피와 땀을 착취하는 독점재벌의 대명사격인 정주영 씨는 북한을 방문하여 북한의 사회주의 제도를 극구 찬양하였음에도 아무런 국가보안법의 제약을 받지 않았습니다. 또한 살인적인 공안한파가 한창 밀어닥칠 때 비밀리에 북한에 밀사로 파견되어 평양축전 개막식을 참관한 박철언 씨는 당당하게 정부 고위관리직을 수행하고 있습니다. 그러나 북한과의 추진했던 민족문학작가회의의 남북작가회의·전민련의 범민족대회 예비회담의 봉쇄 및 관련자 구속, 문익환 목사님·유원호 씨 구속, 〈한겨레신문〉의 북한취재계획으로 이영희 교수님 구속, 서경원 의원 방북에 대한 뒤늦은 발표 및 구속 등은 현정권의 부도덕성과 차별성을 여실히 보여주는 것이며, 유일한 통일의 창구는 정부인 것처럼 강요당하고 그밖의 모든 활동은 이적행위 또는 반국가적 행위로 누명을 뒤집어쓰는 것이 작금의 상황입니다. 정부의 창구일원화 논리는 정부의 통일정책에 동의하지 않는 일체의 통일주장을 거부하고 배제하겠다는 의도에 지나지 않으며 극도로 자의적인 통제수단일 뿐입니다.

자주적인 민간교류는 통일운동의 초석입니다. 현정권이 진정 통일을 하고자 하는 의지가 있다면 창구일원화 논리의 부당성을 인정하고, 포용력 있는 자세로 북한을 받아들여 남북한 각계각층의 자주적인 민간교류를 보장해야 할 것입니다. 전대협의 평양축전 참가 결행은, 이러한 반동적인 정부의 통일정책을 타파하여 자주적 교류의 돌파구를 열고, 통일의 주체는 정부가 아니라 7천만 남북겨레임을 당당히 선언하는 것입니다.

1. 먼저 제가 전국대학생대표자협의회(이하 전대협) 대표로서 1989년 7월 1일부터 8일까지 평양에서 개최된 제13차 세계청년학생축전에 참가하게 된 것이 '반국가단체인 북한공산집단의 지령을 받고 그 지배하에 있는 북한지역으로의 탈출'이라는 점에 대해 말씀드리겠습니다.

제 공소장과 판결문에 의하면 1988년 12월 26일 북한 조선학생위원회에서 전대협 앞으로 평양축전의 초청장을 발송하자 전대협에서 평양축전 참가를 추진하게 되었고, 그 추진을 위한 전대협 평양축전준비위원회의 결성과정 및 활동사항을 기술해놓으며 이를 북한의 지령에 의한 것으로 규정하고 있습니다.

우선 초청하는 형식으로 참가하도록 지령했다는 부분은 상당히 어폐가 있는 말로서, 여기에서 명확하게 밝혀져야 할 것은 초청인지 지령인지, 다시 말하자면 초청을 수락한 것인지 지령을 전달받은 것인지가 구분되어야 합니다. 초청이라 함은 상호 독립적인 존재로서 일방의 초청에 대한 수락 혹은 거절이 선택될 수 있는 것이지만 지령은 이미 그 수행을 거부할 수 없는 일방적인 상명하복의 내용인 것입니다. '초청형식의 지령'이라는 것은 논리적 설득력이 없으며 이는 1960년대의 법률적 해석에 근거한 것으로 알고 있습니다만 북진통일론과 반공을 국시로 하고 북한에 대한 일체의 정보가 차단되었던 그 당시의 상황과 현재의 정세가 판이하게 다르다는 점을 감안할 때 희대의 악법인 국가보안법에 대한 비판과 철폐요구는 차치하더라도 고루한 구시대적 판례는 깨뜨려져야 합니다.

정부는 북진통일론을 주장하지도, 반공을 국시로 삼고 있지도 않습니다. 오히려 북방정책의 가속화로 공산국가와의 수교를 확대하고 있으며, 붉은 이리로 표현되던 북한은 민족공동체로 불리고 있습니다. 남한출신의 해외동포들은 방북신고서만 제출한다면 자유롭게 북한을 왕래할 수 있습니다. 이는 1960년대뿐만 아니라 불과 몇 년 전까지만 해도 상상도 할 수 없는 일이었습니다. 북한에 대한 각종 정보가 대중매체를 통해 쏟아져 나오고, 남북교류를 위한 대화와 시도가 계속적으로 진행되고 있습니다. 더구나 조선학생위원회 초청장 내용은 남북교류를 담당하는 공식적인 창구인 대한적십자사로부터 전달받은 것으로서 만약 위 판결문이 적용될 경우, 대한적십자사와 각종 언론기관은 북한의 지령을 전대협에게 전달한 역할을 수행했던 것으로 해석되는 것입니다. 이것은 실로 앞뒤가 맞지 않는 논리이며, 법적용의 형평성에 철저하게 어긋나는 모순입니다. 뿐만 아니라 전대협에서 평양축전 참가의지를 표명하며 논의가 이루어진 것은 1988년 12월 26일 조선학생위원회의 초청장을 받은 이후가 아니라 그 이전인 같은 해 11월 전국 각 대학 총학생회장 선거에서 조선대학교 총학생회장 후보가 제일 처음 평양축전 참가를 공약으로 내건 이후 전국적으로 파급되고, 급기야 평양축전 참가를 선거공약으로 내세운 각 대학의 총학생회장 후보들이 대거 당선되면서 그 실천사업으로 각 학교별로 평양축전 참가에 대한 결의를 다진 후 전대협 차원에서 평양축전준비위원회가 결성된 것입니다. 이는 전대협 스스로의 자주적인 판단에 따른 대다수 학우들이 의지를 모아 결정한 것이지 결코 북한의 지령에 의한 것은 아닙니다. 뿐만 아니라 전대협의 평양축전 참가를 결의하고 그 참가를 위해 노력한 대다수의 학생들이 북한의 지령에 따라 조종될 수 있는 것은 더더욱 아닌 것입니다. (중략)

그러면 소위 '북한의 지령'이라고 규정지은 조선학생위원회 명의의 초청장이 발송된 이후 정부의 평양축전에 대한 견해와, 축전참가를 실제 행동에 옮기기 위한 조치에 대해서 말씀드리겠습니다.

정부는 당초 평양축전을 남북간 교류성사의 기회로 활용하겠다는 견해를 표명함으로써 참가에 대한 긍정적인 반응을 보여주었습니다. 1989년 1

월, 노태우 대통령은 연두기자회견을 통해 "남북간에 어떤 형태이든 교류를 할 것이며 이러한 입장과 정책에 따라 평양축전을 교류의 기회로 활용하겠다"고 하여 남북학생교류 허용입장을 밝혔습니다.

이에 따라 같은 해 1월 27일에는 단국대학교 정용석 교수를 위원장으로 하는 남북학생교류추진위원회(이하 교추위)가 발족되었습니다. 교추위에서는 평양축전에 토론회, 문화예술행사, 체육행사 등이 준비되고 있으므로 각 행사에 참석하기 위한 남한 청년학생 대표단 규모를 2백여 명으로 하겠다고 밝혔으며, 2월 20일의 보도에는 정부·여당이 남북학생교류는 앞으로 교추위의 자율에 맡기고 평양축전 참가도 정부가 적극 지원하기로 하는 방침을 수립한 것으로 알려졌습니다. 또한 교추위의 정용석 위원장은 같은 해 3월 11일 전대협 주최로 열린 공청회에서 평양축전 참가를 성공적으로 성사시키기를 원하고 있는 교추위의 입장을 밝힌 바 있으며, 3월 14일에는 북한측 평양축전준비위원회에 서한을 보내 남한 대학생의 평양축전 참가문제 등을 협의하기 위한 남북대학생 교류회담을 제안하기까지 했습니다.

그러나 이후 공안합동수사본부의 발족과 함께 몰아친 공안정국의 한파 속에 위 방침들은 유야무야되어 평양축전이 임박한 6월 6일에는 문교부 장관의 담화문을 통해 "평양축전은 반미·반한투쟁을 부추기는 정치선전장으로 전대협의 참가를 허락하지 않겠다"고 밝혔습니다.

이에 저희 전대협에서는 지금까지의 입장을 바꾸어, 평양축전의 참가는 참관단체로만 할 수도 있다, 정부가 반대하는 정치적 행사에는 참여하지 않겠다, 참가단의 구성과 규모 등은 교추위의 논의결과에 따르겠다고 결정하여 6월 17일 기자회견을 통해 발표했습니다. 이와 같은 전대협의 입장변화에 교추위의 정용석 위원장은 즉각 환영의 뜻을 표하고 정부쪽에 건의하겠다고 했지만 끝내 정부에서는 새삼스럽게 평양축전의 성격을 문제 삼고 또한 시일이 촉박하여 준비할 여유가 없다는 이유 등으로 참가불허 방침을 최종적으로 결정하였는데 이것은 애당초 평양축전의 참가의지가 없었던 것으로 7·7선언의 파기인 동시에 창구단일화 논리의 이론적 파탄인 것입니다. 이상과 같이 처음에 제시되었던 평양축전의 참가허용 방침 및 노태우 대통령의 남북학생교류 발언, 교추위의 발족과 그 입장들 속에서 나타난 내용들이 북한의 지령에 의한 것이 아님과 마찬가지로 전대협의 평양축전 참가 결정 역시 북한의 지령에 의한 것이 아님이 명백해졌습니다. 오히려 급변하는 국제정세에 따른 화해무드에 따른 북방정책과 범국민적으로 확산된 조국통일에 대한 열망, 7·7선언 등의 정신에 따른 것이라고도 말할 수 있으며, 평양축전 참가의지는 북한에서의 초청장 발송 이전에 이미 이루어졌던 것입니다. 몇몇 사건의 재판을 통해 7·7 선언은 선언 그 자체로만 그칠 뿐 법률적인 해석 및 법적용과는 별개라는 판결이 났지만, 대통령이 내세우는 정책은 칭송을 받고 그 정책에 따른 일반국민들의 행위는 국가보안법에 의해 범죄시되는 현실 속에서 어느 쪽을 따라야 할지 갈팡질팡 눈치만 보아야 한다는 것이 안타깝기만 합니다.

또한 조선학생위원회에서 발송한 초청장이 곧 북한의 지령으로 인정될 수 있는가 하는 점을 보면, 북한에 대한 보도가 언론에 의해 완벽하게 차단되었던 6, 70년대와는 달리 지금은 비교적 객관적으로 자세하게 북한에 대한 소식이 전달되고 있으며, 조선학생위원회에서 초청장을 발송한 사실역시도 언론에 보도된 바 있기 때문에 관심있는 사람이면 누구나 알 수 있는 일반적으로 알려진 사실을 북한의 지령으로 얽매이는 구태의연한 사고방식은 깨어져야 한다고 생각합니다. (중략)

한편 이와는 달리 저의 방북사건에 연루되어 구속·수감중인 김진엽 씨의 경우, 저의 재판과정에서 거론조차 되지 않았던 북한의 지령전달체계가 인정되어 유죄판결을 받았습니다.

김진엽 씨는 호주 시민권 소유자로서 조국의 선교활동을 위해 부산 일신기독병원에 파견되어 치과의사로 일하던 중 구속되어 국가보안법상의 편의제공 혐의로 1심에서 징역 2년형을 선고받고 현재 서울구치소에 수감중입니다.

이것은 소위 '안기부 그림표'에 의한 지령전달체계로서, 전대협을 평양축전에 참가시키라는 북한의 지령에 의해 김진엽 씨가 유럽민협을 통한 입북을 주선했다는 것인데 만약 이것이 사실이라면 김진엽 씨는 국가보안법상의 지령수수·목적수행죄로 중형의 처벌이 내려져야 함에도 불구하고 편의제공 혐의로만 기소가 되었던 것입니다. 이것은 국민들에게 해외의 민족민주운동 단체들을 북한과 관련지어 북한의 전위조작으로 매도하고, 전대협의 평양축전 참가가 마치 치밀한 공작에 의한 것으로 눈속임하기 위한 것에 다름 아닙니다. 그러면 실제로 김진엽 씨가 어떻게 전대협과 연결되었는가에 대해 말씀드리겠습니다.

지난해 6월, 현재 호주에 살고 있는 김진엽 씨의 약혼녀인 김승일 씨가 WSCF(세계기독학생총연맹) 소속 해외동포로서 평양축전에 참가하기로 결정되어 있었기 때문에, 귀국한 김에 그 당시 평양축전 참가 논의가 진행중이던 KSCF, EYC 등 기독교청년 단체의 준비상황을 알아보던 중 고려대학교 영자신문 학생기자를 만나게 되었습니다. 이 기자는 김승일 씨가 평양축전에 참가한다는 사실을 알고 인터뷰를 요청하여 그 인터뷰 내용이 김승일 씨의 사진과 함께 고려대학교 영자신문에 실리기까지 했습니다. 또한 그 당시 축전참가 논의와 준비작업이 한창 진행중이던 전대협에서는 평양축전에 직접 참가한다는 해외동포와의 인터뷰 소식에 자연히 관심을 갖게 되어 김승일 씨를 소개받았고 아울러 약혼자인 김진엽 씨도 만나게 된 것입니다. 만약 김승일 씨가 입북을 추진시키기 위한 목적으로 귀국했다면 자신의 신분을 노출하면서 평양축전에 참가한다는 내용으로 공개적인 인터뷰를 한다는 것은 상식적으로도 맞지 않는 일인 것입니다. 이들에게 전대협의 대표파견에 관한 문제를 상의하자 김진엽 씨는 같은 해외동포로서 교류가 있었던 유럽민협의 연락처를 알려주었던 것이고, 이들과 전대협이 연결이 된 것은 소위 '치밀한 공작'에 의한 것이 아닌 우연적인 일이었을 뿐입니다.

이렇게 단순하기만 한 입북경로를 너무나 잘 알고 있는 수사기관에서는 김진엽 씨를 국가보안법상의 편의제공만을 적용하면서도, 한편으로는 북한 조국평화통일위원회에서 전대협에 이르는 어설픈 지령전달 그림표를 만들어 명확한 증거도 제시하지 않은 채 얼토당토 않은 피의사실을 사전에 공표함으로써 여론재판에 의해 북한의 공작으로 단죄하였던 것입니다.

공안관계부처는 그림을 참 잘 그립니다. 지난 시기에 정국이 불리해지면 큼직큼직한 제목의 북한간첩단 기사와 일목요연하게 그려진 조직표에 우리는 익숙해져 있습니다. 그러나 이번에 안기부가 그린 그림은 비논리적이고, 설득력이 없는 허점투성이의 그림일 뿐입니다. 이번에는 국가보안법상의 '반국가단체'로 발표된 재유럽민족민주운동협의회(이하 유럽민협)에 대해 말씀드리겠습니다.

제가 서독에 도착하여 만난 어수갑 씨 등 유럽민협 관계자들은 프랑크푸르트에서 롯데여행사를 경영하는 이영준 사장을 소개시켜준 것만으로 반국가단체, 간첩 등의 억울한 누명을 뒤집어썼습니다. 이영준 씨는 서독 국적 보유자로서 관광업에 종사하는 만큼 금강산 관광단을 모집하며, 그와 북한과의 관계는 철저하게 사업적인 것에 불과합니다. 서경원 의원 입북사건과도 관련하여 유럽민협이 그것을 주선했다고 떠들어댔지만 서의원 사건과 유럽민협이라는 단체와는 아무런 관련이 없음이 밝혀진 때, 다시금 유럽민협은 반국가단체라는 낙인이 찍혀버린 것입니다.

반국가단체란 '정부를 참칭하거나 국가를 변란할 것을 목적으로 한 결사나 집단, 또 이러한 목적수행을 위해 공산계열의 노선에 따라 활동하는 결사나 집단'이라고 규정되어 있습니다. 유럽민협은 이러한 반국가단체라는 규정과는 전혀 걸맞지 않는 단체이며 오히려 유럽민협은 서독정부의 인가를 받은 합법적인 공개기구이며, 조국의 자주적 평화통일을 지향하고, 국내에서도 받아볼 수 있는 기관지 《민주조국》을 발행합니다. 만일 유럽민협이 반국가단체라면 민주주의 체제를 근간으로 하는 서독정부에 의해 보호받고 인정받을 수 없을 것입니다. 유럽민협을 반국가단체로 규정하는 것은, 유럽민협을 합법적으로 인정하는 서독의 기본법을 무시하고 우롱하는 행위로서 외교관계에 있어서도 중대한 일입니다. 그리고 기관지인 《민주조국》을 보면 유럽민협의 성격이 뚜렷하게 나타납니다. 《민주조국》은 어느 한 쪽의 편향된 시각에서가 아닌 객관적인 입장에서 남과 북을 바라보고, 해외에 있는 동포로서 분단조국이 아닌 하나된 조국을 지향하는 내용을 담고 있습니다.

또한 《민주조국》의 편집장이며 유럽민협의 총무부장인 어수갑 씨의 경우, 간첩죄에 적용되어 기소중지 상태에 처해 있는데, 이 역시 너무나 부당한 일입니다. 어수갑 씨는 외대 법학과를 졸업하고 연세대학교 대학원 석사과정을 거쳐 유학생 신분으로 서독에 건너가 박사과정을 밟고 계신 분입니다. 어수갑 씨를 비롯하여 유럽민협 등은 북한과는 전혀 관련이 없으며, 구체적 증거도 없이 해외에 있다는 것만으로 걸핏하면 북한공작원이니 친북전위조직이니 하는 조작에는, 우리 국민들은 더 이상 속지 않는다는 것을 명심해야 합니다.

결론적으로 말하자면, 전대협에서 평양축전에 대한 참가를 결의한 것은 전국 백만 학도의 통일의지를 한데 모은 것이며, 대표를 파견하게 된 것은 독자적인 판단에 의해 이루어진 것으로 북한의 지령과는 전혀 관련이 없는 일입니다.

2. 다음으로 평양에서 개최된 제13차 세계청년학생축전이 "남조선 청년학생 및 인민들의 조국통일운동과 반정부투쟁을 고무시켜 적화통일의 지름길을 마련하는 한편 북조선의 경제적 위력과 혁명위업의 정당성을 선전"하는 계기로 삼기 위한 행사였다는 점에 대해 말씀드리겠습니다.

우선 공식명칭이 제13차 세계청년학생축전인 이 행사를 약칭하는 데 있어서 '평양집회'라고 못박고 있는 관점부터 바꾸어야 한다고 생각합니다. 평양축전으로 약칭하는 것이 객관적으로 타당하며 기존의 언론보도에 있어서도 평양축전으로 거론되던 것이 수사기관, 검찰, 법원에서만 유독 평양집회로 불리고 있는데 갑자기 '집회'라는 단어는 어디에서 따온 것이며 그 의도는 무엇인지 묻고 싶습니다. 제가 1심이 진행되던 법정에서 검사의 신문에 대해 "나는 평양집회에 참가한 것이 아니라 평양축전에 참가하였다"고 답변했던 것은 그에 따른 이의를 제기하고자 했던 것입니다.

제13차 세계청년학생축전을 집회라는 단어로 축소시키고, 이는 반미·반한 정치선전장일 뿐이라는 의식을 은연중에 유포시키고, 전체적인 행사의 의의와 내용성을 희석시키려는 의도에 다름 아닙니다. 눈에 보이는 객관적 근거만으로도 평양집회보다는 평양축전이라는 약칭이 타당하다고 할 때 저의 이후 재판과정에서 역시 후자를 사용해주실 것을 부탁드립니다. 평양집회라는 약칭을 계속 고집하신다면, 적어도 객관적이고 이성적인 판결을 기대하기에는 한 쪽으로 치우친 사고방식을 갖고 있는 것으로 생각되기 때문입니다. 만약 그 사용이 정 어려우시다면 좀 길더라도 공식적인 명칭 그대로 사용하여주시기 바랍니다. 이것은 사소한 문제로 치부될지 모르나, 이러한 하나하나가 공정한 판결을 기대하는 신뢰구축의 토대가 되는 것입니다.

그러면 세계청년학생축전은 과연 어떠한 행사인가를 말씀드리겠습니다.

현대사의 커다란 비극이었던 제2차 세계대전이 끝난 후, 지구는 전쟁의 포화 속에 고통만이 가득하였습니다. 전쟁의 참상을 온 몸으로 겪고, 두 눈으로 똑똑히 확인한 당시의 젊은이들은 다시는 이러한 비극이 되풀이되지 않아야겠다는 염원을 갖게 되었습니다. 미래의 주인이 될 청년학생들의 그러한 염원을 모아 전쟁이 없는 세계 · 핵무기가 없는 세계를 건설하고, 인종차별 및 제국주의 · 식민주의를 반대하여 평화로운 세계를 구축하고자 만들어진 행사가 바로 세계청년학생축전입니다.

이것은 평화를 지향하는 세계 각국의 청년학생들의 모임인 세계민주청년연맹과 국제학생동맹이 주최하는 것으로 13차를 거듭해오는 동안 참가국의 수, 지역, 단체 등이 확대되어 정치적 신념에 관계없이 사회주의 진영, 서방진영, 제3세계를 총망라한 전세계 청년학생들의 축전입니다. 이것은 메달경쟁이나 상업주의 성격을 띤 각종 국제행사와는 달리 친선과 상호이해를 중심으로 하는 것이 그 특징입니다. 이러한 목적과 내용을 가진 세계청년학생축전이 평양에서 개최되었다고 하여 '반미 · 반한의 정치선전장'이 될 수 없으며, '적화통일의 지름길을 마련할 목적 또는 사회주의 혁명의 정당성'을 입증하는 행사는 아닌 것입니다.

그러면 평양축전의 구체적인 행사내용에 대해 말씀드리겠습니다. 평양축전은 기존의 세계청년학생축전 슬로건과 같이 반제연대성, 평화, 친선을 바탕으로 한 행사내용으로 학술토론, 문화, 정치, 체육행사 등이 다양하게 펼쳐졌습니다. 학술토론 행사로서 반전반핵・핵의 실태와 참상 등을 토론하는 세계안전 제1센터를 비롯하여 환경・아동보호・여성권리・종교 등 여러가지 분야로 나뉘어 진지하게 토론이 진행되었고, 문화행사로서 세계 각국 문화교류로 상호이해를 도모하고자 세계민속공연・아동그림전・도서전시회・민속공예품 전시회 등을 비롯하여 평양시내 곳곳에 마련된 각 민족구락부와 문화행사장에서 다양한 프로그램이 준비되었으며, 체육행사로서는 종목별 친선게임・전체 참가자들이 달리는 '평화로운 21세기를 위한 축전마일달리기' 등이 그 내용입니다.

반제연대성을 지향하는 행사로서 대륙별 젊은이들의 평화옹호투쟁을 지지하는 연대성 집회가 매일 개최되었는데, 특히 라틴 아메리카와 아프리카 제3세계 국가들의 식민지 민족해방투쟁을 서로 격려하는 모습은 무척 인상적이었으며, 신생독립국으로서 얼마 전 남한과도 수교를 맺은 나미비아의 투쟁은 더욱 많은 갈채를 받았습니다. 또한 중국 천안문 사태의 유혈진압을 비난하는 시위도 벌어져 북한당국을 곤혹스럽게 하기도 했고, 이 밖에 국제대학생회의, 반제재판소 등의 특별행사도 진행되었습니다.

평화를 지향하는 행사로서는 역시 참가자 전원의 '비핵평화를 위한 횃불행진'으로 평양의 밤거리를 행진하였으며, 평양의 거리거리마다 친선・축제의 분위기로 가득하였습니다. 원래 오후 6시부터 TV방영이 시작되는데 평양축전 기간중에는 하루종일 방영되어 축전의 각 행사장 상황중계와 타민족의 문화를 소개하는 등의 내용이 주축이었습니다. 중앙TV에서는 밤시간에 세계영화 시사회 코너를 만들었는데 주로 소련 및 동구의 영화였고, 미국영화로는 '마지막 황제'가 방영되기도 했습니다.

이렇듯 평양축전의 성격과 내용은 반제연대성・평화・친선을 지향하는 것으로 아직껏 냉전상태로 머물러 있는 한반도의 현실과 부합되며, 한반도의 평화와 통일 및 나아가 세계의 평화에도 이바지하고자 하는 청년학생들의 의지를 모은 행사였습니다. 그렇기 때문에 평양축전에 대한 정부의 견해와 법원의 판결은 무지로 빚어진 오류이거나, 의도적인 비난 및 매도에 불과합니다.

3. 이번에는 1989년 7월 20일~27일까지 열렸던 '코리아의 평화와 통일을 위한 국제평화대행진'에 대해서 말씀드리겠습니다.

이 행사는 한반도 비핵자주화 국제연대위원회가 제안하여 세계의 평화인사들과 인권단체에서 호응하여 이루어진 것으로 미—북한간 휴전협정 체결 36돌을 맞는 7월 27일에 휴전협정을 평화협정으로 대체할 것을 요구하며, 조국의 평화와 통일을 지향하는 행사입니다. 참가준비는 주로 한국전쟁 당시 UN참전 16개국의 평화인사들을 중심으로 이루어졌으며, 이에 각 해외동포들이 적극 호응하여 참가를 결의하였고, 재미한국인청년연합(이하 한청련)은 이 단체들 중 하나인 것입니다.

평화대행진은 애초 설정한 계획에 의하면 북에서는 백두에서 판문점까지, 남에서는 한라에서 판문점까지 행진하여 한반도 전역에 조국통일의 함성으로 가득 차오르도록 하기 위함이었는데, 실질적으로 남에서는 대대적인 탄압과 외국인 행진참가자들의 입국을 위한 비자발급을 거부함으로써 이루어지지 못했습니다. 여기에 한술 더 떠서 세계의 평화인사들을 중심으로 영국 런던에 본부를 두고 준비해온 평화대행진을 북한의 위장평화정책으로서 북한측이 주최하였으며, 이에 적극 호응한 재미한청련을 북한의 조종을 받는 이적단체로, 평화대행진 국제준비위원회 상임위원으로 활동했던 정기열 목사를 북한의 지령을 받고 활동하는 자로 왜곡·날조하기까지 했습니다.

그러나 이는 완벽하게 사실과 다릅니다. '코리아의 평화와 통일을 위한 국제평화대행진'을 주최한 곳은 북한이 아니라 행진을 위해 준비된 국제준비위원회였고, 이에 필요한 경비는 성금 등으로 자체조달되었으며 이 내역은 판문점에서 행진을 끝내자 마자 공개적으로 발표된 바 있습니다. 그리고 북한지역에서 행진을 하는 데 안내 및 제반협조를 해준 단체가 조선반핵평화위원회입니다. 평화대행진이 시작되기 직전, 조선반핵평화위원회에서는 국제준비위원회와 공동주최를 요구하기도 했지만 그것은 거절당했습니다. 재미한청련과 조선반핵평화위원회는 평화대행진에 필요한 협조를 한 단체일 뿐 행진의 주최자는 아닙니다. 또한 미국 메릴랜드주립대학의 교목으로 계시는 정기열 목사 역시도 '북한과 연계되어 활동하는 자'가 아니라 해외동포로서 평화통일을 염원하고, 기독교적 정신으로 갈라진 민족의 일치와 화해를 간구하시며 그것의 실현에 힘을 기울이시는 애국자인 것입니다.

 4. 제가 45일간 북한에 체류하는 동안 '철저하게 북한의 선전선동원 노릇을 수행하였다'라는 그릇된 판결에 대해서 말씀드리겠습니다. 이것은 저의 행적을 지켜보았던 수많은 내외신 기자들과 해외동포들이 증명해주실 것입니다. 저는 평양에 도착하자 마자 고려호텔에서 가진 기자회견에서 나는 북한사회를 동경하여 이곳에 온 것은 아니다. 나는 북한체제에 대한 문제점을 인식하고 있는 남한의 대학생임을 명백히 밝혔습니다. 제13차 세계청년학생축전 기간중에는 예정되지 않은 행사와 정치적이고 편향적인 행사에는 참가를 거부하였고 국제평화대행진 시에도 북한측에서 평화대행진의 의미를 퇴색시키는 일정을 잡았을 때에는 그들을 설득하여 국제평화대행진의 순수한 의미성을 지켜나갔습니다.

 저는 백만 학도와 국민들이 우려할 만한 행동을 추호도 하지 않았음을 다시 한번 밝힙니다. 저는 북한을 맹목적으로 추종하고, 북한의 사상과 체제를 신봉하는 것은 아닙니다. 만약 그렇다면 저는 이땅으로 돌아오지 않았어야 하는 것입니다. 이러한 검찰측의 주장은 터무니없는 것이고 저의 인권침해이자 명예훼손입니다.

 저는 박정희 정권때 국민학교를 다녔고, 전두환 정권때 중·고등학교를 다녔습니다. 반공을 국시로 하던 당시의 저는 철저하게 반공·반북적인 교육을 받았고, 반공글짓기대회나 그림대회에 나가기도 했습니다. 제 그림 속에 등장하는 북한사람들의 얼굴은 살색이 아닌 빨간 색 그림물감으로 칠해졌습니다. 북한땅은 한시도 사람이 살아갈 수 없는 생지옥으로 표현되었습니다.

그러나 실제로 북한은 '사람이 살고 있는' 곳이었습니다. 그들은 즐겁게 일을 하고, 그들의 사회체제에 대한 긍지를 가지며 만족스럽게 살고 있습니다. 혹자는 그것은 외부사회와 단절되어 그들만이 아주 잘 살고 있다는 생각을 주입시키기 때문이 아니냐고 되물을지도 모릅니다. 물론 북한에서의 최우선적 과제는 '조선민족의 자주성 확립' 입니다. 이속에서 주체적인 발전을 모색하는 것이 외부세계와의 단절 또는 일방적인 눈가림을 강요하는 것으로 표현될 수는 없습니다. 북한은 전면 폐쇄된 사회로서 국제정세나 그들 자신의 문제점을 외면하거나 은폐하고 있다는 생각은 그릇된 생각입니다. 그들의 문제점을 심각하게 인식하고, 진지하게 지적하기를 서슴지 않습니다. 이것은 의도적으로 북한을 비난하기 위해 문제점을 지적하려는 서방국가의 관점과 철저히 다름은 물론입니다.

잿더미로 온통 폐허가 되어버린 땅을 그들 스스로의 손에 의해 일으켜 세운 것에 자부심을 갖고 있는 그들은, 미국의 침략에 대한 부담감을 항시 갖고 있으면서도 확고한 사회주의 체제를 지켜가고 발전해나가는 것은 전적으로 당의 결정을 수용했기 때문이라고 생각하고 있으며, 조금만 노력하면 더욱 잘 살 수 있으리라는 희망 속에 살아가고 있습니다. 그들에게 있어서 노동이란 잔업, 철야에 시달리면서도 최저생계비조차 보장받지 못하는 고통이 아니라 희망을 위한 즐거움이며, 땀 흘려 일하는 것을 지극히 당연한 것으로 받아들이는 노동의 신성한 의미를 갖고 있습니다. 하루 8시간 노동제가 법규 속에서만이 아니라 현실 속에서 지켜지고 있고, 교육·의료·문화 등과 의·식·주 및 제반문제가 국가에 의해 보장되기 때문에 생활고에 시달리지 않습니다.

교육면에서 보면 '전인민의 인텔리화' 정책으로 누구든지 자신이 원하는 대로 무료로 고등교육을 받을 수 있고, 학력에 따라 생활격차가 나는 것이 아니라 개인이 수행하는 노동의 양과 질에 따라 보수가 주어집니다. 그러므로 고학력이라고 해서 특권계층으로 인정받는 것이 아니며 따라서 입시 과열경쟁이 일어나지 않는 것은 당연한 일입니다. 자신의 적성과 능력에 따라 사회에 진출하는 것입니다.

농촌에서는 땡볕 아래 한숨 지으며 농사를 짓는 것이 아니라 철저하게 계획적으로 농사를 짓고, 기계에 앉아서 젊은 여성들도 웃으며 모내기를 합니다. 병이 난 환자가 병원을 찾는 것이 아니라 직장별·거주별 '의사담당구역제'로 의사가 수시로 환자를 찾아다니며, 위생관리와 사전 질병예방에 치중합니다. 같은 직종에서 같은 기능을 가진 사람들은 남녀구분 없이 같은 대우를 받고, 기능에 따른 격차는 있어도 특권계층별 차별은 없습니다. 기본적인 생존에 대한 물질적 혜택을 보장받기 때문에 정신건강 측면에서도 밝게 생활하고 있습니다. 반공 일변도의 교육을 받고 자라온 저에게는 그곳에도 사람이 살고 있다는 자체부터가 커다란 충격이었습니다. 요즈음의 국민학교 교육내용은 제가 자랄 때와 많이 달라졌다고 합니다만, 그 당시 국민학교 5학년 교과서에 실려 있던 '우리의 소원은 통일' 노래는 언제부터인가 삭제되어버린 상태입니다.

제가 북한에 있을 때 북한사람은 도깨비와 같은 형상을 한 사람으로 생각했다는 이야기를 한 적이 있습니다. 그 이야기를 들은 인민학교의 한 어린이가 저에게 시를 한 편 보내왔는데 그것을 잠시 소개해보자면,

　사진을 찍자요 임수경 언니
　언니 얼굴 내 얼굴 어디가 다른가
　뿔 났다고 하던 사람 뿔 찾다가 해저물게
　우리 함께 사진을 찍자요

라는 내용입니다. 이것을 보면 제 말에 받은 충격과, 어린이들의 순진한 심성을 볼 수 있습니다.

저는 북한주민들에게 형제적 사랑으로 대하고 최대한 객관적으로 바라볼 수 있도록 노력하였습니다. 북한의 고위 당국자보다는 학우들과 북녘의 형제들을 보다 많이 만났습니다. 그러면서 상호 적대감, 이질감을 해소하고 민족적 동질성을 회복하고자 하였습니다. 우리가 북한을 생지옥이라고 생각하듯이 그들도 남한에 대해 잘못된 지식과 사고방식을 갖고 있었

습니다. 저는 우리가 북한에 대해 바로 알아야 하듯이 북한도 남한을 바로 알아야 한다는 필요성을 절감했고, 그들은 저의 모습을 통해 남한 대학생의 실체를 보면서 남한에 대해 그릇되게 갖고 있던 편견을 버릴 수 있었다고 했습니다.

검찰에서는 제가 북한의 각종 도발행위에 대해 침묵과 외면으로 일관한 채 독선적이고 편향적인 논리를 전개했다고 비난합니다. 하지만 저는 조국의 통일을 방해하는 것은 과거 북한의 도발행위와 그에 대한 비난이 아니라, 우리들 가슴 속에 뿌리깊게 자리하고 있는 상호불신의 벽과 꽁꽁 얼어붙어 있는 미움과 대립의 벽이라고 생각합니다. 저는 제가 직접 보고 느끼며 나타나는 문제점에 대해서는 비판을 하면서도, 불신과 미움으로 꽁꽁 얼어붙은 민족적 정서를 회복하기 위해 따뜻한 형제애로 그들을 대했습니다.

우리에게 가장 중요한 작업은 먼저 북의 실상을 객관적으로 이해하는 일이고, 이 과정에서 인정할 것은 인정해야 합니다. 그리고 나서 우리에게도 산적해 있는 문제점을 개선해나가면서 북한의 문제점을 지적하는 것이 순서일 것입니다. 그렇지 않고 남과 북의 실체를 무시한 채 상호비난, 대립으로 일관한다면 남북관계의 개선을 전혀 기대할 수 없을 것입니다. 저는 반공교육으로 오염된 북한비난 일변도의 태도를 탈피하여 보다 긍정적이며 적극적인 자세로 북한사회를 이해하고 객관적으로 바로 보려고 노력했을 뿐입니다.

저는 안기부에서 조사를 받던 중 KAL기 폭파범으로 사형선고를 받고 있던 김현희와 폴란드, 체코에서 망명한 북한 유학생 등을 만났습니다. 그들은 한결같이 저에게 "북한의 실상을 알지 못한다, 좋은 부분만 보여주었을 뿐이다"라고 말했습니다.

하지만 제가 한두 살 먹은 어린애도 아니고 진실과 허구를, 좋고 나쁨을 구별하지 못하겠습니까. 저에게 좋은 부분만 보여주는 것은 북한측으로서는 당연한 일이고, 그속에서 저는 어느 것이 가식이고 진실인지를 볼 수 있는 것입니다. 북한을 철저하게 비난하는 그들, 저의 눈에는 그들이 철저한 방어벽을 구축하고 나서 아무런 장애 없이 덤벼들어 등을 밟아대는 비열한 변절자로밖에 보이지 않습니다.

　북한을 버리고 떠나온 그들은 남한땅, 그것도 안기부의 보호 아래 있지 않으면 설 곳이 없는 이들입니다. 그들은 북한의 좋은 점은 이야기하지 않고 나쁜 점만 이야기해야 합니다. 북한도 사람이 사는 곳인데 왜 좋은 점 하나 없겠습니까만은 20년 넘게 북쪽 땅에서 살아온 그들이 북한은 도저히 살 수 없는 곳이다, 처음부터 끝까지 모순만으로 가득 찬 곳이다라고 이야기했습니다. 그들보다는 제가 훨씬 더 남북한을 객관적으로 평가할 수 있을 것이라고 저는 자신있게 말씀드릴 수 있습니다. 북한을 버리고, 북한을 적으로 규정하는 국가보안법이 있는 남한땅에 있는 그들과, 남한에서 자라서 북한을 보고 다시 남한으로 돌아온 저와 어느 편이 진실을 이야기할 수 있을 것인가는 상식적으로도 판단할 수 있는 문제입니다.

　우리는 흔히 북한에서 귀순한 사람들이니 그들이 북한의 실상이라고 이야기하는 것들을 전적으로 믿어버리는 경향이 있습니다만 이것은 오류인 것입니다. 그들이야말로 북한의 어두운 면만을 확대하여 진실인 것처럼 선전하고, 또 그렇게 해야만이 국가보안법이 엄존하는 이 사회에서 지탱해나갈 수 있는 것은 너무나 당연한 일입니다.

　김현희의 경우 제가 수사받고 있던 안기부의 지하밀실에까지 거침없이 출입하며, 사형선고를 받은 사람이 저에게 차를 끓여줄 테니 놀러오라는 말까지 유유히 내뱉었을 때 저는 극도의 혼란에 빠졌습니다. 사형이 확정된 사형수가 구치소 문 앞에도 가지 않은 채 보름 만에 전격적으로 사면이 된 김현희는 저에게 이야기하기를 KAL기 폭파 당시 철저한 사상으로 무장된 북한의 공작원으로서 무고한 목숨을 빼앗은 후에도 확고한 신념 때문에 양심의 가책은 전혀 느끼지 않았다고 했습니다. 신분이 노출될까봐 자살을 기도한 후 중국인, 일본인 행세까지도 하던 공작원이 불과 1개월 만에 전향을 하였을 뿐만 아니라 완벽한 자유민주주의 체제의 수호자가 되었다는 것은 믿기지 않는 일이지만 사실입니다.

　바로 이렇게 머리끝부터 발끝까지 사상으로 무장된 공작원도 불과 1개월 만에 전향을 시키고, 체제의 수호자로 변화시킬 수 있다면 북한의 일반 민중들은 더욱 쉽게 끌어들일 수 있을 것입니다. 그럼에도 불구하고 각계각층의 자주적인 민간교류를 눈에 쌍심지를 켜고 가로막으려는 이유는 무엇인지 묻고 싶습니다. 여기에는 김현희가 철저한 사상으로 무장된 공작원이 아니었기 때문에 그렇게 빨리 완벽한 전향을 할 수 있던 것이 아니냐는 의구심이 나올 수도 있을 것입니다. 하지만 KAL기 폭파사건은 무엇보다 명백하게 일어난 사실이고, 김현희가 그 범인으로서 사형선고까지 받은 마당에 그러한 의구심은 있을 수 없는 일로 치부됩니다.

그렇다면 과연 현정부는 무엇이 두려워 민간교류를 방해하는가 하는 것입니다. 북한과 교류를 한다고 해서 북한의 체제에 편승할 정도로 우리 국민들은 그렇게 어리석지 않습니다. 김현희와의 만남은 워낙 촉각이 곤두서는 만남이었고, 안기부의 꼭두각시 노릇을 하고 있는 그녀가 가련하면서도 저로서는 부자유스러운 상태에서의 제약받는 만남이었기 때문에 저는 주로 듣는 입장이었고, 김현희가 대부분의 이야기를 하였는데 수다스럽다고 느껴질 정도로 활발한 성격이었습니다. 한 가지 기억에 남는 것은 제가 김현희에게 "2년 넘게 서울에서 살아서인지 서울말씨를 배운 것같다"고 하자, 북한에 불과 45일 머문 저에게 "임양도 북한말씨를 배운 것같은데요"라고 대답하더니 그 이후부터는 어색할 정도로 평양 사투리를 섞어 쓴 것입니다. 아마도 김현희는 제가 그녀를 북한사람으로 믿지 않는다고 생각했나 봅니다. 망명 유학생들의 경우에는 동시대의 다른 입장을 가진 젊은이로서 궁금한 것이 많았고 제가 남한의 대학생으로서 주인된 입장에서 이야기를 끌어갔습니다. 폴란드에서 망명한 유학생은 저에게 일종의 적대감정을 품고 있는 듯 악수를 하려고 손을 내밀어도 하지 않았고 대화가 잘 되지 않았지만, 체코에서 온 유학생들은 비교적 진지하게 저의 말을 경청하였고 그들의 의견을 이야기하기도 했습니다. 그들은 체코에서 유학생활을 하면서 북한의 사회주의와 체코의 사회주의를 비교해보니 체코가 훨씬 나은 체제라는 것을 느꼈고, 그러한 사고방식이 계속 머릿속을 지배하다보니 북한의 생활을 감당할 수가 없어 망명을 결심했다고 했습니다. 그들은 처음부터 남한으로의 망명을 원했던 것이 아니라 체코 등의 사회주의가 좋았던 것이었고 망명 결심 후 외교관계 등의 문제로 결국에는 남한에 오게 된 것이라고 했습니다. 그것은 폴란드에서 망명한 유학생들도 마찬가지였습니다.

저는 그들의 이기적인 자기도피에 분노하면서도 이것 역시 분단의 비극으로 빚어진 현실이었고, 그들을 보호한다는 명분 아래 하루 24시간 안기부 직원과 함께 생활해야 하는 것에 안쓰러움을 느끼며 자유세계에 살고 있다고 말하는 그들은 진정한 자유를 얻은 것이 아니라는 생각을 했습니다. 저는 그들에게 남한의 현실을 단지 신문의 활자나 TV화면 속에서만 관념적으로 느끼지 말고 생활 속의 체험을 통해 느껴보라는 말만을 할 수밖에 없었는데, 그들이 그러한 체험을 할 수 있을지에 대해서는 가능하지 않을 것입니다. 사실 그들은 제가 북한에 대해 알고 느낀 것보다도 더욱이 사회에 대해서 모르고 있었습니다. 만약 그들을 다시 만날 수 있게 된다면 우리 학우들과 함께 공개토론회를 통해 남북한 사회와 문제점을 이야기해보고자 하는 것이 그들에 대한 지금의 심정입니다.

이야기가 잠시 다른 방향으로 흘러갔습니다만 제가 북한의 선전선동원 노릇을 수행했다는 것은 있지도 않은 일이고, 있을 수도 없는 일입니다. 제가 서울을 출발하기 전 동지들과 사전에 논의한 행동지침에 따르면, 첫째 전대협의 학우들을 대표하는 긍지와 자부심을 가지고 철저하게 주체적인 입장을 고수할 것, 둘째 한쪽을 찬양하거나 비방하는 것이 아닌 객관적인 입장을 견지하고 북한주민들을 형제적 사랑으로 대할 것, 셋째로 판문점 귀환을 기필코 성사시킬 것 등이었습니다. 저는 이러한 행동지침에 따른 행동을 하였을 뿐 북한의 선전선동원 노릇을 수행한 적은 결코 없습니다.

5. 제가 북녘의 학우들과 함께 나눈 대화의 내용이 "반국가단체인 북한공산집단을 자진 지원할 목적으로 자진하여 북한공산집단에 군사상 이익을 공여"했다는 점에 대해서 말씀드리겠습니다.

우선 제 공소장과 판결문에는 김창룡, 정명순 등에게 대학가 및 전대협의 실태, 학생운동권의 활동상황 등을 자진하여 보고한 것으로 되어 있습니다만 이것은 전혀 근거가 없는 이야기입니다. 그들은 저에게 보고를 받는 입장도, 저는 그들에게 보고를 하는 입장도 아닐 뿐 아니라 '보고' 한 내용조차도 아무 것도 없습니다. 이것은 그림 잘 그리고 조립을 잘하는 안기부에 의해 조작되어진 죄목에 불과합니다. 단지 국제평화대행진 기간중이나 통일각에서의 단식농성중 계속 함께 행동하고 밤 늦게까지 대화시간을 갖는 등 북한의 대학생들과 함께 남북한의 대학생활에 대해 서로 이야기한 적은 있습니다. 남한의 대학생으로서 북녘의 학우들을 만나 서로간의 대학생활을 이야기하는 것은 너무나 당연한 일이요, 만약 그러한 이야기마저도 죄가 된다면 무슨 이야기가 화제가 될 것이며 도대체 어떤 행동을 취해야 하는가를 묻고 싶습니다. 또한 전국 백만 학도의 자랑찬 조직인 전대협의 활동 및 체계, 남한의 통일운동을 비롯한 제반 학생운동에 대해서는 공식기자회견을 통해 공개적으로 설명한 바 있습니다.

그럼에도 불구하고 새삼스럽게 김창룡, 정명순 등 '반국가단체인 북한 공산집단의 구성원에게 자진하여 보고' 했다는 날조된 허위사실에 대해 법적용을 하는 것은 저의 북한에서의 행적 모두를 범죄시하려는 의도로서 실로 경악을 금치 못할 일입니다. 북녘의 학우들과 함께 이야기한 캠퍼스 풍속도, 공식기자회견에서의 전대협에 대한 소개 등이 북한을 지원할 목적으로 군사상 이익을 공여했다고 변질되더니, 급기야는 '현대전이 모든 영역에서 침투 내지 파괴행위가 이루어지는 총력전이고 정보전' 이라는 거창한 표현에 부합되는 범죄행위로 확대된 것에는 당사자인 저 역시도 어리둥절하고, 참으로 치졸한 행위라 하지 않을 수 없습니다.

6. 제가 '북한 공산집단의 구성원들과 접촉하는 과정에서 북한이 무력적화통일 의사가 없음을 선전하고, 주한미군 철수 등 남북청년학생 선언문에서 합의한 사항과 같은 북한의 통일방안에 따라 판문점을 통하여 남한으로 가서 반미·반정부 활동을 계속하라는 취지의 지시를 받았다' 는 점에 대해서 말씀드리겠습니다.

저 역시도 금시초문인 일을 검찰과 법원에서는 어떻게 알고 유죄로 인정하는지 참으로 의아스럽고 분노할 따름입니다. 만약 제가 그러한 지시를 받았다면 구체적인 시간과 장소, 그리고 누구에게 어떠한 내용의 지시를 받은 것인지 명백하게 밝힐 것을 요구합니다. 그러면 이상의 내용에서 나타난 모순점을 한 가지씩 말씀드리겠습니다.

첫째, 북한이 대외적으로 내세우고 있는 통일정책은 무력적화통일이 아니라 그것이 위장되었건 어쨌건간에 자주적 평화통일 정책입니다. 저는 북한이 무력적화통일 의사가 없음을 선전하라는 지시를 어느 누구에게도 받은 적이 없을 뿐만 아니라 그것을 선전하고자 하는 생각은 추호도 없습니다.

단지 제 기억 속에 있는 북녘의 형제들의 모습과 그들의 통일염원에 대해서는 그 누가 뭐라 해도 만천하에 이야기할 것입니다. 저의 손목이라도 한번 잡아보고자 저에게 달려오시던 북녘의 형제들을, 제 손을 붙잡고 하염없이 눈물을 흘리시던 칠순 할머니의 주름살 패인 얼굴을, 고향을 지척에 두고도 가지 못하고 바로 그 고향땅에서 온 저를 망연히 바라보시며 설움을 달래던 이산가족의 눈물 젖은 얼굴을, 조국통일의 함성을 외치며 감격에 겨워하던 모습을, 그리고 백두산 정상에 올라 푸른 물결 굽이치는 천지를 바라보며 그렇게도 만나고자 했던 북녘의 학우들과 다짐하던 조국통일의 맹세를 잊을 수가 없으며 그러한 평화통일을 향한 의지, 희망, 감격, 기쁨들을 커다란 목소리로 당당히 이야기할 것입니다. 이것조차 북한의 지시에 의한 것으로 매도할 수는 없을 것입니다.

둘째, 남북청년학생공동선언문에서 합의한 사항은 공동선언문의 내용에서도 나타난 바와 같이 북한의 통일방안을 합의한 것이 아니라 7·4남북공동성명에서 이미 합의한 바 있는 조국통일의 3대 원칙인 자주, 평화, 민족대단결의 원칙에 의한 통일이며, 청년학생들이 조국통일의 최선봉에 설 것을 합의한 것입니다.

셋째, 판문점 귀환 역시 저의 강력한 의지에 의한 것이지 그들의 지시에 의한 것이 아닙니다. 북한측의 입장에서는 외교문제나 남북관계에 있어서 전혀 이득이 없고, 손실만 있을 뿐인 판문점 귀환을 허락할 리가 없고, 반대의사를 표명했던 것입니다. 저의 판결문에는 '북한이 남한내 운동권 대학생들과 통일전선을 형성하여 반정부투쟁을 획책할 목적으로 판문점을 통해서 귀환시키려 하고 있다는 사실 등을 알고 있음에도 불구하고' 라는 글을 모두 사실로 전제하고 있지만 저는 박종열 군과 사전 논의과정 속에서 무슨 일이 있어도 판문점을 통해 귀환한다는 방침을 세우고 북녘땅에 도착하자 마자 이러한 의사를 공개적으로 발표하였습니다.

이것은 이미 문익환 목사님의 방북시에도 보여지듯이 판문점 귀환 문제는 중요하고도 어려운 일이기에 북한 당국자와 한 마디의 논의 없이 일방적인 통고형식으로 발표한 것은 전대협의 확고한 의지를 천명함이고, 공개적으로 발표한만큼 그 발표에 대한 책임감을 갖고 있어야 했기 때문입니다.

북한당국은 저의 '공개된' 판문점 귀환 문제에 무척 곤혹스러워 했고, 반대의사를 갖고 있었던 것은 이미 밝혀진 일입니다. 화해무드가 조성되고 있던 외교문제와 쉽게 건드릴 수 없는 남북관계 그리고 '운동권 대학생들과 통일전선을 형성하여 반정부투쟁을 획책하는 것' 중 어느 것이 더욱 중요한 일인가는 상식적으로 판단할 수 있는 일입니다.

이것은 제가 어려움을 무릅쓰고 판문점 돌파를 강행하고 나자 그 의미를 애써 축소시키려는 조작된 논리에 불과합니다.

민족분단의 상징인 판문점 돌파는 청년학생들의 통일에 대한 의지를 대내외적으로 천명하는 일이며 조국통일투쟁의 새 전기를 마련하는 구국적 장거였습니다. 우리 민족의 해방으로 이야기되면서도 분단이라는 치욕의 역사를 남겨준 8·15, 그리고 그것을 45년째 지속시켜온 바로 그날에 저는 분단의 벽을 허물어뜨려야 할 이땅의 젊은이로서 통일조국 역사의 시작을 만들기 위해 남쪽정부도 북쪽정부도 강력하게 반대한, UN군 정전위원회가 끝내는 허가하지 않았던 그길을 걸었던 것입니다.

저는 남북한의 비무장지대를 동시에 지나온 사람으로서 한 가지 말씀드리고 싶은 것이 있습니다. 저는 북한의 비무장지대를 지나 남한의 비무장지대를 내려오면서 가슴 아픈 일을 겪었습니다. 그것은 제가 제일 처음 만난 사람이 UN군 소속 장교였기 때문에도, 다시금 북으로 되돌아가라는 이야기를 한 때문에도 아닙니다. 안기부 수사관들이 저를 체포하기 위해 대기하고 있어서도 아닙니다. 제가 북한의 비무장지대를 지날 때 가장 처음 눈에 띈 구호는 '자주통일' 이라는 글씨였습니다. 반면에 남한의 비무장지대를 지나 처음으로 크게 적힌 구호는 '간첩 찾고 땅굴 찾자' 라는 것이었습니다. 하다 못해 남쪽 땅에 있는 건물이름마저도 '멸공관' 이라는 이름을 갖고 있습니다. 북한의 군인들은 자주통일이라는 구호를 보면서 훈련하고 남한의 군인들은 간첩 찾고 땅굴 찾는 것을 목표로 훈련한다면 지나친 비약이겠지만, 남한의 휴전선 근방에도 통일이라는 단어가 새겨지기를 기대해봅니다.

넷째, 반미·반정부 활동을 계속하라는 취지의 지시를 받았다는 조작된 내용은 제가 그러한 투쟁을 할 때 북한의 지령을 받고 그것을 수행하였다는 죄를 덮어씌워 저의 발목을 묶어두기 위한 간악한 의도에 다름 아닙니다.

그러나 저는 더욱더 당당하고 힘차게 반미자주화투쟁, 반독재민주화투쟁, 조국통일투쟁을 전개할 것입니다. 미국농민을 살리기 위해 우리 농민들의 생존권을 위협하는 농산물 수입개방 압력, 작전지휘권을 여전히 주한미군 사령관이 갖고 군 주도권을 행사하며 각종 정치·경제·군사적 간섭이 계속되는 한 반미자주화투쟁의 불꽃은 꺼지지 않을 것입니다. 또한 민족민주운동 세력을 말살하기 위한 반동적인 공세이며 현정권의 장기집권 음모이자 남북분단 고착화를 위하여 탄생한 친미보수연합을 격파하고 민주화를 쟁취하는 그날까지 투쟁의 발걸음도 멈추지 않을 것입니다.

7. 그러면 남북한의 통일은 과연 어떻게 이루어져야 하는가에 대해 말씀드리겠습니다.

저의 판결문에 제시된 남북한의 통일방안을 보면 '정치적으로는 자유민주적 기본질서에 입각하고, 경제적으로는 사유재산권이 보장되고 개인과 기업의 경제상의 자유와 창의를 존중하는 체제를 근간으로 하는 평화적 통일이어야 한다'고 되어 있습니다. 현재 통일논의가 활발하게 진행되고 있는 과정에서 정부의 통일방안 역시도 지난해 8월 15일에야 비로소 만들어진 상태에서, 헌법에 명시된 통일방안은 이러하다. 그러므로 이 통일방안과 어긋나는 방안은 처벌을 받아야 한다는 단순한 논리야말로 통일논의에 바람직하지 않을 것이며 헌법이 보장한 평화적 통일지향의 원칙을 침해하는 것이라 생각합니다.

이상의 통일방안은, 바꾸어 말하면, 현재의 남한의 체제에 북한이 흡수되어 통일이 되어야 한다는 것을 천명하고 있습니다. 그리고 마지막 문장에 평화적 통일을 주장하고 있지만 그러한 방안으로 통일을 이루어야 한다면 결코 평화적이 될 수는 없습니다. 한 쪽의 체제에 의한 통일을 주장한다면 다른 한 쪽의 체제를 유지하고 있던 세력을 제거해야만 가능한 것입니다.

1945년 8월 15일, 일제로부터의 해방은 동시에 분단이라는 비극을 가져왔습니다. 그 분단이 45년간 지속되기까지 양쪽에서는 각각 다른 정권을 내세우고 전혀 상반된 체제로 통치해왔습니다. 그리고 다수의 국민들은 그것에 길들여져왔고 각각의 체제를 고수해왔습니다. 만약 남한의 국민들에게 북한체제에 의한 통일방안을 제시한다면 거부감을 표현할 것과 마찬가지로 북한의 인민들도 그러할 것입니다. 상호불신과 적대감, 이질감이 극도로 심화되어 있는 현실 속에서 한쪽의 체제에 의한 통일만을 주장한다면 그 체제에 반대하는 세력을 제거해야 하고 여기에 '평화적 통일'이라는 명제에는 모순이 생깁니다.

지난해 8월 15일 6공화국의 통일방안으로 제시된 한민족공동체 통일방안에서는 자주, 평화, 민주의 원칙을 이야기하고 있습니다. 민주체제로의 통일이란 자유민주주의 체제를 의미하여, 상대방의 체제적 특수성을 전혀 인정하지 않는 정책 아래서는 통일은 고사하고 일체의 대화나 접근조차도 불가능할 것입니다. 이것은 자주, 평화, 민족대단결에 의한 통일이라는 7·4남북공동성명에서의 합의내용뿐 아니라 노태우 대통령 자신이 직접 발표한 7·7선언의 후퇴입니다.

또한 "북한이 대남적화통일노선을 포기하고 북한동포들에게도 자유와 인권을 보장한다면 남한정부도 획기적 조처를 취하겠다"라고 공언하였습니다. 북한에게는 대남적화통일노선을 포기하게 하고 남한체제로의 통일을 주장하는 것도 아이러니한 일이지만 남한의 자유와 인권이 여지없이 짓밟히고 있는 현상황에서 북한의 자유와 인권을 주장하는 것 역시도 설득력이 없습니다. 현정권이 그러한 논리를 자신있게 이야기하려면 "한국에는 정치범이 단 한 명도 없다"는 망발을 외국에 나가 부끄러운 줄도 모르고 내뱉을 것이 아니라 갇혀 있는 양심수들을 전원 석방하고 국가보안법을 비롯한 제반 반통일적 반민주적 악법이 폐지되어 사회 각 부문에 획기적인 민주화가 이루어져야 할 것입니다.

세계는 지금 과거의 냉전상태에 탈피하여 공존공영하는 세계로 나아가고 있습니다. 급변하는 세계정세와 부합되는 한반도의 통일방안으로서 저는 연방제통일을 주장합니다. 현재 남북간에 많은 대화가 추진되고 있는데, 대화란 상호간 인격의 만남이고 그 존재를 인정할 때에 성립되는 것입니다. 이러한 대화의 원칙만으로도 연방제에 의한 통일은 가능할 것입니다.

그리고 자주, 평화, 민족대단결의 조국통일의 3대 원칙에 의한 연방제이어야 합니다. 자주의 원칙은 우리 민족의 통일은 어떠한 외세나 간섭 없이 우리 민족의 손으로, 7천만 남북민중의 손으로 이루어야 한다는 것입니다. 평화의 원칙은 조국통일의 전제가 되는 것으로 한반도에서 전쟁위험 제거와 긴장완화를 설정하고 평화적인 통일이 이루어져야 한다는 것입니다. 민족대단결의 원칙은 상호간의 서로 다른 사상과 제도를 초월하여 그것을 인정하는 민족대단결에 기초한 하나의 통일국가를 건설하고자 하는 것입니다. 이것이야말로 진정 평화적인 통일방안이며 현실적으로 합당한 통일방안입니다.

평화문제에 대해서 한 마디만 더 언급하자면, 오늘날 한반도에 있어서 남과 북에 존재하는 두 개의 주권국가가 적대적 긴장상태를 완화하고 상호 군비를 축소하며 경제적 문화적 교류관계를 증진하는 것은 평화적 공존의 길이며 나아가 평화적 통일의 길입니다. 적대적 긴장상태를 유지하고 반백 년 가까이나 다투어온 사실상의 두 국가, 그래서 아직까지도 준전시 상태를 의미하는 휴전협정체제를 유지하고 있는 두 국가가 종전처리와 평화공존의 관계를 수립하지 못한 채 평화적으로 통일국가를 이룰 수는 없습니다. 그런 의미에서 평화문제는 평화통일운동의 불가결한 선행조건이며 동시에 민주화운동의 불가결한 선행조건입니다.

8. 다음으로 '주한미군 및 핵무기 철수, 국가보안법 폐지 등 북한의 대남전략에 따른 선전선동을 그대로 반복하였다'는 판결에 대해 말씀드리겠습니다.

우선 주한미군 및 핵무기 철수 문제를 보면 국제질서가 이른바 몰타체제로 전환되고 탈냉전의 분위기가 현저하게 성숙되고 있는 가운데 한반도 주변에서도 일부 군사적 긴장 완화의 조짐들이 나타나고 있습니다.. 지난 40여 년 동안 철저하게 금기시되었던 주한미군 철수 논의는 현재 각계각층에서 광범위하게 제기되고 있으며, 정부에도 '안보정책실무대책단'을 운영하면서 이 문제가 공식적으로 논의되고 있는 것으로 알려지고 있습니다. 또한 최근에는 미소간에 한반도 안정 문제가 본격 논의되고, 소련이 남북한의 중재용의를 표명하는 등 한반도 주변정세가 급변함에 따라 전문적인 군축문제 담당기구 설치도 검토중이라고 합니다. 지난 1월의 한미 양국이 동시 발표한 '주한미공군 기지의 통폐합 조치'로 가시화된 주한미군의 단계적 철수 문제는 이제 더 이상 금기시되는 문제가 아닐 뿐만 아니라 북한의 대남전략에 따른 선전선동 내용도 아닌 것입니다.

북한이 주장한다는 평화협정 체결의 문제도 마찬가지입니다. 평화협정 체결은 1953년 7월 27일 미-북한간 체결된 휴전협정 내용 중에도 이 휴전협정은 평화협정으로 바꾸어 체결하여야 한다는 내용을 포함하여 양측이 합의하였으며 최근 정부의 안보정책실무대책단에서도 남북한의 군사적 신뢰구축 방안의 하나로 제기되고 있는 문제입니다.

주한미군 철수의 문제는 이제 공식적으로 거론되고 있고 세계의 탈냉전

조류와 평화기류와 함께 우리 민족에게 현실적으로 다가오고 있습니다. 일제로부터 해방이 되자 마자 이땅에 주둔한 미군은 45년이 지난 지금까지도 떠나지 않고 있으며, 불평등한 한미 관련 일체의 조약들은 이땅에서 우리 국민들보다 그들이 기득권을 누릴 수 있도록 명시되어 있습니다. 군사주둔비 일체와 심지어 그들의 개인적인 사고까지도 우리 정부가 배상하도록 되어 있는 현재로서는 더욱 그들이 활개를 치고 다닐 수 있는 것입니다. 약탈, 폭력, 강간, 총기난사, 협박, 심지어 살인까지도 일삼으면서도 우리 민족의 국방을 지켜주고 있다는 이유만으로 그들의 죄는 무마되고 있습니다.

이제는 북한의 남침위협으로부터 우리를 지켜주고 있다는 근거로 그들이 주둔하고 있다는 것은 설득력이 없는 논리이며, 우리에게 일방적으로 불평등하게 체결된 한미행정협정 등의 모든 내용의 전면수정이 필요한 때입니다. 북한의 군사력 및 현재의 기류로서는 남침가능성은 극히 희박하다는 것이 객관적인 자료로서도 증명되고 있습니다. 주한미군은 이제 더 이상 우리에게 필요없는 존재로 되어가고 있으며 이땅을 떠나야 할 시점에 있는 것입니다.

다음은 이땅 4천만 민중의 탄압도구로 악용되고 있는 국가보안법에 대해서 말씀드리겠습니다.

국가보안법 만능시대라고 불릴 만큼 국가보안법은 사회 각 부문에 파고들어 무고한 민중들을 탄압하고 있습니다. 헌법상으로 보장된 학생이나 학자들의 학문·사상의 자유를, 언론인의 취재의 자유를, 노동자들의 권리주장을, 예술인들의 표현의 자유를, 불고지죄로 양심의 자유를, 북한을 적으로 규정함으로써 평화적 통일 지향의 원칙을 침해하는 것입니다. 국가보안법이 존속하는 한 북한을 대등한 당사자로 전제하여 추진되는 정부의 각종 대화·접촉 및 통일정책도 허용될 수 없는 것이며, 이법을 적용하는 법관에게도 양심과 실정법 사이에서 고뇌하게 만듭니다.

국가보안법에 의하면 북한은 "정부를 참칭하고 국가를 변란할 목적으로 불법조직된 반국가단체"라고 규정되어 있습니다. 반국가단체는 물리력으로 진압해야 하는 타도의 대상이지 대화와 타협의 대상이 아닙니다.

그러나 지금까지 적십자회담, 국회회담, 체육회담 등 각종 대화가 진행되어왔고, 지금도 남북정상회담 및 상호존재를 인정하는 교차승인, 유엔 가입을 주장하고 있습니다. 이것은 명백한 모순입니다. 뿐만 아니라 해방과 동시에 38도선으로 분할된 한반도에서 대한민국은 38선 이북땅에 대해 통치권을 행사한 적이 없으며 현재의 대북한정책을 보면 국가보안법은 그 효력을 상실한 것이나 마찬가지입니다.

애국과 통일, 민주화를 위한 행위가 범죄행위로 치부되어 단죄될 수는 없습니다. 저는 국가보안법의 철폐와 국가보안법 및 제반 악법으로 인하여 묶여 있는 양심수들의 완전석방을 요구합니다. 폭력적으로 통과된 1940년대의 국가보안법이 90년대에도 존속한다는 것은 민족적 수치입니다. 현체제가 국가보안법에 의해 유지되고 있는 것이 아니라 국가보안법의 남용과 폭력적인 집행으로 인해 민주주의가 파괴되고 있다는 것을 직시해야 합니다. 보다 포용력 있는 자세로 북한을 대하며 평화적 기류로 흘러가고 있는 세계정세에 발맞춰 구시대적인 판례와 정책에 얽매일 것이 아니라 현실을 객관적으로 인식하는 자세가 요구되는 시기입니다.

9. 안기부의 피의사실 사전공표와 그에 대한 여론재판에 대해 말씀드리겠습니다.

사실상 1989년 공안당국의 찬바람을 휘몰아치게 했던 실체는 무소불위의 권능으로 불리는 국가안전기획부와 제도언론이었습니다. 언론의 상업적인 경쟁과 권력과 언론의 정치적 이념적 유착이 공안정국을 만들어내었고, 공안정국하에서 저의 방북에 대한 언론의 보도태도는 통일에 대한 염원 및 이후전망 등은 완전히 묵살하고 오히려 그것을 반통일로 매도하여 확증도 없이 여론조작을 위해 흘리는 정보를 확인 없이 보도하는 행태를 보였습니다. 거기에는 안기부의 철저한 통제와 조작이 있었음은 물론입니다.

일반적인 국민들은 관심을 끄는 최초의 보도만이 머릿속에 남아 있게 되고, 이후 재판과정에서 진실이 가려진다고 해도 이미 그 사건에 대한 관심은 없어진 이후이고 제대로 보도도 되지 않기 때문에, 최초의 보도만 기억됩니다. 아울러 그 사건에 대한 평가, 관점마저도 제시되기 때문에 조작된 여론에 의한 저의 재판은 이미 끝난 것이나 마찬가지입니다.

우선 몇 가지 예를 들어보자면 출국을 위해 학력을 고졸로 속였다, 일본에서 조총련계와 접선했다, 북한에서의 연설은 북측이 제공한 연설문이다, 남북청년학생 공동선언문은 북한측 원문 그대로이다, 전대협의 평양축전 참가에는 배후세력의 치밀한 공작에 의한 것이다라는 등 모두 터무니없는 내용입니다.

출국을 위해 학력을 고졸로 속였다는 것에 대해서는, 저는 시간절약을 위해 여행사에 여권발급 등 출국수속 일체를 대행하였는데 저희 학교 학생증을 제시하여 학생할인가격으로 비행기표를 구입하기도 한 제가 무엇 때문에 학력을 속였겠습니까. 일본에서의 접선보도 역시도 논박할 가치도 없는 것으로 저는 8일간의 일본 체류기간 그 어느 누구도 만난 사실이 없습니다. 또한 안기부가 대대적으로 발표한 북한 조국평화통일위원회에서 재미한청련, 호주 한국민족자료실, 유럽민협 그리고 전대협에 이르는 지령전달체계라는 소위 '안기부 그림표'는 검찰기소 단계에서부터도 인정되지 않았습니다. 그리고 북한에서의 저의 행적은 완전히 공개되었고, 저를 취재한 해외동포기자, 외신기자들이 있음에도 불구하고 안기부의 의지에 따라 국내에 보도되어 저를 매도하였습니다. TV뉴스에서는 외신에 의한 필름은 일체 방영을 할 수가 없었고, 안기부에서 제공되는 필름만을 방영해야 했다고 합니다. 그 필름이 어떻게 편집되었는가는 상식적으로도 판단이 되는 일입니다. 피의사실 공표 내용에 있어서도 제가 극진한 환대에 세뇌되어 북한의 지시에 따라서만 움직였고, 평소에도 분별력이 없고 사고력이 부족하다는 그야말로 유치하고 치졸하기 짝이 없는 설명까지도 덧붙였는데 이것은 저에 대한 명백한 인권침해입니다.

또한 제 사건과 관련하여 모두 19명의 구속자 명단이 발표되었는데 그들 전부가 저의 방북에 긴밀한 연계를 갖고 치밀하게 활동한 것으로 보도

되었습니다만 실제 재판에 있어서는 저의 방북과는 전혀 무관한 죄목이 적용되었습니다. 일본으로 방북자금을 송금했다는 것과 관련하여 국가보안법상의 편의제공 혐의로 구속 기소되었던 전 한양대학교 총여학생회장 신현경 양 등 3명 중에서 신현경, 유소정 2명의 편의제공 혐의가 무죄판결이 내려졌습니다. 전 전대협의 의장 오영식 씨 등에게는 개소식도 갖지 않은 한미문제연구소의 결성목적 등을 문제삼아 국가보안법을 적용시켰고, 7년 동안 감옥살이를 하고 풀려난 김현장, 문부식 씨를 7개월 만에 다시 가두는 만행을 저질렀으며 김현장 씨의 부인인 김영애 씨는 안기부에서의 고문으로 유산까지 하였습니다.

이것은 저의 사건과 관련이 있을 것이라는 막연한 추측만으로 뚜렷한 혐의도 없이 닥치는 대로 잡아다가, 가혹한 수사를 통해 허위자백을 받아내거나, 저의 방북과는 무관함이 밝혀졌는 데도 전혀 다른 죄목을 적용시켜놓고는 언론을 통해 흡사 많은 사람들이 관련된 것처럼 과대포장하여 대대적으로 선전하고 국민들을 속이기 위한 것입니다.

안기부의 피의사실 사전공표는 진실을 호도하는 사기극이며 국민을 기만하고 언론을 통해 민족민주운동 세력을 매도하기 위한 조작극에 불과합니다. 민주화 열기가 드높아질 때마다 조작된 사건을 발표하여 민주세력을 탄압하고 민중들의 생존권을 탄압하는 폭력기구인 안기부, 무소불위의 권능을 휘두르며 닥치는 대로 잡아가두고 국가보안법을 남용하는 안기부, 국민의 기본권을 억압하고 정보정치·공작정치의 원흉인 안기부는 즉각 해체되어야 합니다. 또한 언론은 '언론장악이 곧 권력장악'이라는 사고방식을 가진 현정권의 의도에 따라 움직일 것이 아니라 민중의 의지를 대변하는 참언론의 기능을 회복하여 정론직필로 서야 할 것입니다.

10. 마지막으로 저는 무엇 때문에 1심 재판을 거부하였는가에 대해 말씀드리겠습니다.

저는 지난해 6월 30일 평양 순안비행장에 도착하여 같은 해 8월 15일 판문점을 거쳐 남한으로 돌아오기까지 북녘땅을 방문하면서 반제연대성,

평화, 친선을 지향하는 전세계 청년학생들의 축제인 제13차 세계청년학생축전에 참가하고 조국통일을 외쳤다는 이유만으로 무시무시한 국가보안법의 굴레를 쓰고 1심에서 징역 10년, 자격정지 10년형을 받았습니다.

제가 온갖 어려움을 무릅쓰고 판문점을 지나 남한 땅으로 돌아왔을 때 저를 기다리고 있던 사람은 부모님도, 전대협의 학우들도 아닌 안기부 수사관들이었고, 수사를 위장하여 구속기간을 연장하기 위한 술책이었던 서울대학병원의 입원기간을 거쳐 남산 안기부의 지하밀실로 끌려갔습니다. 밤낮을 수사관들에게 시달리면서 그들의 의도에 따른 진술을 강요당했고 저의 인권은 그들의 폭언과 위압적인 행동에 의해 짓밟혔습니다. 같은 시각에 판문점을 거쳐 손목을 잡고 돌아온 문규현 신부님보다도 닷새라는 기간을 더 안기부의 지하실에서 보내야 했습니다. 검찰로 넘겨져 조사를 받던 때에도 일요일에도 빠지지 않고 매일, 심지어 자정이 다 되도록 검찰청사에서 조사를 받던 저는 그러한 심리적인 부담감이 계속되었습니다.

그래서 저는 그 재판에 거는 기대가 상대적으로 컸습니다. 저의 재판이 시작되던 날, 거대한 베를린 장벽은 냉전 이데올로기에서 벗어나 독일민중들에 의해 무너져내렸습니다. 독일은 통일의 열기로 휩싸이기 시작했고, 세계의 이목은 한반도로 집중되기 시작했습니다. 독일민족이 나누었던 기쁨을 부러워만 할 것이 아니라 지구상의 유일한 냉전지대인 한반도에도 찾아오도록 노력해야 하는 그 시각에 저는 붉은 색 포승줄에 묶여, 국가보안법의 굴레를 쓴 채 법정에 섰습니다. 물론 그 재판이 제 스물두 해 동안의 살아온 방식과 의식구조, 45일간의 북한 체재기간중의 행적과 전대협 백만 학도의 통일염원이, 또한 천주교 정의구현사제단의 신앙심과 애국적 결단이 판결될 수는 없으며 희대의 악법인 국가보안법에 의한 어떠한 처벌도 받아들일 수는 없지만 왜곡되고 조작된 진실을 밝히고자 성실하게 재판에 임하려 했습니다.

그러나 저의 기대와는 달리 재판부가 보여준 태도는 권력을 가진 자의 폭력, 그 자체였습니다. 첫 공판이 시작되던 날에 기상시간이 채 되기도 전에 아침도 못 먹고 교도관들에 의해 질질 끌려나왔던 저, 그리고 재판이 진행되면서 공정한 재판을 요구하는 가족들과 학우들에게 우익단체와 경찰을 동원하여 무자비한 폭력행위를 가하더니, 법정 최고일수인 20일간의 감치명령도 서슴지 않고 구호 한번 외쳤을 뿐인 학우들에게 연말과 새해를 창살에 갇혀 오들오들 떨면서 맞게 하는 비인륜적인 작태를 보였습니다. 뿐만 아니라 한꺼번에 방청객 50여 명의 퇴정명령을 내리고, 급기야는 방청불허로 방청객 없는 재판을 강행하였으며, 매사에 편파적인 태도를 취하는 재판부의 모습을 보면서 현사법부의 위상을 다시금 생각지 않을 수가 없었습니다.

　북한 체재기간 동안은 조작된 여론으로 짓밟히고, 남한으로 돌아와서는 역시 조작투성이의 수사결과 발표로 짓밟히더니, 그 진실을 규명하고자 몸부림친 법정에서도 저의 인권이 다시금 짓밟혔던 것입니다. 저는 저와 전대협의 통일의지가 그리고 메말라가는 세태 속에서 푸르게만 살아오신 문규현 신부님의 종교적 양심이 더 이상 짓밟히는 것을 용납할 수 없었기에 최소한의 요식행위조차 갖출 줄 모르는 재판부에게는 재판거부 의사를 밝혔습니다.

　지금 현재 국가보안법에 의해 얽매인 동지들이 전국의 교도소를 꽉 채우고 수배중인 동지들은 전국을 헤매고 있습니다. 국가보안법을 철폐하고, 언론·출판·집회·학문·사상·양심의 자유와 평화적 통일을 쟁취하는 그날을 하루라도 앞당기기 위해서는 국가보안법을 전면적으로 거부하고 법정에 당당히 서서, 국가보안법의 폐해와 그 부당성을 보다 객관적으로 증명해야 합니다. 역사는 보는 사람의 시각에 따라 다르게 평가될 수 있지만 진리는 결코 변하지 않습니다. 그리고 진리는 반드시 승리합니다. 그것이 역사가 우리에게 주는 가르침입니다.

　이상과 같이 제 공소장과 판결문에서 유죄로 인정된 내용 중에서 모순되고 부당한 내용을 각 항목별로 말씀드렸습니다. 하지만 실제로 저는 무엇을 보고 느끼고, 누구를 만났으며, 어떠한 관점에서 북한사회와 북한주민들을 대하였는가를 이해하는 것이 중요한 일일 것입니다. 여기에서 제 방북에 대한 성과와 앞으로의 통일운동에 대한 전망 등이 정립되고, 방북에 대한 재평가가 이루어지기를 기대합니다. 다음의 글은 서울을 출발하기 전의 논의과정부터 북한에서의 행적, 판문점 귀환까지 저의 생각과 말과 행동을 기탄없이 쓴 글입니다.

항소심 최후진술

하나 된 조국의 딸이고자 합니다

저는 1심에서 징역 10년형을 선고받고 검찰측은 1심 선고형보다도 많은 징역 15년을 구형했습니다. 10년이든 15년이든 그 어느 것이든간에 그만큼의 형이 확정된다고 해도 저는 전혀 개의치 않으며, 저에게는 아무런 문제도 되지 않습니다. 이는 법정에서의 단지 몇 차례에 불과한 재판이라는 절차를 통해서 전대협 백만학도의 통일염원과 자랑스러운 통일운동의 성과가, 또한 천주교정의구현사제단 신부님들의 신앙과 애국적 결단이 판결될 수는 없다는 것을 명백히 알고 있기 때문입니다.

아무런 과학적인 증거도 제시하지 않는 제멋대로 적어놓은 검찰의 기소내용과 그것을 그대로 베껴서 유죄로 인정한 1심 판결문에 대해서는 더이상의 반박할 가치를 느끼지 못합니다. 공소유지와 판결내용에 자신감을 갖고 있다면 이번 재판에서 증인으로 채택된 재미언론인 안동일 기자와 메릴랜드 주립대학 교목인 정기열 목사님의 입국을 거부하지는 않았을 것입니다. 그리고 이것은 곧 이 사건의 허구적인 조작내용을 스스로 폭로한 것이라고 할 수 있습니다. 특히나 정기열 목사님의 경우 제 공소장에 의하면 북한의 지령을 받은 자로 규정되어 있는데, 그분이 국내에 들어와 그 문제의 진의를 밝히고 증언을 하겠다는 데도 입국을 거부한 것은 바로 그 자체가 조작이라는 것을 명백히 밝힌 것입니다.

정기열 목사님은 '코리아의 평화와 통일을 위한 국제평화대행진'을 추진하면서 저와 함께 논의하고 저의 방북기간중 누구보다도 가장 가까이에서 저를 지켜보신 분 중의 한 분입니다. 정기열 목사님과는 평화대행진의 참가기간뿐만이 아니라 판문점 북측지역 통일각에서의 5일간에 걸친 단식농성, 평양 외국인병원에서의 입원까지도 함께 하였고 지난해 8월 15일에는 판문점까지 나오셔서 저와 문규현 신부님의 귀환을 끝까지 지켜보시기도 했습니다. 안동일 기자는 제가 평양에 도착하던 6월 30일부터 평양축전의 참가와 그밖의 행적에 대해서 직접 취재를 하였고 그 취재기가 국내 월간지에 투고되고 책으로 출판되기도 했습니다.

과학적 근거도 없는 검찰의 기소내용을 그대로 인정할 것이 아니라 저의 평양도착부터 판문점을 통한 귀환까지 45일간의 북한에서의 행적을 객관적인 입장에서 지켜본 제삼자의 증언을 통해서 실체적인 진실에 다가갈 수 있음에도 불구하고, 이 정권은 도대체 무엇이 두려운 것인지 그분들의 비자발급을 거부하였습니다. 그들 두 분은 미국국적을 보유하고 있는 미국시민이며 안동일 기자는 불과 두 달 전에 한국에 다녀가기도 했음에도 불구하고 유독 이번 귀국에 대해서만 비자발급을 해주지 않은 것은 본사건의 실체적 진실을 밝히고자 하는 의지가 없을 뿐만 아니라 그것을 두려워하고 있음을 여실히 보여주는 것입니다. 이렇듯 실체적 진실이 가리어진 채 진행된 재판이었지만 제가 수많은 번민과 인간적인 고뇌를 거듭하면서 통일조국을 향한 확신과 학우들에 대한 신뢰가 있었기에 전대협의 대표로서 평양축전의 단신참가를 기쁘게 받아들이고 결정했듯이, 그 어떤 형도 기쁘게 받아들일 것입니다.

저희 청년학생들의 하늘을 우러러 한점 부끄럼 없는 통일에 대한 의지와 통일운동의 역사적 의미가 올바르게 평가되고 또한 민족의 화해와 일치를 위한 일에 보잘것없는 제가 조금이나마 보탬이 되었다고 믿기에 저는 징역 10년형이 아니라 그보다 더한 어떠한 형이라도 기쁘게 받을 수 있는 것입니다. 역사와 민중은 저와 전대협의 통일의지를, 또한 천주교정의구현사제단 신부님들의 신앙과 애국적 결단을 단죄하지 않음을 확신하고 있기 때문이며 법정에 선 지금도 그런 마음은 변함이 없습니다. 이땅의 청년학생들은 너무나 할 일이 많습니다. 억압과 착취와 불의가 판을 치는 세상은 자유와 평등과 정의를 부르짖는 사람들에게 서슬 퍼런 칼날을 들이대고 있습니다. 살인적인 공안정국의 한파가 또다시 밀어닥치고 있습니다. 그러나 우리 청년학생들은 꺾이지 않습니다. 결코 물러서지 않습니다. 정의는 반드시 승리한다는 역사적 교훈을 알기 때문입니다. 우리 민중들의 삶에 있어서 결코 태어나지 말았어야 할 노태우 정권과 기회주의적 변신의 명수 김영삼과 유신시절 민주세력 탄압주범 김종필의 작품인 민자당은 일찍이 그 마각을 드러냈습니다. 그후 국민들은 민자당에 대한 분노로 가득 차고 있습니다. 국민대중의 이해보다는 기득권층의 이해를 대변하는 현 노태우 정권의 반민중적·반역사적 정치행태가 보다 노골적으로 표출된 것이 바로 3당합당이라는 파쇼적 야합입니다. 기득권층의 이해를 보다 정략적으로 관철시키기 위한 민자당 정권은 시간이 흐름에 따라 반민중성을 더욱 적나라하게 드러내면서 폭력적 지배방식의 강화를 통한 역사적 퇴행의 길을 밟아나가고 있습니다. 첫 번째로 정치적으로는 지자제의 연기와 국가보안법을 비롯한 반민주악법의 존속, 제반 악법의 무분별한 적용으로 민중운동에 대한 탄압을 강화하고 있습니다. 지난 1월 22일의 3당합당 이후 시국관련 애국자들의 구속은 하루 평균 4명꼴로서 그 탄압의 극치를 이루었던 5공화국 때의 두 배가 넘는 실정이며, 그 구성도 노동자들을 비롯한 기층민중의 구속이 두드러지게 증가하고 있습니다. 오늘로서 결성 1주년을 맞는 전교조와 전노협·전대협 등 민중운동진영에 대한 탄압은 더해가고, 저희 전대협만 하더라도 상당수 학우들이 구속중이며, 전대협 의장단에 사전구속영장을 발부하며 검거에 쌍심지를 돋우고 있습니다. 5월투쟁의 거리에서 시민들을 마구잡이로 연행구타하고 얼마 전 광주와 전주에서 교회와 성당에 폭력경찰이 투입된 일, 숭실대를 비롯하여 외대·항공대·서울산업대 등 대학구내에 경찰이 난입하며 쇠파이프와 각목으로 유리창을 깨고 자동차·집기를 부수는 난동을 폭력경찰이 자행하였습니다. 또한 민자당은 여당 단독으로 국회소집을 의결하여 제멋대로의 정치를 펴고 폭력을 정당화하고 있습니다. 이것은 현 민자당 정권이 거대해진 힘을 바탕으로 기층민중에 대한 억압을 강화하고 폭력적으로 지배하고 있는 반민중적 폭력정권이라는 것을 명백히 드러낸 것입니다.

둘째로 민자당 정권이 민중에게 필요없는 정권이라는 것은 현재 시행되고 있는 경제정책에서도 볼 수 있습니다. 유신시절과 5공화국하에서 재벌중심의 경제정책을 강행했던 무리들이 다시금 경제실무책임자로 등장하면서 재벌 위주의 성장우선정책으로 급선회했습니다. 토지공개념의 입법화와 금융실명제의 실시는 온 데 간 데 없이 사라지고 부동산 투기는 더욱 극성을 부려 투기꾼들의 장난으로 전세·월세값이 폭등하여 집 없는 서민들의 설움은 더해가고 끝내는 내 집 걱정 없는 하늘나라에서 살고 싶다며 자살하는 일들이 속출하고 있지만 정부는 아무런 대책도 세우지 못하고 있습니다. 특혜금융과 정경유착의 망국적인 정치경제적 구조는 심화되고, 노동자들의 생존권적 요구와 노동운동은 반민주악법과 공권력의 폭력으로 탄압받고 있습니다. 육해공 동시작전으로 흡사 전쟁터를 방불케 했던 그러한 진압을 강행한 울산 현대중공업을 비롯하여 전국적으로 벌어진 노동자들의 임금인상투쟁에 경찰이 투입되어 폭력적으로 진압, 연행했던 것을 보아도 알 수 있습니다.

도대체 이 노동자들이 무엇을 잘못하였기에 짓밟히고 구타당하고 개처럼 질질 끌려가야 합니까? 그들은 최소한의 생계비만을 요구했을 뿐입니다. 도둑놈을 잡으라고 설치된 112전화는 사장이 노동자들을 진압시키기 위한 경찰력을 출동시키는 데 사용되고 있습니다. 물가는 폭등하여 서민들의 고통은 더해만 가는데 현 민자당 정권은 물가폭동과 경제위기의 원인은 무리한 임금인상 요구를 하는 노동자들에게 있다며 책임을 뒤집어 씌우고 노동운동을 탄압하고 있습니다. 자본가들은 전국경제단체협의회라는 거대조직을 결성하여 현정권에 엄정한 공권력의 확립을 요구하는 등 압력을 가하면서 자본가들의 이해는 정권을 위해 철저하게 관철되는 반면에, 노동대중의 이해는 철저하게 억압받고 있는 것입니다. 세 번째로 민족자주성이라는 측면에 있어서도 현 민자당 정권은 대외종속성이 더욱 심화되고 있습니다. 미국의 수입개방압력은 농축산물의 일방적인 수입개방으로 농민생존을 철저하게 파탄시키고 있으며, 나아가 상품시장의 개방에 이은 자본시장의 개방 역시도 미국의 입장이 대부분 관철되는 상황입니다. 한국군 구조의 개편작업과 한미일 군사협력체제의 강화를 통한 군사적·정치적 예속성은 더욱 심화되고, 전 주한미대사 릴리의 보혁구도식 정계개편 발언에 이은 3당합당과 그에 대한 공작정치의 대명사 CIA출신인 현 주한미대사 그레그의 전격적인 취임, 그리고 3당합당에 대한 그레그의 적극적인 평가는 현정권에 대한 미국의 영향력이 구체적으로 작용하고 있음을 볼 수 있습니다.

이상과 같이 정치적·경제적 민주화도 이루지 못하고 민족자주성마저도 유린하는 현 민자당 정권은 민중들을 위한 정치보다는 자신들의 기득권 유지를 위한 각 계파간의 내분이 끊이지 않고 주도권 다툼에 혈안이 되어 있으니 이것은 무엇을 말하는 것이겠습니까? 지난 5월 9일에 매국적인 민자당 전당대회 열리는 날, 이것을 반대하는 "해체 민자당", "퇴진 노태우"의 함성이 전국에 메아리치던 것은 단순히 군중심리에 의한 것이 아니라 현정권은 민중을 기만하고 민중생존권을 압살하며 민중에게 필요없는 정권임을 드러냈던 전민중적 항쟁이었습니다.

한편으로 분단체제를 정권유지의 도구로 교묘히 이용해왔던 현정권은 북한의 남침위협 운운하면서 민중들의 민주화에 대한 요구를 묵살하고 통일에 대한 일체의 요구를 국가보안법에 적용시켜 원천적으로 제압하였습니다. 현재 추진되고 있는 북방정책 역시도 통일에는 전혀 도움을 주지 못하는 반통일적 정책입니다. 공산주의의 종주국이라고 불리는 소련을 비롯한 여러 사회주의 국가에 대해서는 과감히 외교관계를 수립하면서도 유독 북한과의 관계에 있어서는 진전시키지 못하고 오히려 북한고립의 측면이 강한 현정권의 북방정책은 그간의 통일운동과 북한과의 교류추진 그리고 방북사건에 대한 대대적인 탄압으로 그 이중적 가면이 적나라하게 드러났습니다. 현재의 북방정책은 통일을 위한 대 사회주의권 접근이 아니라 분단체제를 유지시켜 정권의 이익을 얻고자 하는 정책이며 또한 미국의 의

도도 포함되어 있습니다. 미국의 대 한국정책은 안정적인 친미정권의 수립과 그것의 국제적 승인을 통한 분단의 고착화를 뼈대로 하여 그를 기반으로 한국에 대한 미국의 독점적 지배력을 확립하고 대소 전진기지를 보다 분명히 구축하려는 것입니다. 이것은 한반도의 현상유지, 즉 분단체제의 지속을 필요로 하고 한반도의 통일문제는 아랑곳하지 않고 오직 자국의 이익을 챙기기에만 급급해 하는 미국의 제국주의적 본질이 적나라하게 드러난 것입니다.

현 노태우 정권이 추진하는 북방정책은 더 이상 반통일적으로 추진될 것이 아니라 북한을 포용하여 통일로 나아가는 정책으로 추진되어야 함에도 현정권은 그것을 감당할 능력이 없는 정권입니다. 정부에서 이야기하는 남북교류의 창구단일화라는 것 역시도 기만적인 통일정책의 대표적인 예입니다. 현재 실시되고 있는 창구단일화는 교류를 위한 정책이 아니라 교류를 막기 위한 정책으로서 정부의 의도에 맞는 비정치적 교류만을 선별적으로 허가하는 새로운 통제방식의 하나인 것입니다. 차라리 반공을 국시로 하고 남북간의 어떠한 교류도 원천적으로 제약하던 박정희 정권이나 전두환 정권때보다도 더욱 기만적인 술책에 불과한 것입니다. 국민들의 통일열기에 어쩔 수 없이 통일논의와 남북교류를 내세우고 있지만 근본적으로 반통일적인 노태우 정권은 그러한 통일정책을 시행할 수도 없는 정권입니다. 북한의 남침가능성에 대해서도 전혀 근거가 없다는 과학적인 분석이 나온 지 오래입니다. 남한과 북한의 군사비에 대한 비율은 4:1로서 남한이 4배나 많을 뿐만 아니라 현대적인 첨단장비를 갖추고 있고 또한 4만 명의 주한미군과 1천여 개의 핵무기까지도 보유하고 있는 데 반하여 북한은 상대적으로 전투요건을 제대로 갖추지도 못한다는 것입니다. 그리고 전세계적으로 군비축소와 평화구조의 정착이 생존의 방법으로 제시되고 이를 위해 화해무드가 조성되고 있는 현재 무력도발을 하는 것은 마치 석유를 등에 지고 불 속에 뛰어드는 것과 똑같은 일일 것입니다. 그럼에도 불구하고 북한이 아직도 무력적화야욕을 꿈꾸며 전쟁준비에 광분하고 있다는 허튼 소리를 계속하고 있는 것은, 그를 빌미로 현정권이 폭압적 지배를 합리화하고 미국의 침략적 근성을 채우기 위한 팀스피리트 훈련을 비롯한 한미군사훈련을 정당화하기 위해 다름 아닌 그러한 시대착오적인 주장은 신빙성이 없는 것으로 받아들여지고 있습니다. 현재 남북간에 첨예하게 대립하고 있는 정치적, 군사적 문제의 해결 없이는 그 어떠한 형태의 교류나 접촉도 일회적으로 그치고 말 것입니다. 이제 남북한도 전세계적 추세에 발맞추어 휴전협정을 평화협정으로 대체하고 상호불가침조약과 군비축소 주한미군과 핵무기 철수를 통하여 군사력에 집중되는 물적, 인적 낭비를 없애고 정치경제적으로 안정적인 구조를 설치해야 할 것입니다.

그리고 저는 분단시대에 많은 탄압도구로 사용된 국가보안법의 즉각적 철폐를 주장합니다. 국가보안법을 마구 휘둘러댐으로써 국가보안법에 의해 나라의 안정이 보장받는 것이 아니라 오히려 폭력적인 집행으로 민주주의가 파괴되고 있습니다. 국가보안법 위반사건이면 모든 공소장 첫머리에 적혀 있는 구절, 즉 '북한 공산집단은 정부를 참칭하고 변란을 목적으로 불법조직된 반국가단체' 규정은 현정권 스스로의 정책논리를 부정하고 있으며 자신들은 국가보안법에 정면으로 배치되는 정책을 펴고 있으면서도 민중들의 통일의지를 낡아빠진 국가보안법에 얽매여 탄압하는 것은 그들이 내세운 통일정책이 얼마나 기만적이고 허황된 것인가를 밝히는 것입니다. 북한은 반국가단체가 아닌 통일로 나아가는 동반자요, 민족공동체로 인정한 6공화국의 7·7대통령 특별선언과 한민족공동체 통일방안 그리고 그 내용을 전세계적으로 공표한 유엔에서의 대통령 연설 등이 국민으로 하여금 신뢰를 받으려면 북한을 적으로 규정한 국가보안법은 완전 철폐되고 평화통일 추진을 위한 군사적 긴장완화와 자주적인 교류를 다각적으로 보장하고 감옥에 갇혀 있는 모든 양심수들을 즉각 석방해야 할 것입니다. 그러한 제반 조건이 선행되지 못한 단계에서 현정권이 평화통일 운운하는 것이야말로 국민을 기만하고 반통일적 정권임을 스스로 폭로하는 것에 다름 아닙니다. 말로는 평화적 통일 운운하면서 국가보안법을 동원하여 통일운동을 탄압하는 현정권은 애당초 통일의지도 없고 통일을 이룩할 수도 없는 정권이며 그들의 기득권을 유지하기 위해 분단을 고착화하는 반통일적 반민주적 정권입니다. 뚜렷하게 반공정책을 펴는 대만에서도 중국본토와의 관계개선을 위해 최근 남한의 국가보안법과 같은 역할의 법과 정책을 전면 폐지한 것은 매우 주목할 만합니다. 그간 대만에서는 공산당과 불협상 · 불접촉 · 불담판 3불정책을 펴왔지만, 지난 1989년 11월부터 국민들의 중국본토 방문을 허용하기 시작했고 자본투자, 직접교역, 직통전화 개설 등의 정책과 끝내는 3불정책의 포기를 선언함으로써 본격적인 교류와 통일정책을 펴나갈 것을 시사했습니다. 이제 지구상에서 긴장이 고조되고 첨예하게 대립되고 있는 것은 유일하게 한반도뿐입니다. 여기에 국가보안법이 존재하는 한 그 어떠한 통일논의도 진전될 수 없으며 용납될 수 없습니다. 북한은 더 이상 적으로 규정될 수 없습니다. 남과 북의 7천만 겨레는 모두 함께 통일로 나아가는 동반자이며 북한은 반국가단체가 결코 아닌 민족공동체인 것입니다. 제가 가서 본 북녘땅은 강제노동과 굶주림에 시달리는 생지옥이 아니라 민중들이 평화롭고 만족스럽게 살아가고 있는 곳이었습니다. 그곳에는 개발도 빈민도 존재하지 않습니다. 일확천금을 노리는 부동산 투기꾼도, 노동자들의 피와 땀을 착취의 대상으로 삼는 자본가도 없고, 무분별한 수입개방으로 농민들의 생계를 위협하지도 않습니다. 입시지옥도 취업난도 향락문화도 인신매매도 존재하지 않습니다.

 무상으로 주택이 공급되고 무상의료와 무상교육이 실시되며 먹고 사는 일체의 고통도 남의 것을 탐하는 욕심은 없이 열심히 일하고 열심히 살아가는 것이었습니다. 이제는 마음을 열고 북녘땅을 받아들여야 합니다. 반공 · 반북 이데올로기에 찌들어 북한이라는 이름만 들어도 소름이 돋고 무조건 배척할 것이 아니라 손에 손을 잡고 당당하게 나아가야 합니다. 조국통일이라는 가슴 벅찬 그날을 위해 함께 걸어가는 동반자이어야 합니다.

 지난 5월 19일 광주항쟁 10주년을 맞는 빛고을 광주 전남대학교에서는 구국의 강철대오 전국대학생대표자협의회 제4기 출범식이 열렸습니다. 경찰의 원천봉쇄에도 불구하고 5만 명의 학우들이 광주로 전남대학교로 집결했다고 합니다. 그 동안 북한추종세력이니 폭력세력이니 하며 공안수사당국의 전대협과 국민들을 이간질시키려는 책동에도 불구하고 전대협은 명실공히 남한 청년학생들의 대표조직으로서 조국의 자주·민주·통일을 위한 투쟁을 4년째 지속해오고 있는 것입니다. 전대협은 국민들과 백만 학도의 뜻에 반하는 이적단체가 결코 아니며 청년학생들의 선도적인 투쟁으로 친미정권을 타도하고 민중이 주인되는 세상을 만드는 그날까지, 자주·평화·민족대단결의 조국통일의 그날까지 어떠한 탄압책동에도 굴하지 않고 당당하게 싸워나갈 것입니다. 강철은 두드리면 더욱 단단해지듯이 전대협에 대한 탄압이 거셀수록 우리들 투쟁의지는 더욱더 활활 타오를 것입니다. 이 자리를 빌려 전국대학생대표자협의회 4기 출범식을 가슴 뜨겁게 축하하며 더욱 자랑스러운 조직으로 발전되기를 기원합니다.

한편으로 전대협 출범식에 참석차 광주를 향하다가 경찰의 검문검색을 피하려고 열차에서 뛰어내려 사망한 용인성남지구 총학생회연합 소속 학우인 신장호 군의 죽음을 깊이 애도하는 바입니다. 갑작스러운 아들의 죽음 앞에서 통곡하셨을 고 신장호 군의 홀어머님과 가족들에게도 조의를 표합니다.

이땅의 어머님들은 너무나 많은 눈물을 흘리셔야 했습니다. 저 역시도 부모님께 불효를 저지른 자식일지도 모릅니다. 그러나 저보다 부모님께서는 이땅의 안일과 굴종과 이기주의로 가득 찬 삶을 살아가기를 원하지 않으셨으리라 생각합니다. 10분도 채 안되는 시간이나마 저를 보시기 위해 매일 한결같이 서울구치소로 발걸음을 돌리시고 매일 기도하시는 아버지 어머니, 이제는 더이상 눈물을 흘리지 마십시오. 이딸은 죄를 지었기 때문에 법정에 선 것이 아니라는 것을 두 분께서는 어느 누구보다도 잘 알고 계시지 않습니까? 하지만 어머니 아버지, 지난 어버이날에는 카네이션 한 송이 달아드리지 못했던 자식이지만 몸은 비록 창살 안에 가두고 있어도 마음은 항상 부모님을 생각하고 있습니다. 저 대신 많은 학우들이 달아드린 카네이션은 그 어느 해의 어버이날보다 더욱 빛이 났던 것을 알고 계실 것입니다.

저는 아버지 어머니의 딸일 뿐만 아니라 하나된 조국의 딸이고자 합니다. 그리고 아버지 어머니의 자식은 저뿐만이 아니라 전대협의 조국통일을 지향하는 백만 청년학도들 모두입니다. 조국을 위해 살아가는 자식을 감옥에 가둔 나의 부모님과 수많은 부모님들께 그리고 청춘을 조국과 민족의 제단에 바친 자식의 죽음을 겪으신 이땅의 부모님들께 저희들은 영원히 지지 않는 자주·민주·통일의 카네이션을 달아드리고자 합니다.

아버지의 모습으로 또는 예수님의 모습으로 항상 제 곁을 지켜주시고 지금도 저와 함께 고통을 나누고자 하시는 문규현 바오로 신부님, 신부님과 같은 분이 계시기에 우리들의 종교적 양심은 더욱더 푸르게 살아 있습니다. 썩어가는 세태 속에서 하나님의 뜻에 따라 살아가시며 어떠한 불의도 용납하지 않으시고 어떠한 고통도 감수하시는 신부님의 모습을 뵈올 때마다 깊은 감동을 받았고 항상 죄송스러운 마음을 금할 길이 없었습니다. 제가 자주 바치는 성 프란체스코의 평화를 구하는 기도에서 바라는 모습은 바로 문규현 바오로 신부님의 모습이었습니다. 미움이 있는 곳에 사랑을, 다툼이 있는 곳에 용서를, 분열이 있는 곳에 일치를, 의혹이 있는 곳에 신앙을, 그릇됨이 있는 곳에 진리를, 절망이 있는 곳에 희망을, 어두움에 빛을, 슬픔이 있는 곳에 기쁨을 가져오는 분이 곧 문규현 신부님이십니다. 지금은 비록 죄인이 되신 죄수복을 입고 계시지만 잘 갖춰진 성당에서가 아니라 창살로 에워싸인 한 평도 안되는 구치소 독방에서 식어빠진 보리밥 한 그릇으로 올린 미사였지만 그 어느 곳에의 미사보다도 더욱 기쁜 마음으로 받아들여질 것을 믿어 의심치 않습니다.

또한 지금도 이역만리 머나먼 땅에서 조국을 잊지 않고 조국의 평화적 통일을 위해 열심히 살아가시는 남은 분들을 기억합니다. 졸지에 반국가단체가 되어버린 여러 유럽민족민주운동협의회 회원들과 유럽민협 총무부장 어수갑 씨, 서독의 롯데여행사 이영준 사장, 헌신적으로 조국을 위해 뛰어다니던 재미한국인청년연합 식구들, 호주 한국민족자료실의 김승일 씨, 그리고 본사건과 관련하여 현재 구속 수감중이며 어릴 때 호주로 이민간 이후 고국에서 가장 오랜 기간 동안 머무르고 있는 곳이 다름 아닌 서울구치소라는 김진엽 씨. 모두가 안기부 그림표라는 얼토당토 않은 그림에 등장하여 반국가단체로, 이적단체로, 간첩으로, 해외공작원으로 누명을 뒤집어썼지만, 우리들의 진실과 조국애와 통일의 염원은 이미 뚜렷이 밝혀졌습니다. 그리고 지금 이 순간에도 번뜩이는 수사관들의 눈을 피해 전국의 곳곳을 헤매고 있을 박종렬 동지, 정은철 동지, 전문환 동지를 비롯한 수배중인 동지들과 진작 징역 10년형을 선고받으신 임종석 전대협의장님을 비롯하여 전국교도소에 수감중인 전대협의 동지들이여! 우리는 마침내 승리했습니다.

전대협의 평양축전 참가는 기만적인 창구단일화 정책의 본질을 파헤치고 자주적 교류의 돌파구를 열어제껴 통일의 길로 성큼 다가섰습니다. 또한 노태우 정권의 통일정책의 허구성을 통해 진정 통일을 원하지 않는 자 그 누구인가를 명확히 밝혀냈고 국가보안법의 실체를 전면적으로 부각시킴으로써 국가보안법 철폐의 논의를 대중적으로 확산시켰습니다. 그리고 세계의 청년학생들 앞에서 조국은 하나임을 당당히 선언하고 그들의 적극적인 지지와 연대를 받아냈습니다. 특히나 남과 북의 청년학생들이 조국의 자주적 평화통일을 위한 공동선언문에 합의한 것은 가장 커다란 성과물이라 하겠습니다.

이것은 앞으로 통일운동에 중요한 초석이 될 것이며 우리는 공동선언문에서 합의한 8개항의 원칙에 의거하여 조국통일투쟁을 벌여나가게 될 것입니다. 이제 전국민의 관심 속에 북녘땅은 갈 수 없는 금단의 땅이 아니라 반드시 하나가 되어야 할 조국으로 인식되어 있습니다. 지금은 비록 처해진 상황이 고통스러울지라도 우리들이 겪고 있는 고통에 몇십, 몇백 배나 되는 기쁨이 찾아오리니 외로워하거나 나약해지지 말고 의연한 모습을 지켜나가며 그리하여 투쟁의 한길에서 다시 만날 때까지 꿋꿋하게 살아나갑시다. 승리의 그날 고통과 슬픔으로 가득 찬 우리들 어머님의 얼굴에 진정 환한 웃음을 안겨다드릴 그날까지. 동지들이여, 한치의 굽힘 없이 살아나갑시다.

마지막으로 저의 법정투쟁에 동참해주신 학우들과 신부님들을 비롯한 방청객 여러분들께 감사를 드립니다. 그리고 저의 구속 이후 지금까지 그야말로 혼신의 힘을 기울여주신 황인철 변호사님을 비롯한 변호인단 여러 분들께도 진심으로 감사드립니다.

지난 시기 이땅의 진정한 자주화를 위해 산화해가신 여러 선배열사들과 지금으로부터 꼭 10년 전 계엄군에 의해 참혹하게 학살당한 2천여 광주영령들, 그리고 역대 독재정권에 대항하여 끊임없이 투쟁을 이어온 수많은 선배님들의 뒤를 따라 이제는 저도 조국과 민족의 제단에 보잘 것 없는 저를 바칩니다. 그분들의 뒤를 당당히 따르렵니다. 우리 모두 자주·평화·민족대단결의 가치를 들고 조국통일의 가슴 벅찬 그날까지 힘차게 진군 또 진군합시다. 고맙습니다.

1990년 5월 28일
서울고등법원 대법정에서
임수경

자료

임수경 양 밀입북 사건

1989년에는 국내 일각에서 제기된 통일에 대한 다양한 논의의 열기 때문인지 정부의 사전허가 없이 북한에 들어가는 사건이 줄을 이었다. 문익환 목사, 작가 황석영, 서경원 의원 등에 이어 6월 30일에는 한국외국어대학교 학생 임수경이 독일의 베를린을 경유하여 또다시 북한에 들어간 것이다. 임수경은 그해 7월 1일 평양에서 개최된 제13차 세계청년학생축전 개막식에 우리나라 전국대학생대표자협의회 대표자격으로 참가하고, 7월 7일에는 북한대표와 남북청년학생공동선언문을 발표하기도 하였다.

임수경은 천주교정의구현전국사제단이 그와의 동행을 위하여 일방적으로 파견한 문규현 신부와 함께 1989년 8월 15일 판문점 군사분계선을 넘어 들어왔다. 임수경과 문규현은 곧바로 구속되어 수사기관의 조사를 받은 후 9월 중순경 국가보안법위반으로 기소되었다.

서울형사지방법원 제21부(재판장 황상현 판사, 백창훈, 변희찬 판사)는 1990년 2월 25일 임수경을 징역 10년과 자격정지 10년에, 문규현을 징역 8년과 자격정지 8년에 처하는 판결을 선고하였다(89고합 1182, 1209). 제1심 판결문 중 '피고인들의 양형의 조건에 대한 판단' 항목에서는 "피고인들의 행동은 북한 공산집단으로 하여금 자신들의 현체제나 대남적화통일전략이 마치 상당한 것처럼 대외적으로 선전하고 또한 대내적으로 북한주민들을 오도하는 데 이용됨으로써 오히려 대한민국 헌법이 그 이상으로 추구하는 자유민주적 기본질서에 입각한 평화통일에 역행하고, 통일논의를 혼란에 빠뜨리는 결과를 초래하였을 뿐 아니라 국제적으로도 대한민국 국민과 정부의 위신을 실추시켰다. 피고인들의 북한에서의 행적 등에 비추어 볼 때 피고인들이 말하는 '순수한 통일의지'라는 것도 대한민국의 자유민주적 기본질서를 전복하여 소위 '민족해방 인민민주주의 혁명'을 일으켜 '남조선을 해방' 시킨 후 북한에 흡수통일시키려는 북한의 통일정책에 대한 맹목적 추종에 지나지 않는다 할 것이므로 피고인들의 이 사건 범행을 단순히 '뜨거운 통일에의 열망'이라는 낭만적 시각에서 보는 평가는 어떠한 명목으로도 정당화될 수 없다"라고 판시하였다.

피고인들 및 검사는 제1심 판결에 불복하여 모두 항소하였다. 서울고등법원 제3형사부(재판장 송재헌 판사, 구욱서, 임승순 판사)는 1990년 6월 11일 제1심 판결을 파기한 후, 형량을 줄여 임수경, 문규현을 각 징역 5년과 자격정지 5년에 처하는 판결을 선고하였다(90노 1023). 문규현에 대한 공소사실 중 북한 공산집단의 지령을 받기 위하여 그 지배지역으로 탈출하였다는 점에 대하여는 일부 무죄가 되었으나, 범죄의 동일성 범위내에서 공소장 변경절차 없이 국가보안법상 단순탈출죄로 인정되었기에 그 무죄취지는 판결이유에만 나타나 있다.

대법원 제1부(재판장 김덕주 대법관, 주심 배만운 대법관, 윤관, 안우만 대법관)는 같은 해 9월 25일 이 사건 상고심 선고공판에서 피고인들 및 검사의 상고를 모두 기각함으로써 징역 5년과 자격정지 5년을 선고한 원심의 형을 그대로 확정하였다(90도 1613).

대법원은 그 판결문에서, 변호인들의 상고이유 중 남북교류협력에 관한 법률(1990. 8. 1. 공포 법률 제4239호)에 의하여, 이 사건에 대한 형의 폐지 및 변경이 있었다는 주장에 대하여는 "남북교류협력에관한법률은 남한과 북한과의 왕래・교역・협력사업 및 통신역무의 제공 등 남북교류와 협력을 목적으로 하는 행위에 관하여 정당하다고 인정되는 범위내에서 다른 법률에 우선하여 적용하도록 되어 있으므로(같은 법 제3조) 이 요건이 충족되지 않는 경우에는 같은 법의 적용은 배제된다고 보아야 한다. 그런데 원심이 인정한 사실에 의하면 피고인들이 판시와 같이 북한을 왕래(탈출, 잠입)하고 회합한 것은 위 법이 정한 요건에 해당한다고 할 수 없다. 그렇다면 피고인들이 북한을 왕래(탈출, 잠입)하고 회합한 판시행위에 대하여는 위 법을 적용할 수 없고, 그렇게 되면 피고인들의 이 사건 탈출, 잠입, 회합 등 행위에 대하여 위 법의 시행에도 불구하고 형의 폐지나 변경이 있다고 할 수 없고, 형법 제1조 제2항이 적용될 여지는 없다"라고 판시하며 배척하였다.

– 《법원사》 법원행정처 (1995)

56

통일운동가의 간첩연계 사건

피고인 김낙중

1. 사건개요: '분단'을 넘나든 담대한 행적 ································ 235
2. 체험기: 국가보안법과의 끈질긴 악연 – 김낙중 ···················· 238
3. 공판 모두진술 – 김낙중 ·· 248
4. 변론요지서 – 한승헌 ··· 270
5. 최후진술서 (1심) – 김낙중 ·· 278
6. 항소이유서 – 김낙중 ··· 289
7. 판결 (대법 93도 1951) ·· 353

사건개요

'분단'을 넘나든 담대한 행적

한승헌 (변호사)

1955년 6월 '청년공동체안'을 지니고 임진강을 헤엄쳐 건너 북한땅으로 들어간 한 청년이 있었다. 고무튜브를 이용하기도 하고 헤엄치기도 한 도강渡江은 비범한 결단이었다. 그는 북한에 가서는 남쪽의 간첩으로 오인되었고 남쪽에 돌아와서는 북의 간첩으로 조사를 받아야 했다.

그 비운의 주인공이 바로 김낙중이라는 젊은이였다. 김씨는 통일운동 분야에서 대단한 이론가이자 놀라운 실천가였다.

통일에 관련된 것이면 법적인 연구도 남보다 앞섰다. 남북기본합의서 (1991년 11월 채택)의 발효(1992년 2월)에 따른 남북한간의 법률관계에 관해서도 전문가다운 논문을 써내곤 했다.

민족통일촉진회에서 내는 월간지 《민족통일》에는 김씨의 글이 자주 실렸는데, 그 단체는 통일원의 지원금을 받아왔으며 김씨는 거기서 정책위의장직을 맡기도 했다.

분단조국의 통일을 위해 그만큼 줄기차게 연구하고 논문을 쓰고 강연을 다니고 운동을 하고, 그러는 가운데 많은 고난을 겪은 사람도 드물 것이다. 그런 만큼 그의 이름에 '통일운동가'라는 호칭을 붙이는 데 이의를 달 사람도 없을 것이다.

1990년 2월 어느날 35세 가량의 한 젊은이가 김씨 집으로 찾아왔다. 그는 '북조선 당국에서 보내서 온 최아무개'라면서 자기는 김씨의 저서인 《굽이치는 임진강》을 읽어서 김씨를 잘 알고 있는데, 앞으로 평화통일을 위해서 협조해달라는 말을 남기고 갔다. 이것이 사건의 발단이었다.

그는 1992년 8월 25일 새벽 안기부원에 의해 연행되었고 그후 국가보안법 위반으로 구속기소되어 법정에 서게 되었다. 1990년 3월부터 1992년 8월 사이에 북한에서 온 공작원과 회합·통신을 하였고 금품을 수수하고 간첩행위를 했다는 혐의였다.

그는 민중당 창당에 참여하여 1992년 14대 국회의원총선거때에는 그당의 후보자들에게 거액의 선거자금을 대준 바도 있다. 공소장에는 그런 자금지원이 북한의 지령에 따라 한 일로 되어 있다.

그가 미화 2백10만 달러를 현찰로 받아서 땅밑에 묻어두었다는 안기부의 발표는 많은 사람들을 놀라게 하였다. 그 때문에 인권변호사단체인 민변에서조차 그런 거액의 돈을 받은 사실을 본인으로부터 확인하고 민변 차원의 변호는 안하기로 했다는 보도가 나왔다.

나도 접견때 거액의 미화를 북쪽사람으로부터 받은 것은 사실이라는 그의 말을 듣고 놀랐다. 혹시 무슨 사정이 있어 거짓말을 하는 것이 아닌가 하는 의심이 들었다.

그는 법정에서 북한연락원과 20여 차례 만나고 돈을 받고 통일에 관한 이야기를 나눈 적은 있으나 간첩행위를 하는 등으로 대한민국을 배신한 적은 없다고 주장했다. 북에서 왔다는 사람을 당국에 신고하지 않은 것도 "내가 살기 위해 다른 사람을 희생시킬 수 없다는 신앙적 요인도 작용했다"고 말했다.

그는 또한 "35년 동안 남북 쌍방의 통일정책이 나의 평화통일 원칙과 매우 가깝게 접근하고 있는 이 시점에서 나는 남북 쌍방 어느 쪽에 대해서도 적대적인 입장을 취할 수 없다. 전화가 오면 만나봐야 한다"는 생각을 하게 되었다고 고백했다.

그래서 그는 최아무개라는 사람과의 접촉을 계속했고 1990년 10월에는 임씨라는 연락책과도 만나게 된다. 그렇게 해서 김씨는 1990년 3월부터

1992년 8월까지 북한사람들과 회합·통신·금품수수 등을 했다는 혐의사실은 인정했다.

그러나 김씨는 "어찌하여 우리는 같은 민족이면서 북한사람들을 언제까지나 악마로 대해야 합니까. 우리가 북한사람들을 악마로 생각하면서 북한사람들 역시 우리를 악마로 생각하는 것을 어떻게 나무랄 수가 있겠습니까?"라고 '북한악마론'에 항변했다.

검사의 구형은 사형이었다. 그는 1973년에도 내가 맡았던 사건에서 사형구형을 받은 적이 있다. 평생 두 번이나 사형구형을 받을 만큼 그의 삶은 처절하고 분단상황은 잔인했다. 1963년과 1973년 두 사건을 합쳐 이미 7년간 옥고를 치른 그에게 다시 징역 10년이 선고되었다. 무려 1백60여 쪽에 달하는 방대하고 절절한 그의 최후진술서나 북한당국을 반국가단체라고 보는 오류를 지적한 나의 변론은 아무 소용이 없었다.

1994년 9월 김씨는 옥중에서 나에게 이런 편지를 보내왔다.

'분단 반 세기가 내일인데, 21세기 세계사 속의 우리 민족은 정녕 오늘의 이런 모습으로 새 시대를 맞을 수 있을 것인지 안타깝기만 합니다. (중략) 그러나 1954년 삭풍이 몰아치는 얼음들판에서 외롭게 겨레의 평화통일을 외치던 그때를 생각하면, 이땅 들판에 가득 싹트고 있는 새싹들의 모습을 보면서 그저 섭리하시는 하나님께 감사를 드릴 따름입니다.'

그는 1955년에 북한에 갔다가 1년 만에 돌아온 뒤, 그 체험기를 책으로 출판하려고 조판까지 했으나 교정지 상태로 몇 해 동안 숨겨놓아야 했다. 한때는 나의 사무실 캐비닛이 그 교정지 뭉치의 '은신처'가 된 적도 있었는데 누구도 출판을 맡아주려고 하지 않았기 때문이다.

그후 내가 실직자를 면하려고 삼민사라는 출판사를 시작했을 때 나는 무슨 발굴이나 하듯 그 교정지 뭉치를 풀어 책으로 출판했으니, 이름하여 《굽이치는 임진강》이었다.

체험기

국가보안법과의 끈질긴 악연

김낙중 (통일운동가)

1. 국가보안법과 나

나는 지난 50년간 국가보안법과 끈질긴 인연을 갖고 있다. 1955년 2월에 이승만 대통령에게 민족분단 문제의 해결은 '무력 북진통일'이 아니라, '평화적 화해통일'을 추구해야만 된다는 청원서를 제출했다가 '국가보안법'에 의하여 구속 취조를 받은 것을 시작으로, 1956년에는 '간첩 및 국가보안법 위반죄'로 구속 기소되어 7년 구형을 받았으나, 1심에서 '간첩의 점은 무죄, 국가보안법 위반죄로 1년 징역형'을 받고, 고등법원에서 집행유예로 풀려났다.

그후 5·16 직후인 1963년 다시 '국가보안법 및 반공법 위반죄'로 구속 기소되어 사형을 구형받는 처지가 되었고, 도하 각 신문에는 '학원간첩 일당 체포'라는 요란스러운 표제를 보게 되었다. 결국 나는 반공법위반이라는 죄목으로 고등군법회의에서 3년 6월의 징역형을 언도받아 이를 복역하였다.

10년 후인 1973년에 나는 유신정권에 의하여 다시 '국가보안법 및 간첩죄'에 무기징역을 구형받았으나 '내란선동 및 간첩예비죄'라며 7년 징역형을 복역했다.

그래서 오늘 나는 내가 지난 50년 동안에 겪은 '국가보안법'의 실체를 잠시 되돌아보고, 국가보안법을 곱게 무덤으로 보내주기 위한 송별의 글 한 편을 드리고자 한다.

2. 국가보안법의 성격과 문제점

국가보안법이 최초로 제정되던 1948년 12월은 '대한민국'이라는 국가가 탄생해서 겨우 100일이 좀 지난 유아기였다. 생활능력이 없는 유아는 보통사람과는 다른 특수한 보호가 필요한 법이다. 더구나 미소 냉전하에 분할 점령된 한반도에서는 민족 구성원 대부분의 의사와는 무관하게 남측에서는 '대한민국'이라는 국가가 '남한만의 단독선거로 단독정부'가 수립됐다. 따라서 대한민국의 탄생은 우리 민족 속에서 광범한 민중적 지지를 받지 못했다. 그리고 소련의 점령하에 있었던 북측에서도 '조선민주주의인민공화국'이라는 또 하나의 정권이 들어서서 대한민국의 존재를 부인하고 있는 상태로 되었다. 그렇기 때문에 2차대전 후의 냉전시대에 '대한민국'은 자기 존재의 안전을 지키기 위해서 '국가보안법'이라는 특수한 법을 필요로 했을 것이라고 이해된다. 그러나 대한민국이 자기 안보를 위해 만든 국가보안법은 태생적으로 몇 가지 문제점들을 갖고 있었다. 더구나 그후 그것이 '국가안보'보다는 '정권안보'를 위해 몇 번에 걸쳐 개악되는 과정을 겪었으니, 그것이 지닌 문제점은 심각한 것이 아닐 수 없었을 것이다.

현재 '국가보안법'이 지니고 있는 문제점들은 크게 분류하면 대체로 다음의 두 가지라고 볼 수 있다. 이법은 첫째, 반민주적 반인권적인 문제점이 있다는 것이다. 민주정치를 위한 기본조건인 정치적 의사표시의 자유나 사상·양심의 자유가 제약된다든지, 사상, 의식, 정서와 범죄결심의 단계부터 처벌대상으로 삼을 수 있고, 법치주의의 원칙을 유린하고 정권당국이 자의로 법을 해석 적용할 수 있는 가능성이 크다든지 하는 반민주적 반인권적 요소를 내포하여 정치적으로 악용될 수 있으며, 또 실제로 정치적으로 악용되었다는 점이다. 이점은 민주정치의 경험이 없었던 한국사회가 건국과정에서 지니게 된 역사적 한계에서 제기된 문제라고 볼 수 있다.

둘째는 반평화적이며, 그래서 민족의 화해통일을 가로막는 반민족통일적인 문제점이 있다는 것이다. 국가보안법의 입장에서 보면 대한민국만이 한반도의 유일한 합법정부이며, 따라서 북한정권은 대한민국 영토 안에 존재하면서 '정부를 참칭하는 집단' 이며, 타도 평정되어야 할 '반국가단체' 일 뿐이다. 따라서 대한민국의 국토를 강점하고 있는 '조선민주주의인민공화국' 이라는 집단은 철두철미 타도 평정되어야 할 범죄집단이기 때문에, 함께 더불어 평화롭게 상생할 것을 논하는 것 자체가 범법행위가 될 수 있다. 그러니 국가보안법이 존재하는 이상 대한민국 헌법 제4조상의 '평화적 통일' 이란 '조선민주주의인민공화국이 망해서 대한민국에 투항하는 흡수통일의 길' 이외의 다른 것으로 해석될 수 없을 것이며, '민족의 화해와 남북간의 공존상생을 지향하는 평화통일' 로 해석되기는 어려울 것이다. 그래서 '국가보안법' 은 '조선민주주의인민공화국' 을 타도 평정해야 할 범죄단체로 보기 때문에, 민족화해를 통한 평화적 민족통일과는 반대된다는 문제점이 있다는 것이다. 이는 1948년 건국 당시 제정한 대한민국 헌법이 지닌 냉전시대의 한계가 초래한 문제라 할 수 있을 것이다.

3. 국가보안법 개정논의와 국가보안법 폐지반대의 논리

국가보안법 폐지문제에 관해서는 헌법재판소와 대법원 등 법관들이 반대의 입장을 밝히고 있을 뿐 아니라, 현재 각종 여론조사의 결과도 우리 사회에는 국가보안법 폐지를 반대하는 사람들이 더 많다고 한다. 그리고 국가보안법 폐지를 반대하는 사람들의 논리는 한반도에서 남과 북이 대결적 적대관계로 있는 현재의 상황에서, 국가보안법을 폐지하자는 것은 현존하는 적대관계를 무시하고, 남측이 일방적으로 무장해제를 하자는 주장이기 때문에, 국가의 안전을 위태롭게 하여, 국기를 뒤흔드는 위험한 주장이라는 것이다. 어떤 두 개 집단이 적대관계에 있다면, 적대관계의 해소는 반드시 쌍무적으로 동시에 이루어져야 된다는 주장을 나는 잘못된 것이라고 보지 않는다. 그런 의미에서 나는 국가보안법 폐지 반대의 주장에도 논리상 일리가 있다고 생각한다.

그래서 국가보안법의 폐지를 주장하던 정부와 여당측에서도 국가보안법은 폐지하되, 형법을 개정하거나 대체입법을 만들어서 적대관계를 일방적으로 해소하자는 것이 아님을 강조하려는 사람들이 많아진 것으로 보인다. 그렇게 되면, '참여정부'가 제기한 국가보안법 폐지 논의는 결국 국가보안법은 폐지하되, 실질상 개정 내지 대체입법을 하자는 것으로 된다는 점에서 여야가 서로 비슷한 주장을 하고 있는 것에 불과한 것으로 이해된다.

따라서 결국 국가보안법 폐지 논의는 국가보안법이 지니고 있는 문제점의 첫째, 반민주적 반인권적인 부분은 대한민국 국민이 겪은 지난 50년간의 민주정치 경험을 토대로 여야합의로 다소 완화될 수 있을 것으로 보인다. 그렇게 되면 국가보안법 때문에 대한민국이 반민주적 반인권적 법률을 가진 국가라는 국제사회의 비난은 다소 완화될 수 있을 것이다. 그러나 국가보안법이 지닌 둘째의 문제점, 즉 냉전시대가 강요한 반평화적 반민족통일적인 문제점은 과연 어떻게 될 것인가? 아마도 국가보안법을 무조건 완전히 폐지하는 것이 아닌 이상 개정이나 대체입법을 할 경우에는 남북간의 법률적 적대관계는 그대로 유지될 수밖에 없을 것이다. 더구나 법률상 남북간의 적대관계를 그대로 유지하는 한, 민주적 기본권이나 개인의 인권을 침해하는 부분들이 온전히 제거되기를 기대할 수도 없을 것이다. 왜냐하면 어떤 국가도 그 국가의 안전을 위협하는 적대관계가 존속하는 조건하에서는 국민 개개인의 민주적 기본권이나 인권이 제대로 보장되기는 어렵기 때문이다. 우리는 민주적 기본권이나 개인의 인권이란 그 국가 국민의 생존권이 보장되는 것을 전제로 해서만 논의될 수 있다는 것을 명심할 필요가 있을 것이다.

4. 국가보안법 폐지는 남북간 적대관계 해소와 동시에 진행해야

이씨 조선왕국이 일본제국의 식민지로 전락하여 멸망된 조건하에서 그 안에 살던 우리 민족은 근대적 국민국가를 수립하려고, 치열하게 민족해방 독립국가 수립운동을 전개했다. 그러나 1954년 8·15는 뜻밖에도 미소 두 강대국에 의해 국토가 남북으로 분할점령되고, 이에 이어 두 개의 분단국가가 수립되었다. 이것은 분명히 민족적 비극의 시작이었다. 그리고 이 남북분단은 동족상잔의 유혈적 6·25전쟁과 반 세기에 걸친 냉전 상극의 비극적인 아픔을 강요하였다. 그러나 2차세계대전 이후 미소를 중심으로 지구촌에서 전개된 근 반 세기의 냉전시대가 1990년 탈냉전의 길로 들어선 지도 10여 년이 지났다. 그럼에도 불구하고 한반도는 아직도 유일한 냉전의 고도로 남아 있다. 이와 같은 현실은 우리가 그 어느 외세를 탓하기에 앞서, 분명 우리 민족 자신에게 민족적 대오각성을 요구하는 것이라 생각한다.

앞에서 논의한 국가보안법 폐지문제를 놓고 보더라도, 한반도에서는 남과 북을 막론하고 민주적 기본권이나 보편적 인권이 제대로 보장되지 못하고 있다. 그런데 그 가장 핵심적인 까닭은 남북간의 냉전적 적대관계가 해소되지 못한 데 그 근원이 있다. 국가보안법 폐지가 우리 사회에서 반민주적 반인권적이며, 반평화통일적인 법률이기 때문에 그것이 폐지되어야 민주적인 평화통일이 이루어질 것은 사실이다.

그러나 남북간 냉전적 적대관계 해소 없이 냉전시대의 산물인 국가보안법을 무조건 폐지하자고 주장하는 것은 문제해결을 위해 수순상의 오류를 범하고 있는 것이라 생각한다. 남북간 냉전적 적대관계의 해소를 선행하고, 냉전적 법률구조의 변경을 주장하거나, 아니면 최소한 냉전적 적대관계 해소와 법률구조의 변경을 동시적으로 진행해야만 마땅한 일이다. 그렇지 못할 경우 헌법재판소나 대법원과 같은 보수적 법관들은 물론이고, 국가의 민주적 발전과 민족의 평화적 통일을 열망하는 일반국민들에게조차 적극적인 이해와 지지를 받기가 어렵게 되는 것은 당연하다. 남북간의 냉전적 적대관계가 해소되고 있다는 믿음이 없이는 냉전시대의 산물인 국가보안법의 폐지가 국가의 안전을 위태롭게 한다는 주장에 일리가 있다는 생각을 지울 수가 없을 것이기 때문이다.

5. 남북기본합의서를 되살리자

그런데 미소 냉전시대에 탄생하여 그 동안 적대관계를 유지하며 비극적인 아픔을 강요당한 남북의 우리 민중들은 대한민국과 조선민주주의인민공화국의 관계가 분명히 지난 반 세기에 걸쳐서 점차 변화했으며, 결코 똑같은 제자리걸음을 하고 있는 것은 아니라는 사실을 잘 알고 있다. 이 세상에 변하지 않는 것은 아무 것도 없다는 평범한 진리를 민중들은 너무도 잘 알고 있기 때문이다.

남과 북의 두 개 정권은 1950년대에 서로 피 튀기며 무력통일을 추구하다 남북분단의 제 자리에서 휴전협정을 했고, 그후 수십 년간 적대적 군비경쟁을 하며 상대방에 대한 타도의 기회를 노리며 상극의 관계를 유지해왔다. 그러나 그 동안 1972년 쌍방 정상의 위임을 받은 남북실권자들의 '7·4 남북공동성명', 1992년 남북총리급회담에서 조인하여 남북정상이 비준한 '남북기본합의서' 그리고 2000년의 남북정상회담에서 채택한 '6·15공동성명' 등의 과정을 거치면서 적대적 남북관계의 변경과 상생적 남북관계의 창조가 불가피함을 남북 쌍방정부가 인정하게 되었다.

그럼에도 불구하고, 남북간 적대관계의 해소가 법적으로 제도화되지 못하고 있다는 점이 문제인 것이다. 특히 1992년의 '남북기본합의서'는 제1조에서 '남과 북은 서로 상대방의 체제를 인정 존중한다'고 하였고, 제2조는 '남과 북은 상대방의 내부문제에 간섭하지 않는다'고 합의하였으며, 제2장에서 남과 북이 상호 불가침할 것을 상세히 규정하였다.

분명히 이 '남북기본합의서'는 남과 북이 서로의 적대관계를 해소하겠다는 것을 쌍방 국무총리가 조인하고, 쌍방 국가최고원수가 이를 비준하여, 그 비준서를 교환한 바 있는 대한민국과 조선민주주의인민공화국 사이의 공식문서였다. 그럼에도 불구하고 아직 남북간의 적대관계가 법적으로 해소되지 못하고 있는 까닭은 '남북기본합의서'가 법적 효력을 갖고 있지 못하고 휴지상태에 머물러 있기 때문이다. 그리고 남북기본합의서가 법적 구속력을 갖고 있지 못한 것은 그것이 대한민국 국회에서 비준동의의 절차를 밟지 않았기 때문이다.

'남북기본합의서'에 대해서 북측 최고인민회의에서는 비준동의의 절차를 밟았다. 그럼에도 불구하고, 지난날의 남측정부에서는 '남북관계는 나라와 나라 사이의 관계가 아닌 통일을 지향하는 과정에서 잠정적으로 형성되는 특수관계'라는 것을 이유로 국회의 비준동의를 요구하지 않았고, '남북 기본합의'에 대해 국회가 법적 구속력이 없는 '찬성결의안'이라는 것으로 이를 대신함으로써 '남북기본합의서'의 법적 구속력 부여를 실질상 기피했던 것이다. 그러나 '남북관계가 나라와 나라 사이의 관계가 아닌 통일을 지향하는 과정에서 형성된 특수관계'라고 하지만, 그것이 '남북기본합의서'의 국회비준을 거부할 이유가 되지는 못한다. 이점은 그후 2003년에 남북간에 체결된 '경제 관련 4대합의서'에 대해서 그 법적 구속력을 부여하기 위해 이를 국회가 비준동의하는 절차를 밟은 사실만 보아도 분명한 것이다. 뿐만 아니라 서독의 경우 1972년 동서독간에 '동서독기본조약'이 체결되었을 때, 서독의회는 이를 지체없이 비준동의함으로써 이에 대한 법적 구속력을 부여했던 사실과 비교할 때도 '남북기본합의서'에 대한 국회비준 동의를 기피한 사실은 이에 대한 실천의지가 없었다는 것을 증명하는 것 이외의 다른 것일 수 없다.

그리고 대한민국 헌법 제5조에는 '일반적으로 승인된 국제법규는 국내법과 같은 효력을 가진다'고 규정돼 있다. 따라서 국제연합 회원국인 대한민국은 국제연합 헌장을 준수할 의무가 있다. 그런데 '대한민국'과 '조선민주주의인민공화국'은 모두 엄연한 국제연합 회원국이며, 국제연합의 '모든 가맹국은 주권평등의 원칙에 기초를 두고' 모든 분쟁을 '평화적 수단에 의하여…… 해결'할 의무가 있다.(제2조)

뿐만 아니라, 국제연합 헌장 제102조는 '국제연합 가맹국이 체결한 모든 조약과 모든 국제협정은 되도록 조속히 사무국에 등록되고, 또 사무국에 의하여 공표되어야 한다'고 규정하고 있으니, 남북 쌍방의 국가원수가 비준하여 그 비준서를 교환한 바 있는 '남북기본합의서'는 마땅히 국회의 비준동의를 받아 국제연합사무국에 등록할 의무가 있는 문서이다.

그럼에도 불구하고 '남북기본합의서'의 국회 비준동의를 기피하고, 국제연합 사무국 등록을 기피하는 것은 그 진정한 이유가 과연 무엇인가?

'남북기본합의서' 제1조의 '서로 상대방의 체제를 인정하고 존중한다'는 합의를 준수 이행할 의지가 없고, 지난 반 세기 동안 그랬던 것같이, 어떤 형태로건 상대방의 타도를 추구하겠다는 의지에 변함이 없다는 것을 의미하는 것으로 이해할 수밖에 없는 것이 아닌가? 그렇기 때문에 조선민주주의인민공화국을 '반국가단체'로 규정한 국가보안법을 폐지할 수 없다거나, 또는 폐지하더라도 대체입법이나 형법개정으로 이를 보완해야 된다고 주장하는 것은 상대방을 타도의 대상으로 인식하고 있는 사람들의 필연적 논리라 해도 무관할 것이다.

6. 국가보안법 송별을 위한 수순

국가보안법이 지닌 심각한 문제점이란 것은 앞에서 지적한 바와 같이 첫째는 민주적 기본권과 보편적 인권을 제약한다는 점과, 둘째 민족적 화해와 평화적 통일을 저해한다는 점이기 때문에, 진정으로 나라의 민주적 발전과 인권의 신장 그리고 민족의 평화적 통일을 위해서는 그 폐지가 불가피하다.

그러나 국가보안법이 폐지될 수 있기 위해서는 첫째, 국가정치의 민주화가 진전되어야 하고, 둘째 민족내의 적대적 갈등이 해소되어 남북간 상생의 시대가 마련되어야만 한다.

그런데 정치의 민주화는 지난 50년 동안 주민 생활수준 및 교육수준 향상과 치열한 민주화 투쟁을 거치면서 어느 정도 진전되었다. 그러나 주민간 빈부격차의 심화로 인한 계층간 지역간 갈등은 국가보안법 폐지에 일정한 한계를 피할 수 없게 하고 있다. 이는 선진 민주국가라면 어느 국가에서도 사상의 자유, 공산당의 합법화가 보장되지 않은 국가가 없지만, 우리나라에서는 아직 그렇게 하지 못하고 있는 실정이다.

더구나 남북간의 분단대립과 적대관계의 존속은 국가보안법 폐지에 결정적인 장애로 되고 있다. 따라서 진정으로 국가보안법을 폐지하고 선진 현대국가로 되기를 원한다면, 모름지기 남북간 적대관계 해소를 선행하거나, 최소한 동시적으로 진행해야만 할 것이다. 그리고 남북간 적대관계의 해소를 원한다면, 1992년에 쌍방 국가원수간에 비준서를 교환한 바 있는 '남북기본합의서'를 국회에서 비준동의한 다음 남북간 적대관계 청산에

미진한 점을 정리하기 위하여 남북간 당국이 진지하게 협의하는 절차를 밟아야만 한다. 그리고 남북간 적대관계를 해소함에 있어 제2차 남북정상회담을 개최하여 '평화선언'을 통해 남북간 적대관계의 완전한 청산을 국내외 만방에 선포하는 것이 바람직하다. 그러면 국가보안법의 폐지를 반대할 사람은 아마도 거의 없을 것이다. 소위 보수 원로들이라는 사람들이 발표한 '자유와 민주주의 수호를 위한 시국선언문'에도 '1992년의 남북기본합의서에 대한 부속합의서에 따라 남북법률실무협의회에서 남북기본합의서에 저촉되는 법률적 제도적 장치의 개정 또는 폐지가 매듭지어질 때까지' 국가보안법 폐지를 유보하라고 주장하고 있음에 유의할 필요가 있다. 이분들의 주장을 보면 현재 국가보안법의 폐지를 반대하고 있는 사람들도 '남북기본합의서'의 국회비준 동의를 반대하지는 않을 것으로 생각하기 때문이다. 이와 같은 절차 없이 무조건 국가보안법을 폐지하자거나, 또 국가보안법을 폐지하고 대체입법을 만들자고 서두르는 것은 국가보안법을 폐지하자는 참뜻을 왜곡할 수 있기 때문에, 문제해결에 대한 수순상의 오류가 되는 것이다. 더구나 국가보안법 폐지문제가 국민간 정당간 갈등요인으로 부각되어 있는 현실을 생각할 때 좀더 지혜로운 방법의 선택이 요청되는 것이다.

7. 민족의 살 길은 상생의 시대를 여는 것뿐

미소 양국에 의하여 분할 점령된 1945년 이래, 우리 민족은 좌우로 분열되고 남북으로 분단된 채, 서로 타도를 추구하며 비극적인 반 세기를 살아왔다. 남과 북에는 상대방에 대한 타도만을 외쳐대는 사람들이 아직도 상당히 남아 있다. 그렇지만 반 세기는 결코 짧지 않은 세월이다. 우리 민족이 지난날의 역사에서 교훈을 찾기에 충분한 시간이 아닐까? 우리는 남과 북이 상대방에 대한 타도를 위하여 온갖 과학기술 문명의 힘을 이용하며, 지난 50년 동안 너무도 많은 살상무기를 축적하였다. 스스로 교만하지 말자. 이제 우리 앞에 남은 것은 함께 죽느냐? 함께 사느냐? 하는 결단만이다.

'국가보안법'이란 제2차 세계대전 이후의 세계적 냉전시대를 배경으로 우리 민족이 서로 타도를 추구한 상극의 시대가 남겨준 지난날의 불행한 유산이다. 탈냉전의 21세기 지구촌은 나라마다 치열한 경쟁을 하며, 저마다의 살 길을 찾기에 여념이 없지 않은가? 유라시아 대륙의 동쪽끝, 태평양의 서쪽끝에 위치한 한반도에 터를 잡고, 주변 강대국의 무수한 침략을 받으면서도, 반만 년 동안 평화를 사랑하며 조용히 살아온 우리 민족이, 이제는 세계사 속에서 약자와 강자가 평화롭게 함께 더불어 사는 세상을 창조하기 위하여 자기의 세계사적 사명을 다해야 될 때가 되었다. 그러기 위하여 우선 남과 북의 우리 민족이 화해를 통하여 함께 더불어 사는 상생의 시대를 열어 나아가자.

모두진술서

모 두 진 술 서

진술인 김낙중

지금 이 시각 국내외의 많은 눈과 귀가 본건 피고사건의 재판에 대하여 많은 의구심과 깊은 관심을 가지고 지켜보고 있습니다. 더구나 세계적인 탈냉전의 시대를 맞아 그 동안 진행되던 남북대화도 본건 피고사건 등과의 관련에서 교착상태에 빠질 위기국면을 맞고 있는 것으로 보입니다. 남한당국은 북측이 남북합의서를 위반하고 간첩을 남파한 사실에 대하여 사과할 것을 요구하였으며, 북조선 당국은 남측이 간첩사건을 허위조작해서 남북대화에 고의적인 장애를 조성하고 있는 데 대해 사과해야 된다고 주장하고 있기 때문입니다. 이런 상황에 비추어보면 본건 피고사건의 진실을 누구보다 잘 알고 있는 본피고인으로서는 그 진상을 규명하는 일이 매우 긴급한 과제라고 생각합니다. 따라서 본피고인은 본건 피고사건의 자세한 내용은 추후 심리과정에서 밝혀질 것으로 생각하고 우선 간단하게나마 본건 피고사건 진상의 일단을 이 모두진술의 기회를 통하여 밝힐 수 있었으면 합니다. 현명하신 재판장님께서는 허락해주시기를 바랍니다.

1) 왜 많은 국민들이 의구심을 갖고 있는가?
지난 9월 8일 국가안전기획부는 전민중당대표 김낙중, 즉 본피고인이 그 동안 37년간 고정간첩으로 활동하다 이번에 드디어 당국에 의해 체포되었다고 발표했습니다. 그런데 이러한 발표에 대해서 본피고인 김낙중 개인을 잘 아는 사람은 물론이지만, 개인적으로는 김낙중이를 잘 모르는 사람도 이 발표에 의아심을 갖고 있는 것이 사실입니다.

첫째, 본피고인은 60평생을 남한사회에서 살았습니다. 그러면서 많은 저서와 논문들을 발표했으며, 수없이 많은 강의와 강연, 방송출연 등을 해왔습니다. 본피고인과 개인적 접촉을 통해서 대화를 가졌던 사람들은 말할 것도 없고 본피고인의 글을 읽었거나 강의, 강연, 방송 등을 들은 일이 있는 많은 국민들은 본피고인이 철저한 평화주의자이며 폭력혁명과 일당독재를 반대하는 사람으로서 오직 민족의 평화통일을 위해 살아왔다는 것을 잘 알고 있습니다. 그런데 그와 같은 김낙중이가 그말들은 모두 거짓된 위장이고 실은 폭력혁명과 일당독재를 추구하는 북조선 당국을 위해 37년간이나 간첩행위를 해왔다고 하니 잘 믿어지지 않기 때문입니다.

둘째, 1950년대 이래 남한사회에서 생활한 사람이면 피고인 김낙중이가 간첩활동을 하다 체포됐다는 당국의 발표를 듣는 것은 결코 생소한 이야기가 아닙니다. 자유당 시절인 1956년에 본피고인이 북한에 다녀온 일로 서울지방법원에 간첩죄로 기소되었다가 무죄로 판결된 것을 아는 사람은 많습니다. 5·16 직후인 1963년 5월에 고려대학교 학생들이 한미행정협정 체결하라는 데모를 했을 때, 당국은 학원간첩 김낙중 일당이 이를 배후조종한 것이었다고 발표해서 도하 각 신문에는 모두 특호활자로 보도했고 사형구형을 받은 사진들도 게재됐습니다. 그리고 다시 10월유신 직후인 1975년 4월에는 학원가에서 '민우' 라는 10월유신 반대 유인물이 배포되었는데 과거 북한에 가서 간첩지령을 받고 장기잠복했던 간첩 김낙중이 배후에서 내란을 선동한 것이라는 발표가 있자 모든 일간신문들에 또 대대적으로 보도되었습니다. 국민들은 희미하지만 모두 이 기억들을 가지고 있습니다. 그런데 이번에 또 그 김낙중이가 대통령선거를 앞두고 한준수 군수의 양심선언이 발표된 다음날, 그 동안 37년간 고정간첩으로 활동하다가 체포되었다는 발표를 듣게 되니 국민들이 의아한 마음을 갖는 것도 무리가 아니라 생각됩니다.

셋째, 이번에 안기부가 본피고인 김낙중이가 37년간 고정간첩으로 활동하다 체포되었다고 발표하니까 북조선 당국에서는 즉시 이를 허위날조된 사건이라고 방송하며 남한당국에 항의하는 편지를 보내기까지 했습니다. 그러니 국민들이 만약 김낙중이가 실제로 북한간첩이었다면 어떻게 북측에서 저렇게 항의하는 말을 할 수 있을까. 김낙중이의 입을 통해서 곧 진실이 밝혀질 것인데 하는 의아심을 가질 수도 있기 때문입니다.

넷째, 그 동안 우리 나라에서 과거의 중앙정보부는 말할 필요도 없고, 그 후신인 안기부가 아직 국민의 신임을 못 받는 기관인 것이 그 이유였다고 생각됩니다. 지난번 총선때의 안기부 직원의 흑백선전 사건이나, 한준수 군수가 폭로한 관계기관대책회의에 안기부 직원이 개입했다는 보도 등이 안기부가 국민의 신뢰를 받지 못하는 이유 중의 하나였다고 생각됩니다.

이상과 같은 몇 가지 이유들 때문에 지난 9월 8일 김낙중 간첩사건에 대한 당국의 발표는 국민들의 의아심을 갖게 하였던 것으로 생각됩니다.

2) 재판에 임하는 본피고인의 입장과 자세

이상과 같이 국민들이 많은 의아심을 가지고 주시하고 있는 본건 피고사건의 진상을 누구보다도 정확하게 잘 알고 있는 것은 본피고인 자신입니다. 본피고인은 이 자리에서 사건의 진상에 관해서 말씀드리기에 앞서 본피고인이 이번 재판에 임하는 입장과 자세에 관해서 먼저 몇 말씀 밝혀드리고자 합니다.

본피고는 작년에 환갑을 지냈고 지금 62세입니다. 본피고 건강을 잘 유지해서 천수를 다한다 하더라도 여생은 10여 년밖에 남지 않았다고 생각됩니다. 이제는 자신의 인생을 정리할 때라고 생각하는 것입니다.

본피고인이 20세가 되던 해인 1950년에 6·25전쟁이 났습니다. 당시 본피고인은 자신이 원하든 원치 않든 좌나 우익의 총칼을 들고 동포형제들을 죽여야 하는 전쟁에 나가야 할 처지에 있었습니다. 그러나 본피고인은 그 어느 편 총칼을 들고 싸움터에 나가는 일도 흔쾌히 순종할 수가 없었습니다. 많은 괴로운 번민끝에 본피고인은 같은 민족, 동포, 형제간의 갈등

문제는 살상파괴의 전쟁이 아니라 오직 평화적으로 해결되어야 한다고 확신하게 되었습니다.

본피고인은 '평화통일'이란 말도 꺼낼 수 없었던 1954년 그때부터 지금까지 적대적으로 분단대립되어 있는 우리 민족이 통일되자면, 남북 쌍방 당국이 서로 상대방을 타도의 대상으로 삼을 것이 아니라 서로 상대방의 존재를 인정, 존중하고 서로 불가침을 약속한 조건 속에서, 이것을 국제적으로 보장할 수 있는 방도를 강구하고, 점차 교류·협력의 증진을 통해서 우리 자손들만이라도 통일 민족국가를 이룰 수 있는 길을 추구해야 된다고 주장해왔습니다. 그리고 지난 40년간 오직 그 실현을 위해 노력했으며 그와 같은 본피고인의 주장과 신념을 일관되게 지켜온 것이 본피고인의 입장입니다.

그러나 서로 상대방을 타도하기 위해서 혈안이 되어 있는 남북쌍방 당사자들 사이에서 본피고인의 그와 같은 주장은 그 어느 쪽에서도 용납되지 않았고, 갖은 박해와 고초를 당하지 않을 수 없었습니다. 북에 가서는 남한당국과 미군기관에서 파견한 고용간첩이라고 자백할 것을 강요당했고, 남에 돌아와서는 북조선 당국에서 간첩임무를 받고 귀환한 것이라고 자백할 것을 거듭거듭 강요당했습니다.

본피고인은 지금 이 자리에서 그 처참했던 비극적 사연들을 하소연하자는 것이 아닙니다. 본피고인은 이제 자신의 인생을 정리해야만 될 입장에 서 있습니다. 자신이 살아온 생애 중에서 비굴하고 부끄러웠던 점들을 깨끗이 회개하고 반성하는 뜻에서 몇 말씀 드리고자 합니다.

남에서나 북에서나 상대방 적국의 지령을 받은 간첩이라고 자백할 것을 강요당하는 상황에서 본피고인은 그때마다 그들이 요구하는 대로 허위자백을 하고 그들의 요구에 굴복하고 말았던 것입니다. 참으로 부끄러운 일입니다. 본피고인은 그 동안 비굴하게 거짓된 자백을 함으로써 자기를 지탱하며 살아온 자신에 대해서 회개합니다.

가장 가까운 예를 들자면, 본피고인이 고려대학교에서 강의를 맡고 있었던 1973년 10월유신 직후의 사건때입니다. 이 자리에 계신 한승헌 변호사님은 그 산 증인이십니다. 당시 학생들이 10월유신 반대 유인물을 뿌린 사건은 사실 본피고인과는 하등의 관계도 없는 사건이었습니다. 그러나 본피고인이 1955년 북한에 갔을 때 북조선당국으로부터 간첩지령을 받고 학원에 침투했다가 서독으로 가서 동독을 경유, 북한으로 탈출해서 대한민국의 국가기밀을 북측에 전달하려고 수집한 간첩이었다는 허위자백을 하고 7년형의 징역을 복역해야만 했습니다. 심지어 검찰에서 조서를 받을 때에도 허위진술을 하지 않을 수 없었습니다. 본피고인이 검찰취조를 받을 때 허위자백한 내용을 시정하려고 했다고 검찰 조사 도중 다시 중앙정보부로 끌려갔다가 들것에 실려서 구치소로 돌아오지 않을 수 없는 상황이었기 때문입니다. 우리 사회가 겪은 불행했던 시기의 이야기입니다. 그러니 그 상처는 지금 이 재판에서까지도 본피고인을 통증에 시달리게 합니다.

그러나 지금 돌이켜 생각하면 본피고인으로서는 모두 비굴하고 부끄러운 일이었다고 생각합니다. 한마디 변명의 말이 용납된다면, 육신이 연약했기 때문입니다. 그래서 그때마다 굴복했습니다. 그럼에도 불구하고 지금 이 시점에서 생각하면, 본피고인은 그 어느 경우에도 목에 칼이 들어와도 진실만을 말했어야 했습니다. 연약한 육신, 구차스러운 목숨 때문에 그렇게 하지 못한 것을 회개합니다. 그러나 지금은 환갑을 지난 인생의 황혼길입니다. 자신의 인생을 정리해야 합니다. 많이 살았습니다. 스스로 돌이켜보면 자신의 생애가 까마득하게 느껴질 정도로 기구한 운명을 많이도 살았습니다. 더이상 비굴하게 살 필요도 없고 또 그렇게 살 수도 없습니다.

본피고인은 지금 전능하신 하나님 앞에 그리고 냉엄한 역사의 심판 앞에 옷깃을 여미고 서는 자세로 이 재판정에 섰습니다. 오직 진실만을 말하고 그것이 어떤 것이든 그것을 하나님의 섭리의 뜻으로 그리고 스스로 마셔야 할 숙명의 잔으로 생각하고 기쁜 마음으로 감수하려는 것이 본피고인의 자세입니다.

3) 이 사건의 진상은 무엇인가?

이제 본건 피고사건의 진상에 관한 말씀을 드려야 할 차례가 되었습니다.

1988년 노태우 대통령은 올림픽대회 개최를 몇 달 앞둔 7월 7일 '민족의 자존과 통일 번영을 위한 특별선언'을 발표했습니다. 그리고 이 7·7선언에서 노태우 대통령은 서로 다른 두 체제가 존재하고 있다는 현실을 "분단의 역사는 우리 민족에게 숱한 시련과 고난을 주었으며, 민족의 정상적인 발전을 가로막았습니다"라고 전제하고 "우리가 아직 비극적 분단현실을 극복하지 못하고 있는 근본적인 이유는 남과 북이 민족공동체라는 인식을 등진 채 서로 대결의 상대로 여겨 적대관계를 격화시켜온 데 있습니다…… 따라서 남과 북이 함께 번영을 이룩하는 민족공동체로서의 관계를 발전시켜나가는 것이야말로 조국통일을 실현하는 지름길일 것입니다. 이 길이 곧 민족자존의 길이며 민족통합의 길입니다"라고 하면서 냉전시대의 종식을 선언했습니다. 그리고 노태우 대통령의 이와 같은 입장은 1988년 10월 U.N.총회 연설을 통하여 전세계에 재차 강조, 선포되었습니다. 그리고 대한민국 정부당국은 그와 같은 입장을 1989년 9월 드디어 '한민족공동체통일방안'으로 구체화하였습니다.

이 한민족공동체통일방안은 남과 북에 서로 다른 두 체제가 존재하고 있다는 현실을 바탕으로 서로가 서로를 인정하고 공존 공영하면서 민족사회의 동질화와 통합을 추진해나가기 위한 남북연합을 창설하자고 제창했던 것입니다.

그런가 하면, 다른 한편 북조선 당국도 과거의 냉전적 대결자세를 지양하게 되었습니다. 북조선 당국은 1989년 4월 문익환과 조국평화통일위원회 공동성명을 통해서 "남북쌍방은 누가 누구를 먹거나 누가 누구에게 먹히지 않고 일방이 타방을 압도하거나 일방이 타방에게 압도당하지 않는 공존의 원칙에서 연방제 방식으로 통일하는 것이 우리 민족이 선택해야 할 필연적이고 합리적인 방도가 되며 그 구체적인 실현방도로서는 점차적으로 할 수도 있고 한꺼번에 할 수도 있다"는 입장을 분명히 하기에 이르렀습니다.

그리고 1989년 여름에는 지난 긴 세월 몇 차례에 걸쳐 간첩의 누명을 쓰고 수난받아오던 본피고인이 대한민국 국회 통일특별위원회 공청회에 참석하여 남한측에서 주장하는 국가연합식 통일방안(당시의 평민당과 통일민주당 그리고 민정당은 모두 대동소이한 국가연합식 통일방안을 주장했습니다)과 북조선 당국이 주장하는 연방국가식 통일방안을 함께 결합한 '3차 7개년 계획에 의한 4단계 평화통일 방안'을 발표한 바 있었습니다.

여기서 잠시 참고로 간단한 설명을 드리자면, 남측에서 주장하는 국가연합식이란 남과 북이 제각기 독자적 군사외교권을 가지면서 사회·경제·문화면에서 연합국 정부를 운영하자는 것이고(현재의 C.I.S.와 유사), 북측에서 주장하는 연방국가식이란 통합된 연방정부가 군사·외교권을 행사할 수 있어야 된다고 주장하는 방안이었습니다. 따라서 본피고인의 통일방안은 위의 2가지 통일방안을 시차별로 결합해서 기한을 정하여 단계적으로 실시하자는 것이었습니다. 본피고인이 국회통일특별위원회에서 발표한 통일방안은 당시 여, 야와 재야를 막론하고 광범한 지지를 받았으며, 해외에서도 상당한 호응을 받은 바 있었습니다.

결국 우리 민족의 통일문제에 관한 한 본피고인이 1955년부터 주장해 오던 남북쌍방 당국의 상호인정과 존중의 공존공영의 원칙은 35년이 지난 1989년에 이르러서야 비로소 남북쌍방 모두에 의해서 인정되기에 이르렀으며 서로 접근하여 새로운 평가를 받기에 이르렀던 것입니다. 서로 적대적 관계에 놓인 쌍방당국 사이에서 오나 가나 간첩이라는 자백을 강요당하며 온갖 모진 고통을 겪어야 했던 본피고인으로서는 1989년 남북쌍방이 모두 공존공영을 주장하게 된 상황은 참으로 감회 깊은 상황이 아닐 수 없었습니다.

그런 상황에서 바로 그 이듬해인 1990년 2월 어느날, 느닷없이 북조선 당국에서 연락대표라는 사람들을 보내온 것입니다.

본피고인을 찾아온 북조선 당국의 연락대표라는 사람들은 본피고인의 최근활동을 잘 알고 있다고 하면서, 1955년 본피고인이 평화통일 방안을 가지고 월북했을 당시 본피고인을 미국과 남한당국에 의한 고용간첩이라고 허위자백하게 만들었던 과거의 상황에 대해 깊이 사과한다고 했습니다. 그리고 민족의 평화통일을 위해서 함께 협력할 것을 요청한다고 하였습니다.

존경하는 재판장님, 본피고인은 이 뜻하지 않은 북쪽손님들을 맞고 몇 날 며칠을 잠 못 이루고 고민했는지 모릅니다. 이 사실을 당국에 신고해야 할 것이냐, 안해야 할 것이냐를 선택해야만 했습니다. 만약 신고를 한다면 저들 북측 연락대표들을 잡아주어야만 할 것은 분명하고, 신고를 안한다면 본피고인 자신이 희생을 당해야만 하는 중대한 문제였습니다.

결국 본피고인으로서는 도저히 신고를 할 수 없다는 결론을 내렸습니다. 그 이유는;

첫째, 지난 40년 동안 한결같이 이 민족의 평화적 통일을 위해서 남·북이 서로 인정 존중하면서 공존공영의 길을 찾아야 한다고 주장하고, '통일독립청년고려공동체 수립안'을 제창하기도 하고 또 최근에는 '3차 7개년 계획에 의한 4단계 통일방안'을 주장해온 본피고인이 이제 남북 쌍방당국이 겨우 본피고인의 주장을 제대로 평가하고 서로 접근하고 있는 현재의 시점에서 자신에게 남파된 북측 연락대표를 당국에 신고 희생시켜서 북측 당국과 본피고인이 적대관계에 빠지게 하는 일은 차마 할 수가 없었습니다. 우리 민족의 평화통일이란 싫든 좋든 남북 쌍방당국의 합의를 도출하지 않고는 실현될 수 없는 일이기 때문입니다.

둘째로, 본피고인은 비록 자신이 북측에서 파견된 연락대표들을 접촉하더라도 본피고인이 대한민국을 배신하거나 대한민국을 파괴 전복하려는 행동에 동참하지 않으면 그만이지, 본피고인이 꼭 그들을 희생시켜야만 될 이유가 없다고 생각했기 때문입니다. 그리고 실제로 그후 본피고는 그들과의 접촉과정에서 그와 같은 입장을 견지하였습니다.

셋째로, 본피고인은 그들 연락대표들을 통해서 북조선 당국의 대남정책 내지는 통일정책에 일정한 변화와 영향을 줄 필요가 있다고 생각했기 때문입니다. 본피고인의 판단에 의하면, 우리 민족이 평화적으로 통일되자면 남과 북 쌍방이 모두 자기의 종래정책을 변경해야만 된다고 생각합니다. 그런데 본피고인이 남한당국에 대해서는 고위 정책당국자들을 직접 만나기도 하고, 글을 쓰기도 해서 바람직한 변화를 촉구할 수도 있습니다. 그러나 지척이 천리인 북측에 대해서는 자신의 의사를 전달할 수 있는 아무런 통로가 없는 실정입니다. 그렇기 때문에 본피고인으로서는 북측에서 파견한 연락대표들과의 접촉을 유지하는 것이 의사소통의 통로로 필요했던 것입니다. 그리고 본피고인은 그 동안 실제로 그들과의 회합통신을 통해 북측 당국의 변화를 촉구하기 위한 많은 노력을 했습니다.

넷째, 본피고인이 북측에서 파견된 사람들을 수사당국에 신고하자면 분명히 그들을 잡아주어야만 하고 그렇게 되면 그들이 처형 희생될 수밖에 없는 것도 현실입니다. 그러나 본피고인으로서는 자신이 살기 위해 다른 사람들을 희생시켜야 하는 그런 일을 할 수가 없었습니다. 이점은 순전히 본피고인 자신의 신앙적 입장 때문이며, 이에 대해서는 본피고인 자신이 어떤 처벌이라도 감수할 각오를 했습니다.

이상에서 말씀드린 것과 같은 몇 가지 이유 때문에 본피고인은 북측에서 남파된 연락대표들을 당국에 신고하지 못했습니다.

그러면 이제 많은 국민이 궁금하게 생각하는 본건 피고사건 진상의 일단을 말씀드리고자 합니다. 본피고인은 1990년 2월 이후 1992년 4월에 이르기까지 여러 차례에 걸쳐 북측에서 파견된 연락대표들과 회합통신하였으며, 그 동안 그들로부터 금품의 제공도 받았습니다. 본피고인이 그들과의 회합통신에서 어떤 내용의 말을 주고 받았으며 어떻게 금품이 제공되었느냐에 관한 구체적 내용은 앞으로 심리과정에서 밝혀질 것으로 생각합니다.

그러나 이 자리에서 분명히 밝혀두어야 할 것은 본피고인이 그 동안 그들과의 회합통신 등 과정에서 결코 대한민국을 배반하는 행동을 한 바 없다는 사실입니다. 본피고인은 대한민국을 파괴 전복하려는 어떤 행동도 한 사실이 없으며 또 그와 같은 행동들을 동조한 사실도 없었음을 분명히 합니다. 더구나 본피고인은 1955년 북에 갔을 때나 또 1990년 2월 이후 북에서 남파된 사람들과 접촉하는 과정에서 그들로부터 그 어떤 간첩임무를 받거나 대한민국의 국가기밀을 탐지 수집해달라는 부탁을 받은 바도 없고 또 본피고인이 자진해서 그와 같은 기밀을 수집·전달한 바도 없었음을 분명히 합니다.

따라서 본건 피고사건에 대한 안기부 당국의 발표나 검사의 공소사실은 부분적으로는 사실과 부합하는 부분이 있음에도 불구하고, 많은 점에서 왜곡, 과장된 것으로 진실과 부합하지 않는 것임을 말씀드리는 바입니다.

이상이 본건 피고사건에 대한 보탬도 뺌도 없는 진상입니다.

그런데 최근 남북 쌍방당국은 본건 피고사건 등을 놓고 서로 긴장을 격화시키고 있는 것으로 보입니다. 남한당국에서는 남북합의서의 위반사건이니 북측이 이에 대해 사과해야 된다고 주장하고, 북조선 당국에서는 허위날조된 사건으로 자기 측을 모함하는 것이니 남측이 이에 대해 사과해야 된다고 주장하였습니다. 그러나 본건 피고사건의 진상을 누구보다도 잘 알고 있는 본피고인으로서는 본건 피고사건 등이 그 어느 쪽이 어느 쪽에 사과해야 할 성질의 것이 아니라고 생각합니다.

왜냐하면 본건 피고사건 등은 남북합의서, 특히 '남북화해 이행준수 부속합의서'가 채택 발효하게 된 1992년 9월 17일 이전에 진행된 사건으로서 남북합의서 실행규정이 결정되기 이전의 사건이기 때문입니다. 따라서 그 시효상 남북합의서 위반이라 할 수 없는 것입니다. 이점은 남한의 국가보안법이 상호인정·존중을 규정한 남북합의서에 명백히 위배되지만 그 시행을 위한 부속합의서가 결정되지 않은 현재까지는 국가보안법의 존속에 대해 이를 북측에 사과해야 되는 것은 아닌 것과 같은 이치라 생각됩니다. 북조선 당국의 대남공작 사업이나 남한의 국가보안법은 모두 지난 시기 냉전시대의 유물로서 관성적으로 계속 존재했던 것이라 할 수 있습니다. 따라서 만약 북조선 당국이 1992년 9월 17일 이후에도 대남공작 사업을 계속한다면 이는 남북합의서 위반이며 사과해야 할 일이라 생각합니다. 물론 남한의 국가보안법도 남북합의서 위반인만큼 남북간의 법률실무협의회에서 결정하는 데 따라 폐지해야 하고 그것을 실현하지 않으면 사과해야 할 대상이 될 것으로 생각합니다. 그리고 북조선 당국이 주장하는 바 본건 피고사건이 허위 날조된 것으로 북측을 모함하는 사건이기 때문에 사과해야 한다는 주장에 대해서도 본피고인은 그것이 타당한 주장이 아니라고 생각합니다. 왜냐하면 사건의 내용이 부분적으로 날조, 과장된 것도 사실이기는 하지만 그렇다고 본건 피고사건이 북측의 대남사업 당국과 무관했던 것은 아니기 때문입니다. 지나간 냉전시대에 북조선 당국이 대남공작 사업을 진행했던 사실을 부인해야 할 이유는 없을 것입니다.

남과 북을 막론하고 이제부터 창조할 미래가 중요한 것입니다. 불행했던 과거에 연연할 것이 아니라 냉전시대의 잔재를 하루속히 청산하면 됩니다. 본피고인은 남북 쌍방당국이 본건 피고사건 등을 더이상 논의할 필요가 없이 남북대화의 전진 그리고 앞으로 쌍방간 합의한 내용을 어떻게 성실하게 이행준수할 것이냐 하는 데 관해 논의하여 남북대화를 진전시키기 위해 노력하는 것만 필요하다고 생각합니다.

4) 남북 쌍방당국과 국민에게 드리는 진정

본건 피고사건은 냉전시대 민족분단이 강요한 비극의 일단입니다. 이에 본피고인은 본건 피고사건과의 관련에서 이 자리를 빌려 남북 쌍방당국과 국민 여러분에게 몇 가지 진정의 말씀을 드리고자 합니다.

지금 세계는 지난 반 세기간의 불행했던 냉전시대를 청산하고 급격히 변화, 전진하면서 새로운 세계질서를 창조하는 대전환기에 처해 있습니다. 그러나 불행히도 이땅 한반도에서는 지난 시대의 냉전잔재를 청산하지 못한 채 동포형제간의 적대관계를 유지하고 새 시대, 새 역사의 진군을 머뭇거리고 있는 실정입니다. 다가오는 새 시대, 새 역사는 냉전적 적대관계를 청산하지 못하고는 한 걸음도 전진을 허용하지 않는 역사입니다.

생각해보십시오. 북측은 대남 지하조직 사업을 계속하고 남측은 상대방을 반국가단체라 규정한 형벌법규를 그대로 고집하면서 남북 사이에 과연 교류협력 공존공영의 새 역사 창조가 허용될 수 있겠습니까? 이는 모두 냉전시대의 관성에 의한 냉전잔재입니다.

현재의 시점은 대한민국과 조선민주주의인민공화국이 거듭된 남북총리회담을 통해서 남북 쌍방이 서로 상대방을 인정, 존중하겠다고 온 세계와 민족 앞에 약속하고 '남북 사이의 화해와 불가침 및 교류협력에 관한 합의서'(이하 남북합의서라 약칭)를 채택, 발효시킨 상태에 있습니다.

서로 상대방을 인정, 존중하며 내정에 간섭하지 않기로 약속한 이상 북조선의 대남공작 사업은 중단되어야 합니다. 그리고 또 서로 상대방을 인정, 존중하기로 약속한 이상, 남한당국은 조선민주주의인민공화국을 반국가단체로 규정한 형벌법규를 폐지해야만 됩니다.

여러분, 제 말이 틀린 말입니까? 본피고인은 남북 쌍방당국이 전세계와 민족 앞에 스스로 약속한 남북합의서를 성실하게 이행, 준수할 것을 간절히 호소합니다.

첫째, 먼저 대한민국 노태우 대통령께 한 가지 진정의 말씀을 드리고자 합니다. 대통령께서는 임기가 몇 달 남지 않았습니다. 서두르셔야 합니다. 임기 안에 하루속히 남북합의서를 국제연합헌장 제102조의 의무규정에 따라 U.N. 사무국에 등록하는 절차를 밟도록 하명 조처하여주시기를 간절히 진정합니다.

대통령께서는 임기중에 많은 일을 하셨습니다. 그중에 가장 두드러진 업적은 역시 북방정책의 성공이었다고 생각합니다. 국교관계가 없던 동구라파 제국과 소련 그리고 최근에는 중국과의 국교관계를 수립하신 것입니다. 대통령께서는 탈냉전 시대의 행운아였으며, 또 이에 상응하는 훌륭한 역할을 수행하셨다고 평가됩니다. 그러나 이와 같은 북방정책은 궁극적 목표가 분단민족의 통일로 연결되어야 하며, 그렇기 때문에 대통령의 임기중에 '남북합의서'를 채택, 발효하게 된 것은 실로 민족사적 의미를 갖는 가장 중대한 업적이었다고 길이 평가가 될 것입니다.

그러나 대통령께서는 이 위대한 업적의 마지막 마무리를 하지 않고 있는 상태입니다. 최근에 벌어진 일련의 사태 속에서 알 수 있는 바와 같이 이 중요한 남북합의서는 그 어느 순간, 그 어느 일방에 의해서도 자의적으로 휴지쪽이 될 수 있는 불안전한 상태에 있습니다. 그것은 이 중요한 사업의 마지막 끝마무리를 하지 않고 방치해두셨기 때문입니다.

'남북합의서'가 국제법적 기속력 부여절차를 이행하지 않은 것이 바로 그것입니다. 대통령께서는 남북합의서가 국제법적 기속력을 가지도록 하기 위해서 U.N. 사무국에 등록하는 절차를 밟도록 하셨어야 했습니다. 대통령께서는 이 절차를 무시함으로써 대통령께서 이룩하신 북방정책의 마지막 소중한 결실인 남북합의서를 사상누각과 같은 헛된 것이 될 위치에 방치하고 있는 것입니다. 뿐만 아니라 '남북합의서'를 U.N. 사무국에 등록하지 않음으로써 대통령께서는 U.N.헌장을 위배하고 또 대한민국 헌법을 위배한 채 퇴임하시는 불명예를 안게 되십니다.

대한민국 헌법 제6조에는 '……일반적으로 승인된 국제법은 국내법과 동일한 효력을 가진다'는 규정이 있습니다. 그리고 대통령께서는 헌법을 준수할 것을 선서하시고(헌법 제69조) 헌법을 수호할 책임을 지고 계십니다.(헌법 제66조) 그런데 U.N.헌장은 누구도 부인하지 못하는 '일반적으로 승인된 국제법'에 해당하며, U.N.헌장 제102조에는 '이 헌장이 효력을 발생한 후 국제연합가맹국이 체결한 모든 조약과 모든 국제적 합의 (한국법전에는 국제적 협정으로 번역되어 있으나 영어의 원문은 international agreement로 되어 있으므로 국제적 합의로 번역해야 옳음)는 되도록 조속히 사무국에 등록되고 사무국에 의해서 공표되어야 한다'는 규정이 있습니다. 현재 대통령을 보좌하고 있는 분들은 남북합의서가 나라와 나라 사이의 합의가 아니기 때문에 조약이 아니라고 말하고 있는 것으로 알려져 있습니다.

그러나 국제적 합의나 국제법이란 구태여 국가와 국가 사이의 합의임을 요구하는 것은 아닙니다. 국제단체들이나 교전국이나 국가나 그것이 국제법 주체간의 합의이면 족한 것입니다. 대한민국과 조선민주주의인민공화국은 서로를 국가로 승인하기를 거부하고 있습니다. 그럼에도 불구하고 대한민국과 조선민주주의인민공화국은 국가만이 그 회원이 될 수 있는 국제연합 회원국들입니다. 대한민국과 조선민주주의인민공화국이 모두 다 똑같은 국제법 주체임을 부인할 수 있는 사람이 어디 있을 수 있겠습니까? 따라서 국제법 주체들인 대한민국과 조선민주주의인민공화국 사이에서 적법하게 결정된 합의는 국제적 합의임이 분명하고 그것은 당연히 U.N.

사무국에 등록할 의무가 요구되고 있는 것입니다.

그럼에도 불구하고 남북 쌍방당국은 U.N.헌장 제102조를 위반함으로써 헌법 제6조와 제69조를 위배한 대통령이 되며, 더욱 중요한 것은 대통령 임기중 성취한 민족사적 성과인 남북합의서가 언제라도 휴지화될 수 있는 불안한 상태에 방치한 채 퇴임하시게 되는 것입니다.

본피고인이 알고 있는 한, 남북한의 유엔 동시가입을 주장했던 것은 대한민국이었습니다. 그리고 대한민국이 남북한 유엔 동시가입을 주장한 가장 중요한 이유는 북한당국으로 하여금 국제사회에서 책임있는 일원으로 행동하게 함으로써 한반도에 평화를 정착시키자는 데 있었다고 생각합니다.

그럼에도 불구하고 남북 U.N. 동시가입이 실현된 오늘날 남북 쌍방간에 상호존중, 내정불간섭, 상호불가침 등 한반도 평화정착에 중요한 의미를 내포한 남북합의서를 U.N. 사무국에 등록하지 않는 이유는 도저히 납득할 수 없습니다.

남북합의서를 U.N. 사무국에 등록하고 U.N. 사무국이 이를 공포해야만 남북 쌍방당국은 국제사회에서 책임있는 행동을 하게 되고, 그렇게 되어야 한반도 평화가 확고하게 되는 것이 분명하기 때문입니다. 남북합의서가 U.N. 사무국에 등록·공고된 후에 그 어느 일방 당사자가 남북합의서를 위반했을 경우 다른 일방 당사자는 국제사법재판소에 제소할 수도 있고, 또 U.N. 안전보장이사회에 제기하여 이를 시정토록 국제적 집단행동도 취할 수 있게 됩니다. 그리고 이렇게 함으로써 남북합의서는 그 어느 일방에 의하여 멋대로 휴지화될 수 없는 확고한 공동규범이 되는 것입니다.

노태우 대통령 각하, 비록 위법의 혐의를 받고 옥중에 있는 보잘 것 없는 민초의 말씀이지만, 민족의 평화통일을 위한 충정에서 드리는 말씀이오니 본피고인의 이 진정의 말씀을 숙고하여주시기 바랍니다.

다음 둘째로, 조선민주주의인민공화국 김일성 주석께 진정의 말씀을 드립니다. 김일성 주석님께서는 지금 연로하십니다. 하루속히 민족통일의 마지막 초석을 확고히 해주시기 바랍니다. 그것은 냉전시대를 종결, 청산하는 일입니다. 민족의 평화적 통일을 위하여 지난날 냉전시대에 진행하던 대남 공작사업을 즉시 중단하도록 하명조치하여주실 것을 진정합니다. 그리고 그 분명한 증표로써 대남공작을 위한 심야 비밀전문 방송, 이른바 A3방송을 되도록 빠른 시일 안에 종결하도록 조치하여주시기 바랍니다.

이 자리를 빌려 김일성 주석께 먼저 말씀드려야 할 것은 주석께서 저에게 보내주신 물심양면의 신뢰에 대해서 감사를 드립니다. 그것은 오직 제가 한평생을 민족의 평화적 통일을 위해서 몸부림쳐온 데 대한 격려이며 신뢰의 표시라고 생각합니다. 그리고 저는 그와 같은 신뢰에 대해 결코 배신하지 않았으며, 앞으로도 오직 민족의 평화적 통일을 위해 여생을 바칠 것입니다.

지금 이 시간 북조선 당국의 대남사업을 담당하고 있는 사람들 중에는 제가 이 자리에서 북조선 당국과의 접촉회합 사실을 시인하고, 더구나 대남공작 사업의 중단을 진정하는 것이 바로 북조선을 배신하는 것이며, 이것은 제가 구차한 목숨을 위해 투항한 것이라고 주장한 사람도 있을 것으로 생각합니다.

그러나 지금까지 민족의 평화적 통일을 위해 헤아릴 수 없는 죽음들을 넘어온 저에게는 이것이 그 누구의 동정을 구걸하기 위한 것이 아님을 확언합니다. 지금 저에게 무엇보다 소중한 것은 민족의 운명뿐입니다.

남과 북이 서로 진실에 기초하지 않고는 결코 화해와 신뢰를 구축할 수 없습니다. 서로 화해와 신뢰를 구축하지 않고는 교류와 협력은 물론, 남북관계의 개선을 추구할 수 없습니다. 그렇기 때문에 저는 본건 피고사건에 관해서 오직 진실을 말하고 남과 북이 서로 그것을 이해하고 남북대화의 진전에 장애가 되지 않기를 바라고 있을 따름입니다. 지난 반 세기에 걸쳐 냉전적 적대관계를 가지고 있던 남북쌍방이 '남북화해 이행준수 부속합의서'까지 발효시킨 이 시점에서, 냉전시대의 타성으로 대남공작 사업을 계속한다는 것은 상호존중과 내정불간섭을 규정한 '남북합의서' 제1장 제1조 및 동 제2조와 '남북화해 이행준수 부속합의서' 제2장 제5조를 위반하는 것으로 됩니다.

솔직히 말씀드리면, 저는 1991년 12월 남북합의서가 채택되었을 때, 그 전문에서 남과 북의 관계가 나라와 나라 사이가 아니라고 규정했으면서도 동시에 상이한 국가간에나 채용될 수 있는 내정불간섭의 원칙을 포함시킨 것을 보고 서로 모순되는 것이기 때문에 당혹감을 느낀 것도 사실입니다.

그러나 저는 남북합의서가 내정불간섭의 원칙을 채택한 것은 정당했으며, 나라와 나라 사이가 아닌 관계라고 선언한 것은 민족통일을 위한 잠정적 특수관계를 나타낸 것에 불과하다고 이해했습니다. 그리고 현재의 남북관계에서 내정불간섭의 원칙을 채택하는 것이 정당한 것으로 이해하는 이유는, 남과 북은 한 민족이지만 지난 반 세기 동안 서로 단절된 채 상이한 정치·경제제도를 가지고 적대적 통치제체하에서 생활해왔기 때문에 현실적으로 존재하는 두 개 통치주체를 서로 인정, 존중하는 기초 위에서 주민자치의 원칙에 따라 상호 내정불간섭원칙을 지키는 것이 순리였기 때문입니다. 지난날 남과 북이 비록 상대방의 존재를 부인하면서 서로 상대방에 대한 타도의 정책을 추구했던 것이 사실인 이상, 아직은 선의의 내정간섭이라도 서로 오해와 불신을 초래할 소지가 크기 때문입니다. 저에 대한 본건 피고사건을 놓고도 남한의 많은 주민들은 북조선 당국이 겉으로는 남북합의서를 채택, 발효시키고 있음에도 불구하고 속으로는 대한민국 타도라는 과거의 냉전정책을 계속 추구한 것이라고 생각합니다. 그리고 또 일부 냉전 복고적인 사람들은 이것을 확대과장해서 선전하고 있습니다. 그러나 저는 북조선 당국이 1980년대 후반 이래 '누가 누구를 먹거나 누가 누구에게 먹히지 않는' 평화공존 정책을 추구하고 있다는 것을 믿고 있습니다. 그렇기 때문에 남북합의서의 채택발효도 결코 일시적인 기만전술일 수 없으며, 북조선 당국은 이것을 성실하게 이행 준수할 확고한 의지가 있는 것으로 신뢰합니다.

따라서 저는 북조선 당국이 '남북합의서'를 U.N. 사무국에 등록하자고 남한당국이 제의할 경우에 이의 없이 동조해줄 것으로 믿습니다. 그리고 냉전시대에 진행해오던 대남공작의 중단을 요청하는 저의 이 진정에 대해서도 긍정적인 반응이 있을 것이라는 신뢰를 표하는 바입니다.

사실 한 쪽 손으로는 상대방을 살상파괴하기 위한 군사비를 냉전시대보다 더 많이 투입하면서 다른 한 쪽 손으로 교류협력하여 민족공동체를 회복하자는 말이 불합리하듯이, 한 쪽으로는 상대방을 파괴전복하려는 것으로 의심받을 수 있는 대남 지하공작 사업을 계속하면서 경제협력을 하자고 말하고, 상대방이 자기 측을 반국가단체로 규정한 형벌법규를 폐지하라고 주장하는 것도 무리라 하지 않을 수 없습니다. 만약 북조선 당국이 앞으로도 대남 지하공작 사업을 계속하고 또 남한당국은 북조선 당국을 반국가단체로 규정한 형벌법규를 계속 고집하면서 남북간에 그 어떤 인적 물적 교류협력 사업을 진행한다면, 이는 남북 쌍방주민들을 끝없이 감옥으로 보내는 비극을 초래할 뿐입니다. 그리고 드디어는 남북간의 그 어떤 교류협력 사업도 모두 파탄을 면치 못할 것입니다.

저는 일제하의 암흑한 시기에 항일 민족해방 투쟁을 지도하셨고, 그후 오늘날까지 민족의 통일을 염원하며 일생을 살아오신 김일성 주석님의 민족정신에 호소합니다. 저는 남북합의서의 성실한 이행준수를 담보하고 냉전시대의 청산으로 세계사적 전환기를 맞이할 수 있도록 이제 곧 대남공작 사업의 중단을 하명해주시기 바라는 저의 이 애절한 호소를 김일성 주석께서 받아주실 것으로 확신합니다. 그리고 그 증표로, 그 동안 대남공작 사업에 사용되던 심야 비밀전문 방송(A3방송)을 하루속히 종결하도록 조치하여주실 것을 진정합니다. 남한당국이 국가보안법을 폐지하는 상호조치가 있기 전에 일방적으로라도, 빠르면 빠를수록 좋습니다. 민족사의 전진을 시샘하는 복고적 냉전의 한풍이 이땅의 민주화와 평화통일을 열매 맺을 소중한 새싹들을 동사시킬 것을 염려하기 때문입니다.

끝으로 셋째, 우리 국민들, 특히 언론계의 지성인 여러분께 부탁말씀을 드리고자 합니다. 우리 국민 모두는 불행했던 지난날의 적대적 냉전시대를 지배했던 흑백논리를 하루속히 극복해야만 합니다. 국민 여러분께서는 민족적 화해와 협조를 가능하게 할 공존공영의 새 논리로 새 민족사를 창조해주실 것을 부탁드립니다.

지난 9월 8일 본피고인 전 민중당대표 김낙중이 그 동안 37년 동안 고

정간첩으로 활동하다 드디어 체포되었다는 안기부 발표가 있은 이후, 사람들의 관심, 특히 우리 언론인들의 관심은 김낙중이가 북에서 남파된 사람들과 만난 것이 사실이냐 아니냐, 김낙중이가 그들에게 돈을 받은 것이 사실이냐 아니냐 하는 데는 많은 관심이 있는 것으로 보입니다.

그런데 어찌 된 일인지 김낙중이가 그 동안 어떤 중요한 국가기밀을 팔아먹었을까? 또 대한민국을 파괴전복하기 위해 어떤 음모를 꾸몄을까? 하는 데 대해서는 누구도 알아보려고조차 하는 것같지 않습니다.

어떻습니까. 우리 사회를 위해서 실제 중요한 것은 어떤 국가기밀을 팔아먹었느냐 또는 어떤 음모를 진행했는가 하는 것이 아니겠습니까?

그럼에도 불구하고 우리 언론인들은 김낙중이 북측 공작원과 회합통신하고 금품을 수수한 것이 사실이라면 서슴없이 간첩 김낙중이라 호칭 매도해도 거리낌이 없는 것같습니다.

존경하는 언론계 지성인 여러분, 여기 한 과부가 있는데 어떤 남정네들이 은밀히 그집에 드나들었다고 합시다. 그리고 더구나 그 남자들은 그 여인의 집에 돈까지 두고 갔다면 그 여자는 분명히 간음한 여자라고 길거리에 소리치며 돌을 던져도 좋은 것입니까? 구체적 증거에 의해서 간음이라는 행동을 했다는 사실이 재판에 의해서 밝혀지기 전의 형사피의자에 대해서 말입니다.

문명한 사회에서 인권을 존중하는 언론계의 지성인 여러분만은 돌을 던지는 일을 재고해주실 것을 호소합니다.

하기는 지난날 남녀칠세부동석을 외치던 낡은 냉전시대의 흑백논리는 접촉회합 그 자체만으로도 여인을 간음의 죄로 처단한 많은 판례들이 있으니 언론인 여러분을 나무랄 것도, 이해하지 못하는 것도 아닙니다.

그러나 지금은 문명의 시대, 탈냉전으로 흑백논리를 벗어나야 할 때가 왔습니다.

불행한 냉전시대의 흑백논리는 김낙중이 북에서 남파된 간첩인 줄 알면서 여러 차례 회합 통신한 것이 사실이고, 더구나 돈까지 받았다면 김낙중이를 간첩이라 불러도 무방하다고 생각하게 합니다.

그래서 또 간첩 김낙중이와 접촉회합한 정치인이 있다면 그것도 문제가 아닐 수 없다고 생각하며 대통령선거를 눈앞에 둔 시점에서 정가의 물의가 분분한 모양입니다.

이 자리에서 분명하게 밝혀둘 필요가 있다고 생각합니다.

본피고인은 그 동안 역대 통일원장관들, 이세기 씨, 이홍구 씨, 홍성철 씨, 최영철 씨 등을 만나서 민족통일 문제 등을 논의한 사실이 있습니다. 그리고 여·야 국회의원들과도 수시로 만나서 국내외 정세나 통일문제에 관한 의견을 나누어왔습니다. 물론 그분들이 그 동안 남한사회에서 생활했고 신문을 볼 수 있는 분들이니, 그분들은 본피고인이 1973년 10월유신 직후 간첩죄로 징역형을 산 사실이 있다는 것은 다 잘 알고 있었다고 생각됩니다.

만약 김낙중이가 북한간첩과 회합통신했기 때문에 간첩이라 불려야 한다면, 이분들 모두 간첩 김낙중이와 회합했으니 또한 그들도 간첩으로 인정된다는 논리입니까? 그럴 수 없다고 생각합니다.

간첩이란 국가기밀을 적국에 전달하는 구체적 행동이 있는 사람을 지칭할 것이며, 적어도 대한민국의 자유민주 질서를 파괴전복하려는 어떤 행동에 구체적으로 가담한 사람이어야 한다고 생각합니다. 본피고인은 역사의 이 시점에서 그 누구라도 본건 피고사건 등을 앞으로의 대통령선거에 이용하기 위해서 과대선전하거나, 정치쟁점화하려는 사람이 있다면, 그는 분명히 불행한 분단시대 국민 속에 형성된 냉전의식을 악용하려는 시대역행적 민족반역자라고 단정할 수 있습니다. 그리고 민족통일을 염원하는 현명한 우리 국민은 선거를 통해서 그런 자들을 준엄하게 심판할 것으로 확신합니다.

지금은 세계가 급속히 변하면서 탈냉전의 평화적 공존공영을 요구하는 시대입니다.

냉전시대의 흑백논리에 의하면 적으로 간주되는 상대방을 이롭게 하는 행위는 모두 우리나라를 해롭게 하는 것으로 처벌되었습니다. 많은 판례들이 산적해 있습니다.

그러나 쌍방이 서로를 인정 존중하면서 공존공영을 추구하는 시대에는 상대방에게 유익한 것이 우리에게도 이롭다는 사고를 요구합니다.

그래서 냉전시대의 흑백논리로 보면, 정주영 씨가 금강산에 호텔을 짓겠다든지 김우중 씨가 진남포에 공장을 세우겠다는 것은 명백한 이적행위에 해당합니다. 북한당국은 반국가단체이고 그들의 그와 같은 경제합작 사업으로 북한당국이 큰 이득을 얻을 수 있을 것이 분명하기 때문입니다.

그리고 냉전시대의 논리로 말하면, 실정법상 반국가단체로 해석되고 있는 조선민주주의인민공화국의 체제를 인정 존중하며(남북합의서 제1조) 조선민주주의인민공화국의 권한과 권능을 인정 존중한다(남북화해 이행준수 부속합의서 제3조)고 규정한 문서에 서명날인한 정원식 전총리도 이적행위를 한 것이 분명합니다. 한 국가 안에서 반국가단체란 없애야 할 대상인데, 이것을 인정 존중하겠다고 세계에 약속했기 때문입니다.

그러나 우리는 지금 냉전시대의 흑백논리를 극복해야 하는 새로운 시대를 맞고 있습니다. 민주법치 국가에서 힘있는 사람에게는 더이상 적용되지 못하는 냉전적 흑백논리를 힘없는 백성에게만 계속 적용한다는 것은 없어져야만 할 비극일 뿐입니다.

냉전시대에는 흑백논리에 따라 상대방에 이로운 것이 용납될 수 없는 처벌사항이지만, 탈냉전의 새로운 시대에는 상대방에 유익한 것이 자기에게도 유익할 수 있음을 인정하면서 함께 더불어 살 것을 요청하고 있기 때문입니다.

친애하는 국민 여러분 그리고 언론계의 지성인 여러분, 본피고인이 북한당국에서 남파한 연락대표들과 회합통신했다는 사실만을 가지고 흑백논리로 재단하는 것은 삼가주실 것을 부탁합니다.

물론 북한당국은 어느 경우에도 자기들의 유익을 추구해서 행동합니다. 그러나 그들의 그와 같은 행동이 모든 경우에 우리 대한민국을 해롭게 하려는 것뿐이라는 피해망상은 옳지 않습니다.

남북한의 경제교역이나 경제합작 사업이 그렇듯이, 정치적 분야에서도 그들이 자신의 유익을 위해 추구하는 행동이 결과적으로는 우리에게도 유익한 그런 분야가 있습니다. 본피고인은 진보정당의 합법적 제도권 진출이 바로 그런 것이었다고 생각합니다. 그리고 특히 민족의 통일이라는 분야에서는 더욱더 어떻게 해서든지 쌍방이 각기 자기 자신의 유익을 위해서 추구하는 행위가 결과적으로 쌍방 모두에 유익한 것이 되는 그런 영역이 있습니다. 아니, 평화적으로 민족통일을 추구한다는 것은 바로 그와 같은 공동이익의 영역을 찾는 과정이며 또 그것을 찾아야만 이루어질 수 있는 그러한 것임을 인정해주시기 바랍니다.

국민 여러분, 북한 주민은 물론 북한당국에 종사하는 사람들도 우리와 똑같은 동포형제입니다.

잘못된 일을 저지르기도 하고 잘못된 것을 바로잡아 고쳐갈 수도 있는 우리들 자신, 남쪽사람들과 똑같은 동포입니다.

지난 반 세기의 냉전시대에 남과 북은 서로 상대방을 타도하기 위해 갖은 짓을 다했습니다. 그러나 40여 년의 세월이 흐르는 동안 국내외적 상황은 변화했습니다.

북한당국의 정책방향과 행동양식도 변할 수밖에 없었으며 또 변했습니다. 그런데 우리가 옹졸하게 언제까지나 그 변화를 인정해주지 말아야만 되는 것입니까?

근래 북한당국은 자주 "누가 누구를 먹거나 누가 누구에게 먹히지 않는 평화통일"을 해야 된다고 주장해왔습니다. 우리는 이것을 언제까지나 기만술책이라고 거부해야만 합니까? 물론 과거의 공산주의 이론으로는 허용되지 않는 말이었습니다.

그러나 북한당국 사람들은 언제나 항상 악마이며, 그렇기 때문에 그들의 모든 행동은 언제까지나 우리를 침해하려는 악한 행동뿐이라고 단정하는 것은 우리 모두를 냉전시대의 흑백논리에서 헤어나지 못하게 하는 덫이 될 뿐입니다.

남북합의서가 쌍방당국에 의해서 채택발효된 이상, 그것조차 모두 북측 악당들의 계략일 뿐이라고 주장하는 것이 필요한 게 아니라 서로 그것을 성실하게 이행 준수하도록 촉구, 격려하는 것이 필요하다고 생각합니다.

우리 민족이 임진왜란 이래 일제 식민통치하에서 일본인들에게 당한 지난날의 고통과 치욕을 생각한다면, 우리가 어떻게 1965년에 일찍이 한일 국교를 수립하고 우호친선을 말할 수 있겠습니까? 러시아도 그렇고, 중국도 그렇지 않았습니까?

그런데 어찌 하여 수천 년 피를 나누며 운명을 같이했던 같은 민족, 같은 동포형제들 사이에는 증오에 찬 적대의식을 청산하지 못하고 악마로 대해야만 합니까?

국민 여러분, 제가 비록 정부당국의 승인 없이 북측당국에서 파견한 사람들을 회합통신했지만 저는 결단코 대한민국을 배신하지 않았습니다. 저는 결단코 대한민국을 파괴, 전복하는 어떤 행동에 동참한 사실이 없습니다. 대한민국의 자유민주적 기본질서가 바뀌기 바란 일조차 없습니다.

언제까지 우리는 서로 악마로 대해야만 합니까? 언제부터라야 우리는 서로를 진심으로 협력할 수 있는 형제로 대해도 되는 것입니까. 우리는 언제나 하나의 민족공동체를 회복할 것입니까?

본피고인은 우리 국민 여러분께서 본건 피고사건의 비극을 보시면서 냉전시대를 청산, 극복해야 할 우리 민족의 운명을 다시 한번 깊이 생각해주실 것을 부탁드립니다.

존경하는 재판장님과 판사님들 그리고 검사님, 장시간 감사합니다.

1992년　11월　10일

변론요지서

92 고합 1652호

변 론 요 지 서

피고인 김낙중

위 사람에 대한 국가보안법위반 피고사건에 관하여 다음과 같이 변론합니다.

다　음

이 사건의 재판은 피고인 개인에 대한 사법적 심판의 의미를 훨씬 뛰어넘는 역사적인 의미가 있다고 생각합니다. 여기 피고인으로 앉아 있는 김낙중 선생에 대한 이번 형사재판은 남북이 서로 적대관계를 해소하고 통일과 공동의 번영을 향해서 여러가지 역사적인 정책전환을 하고 난 이후임에도 불구하고 50년대식 냉전적 사고와 악법에 의해서 한 사람의 통일운동가가 사형의 구형을 받았다는 데서 더욱 기막힌 모순을 드러내고 있습니다.

그 동안 이 사건이 국민에게 많은 놀라움을 준 것도 사실입니다. 또 피고인의 행태에 대한 반응이 다양했던 것도 사실입니다. 역사적인 전환기에서 조국의 운명을 걱정한 피고인이 취한 여러 행위는 이 사건의 공소장에 방대하게 기재되어 있습니다. 그러한 서술의 내용을 간단하게 축약한다면, 피고인이 젊은 시절부터 이날 이때까지 오로지 통일을 위한 순정에 너무 치우쳐서 어찌 보면 매우 순진하고 어찌 보면 너무 담대하여, 통일열망의 실천과정에 남다른 곡절을 겪었다고 말할 수 있습니다.

방금 검찰관은 의견진술 마지막에서 피고인에게 사형을 구형했습니다. 매우 유감스럽고 충격적인 일입니다.

본변호인은 여기 나와 있는 김낙중 선생이 1973년에 형사피고인의 몸으로 묶여서 재판을 받을 때, 그때도 변호인석에 앉아 있었습니다. 그로부터 20년이 지난 이제, 같은 피고인에 같은 변호인, 같은 국가보안법위반, 국가기밀수집, 탐지 그밖에 반국가단체 찬양고무 등 죄명까지 같은 이런 재판에 임하고 보니, 한 개인의 감회를 넘어서 이 나라의 역사가 정말 전진하는 것인지, 어디로 가고 있는 것인지에 대해서 여러가지 의문을 갖게 됩니다.

우리가 다 아는 바와 같이 1972년에는 평화통일 3대원칙을 천명한 7·4남북공동성명이 발표되었습니다. 그때 모든 국민들은 이제는 종전과 같은 동족간의 대결을 면하고 민족이 화합하여 하나로 될 수 있다는 기쁨에 들떠 있었습니다. 그러나 박정권의 난데없는 유신선포에 의해서 모든 기대는 무너지고 이에 격분한 반유신 투쟁이 고조되자 마침내 피고인은 1973년 4월에 투옥되고 말았습니다.

그런데 그로부터 20년이 지난 뒤인 작년 2월에는 남북기본합의서가 발효되어 남과 북이 서로 상대의 체제를 인정하고 존중하기로 합의했습니다. 그럼에도 불구하고 이번에도 여전히 국가보안법으로 피고인을 구금했다는 점에서 앞서 말한 73년의 재판과 대단히 유감스러운 공통점을 보이고 있습니다.

아까 검찰관께서도 말씀하셨고, 안기부에서 이 사건을 발표할 때에도 크게 보도되었듯이 피고인을 과연 "36년 동안 남한에서 암약해온 고정간첩"이라고 말할 수 있는지 묻고자 합니다.

우선 우리나라 정보수사기관의 위신과 권위를 위해서도 서울 한복판에서 그렇게 공개적으로 활동한 한 지식인이 36년 동안이나 간첩행위를 했다고는 도저히 믿을 수 없습니다.

공소장에 나와 있는 바와 같이 피고인은 1955년에 북에 갔다가 이듬해에 돌아온 뒤 그간의 행위에 대한 재판을 받았습니다. 또 5·16군사혁명

후에는 이 사건 공소장 모두에도 나오는 대로 여러 학생데모의 배후조종자로 지목을 받아가지고 또 재판을 받았습니다. 그리고 1973년에 또 검거되어 재판을 받았습니다. 1956년의 재판은 북에 갔다온 사실을 문제삼았지만 1963년, 1973년 재판사건의 공소사실 어디에도 피고인이 북한과 연계된 행위를 하였다는 혐의는 없습니다.

이번 사건 공소사실에는 피고인이 1955년에 북한에 갔을 때 거기에서 로동당에 충성을 맹세했다든가, 무슨 지령을 받았다든가, 간첩교육을 받은 양으로 기재되어 있습니다만 그런 사실은 없었습니다.

만일에 북에 갔을 때 그런 일이 있었더라면 남한으로 돌아온 뒤에 받은 형사재판에서 어떻게 간첩혐의에 대해서는 무죄판결이 났겠느냐 하는 것입니다. 1973년 유신반대의 소용돌이 속에서 국가보안법위반으로 실형을 받을 때의 판시사실에도 북한과의 연계사실은 없습니다.

그후부터 1990년 초입까지는 공소사실에 의하더라도 완전한 공백의 연속입니다. 1990년 2월에 이아무개 최아무개라는 사람이 피고인을 찾아와서 만나기 시작했다는 그때까지의 피고인의 행태는 이 사건 공소장에 의하더라도 결코 북측과의 연결하에 움직인 일은 없습니다.

결국 1973년에서 1990년 초까지는 아무 일도 없었고, 오직 남한의 한 지식인으로서 진보적인 통일운동가로서 활동하였을 뿐입니다.

따라서 1990년 2월부터 작년 8월에 피고인이 이 사건으로 검거될 때까지 약 1년반 동안만이 문제의 시기입니다. 그런데도 수사당국이 피고인을 36년 동안 활동한 간첩이라고 과장한 것은 이해할 수 없는 일입니다. 따라서 이 사건의 과대포장에서 비롯된 선입견을 먼저 고쳐야 합니다.

다음으로, 이 사건 피고인에게 적용된 죄는 국가보안법상의 목적수행을 위한 기밀수집, 회합·통신, 금품수수, 찬양·고무 등입니다.

이러한 모든 범죄혐의는 북한당국이 '반국가단체'라고 하는 대전제 아래에서만 성립될 수 있습니다. 그러나 북한당국에 대한 한국정부의 정책은 괄목할 만큼 변화되었고 상당한 대화와 교류협력이 실현되었습니다.

그런데도 검찰은 여전히 북한당국이 반국가단체라고 하는 주장을 반복하고 있습니다.

그러나 정부의 발표나 정책에 의하더라도 이제는 북한을 반국가단체로 볼 수가 없게 되었습니다. 혹자는 아직도 헌법상 영토조항으로 일컬어지는 제3조가 그대로 남아 있는 이상 한반도와 그 부속도서 전부가 대한민국 영토이기 때문에 북한집단은 여전히 불법적인 존재라고 주장합니다. 하지만 헌법 제3조 바로 다음에 나오는 제4조의 평화통일 조항은 영토조항보다 우월하다고 해석하는 학자도 적지 않습니다.

그리고 만일 북한당국이 반국가단체라면 우리 한국정부는 마땅히 반국가단체인 북한을 소탕하고 타도해야 합니다. 모름지기 유일 합법정부라면 자국 영역내에 있는 불법단체를 무력이라도 행사하여 소멸시켜야 할 의무가 있는 것입니다.

그럼에도 불구하고 대한민국 헌법 제4조가 평화적 통일정책의 추진을 명시하고 있는 것은 북한당국이 결코 무력을 가지고 소탕하거나 멸망시킬 그런 상대가 아니라는 것을 시인한 것으로 볼 수 있습니다.

뿐만 아니라 남북간 기본합의서 제11조에 의해서 이미 남북은 1953년 7월 27일에 서로 합의한 이른바 군사분계선을 경계선으로 하고 종래에 지배하던 지역을 각자의 영역으로 그 관할을 인정하였습니다.

이와 같은 명문에 의해서 종래 한반도 전체가 한국의 영토라는 유일 합법정부론과 이에 입각한 반국가단체론은 이미 그 논거가 소멸되었다고 보아서 논리적으로 아무 잘못이 없습니다.

돌이켜 보건대, 한국정부는 7·4공동성명, 7·7선언(1988), 남북최고책임자회담 제의(1988. 8), 노대통령의 유엔총회 연설(1988. 10), '한민족 공동체 통일방안'의 제의(1989. 9) 등에서 이미 북한당국을 동반자 관계에 있는 민족공동체의 일원으로 인정했습니다.

특히 1991년 9월에 남북한이 함께 유엔 회원국이 됨으로써 북한을 반국가단체로 보는 주장은 더이상 고집할 수 없게 되었습니다.

노대통령은 남북한 UN동시가입 후에 행한 UN총회 연설에서, "우리의 형제 조선민주주의인민공화국이 우리와 함께 유엔에 들어온 것을 기뻐한다"고 말했습니다. 만일에 북한이 여전히 반국가단체라면, 어떻게 일국의 대통령이 유엔총회 연설에서 "우리를 침략하려고 하는 반국가단체가 우리와 유엔에 같이 들어와서 참 기쁘다"라고 말할 수가 있겠습니까.

그러나 남한의 그 누구도 왜 반국가단체인 북한이 유엔에 들어오는 것을 반대는 하지 아니하고 오히려 동시가입을 주장했으며 동시가입이 뭐가 그리 기쁜 일이냐고 노대통령을 비난한 사람은 하나도 없었습니다.

남북이 유엔에 동시가입하고 나서도 국가보안법을 그대로 두거나 북한을 여전히 반국가단체로 보아야 한다는 견해는 법리상으로나 현실적으로 설득력이 없습니다. 더구나 그에 대한 찬반논쟁은 1991년 12월에 남북기본합의서가 남북한 총리들에 의해 서명되고 1992년 6월에 발효됨에 따라 자동적으로 해결되었다고 보아야 합니다.

남북기본합의서 제1조에는 남과 북은 서로 상대방의 체제를 인정하고 존중한다고 되어 있습니다. 도대체 한국정부가 반국가단체의 체제를 인정하고 존중한다는 합의문에 서명했을 리는 없습니다. 국토통일원이 발간한 《남북합의서 해설》에 의하더라도, 남북기본합의서 제1조에서 서로 상대방의 체제를 인정, 존중한다고 한 것은 남북한 정부가 서로 상대방의 실질적인 관할권을 인정하는 취지라고 적혀 있습니다.

또한 위의 기본합의서 제6조에 보면 남과 북은 대결과 경쟁을 중지하고 서로 협력한다고 되어 있습니다. 반국가단체와 협력하겠다고 기본합의서를 만드는 정부가 어디 있겠습니까. 그리고 가장 중요한 것은 (아까도 말씀드렸지만) 기본합의서 제11조가 불가침의 경계선과 구역을 군사분계선과 쌍방이 관할해오던 구역으로 한다고 명시했다는 점입니다.

너무 자명한 사리를 설명 한다는 건, 어떤 의미에서 오히려 더 피곤할 수가 있습니다. 우리가 아는 대로 남과 북은 그 동안 각종 회담을 했고 교류를 했습니다. 경제협력을 했습니다. 남과 북의 총리들이 서울과 평양을 오가면서 특급호텔에서 만찬을 나누고 축배를 들고 서로 건강의 비결을 묻기도 했습니다. 1991년 7월부터는 쌀의 직교역도 했습니다. 만일 북한당국이 반국가단체라면 어떻게 반국가단체 잘 되라고 경제협력하고 직교역을 하였는지 묻고 싶습니다. 이는 결국 한국정부가 대북정책의 변환을 단행하였음에도 불구하고 정작 개정해야 할 실정법은 여전히 방치해두고 있기 때문에 그 틈바구니에서 국민들이 갈피를 잡을 수 없게 된다는 것을 의미합니다.

국민이 하면 반국가적이고 정부가 하면 역사적이라든가, 정부가 대하면 민족공동체의 일원인데 국민이 대하면 반국가단체의 구성원이 된다는 이율배반을 도저히 납득할 수가 없습니다. 그런 비판에 대해서 정부는 이른바 '통치행위론'에 의해서 그것이 합법적이라고 변명을 합니다.

그러나 국민이 하면 범죄가 되는 일이 집권자가 하면 (위법도) 적법이 된다는 식의 통치행위론은 없습니다. 통치행위론 자체를 인정하지 않는 나라가 대부분이고 그것을 인정하는 나라에서도 고도의 정치적 판단에 의한 재량권의 행사에 대해서는 그 당부當否를 사법재판의 대상으로 삼지 아니할 뿐입니다. 예컨대, 계엄선포권을 갖고 있는 대통령이 계엄선포의 요건에 해당되는 긴박한 상황이 있다고 판단하고 계엄을 선포했을 경우, 법원은 그런 선포요건의 유무나 절박성의 여부를 판단의 대상으로 삼지 아니한다는 것입니다. 결국 고도의 정치적 판단을 수반하는 재량을 인정한다는 것뿐이지, 정부는 국법상으로 위법한 행위를 해도 아무 책임이 없다는 식의 통치행위론은 용인될 수가 없습니다.

이렇게 볼 때에, 국가보안법이 타당한 행위규범으로서의 효력을 유지하고 있느냐 그리고 북한당국이 국가보안법에서 말하는 반국가단체냐 하는 데에 대해서 근본적인 재고가 있어야 됩니다.

따라서 그러한 국가보안법의 합헌성과 북한이 반국가단체라는 전제하에 기밀수집, 금품수수나 잠입탈출의 예비음모 그리고 회합통신에 대한 형사책임을 묻는 이 사건 재판은 종래의 국가보안법 적용에서 검찰과 사법부가 타성적으로 범했던 여러가지 허물을 근본적으로 바로잡는 선례를 남겨야 합니다.

물론 국가보안법에 북한당국을 반국가단체라고 본다는 명문은 없습니다. 그러나 법에 있는 것 이상으로 북한당국을 반국가단체라고 못박는 근거로 1961년 9월 28일자 대법원 판결을 들 수 있습니다.

그런데 그 판례를 새삼스럽게 읽어보면, '헌법의 제3조의 규정이 개정되거나 남북한이 서로 주권을 인정하고 국가로 승인하거나 또는 일개의 국가 내에서 서로 다른 법률체계를 상호 인정하기로 하는 헌법적 효력을 가지는 조약이 체결된 바 없는 이상, 북한지역이 우리 주권의 범위 밖에 있거나 우리 법령의 적용 밖에 있다고 할 수 없다' — 이렇게 판시하고 있습니다.

바로 이점입니다. 이 판례를 뒤집어서 해석(이른바 반대해석)하면, 한 국가내에서 서로 다른 법률체계를 상호인정하기로 하는 조약이 있다면 북한은 반국가단체가 아니라는 결론이 도출될 수 있습니다. 그리고 앞서 언급한 남북기본합의서의 제1조나 제11조는 분명히 남북이 서로 상대방의 법률체계를 인정한다는 합의임에 틀림없습니다. 일부에서는 그 합의서가 국가간의 조약이 아니라고 합니다. 물론 남과 북이 아직도 서로 상대방을 국가로 공식인정하기를 꺼려하는 면은 있습니다. 쌍방이 함께 유엔에 들어가는 등 대외적으로는 별개의 국가로서 행세하면서도 대내적으로는 서로 국가로 인정하기를 주저하기 때문에 남북기본합의서도 어떤 대목에서는 묘한 표현을 쓰고 있습니다.

그럼에도 불구하고, 이 남북기본합의서는 7·4공동선언과 같은 단순한 정책의 선언이 아니라 법적 구속력을 갖는 규범이라고 하는 데 대해서는 한국정부 당국도 이의를 달지 않고 있습니다. 다만 견해차이가 있다면, 통일원과 그 주변인사들은 남북기본합의서가 국가간의 조약은 아니라는 것이고, 다른 일부논자들은 남과 북이 서로 상대방을 사실상 국가에 준하는 실체로 인정한 것이며 쌍방이 각기 조약체결에 따르는 국제법적인 모든 요건과 절차를 갖췄기 때문에 이것을 조약으로 봐야 한다고 합니다. 이렇게 해서 헌법과 남북기본합의서 사이의 모순이라든가 법적 효력의 우열문제를 어떻게 해결하느냐 하는 과제가 남아 있기는 하지만, 어쨌든 그것이 법적 구속력을 가진 규범임에는 틀림이 없고 보면 앞서의 대법원 판례의 반대해석에 의해서, 북한에 관한 반국가단체론은 이제 철회되어야 한다고 믿습니다.

그런데 유감스럽게도 현실은 그렇지가 못합니다. 실정법 중심의 법리와 남북간 관계변화의 현실 사이에 많은 갈등이 남아 있기 때문입니다. 바꾸어 말하자면, 한국정부의 변화된 대북한 정책과 이것을 외면한 채 방치되어 있는 실정법 사이의 불일치 때문에 국민이 하루아침에 범인이 되는가 하면 큰 고초를 당하기도 합니다.

우리는 국민을 이렇게 당혹스럽게 만드는 그 실정규범을 하루빨리 개폐해야 됩니다. 그러나 법을 고치기 전에 해석으로서도 충분히 바로잡을 수 있는 일은 법의 해석으로 바로잡아야 하며 그 해석작업은 바로 이 재판을 맡은 재판부가 먼저 해주셔야 할 일이라고 생각됩니다.

검찰관의 사형구형에 대해서 이 자리에서 사형폐지에 관한 일반론을 개진하고 싶지는 않습니다. 다만, 어느 면으로 보나 폐지되어야 할 국가보안법에 의해서 한 사람의 통일운동가가 사형구형을 받는다는 이 엄청난 모순을 개탄함과 아울러 적용법조에 사형도 있고 무기도 있고 징역형도 있어서 얼마든지 형종의 선택이 가능함에도 불구하고 이렇게 극형을 구형한 데 대해서 극도의 유감을 표명하고자 합니다.

모든 형사재판은 검찰의 주장을 먼저 경청하고 난 뒤에 피고인이나 변호인의 반론이 제기됩니다. 하지만 지금까지의 재판의 선례로 보아서는 검찰의 주장은 판결에 거의 받아들여지는 반면 피고인이나 변호인의 반론은 판결에 제대로 반영되지 않는 경향이 일반적입니다.

이 사건 재판에서는 그러한 그릇된 전철이 결코 재연되어서는 안된다는 점을 강조하면서, 피고인에 대해서 사형을 내린다든가 종래와 같은 국가보안법의 안일한 해석·적용이 되풀이되지 않기를 간절히 호소합니다.

　　　　　　　　1993. 2. 11.
　　　　　　　　　위 피고인의 변호인
　　　　　　　　　　　변호사　한승헌

서울형사지방법원 (합의 7부) 귀중

최후진술서

최 후 진 술 서

피고인 김낙중

사건의 발단

본건 피고사건은 비극적 민족분단이 없었다면 애당초 발생할 여지도 없는 사건입니다. 그런 의미에서 이 사건은 민족의 분단사적 배경을 떠나서는 이해될 수 없는 사건이기 때문에 저는 먼저 우리 민족의 분단과 분단고착화 과정에 대해 몇 말씀 드리고자 합니다.

그런 다음, 이와 같은 분단시대의 역사적 상황 속에서 본피고인이 이 사건에 이르지 않을 수 없었던 역사적 배경을 말씀드리고자 합니다. (중략)

1988년 7·7선언과 한민족공동체통일방안이 발표되어 통일의 열기가 높아진 상황에서 이 중요한 시기에 제가 소속해 있던 민족통일촉진회에서도 평화통일을 촉진할 수 있는 사업을 계획, 추진하자는 회원들의 여론이 높아졌습니다. 이 민족통일촉진회라는 단체는 과거 일제시대에 항일 독립운동을 하셨던 이언·유석현·김재호·송남헌·이강훈·이동화·김성곤·함석헌 등의 원로들이, 1948년 남과 북이 따로 독립은 했으나 통일을 이루지 못했으니 독립운동의 연장선에서 통일운동에 여생을 바쳐야겠다고 1972년에 창립한 민간단체로서, 국토통일원에 등록을 하고 국가에서 약간의 지원을 받아 《민족통일》이라는 회지를 발간하는 단체였습니다.

많은 원로들이 논의한 결과, 8·15 직후에 민족의 좌우분열을 상징한 것이 1946년 8·15경축대회를 좌는 남산에서 우는 서울운동장에서 따로 개최했던 일이라며, 이제 민족통일을 위해 남북이 함께 8·15경축행사를 거행하는 것이 좋겠다는 의견이 나왔습니다. 그리하여 1989년 8월 15일에는 항일운동 원로들이 남과 북에서 평양과 서울을 상호방문하여 8·15경축행사에 참가하고 항일운동때의 체험을 나누는 자리를 마련하는 행사를 추진하기로 했습니다.

이에 따라 송남헌 회장과 정책의장이던 본피고인이 이홍구 통일원장관을 방문하여 협의한 결과, 남북교류를 위해 좋은 분위기를 만드는 데 도움이 되는 좋은 생각이라는 내락을 받고 남북교류협력법에 의한 접촉신청을 냈던 것입니다. 그러나 평화적 통일 자체도 그렇듯이 이와 같은 사업은 남북 쌍방 당국의 동의를 받아야 하는 것이기 때문에 북한당국과의 교섭이 필요했습니다.

그런데 마침 중국과학원 소속인 이상문이라는 교포학자가 학술발표차 서울에 온 길에 민족통일촉진회를 방문하여 송남헌 회장 등과 함께 저녁식사를 대접하게 되었습니다. 그 자리에서 송남헌 회장이 이상문 교수에게 중국에 돌아가면 북경 주재 북조선대사관을 통해 8·15경축 교환방문 행사에 관해 북한측의 의향을 타진해달라고 부탁하였고, 나는 그 사업의 의의를 설명했습니다.

저녁식사 후, 다방에서 차를 마시며 저의 저서 《굽이치는 임진강》, 《민족통일을 위한 설계》, 《사회과학원론》, 《민족통일》 회지 등의 책을 각 2부씩 봉투에 넣어주었습니다. 그러면서 1부씩은 시간 있으면 이선생께서 읽으시고 1부씩은 북한대사관측에 전해달라고 부탁했습니다. 제 저서들이 북한측에 전달되기를 바랐던 이유는, 첫째 저의 통일방안들을 북한당국이 다시금 진지하게 검토 수용해주기를 바라는 것이었고, 둘째 그 통일방안의 작성자인 저 자신이 과거 1955년 평양에 갔을 때 남한과 미국의 간첩으로 취급됐지만 진실은 그게 아니라 참으로 민족의 평화통일을 바라는 일념에 서였음을 해명하고 싶었고, 셋째 저 자신의 사상적 입장을 밝혀 북한당국이 마르크스-레닌주의의 교조에서 벗어나기를 바란 것 등이었습니다.

이런 일이 있었던 다음해, 즉 1990년 2월 어느날 저녁 느닷없이 35세 가량의 청년이 집으로 찾아온 것입니다. 그리고는 맨 먼저 전한 말이 자기는 북조선 당국에서 보내온 연락대표 최아무개라며, 자기가 《굽이치는 임진강》을 여러 번 읽어 나를 잘 알고 있다, 과거 제가 북한에 갔을 때 당시의 내무성 일꾼들이 잘못해서 간첩으로 취급하여 고생한 데 대한 사과의 뜻을 전한다는 것이었으며 앞으로 평화통일을 위해 협력해달라는 말을 하였습니다.

저는 북조선 연락대표 최아무개라는 사람의 말을 들으며 북쪽에서 온 것은 사실인 모양이라 생각했으며, 또 저의 저서들이 북경을 경유하여 북측 당국에 전달된 것이 분명함을 확인했습니다. 또한 과거 자기들이 저를 간첩취급한 것을 사과한다는 말을 듣고 북한당국이 평화통일에 관한 제 의견을 좀더 진지하게 들을 수 있게 된 것을 다행이라고 생각하기도 했습니다. 과거의 잘못을 사과하며 평화통일을 위해 협조해줄 것을 요구하는 그 사람에게 제가 할 수 있는 대답은 "나는 지금까지 일생을 평화통일을 염원하며 살아온 사람이니 민족의 평화통일을 위해서라면 함께 논의해보자"라는 말 외에는 없었습니다.

그날은 우리집 전화번호만 알려주고 곧 헤어졌습니다. 그를 보내고 난 뒤 이 사실을 그 누구와 상의할 수도 없고 하여 혼자서 여러 날을 고민했습니다. 당국에 신고해야 하는 것인가? 전화가 오면 만나지 않겠다고 거절할 것인가? 무슨 말을 하는지 우선 만나나 봐야 할 것인가?

그러다가 저는 '오직 민족의 평화적 통일을 위해 살겠다며 하나님께 서원하고 평화통일 방안을 갖고 사선을 넘어 평양까지 찾아갔던 내가, 35년이 지난 지금에 와서 과거의 잘못을 사과하는 북한당국에 대해 적대적인 행동을 할 수는 없다. 더구나 35년 동안 남북 쌍방의 통일정책이 나의 평화통일 원칙과 방안에 매우 가깝게 접근하고 있는 이 시점에서 나는 남북 쌍방 어느 쪽에 대해서도 적대적인 입장을 취할 수는 없다. 전화가 오면 만나봐야 한다'는 결론에 도달했습니다.

제 통일방안들, 즉 '통일독립청년고려공동체안'과 '3차 7개년계획에 의한 4단계 통일방안'에 대한 북한당국의 지금 반응도 알고 싶었고 또 북한당국으로 하여금 제2단계의 제4단계를 수용하도록 설득해야만 한다고 생각한 것입니다. 평화통일을 위해서는 싫든 좋든 남북 쌍방당국이 합의를 도출해야 된다고 생각하는 저에게 비록 어떤 교섭권이 있는 것은 아니지만, 쌍방을 모두 변화하도록 촉구하는 것이 제가 할 수 있는 평화통일운동이라고 생각했기 때문입니다.

나의 활동목적 · 결과

돌이켜 정리해보면, 1990년 2월 북한당국은 제가 평화통일 방안을 갖고 평양에 다녀온 지 35년 만에 연락대표라는 사람들을 보내어 과거에 자기들이 저를 미국과 남한의 간첩으로 취급한 일을 사과한다며 평화통일을 위해 협력해달라고 요청했기 때문에, 그리고 또 지난 30여 년 동안에 남북 쌍방 당국이 모두 서로 상대방의 존재를 인정하는 공존공영의 평화통일 정책을 추구하는 방향으로 변해왔기 때문에, 저는 이제야 자신의 통일방안이 남북간에 합의를 이룩하게 되는 계기가 될 수 있을 것이라 기대하며 접촉회합을 용인했던 것입니다.

그러나 불행히도 제1차로 저를 찾아온 연락책 최씨라는 사람은 저의 사상이나 통일방안은 제대로 알지도 못하고 다만 남한내에서의 지하조직 결성을 요청하였고, 저는 이에 대해 이제는 과거 냉전시대와 같은 지하조직 사업은 해서도 안되고 할 수도 없다는 사실을 설득하며 이를 거절하고, 그 뜻을 평양당국에 전달해달라고 부탁하면서 북으로 돌려보낸 것입니다.

다음으로 1990년 10월 제2차로 찾아온 연락책 임씨라는 사람은 저의 사상적 입장과 통일방안에 관해서도 어느 정도의 이해를 가진 사람이었습니다. 그는 지하조직이니 혁명이니 하는 말은 한마디도 안했고 오직 합법적 진보정당인 민중당의 창립에만 관심을 보였으며, 그 이유는 남한 내부의 합법적 진보정당이 출현하여 연방제통일론을 수용 지지할 것을 기대하고 있기 때문인 것으로 판단되었습니다. 이에 대해 저로서는 반대할 이유가 없었습니다. 저는 1989년 국회통일특별위원회 공청회에서의 발표 이래 남한정당들이 주장하는 국가연합과 북한측이 주장하는 연방국가를 단계적으로 결합·수용해야만 평화통일이 가능하다고 주장한 사람이기 때문입니다.

그런데 그후 공교롭게도 후배들의 간청으로 민중당에 참여하게 되자 북한에서 내려온 연락책 임씨는 저의 민중당 참가를 대환영하면서 저의 민중당 활동을 지지하는 입장을 취했으며 저는 그것을 수용한 것입니다. 특히 1년 뒤인 1991년 10월에는 제3차로 다시 임씨가 찾아와 민중당의 제도권 진출을 기대하며 선거자금을 지원했고 저는 그것을 수용하면서 접촉을 계속한 것입니다. 물론 이와 같은 접촉·회합·통신의 과정에서 그들을 당국에 신고하여 검거하게 하는 것이 실정법의 요구였는지도 모릅니다.

그러나 저는 평화적 통일이라는 목적을 위해 대한민국의 자유민주적 기본질서를 파괴하려는 것이 아닌 이상 북한측의 의사나 협력태도를 수용하는 것은 범죄가 되지 않는다고 생각했습니다. 냉전시대의 흑백논리를 극복하고 우리는 남북 모두에 유익한 평화통일의 길을 찾아야 한다고 생각했기 때문입니다.

저는 1990년 2월 이래 북한사람들과 접촉·회합·통신하는 과정에서 북한당국의 정책들이 진정한 평화공존에 기초하여 쌍방합의에 의한 평화통일의 방향으로 변화하도록 최선의 노력을 다했습니다. 냉전시대의 잔재인 지하조직 사업을 청산하도록, 한반도에서의 전쟁방지를 위해 국제 핵사찰을 수용하도록, 미국에 대한 적대적 강경정책을 변경하도록, 남북한 유엔 동시가입을 수용하도록 그리고 또 남북합의서를 국제연합사무국에 등록하고 이를 충실히 이행·실천하도록 설득하고 권고했으며, 드디어는 제가 제안하고 있는 4단계 통일방안 및 통일독립청년고려공동체 수립안을 수용하도록 진지하게 열심히 설득했습니다.

제 모든 행동의 목적은 지난 반 세기 동안 남북이 서로 적대하여 골육상잔하던 것을 극복하고 서로 화해하여 상호안정·존중·불가침에 기초하여 점차적 교류·협력확대로 쌍방당국 합의에 의한 평화통일을 이룩하게 하는 것 외에는 아무 것도 없었습니다.

이와 같은 목적을 위한 제 행동들이 남북 쌍방들에 얼마 만한 역할을 할 수 있었는지 저는 알지 못합니다. 특히 제가 1990년 2월 이래 북한에서 온 연락대표들을 통해 전달되기를 소망한 설득과 충고가 얼마나 북한 고위층에까지 전달됐는지, 또 그것이 북한당국의 정책결정에 영향을 줄 수 있었는지는 더더욱 알지 못합니다.

그러나 그 동안 북한사람들은 다시는 지하조직에 관한 말을 하지 않았고, 국제 핵사찰을 수용했으며, 유엔 동시가입을 실현했고, 남북합의서의 채택을 가능하게 했으며, 미국에 대한 적대정책을 완화한 것은 분명했습니다. 저는 북한당국의 정책변화가 국제정세 속에서 불가피하게 요청되었기 때문이라는 사실도 알고 있습니다. 그럼에도 불구하고 저는 저의 이러저러한 말들이 천만분의 일이라도 북한당국의 정책변화에 도움이 되었다면 저로서는 만족입니다.

또한 저는 자신의 순수한 동기의 목적에도 불구하고 대한민국의 존립, 자유민주적 기본질서에 결과적으로 손실을 끼친 것이라고 인정된다면 그 동안의 제 행동에 대한 책임을 지는 일에 추후도 인색함이 없을 것입니다.

북한당국은 악마의 집단인가

이 사건은 공소항목도 많고 공소장의 분량도 방대하여 매우 복잡한 것으로 보입니다. 그러나 사실 그 본질적 내용은 매우 분명합니다. 본피고인이 1990년 3월 이래 1992년 8월까지 사이에 북한사람들과 회합통신, 금품수수 등의 행동을 했기 때문에 그것이 대한민국을 변란할 목적으로 활동한 것이 아니냐는 혐의로 기소된 것입니다.

그런데 이제 저는 이 사건과 관련하여 존경하는 재판장님과 검사님께 한 가지 질문을 제기하려 합니다. 즉 공소장에 나열된 본피고인의 행동들이 북한사람과 관계된 것이 아니었다고 가정하면, 즉 제가 상대로 했던 사람들이 북한과는 무관한 남한사람들뿐이었다면 그래도 저의 행동들이 대한민국의 자유민주적 기본질서를 위태롭게 하며 대한민국 국민의 생명과 재산에 손상을 주는 범죄행위였다고 말씀하시겠느냐 하는 질문입니다. 그 동안 제가 상대했던 사람들이 우리와는 피가 다른 일본사람이었다 해도 제가 그들과 나눈 대화를 국가기밀 누설이라고 기소하지는 않았을 것으로 생각됩니다.

따라서 이 사건의 핵심은 본피고인의 행동 자체가 아니라 본피고인이 상대했던 사람들이 북한사람들이었다는 사실에 있습니다. 그리고 그들은 오직 대한민국을 타도하려는 악한 범죄행동만 하는 악마의 집단이라고 인식되고 있다는 사실에 문제가 있다고 생각합니다.

그렇습니다. 저는 분명히 여러분이 악마로 생각하는 북한사람들을 만나기 위해서 1955년 사선을 넘어 평양에 갔던 사람이고, 또 1990년 2월 이후에는 평양에서 보내온 그들을 상대로 회합통신 등 행동을 한 것이 사실입니다. 여기에 문제는 검사님이나 판사님 그리고 우리 사회 많은 사람들과 제가 관점을 달리하는 한 가지 사실이 있다는 점입니다. 그것은즉 저는 북한사람들을 악마로 대하는 데 동의하지 않으며 그들을 우리와 똑같은 동포형제로 대했다는 사실입니다.

존경하는 재판장님. 재판장님 말씀대로 그 누구도 제게는 악마와의 외교교섭권을 주지 않았습니다. 제게는 아무런 세상권세도 없습니다. 그러나 저는 오직 한 가지 하나님이 주신 말씀의 권세, 동포·형제간에 '서로 용서하고 서로 사랑하라'는 하나님 말씀의 권세만을 믿고 평양에 갔고 평양에서 온 북한사람들을 상대했습니다.

제가 1955년 당시나 1990년 2월 이후에나 북한당국과의 대화를 위해 국가가 금하는 무리한 방법을 쓸 수밖에 없었던 것은 남북 쌍방이 서로 골육상잔의 당사자로서 자국국민에게 창구단일화의 명분으로 상대방에 대한 대화와 상종을 불허하고 있었기 때문입니다. 그럼에도 불구하고 저는 감히 쌍방당국의 갈등은 오직 대화로 해결해야 된다고 생각했고 또 대화를 해결할 수 있도록 저의 최선을 다하는 것이 하나님이 저에게 주신 사명이라고 확신하고 있었던 것입니다.

저는 북한사람들, 특히 북한 당국자들이 과거에 많은 잘못을 저질렀다는 사실을 잘 알고 있습니다. 우리들 인간은 누구나 모두 잘못을 저지를 수 있는 약한 존재입니다. 북한 당국자들도 약한 인간이기 때문에 잘못할 수 있습니다. 그러나 그들이 과거 잘못이 있었다 해서 행동이 언제나 악한 악마이고, 그들이 하는 모든 행동이 악한 행동뿐이라고 주장하는 데 대해서는 동의할 수 없습니다.

저는 그들의 생각과 주장, 행동에도 옳은 것이 있고 옳지 못한 것도 있다고 생각합니다. 따라서 저는 그들의 옳지 않은 것은 물리치고 옳은 것은 수용해야 된다고 생각했고 또 그에 따라 행동했습니다.

존경하는 재판장님, 과거 일본사람들은 우리의 선조들을 얼마나 고문 학살하고 드디어는 우리를 노예로 삼지 않았습니까? 과거 중국사람들은 수백만이 총을 들고 몰려와서 우리 형제를 죽이지 않았습니까? 러시아 사람들은 우리 형제끼리의 싸움을 부추기며 살상무기를 뒤대주지 않았습니까? 미국사람들은 우리 동포를 죽인 적이 없습니까? 그런데도 우리는 일본사람, 중국사람, 러시아사람, 미국사람들을 악마로 대하지는 않습니다. 왜 그렇습니까? 서로 원수됨을 풀었기 때문입니다.

그런데 어찌하여 우리는 같은 조상의 후예로서 피를 함께 나눈 동포형제, 같은 민족이면서 북한사람들을 언제까지나 악마로 대해야만 합니까? 우리가 북한사람을 악마로 생각하면서 북한사람들 역시 우리를 악마로 생각하는 것을 어떻게 나무랄 수가 있겠습니까?

우리 민족끼리는 반 세기 동안이나 남북으로 갈리어 서로 악마로 생각하고 골육상잔을 계속하며 서로 원수됨을 풀지 못하는 것은 무엇 때문입니까? 물론 원인은 항상 악마인 북한사람들, 특히 북한 지도층, 너 때문이라고 말합니다. 일본, 중국, 소련 등 지난날의 다른 원수들은 이제 모두 좋은 친구로 변했는데 북한사람들 그들은 변할 줄 모르고 악한 계교만 꾸미는 악마인 채로 머물러 있기 때문이라는 것입니다. 우리 민족이 서로 갈려 원수 되어 있는 것은 과연 오직 너 때문이라고 해야 옳을까요? 나와 우리 지도자들 그리고 우리 우방에게는 아무 책임도 없는 것일까요?

존경하는 재판장님 그리고 검사님! 남과 북이 서로 원수됨을 풀고 서로 악마로 대하기를 멈춘다면, 그리하여 서로 그 존재를 인정하게 된다면 그래도 여러분은 본피고인의 그간의 행동이 대한민국의 존립과 안전을 위태롭게 하고 대한민국 국민의 생명과 재산을 침해하는 범죄행위였다고 단죄하시겠습니까?

이 민족은 지금 바로 지난 반 세기 동안 관성에 의해 달려온 죽음을 향한 깊은 잠에서 깨어나야만 합니다. 자기 동포형제를 악마로 생각하며 골육상잔을 계속하는 일은 멈추어야만 합니다. 만약 죽음을 향한 이 깊은 잠에서 깨어나지 못하고 이대로 조금만 더 행진하면 그곳에는 죽음의 벼랑만이 기다리고 있기 때문입니다.

선택의 결단

존경하는 재판장님! 저는 이상에서 지금 우리 민족 앞에 놓여 있는 두 갈래 길의 모습에 대하여 구체적으로 설명했습니다.

하나의 길은 지난 반 세기 동안 달려온 관성에 따라 자기 동포를 악마로 여기고 끝까지 그 타도를 위해 달려가는 낡은 방향의 길이라 했습니다. 그 길 앞에는 심판을 의미하는 죽음의 벼랑이 기다리고 있으며, 그 심판의 모습은 동반자살이 강요되는 폭발적 사태의 발생이냐 아니면 붕괴로 인한 통합 후의 내전상태 발생이냐 하는 것이라고 말씀드렸습니다.

그리고 또 하나의 다른 길은 서로 원수됨을 풀고 상대방을 서로 자기와 똑같은 동포형제로 생각하며 함께 더불어 살 길을 찾는 새로운 방향의 길이라 했습니다.

이제 이 민족에게는 스스로 선택의 결단을 내리는 일만 남아 있습니다. 다만 우리가 명심하지 않으면 안될 사실은 이 민족의 결단과 선택이 결코 몇몇 정치인의 과제가 아니라 이 민족 구성원 한 사람 한 사람이 스스로 자신의 과제임을 깨달아야만 한다는 것입니다. 한 민족 수천만의 운명이 몇몇 정치인의 자의에 따라 결정되는 것은 결코 아닙니다. 많은 경우, 우리들 마음 속에는 한 민족의 운명이 특정 개인의 생사 또는 몇몇 정치인의 결심에 의해 결정되는 것으로 생각하는 경향이 있습니다.

그러나 어떤 사회의 그 어느 지도자가 죽는다고 문제가 해결되는 것도 아니며, 또 그 민족의 운명을 그 어느 지도자 개인이 해결해주는 것도 아닙니다. 민족 분단의 초기, 남과 북의 평범한 주민들 사이에는 서로 원수됨도 없었고 서로 악마도 아니었음이 사실입니다. 초기에는 동족간의 이 싸움이 몇몇 지도자들끼리의 싸움으로 생각될 수도 있었습니다. 그러나 지난 반 세기의 대립갈등 과정에서 남과 북에서는 그 지역주민과 지도자를 따로 분리할 수 없는 유기적 개체사회가 형성되었습니다.

지금 남과 북을 막론하고 민족의 운명을 결정해야 하는 마당에서 이 민족 구성원들은 그 누구가 아닌 자기 자신의 의지와 결단이 바로 이 민족의 운명을 결정하는 것이라는 자각을 요청받고 있습니다. 자기 동족을 악마로 여기고 계속 그 타도를 추구하는 것도 자신이고, 서로 원수됨을 풀고 함께 더불어 살 길을 찾는 것도 민족 구성원 한 사람 한 사람의 마음 속에서 이루어져야 합니다.

민족 앞에 놓인 두 갈래 길은 그 이상 더 분명할 수가 없습니다. 따라서 지금 이 민족이 자신의 결단에 따라 선택한 결과에 대해서는 어떤 핑계도 댈 수 없으며 그 누구도 원망하지 못할 것입니다.

도마 위에 오른 이닭은 지난 40년 동안 하나님이 주신 자기의 몫을 위하여 최선을 다했습니다. 이것으로 감사할 따름입니다.

여기 마지막으로 다시 한번 외칩니다.

이 민족은 지금 바로 지난 반 세기 동안 관성에 의하여 골육상잔을 일삼은 죽음을 향한 잠에서 깨어나야만 합니다. 지나온 이길의 방향으로 계속 전진할 경우 바로 앞에 다가온 죽음의 벼랑 때문에 이 민족은 결단코 2000년대의 새 아침을 보지 못할 것입니다. 이제는 서로 책임을 너 때문이라고 하지 말고 마음을 돌이켜 원수됨을 풀고, 남·북 쌍방당국이 온 세계와 민족 앞에 공약한 대로 공존공영 함께 더불어 살 길을 찾는 것만이 유일한 삶의 길입니다. 이 민족은 지금 잠에서 깨어 눈을 똑바로 뜨고 봐야 합니다.

이 자리에 계신 검사님과 판사님, 그리고 이 닭의 울음소리를 듣는 모든 분들은 이 민족의 운명이 이제 자기 자신의 마음, 자신의 판단, 자신의 결단에 의해서 결정될 것임을 깨달아주시기 바랍니다.

저는 제 목숨이 다하는 그 기간까지 제가 사랑한 이 민족이 이 도마 위의 닭이 지난 40년간 외쳐댄 목소리의 의미를 깨달을 수 있도록 열심히 기도할 것입니다. 안녕히들 계십시요. 감사합니다.

1993년 2월 3일

항소이유서

항 소 이 유 서

－－ 목차 －－

1. 항소의 말씀

2. 본건 피고사건의 역사적 배경
(1) 민족분단과 본피고인의 방북사건
(2) 방북사건의 후유증(전과관계)
(3) 탈냉전 시대와 본건 피고사건의 직접적 배경 (이상 생략)

3. 본건 피고사건의 발단과 경위 및 진상
(1) 사건의 발단과 진전
(2) 사건의 경위와 진상
(3) 본건 피고사건에 있어 본피고인의 동기와 결과

4. 항소의 말씀을 맺으며
(1) 본건 피고사건의 실체적 진실과 흑백논리
(2) 새 시대의 민족사와 국가보안법 운용

3. 본건 피고사건의 발단과 경위 및 진상

검사의 공소장이나 원심의 판결문에 따르면 본건 피고사건의 내용이 매우 복잡한 것으로 보입니다. 그러나 본건 피고사건의 핵심은 본피고인이 1990년 2월 이래 1992년 8월 검거시까지 2년여 동안 북한사람들과 회합통신하며 금품을 수수한 사실에 있습니다.

따라서 여기에 본피고인은 1990년 2월 북한측에서 저에게 보내온 사람들과 회합통신하며 무엇을 했는지에 관해 그 발단부터 경위를 차례로 말씀드림으로써 재판장님께서 실체적 진실을 파악하시는 데 도움이 되기를 바랍니다.

(1) 사건의 발단과 진전

1990년 2월 북한에서 최모라는 청년이 저를 찾아온 이래 1992년 3월까지 모두 3차에 걸쳐 연락대표라는 사람들이 찾아왔습니다.

북한 연락대표라는 사람들은 1990년 2월 최초로 저의 집으로 찾아왔을 때를 제외하고는 언제나 2인1조로 행동했으며 그중 1명은 연락책이고 다른 1명은 그를 보호 또는 감시하는 역할을 담당하는 것으로 보이는 수행원이었습니다. 저와 대화를 나눈 사람은 언제나 연락책 한 사람뿐이며 수행원은 일체 발언하지 않는 것이 특색이었습니다.

제1차때는 35세 가량의 최모 씨라는 청년이 연락책이었으며 제2차와 제3차때는 65세 가량의 임모 씨라는 노신사가 연락책이었습니다. 그 동안 이들과 회합 대화한 내용과 경위는 대략 다음과 같습니다.

1) 사건의 발단 (제1차 접촉의 경위와 내용)

ㄱ) 제1차의 첫 번째 만남(판시제1)에 관하여

앞에서 말씀드린 바와 같이 1988년 7·7선언과 한민족공동체통일방안이 발표되어 통일열기가 높아진 상태에서 제가 소속해 있던 민족통일촉진회에서도 이 중요한 시기에 평화통일을 촉진하는 데 기여할 사업을 계획, 추진하자는 여론이 높아졌습니다. 이 민족통일촉진회란 단체는 과거 일제시대 항일 독립운동을 하신 분들, 이인, 유석현, 김재호, 송남헌, 이강훈, 이동화, 김성곤, 함석헌 등 원로들이 1972년에 창립한 단체로서 그 취지는 일제시대 항일 독립운동을 하던 분들이 독립운동의 연장선상에서 통일운동을 해야 한다며 결성한 것입니다. 초대회장은 이인 씨였고 국토통일원에 등록되어 국가에서 약간의 지원을 받아 《민족통일》이라는 회지를 발간했습니다.

이 단체의 많은 원로들이 논의한 결과, 8·15 직후 좌우분열을 상징한 사건이 1946년 8·15경축대회를 좌익은 남산공원, 우익은 서울운동장에서 따로따로 개최했던 일이라며, 이제 민족통일 분위기를 조성하기 위해 남북이 함께 8·15경축행사를 거행하는 것이 좋겠다는 의견이 나왔습니다. 그래서 1989년 또는 1990년 8·15날 항일 독립운동을 하신 원로들이 서울과 평양을 상호방문하여 8·15경축행사에 참가하고 항일운동때의 체험을 함께 회상하는 자리를 마련하자고 추진키로 했습니다.

그래서 동회 회장 송남헌 씨와 정책의장인 제가 국토통일원 이홍구 장관을 방문, 취지를 설명하고 협의한 결과, 경색국면의 남북교류 추진을 위해 좋은 생각이라는 내락을 받고 '남북교류협력법'에 의한 접촉신청을 제출했습니다. 그러나 평화적 통일 자체도 그렇듯이 이러한 사업은 남북 쌍방당국의 동의를 받아야 하는 것이기 때문에 북한당국과의 교섭이 필요한 상태에 있었습니다.

그런데 마침 중국과학원 소속 이상문 교수라는 분이 학술발표차 서울에 온 길에 저희들 민족통일촉진회를 방문했고, 송남헌 회장과 제가 저녁식사를 대접하게 되었습니다. 이 자리에서 송남헌 회장이 이상문 교수가 북경으로 돌아가면 주중 북조선대사관을 통해 8·15경축행사에 항일운동 원로들의 교환방문 사업에 관해 북한당국의 의향을 타진해줄 것을 부탁했고 저도 그 사업취지를 설명했습니다. 저녁식사 후, 차를 마시며 저는 자신의 저서 《굽이치는 임진강》《민족통일을 위한 설계》《사회과학원론》과 《민족통일》회지 등 책을 각 2부씩 봉투에 담아주었습니다. 그러면서 "1부씩은 이선생님이 시간 있으시면 읽으시고, 1부씩은 북한대사관측에 전해주시라"고 부탁했습니다.

제가 이때 이 저서들이 북한측에 전달되기를 바랐던 이유는 다음과 같은 것이었습니다.

첫째, 저의 평화통일방안, 즉 '4단계 통일방안'과 '통일독립청년고려공동체수립안'에 대해서 북한당국이 이제 좀더 진지하게 검토해서 수용하게 되기를 바란 것입니다.

둘째, 그 통일방안들을 작성한 저 자신은 1955년 평화통일방안을 가지고 평양에 갔을 때 부당하게 남한과 미국기관의 간첩으로 취급되었지만 진실을 해명하고 싶었습니다.

셋째, 저의 사상적 입장을 《사회과학원론》을 통해 분명히 하고 아울러 북한당국의 사회과학적 시각이 변화되기를 바라는 마음이 있었기 때문입니다.

이런 일이 있었던 다음해, 1990년 2월 어느날 저녁 느닷없이 35세 가량의 청년이 집으로 저를 찾아온 것입니다.

그리고 찾아와서 맨 먼저 저에게 전한 말은 자기는 북조선 당국에서 보내서 찾아온 연락대표 최모라며 자기가 제 "자서전 《굽이치는 임진강》을 여러 번 읽어 나를 잘 알고 있다", "과거 김선생이 북조선에 왔을 때 내무성 일꾼들의 잘못으로 고생을 많이 하신 점에 대해서 사과의 말씀을 전한다"는 말을 하며 앞으로 평화통일을 위해 협력해달라는 것이었습니다.

저는 그 청년의 정체를 알 수 없어 "당신이 북에서 온 사람인지 내가 어떻게 알 수 있습니까?"라고 묻자 그는 "만일 이번 사업이 잘못되면 죽을 각오를 하고 독약까지 가지고 있습니다"라고 하며 자기 주머니에서 앰플을 꺼내보이며 1955년 내무성 기록을 읽은 이야기를 들려주었습니다.

저는 그의 비장한 표정과 내무성 기록 이야기 내용으로 미루어 북에서

왔음을 확인할 수 있었습니다. 그리고 저에게 과거 북측당국이 간첩취급했던 일을 사과한다며 평화통일을 위해 협조해달라는 사람에게 제가 할 수 있는 말은 "나는 지금까지 평화통일을 염원한 일생을 살아온 사람입니다. 민족의 평화통일을 위한 일이면 함께 논의해봅시다"라는 말 이외에 달리 할 말이 없었습니다.

그날은 제 집전화번호만 묻고 다시 연락하겠다며 곧 헤어졌습니다.

그를 보내고 난 뒤, 저는 몇날 밤을 잠 못 이루고 고민했는지 모릅니다. 그 누구와 상의할 수 있는 일도 아니었습니다.

당국에 신고해야 하는 것인가? 전화가 오면 만날 수 없다고 거절할 것인가? 무슨 말을 하려고 찾아왔는지 만나봐야 할 것인가?

그러나 제 결론은 전화가 오면 만나봐야 한다는 것이었습니다. 일찍이 오직 민족의 평화적 통일을 위해 살겠다고 단지로 하나님께 서원한 내가, 평화통일 방안을 가지고 사선을 넘어 평양까지 찾아갔던 내가, 35년의 세월이 지난 지금에 와서 과거의 잘못을 사과한다는 뜻을 전하는 북한당국에 대해 그를 관에 신고함으로써 적대적 행동을 할 수는 없다는 생각이 들었습니다.

그리고 더구나 지난 35년 동안 남북 쌍방당국의 통일정책이 과거와는 많이 변해서 나의 평화통일원칙과 통일방안에 접근하고 있는 이 시점에서 나는 결코 남북쌍방 어느 쪽에 대해서도 적대적 입장이 되어서는 안될 일이고, 어떻게 해서라도 남북 쌍방당국의 합의를 도출하도록 노력해야 되는 것이 자신의 사명이라는 생각이 들었습니다.

특히 저는, 저의 평화통일 방안인 '통일독립청년고려공동체수립안'이나 저의 '4단계 통일방안'에 대해 북한당국이 그것을 어떻게 지금 생각하고 있는지 그것이 알고 싶었고, 4단계 통일방안 중 제2단계나 제4단계를 수용하도록 설득할 수 있을지도 궁금했습니다.

그래서 저는 전화연락이 오면 만나보리라는 것으로 결심을 하고 있었습니다.

ㄴ) 제1차의 두 번째 만남(판시제2)에 관하여

1990년 2월 하순경 연락을 받고 종로에 있는 다방으로 갔습니다. 이날 다방으로 나가면서 저는 그가 나에게 어떤 말을 꺼낼까? 내 통일방안에 대한 어떤 반응이 있을까? 생각하였습니다.

그러나 다방에 나가니 함께 온 사람이라며 수행한 청년을 인사시키고는 자기들이 나를 찾아온 목적이 무엇인지 아무 것도 말하지 않았습니다. 그는 주로 내가 최근 어느 단체에 소속해서 어떤 활동을 하고 있는지에 대해서만 관심을 갖고 물었습니다. 저는 아무 거리낌 없이 내가 민족통일촉진회와 경제정의실천시민연합에서 정책위 의장 또는 중앙위 부의장 등의 직책을 맡고 있으면서 주로 논설활동을 하고 있는 사실을 말했습니다.(대화내용은 대체로 판시 제2의 내용과 같습니다.)

그리고는 마지막에 다음에 다시 만나 통일운동에 관해 조용히 이야기하자며 다음에 만날 장소약속을 하고 헤어졌습니다. 다방분위기가 좋지 않아서 다른 커피숍을 정하였습니다.

ㄷ) 제1차의 세 번째 만남(판시제3)에 관하여

두 번째 만남이 있은 지 두어 주일 뒤인 1990년 3월 중순 연락이 되어 약속된 커피숍 앞으로 갔습니다. 북한 연락책 최모 씨는 나보다 먼저 와서 커피숍 앞 밖에서 기다리고 있었습니다. 최모 씨는 나를 보자 이 다방 말고 어디 좀 조용히 이야기할 만할 장소가 없겠느냐고 물었습니다. 저는 함께 택시를 타고 경복궁으로 갔습니다. 경복궁내 조용한 벤치에 앉아서 이야기를 나누기 시작했습니다.

그는 나에게 앞으로 통일운동을 어떻게 해나갈 생각이냐고 물었습니다.

저는 지금까지와 같이 통일문제에 관한 논문도 쓰고 강연도 하며 보다 광범한 사람들이 내가 주장하는 '4단계 통일방안'을 이해하고 지지할 수 있도록 계속 여론조성에 힘쓸 생각이라고 말했습니다.

이와 같은 제 말에 대해 최모 씨는, 물론 그와 같은 활동도 중요하지만 통일운동을 위해서는 조직적 역량이 필요하지 않겠냐고 했습니다.

저는 이에 관해 내가 민족통일촉진회에 참가하고 있는 이유가 바로 그것이라고 하면서 민족통일촉진회에는 많은 대학교수, 국회의원, 정치인, 항일독립운동원로 등 우리 사회에 영향 있는 인사들이 많이 참여하고 있으며 이에 대한 지지를 확산시키기 위해 노력하고 있다고 설명했습니다.

그런데 연락책 최모 씨는 뜻밖에도 그 사람들 속에서 몇 사람만이라도 지하조직을 만드는 것이 좋지 않겠느냐며 풀빛출판사의 나병식 같은 사람은 어떻냐고 했습니다.

저는 마음 속으로 '아, 이 사람들이 아직도 냉전시대 통일전략을 청산하지 못하고 있구나' 하는 것을 느끼며 답답한 생각이 들었습니다.

그리고 저는 조용히 그에게 말했습니다. 풀빛출판사 나병식 씨는 이름이 알려진 민주인사이지만 나와는 친분이 없다. 그런데 현단계 통일운동을 하는 데 무엇 때문에 지하조직이 필요한 것인가. 지하조직을 해서 무엇을 어떻게 하여 통일을 하려는 것인가. 반문하면서 그 부당성 그리고 현실적 불가능성에 관해 나는 약 20분 가량 긴 설명을 했습니다. 제 설명의 요지는 대략 다음과 같은 것이었습니다.

"나는 북조선 당국이 1950년~1960년대에는 북반부민주기지론을 통일전략으로 삼았고, 1960년대 중반부터 1970년대에는 남조선지역혁명론을 통일전략으로 통일혁명당 등 대남 지하조직 사업을 시도했던 것으로 알고 있다. 그러나 1980년 고려민주연방공화국통일방안을 주장한 이래로 통일전략이 남북 양 체제의 평화공존을 전제로 하는 남북간의 것으로 바뀌었고, 특히 1980년 더욱 강조하고 있는 것으로 평화공존적 1970년대 남조선지역혁명론에 지하조직 결성사업을 계속하고 있는 것인가? 김일성 주석도 기회가 있을 때마다 "누가 누구를 먹거나 누가 누구에게 먹히는 통일은 있을 수 없다"고 주장한 것으로 아는데 그럼 그말은 모두 전술적 선전에 불과하다는 말인가? 남한에서는 그렇지 않아도 고려민주연방공화국통일방안이 1980년에 발표될 당시 이러저러한 전제조건을 갖고 있기 때문에 많은 사람들이 북측의 연방제 통일방안은 진심으로 남과 북이 평화적으로 공존할 것을 전제로 하는 것이 아닌 기만적 통일전선 전략으로 남한을 적화통일하려는 것이라고 주장하고 있는 형편이다. 그런데 지금 남한에서 지하조직 사업을 하려 한다면 연방제통일론은 있을 수 없는 것인데 도대체 무슨 소리를 하는 것인가? 그리고 또 지금 남한실정으로는 지하조직 사업이 되지도 않는다. 지하조직을 해서 혁명을 하여 통일을 하겠다는 사람이 있으면 실정을 전혀 모르는 시대착오의 교조주의자에 불과하다. 남한주민들은 40년간 반공교육을 받고 자랐다. 더구나 근래 소련과 동구라파가 저렇게 붕괴하는 것을 보면서 어느 누가 목숨을 걸고 지하조직해서 공산혁명하자면 거기에 호응할 사람이 몇이나 있다고 생각하는가? 지하조직이란 몇 명만 숫자가 늘어나도 보안이 안되어 곧 탄로된다. 탄로 될 경우 남북관계는 과연 어떻게 되겠는가. 설사 백 명, 천 명의 지하조직이 무사히 되었다고 해보자. 그래 그것으로 수십만 경찰과 군인 그리고 수백만 예비군을 대상으로 무엇을 어떻게 하겠다는 것인다. 역사적으로 볼 때 지하조직 사업이니, 혁명이니 하는 것은 그 사회 대다수 주민들이 생존을 위협받는 절대적 빈곤상태에 허덕일 때 목숨을 위해 이판사판이니 싸우자고 해서 가능할 수도 있는 것이다. 그렇지만 현재 남한주민의 생활형편은 와보고 잘 알겠지만 절대적 빈곤에서 벗어난 지 이미 오래이다. 그리고 상대적 빈곤 문제가 있지만 주민들은 그것을 해결하기 위해 폭력혁명을 따르지는 않는다. 의회민주주의를 통해서 평화적 해결이 가능한 것을 알고 있기 때문이다. 지금 민족적 대단결로 교류확대와 협력확대를 추구해야 할 마당에 지하조직 사업이란 절대 있을 수 없다. 북조선 당국이 연방제통일을 진정으로 원하는 것이면 대남 지하조직 사업은 절대로 해서는 안되고 공존공영의 길을 찾아야 한다"는 취지의 말을 했습니다.

북한 연락책 최모 씨는 한마디도 하지 않고 듣고 있었습니다. 그러더니 "북조선의 연방제통일론이 누가 누구를 먹거나 먹히지 않는 통일을 하자는 것은 단순한 기만전술이 아닙니다. 알겠냐는 뜻입니다"라는 말을 했습니다.

저는 그 문제는 더 이상 논의할 필요가 없다고 생각하여 화제를 바꾸어 내가 그 동안 궁금해 했던 것을 물었습니다.

"내가 쓴 책 《민족통일을 위한 설계》를 보았나요?" 그는 대답을 못하고 머뭇거렸습니다. 그래서 계속 다시 나는 "내가 작년 국회에서 발표한 '3차 7개년계획에 의한 4단계 통일방안'을 알고 있소?" 하고 물었습니다.

북한 연락책 최모 씨는 아주 당황하는 모습으로 "그런 책이 있는 것을 들었고 또 김선생님이 그런 통일방안을 발표했다는 말은 들었는데 저는 그 내용을 읽어볼 기회가 없었습니다"라고 대답하는 것이었습니다.

저는 매우 크게 실망했고 아무 할 말이 없었습니다. 아무 말 없이 먼 산만 바라보고 앉았노라니 최모 씨도 아무 말을 못해 한참 분위기가 어색했습니다. 나는 마음을 가라앉혀 언제쯤 북으로 돌아가냐고 물었습니다. 그는 다소 긴장이 풀린 듯 이제 곧 가게 될 것이라고 대답하더니 자기 옷주머니에서 손바닥 크기의 소책자 하나를 꺼내 나에게 건네주며 "이거 한 번 읽어 보시죠" 하였습니다.

그가 내민 책을 받아 펴보니 주체사상에 관한 제목의 책이었습니다. 나는 마음 속에서 참 딱한 사람이라는 생각을 하면서 "아, 이런 책은 시내서점에 가면 얼마든지 구할 수 있는데 무엇 때문에 북에서 만든 책을 갖고 왔습니까? 지니고 다니면 위험하니 곧 처리하십시오"라고 말하며 되돌려 주었습니다. 서로의 분위기가 매우 불편한 상태에서 그날은 내가 바쁜 일이 있다며 헤어졌습니다.

ㄹ) 제1차의 네 번째 만남(판시제4)에 관하여

세 번째 만남이 있던 10여 일 후에 전화가 걸려왔습니다. 지난번 만남에서 실망한 나는 만나고 싶은 생각도 없었지만 이대로 끝낼 수도 없다는 생각에서 다시 약속을 하고 종로 커피숍에서 만났습니다.

커피숍에서 만나자 북한 연락책 최모 씨는 다른 말은 없고 주로 나의 집안형편이 어떠냐, 한 달 수입은 얼마나 되고, 생계문제를 어떻게 해결하냐는 것이었습니다. 나는 대충 내 생활형편을 이야기했습니다. 그랬더니 그는 자기들은 곧 북한으로 돌아가야 하는데 앞으로 연락할 일이 있으면 연락할 수 있도록 방도를 강구하는 것이 어떻겠냐고 묻기에 저는 "방법이 있나요? 뭐" 하고 대답했습니다. 그랬더니 그는 "무인포스트를 정하면 되는데 잘 가는 산이 없습니까?"라고 되물었습니다. 나는 "우리집 뒷산에 가끔 아침산보를 가죠" 했더니 그는 자기가 장소를 알아보겠다고 했습니다.

그러고는 헤어지려고 내가 일어나려 하자 그는 다시 머뭇거리는 어조로 "한두 명 정도라도 노동계에서 지하조직을 할 사람 좀 다시 생각해보시죠"라는 말을 꺼내는 것이었습니다.

저는 마음이 상해서 좀 불쾌한 어조로 대답했습니다. "남한에서 어떤 조직을 하는 것이 통일운동에 도움이 되느냐 하는 것은 남한에 살고 있는 우리가 더 잘 압니다. 그런 문제는 이곳에 사는 나에게 맡겨두십시오. 평화통일을 하자면 어차피 남북 쌍방당국간에 합의가 이루어져야만 합니다. 그리고 남북쌍방이 합의를 이루도록 하는 데는 사회적으로 영향력이 큰 사람을 설득, 포섭해야지 노동자 몇 명쯤 포섭해서 뭘 합니까. 노동운동계에는 내 후배들도 많이 있지만 지하조직에서 폭력혁명하자면 따라올 사람은 없습니다. 어쨌든 남한에서의 통일운동은 이곳 나에게 맡겨두고 가십시오. 그리고 가서 내 의견을 말씀 해주시오"라고 대답하며 자리를 일어섰습니다.

ㅁ) 제1차의 다섯 번째의 만남(판시제5)에 관하여

1990년 4월 초순 북한연락책 최모 씨는 저의 집으로 찾아왔습니다. 그는 제 서재 응접실에 들어서자 들고 온 보스톤백에서 누런 포장지로 된 꾸러미 하나를 꺼내어 나에게 건네주며 "이것은 주석님께서 김선생님께 보내주신 선물입니다"라며 손을 내밀었습니다. 저는 선물을 보내준다는 북한당국의 선의를 뿌리칠 수 없다는 생각으로 그것을 받아 탁자 위에 놓고 감사하다는 말을 했습니다. 그러자 그는 "이 선물 받았다는 징표로 그리고 또 주석님 생일이 곧 다가오니 몇자 적어주시죠" 하기에 저는 책상 위에 있던 플러스펜으로 '생신을 축하드리며 만수무강을 빕니다' 라는 글을 써주었습니다. 그리고 연락책 최모 씨가 자기들은 곧 가게 되었다고 하기에 저는 그에게 "북으로 가면 필요없을 텐데 지난번 처음 만났을 때 보여줬던 그 독약앰플 1개만 나를 주고 갈 수 없소?" 하고 물었더니 그는 "예, 갈 때 드리고 가죠" 하고 대답했습니다.

제가 이때 그 독약앰플을 주고 갈 수 없냐고 묻게 된 동기는 바로 그 전해 제 부친께서 작고하셨는데 병석에서 하도 여러 달 몹시 고통스러워 하시며 빨리 편히 죽게 수면제 좀 사다달라고 성화를 대시던 기억이 있어 그 앰플을 보관하고 있으면 내가 긴히 쓸 데가 있을지도 모른다는 생각이 있었기 때문이었습니다.

그날은 내가 그들에게 집에는 경찰서 담당형사가 자주 온다고 말하니 선물꾸러미를 탁자 위에 남기고 곧 가버렸습니다.

그들이 가고 난 다음 탁자 위의 꾸러미를 끌러보니 산삼 1뿌리와 돈이 들어 있었습니다. 돈을 보고는 잠시 당황했으나 '어차피 받은 것 저들은 갈 사람이고 무슨 조건을 붙인 것도 아니고 선물이라며 줬는데, 뭐…… 지난날 자기들이 나를 간첩으로 취급해서 죽을 고생을 시킨 데 대한 보상금이라고 생각하자' 이런 생각을 하며, 그돈을 깊은 곳에 감추었습니다. 물론 이돈을 되돌려주려면 방법이 없었던 것도 아니지만 물질에 대한 저 자신의 욕심도 작용해서 편하게 생각하고 만 것같습니다.

ㅂ) 제1차의 여섯 번째 만남(판시제6)에 관하여

1990년 4월 중순 연락책 최모 씨의 전화를 받고 집 앞 갈현동 72번 좌석버스 종점으로 갔습니다. 이제 북으로 가면 다시 오기 어려우니 혹 연락할 일이 생기면 연락할 수 있는 방법으로 자기들이 봐둔 무인포스트 자리를 확인하러 뒷산으로 가자는 것이었습니다. 저는 그를 따라가서 장소를 확인했습니다.

장소확인이 끝나고 내려오려고 하는데 최모 씨는 조심스러운 말소리로 "지하조직이 필요하지 않아요?" 하고 다시 문제를 제기했습니다.

저는 그의 이말을 듣고 '아마 이 사람은 나를 포섭해서 지하조직을 만들라는 임무를 받고 왔던 모양이구나. 그런데 그것이 여의치 못한 채 돌아가려 하니 마음이 걸려 또 이 문제를 꺼내는 모양이구나' 하는 생각이 들었습니다.

저는 그에게 다시 정중하게 말했습니다. "최선생, 평양으로 돌아가시거든 남한실정도 모르고 책상머리에 앉아서 남조선혁명을 위해 지하조직 사업을 해야 한다고 말하는 사람이 있거든 제발 하루속히 1970년대 냉전시대 통일전략을 청산하라고 말씀 전해주십시오. 그렇지 않으면 남북관계만 악화시키고 평화공존 민족대단결의 연방제통일은 영영 불가능하게 됩니다. 지난번 제가 말한 것 잊지 말고 북한당국에 전해주시고, 또 가시거든 나의 저서들, 특히 나의 통일방안에 대한 북한당국의 견해를 이 무인포스트를 이용해 편지로 알려주십시오"라고 말했습니다.

그는 잘 알겠다고 대답하고 하산하는 길에 들고 왔던 백을 넘겨주면서 자기들이 입던 옷인데 필요없으면 적당히 처리해달라고 했습니다. 그리고 이때 그는 플라스틱 도장 모양의 앰플을 주면서 "이것을 입에 넣고 중간을 깨물면 직사합니다. 조심하세요"하고 독약앰플도 함께 주었습니다. 그것은 지난번 만남때 내가 부탁한 것이기에 나는 아무 말 없이 받아 주머니에 넣었습니다.

잘 가라고 악수하며 나는 다시 평양 가면 내 말 잘 전해달라고 부탁했습니다.

그후 저는 아침 뒷산에 산보할 때마다 이따금씩 그 무인포스트 자리를 눈여겨봤습니다. 그러나 한 달이 지나고 두 달이 지나도 아무 소식이 없었습니다. 저는 북한당국이 저에게 지하조직 결성을 요구하다가 거절을 당하니 관계를 끊은 것으로 생각하고 홀가분하게 느꼈습니다. 그러나 한편 북한당국이 냉전시대 통일전략을 청산하지 않는다면 우리 민족의 평화통일은 과연 언제나 될 것인지 답답한 생각이 들기도 했습니다.

그러면서 저는 북한사람들이 어떻게 마음먹고 1955년 내가 평양에 갔을 때 남한과 미국의 간첩이라고 자백했는데 어떻게 《굽이치는 임진강》의 자서전만 믿고 감히 나를 찾아왔을까? 더구나 나에게 지하조직 결성을 요구할 수 있었을까? 의아하기도 했습니다. 그 나의 자서전 《굽이치는 임진강》을 보면 내가 진정으로 평화통일을 원하는 순수한 사람인 것을 인정할 수가 있겠지만 지하조직 결성을 제의할 만큼 친북적인 혁명가로는 생각할 수 없었을 것이기 때문입니다. 저는 이런 생각 저런 생각을 하다가 맨 처음 최모 씨가 찾아왔을 때 한 말 중에 "선생님께서 서독을 통해서 입북하려 한 민우지 사건으로 징역을 산 것도 잘 알고 있습니다"하는 말을 했던 것이 떠올랐습니다. 《굽이치는 임진강》의 자서전에는 내가 서독을 통해 입북하려다 징역을 살았다는 말이 없었습니다. 그것은 조작된 강제자백이었을 뿐 진실이 아니었기 때문입니다. 그러나 북쪽사람들은 당시의 신문보도를 그대로 사실로 믿고 있었던 것으로 짐작할 수밖에 없었습니다. 그러기에 최모 씨는 처음 왔을 때 과거 북한 내무성 일꾼들이 잘못해 고생해서 미안하다는 사과의 말과 같이 그런 말을 했고 또 그 동안 와서 마치 나를 친북 혁명적인 인물로 생각하고 지하조직 결성을 제의할 수 있었던 것이 아닐까…… 추측하게 되었던 것입니다. 그러나 이제는 의심이 나니 관계를 끊고 무인포스트를 이용하지 않는 것으로 판단하였습니다.

ㅅ) 제1차의 일곱 번째 만남(판시제7)에 관하여

무인포스트 연락이 없자 저는 그들과의 관계를 포기한 상태였습니다. 그런데 그들과 작별한 지 3개월쯤 되는 1990년 7월 중순 어느날 나는 북한 연락책 최모 씨의 전화를 받았습니다. 사정이 있어 못 가고 지금 어느 농장에서 일하고 있다는 말이었습니다. 그리고 다시 8월 중순경 전화가 왔는데 좀 만나자는 것입니다. 약간 불안한 생각도 들었으나 약속장소로 나갔습니다. 조용한 곳으로 안내해달라고 하기에 나는 택시를 잡아타고 진관사로 갔습니다.

조용한 시냇가로 가서 별로 나눈 대화는 없었습니다. 아직 북한에 가지 못한 그들에게 나도 할 말이 없었습니다. 최모 씨는 그 동안 사정이 어려워 못 갔다며 무인포스트는 꼭 사람이 와야 연락이 되기 때문에 실용성이 없다며 라디오 A3방송을 통해 연락하는 방법을 가르쳐주겠다며 라디오를 꺼내 설명했습니다. 방송을 청취하고 그 내용을 해독하는 난수표 해문법도 설명했습니다. 나는 잠자코 듣기만 했으며 나는 그런 것을 기억치 못한다고 하니 그 내용을 종이에 순서대로 적어주었습니다. 기왕에 북한당국과 통신의 방도가 있어야 된다고 생각하고 무인포스트 설정을 동의한 나로서는 반대할 수도 반대할 이유도 없었습니다. 나는 그에게서 라디오, 난수표, 그 설명서 등을 받아가지고 작별의 인사를 했습니다. 짝수달 셋째 목요일에 청취해서 그 설명서대로 풀면 된다는 말이었습니다.

그들이 북한으로 돌아간 다음 맨 처음 받은 방송을 설명서대로 풀어보니 무사히 도착했다는 것과 그 동안 은폐해준 데 감사하다는 내용이 있었고 다시 동조자를 포섭하기 바란다는 말이었습니다. (판시제8)

저는 이 전문을 받고 절벽을 대하는 느낌이었습니다. 평화통일운동을 위해 찾아온 사람들이 아직도 냉전시대 지하조직을 말하고 그만치 설득했는 데도 제대로 이해하지 못한 듯한 느낌을 받았기 때문이었습니다.

저는 다만 마음 속에서 북한당국의 통일정책에서 하루속히 냉전시대의 잔재가 없어지고 진정으로 남과 북이 공존공영하는 평화통일 정책으로 변화되기를 바랄 뿐이었습니다. 나는 내 의사를 북측에 전달할 수 있는 방도가 없는 것이 답답했습니다. 지난번 내가 북한 연락책 최모 씨에게 말한 내용을 제대로 이해했는지 그리고 그것을 북한당국에 제대로 전달했는지 의심스러웠고 북한당국의 보다 상층부에 직접 편지라도 쓸 수 있으면 좋겠다는 심정이었기 때문입니다. 아무리 생각해봐도 민족의 평화적 통일이란 남북 쌍방당국의 합의가 형성되어야만 하는 것인데 북한당국의 정책변화를 촉구할 길이 없는 것은 참으로 답답한 일이었습니다.

2) 사건의 진전(제2차 접촉의 경위와 내용)

ㄱ) 제2차의 첫 번째 만남(판시제9)에 관하여

제가 북한에서 최초의 전문을 받은 지 며칠 안된 1990년 10월 중순, 저는 지난번 찾아왔던 북한 연락책 최모 씨의 전화를 받았습니다. 다시 왔는데 만나자는 것이었습니다.

북으로 잘 갔다는 전문을 받고 며칠 안된 때였기 때문에 의아한 생각이 들었지만 일단 약속을 하고 약속장소로 갔습니다.
　약속된 커피숍에 나가니 의외에도 최모 씨는 나이가 훨씬 많은 65세 가량의 노신사 한 사람과 나란히 앉아 나를 기다리고 있었습니다.
　"함께 모시고 온 임과장이십니다"라고 소개하여 나는 그와 인사를 나누었습니다. 임과장이란 사람이 연락책이고 최모 씨는 수행원의 역할을 맡고 있는 것으로 보였습니다. 임과장이란 사람만 나와 대화를 나누었는데 서로 초면이어서 요즘 어떻게 지내는가를 물었고 나는 내 근황을 이야기했습니다.
　저는 좀 성급하다는 생각이 들었지만 나의 저서《민족통일을 위한 설계》나《사회과학원론》을 보았느냐고 물었습니다. 보았다고 대답하기에 '4단계 평화통일방안'에 관해 북한당국은 어떻게 생각하고 있느냐고 물었습니다.
　이에 대하여 북한연락책 임모 씨는 그렇지 않아도 통일문제에 관해 여러가지 논의를 하기 위해 자기가 직접 내려온 것이라며 지난번 최모 씨를 통해서 내가 지하조직 결성이 부당하다는 의견을 말한 것도 잘 들었다고 하고 여러가지 문제를 조용히 논의할 기회를 만들자고 했습니다. 그는 내게 왜 민중당에 참여하지 않는가를 물었습니다. 나는 남한실정으로는 진보적 정당이 아직 어렵다는 것과 나는 정치보다 통일문제 연구에 더 관심이 있다는 것을 설명했습니다. 다음에 또 만나서 이야기하자며 그날은 헤어졌습니다.

　ㄴ) 제2차의 두 번째 만남(판시제10)에 관하여
　첫 번의 만남이 있은 지 10일쯤 뒤에 다시 다방에서 만났습니다. 이날은 커피숍이 붐벼서 대화를 나누기가 불편했습니다. 나도 북한당국의 통일정책에 대해 몇 가지 묻겠다는 생각을 갖고 갔으나 묻지 못했습니다. 북한연락책 임모 씨는 통일운동을 하자면 정치세력이 있어야 하는데 왜 민중당에 참여하지 않느냐는 문제를 제기했으나 나는 정치가 나의 적성에도 맞지 않고 통일운동에도 별 효과가 있을 것같지 않다고 생각하기 때문에 참여치 않는다는 몇 가지 말을 했습니다. 조용히 이야기할 수 있는 곳을 마련해보자며 헤어졌습니다.

ㄷ) 제2차의 세 번째 만남(판시제11)에 관하여

1990년 10월 하순, 저는 북한연락책 임모 씨 등을 시내에서 만나 시외버스편으로 제 고향 파주 시골집으로 데리고 갔습니다. 저의 시골집은 부모님이 사셨는데 지난해 부친이 또 그해 모친이 작고하셔서 집이 비어 있는 형편이고 이따금 제 가족들이 내려가 쉬고 올라오는 조용한 장소였기 때문입니다.

11시경 시골집에 도착해서 옆집 아주머니에게 점심을 부탁해 먹으면서 오후 4시경까지 상당히 많은 의견교환이 있었습니다.

이날 이 자리에서 저와 임모 씨 사이에 논의된 문제들은 광범한 것이었는데;

첫째, 북한당국의 통일정책 방향에 관한 문제
둘째, 남한 정당들의 통일정책과 통일운동 문제
셋째, 진보적 합법정당 민중당 창당문제
넷째, 소련 및 동구 사회주의권 몰락문제
다섯째, 북한의 정치경제 형편에 관한 문제들이었습니다.

이 자리에서 저는 많은 토론을 통하여 북한당국 사람들을 아는 데 도움이 됐으며 또 저는 이 문제들에 관한 제 의견을 충분히 설명했습니다.

그때 논의된 이야기의 요지는 대략 다음과 같습니다.

첫째, 북한당국의 통일정책 방향에 관해서 제가 맨 먼저 제기한 문제는 북한당국이 주장하는 연방제통일론이 전술적 변용인가 아니면 통일전략 자체가 남북쌍방의 평화적 공존을 진심으로 전제로 하는 것인가 하는 문제였습니다. 지난번에 최모 씨가 와서 나에게 지하조직 결성을 말한 이유가 무엇인가 하는 질문이었습니다.

이에 대하여 북한연락책 임씨는 "지난번에 김선생이 최동지를 통해서 하신 말을 잘 들었습니다"라고 하면서 내 의견에 동감한다고 말하고, 다만 남한당국의 연방제통일론을 반대탄압하는 조건 속에서는 그것을 추진하자면 지하조직이 불가피하지 않느냐 하는 생각을 한 것이라면서 북한당국이 주장하는 연방제통일론은 절대로 전술적 차원의 주장이 아니고 평화공존을 전제로 하는 통일전략이라고 설명했습니다.

저는 그렇다면 지하조직 사업을 하는 것은 오해를 살 뿐이기 때문에 절대로 해서는 안되는 것임을 다시 설명하고, 남한에서도 이제는 연방제통일을 주장해도 이해하는 사람이 많아져서 무조건 탄압하지는 않을 것이라고 설명했습니다. 그리고 저는 그에게 북한당국의 연방제통일론이 진심으로 남과 북의 평화공존을 전제로 하는 것이라면 내가 주장하는 '4단계 통일방안'에서처럼 남한정당들이 주장하는 국가연합을 연방국가로 가는 초기단계로 수용하지 못할 이유도 없지 않느냐고 질문을 제기했습니다.

이에 대해서 북한연락책 임모 씨는 "북조선당국도 연방제통일을 한꺼번에 할 수도 있고 점차로 할 수도 있다는 입장이기 때문에 국가연합 단계를 수용하지 못할 이유는 없습니다. 그렇지만 남한당국이 주장하는 한민족공동체통일방안은 국가연합의 한 형태로 볼 수 있는 남북연합을 만들어 놓고 계속 외세를 등에 업고 북측에 대한 군사경쟁을 강요할 가능성이 있습니다. 남북간의 군비경쟁과 적대적 군사동맹 체제하의 남북연합은 분단을 고착화시킬 뿐입니다. 평화통일이 되자면 외세를 업고 군비경쟁을 강요하는 일이 없도록 외교와 군사가 통일연방정부에 귀속되는 연방국가식 통일이 되어야만 합니다"라는 설명이었습니다.

그래서 제가 "그렇다면 내가 주장하는 4단계 통일론은 반대할 이유가 없지 않습니까?"라고 물으니 그는 원칙적으로는 4단계 통일론을 반대하지 않지만 아마 그것은 남한당국이 수용하지 않을 것이라며 거기에도 몇 가지 문제점들은 있다는 의견이었습니다.

저는 남한당국도 불원간 나의 통일방안을 수용하게 될 것이라며 몇 가지 문제점들이란 어떤 것들이냐고 물었습니다.

그는 제 통일방안의 제2단계, 국가연합 상태에서 남북 모두에 복수정당제도를 허용하라는 것은 북측 정치체제의 변화를 요구하는 것이고, 제3단계에서 미군에 대신해서 유엔평화군을 주둔케 하자는 것은 민족자주의 원칙에 어긋난다고 생각한다는 것을 지적했습니다.

저는 북한실정이 아직도 일당독재 체제를 변경하기 어려운 처지임을 반영한 것으로 생각하면서 "그렇지만 북한의 현정치체제를 언제까지 고집할 수 있습니까. 복수정당제는 세계사의 추세인데, 그리고 일시적으로 유엔평화군을 주둔시키는 것은 평화를 보장하기 위한 것인데 민족자주 원칙에 어그러지는 것으로만 볼 필요는 없지 않느냐는 생각입니다" 라는 말을 했습니다. 그러면서 저는 북한내부에서 정치체제가 변하자면 한반도 긴장이 해소되고 북한주민들의 생활수준이 향상되어 사회의 개방이 실현되지 않고는 어렵겠구나 하는 것을 절감했습니다.

둘째, 남한정당들의 통일정책과 통일운동에 관해서 저는 정부의 한민족공동체통일방안, 평민당의 공화국연방안, 민주당의 한민족연합체통일방안 등이 모두 비슷비슷한 국가연합식 통일방안임을 설명하면서 구체적 내용은 《현단계 제 통일방안》(김낙중·노중선 공저, 한백사 간)이란 책을 사보라고 권했습니다. 그리고 현재 남한내의 통일운동은 전대협 중심의 학생운동이 주도하고 있는 형편인데 애국적 정열은 크지만 구체적 연구가 부족하고 특히 반미운동이 곧 통일운동인 것으로 생각하는 잘못이 있음을 내가 설명했습니다. 그리고 학생들의 통일운동은 북한방송의 영향을 많이 받고 있는 것으로 생각되는데 북한당국도 종래의 배타적 민족주의에 기초한 반미운동은 시정해야 함을 역설했습니다.

저는 북한연락책 임모 씨에게 북한당국의 무조건적 반미운동을 변경해야 할 이유로 다음 몇 가지를 지적했습니다. 첫째, 현재의 국제정세하에서 미국과 계속 적대관계를 유지하는 것은 한반도 긴장완화에 도움이 되지 않는다. 둘째, 미국에는 군수상인도 있지만 대부분의 국민은 선량한 평화애호적 입장이다. 무조건 반미하면 미국내의 평화애호적 인사들까지 적대하는 것이 되어 좋지 않다. 셋째, 남한내부에서도 학생들의 반미운동은 지지를 받지 못한다. 왜냐하면 대부분의 남한주민들은 미군이 있기 때문에 북의 남침전쟁이 안 나는 것으로 생각하는데, 평화보장 장치도 없이 무조건 미군철수하라면 국민은 찬성하지 않기 때문이다. 그렇기 때문에 북한당국이 연방국가식 통일을 말하면서 동시에 강력한 반미 미군철수를 주장하면 사람들은 미국 물러가게 하고 남침하려는 책략으로 연방제통일을 주장한다고 생각한다. 따라서 나는 북한당국이 진정한 공존적 연방국가식 통일을 원하면 무조건적 반미운동, 평화보장 없는 미군철수 주장은 하지 말아야 한다고 생각한다는, 납득하는 모습으로 조용히 듣고 있었습니다.

셋째, 남한내 합법적 진보정당인 민중당 창당문제에 관한 논의는 임모씨에게 가장 관심있는 사항인 듯했습니다. 그는 다시 효과적 통일운동을 위해서는 합법적 진보정당에 참여해서 정치세력을 형성해야 될 텐데 왜 민중당에 참여하지 않는가를 다시 제기했습니다.

저는 그의 질문에 대해 진보적 합법정당이 제도권에 진출해서 여러가지 정책활동을 하는 것은 민족의 평화통일에도 유익한 것인 줄은 알지만 현재의 남한의 선거제도, 정당제도, 정치풍토로 보아 현실성이 없고 나 자신이 정치활동을 적성이 아니라고 생각하기 때문에 참여하지 않는다는 취지를 다시 설명했습니다.

그러면서 나는 남한에서 진보정당이 정권을 잡아야만 평화통일이 실현될 수 있다고는 생각지 않으며, 만약 그렇게 된다면 내 생전에는 평화통일은 안될 것이다. 누가 정권을 담당하든지 비록 보수정당이라도 민족사의 요구를 외면할 수 없을 것이며, 그렇게 되면 비록 보수정당이라도 나의 평화통일 방안을 수용할 수 있게 될 것으로 생각한다는 취지의 말을 했습니다.

이에 대하여 북한 연락책 임모 씨는 자기들도 남한의 진보정당이 정권을 잡아야 민족통일이 가능하다고는 생각하지 않지만 진보정당의 목소리가 커져야 보수정당의 정책이 바뀐다면서, 현재의 상태에서는 보수집권당이 연방국가식 통일방안을 단계적으로 수용하자는 내 4단계 통일방안을 수용하지 않을 것이다, 그런 통일방안이 개인의 안이 아니라 정치적 세력을 가지고 많은 대중의 지지를 받는 합법정당의 주장이라고 할 경우에는 보수정당도 그것을 무시하지 못하게 된다며, 민중당에 참여해서 민중당의 통일정책에 반영하도록 하는 것이 효과적인 평화통일 운동의 방도라는 주장이었습니다.

저는 그에게 "임선생님 말씀 일리 있는 말씀입니다. 그렇지 않아도 민중당 창당준비위원회 후배들의 참여부탁도 있었지만 내 성격이나 재질이 정당운동보다는 학구적인 방면에 적합하기 때문에 지금 저서를 한 권 쓰고 있는 중입니다. 그래서 사양했습니다. 그 문제는 앞으로 계속 연구해보겠습니다"라는 말로 매듭을 지었습니다.

이날의 만남에서는 참으로 많은 것을 논의했는데 소련 및 동구사회주의 문제, 북한의 정치경제 형편 등에 관한 의견교환 내용은 원심공판 최후진술서 (P.56~61)에 약간 언급했으니 여기에는 생략합니다.

저는 그날 늦게 서울집으로 돌아와서 그 동안 북한연락책 임모 씨와의 접촉대화 결과에 대해서 생각해보았습니다.

첫째, 북한당국이 남한에서 지하조직을 결성해야 된다는 주장을 고집하지 않은 것은 천만다행이라고 생각되었습니다. 실제로, 임모 씨는 저에게 지하조직 운운하는 말은 그후 한마디도 한 일이 없었습니다.

둘째, 북한당국의 연방국가식 통일방안이 그렇게 경직된 것만은 아니고 남한에서 주장하는 국가연합식 통일방안과 결합할 수 있는 것임을 확인한 것도 다행이라는 생각이 들었습니다.

셋째, 그 동안 세 번의 만남을 통해서 북한연락책 임모 씨는 계속 민중당에 참여하는 것이 통일방안을 효과적으로 실현하는 방도라고 주장했는데 그것은 일리 있는 말이기도 하고, 평화공존적 통일을 추구하는 데 해로운 것도 아니라는 생각이 들었습니다. 그리고 북한당국이 민중당 창당에 관심을 갖는 이유는 연방제통일방안에 대한 남한에서의 지지기반을 확대하고 싶다는 생각 때문임을 이해할 수 있었습니다. 왜냐하면 당시 재야운동권인 전민련, 전대협 등에서는 모두 연방제통일방안을 지지하는 입장에 있었기 때문에 재야출신의 진보정당이란 필연적으로 연방제통일론을 주장하게 되어 있었고 실제로 민중당 정당정책 초안도 그와 같은 입장에 있었기 때문입니다.

4단계 통일론을 주장하는 저의 입장에서 볼 때 북한당국이 연방제통일론의 지지기반을 확대하기 위해 민중당에 관심을 가지는 것은 북한당국이 진정으로 남북간의 공존을 전제로 하는 것인 이상 대한민국을 해롭게 하는 것은 아니며 쌍방 모두에 유익이 될 수 있는 일이라는 생각도 들었습니다.

그러나 나 자신은 정당활동이 적성에 맞지 않고 또 당시 내가 소속해 있던 민족통일촉진회에는 여야 정치인들과 항일독립운동 원로들이 힘께하는 통일운동 단체였기 때문에 그 회의 통일정책위원장으로 활동하는 것이 학자적 성격인 자신에게는 더 적합하다는 결론을 내리고 있었습니다. 초당적 입장에서 통일문제에 관한 전문연구자로서의 발언권을 지키고 싶었기 때문입니다.

ㄹ) 제2차의 네 번째 만남(판시제13)에 관하여

지난번 시골집에서의 세 번째 만남 이후에 북한연락책으로부터 아무 연락이 없었습니다.

그런데 1990년 10월 하순 저는 공교롭게도 민중당 창당준비위원회에서 주도적 역할을 맡고 있는 이재오 사무총장의 몇 차례의 방문을 받았습니다. 민중당 창당에 함께 참여해달라는 요청이었습니다. 그때마다 저는 매우 어렵게 거절의 뜻을 말했습니다. 그런데 그해 11월 초 제가 강의를 하고 있던 여성민우회로 다시 민중당 창당준비위원장 이우재, 섭외부장 조춘구 등의 후배들이 몰려와서 지금 민중당 창당사업이 내부의 사정으로 어려움에 처해 있다며 협조를 요청한다고 애원했습니다. 내가 협조할 수 있는 일이 무엇이냐고 물으니 역시 내가 민중당 창당에 참여해서 공동대표의 일원이 되어주어야만 할 처지라는 설명이었습니다. 저는 그들에게 나는 정당활동이 적성이 아니고 지금 진행중에 있는 저서가 있기 때문에 시간을 낼 수 없다고 사양했습니다. 그랬더니 이우재 씨는 창당준비와 관련된 일은 자기가 다 맡아 할 것이니 이름만 걸어서 구색만 맞춰주면 된다며 시간 내서 당 활동에 참여하지 않아도 된다는 설명을 했습니다.
 여러 후배들이 이렇게 간청하는데, 이름만이라도 참여해서 구색을 맞춰 달라고 하는데, 시간은 내지 않다도 된다고 하는데, 무조건 계속 거절하는 것이 후배들에게 너무 지나친 것같은 생각이 들었습니다.
 더구나 사실 저는 평소에 우리 사회에도 합법적인 진보정당이 있어야만 사회발전에 도움이 된다고 생각하고 있던 사람이었습니다.
 자본주의 사회에서 합법적 진보정당의 존재는 그 사회의 갈등, 특히 노동자・농민 등 소외계층의 갈등요인들을 정치과정에 반영함으로써 갈등의 완화해소에 기여하고 사회의 안정적 발전에 도움이 되기 때문입니다. 물론 진보정당 발생초기에는 사회혁명을 위해서 합법정당을 이용하겠다는 생각을 가진 사람들도 섞여들지만, 실제로 합법적 정당활동의 기준을 선거구민의 지지로 획득하게 되기 때문에 폭력적 혁명노선을 수정해서 온건한 개량노선으로 진전할 수밖에 없었던 것이 역사적 교훈이었던 것입니다.
 특히 절대적 빈곤이 사라진 사회에서는 그러하였던 것입니다. 제2차대전 후의 일본이나 서독이 그 전형이고 많은 유럽국가에서 그랬습니다. 그런데 우리 남한의 경우, 절대적 빈곤에서 탈피한 지 오래인데 1900년대 초의 봉건적 러시아의 경우만 생각하고 진보정당을 위험시하는 것은 매우 낡은 생각이라고 저는 늘 주장했던 사람입니다. 심지어 저는 주사파이고 엠엘파이고 다 합법정당을 하라고 허용하는 것이 갈등해소와 사회안정에 도움이 된다고 주장했던 사람입니다. 그런데 막상 고생하며 진보정당운동을 하려고 민중당을 창단하고 있는 후배들에게 너무 냉정하게 거절하는 것은 옳지 않다는 생각이 들어 저는 이우재 등 후배의 간청을 수락하여 민중당 참여를 결정했습니다.
 민중당 창당대회에서 공동대표로 선출됐다는 사실은 도하 각 신문에 보도되었습니다.(제가 민중당에 참여하게 된 경위에 관해서는 원심재판에서 이우재 씨의 자세한 증언이 있었습니다.)
 저의 민중당 참가사실이 발표된 뒤 얼마 있다가 1990년 11월 중순 북한

연락책 임모 씨가 집으로 찾아왔습니다.

"민중당 공동대표로 선출된 것을 축하하며 참 잘 하셨다"고 하는 인사말을 받았습니다. 이것이 그와의 네 번째 만남이었습니다.

나는 아무 말 안하고 축하의 인사를 받았습니다. 내가 좀더 정직하게 "사실은 이름만 공동대표이지 실제로는 정당활동을 하려는 것이 아니다"는 말을 하지 않았던 것은 아마 제 마음 한 구석에 '내가 당신의 의견을 존중했소'라고 그의 호의를 사려는 생각이 있었다고 하는 것이 정확할지도 모릅니다. 그러나 분명한 사실은 저의 민중당 참가가 그의 말 때문인 것은 아니었으며 더구나 그의 지령에 의한 것일 수는 없었다는 것입니다. 결과는 같은 것이었으니 저는 그들에게 경위를 설명할 이유는 없었습니다.

북한연락책 임모 씨는 자기들은 곧 북으로 가야 한다며 연락방법을 다시 정하자고 하며 무전기와 은서용 필기구 및 국제사서함 번호를 내주었습니다.

내가 자기들에게 하고 싶은 말이 있으면 국제사서함 번호로 은서편지를 하고, 또 더 급한 일이 있으면 무전으로 연락하라며 무전사용법을 설명했습니다. 저는 내가 북측에 하고 싶은 말이 있으면 사용하라고 내준 연락방법들을 다 그대로 받았습니다. 다만 무전기는 지금 설명해도 기억 못한다고 하니, 대학노트에 사용방법을 순서대로 적어주었습니다. 제1차 접촉때 라디오만 주었을 때는 일방통행으로 자기들 말만 전했으나, 이번에는 나도 그들에게 말할 수 있는 통로가 생긴 것입니다.

통신방법에 관한 설명이 끝나고 그들은 갖고 온 보스톤백에서 돈뭉치를 꺼내어 내게 건네주며 "남한에서 정당을 하자면 돈이 없으면 안될 텐데, 우선 이것을 잘 바꾸어 쓰시오"라고 하였습니다.

일순간 받아도 되나 주저했으나 민중당사무총장 이재오가 아침 산보길에 제 집에 들를 때마다 돈걱정을 하던 생각이 나서 아무 말 없이 받고 말았습니다.

그들이 돌아가고 난 다음 통신수단을 받은 것에 대해서는 별로 후회하는 생각이 안 들었으나 돈을 받은 일에 대해서는 마음이 개운치 않았습니다. 비록 그들이 조건을 붙인 것도 아니고, 또 이돈을 민중당 정치자금으로 보탠다고 민중당이 그돈 준 사람 마음대로 움직여질 것도 아니지만 마음이 가볍지는 않았습니다. 그러나 그것도 잠시뿐, '같은 민족끼리 합법적 정당활동을 도와주는 것이 평화통일 운동을 촉진하기 위한 방법일 수도 있지, 뭐.' 하고 스스로를 합리화하고 말았습니다.

ㅁ) 제2차의 다섯 번째 만남(판시제14)에 관하여

1990년 11월 중순 전화연락을 받고 종로 커피숍에서 잠깐 만나서 민중당 창당대회때 발표된 선언강령규약 등 대회자료와 그날 선임된 간부의 이름을 기구표에 적은 것을 그에게 주었습니다. 그것은 먼젓번 만남때 구해줬으면 하고 부탁했기 때문이었습니다.

이 부분이 원심판결에서 국가기밀을 넘겨주었다고 국가보안법 제4조 제2항 위반이라고 판시된 부분입니다. 저는 그것이 국가기밀이라고는 꿈에도 생각지 못한 사실이고 민중당창당대회 당일 1,000원씩에 누구에게나 팔았던 것이며 선출된 간부명단도 모두 익일 신문에 보도된 것이었기에 거리낌없이 주었습니다. 선출된 간부들의 명단을 노출시켜 기입하지 않고 은서로 기입해준 이유는, 혹 이 사람들이 체포될 경우 필적이 노출되는 것을 피하기 위해서였을 뿐 그 내용이 비밀이기 때문은 아니었습니다.

ㅂ) 제2차의 여섯 번째 만남(판시제15)에 관하여

1990년 11월 하순 종로 커피숍에서 북한 연락책 임모 씨를 여섯 번째로 만났습니다.

민중당 사정을 물어, 저는 그에게 "나를 민중당에 끌어넣은 것이 이우재와 이재오이니 그들이 모든 것을 잘할 것으로 안다"고 했습니다. 그리고 앞으로 민중당에 노동운동계 인사들을 더 영입해야 될 것이 아니냐고 하기에, 노동운동계에 몇몇 후배들이 있으니 민중당이 차차 전망이 서면 그들도 모두 합류할 것이라고 대답했습니다.

또 임모 씨는 내 건강을 염려하며 혹 몸이 아프거나 사고라도 나면 대신

도와줄 사람이 없느냐고 묻기에 "그렇지 않아도 지난번 A3방송을 청취하는데 무슨 말인지 구별이 잘 안되고 난수표도 글씨가 잘아 볼 수가 없어서, 전문을 좀 대신 받아달라고 부탁했으면 해서 노중선이란 후배의 의중을 타진하다 실패해서 앞으로는 일체 그런 부탁 누구에게 하지 않기로 했습니다"라는 대답을 했습니다.

임모 씨는 이어서 자기들이 이제 북으로 가면 민중당 정치자금을 도와줄 수 있는 방법이 없겠는가? 혹 무역업을 하는 사람 중에 아는 사람이 없는가를 물었습니다.

나는 이에 대해 "무역업을 하는 사람으로는 권두영이란 분밖에 모르는데 함께 민중당에 고문으로 있지만 정치자금 전달을 부탁하기는 좀 어렵고…… 지금 내가 함께 회사를 하고 있는 청해실업에서 만드는 구명자켓을 수출하려는데 그것을 좀 팔아주면 나에게 자금의 도움이 될 것같습니다. 회사를 찾아가서 물건을 보시고 연구해주세요"라고 했습니다.

그는 "어떻게 회사로 무턱대고 찾아갑니까. 김선생 소개를 받았다고는 할 수 없고"라고 물었습니다. 그래서 저는 《낚시춘추》라는 잡지에 광고가 나가니까 그 광고를 보시고 가면 됩니다. 요앞 서점에 가면 그책이 있습니다" 그랬더니, 그는 "청해실업 사장은 어떤 사람입니까?"라고 물었습니다.

"북한에서 휴전 후 탈출해온 사람인데 가족들은 모두 북에 있습니다. 나이가 드니 가족들 소식을 궁금하게 생각하고 있지요. 그렇지만 그 사장이야 어떤 사람이든 제품 사겠다는데야 상관있습니까?"라고 제가 말하니 그는 "한번 가서 물건을 보지요"라고 했습니다.

그들과 헤어지면서 제품판로에 어려움을 겪고 있는 청해실업에 수출길이 트이면 좋겠다는 생각을 했습니다. 그 구명자켓이란 각국 해군에서 많이 수요되는 물품이었기 때문에 북한해군에 팔 수도 있겠다 생각되었기 때문입니다.

ㅅ) 제2차의 일곱 번째 만남(판시제16)에 관하여

1990년 11월 하순 종로 커피숍에서 만났습니다. 그들은 곧 북으로 간다며 무엇인가 조그마한 선물을 김주석께 마련해줬으면 좋겠다는 제의를 하기에 알았다, 준비하겠다고 대답했고 또 나는 그들에게 민족통일촉진회에서 추진하는 8·15경축행사에 항일독립운동원로 교환방문 사업이 남한당국 승인이 나면 북측에서도 수락해주도록 부탁한다고 하며 그 사업이 실현되면 남북화해 분위기 조성에 도움이 될 것이라 설명했습니다. 원심판결에는 민중당이 방북제의한다는 말도 있으나, 사실이 아닌 조작 추가된 말입니다.

ㅇ) 제2차의 마지막 만남(판시제17)에 관하여

1990년 12월초 종로 커피숍에서 만나서 선물로 준비한 서예글씨 '한겨레 한나라'를 찾을 수 있는 영수증을 주며 앞 서화점에 가서 찾아가라고 했습니다.

그리고 작별의 자리에서 저는 북한연락책 임모 씨에게 "북에 가시면 제 통일방안 잘 좀 연구해 남과 북이 평화공존하면서 하루속히 평화통일이 되도록 노력해주십시오. 통일문제에 관해 나눈 제 말씀 북한당국에 잘 전달해주시기 바랍니다"라는 말도 부탁했습니다.

북한 연락책 임모 씨는 청해실업에 가서 물품도 보고 왔다는 말을 하기에 저는 그에게 "그것이 북한해군에 납품될 수 있으면 좋겠네요. 잘 연구해주세요"라고 했습니다.

이상이 모두 제2차로 북에서 찾아온 임모 씨를 제가 만나서 나눈 이야기들의 전부입니다.

3) 심금섭의 태국방문 경위

ㄱ) 심금섭의 첫 번째 태국 방문(판시 제22, 23, 24)에 관하여

북한연락책 임모 씨가 북으로 돌아간 다음해, 즉 1991년 3월경 저는 전문을 통해서 심금섭을 태국으로 초청해서 제품구입 문제를 논의하겠다는

연락을 받았습니다. 심금섭이 태국 방콕에서 구명자켓 계약을 하자는 연락을 받았다기에 잘 다녀오라고 했습니다.

공소장과 원심판결문은 제가 심금섭의 태국출장을 '북에서 심금섭을 포섭키 위한 것으로 판단하고' 운운하였으나 진실이 아니며 근거 없는 추리입니다.

물론 저는 북한당국이 청해실업 제품 구명자켓을 구입해준다면 그것이 단순한 상거래가 아니라 민중당 활동을 하는 저를 물질적으로 지원해주려는 뜻이 있음을 알고 있었습니다. 그러나 청해실업 물건만 팔아주면 되지 사장 심금섭을 포섭할 필요는 없다고 생각하고 있었습니다. 그것은 사상적으로 북을 반대하고 월남한 심금섭에게 내가 북측과 회합통신한 사실을 노출시키고 싶지 않았기 때문입니다.

그런데 태국 방콕에 제품계약차 다녀온 심금섭 사장이 나를 조용한 곳으로 데리고 가서 그 물품을 구매하겠다는 사람들이 북한당국임을 노출했다는 말을 듣고 놀랐습니다. 심금섭 씨의 말로는 그들 북한사람들이 나와 접촉했다든가 나를 지원하겠다든지 하는 말은 하지 않았다고 하는데, 심금섭 씨가 북에 있는 자기 형님을 만났다든가 또 북측사람들과 접촉하는 말을 한 것은 이상한 일로 생각되었습니다.

저는 그저 내가 심금섭 씨와 형제같이 친하니 얘기하는 것이려니 생각하는 자세로 그의 말을 듣기만 했습니다. 공소장과 판결문 (판시 제24 P.46 끝부분)에 보면 제가 심금섭에게 "자네가 태국에 간 후 걱정이 되어 제대로 잠도 자지 못했다"라는 말을 한 것으로 되어 있으나 사실무근입니다. 그런 말을 할 이유가 없었습니다. 자기를 노출시키는 말을 할 필요가 왜 있습니까?

다만 심금섭의 말에서 북한사람들이 민중당에 관심이 많은 것을 나타내며 민중당사람들 이름을 다 알고 있고 김낙중 형에 대해서도 알고 있더라는 말을 하는 것을 듣고, 심금섭이 나에게 말을 하는 이유는 북측사람들이 나에 대한 관심 때문에 어떤 짐작을 하는 것같다는 생각이 들었을 뿐입니다.

그러나 어찌 되었든 제품계약을 하고 있다니 잘된 일이라고 말하고 헤어졌습니다.

ㄴ) 심금섭의 두 번째 태국방문(판시제31~32)에 관하여

1991년 10월 초순 청해실업 심금섭 사장이 다시 태국에 가야 되겠다며 "물품수출에 관한 상담 이외에 혹 북측사람들이 민중당이나 김형에 관한 사정을 물을지도 모르는데 무슨 말을 할까요?"하고 저에게 문의했습니다. 제 생각에도 그럴 것으로 여겨져서 내가 북측에 전하고 싶은 말들을 해주었습니다. 그중 가장 중요한 부분은, 북한당국이 국제핵확산금지조약에 의한 사찰을 속히 수락하는 것이 한반도 평화를 위해 긴급하다는 내용을 말했습니다.

공소장과 원심판결문은 민중당의 민주당과의 합당문제에 관해 지시를 받아오라는 말도 한 것으로 되어 있으나 이는 왜곡이며, 저는 심금섭에게 북측사람들은 어떻게 생각하고 있나 알아보라고 한 것입니다. 남한실정은 현지에 있는 내 자신이 더 잘 아는 문제이므로 지시를 받을 이유는 없고, 나로서는 북한사람들의 남한실정 인식수준을 알고 싶었을 뿐입니다.

심금섭 사장이 제2차 태국 방콕으로 떠날 때까지만 해도 나는 심금섭에게 내가 직접 북측과 접촉이 있는 것을 눈치채지 않도록 노력했습니다. 심금섭은 청해실업 제품이나 잘 팔고 오면 그뿐이라고 생각했기 때문입니다. 그러나 태국에서 돌아오면서 심금섭 사장은 북측사람들이 나에게 보내는 은서편지를 갖고 왔기 때문에 그때부터는 심금섭 씨가 저와 북한당국 사이의 연락역을 하고 있음을 인정하지 않을 수 없었습니다. 처음에는 제품판매를 통한 자금지원을 받기만 하면 된다고 생각했으나 그 과정에서 심금섭 사장이 의사의 전달도 대신한 것입니다.

(2) 사건의 경위와 진상

결국 본건 피고사건은 1990년 2월 제1차로 최모 씨가 찾아온 것을 지하

조직 결성제의를 하는 데 대해서는 반대의 뜻으로 설득을 했지만, 평화적 통일을 위해서 본피고인 자신이 북한당국에 대해 통일정책의 변화를 촉구하기 위한 대화의 통로를 유지해야 되겠다는 생각 때문에 제2차 임모 씨가 찾아오는 계기를 만든 것입니다. 그리고 제2차로 찾아온 임모 씨는 나를 어느 정도 이해하고 있었기 때문에 내가 응락할 수 있다고 생각한 합법적 진보정당 운동을 통해서 통일운동을 하도록 권했고, 공교로운 계기로 내가 민중당에 참여하게 되자 다시 정치자금의 지원을 제의했는데 나는 이를 반대하지 않고 내가 부사장으로 있는 청해실업 제품을 수출해서 자금 마련하는 일을 동의했던 것입니다.

결과적으로, 나는 민중당의 정치자금 지원을 수락한 것입니다. 그러나 북한당국은 청해실업 제품을 팔아주는 정도의 지원이 만족스럽지 못한 것으로 생각되자 1991년 10월말경 연락책 임모 씨가 다시 찾아와서 제3차의 접촉이 시작된 것입니다.

제3차 접촉의 경위 및 내용과 그 동안 본피고인이 북측과 통신연락한 내용은 대략 다음과 같습니다.

1) 제3차 접촉의 경위와 내용

ㄱ) 제3차의 첫 번째 만남(판시제35)에 관하여

1991년 10월 말경 북한연락책 임모 씨가 다시 왔다는 전화를 받고 종로 커피숍에서 만났습니다.

임모 씨는 14대 국회의원총선거에서 민중당이 어떻게 해서라도 당선자를 몇 사람이라도 내서 합법적 제도권 진출을 하기 바라면서 이를 지켜보려고 내려온 것이라는 말을 했습니다.

그리고 그 동안 민중당 돌아가는 형편에 관해 물어봐서 아는 대로 이야기를 나누었습니다.

판시 제35에 적시된 내용들이 대화 속에 대개 포함되었던 것으로 기억합니다. 그러나 물론 그 대화가 공소장이나 판시에서처럼 무슨 사업보고를 바라거나, 무슨 사업은 어떻다거나 하는 식으로 진행된 것은 아닙니다. 설왕설래하며 이야기하는 속에 그런 내용들이 언급되었습니다.

물론 임씨가 나에게 다방에서 하는 대화 속에서 "혁명과업 달성에 총력을 다해야 한다"는 따위의 말을 할 리도 없고 한 사실도 없습니다. 평범한 민중당에 관한 대화, 다방 옆자리 사람 누가 들어도 될 대화를 ??에 의하여 왜곡 표현되고 있습니다.

ㄴ) 제3차의 그 이후만남들에 관하여

저는 북한연락책 임모 씨가 민중당선거를 보러 왔다며 제3차의 첫 만남이 있은 뒤 1992년 3월 국회의원선거가 끝나고 1992년 3월 하순 임모 씨가 이제 북으로 가게 되었다고 정리를 위해 만날 때까지 사이에 판시 제37, 38, 39, 41, 43, 44, 45, 49, 51 등과 같이 여러 차례 만났습니다. 그러나 그 내용은 모두 민중당선거와 관련된 정치자금 수수 및 선거상황에 관한 의견교환이었으므로 별도의 설명을 생략합니다.

저는 임모 씨를 민중당의 제도권 진출에 관심을 가진 남한내부의 어떤 인사를 만나는 것과 똑같이 수시로 만나면서 상의하기도 하고, 선거에 필요할 것이니 받으라는 정치자금도 그대로 받았습니다. 저에게는 이들이 외국에서 온 사람이라는 의식이 전혀 없었습니다. 지원의사를 가지고 있는 여당 또는 야당의원들도 만났으며 지원을 받기도 했습니다. 야당 민주당보다는 여당 민자당 쪽에 민중당의 제도권 진출을 지원하는 인사가 더 많았던 것도 사실입니다.

당시 저에게는, 민중당선거에 필요한 정치자금을 여당이든 야당이든 북측이든 그 누구에게 받아도 문제가 될 것은 없다는 생각을 하고 있었습니다. 그돈을 주는 사람의 목적이 무엇이든 민중당에서 당선자를 내는 것은 누구에게도 해로운 일이 아니라고 생각했기 때문입니다.

결국 저는 돈을 주는 대로 받았고 쓰는 일은 내가 판단해서 좋은 일에 쓰면 된다고 생각한 것입니다. 그래서 저는 민중당이 당선자를 낼 가망이 없다고 판단해서, 돈을 받았으나 아깝다는 생각이 들어 극히 일부밖에는 민중당선거를 위해 쓰지 않고, 결국 선거는 실패로 끝이 났습니다.

ㄷ) 제3차의 마무리 만남(판시제56)에 관하여
민중당의 총선이 실패로 끝난 것이 확인된 다음, 1992년 3월말 저는 연락책 임모 씨를 종로 커피숍에서 만났습니다.
민중당의 선거실패를 저 자신은 이미 예상하고 있었던 것이었기 때문에 당연한 결과로 여기고 있었지만 연락책 임모 씨의 경우는 꽤 기대하고 있었기 때문에 퍽 허탈해 하는 모양이었습니다.
그는 저에게 이번에 진보정당의 제도권 진출이 실패했지만 실망하지 말고 앞으로 계속 노력해야 된다는 말을 했습니다. 그리고 또 그는 14대 대통령선거에도 진보세력의 독자적 후보를 내는 것이 좋겠다는 말을 하기도 했습니다.
저는 묵묵히 듣고만 있었지만 현단계에서 진보적 정당이나 진보진영 독자후보는 현실성이 없다고 생각한다는 의견을 약간 언급했습니다.
그는 저에게 앞으로 정치활동을 하자면 자금지원을 해야 할 텐데 청해실업의 구명자켓 판매는 자금지원 방도가 안될 것같다며 다시 무역업 하는 사람이나 해외교포 사업가 중 아는 사람이 없느냐고 물었습니다.
저는 그의 말을 들으며 다소 양심의 가책을 느꼈습니다. 민중당 선거자금으로 쓰라는 돈을 10분의 1도 안 쓰고 횡령착복한 상태에서 그 사실을 고백할 수는 없었습니다.
자금지원이 필요없다고 대답할 수 없었던 이유도 횡령착복에 대한 양심의 가책을 은폐하는 것이 필요했기 때문입니다. 나는 무역하는 사람 아는 사람은 지난번에 한번 말한 권두영 씨뿐이고 해외교포도 실업가는 아는 사람이 없고 미국에 한 사람, 일본에 한 사람씩 아는 사람 이름을 말해주었습니다. 물론 그들이 정치자금 지원을 협조할 가능성은 별로 없다고 생각하면서 이름을 댔습니다.
나는 헤어지기 전에 몇 가지 문제를 꺼냈습니다.
이제 남북합의서가 채택발표됐는데 참 잘된 일이라 생각한다. 그런데 이제 이 합의서에 따라 평화통일을 추진하는 데 있어 가장 어려운 문제가 무엇이라 생각하느냐는 질문을 했습니다.

임모 씨는 즉각적으로 남한과 미국에 의해서 강요되는 군비경쟁을 종식하는 문제라고 대답했습니다. 군축문제에 관한 약간의 의견을 더 자세히 들었습니다.

뒤이어 저는 그에게 몇 가지 부탁을 했습니다.

"지난해 제가 북한당국에 대해서 국제핵사찰을 수용하는 것이 한반도 평화를 위해서 중요하다는 말씀을 부탁하고, 또 남북이 동시에 국제연합에 가입하는 것을 북한당국이 긍정적으로 검토하기를 부탁했는데 두 가지 모두 실현되어 감사히 생각합니다. 사실 이번에 남북합의서가 채택발효된 것은 핵사찰 수용과 유엔가입이 그 기초가 됐다고 봅니다.

이제 제 부탁은 남북합의서를 어떻게 해서라도 남북쌍방이 성실하게 지키도록 해달라는 것입니다. 그래서 이번에 북에 돌아가심이 남북합의서를 유엔사무국에 등록하는 절차를 밟도록 남한당국과 협력해달라는 말씀입니다. 제가 보기에는 남에도 북에도 모두 이것을 반대하는 사람들이 있는데 남북합의서를 유엔 사무국에 등록하는 문제는 유엔헌장 102조의 의무규정입니다. 남북합의서가 확고하게 국제법적 효력을 갖는 것이 평화적 통일의 초석이라고 생각합니다."

임모 씨는 조용히 경청해주었고 평양 가서 뜻을 전하겠다고 했습니다. 그러면서 그는 사실 지난해 국제핵사찰 문제를 결정할 때는 내부에 찬반 논란이 많았다는 말을 통해 나에게 생색을 내는 말을 하기도 했습니다.

헤어지기 직전에 저는 그에게 "남북합의서가 잘 실천되어 임선생님이 위험한 곳에 오시지 않고 손자들과 편안히 지내시게 되기를 바랍니다"라며 악수를 했습니다.

2) 북한측과의 통신내용

ㄱ) 본피고인이 받은 통신연락 내용

저는 북한당국과 대화의 통로를 가지는 것을 처음부터 반대하지 않았습니다. 반 세기 동안 서로 다투는 남북 쌍방당국이 합의에 도달하도록 촉구하는 데 필요하다고 판단했기 때문입니다. 그래서 맨 처음에는 무인포스트를 설치했으나 사용하지 않았고, 뒤에 내가 상대방에게 의사를 전달하는 방법으로는 무전기와 은서에 의한 국제사서함이 사용되고 상대방 의사를 내가 전달받는 방법은 A3방송 청취였습니다.

여기서 내가 받은 통신내용을 말씀드리면 모두 합해 8회를 보내왔는데, 1회는 받지 못하고 7회를 수신했습니다. 연락대표들이 무사히 도착했다고 알려주는 내용이 3회, 자금지원을 위해 심금섭 태국 보내라는 내용 2회, 민중당 관련 자기들 요망사항 2회였으며 내가 받지 못한 내용도 민중당 자금지원 관련이었다고 합니다.

ㄴ) 본피고인이 북측에 보낸 통신내용

무전기는 급히 연락할 일 있으면 쓰라고 주었으나 연락할 일이 없어 신년초 및 생일축하의 인사말을 위해 사용해보다 반납하고 말았으며, 주로 국제사서함을 통해서 세 번 제 의견을 전한 것입니다.

첫 번째는 1991년 2월 하순 북한당국이 국제핵사찰을 수용하지 않아 긴장이 고조되었을 때 북한당국에게 한반도에서 긴장을 완화하고 전쟁을 방지하자면 국제핵사찰을 수용하는 게 바람직하다는 권고의 의사표시였습니다. (판시제21 판결문 P.43)

두 번째는 북한당국이 유엔 동시가입을 수락해도 평화통일에 지장이 되지 않는다고 생각한다는 제 의견을 1991년 8월에 전달한 것입니다. (공소사실 제31항 공소장 P.121)

세 번째는 1992년 6월 하순 '현단계 남한실정에서는 독자적 진보정당이 불가능하다'는 내용으로 저에게 진보정당 만드는 일을 기대하지 말라는 뜻을 전하는 것이었습니다. (판시 제68 판결문 P.108)

위와 같은 내용의 제 의사를 전달하면서 아울러 저의 근황소식도 약간 첨부했습니다.

이상이 제가 북측과 취한 통신연락의 전부입니다.

(ㄷ) 본건 피고사건에 있어 본건피고인의 동기와 결과

1) 피고인의 동기와 목적

이상에서 본피고인은 본건 피고사건의 역사적 배경과 사건의 경위에 관해서 말씀드렸습니다.

본건 피고사건에 있어 본피고인 자신의 동기와 목적은, 말할 나위도 없이 분단된 민족의 평화적 통일에 기여하자는 것 이외에는 없었습니다. 특히 제가 40년 전부터 주장했던 평화통일의 원칙, 남과 북의 상호인정, 상호불가침과 점차적 교류협력 확대를 토대로 한 남북 쌍방당국 합의에 의한 평화통일의 원칙이 과거에는 미친 놈의 소리라는 취급을 당하고 있었던 것이, 30여 년의 세월이 흘러서 탈냉전의 시대를 맞아 남북 쌍방당국에서 모두 이 원칙에 접근하고 있는 것으로 판단되었기 때문에 저는 이제야 자신의 통일원칙과 통일방안이 남북 쌍방당국에 수용될 수 있는 시대가 도래한 것으로 판단한 것입니다. 그렇기 때문에 '통일독립고려공동체수립안' 과 '4단계 평화통일방안' 을 제창하였던 본피고인으로서는 남북 쌍방당국에 이것을 설득해서 합의, 도달토록 하는 것이 저의 사명이라고 생각했습니다. 그렇기 때문에 북한당국과도 적대적 관계가 될 수 없다고 생각한 것입니다.

본피고인 자신이 북한당국에 대해 적대적 행동을 할 경우, 즉 그들을 관에 신고해서 체포케 할 경우에, 자신의 평화통일 방안은 쌍방 당사자의 한편인 북한당국에 의해 도저히 수용될 수 없을 것이기 때문입니다.

그러나 자신의 평화통일 방안을 쌍방당국이 수용하게 되는 일이 그렇게 쉽게 실현될 수 있는 것은 아니기에, 계속 접촉하면서 설득하고 기회를 포착하는 것이 필요했고, 그러는 동안 쌍방에서 그들의 통일정책을 점차 그 방향으로 변화시키도록 하는 노력을 했습니다.

남한당국에 대해서는 통일정책 담당자들을 직접 만나서 이야기하기도 하고 논설·강연활동도 했고, 북한당국에 대해서는 1990년 2월 이래의 회합통신 기회를 이용해서 나름대로의 노력을 했습니다.

북한당국의 냉전시대 잔재로 남한에서 지하조직 사업을 해서는 안된다는 것도 설득하느라 노력했고, 또 국제핵사찰을 수용하며, 유엔동시가입을 받아들여 공존을 인정하고, 대미국적 대정책을 수정해서 한반도 긴장을 완화하는 것이 필요함을 권고하기도 했습니다. 그리고 남북합의서의 중요성과 그 국제법화가 절실함도 설명했습니다. 그러면서 궁극적으로는 '4단계 통일방안'에 합의해야 할 필연성을 북한당국이 수용하게 되도록 하려는 것이 저의 목적이었습니다.

그러나 현실적으로 그 동안 본피고인의 이와 같은 노력이 얼마나 영향을 미칠 수 있었느냐는 미지수입니다. 남한의 집권당인 민자당과 민주당은 모두 지난번 14대 대통령선거에서 저의 '4단계통일론'을 수용해서 선거공약을 삼고 있어 참으로 다행이라 생각했습니다. 그리고 북한당국도 그 동안 적어도 본피고인에게는 지하조직을 말하지 않게 되었고, 국제핵사찰과 유엔 동시가입도 수용했으며 대미국적 대정책도 상당히 완화하는 방향으로 변화하고 있었고, 드디어는 지난해 남북합의서와 한반도비핵화 공동선언에 합의하는 변화를 보이고 있었습니다.

본피고인은 그와 같은 변화들이 본피고인 자신의 설득이나 권규 때문이라고는 생각지 않습니다. 국내외 정세의 변화에 따른 것이라고 판단합니다. 그러나 저의 권고나 설득이 천만분지 일이라도 그와 같은 변화에 기여할 수 있었다면 저는 자신의 역할이 그것으로 족하다고 생각하였습니다.

그러나 이상과 같은 동기와 목적에서 본피고인이 그 동안 북한측 사람들과 회합통신을 계속 유지했지만 오늘의 냉혹한 현실은 전혀 판이합니다.

본피고인의 모든 동기와 목적은 자기를 변명하기 위한 거짓으로 인식되고 대한민국에 대해서는 대한민국을 타도 변란하기 위해서 반국가단체와 내통, 국가기밀을 수집 탐지하고, 지하조직을 반대한 것이 아니라 오히려 이에 동의하고 이를 시도했으며, 합법정당을 이용해서 국가의 존립 안전을 파괴하려 하였다는 진술을 강요당했으며, 원심법원은 이를 인정한 것입니다.

또 반면 북한당국의 입장에서 보면, 지하조직 결성은 거부하고 합법정당 운동은 이를 하는 척하면서 민중당 선거자금을 받아 사업은 하지도 않고 선거자금만 횡령 착복한 배반자로 되고 말았습니다.

본피고인 자신의 동기와 목적이 어디에 있었든, 냉엄한 현실적 결과는 한반도의 남과 북 어디에도 용납될 자리가 없는 사람이 되었으며, 남북관계는 화해의 방향이 아니라 오히려 냉전시대로 역행, 원점에 있는 현실입니다.

본피고인은 그 누구를 원망할 수도 없고 원망하지도 않습니다. 40년 전 하나님께 서원한 대로, 스스로 평화통일을 위해서 자신이 할 수 있는 최선을 다한 것뿐입니다. 다만 한 가지 후회하는 것은, 본피고인 자신이 이상과 분단국가적 현실을 정확히 인식치 못한 사실입니다. 반 세기간 남과 북은 비록 같은 민족이지만 적대적인 외국처럼 되어 있는 현실인식이 부족했습니다. 그래서 남과 북은 상호 내정불간섭원칙이 필요했는데 이를 위반했다는 사실입니다. 남북간의 적대국가적 관계는 없어야 하는 것이 민족적 이상이지만 아직도 잔존하는 것이 현실이기 때문에 저의 행동이 어떤 오해를 받아도 피할 길이 없습니다.

그러나 제 행동의 동기와 목적 그리고 그 어느 과정에서도 본피고인에게는 터럭끝 만큼도 대한민국을 배반하거나 대한민국을 해롭게 할 의사가 없었으며, 또 실제로 대한민국에 해로움이 될 행동을 한 사실이 없음이 진실입니다.

재판장님께서 널리 헤아려주시기를 바랄 따름입니다.

본피고인은 법률을 전공한 사실이 없습니다.

그러나 법정에서 법적인 문제를 말할 수밖에 없는 현실적인 처지 때문에, 법전을 들춰보며 본건 피고사건에 관한 법적용의 문제를 생각해보았습니다. 자신의 부족함을 무릅쓰고 법적인 항소의 이유를 말씀드림을 양해해주십시오.

2) 사실오인의 점(형사소송법 제361조 5항 14호)에 관하여

ㄱ) 회합통신과 관련된 사실오인
  - 공소장의 왜곡표현에 따른 사실오인

가. 제1차로 남파된 최모와의 회합에 대하여

1990년 2월에 느닷없이 북한에서 연락책 최모 씨가 찾아온 이래 1990년 8월 그가 북한으로 돌아갈 때까지 7회의 만남이 있었고 그 내용은 앞에서 소상히 말씀드린 바 있습니다. 그런데 공소장은 이 사실을 왜곡표현하여 본피고인이 마치 일찍부터 북한공산집단의 조직원이며 그 지령에 따라 지하조직 사업을 진행하고 있었던 것처럼 사실을 오인토록 한 것입니다.

원심판결이 공소장을 그대로 인용판시함으로써 사실을 오인한 부분은 매우 여러 곳이나 그 중요한 몇 가지 예를 들면 다음과 같습니다.

① 판시제1의 경우
ㄱ) 민족통일촉진회의 방북신청 부분
1989년 민족통일촉진회가 8·15 경축행사에 항일운동원로 교환방문 사업을 추진한 사실에 대해서 원심판결은 판시제1에서 다음과 같이 판시하였습니다.

(피고인이 민족통일촉진회의 명의를 빌려 북한과 민간교류를 추진, 대표단의 일원으로 평양을 방문하여 단절된 북한과의 연락체계를 재개할 것을 마음먹고……) 이와 같은 사업을 추진한 것이라고 왜곡표현된 공소장을 그대로 인용 판시하였습니다.

또 동 판시 제1의 다음부분에서 본피고인이 재중교포 이상문 교수에게 자신의 저서들을 북경주재 북한대사관에 전달해달라고 부탁한 사실을 가리켜 (……라고 부탁하여 간접적으로 자신이 북한측과 만나고 싶다는 의향을 전달하고…) 라고 왜곡표현한 공소장을 그대로 인용 판시하였습니다.

그러나 이와 같은 판단은 다음과 같은 두 개의 근거 없는 무리한 가정을 전제로 하고 있는 것입니다.

첫째 본피고인이 직접 북한에 가려고 마음먹고 있으며, 둘째 본피고인이 과거 북한당국과 어떤 연락체제를 가지고 있었는데 그것을 다시 재개하려는 생각을 가지고 있었을 것이라는 가정입니다.

그러나 이와 같은 가정들은 모두 진실이 아니며, 또 본피고인이 그와 같은 마음을 먹고 있었다고 취조과정에서 허위로라도 진술한 사실조차 없었습니다. 이와 같은 가정들이 진실이 아님을 반증하는 사실은 다음과 같습니다.

첫째, 민족통일촉진회에서 추진한 사업은 일제시대에 항일 독립운동을 하신 원로들을 8·15 경축행사에 상호방문토록 하자는 것입니다. 그런데 본피고인은 항일 독립운동 원로가 아니며, 본피고인 자신은 교환방문의 대상인물이 아닙니다.

둘째, 본피고인의 과거사에 관해서는 앞에서 말씀드린 바와 같이 1955년 평화통일 방안을 가지고 평양에 갔을 때 남한과 미국이 공동으로 투입한 남한의 간첩이라고 허위자백을 했고 북한당국은 그 허위자백을 사실로 믿고 남한으로 본피고인을 강제송환한 처지였기 때문에 본피고인이 북한당국과 연락체계를 가진 바도 없고 또 그것을 재개하려고 마음먹을 수도 없는 입장에 있었던 사람입니다.

이점은 원심이 사실로 인정한 판시제1 자체 속에도 1990년 2월 북한에서 최모가 최초로 찾아왔을 때 북한 내무성 당국 일꾼들의 잘못으로 본피고인이 미제 고용간첩 취급을 당해 고생한 사실에 관해 사과의 뜻을 전한다는 말을 한 것으로 미루어보아도 분명합니다.

그럼에도 검찰이 사실을 왜곡표현하게 된 경위는 안기부 당국이 본피고인을 1956년 이래의 37년간 활동한 고정간첩이라고 발표한 입장을 그대로 유지하기 위한 것이었다고 생각됩니다.

그러나 1955년 방북하고 1956년 남한으로 돌아올 때 어떤 교육을 받고 어떤 임무를 띠고 돌아왔느냐 하는 점은 1957년 당시의 취조와 재판에서 모두 밝혀진 사실이었습니다. 그래서 본피고인은 1957년, 서울지방법원에서 국가보안법 위반의 점으로 징역 1년, 간첩의 점 무죄의 판결을 받고, 서울고등법원에서 집행유예로 출소하였으며, 1960년 법의 변경으로 면소의 판결을 받았던 것입니다.

그러나 그뒤 1962년과 1973년, 즉 5·16 직후와 10월유신 직후에 앞에서 말씀드린 바와 같이 그 후유증의 고통을 받아야 했습니다. 그때마다 본피고인은 1956년에 무슨 지령을 받고 숨겼느냐고 허위자백을 강요당했으며 육신의 한계는 그들 요구대로 진술할 수밖에 없었습니다.

그 결과로, 본피고인이 1956년 남으로 돌아올 때의 진실은 하나일 수밖에 없는 데도 지난 40년 동안 남한 수사기관에서의 진술내용은 갖가지 사실로 표현되는 비극을 겪어야 했습니다. 이번 안기부 수사에서도 또다시 1956년에 본피고인이 무슨 인민경제대학에서 간첩훈련을 3개월간 받았다고 자필진술서를 쓰도록 강요당했습니다. 모두 냉전시대의 비극이라 생각합니다.

그러나 본건 피고사건에 대해 원심판결이 증거를 직접 조사해서 실체적 진실을 밝혔더라면 위에 적시한 바와 같은 무리한 가정을 사실로 인정하는 기초 위에서 작성된 공소장을 그대로 인용하여 사실을 오인하지는 않을 수 있었을 것으로 생각합니다.

이점 재판장님의 면밀한 조사와 증거에 의한 현명하신 판단이 있으시기 바랄 따름입니다.

ㄴ) 북한 연락대표의 방문부분

원심판결의 판시제1은 후단부분에서 북한 연락대표 최모의 느닷없는 방문을 반국가단체 구성원과의 회합이라고 판단하였습니다.

그러나 본피고인의 법적 견해로는 그것은 회합이 아니고 느닷없는 방문을 받은 것으로 불고지죄가 적용됨이 타당할 것으로 생각합니다. 회합이란 쌍방 당사자의 회합의사가 전제되어야 할 것이기 때문입니다. 따라서 이는 앞 ㄱ)에 지적한 바 왜곡표현을 기초로 한 사실의 오인이라 사료

됩니다.

② 판시제3의 경우

1990년 3월 중순 제1차 세 번째 만남에서 북한공작원 최모가 본피고인에게 통일운동을 위해 지하조직을 결성하는 것이 필요하지 않느냐는 제의를 했던 것은 사실이지만 본피고인은 그 부당성과 불가능성을 설득하였던 것입니다. 그러나 공소장은 본피고인이 지하조직을 하는 것은 위험하다는 말만 한 것으로 표현하고 그 부당성을 말한 부분은 한마디도 언급하지 않음으로써 사실로 왜곡하고 또 "내 주변에 나와 뜻이 같은 사람이 많으니 그 사람들 중에서 내가 물색해보겠다"고 말한 것으로 조작하였습니다. 이런 말은 진실이 아닐 뿐 아니라 검찰에서 허위로라도 진술한 사실이 없습니다. 따라서 원심판결은 공소장을 그대로 인용함으로써 왜곡 표현된 내용을 사실로 오인한 것입니다.

③ 판시제4의 경우

1990년 3월 하순 제1차 네 번째로 연락책 최모를 만난 사실입니다.
그러나 공소장은 본피고인이 지난번 만남에서 지하조직 결성을 동의한 것처럼 왜곡했기 때문에 마치 그것을 독촉한 듯이 표현하고 있습니다.
이미 앞에서 말씀드린 바와 같이 이날은 본피고인 개인의 사생활 형편을 이야기했고 헤어질 무렵 다시 지하조직 문제를 꺼내면서 최모가 노동계에서 사람을 지하조직원으로 포섭할 수 없겠느냐를 다시 거론한 데 대해 본피고인이 "평화통일이란 결국 남북 쌍방당국이 합의해야 되는 일인데 노동자 몇 사람을 포섭해서 어떻게 하자는 것인가? 사람을 포섭한다면 사회적으로 영향력이 있는 사회 지도층 인사를 설득, 포섭해야 될 것이 아닌가? 노동계에는 아는 후배들도 많지만 지금 남한에서 혁명을 해서 통일을 이루자고 주장하면 따라갈 사람 없다"고 설득하면서 "남한에서 평화통일을 위해 어떤 조직이 더 효과적인 방법이냐 하는 것은 남한에 사는 우리가 더 잘 안다. 그런 문제는 전적으로 일임해달라"고 말한 것입니다.

그러나 공소장은 "그런 문제는 전적으로 일임해달라"는 말만 표현하고 지하조직의 부당성, 불가능성을 말한 부분은 생략하여 사실을 왜곡하려 하고 있는 것입니다. 원심판결이 왜곡표현된 내용을 사실로 인정함으로써 사실을 오인한 것이라 하겠습니다.

④ 판시제5의 경우
다섯 번째 만남으로 북한연락책 최모가 1990년 4월 초순 선물을 가지고 본피고인의 집으로 찾아온 경우입니다.

최모는 선물꾸러미를 내밀며 "이것은 김주석님께서 김선생님께 보내주신 선물입니다"라는 말밖에 하지 않았는데 공소장은 거기에 돈이 얼마 있느니, 그돈을 앞으로 활동하는 데 쓰라느니 하는 말을 했다고 왜곡표현하고 있습니다.

그리고 선물을 받았다는 증표서를 써준 생일축하 인사의 말도 그것이 예의적인 것이 아니라 충성을 맹서하는 결의의 표명이라고 왜곡기술한 것입니다.

⑤ 판시제6의 경우
1990년 4월 중순 북으로 가게 되었다며 만난 여섯 번째 만남입니다.

최모가 지하조직에 대한 미련을 버리지 못하고 다시 그 문제를 언급하기에 평양에 가거든 그 부당성과 불가능성에 관해 말한 나의 의견을 꼭 전해달라고 한 것입니다.

만약에 본피고인이 지하조직 결성제의를 수용했다면 북으로 돌아가는 마당에서까지 다시 그 문제를 꺼낼 필요도 없었을 것입니다. 그러나 공소장은 이를 왜곡했습니다.

그리고 자기들이 입던 옷을 주면서 독약앰플도 함께 준 것은 사실입니다. 그러나 "만일 수사기관에 체포되면 차라리 죽는 것이 낫다. 독약앰플이 있으면 달라"고 본피고인이 말한 것으로 공소장이 조작 표현한 것은 본피고인이 마치 지하조직 사업을 하다 발각되면 죽겠다는 말을 해서 독약앰플을 받은 듯이 사실을 왜곡하기 위한 것에 불과합니다.

제가 독약앰플을 달라고 말한 것은 그 이전의 만남에서였고 그날은 아무 말 없이 받은 것입니다. 이 경위는 앞에서 이미 말씀드린 것입니다. 원심판결은 왜곡표현된 공소장을 그대로 인용, 사실을 오인한 것입니다.

⑥ 판시제7의 경우

원심판결 판시제7에 보면 '라디오를 듣고 난수표를 풀면 지시사항이 내려옵니다' 라고 최모가 본피고인에게 말한 것으로 표현되어 있습니다. 그러나 그 내용은 "······라디오를 듣고 난수표를 풀면 됩니다"라는 말을 왜곡하여 '지시사항'이 내려온다고 표현함으로써 관계를 가진 것으로 사실을 오인케 하려 한 것입니다.

본피고인이 그 이전에 무인포스트 설치에 동의한 것이나 라디오를 받은 것은 모두 북한당국과 대화통신 방법을 유지할 필요가 있다는 평화통일의 일념뿐 다른 이유가 없었습니다.

본피고인이 그와 같은 비정상적 통신방법을 수락한 사실에 대해서 수사당국이 의심하는 것은 충분히 이해할 수 있지만 북한당국과 통신연락한 자는 곧 간첩이라는 공식을 무조건 적용하는 것은 무리라 말씀드리는 것입니다.

결국 제1차 접촉때의 모든 만남의 내용이 이와 같이 왜곡표현될 수밖에 없는 것은 안기부의 의견서나 이를 인용한 검찰 공소장이 모두 본피고인을 37년 동안 활동한 고정간첩이었다고 주장하기 위해 판시제1에서 가정한 조건들을 충족시키기 위한 것이었다고 생각됩니다.

따라서 공소장을 그대로 인용한 원심판결은 검찰의 왜곡표현에 따라 사실을 오인한 것입니다.

나. 제2차 및 제3차로 남파된 임모와의 회합에 대하여

본피고인이 임모와 회합대화한 내용에 대해서는 앞에서 말씀드린 바와

같거니와 원심판결이 인용한 공소장은 그 대화내용을 부당하게 왜곡표현하고 있습니다.

그 가장 큰 특징은, 첫째 그 만남에서 본피고인이 평화통일을 위해 북한당국에 대해 설득한 부분은 일체 생략하고, 둘째 북한사람이 말하는 것은 모두 지시하는 것으로, 본피고인이 말하는 것은 모두 보고하는 것으로 왜곡표현하고 있는 것입니다. 몇 가지 예를 들면 다음과 같습니다.

① 판시제9의 경우

이것은 본피고인이 북한연락책 임모를 처음으로 만나는 자리였습니다. 지시하고 보고할 처지가 아니었고 본피고인은 본피고인의 4단계 통일방안에 대한 북한당국의 견해나 지하조직의 부당성에 대한 본피고인의 의견에 대한 북한당국의 견해를 물었으나 이는 일체 표현되지 않고 본피고인 근황에 관해 이야기한 내용이 이를 보고한 것으로 왜곡표현되어 있습니다.

② 판시제11의 경우

본피고인이 임모와 함께 시골집에 가서 5시간 가량 대화한 세 번째 만남에 관한 것입니다. 앞에서 말씀드린 바와 같이 민족의 평화통일 문제에 관한 많은 대화가 있었습니다. 물론 공소장이 범죄를 구성하지 않는 내용의 대화까지도 표현해줄 것을 기대할 수 없다 할지라도 사실을 왜곡하는 것은 부당한 일입니다.

판시 제11은 본피고인이 임모의 지시에 동의해서 '민중당에 침투활동할 것을 결의' 한 것으로 왜곡표현하고 있으나 이는 진실이 아닌 것입니다. 앞에서 말씀드린 바와 같이 하도 여러 차례 말하기에 본피고인이 "임선생님 말씀도 일리 있는 말씀입니다…… 앞으로 계속 연구해보겠습니다"라고 대답한 데 불과한 것이었습니다.

③ 판시제15의 경우

판시제15에 보면 본피고인이 "북한 공작책 '임'으로부터 인사포섭 지령"

사항에 대한 질문을 받고 민중당내에서는 이우재와 이재오를 포섭중에 있다. 이들은 나를 당으로 끌어들인 사람이고 생각하는 것도 우리와 같아 포섭이 가능할 것으로 보인다"라고 대답한 것으로 표현하고 있습니다.

그러나 이것은 본피고인이 "나를 민중당에 끌어넣은 이우재와 이재오이니 그들이 모든 것은 잘할 것으로 안다"는 말을 한 내용입니다.

그러나 공소장은 마치 본피고인이 민중당 내부에서도 공식조직과는 별도의 지하조직을 하고 있는 듯한 인상을 주기 위하여 이를 위와 같이 왜곡하고 있는 것입니다.

노중선에 관한 부분도 그것이 마치 지하조직을 하려다 실패한 것같이 왜곡하고 있으나 이 역시 진실의 왜곡일 뿐입니다.

④ 판시제16의 경우

원심판결 판시 제16에는 본피고인이 북한공작원 임모에게 만약 한국정부의 허가를 받아 민족통일촉진회나 민중당의 방북사업이 실현되면 '북에서 임선생님도 만나 우리 사업을 의논할 수 있을 것이다……' 운운한 것으로 표현되어 있습니다.

그러나 민중당 방북문제는 논의되지도 않은 사실이고 '우리 사업' 운운하는 말도 왜곡일 뿐입니다.

⑤ 판시제35 및 제56 등의 경우

판시제35에는 북한공작원 임모가 '……무슨 수를 쓰더라도 꼭 국회에 진출, 원내 교두보를 확보, 혁명과업 달성에 총력을 기울여야 한다……' 는 표현이 있고,

판시제56에도 '금번 총선거에서 비록 한 석도 얻지 못해 안타까운 심정이다. 하지만 혁명과업 완수를 위해 민중당이 해체되더라도 진보적 정치세력의 재집결 노력을 포기해서는 안된다……' 라는 표현이 있습니다.

마치 민중당에 본피고인이 참가한 이유가 '혁명과업'을 위한 것으로 표현함으로써 사실을 오인케 하고 있는 것입니다.

북한공작원 임모는 본피고인에게 '혁명' 어쩌구 하는 말은 입밖에 낸 일이 없는 것이었습니다.

그러나 공소장은 '혁명' 운운하는 표현을 의도적으로 사용하였고 재판부는 이를 인용함으로써 사실을 오인하고 있는 것입니다.

⑥ 판시제35, 제37, 제48 등의 경우

원심판결의 판시제35, 37, 48 등에는 본피고인과 북한연락책 임모의 대화내용이 적시되어 있습니다. 그런데 공소장은 '임모'가 본피고인에게 말하는 것으로는 모두 이를 '…라 지시하고'라 서술했고, 또 본피고인이 그에게 말하는 것은 '…라 보고하고'라고 서술표현하고 있습니다.

지시하고 지시를 받으며, 보고하고 보고를 받는 관계는 조직적 상하관계를 전제로 하는 것입니다. 국가보안법 제2조 제1항의 규정에서와 같이 지휘통솔 체제를 갖춘 집단내부에서 조직원은 상하관계가 있고 그들 사이에는 지시하고 보고하는 관계가 성립할 것입니다.

그러나 본건 피고사건에 있어 본피고인은 북한에서 온 사람들이 소속한 반국가단체에 가입한 일도 없고, 그들과 어떤 조직적 지휘통솔 체제를 약속한 사실도 없었습니다. 그럼에도 불구하고 수사당국은 본피고인이 국가의 허가 없이 북한집단과 회합통신 금품수수한 자는 곧 간첩이며, 간첩은 조직적 지휘통솔 체제하에서 국가기밀을 수집탐지한다는 공식에 맞추어 의견서를 작성했습니다. 더구나 본피고인이 1955년 북한에 갔다온 사실이 있었다는 것을 이유로 37년 전부터 간첩임무를 받고 활동했다는 가정을 진실인 듯이 모든 조서와 의견서를 작성한 것입니다. 그리고 검찰은 그 의견서를 그대로 인용해서 공소장을 서술했기 때문에 검찰조사상 반국가단체 구성원이 되었다든가 반국가단체의 지휘통솔 체제에 속하게 되었다는 사실이 인정되지 않음에도 불구하고 지시명령하고, 보고하는 관계가 있는 것으로 왜곡표현함으로써 재판부로 하여금 실체적 진실을 오인케 하고 있는 것입니다.

다. 심금섭과의 회합의 경우에 대하여

① 판시 제23의 경우

판시 제23에 보면 "태국 방콕에서 구명자켓 계약을 하자고 연락이 왔습니다"라는 심금섭의 말을 듣고 위 북한공작원 '임'이 심금섭을 포섭키 위해 태국에서 초청된 것으로 판단하고 그에게 "잘 다녀오라"고 말한 것으로 표현되어 있습니다.

그러나 본피고인이 심금섭이 방콕에 가면 북한공작원 '임'이 구명자켓을 구매계약해서 본피고인을 재정적으로 도와주려는 것은 알았지만 심금섭을 조직적으로 '포섭하려는 것'으로 생각할 이유는 없었습니다.

그럼에도 불구하고 공소장은 본피고인과 심금섭의 관계가 마치 조직적 관계인 것처럼 인식케 하기 위하여 '포섭케 하려는' 운운으로 왜곡표현한 것입니다.

② 판시 제24의 경우

판시 제24에는 본피고인이 "자네가 태국에 간 후 걱정이 되어 나도 제대로 잠을 못 잤다"고 심금섭에게 말한 것으로 표현되어 있습니다. 그러나 그것은 진실이 아닙니다. 본피고인이 심금섭에게 자기를 노출시켜 본피고인이 사전에 북측사람들과 약속이 있었음을 말할 이유가 없는 사항입니다. 사실을 왜곡한 것입니다.

③ 판시 제31의 경우

원심 판시 제31에 보면 본피고인이 심금섭에게 "민중당 문제에 관해……지시를 받아오라"고 말한 것으로 표현되어 있습니다. 본피고인은 심금섭에게 "북측사람들은 ……그 문제를 어떻게 생각하고 있나 알아보라"고 말한 것을 왜곡표현한 것입니다.

민중당이 어떻게 대처해야 하는지는 현장에 있는 본피고인이 더 잘 아는 문제로 지시를 받을 이유가 없습니다. 그러나 본피고인으로서는 북한

사람들의 사고수준을 아는 것이 통일문제 접근에 필요한 것입니다.
공소장이 이를 왜곡한 의도는 본피고인의 활동이 북측의 지시에 의한 것임을 강조하기 위해 왜곡해 표현하고 있을 뿐입니다.

④ 판시 제40의 경우
판시 제40에는 본피고인이 심금섭에게 '심금섭이 가져온 가방을 열어 공작금 50만 불과 권총 1정, 소음기 1개, 실탄 48발, 탄창 2개 등을 확인하고······저들이 가져온 총도 잘 숨겨두라······' 고 말한 것으로 기술되어 있습니다.
그러나 본피고인은 돈 이외의 물품들은 실물을 본 사실도 없고 심금섭이 그런 물품(총)이 있다는 말만 듣고 크게 화를 내며 "왜 그런 것을 달라고 했는가. 빨리 처리해 없애버려라"고 야단을 쳤을 뿐입니다.
그럼에도 공소장이 마치 본피고인이 이를 확인하고 잘 보관해두라고 말한 것처럼 표현한 것은 의도적 왜곡일 따름입니다.
이와 같이 공소장이 본피고인을 간첩으로 오인케 하기 위해 왜곡표현한 것을 원심판결이 인정하고 있음은 모두 왜곡표현에 의한 사실오인입니다.

- 회합통신의 동기와 목적에 대한 사실오인

가. 말씀의 취지

본피고인은, 원심의 판시한 바 본피고인이 북한연락책 최모, 임모 등과 1990년 2월 이래 회합통신한 사실 자체는, 이를 모두 시인하고 있습니다. 그러나 회합통신의 동기와 목적 그리고 대화내용에 관해서는, 원심판결이 수사기관의 냉전적 시각에서 왜곡한 표현을 그대로 인용한 공소장 기재를 다시 인용함으로써 실체적 진실을 오인하고 있음을 말씀드리는 것입니다.
어떤 두 행위주체간에 회합통신이 이루어지는 것은 쌍방주체에게 각기 그 목적이 있고 자기 목적 달성을 위해서 의사교환이 필요하다는 데 동의했기 때문인 것은 분명합니다. 그러나 이 경우, 쌍방 당사자의 목적은 같은 것일 경우도 있고, 각기 상이한 것일 수도 있습니다. 그리고 또 부분적으로 공통성을 가지는 것도 있을 수 있을 것입니다.

냉전시대의 흑백논리는 두 당사자의 회합통신은 적대적인 것이 아니면 동지적인 것의 택일을 강요하지만, 삶의 진실은 흑과 백만이 아니고 그 사이 다양한 편차가 있는 색채의 세계가 존재하고 있습니다.

본건 피고사건의 경우, 본피고인과 북한당국간의 회합통신 행위가 어떤 성격을 갖느냐 하는 점은 본피고인을 찾아온 북한연락책들의 목적이 무엇이며 또 이에 대응한 본피고인의 목적이 무엇이었느냐에 의해서 결정될 것입니다.

그러므로 본피고인은 여기서 북한당국과 본피고인, 쌍방의 목적이 무엇이었느냐를 따지고 끝으로 양자에 의해 이루어진 회합통신 행위의 법적 성격을 말씀드리고자 합니다. 여기서 회합통신 행위의 목적을 따지는 것은 국가보안법 제8조 1항의 범죄구성 요건을 판단함에 결정적 의미를 갖기 때문입니다.

나. 회합통신이 있게 된 북한당국의 목적

본피고인에게 사람을 보내서 회합통신하게 한 북한당국의 목적을 누구도 정확하게 단정할 수는 없습니다. 그러나 본피고인은 그 동안의 접촉회합 중 나눈 대화를 통해 그들의 목적을 다음과 같이 추리할 수 있다고 생각합니다.

첫째, 1990년 2월 ~ 동년 8월에 접촉회합했던 '최모'의 경우는 분명히 본피고인을 포섭해서 지하조직을 결성케 하려고 했던 것으로 생각합니다.

둘째, 1990년 10월 제2차로 본피고인을 찾아온 '임모'는 본피고인이 지하조직 결성은 반대하나 관에 신고하지 않는 것으로 미루어 합법정당 운동에는 이용할 수 있다고 판단하고 본피고인에게 민중당 참가를 권고할 목적으로 찾아왔습니다. 그리고 본피고인을 합법 정당운동에 활동할 수 있다고 판단한 근거는 본피고인이 북한당국의 연방제통일론을 수용하는 입장에 있었기 때문이라고 생각됩니다.

'임모'는 본피고인에게 외견상으로는 평화통일 문제를 논의하는 것으로 보였지만, 그의 주된 관심사는 민중당에 있음을 알 수 있었습니다. 그리고 그의 목적이 민중당을 활용하겠다는 목적이었음은 그뒤 제3차로 1991년 10월 다시 찾아왔을 때 분명해졌습니다.

북한당국이 임모를 보내어 민중당의 제도권 진출을 지원한 목적이 궁극적으로 무엇이냐에 관해서는, 냉전시대 논리로는 대한민국 타도라 하겠으나 본피고인은 민중당의 현실적 상황으로 비추어볼 때 남한내에서 특히 통일운동 분야에서 자기들에게 바람직한 영향력을 행사하려는 것이었다고 생각합니다. 즉, 연방제통일론의 남한내 지지기반 확대였다고 판단했습니다.

다. 본피고인 자신의 회합통신 목적

본피고인이 북한사람들과 회합통신 행위를 한 목적에 관해서는 앞에서 말씀드린 바 있으나 요약하면 다음 몇 가지입니다.

첫째, 우리 민족의 평화적 통일이란 믿든 곱든 남과 북 쌍방당국의 합의를 도출해야만 되는데, 본피고인은 자신의 평화통일 원칙에 따라 자신의 평화통일 방안을 남북 쌍방당국에 설득해서 합의를 도출하는 것이 목적이었습니다. 그러나 제1차로 찾아온 최모는 아직도 냉전시대의 잔재로 지하조직을 운운했기 때문에 북한당국의 정책변화를 촉구하게 되었습니다.

둘째, 제2차로 본피고인을 찾아온 '임모'는 본피고인의 입장을 이해하며 평화공존적 통일정책 추구에 동의하고 또 본피고인의 4단계 통일방안에 대해서도 긍정적 반응을 보였기 때문에 그가 주된 관심을 가진 민중당의 제도권 진출문제에 반대하지 않았으며, 남한내에서 4단계 통일방안의 제3단계를 이해시키기 위해 협력할 수 있다고 판단, 그의 자금지원을 수용했습니다.

셋째, 북한당국이 민중당의 제도권 진출을 지원하는 목적이 연방제통일론의 지지기반 확대를 통한 공존공영적인 것이 아니고, 혹 불순하게 대한민국 타도를 위해 합법정당을 이용하려는 데 있었다 가정하더라도, 그러한 의도를 본피고인이 동의하는 것도 아니며, 더욱 민주적 조직체계를 갖춘 민중당의 조직이 이를 동의하는 것도 아니기 때문에 문제될 것이 없다고 판단한 것입니다. 민중당의 정치적 기반은 어디까지나 각 선거구의 투표권을 가진 주민들이기 때문에 민중당의 제도권 진출은 대한민국의 정치발전에 도움이 되는 일이며, 민중당이 폭력혁명을 추구하는 반국가단체로 변하거나 반국가단체를 추종하는 일은 없을 것임을 확신하고 있었습니다.

넷째, 더구나 본피고인 자신은 북한사람들처럼 민중당에 큰 기대를 걸고 있는 것도 아니었고 또 민중당에서 열심히 일을 하고 있는 것도 아니었습니다. (이점은 원심재판에서 전민중당 상임대표 이우재 증인의 증언이 있었습니다.) 그렇지만 북측사람들에게는 민중당에서 열심히 일하고 있는 척하며 그들의 자금지원을 그대로 수용했습니다. 그 이유는 그들의 민중당 지원 제의를 거부하는 경우보다 그대로 수용하는 것이, 북한당국의 통일정책 변화를 촉구하는 본피고인의 권고와 설득이 보다 큰 영향력을 가진다고 판단했기 때문입니다.

그리하여 본피고인은 북측과의 회합통신 과정에서 실제로 열심히 국제 핵사찰 수용, 유엔 동시가입, 대미국 강경적대정책 변경, 남북공존공영 정책의 추구를 계속 권고, 설득한 것입니다. 또 실제로 이 기간, 북한당국은 정책변화를 나타내기도 했습니다.

결국 본피고인이 북한당국과 회합통신한 목적은 남북 쌍방당국이 평화적으로 공존하는 것을 전제로 점진적 교류협력을 확대케 해서 합의에 의해 민족의 평화통일을 성취하는 것 이외에는 달리 없습니다.

라. 회합통신의 법적 성격에 관하여

이상에서 본피고인은 본건 피고사건에서 문제가 되는 본피고인과 북한당국의 회합통신한 각기의 목적을 말씀드렸습니다.

그런데 국가보안법은 (국가의 존립,안전이나 자유민주적 기본질서를 위태롭게 한다는 정을 알면서) 회합통신한 것이냐, 아니냐를 범죄의 구성요건으로 하고 있습니다. 이제 각각의 회합들을 이 기준에 맞추어 검토해보겠습니다.

① 판시 제1~제7의 회합의 경우

먼저 판시 제1의 경우, 북한당국이 어떤 목적을 가지고 왔든 본피고인으로서는 느닷없는 방문이므로 이는 회합이 아니라고 보는 것이 본피고인의 견해이나, 공소장은 몇 가지 가정을 전제로 회합이라고 주장하는 부분입니다.

판시 제2의 회합은 사담으로 끝나고 다음 약속을 한 데 불과하며,

판시 제3~제6의 만남에서는 북측사람이 지하조직 결성을 제의했으나 본피고인은 이를 반대하고 오히려 북한당국의 냉전잔재정책 청산을 설득한 만남입니다. 비록 수사기관의 의견서가 사실을 왜곡해서 본피고인이 이를 동의한 것으로 되어 있으나, 그후 실제로 지하조직을 한 사실도 없고, 그가 되풀이해서 지하조직의 필요성을 말했다는 자체가 무엇이 진실인지를 반증하는 것이라 하겠습니다.

판시 제7의 만남에서 라디오와 난수표 등 통신수단을 받은 만남은 그후 실제로 그것을 사용했기 때문에 그 법적 성격은 판시 제12 이후의 만남이 가지는 법적 성격에 따라 결정될 것입니다.

따라서 판시 제1~제6의 회합은 이미 37년 전에 간첩임무를 받은 고정간첩이었다는 가정을 전제로, 왜곡된 표현을 인정하지 않고 실체적 진실에 따라 판단하는 한, 그것이 (국가의 존립, 안전이나 자유민주적 기본질서를 위태롭게 하는) 회합이라 판단함은 무리일 것입니다.

② 판시 제9 내지 제11의 회합의 경우

제9 내지 제11판시의 회합은 제2차로 내려온 '임' 모와의 만남입니다. 평화적 통일문제에 관해 많은 의견교환이 있었습니다. 민중당 참가를 권

하는 '임'의 말에 대해서 본피고인은 동의하지 않았습니다. 서로의 목적은 같지 않았고 합의한 사항도 없습니다.

이 역시 어떤 가정을 전제로 하지 않고 회합 그 자체를 놓고 실체적 진실에 따라 판단한다면, (국가의 존립, 안전이나 자유민주적 기본질서를 위태롭게 하는 회합)이라고 말할 수는 없을 것입니다.

③ 판시 제12 이후의 북한 연락책과의 회합

본피고인이 민중당공동대표로 선출된 사실을 신문에서 보고 북한연락책 임모가 찾아와서 만나게 된 판시 제12항, 즉 제2차의 네 번째 만남 이후에는 회합의 성격이 그 이전과는 달라졌다고 생각합니다. 왜냐하면 판시 제11 이전의 회합에서는 본피고인의 회합목적과 북한연락책의 목적이 각기 상치하는 상태였다고 말할 수 있음에 반하여, 판시 제12의 회합 이후에는 회합통신 행위 쌍방의 목적이 부분적으로 합치해서 이루어진 행위였기 때문입니다.

그것은, 즉 남한내 진보정당의 제도권 진출을 지원하겠다는 목적을 가진 북측사람들의 요구를 본피고인이 수용하는 입장을 취했기 때문입니다. 본피고인이 민중당 활동을 지원하는 자금인 것을 알고도 받았던 행위가 바로 그것입니다.

따라서 판시 제12 이후의 통신회합 행위는 북한당국의 민중당 지원을 수용한 행위가 '국가의 존립, 안전이나 자유민주적 기본질서를 위태롭게 하는' 것이냐 아니냐에 따라 그 법적 성격은 결정될 것입니다.

이점은, 첫째 북한당국이 민중당의 제도권 진출을 지원한 목적은 합법정당이 민중당을 이용해서 대한민국을 타도, 전복하려 한 것이고 또 민중당의 제도권 진출이 실현되었다면 그것은 분명히 대한민국을 전복하려는 반국가단체의 목적에 이용되었을 것이라 인정하는 보안법 제8조 1항 위반의 유죄를 선고해도 이의를 할 수 없을 것입니다.

그러나 둘째, 북한당국이 민중당의 제도권 진출을 지원한 목적은 민중당을 이용, 대한민국을 전복하려 한 것이라 볼 수는 없고, 연방국가식 통일방안에 대한 지지기반을 남한에서 확대하는 데 합법정당인 민중당을 이용하는 것이 평화통일에 유리하다고 판단했기 때문이라면 그것이 곧 대한민국의 '존립안전이나 자유민주적 기본질서를 위태롭게 하는' 행동이었다고 판단하기는 어려울 것입니다.

왜냐하면 연방국가식 통일방안…… 존립을 부인하는 것이 아니기 때문입니다. 이점은 지난번 14대 대통령선거때의 통일정책 공약에서 만자당과 민주당이 모두 3단계 통일방안을 주장했는데, 그 제2단계에는 모두 연방국가 단계를 수용하고 있었다는 사실에서 분명합니다.

민자당의 '한민족연합' 통일방안은 제1단계 남북연합 → 제2단계 남북연방 → 제3단계 남북통일을, 민주당은 제1단계 1연합 2독립정부 → 제2단계 1연방 2지역자치정부 → 제3단계 1국가 1정부를 주장했던 것입니다.

그러나 북한당국이 민중당을 지원한 목적이 연방국가식 통일방안의 지지기반을 넓혀 평화통일을 추구하는 것이었다 하더라도 본피고인이 북한당국의 이와 같은 목적에 동의하여 회합통신하며 지원을 받은 행위는 남북간에 합의된 내정불간섭의 원칙에는 위배하는 것임은 인정하지 않을 수 없습니다.

따라서 본건 피고사건에 있어 본피고인이 판시 제12항 이후 북한사람들과 회합통신한 행위에 대한 법적 판단은, 북한당국이 민중당을 지원한 목적을 위의 첫째경우로 판단하느냐 둘째경우로 판단하느냐에 따라서 다르게 결정될 것으로 생각합니다.

다만 본피고인 자신의 동기와 목적은 어디까지나 대한민국의 존립, 안전이나 자유민주적 기본질서를 존중하면서 남북간 공존적 평화통일을 추구하는 것이었으며, 또 본피고인의 판단은 북한당국의 목적이 둘째경우라고 확신하고 회합통신한 것이었음을 참작해주시기 바랄 따름입니다.

마. 심금섭과의 회합에 관하여

본건 피고사건의 발단과 진전 부분에서 말씀드린 바와 같이 청해실업 심금섭 사장이 본건 피고사건에 연루된 경위는 본피고인이 북한측 자금지원 제의를 수용하고 청해실업 제품 구명자켓을 수출하려 했기 때문입니다. 그러나 심금섭 사장이 제품수출을 위한 접촉과정에서 결국 북한당국과 본피고인 사이의 간접적 의사전달 및 자금전달을 방조하게 되었습니다.

따라서 본피고인과 심금섭 사장의 회합은 위에서 말씀드린바 본피고인과 북한사람들의 회합 중, 판시12 이후의 회합이 어떻게 판단되느냐에 따라서 심금섭과 본피고인의 회합 중 북한당국에 의한 민중당 지원을 방조하기 위한 회합부분은 같은 법적 판단을 받게 될 것으로 생각합니다.

그러나 북한당국과 본피고인의 의사전달 또는 자금전달을 위해서 만난 것이 아닌 일상적인 만남들은 30년간의 형제같은 친구로 지내온 터이라 국가보안법 적용대상이 될 수 없다고 생각합니다. 예를 들면 판시 제29, 제30, 제52, 제53 등은 친구사이의 만남과 대화이거나 심금섭의 요구를 본피고인이 거부한 회합행위였으므로 유죄의 이유가 될 수 없는 사실을 오인한 것이라 생각됩니다.

- 금품수수와 관련된 사실오인

① 단순한 금품수수 '판시 제5, 6, 57' 의 경우
판시 제5는 김일성 주석이 보내준 선물이라고 해서 받은 것이며, 판시 제6과 판시 제57은 자기들이 쓰다 버리게 된 물품을 받은 의복, 밥상, TV 등인 것입니다. 이와 같은 물품의 수수는 그것이 어떤 전제조건도 없는 물품인데 '반국가단체 구성원' 으로부터 받았다는 이유만으로 '반국가단체의 이익이 된다' 거나 '국가의 존립,안전이나 자유민주적 기본질서를 위태롭게 한다' 고 판단함은 부당하다고 생각합니다. 원심이 이 부분을 유죄로 판시한 것은 위법 또는 사실오인이라 사료됩니다.

② 민중당 관련 금품수수
판시제7, 제12, 제40, 제41 등은 본피고인이 민중당 활동에 대한 북한당

국의 지원을 위해 사용했거나 선거자금조로 수수한 것이기 때문에 그 법적 성격은 앞 판시 제12 이후의 회합을 어떻게 판단하느냐에 따라 같은 판단을 하게 될 것으로 생각합니다.

따라서 이점 본피고인의 진심은 추호도 대한민국을 반대하거나 해롭게 할 의사가 없었음을 양찰하여주시기 바랄 뿐입니다.

그러나 본피고인으로서는 자신의 주관적 의도가 무엇이었든지 민중당 활동을 빙자해서 정치자금을 북한당국으로부터 받았다는 사실에 관해서는 깊이 뉘우치는 바입니다. 왜냐하면 남과 북은 분단 반 세기 동안 비록 같은 민족이지만 이미 외국과 같은, 그것도 적대국과 같은 분단국가적 현실하에서는, 주민자치의 원칙과 상호불간섭의 원칙에 따라 그 자금지원을 거절했어야 하는 것이 현실임을 인식하게 되었기 때문입니다.

다만 한 가지 재판장님께서 참작해주시기를 부탁드리는 것은, 본피고인이 북한당국의 민중당 자금지원을 외형상 그대로 수용해서 금품을 수수한 것이 사실이지만, 실질상으로는 그들이 민중당 활동을 위해 제공한 자금을 그 10분의 1도 그들이 원하는 목적을 위해서 사용하지 않았다는 사실입니다. 이는 본피고인의 목적이 북한당국의 목적추구와 일치하지 않았음을 나타내는 것으로서, 민중당을 지원한 북한당국의 목적이 무엇이었든, 본피고인 자신의 목적은 민족의 평화통일을 위해 남북쌍방의 합의를 도출하기 위한 설득권고의 계기로 삼으려는 것이었음을 말씀드리는 것입니다.

민족적 이상의 추구 때문에 국가적 현실을 정확히 살피지 못한 잘못을 관대히 처벌해주시기 바라는 바입니다.

- 잠입탈출죄 적용부분의 사실오인

① 판시 제20에 대하여
판시 제20의 내용은 1991년 2월경 민중당이 국토통일원으로부터 북한 조선로동당, 조선사회민주당, 천교도 청우당 등에서 공동으로 남한정당들에게 통일문제를 논의하기 위해 평양으로 초청한다는 편지를 전달해 받

고, 이에 대한 회신을 민중당 사무국이 다시 국토통일원에 전달하면서 동시에 '남북교류협력에 관한 법률' 제9조에 따른 방북신청서를 제출한 사실에 관한 것입니다.

이와 같은 사실을 본피고인에 대한 국가보안법 제6조 2항 위반의 유죄 판단한 것은 다음과 같은 사실의 오인입니다.

첫째, 국토통일원으로부터 북한측 편지를 받고, 이에 대해 회답을 보내며 방북신청을 한 행위의 주체는 본피고인이 아니라 민중당 공식기구입니다.

방북신청을 하도록 결정을 한 것은 중앙상임집행위원회이며, 필요한 공식문서를 수반한 것은 당사무국입니다. 따라서 방북신청을 하기로 결정한 사실에 대한 책임은 상임대표 '이우재'에게 있으며, 행정적 책임은 사무총장 '이재오'에게 있을 것입니다.

본피고인은 1차 통일원을 방문, 정책실장에게 민중당이 신청한 방북신청을 허락해주도록 부탁한 사실이 있을 뿐입니다. 방북신청을 할 당시, 본피고인을 방북단의 단장으로 선출키로 한 것도 민중당상임집행위원회의 경정으로 된 것이며, 본피고인이 통일문제 전문가라는 이유 때문이고 본피고인 자신의 의사와 무관합니다.

둘째, 이 방북신청은 당시 팀스피리트 훈련 때문에 경색국면에 있던 남북관계를 타개할 수 있는 교류사업으로 추진한 것으로 북한 공산집단의 지령과는 무관한 것이었습니다.

셋째, 이 방북신청은 '남북교류협력에 관한 법률' 규정에 따른 적법절차를 밟았을 뿐, 누가 방북이 허락될지는 당기구가 신청하는 것을 정부당국의 신원조사 절차를 거쳐 결정할 문제로서 피고인의 개인적 의사와는 독립된 문제입니다.

이상 몇 가지 이유로 민중당의 방북신청을 본피고인 개인에 대한 국가보안법 제6조 2항 위반죄를 적용하는 것은 행위주체에 관한 사실오인이라 아니할 수 없습니다.

② 판시 제32에 대하여

판시 제32는 상피고인 심금섭이 태국에 가서 북한사람들을 만난 사실에 관한 것입니다.

앞에서 말씀드린 바와 같이, 청해실업 심금섭 사장이 태국 방콕에 가면 북한측 사람들이 제품 '구명자켓'을 구매해줄 것이며 또 그 제품을 팔면 민중당 활동을 하는 본피고인에게 자금지원이 된다는 사실은 알고 잘 다녀오라고 하며, 혹 그들이 본피고인에 관해 물으면 이런 이야기를 해주라고 말한 것은 사실입니다.

그런데 원심판결 판시 제32가 오인하고 있는 사실은 다음과 같습니다.

첫째, 본피고인으로서는 심금섭 사장이 태국 방콕에 간다는 사실을 알 뿐 반국가단체의 지배하에 있는 지역으로 탈출한다는 사실은 상상할 수 없는 일입니다. 민주 우방국가인 태국정부는 반국가단체가 아니며 배타적 국가주권을 행사하고 있는 태국 수도 방콕정부 아닌 그 어떤 집단이 지배하는 지역이 있다고는 상상할 수 없기 때문입니다.

둘째, 심금섭 사장이 태국에 간 것은 본피고인이 부사장으로 있는 청해실업 제품을 판매하는 것이 일차목표이며, 민중당이나 본피고인 개인에 관한 의견을 말하는 것이 반국가단체의 목적수행을 위한 행동이라 할 수는 없습니다. 민중당이 반국가단체는 아닙니다.

다만 판시 제32가 국가보안법 제8조 1항의 점에 관해서는 인정할 수 있다고 생각합니다. 그러나 국가보안법 제6조 2항을 적용하는 것은 위에 말씀드린 두 가지 사실에 대한 오인이라 말씀드릴 수밖에 없습니다.

- 반국가단체의 목적수행죄 적용부분

① 평화통일연구회 자료에 대한 사실오인

원심판결 판시 제55, 제64, 제67, 제69에 관해서는 이미 앞에서 사실오인 및 헌법위반임을 지적한 바 있습니다.

여기서는 사실오인의 점에 관해 약간 설명을 추가합니다. 위 판시들에 적시된 논문과 책자는 평화통일연구회(회장 김윤환 전고대교수)에서 평화통일 정책의 연구수립을 위해 일상적 활동의 일환으로 수집보관한 것입니다. 위 자료들은 본피고인이 수집한 것도 아니며 또 보관한 것도 아닙니다.

판시 제55와 판시 제64의 논문은 평화통일연구회 월례발표회에서 발표하고 동논문 집필자들이 참석자들에게 배포하였기 때문에 위 연구회가 보관하게 된 것이며, 판시 제67과 판시 제69의 논문 및 책자는 집필자 등이 동연구회를 방문하여 자료교환차 놓고 가서 보관하게 된 것이라고 합니다.

그 어느 것도 본피고인이 수집하거나 보관한 것은 아니며, 공소장은 위 자료를 평화통일연구회 사무총장 노중선이 동회 부회장인 본피고인에게 보고하였다고 주장하나 진실이 아닙니다. 판시 제55와 제64의 논문은 월례발표에서 배포한 논문이므로 보고할 필요도 없고 판시 제67, 제69는 본피고인은 본 사실도 없습니다.

일상적으로 수집하는 자료를 부회장의 한 사람인 본피고인에게 보고하는 사무체계도 없거니와 설사 그것이 있음을 본피고인에게 말했다 가정한들 그것이 본피고인의 국가기밀 수집 관련행위가 될 수는 없습니다. 더구나 위 논문과 책자는 모두 학술연구 논문으로 국가기밀에 해당하는 것은 없습니다.

따라서 원심판결의 판시 55, 64, 67, 69 등은 평화통일연구회와 본피고인을 혼동한 사실의 오인이라 할 수밖에 없습니다.

② 본피고인의 민중당 활동

원심판결은 본피고인이 민중당에 입당하여 활동하면서 민중당 사정에 관해 북한 연락책 '임모' 와 또는 청해실업 심금섭 사장과 의견교환한 사실을 모두 본피고인이 반국가단체의 목적수행을 위해 국가기밀을 누설한 것이라고 판시하였습니다. '판시 제13, 14, 제28~30, 제35, 제43~44, 제 47~48 등'

그러나 이것은 다음과 같은 점에서 실체적 진실과 부합하지 않는 사실의 오인입니다.

첫째, 본피고인이 민중당에 입당한 것은 북한사람들의 지령에 의한 것이 아닙니다. 기본적으로는 우리 사회에 진보적 합법정당이 필요하다고 생각한 자신의 소신이 있었기 때문이며, 직접적 동기는 민중당창준위 후배들의 간청을 외면할 수 없었기 때문입니다.

둘째, 북한연락책 임모의 수차에 걸친 권고가 본피고인이 후배들의 간청을 수락하게 되는 데 일정한 심리적 영향이 있었다 하더라도 그것이 지시라고는 할 수 없으며, 더구나 민중당에 침투해서 국가기밀을 탐지, 수집하라는 지령을 받고 그 목적수행을 위해 활동한 것은 아닙니다.

셋째, 본피고인이 민중당에 입당, 비록 소극적이나 일정하게 활동한 것은 대한민국을 전복하려는 반국가단체의 목적을 동의하고 이를 추종, 수행하기 위한 것은 아니었습니다.

넷째, 원심판결에 본피고인이 탐지누설하였다는 민중당 관련 대화내용은 국가기밀일 수 없습니다. 비록 냉전시대 구국가보안법하에서는 국가기밀의 개념이 정치, 경제, 문화 각 방면에서 남한에 널리 알려진 사실까지도 국가기밀로 확대해석된 판례가 있음은 사실이나 이는 '반국가단체의 이익이 되는 것'은 모두 처벌하는 입법취지에 따른 것이며 현행 국가보안법은 탈냉전 시대를 지향하여 그 확대해석을 금하며 오직 '국가의 안전이나 자유민주적 기본질서를 위태롭게 하는' 경우만 처벌하는 것이 타당하기 때문에 국가기밀의 개념은 다시 해석되어야 한다고 생각합니다.

설사 위 민중당 관련 대화내용이나 민중당창당대회 자료를 국가기밀에 속하는 것이라고 확대해석하더라도 본피고인의 행위는 북한을 적국이라 판단하는 전제하에 무리하게 형법 제98조 국가기밀누설죄를 적용할 수 있을지는 모릅니다. 그러나 국가보안법 제4조 반국가단체의 목적수행죄를 적용하는 것은 더욱 심한 사실오인의 억지일 뿐입니다.

왜냐하면 본피고인은 반국가단체 구성원이 아니며, 또 반국가단체의 반국가적 목적수행을 동의하고 그 지휘통솔 체제를 수락한 사실이 없기 때문입니다.

따라서 원심이 본피고인의 민중당 관련 대화내용을 국가기밀이라며 국가보안법 제4조 2항 나호를 적용, 유죄를 판시한 것은 다음과 같은 점에서 분명한 사실오인의 판단입니다.

첫째, 원심은 적법한 증거 없이 조작, 왜곡된 공소장에 따라 본피고인이 반국가단체의 명령체계하에 '지령을 받은 자'로 인정한 점.

둘째, 적법한 증거에 의하지 아니하고 '반국가단체의 목적수행'을 본피고인이 동의한 것으로 인정한 점.

셋째, 문명한 민주국가에서 보편적으로 인정될 수 있는 범위를 넘어 지나치게 확대하여 이를 국가기밀로 인정한 점 등입니다.

3) 양형부당의 점

원심판결은 본피고인에게 무기징역의 언도를 선고하였습니다. 그러나 이와 같은 판단은 이상 1), 2)에서 말씀드린 바와 같이 헌법과 법률을 위배한 점이 있으며 또 사실을 오인한 판단에 치중한 양형이었기 때문에 그 형의 양정이 심히 부당한 것으로 사료하옵기에 재판장님께서 관대하신 판단이 있으시기를 바라마지 않는 바입니다.

4. 항소의 말씀을 맺으며

이상에서 본피고인은 제약된 시간, 제약된 조건 속에서 경황 없이 이 항소이유서를 작성했습니다. 재판장님께서 중언부언한 이 항소이유서를 인내로 읽어주신 데 대해 충심으로 감사를 드립니다.

본피고인은 존경하는 재판장님께서 본건 피고사건을 실체적 진실에 따라 그리고 비극적 민족분단의 시대를 마무리하며 새 시대의 요청에 부합하게 판단하실 수 있기를 간절히 기원하면서 이 항소의 말씀을 맺고자 합니다.

(1) 본건 피고사건의 실체적 진실과 흑백논리

　냉전시대의 흑백논리는 모든 사물을 흑이냐 백이냐 택일적으로 판단할 것을 요구합니다.
　피고인 김낙중은 대한민국 정부당국의 허가 없이 북한당국에서 남파한 사람들과 회합통신, 금품수수 행위를 했습니다. 그렇기 때문에 냉전시대의 흑백논리에 따르면 피고인 김낙중은 대한민국의 적이며, 곧 적의 일원이고 자동적으로 대한민국을 타도, 전복하려는 반국가단체의 목적수행을 추구하는 자로 규정됩니다.
　수사당국이 본피고인에게 무리한 가혹행위를 하면서까지, 북한당국과 허가 없이 회합통신, 금품수수한 자는 곧 간첩이고 간첩은 곧 국가기밀 수집탐지 임무를 지령받은 자라는 공식을 충족시키기 위해 피의자에게 무리한 자백을 강요하게 되는 것은, 냉전시대 흑백논리에 젖어 있는 사람들에게 필연적 결과였다고 이해됩니다.
　그러나 국민기본권 수호의 보루인 사법부만은 냉전시대 흑백논리에 사로잡히지 말고, 참으로 실체적 진실을 규명함으로써 모든 국민의 인권을 수호하는 정확한 판단을 하실 수 있기 바랍니다.
　본건 피고사건의 실체적 진실은 1990년 2월 북한당국이 본피고인을 포섭, 지하조직을 결성케 하려고 시도한 데서 발단했습니다. 그러나 제1차 때의 시도가 여의치 않게 되자, 제2차, 즉 1990년 10월 이후에는 합법적 진보정당인 민중당이 제도권에 진출케 하는 데 본피고인을 이용하려는 정치공작의 대상으로 삼은 것입니다. 그런데 이에 대하여 본피고인은 민중당의 제도권 진출이란 결코 대한민국에 유해한 것이 아니라는 안이한 생각을 가지고 비적대적 입장에서 그들을 대하고 드디어는 북한당국의 민중당 지원을 수용하면서, 북한당국을 민족의 평화통일을 추구하기 위한 평화통일운동의 대상으로 삼았다는 사실입니다.
　본피고인은 그와 같은 본피고인의 행위가 지나치게 민족적 이상만을 추구하는 나머지, 지난 반 세기 동안 형성된 분단국가적 현실을 제대로 인식하지 못한 행위였음을 크게 반성하고 있습니다.

특히 본피고인이 북한당국이 제공하는 민중당 지원 정치자금을 수용한 행위는 남북간 주민자치에 기초한 내정불간섭 원칙에 위배된다는 사실을 인식하고 뉘우치는 점입니다. 북한사람들이란 같은 민족이지만 같은 국민은 아니며, 남과 북은 각기 하나의 민족국가가 아니지만 현실적으로 상이한 분단국가임이 현실이었기 때문입니다.

그러나 본피고인 자신에게는 비록 북측에 대해서 적대적 행동을 요구하는 실정법 부분(불고지)을 준수하지는 못했지만 그렇다고 대한민국을 배반하고 대한민국에 유해한 행위를 할 뜻은 추호도 없었음을 참작해주시기 바랍니다.

(2) 새 시대의 민족사와 국가보안법 운용

한반도 남쪽의 대한민국과 북쪽의 조선민주주의인민공화국은 1948년 분단국가 수립 이래 서로 상대방의 존재를 부인하며 배타적 절대주권을 주장, 적대적 동족상쟁 관계를 계속해왔습니다.

그러나 한반도 남북분단의 책임이 있는 미국과 소련이 냉전시대를 종식하고 새로운 공존협력의 세계를 지향하게 되면서 우리 민족은 새로운 민족적 각성을 요구받기에 이른 것입니다.

제2차대전 패전국인 분단국 독일이 통일민족국가를 성취하는 것을 보면서 우리 민족은 많은 교훈을 배우게 되었습니다. 특히 독일민족이 분단국가의 배타적 절대성을 주장하지 않았다는 사실은 동족상잔의 비극을 겪은 우리에게 귀중한 교훈을 남겨주었습니다. 그리하여 그 결과는 대한민국과 조선민주주의인민공화국이 평화를 지향하는 국제연합에 함께 가입, 같은 회원국이 되었으며, 드디어 '남북 사이의 화해불가침 교류협력에 관한 합의서'를 채택, 발효시키기에 이르렀습니다.

이 남북합의서는 대한민국과 조선민주주의인민공화국이 서로 '인정 존중하며' 현재의 휴전선을 '상호불가침의 경계선'으로 인정하면서 '교류협력의 증진'을 통해 '평화적으로 통일민족국가를 건설' 하기로 쌍방당국이 합의한 역사적 문건이며, 이는 민족사의 새 시대를 맞기 위한 민족구성원 모두의 공동규범이라 할 것입니다.

국가보안법은 일찍이 냉전시대의 초기부터 존재, 운영된 분단국가의 법입니다. 그렇기 때문에 대부분 냉전적 판례와 관행에 의하여 운용되어온 것이 사실입니다.

그러나 본피고인은 재판장님께서 본건 피고사건에 대하여 국가보안법을 적용하심에 있어 비극적 냉전시대의 흑백논리를 극복하고 공존공영의 새 시대 논리에 따라 운용하실 수 있기를 기대합니다.

냉전시대의 논리에 따르면, 북한당국은 반국가단체라는 범죄조직이며 그렇기 때문에 북한당국의 모든 활동은 대한민국의 존립, 안전을 파괴하려는 행동의 일부에 불과하다고 이해됩니다.

그러나 탈냉전을 지향하는 공존공영의 논리는 북한당국을 무조건 범죄조직으로 보는 것이 아니라 대한민국을 타도 전복하려는 범죄행위를 할 경우에는 반국가단체이지만, 대한민국을 타도 전복하려는 것이 아닌 활동에 대해서는 이를 존중 공존할 수 있는 비범죄 단체로 인정하는 것이라 생각합니다.

과거에는 오직 타도만이 요청되던 북한당국을 대상으로 각종 회담을 진행하며, 교류협력 사업을 추진할 수 있는 근거도 바로 공존공영의 새 시대 논리에 기초하는 것으로 볼 수 있습니다. 북한당국이 추구하는 목적과 활동 중에는 남과 북에 아울러 유익이 되는 그런 것이 있을 수 있으며, 국가보안법은 서로 쌍방에 유익이 되는 행동은 이를 규제하지 않는 것으로 그 입법취지를 바꾸었기 때문입니다.

그 구체적 실례가 금강산 공동개발이니, 남포·선봉 경제협력사업이니, 직접적 교역이니 하는 경제분야 사업입니다. 이들 경제적 교류 협력사업이 상대방 북한당국에 유익이 될 것은 분명합니다. 그럼에도 불구하고, 이것이 허용되는 것은 그것이 대한민국의 '존립, 안전이나 자유민주적 기본질서를 위태롭게 하는' 것이 아니라는 판단이 가능하기 때문입니다.

그런데 문제는, 남북쌍방에 유익이 되는 사업이란 비단 경제분야에만 있는 것이 아니라, 정치적 분야에도 있을 수 있으며 특히 민족의 평화적 통일을 성취하려는 부문에 있어서는 남북쌍방에 유익이 되는 분야를 찾아내는 것이야말로 가장 절실한 평화통일 운동의 민족적 과제가 될 수밖에 없는 것입니다. 그리고 외람되게도 본피고인은 남북 쌍방당국이 주장하는 통일방안들을 보다 폭넓고 유연하게 수용할 수 있는 진보적 정당이 남한 내에 합법적으로 제도권 안에서 존재 활동하게 되는 것은 남북 쌍방에 모두 유익한 그러한 사업의 하나라고 판단했던 것입니다.

물론 이에 대한 평가는 달리할 수 있을 것입니다. 그러나 본피고인이 재판장님께 부탁드리는 말씀은 본건 피고사건에 대해 국가보안법을 적용하심에 있어 북한당국을 오직 타도의 대상으로 여겨온 냉전논리가 아니라 미우나 고우나 함께 더불어 살아야 할 민족공동체의 일부로 인정하는 공존공영의 새 논리로 판단해주시기를 바라는 바입니다.

탈냉전의 새 시대를 맞는 우리 모두에게는 이제 분명한 민족적 입장에 서는 것이 요청되고 있습니다. 오늘날 역사는 분단국가적 현실을 극복하고 영원한 생명을 가지는 민족공동체가 이루어질 것을 요구하고 있기 때문입니다.

현명하신 재판장님께서 너그러운 판단이 있으시기를 앙원합니다. 감사합니다.

대 법 원
제 3 부

판 결

사　　건	93도 1951 국가보안법위반
피 고 인	김낙중　전 민중당공동대표 겸 청해실업 부사장 주거　서울 은평구 갈현동 342의 12 본적　△△△△△△
상 고 인	피고인
변 호 인	변호사 한승헌, 백승헌
원심판결	서울고등법원 1993. 6. 17. 선고, 93노 834 판결

주　　문　상고를 기각한다.

이　　유
피고인과 변호인들의 상고이유를 함께 판단한다.

1. 북한이 반국가단체가 아니라거나 피고인의 각 행위가 국가의 존립, 안전이나 자유민주적 기본질서에 대한 위해가 되지 않는다는 주장 등에 대하여

국가보안법은 동법 소정의 행위가 국가의 존립, 안전을 위태롭게 하거나 자유민주적 기본질서에 위해를 줄 경우에 적용되는 한에서는 헌법상 보장

된 국민의 기본권을 침해하는 것이 아니므로(당원 1992. 8. 14. 선고, 92도 1211 판결 등 참조), 동법은 이러한 기본권 보장의 한계를 이루는 것이라 할 것이다.

북한집단은 남북합의서의 발효와 유엔가입 후에도 여전히 대한민국과 대치하면서 대한민국의 자유민주적 기본체제를 전복할 것을 완전히 포기하였다는 명백한 징후를 보이지 않고 있고, 그들 내부에서의 민주적 변화도 없는 상태에서 대한민국에 대한 무력도발과 각종의 선전, 선동 및 이른바 통일전선전술에 의하여 대한민국의 자유민주 체제의 붕괴를 지속적으로 획책하고 있으므로, 국가보안법의 보호법익인 국가의 존립, 안전과 자유민주적 기본질서에 대한 최대의 현실적 위해집단으로서 반국가단체라 함이 당원의 견해이고, 북한을 반국가단체로 본다고 하여 헌법상 평화통일의 원칙에 배치된다 할 수 없고(당원 1993. 2. 9. 선고, 92도 1815 판결, 1992. 8. 14. 선고, 92도 1211 판결, 1992. 3. 31. 선고, 91도 3279 판결 등 각 참조), 피고인이 북한에서 남파된 공작원들과 은밀히 수시 접촉, 연락하면서 행동한 객관적 사실과 그 행위의 태양, 행위 당시의 상황, 피고인의 경력, 교육정도 등 원심이 증거에 의하여 적법하게 인정한 판시 사실들 및 기록에 나타난 제반사정 등을 종합해 보면, 피고인은 북한의 반국가 활동에 적극 동조, 영합하여 이 사건에서 문제된 개별행위를 감행함으로써 그 자체 북한이나 그 구성원에게 이익이 됨은 물론, 대한민국의 존립, 안전이나 자유민주적 기본질서에 위태롭게 한다는 정을 충분히 인식하고 있었음에도 법률에 의한 처벌을 무릅쓰고 의욕한 것이라 할 것이다.

원심이 피고인에 대한 이 사건 각 개별행위에 있어 북한이나 그 구성원에게 이익이 되거나 국가의 존립, 안전과 자유민주적 기본질서에 위해가 되는 정을 알았다고 판단한 것은 정당하고, 거기에 소론과 같은 헌법과 국가보안법의 법리오해, 채증법칙위배에 의한 중대한 사실오인 등의 위법은 없다. 논지는 이유 없다.

2. 국가보안법 부칙 제2항이 헌법에 위반된다는 주장에 대하여

현행 국가보안법 부칙 제2항에 의하면, 그 시행 이전의 범행에 대하여 구 국가보안법(1991. 5. 31. 법률 제4373호로 개정되기 전의 것)의 규정에 의하여 처벌하도록 규정하고 있으나, 이는 소론 형법 제1조 제2항의 규정을 배제하는 형법 제8조 소정의 특별규정으로서 헌법 제12조의 죄형법정주의와 제13조의 형벌불소급의 원칙에 위배되는 규정이라고는 할 수 없으므로(당원 1992. 10. 27. 선고, 92도 2068 판결 참조), 이 부분 상고논지도 이유 없다.

3. 검사작성의 피고인에 대한 피의자신문조서의 증거능력을 다루는 부분에 대하여

기록에 의하면, 피고인은 제1심의 제5, 6회 공판기일에서 검사작성의 피고인에 대한 제1 내지 제4회 피의자신문조서의 성립은 인정하였으나 그 임의성은 부인하였는바, 가사 피고인이 국가안전기획부에서 진술을 강요 당한 사실이 있다고 하더라도 검찰에서 피고인의 진술횟수와 신문장소, 날짜 및 진술내용 등을 살펴보면, 그 자백 진술의 임의성을 의심할 만한 사유는 보이지 아니하고, 달리 검찰에서의 진술당시 그 주장과 같은 국가안전기획부에서의 진술강요에 의한 억압된 심리상태가 계속되었다고 의심할 만한 자료도 없다. 이점 논지도 이유 없다.

4. 개별 구성요건에 대하여

가. 회합, 통신, 연락의 점

현행 국가보안법 제8조 제1항이나 구 국가보안법의 같은 조항에 의한 회합, 통신, 연락죄는 반국가단체의 이익이 된다는 정을 알면서, 또는 국가의 존립, 안전이나 자유민주적 기본질서를 위태롭게 한다는 정을 알고서 그 구성원과 또는 그 지령을 받은 자와 회합, 통신 또는 연락을 하면 성

립되는 것으로서, 그것이 의례적 사교적인 차원에서의 전혀 다른 의도하에서의 모임이 아닌 한 회합자 상호간에 사전의 공동의사가 있어야 하는 것도 아니고, 그 회합의 경위나 방법도 불문하며, 반드시 일정한 사항을 논의하거나 결정하여야 하는 것도 아니고, 목적수행을 위한 일련의 활동과정에서의 모임으로 인정되면 족하며, 같은 반국가단체의 구성원이나 그 지령을 받은 자 상호간에도 회합 등의 죄는 성립하는 것이라 할 것이다(당원 1990. 8. 24. 선고, 90도 1285 판결 참조).

같은 취지에서 원심이 제1심판시 제1, 2항의 모임을 비롯하여 북한공작원들이나 공소 외 심금섭과의 회합, 통신, 연락 등을 포함한 이 부분 나머지 공소사실을 모두 유죄로 인정하였음은 정당하고, 거기에 소론 주장과 같은 법리오해, 채증법칙위배에 의한 사실오인 등의 위법은 없다.

나. 금품수수의 점

위 죄는 반국가단체의 구성원이나 그 지령을 받은 자라는 정을 알면서 또는 국가의 존립, 안전이나 자유민주적 기본질서를 위태롭게 한다는 정을 알면서 반국가단체의 구성원이나 그 지령을 받은 자로부터 금품을 수수함에 의하여 성립하는 것으로서, 그 수수가액이나 가치는 물론 그 목적도 가리지 아니하고, 그 수수가 대한민국을 해할 의도가 있는 경우에 한하는 것도 아니라 할 것이므로(당원 1991. 12. 24. 선고, 91도 2495 판결, 1990. 6. 8. 선고, 90도 646 판결, 1985. 12. 10. 선고, 85도 1367 판결 등 각 참조), 원심이 제1심판시 제57항의 물건을 피고인이 수수한 행위가 금품수수죄에 해당한다고 한 것은 옳고, 그외 다른 금품수수행위에 대한 원심의 인정판단에도 소론과 같은 법리오해와 중대한 사실오인 등의 위법은 없다. 논지도 이유 없다.

다. 표현물 제작, 반포의 점

기록에 의하여 살펴보면, 피고인의 이 사건 논문은 북한이 대남 선전활동의 일환으로 내세우는 국가보안법의 폐지, 평화협정 체결, 상호불가침 선언 등의 주장에 동조하여 대한민국의 대북정책이나 통일정책 등을 적극적으로 비난하는 내용을 담고 있는 것으로서, 피고인의 경력, 교육정도 등과 위 1항 기재와 같은 사정 등을 종합하여보면, 피고인은 국가의 존립, 안전과 자유민주적 기본질서를 위태롭게 한다는 정을 알면서 북한의 활동에 동조할 목적으로 위 표현물을 제작, 반포하였다고 할 것이므로, 같은 취지의 원심판단은 옳고 거기에 소론주장과 같은 헌법과 국가보안법의 법리오해, 사실오인 등의 위법은 없다.

라. 국가기밀의 수집, 탐지, 누설 등의 점

현행 국가보안법 제4조 제1항 제2호(나) 소정의 국가기밀과 구 국가보안법 제4조 제1항 제2호 소정의 국가기밀이라 함은, 반국가단체에 대하여 비밀로 하거나 확인되지 아니함이 대한민국의 이익을 위하여 필요한 모든 정보자료로서, 순전한 의미에서의 국가기밀에 한하지 않고 정치, 경제, 사회, 문화 등 각 방면에 관한 국가의 모든 기밀사항이 포함되며 그것이 국내에서의 적법한 절차 등을 거쳐 널리 알려진 공지의 사항이라도 반국가단체인 북한에게는 유리한 자료가 되고 대한민국에는 불이익을 초래할 수 있는 것이면 국가기밀에 속한다 할 것인바(당원 19921. 10. 27. 선고, 92도 2068 판결, 1990. 6. 8. 선고, 90도 646 판결 등 각 참조), 기록에 비추어보아도 피고인이 수집, 탐지, 누설한 사항과 논문이 모두 국가기밀에 해당되고, 또한 자신이 주도적으로 관리, 운영하는 평화통일연구회의 활동에 의하여 피고인이 공소 외 노중선을 통하여 판시 논문 등 자료를 수집하였다고 인정한 원심판단 역시 옳다고 수긍되므로, 거기에 소론 주장과 같은 국가기밀에 관한 법리오해와 사실오인 등의 위법이 없다.

마. 탈출예비의 점 등

국가보안법의 규정은 남북 교류협력에 관한 법률 제3조 소정의 남북교류와 협력을 목적으로 하는 행위에 관하여는 정당하다고 인정되는 범위 안에서는 적용이 배제된다 할 것이나, 원심과 제1심판결이 적법하게 인정한 이 부분 사실관계에 비추어보면, 피고인이 북한공작원들과의 사전연락하에 주도한 민중당의 방북신청은 그러한 정을 모르는 다른 민중당 인사들에게는 남북 교류협력의 목적이 있었다 할 수 있음은 별론으로 하고, 피고인 자신에 대한 관계에서는 위 법률 소정의 남북 교류협력을 목적으로 한 것이라고는 도저히 볼 수 없으므로, 피고인이 비록 형식상으로는 위 법률에 의한 방북신청을 하였지만 국가보안법상의 탈출예비에 해당한다 할 것이고, 나아가 국가보안법 제6조 제2항의 탈출, 잠입죄는 반국가단체의 지배하에 있는 지역으로 탈출하거나 그 지역으로부터 잠입할 것을 요건으로 하지 않으므로, 위 심금섭이 북한의 지령을 받거나 그 목적수행을 위하여 태국으로 출국하였다가 입국한 행위에 대하여 피고인이 위 조항 소정의 죄에 대한 공동정범으로서의 죄책이 있다고 한 원심판단 역시 옳다고 인정되고, 거기에 소론이 지적하는 바와 같은 위법은 없다.

5. 양형부당의 주장에 대하여

기록에 의하여 양형의 조건이 되는 여러 사정을 검토해보면, 피고인에 대하여 선고된 무기징역형 등의 형량이 너무 무거워 부당하다고는 판단되지 아니한다. 이점 상고논지 역시 이유 없다.

6. 그러므로 상고를 기각하기로 하여 관여법관의 일치된 의견으로 주문과 같이 판결한다.

1993. 10. 8.

재판장　대법관　박만호
　　　　대법관　김상원
주　심　대법관　윤영철

57

'기독교와 민족통일' 강연 사건

피고인 박순경

1. 사건개요 : 범민련활동과 통일문제강연의 공안사건화 361
2. 체험기: 피고인석에서 본 재판-박순경 364
3. 공소사실 379
4. 공판 모두진술-박순경 391
5. 변론요지서-변호인단 425
6. 판결 (1심; 서울형사지법 91고합 1547) 433
7. 판결 (2심; 서울고법 92노 302) 447

사건개요

범민련 활동과 통일문제 강연의 공안사건화

한승헌 (변호사)

1991년 8월 우리나라 최초의 여성신학자 박순경朴淳敬 교수가 국가보안법 위반으로 구속되었다.

박교수는 그해 7월 9일부터 12일까지 재일대한기독교회가 주최한 '평화통일과 선교에 관한 기독자 도쿄회의'에서 '기독교와 민족통일의 전망'이라는 주제강연을 하였다.

이때의 발표내용은 그 모임에 참석한 일부 목사들에 의해 북한의 주체사상 찬양이라는 논란을 불러일으켰고 검찰 또한 이를 문제삼은 것이다.

귀국 후 8월 9일 그는 서울지방경찰청 보안1과에 연행되었고 그달 29일 서울지방검찰청 공안부로 송치되면서 서울구치소에 수감되었다.

그는 범민족연합(범민련) 남측본부 준비위원회에도 관계하고 있어 당국의 미움을 사고 있던 참이었다.

검찰은 박교수가 도쿄 강연을 통해 북한의 주체사상을 찬양하였으며, 범민련의 조직·활동에 참가함으로써 북한의 대남적화 선전선동에 동조하였다는 이유로 70세가 다 된 할머니를 구속기소하였다.

검찰에서 박교수는 범죄혐의를 단연코 부인하였다. 그는 "도쿄 강연은 주체사상을 하나님 혹은 신학에 관련시켜 재해석함으로써 거기에 하나님의 임재하실 길을 열어놓고 그것을 상대화시켰으니 이것은 결코 주체사상의 찬양이라고 규정될 수 없으며, 오히려 선교신학적 시도라고 할 것이다"라고 밝혔다.

그가 법정에 들어서자 방청석에서 뜨거운 박수가 터져나왔다. 다른 사건 법정에서와 달리 재판장은 이른바 법정질서에 관한 경고나 박수제지를 하지 않았다.

박교수는 모두진술에서 범민족대회추진본부는 합법단체이며 자신의 도쿄 강연은 결코 주체사상 찬양이 아닌 데도 정부와 기독교계 일부가 이를 왜곡하여 문제를 삼고 있다고 항변하였다. 도쿄 강연이 누구를 이롭게 했다면 그 대상은 남북 모두이며 더구나 지금 적이 어디 있느냐고 반문하기도 했다. 그는 재판과정에서 이른바 수령론에 대한 신학적 재해석과 통일신학의 본질에 관해 강인한 소신을 피력하여 마치 통일신학 강연장 같은 분위기를 자아내기도 하였다.

첫 공판날 그는 자신이 준비한 모두진술을 다 읽자면 3시간 정도 걸리므로 이를 요약해서 1시간 45분쯤으로 줄여서 진술했다.

모두진술이 끝나자 길고 긴 박수가 이어졌다. 법정내 박수에 대한 신경질적인 제지를 자주 보아온 나에게 그날의 재판장은 드물게 아량과 양식을 갖춘 분으로 기억된다.

박교수는 훗날 나의 회갑기념문집에 기고한 글에서 이렇게 재판 당시를 회상했다.

'불안감과 기쁨이 엇갈리는 감정을 누르고 법정에 들어서서 방청객의 애정 어린 환호성을 들었을 때 나는 먼저 그들 앞에서 큰절을 하고 싶었다. ……당연히 나는 법정을 내 통일신학의 눈물겹고 감격스러운 강연장으로 생각했고……:

그는 그해 11월 22일 징역 1년 6월, 자격정지 1년 6월에 2년간 집행유예의 판결을 받고 1백6일 만에 석방되었다. 문제는 그런 형량이 아니라 유죄 판결 자체의 부당성에 있었다.

일흔 살을 눈앞에 둔 여신학자에 대한 구속은 처음부터 부당한 것이었고 민간의 통일운동에 대한 정부의 구태의연한 냉전시각이 빈축을 산 사건이었다.

　박교수의 석방을 위한 기도회에서 한 신학교수는 "학자의 강연이나 종교인의 설교내용을 재판대상으로 삼는 것은 자유민주질서의 기본에 어긋나는 것"이라고 정부를 비난했다.

　항소심도 항소기각으로 끝났다. 박교수는 이런 말을 써 남겼다.

　'나는 보안법 아래 재판받음으로써 우리 현대사의 고난에 동참하게 된 것을 감사하게 생각하며…… 내 재판에 대한 이 해석적 기록이 다른 보안법 위반 재판기록들과 함께 민족통일의 방향과 새로운 민족사회 창출을 위한 증언들로서 기억되기를 바란다.'

　박교수는 평생 불변의 통일신학자였다.

체험기

피고인석에서 본 재판

박순경 (전 이화여대 교수)

시작하는 말

먼저 보안법을 위반한 피고로서 재판을 받게 된 경위, 재판의 민족사적인 변증법적 의의, 재판의 구조와 형식문제에 대한 신학적 고찰을 간략하게 말해보려고 한다.

민족사의 변증법이란 단적으로 말하자면 분단체제 세력과 이에 대립하는 민족적 양심의 소리와의 갈등관계를 의미한다. 역사사회에서 정립된 기존의 것이 이에 반립하는 비판투쟁 세력에 부딪쳐서 변혁되지 않으면 역사의 발전이 있을 수 없다. 모든 보안법위반 재판은 그러한 민족사적 변증법이 벌어지는 사건의 단면들이라고 나는 늘 생각해왔다. 그런데 서울구치소 감방에서 첫 재판을 위한 모두진술을 쓰면서, 판·검·변이라는 법관들과 피고·방청객이 만나는 장면이 민족사의 변증법일 뿐만 아니라 삼위일체三位一體 하나님과 세계가 만나는 변증법적 관계에 비유될 수 있음을 생각하기 시작했다.

피고인석에 서기까지

나는 1991년 8월 9일부터 서울지방경찰청 옥인동 보안1과에서 보안법위반혐의로 수사받다가 12일 구속되었고, 13~29일간 종로서 유치장에 갇혀 있으면서 계속 보안1과에서 수사받았다. 수사받을 일이 간단했음에도 불구하고 경찰수사 만기인 20일을 채우느라고, 불결하기 짝이 없고 찜통 같은 유치장에서 18일간 지내는 사이에 내 노령의 건강은 결정적으로 악화되어버렸다.

내가 구속된 것은 1991년 7월 9~12일 재일대한기독교회 주최 '평화통일과 선교에 관한 기독자 동경회의'에서 발표한 '기독교와 민족통일의 전망'이라는 나의 주제강연이 주체사상 찬양이라는 참석자 반공목사들간의 논란과 검찰에서의 증언, 안기부 요원들과 언론보도에 의해서 발단되었다. 그러한 논란과 보도는 물론 신학에 대한 무지와 분단·냉전체제 논리에서 비롯된 곡해이다. 1990년 8월 15일 범민족대회를 위시해서 1991년 1월 23일 구성된 범민족연합(범민련) 남측본부 준비위에 관계했던 활동이 그 강연의 구속조건 강화를 위하여 반 년 이상이나 지난 다음 뒤늦게 들춰내어진 것이다.

경찰수사 20일을 채우고 나는 1991년 8월 29일 서울지검으로 송치되었고 서울구치소에 입감되었다. 검찰수사는 도쿄강연에 집중되었다. 그것은 신학적인 설명과 해명을 필요로 했기 때문에 나는 검사실에 혼자 앉아서 설명·해명 진술서를 쓰고 또 쓰고, 쓰다 지치면 그만두고…… 대체로 30일 수사만기는 그렇게 채워졌다. 기력도 견디기 어려웠지만 귀한 날들이 그렇게 박탈당하는 데 대한 울분이 한번 폭발하고 만 적도 있다.

내가 구속되자 강철선 변호사가 구속적부심을 신청한다고 했으나 추진되지 않았으니, 추측하건대 안기부와 검찰이 나를 무겁게 처벌하려고 했기 때문인 듯했다. 검찰수사기간 동안 변호인단이 보석을 신청했으나 역시 허락되지 않았다. 보안법 위반 피의자에게는 구속적부심도 보석도 통용되지 않았다는데, 악법이라서 그렇게 철통 같은 것인가 싶다.

검찰에서 나는, 도쿄강연은 주체사상을 하나님 혹은 신학에 관련시켜 재해석함으로써 거기에 하나님이 임재하실 길을 열어놓고 그것을 상대화시켰으니, 이것은 결코 주체사상 찬양이라고 규정될 수 없으며 오히려 선교신학적 시도임을 거듭 진술했다.

또, 1991년 8월 15일 범민족대회→ 범민련준비위에 대한 합법성을 진술하여 제출했다. 즉, 그해의 범민족대회는 결성 직전인 7월 20일 노대통령의 '한민족대교류'라는 담화발표로 정부에 의해서 합법적으로 공인되었다는 사실과, 1991년 1월 23일 범민련준비위는 그 대회의 상설기구이므로 합법적이라는 것 그리고 구성 당시 이적단체라고 정부가 규정하지 않았다는 사실을 진술했다. 게다가 나는 대전 목원대 출강과 수다한 대학원생들의 학위논문 지도, 해외학술회의 참가와 강연, 집필 등 과중한 일거리와 건강문제로 범민련준비위 부위원장이라는 직함을 갖기는 했으나 그 구성이나 활동에 거의 참가하지 못했다는 사실도 진술했다.

그러나 검찰의 공소장은 공식 합법화되었던 1990년 8월 15일 범민족대회건 이외에는 내 객관적인 사실진술을 모두 도외시해버리고, 도쿄강연은 주체사상을 찬양한 것이라고, 범민련준비위라는 이적단체 조직과 활동에 참가함으로써 북한의 대남적화 선전·선동활동에 동조하고 남한정부와 자유민주주의 질서를 위태롭게 했다고 나를 고발했다. 검찰은 도쿄강연에서 발표한 나의 선교신학을 전혀 몰이해했음에도 불구하고 그리고 범민련준비위에 대한 합법성 주장과 나 자신의 객관적 상황설명에도 불구하고, 일단, 나를 구속했으니 보안법 위반으로 얽어매어 기소할 수밖에 없다는 시나리오를 가지고 있었던 것으로 보였다.

보안법 위반의 경우에는 양심수들이 대부분 그런 식의 공안정국의 시나리오에 따라 처리된다는 정평이 새삼 회상되었다. 그러한 사법처리란 주어진 특정한 정권에 종사하는 것이지 민주적 법의 처리가 아니다. 공안정치는 민주헌법이라는 이름 아래 노老신학자의 인권을 유린한 것이다. 1991년 9월 27일 나는 (구)국가보안법(법률 제3318호) 제7조 제3항·제1항, 제14조, 국가보안법 제7조 제1항, 제14조, 형법 제30조·제37조·제38조라는 조항들에 묶여 서울형사지방법원 합의 24부에 회부되었다.

제1심 재판은 1991년 11월 1일, 8일, 22일에 열렸다. 11월 8일 징역 3년 자격정지 3년이라는 구형이 내려졌고, 11월 22일 징역 1년 6월 자격정지 1년 6월 집행유예 2년 선고로 일단 석방되었다. 내가 106일 만에 석방된 것은 내 구속을 비난하는 국내외 여론과 항의서명·탄원서들 덕택인 듯하다. 그때 석방되지 않았더라면 내 건강은 아주 위태롭게 되었을 것이다. 1992년 7월 13일과 9월 21일 항소심재판이 있었고 10월 26일 선고재판은 '원심대로'라는 선고를 내렸다.

사람들은 내게 상고하고 또 도쿄강연에 관해서는 국제사법부에 제소하고 끝까지 투쟁하라고 권고한다. 그렇다. 도쿄강연 문제는 국제사법계와 세계신학계에 호소됨이 마땅하다. 그러나 나는 내 정신과 시간의 소모를 고려해서 주저했고 결국 포기하고 말았다. 그렇지만 도쿄강연의 요지는 어떤 형식으로든 확대되어 국제사회에서 논의되기 바라는 바이다.

분단 냉전체제의 재판 : 민족사의 변증법

법정에 선다는 일이 어찌 내 평생에 일어날 수 있는가. 꿈에서도 생각할 수 없었던 사건이다. 나는 불안했고 거듭 용기를 가다듬어야 했다. 그것은 공안정치의 커다란 실책에서 빚어진 사건이고, 분단된 민족사에서 일어난 불가피한 사건이라고 생각되었으며 또한 하늘의 섭리가 역사한다고 생각되었다. 나는 하늘의 섭리라는 신앙과 민족사적 사명감을 가지고 모두진술을 썼으며 재판의 날을 기다리기까지 했다.

– 대법정 417호, 통일신학의 강연장(1991년 11월 1일)

불안감과 기쁨이 엇갈리는 감정을 누르고 법정에 들어서서 방청객의 애정 어린 환호성을 들었을 때 나는 먼저 그들 앞에서 큰절하고 울고 싶었다. 변호인석의 백승헌·홍성우·강철선·한승헌 변호사는 내게 큰 힘이 되었다. 한승헌 변호사까지 합석한 변호인석은 화려하게 보였다. 나는 당연히 법정을 내 통일신학 강연장으로 생각했고 방청객도 우울한 수의복 차림의 노신학자의 강연을 기대하고 있었다. 내 평생에 그렇게 눈물겹고 감격스러운 강연장, 민족사의 드라마, 민족사의 무대가 주어질 수 있다니! 그 모든 장면은 실로 내게 분에 넘치는 은혜로운 것이다. 어느 틈에 나는 흐트러진 머리와 수의복 차림의 초췌한 몰골에 대한 자격지심을 잊어버리게 된 것이다.

　강연으로서 준비한 모두진술을 다 읽자면 세 시간 정도 소요되므로 요약해서 1시간 45분 동안 진술했다. 진술에서 역점을 둔 부분은 도쿄강연 직후부터 가장 많이 곡해되었던 수령론의 신학적 재해석에 대한 재설명이다.

　여기서 요약해 말하자면, 수령론은 주체사상의 불가결한 요소이니, 수령은 바로 인민주체들의 사회성을 성립시키는 통일적 구심점이기 때문이다. 이 때문에 주체사상은 수령통치자의 이데올로기로 보일 수도 있고 또 그렇다고 비판되기도 하나, 수령의 존재이유는 그가 오로지 인민집단을 위한 존재이며 그의 통치권력은 인민집단에게로 돌려질 때 정당화될 수 있다. 수령의 유일성과 독재는 궁극적인 혁명이념에 직결되는 것이며, 이 점에서 프롤레타리아 공산당독재 이념과 동일하다. 공산당독재가 상대적인 역사의 과정에서 성립되기 어려울 뿐만 아니라 소련과 동유럽의 공산당독재가 문제화되고 해체되었다고 해도, 궁극적인 혁명이념과 과업이 일단 설정된다면 이에 상응하는 독재는 불가피하다는 논리적 근거에서 나는 수령의 유일성과 독재의 사상적 유래를 설명했다.

　이것이 수령찬양이라는 안기부와 검찰의 단정은 분단·냉전체제라는 틀 속에 갇힌, 그래서 어떤 사상이든 그 사상에 접근 분석하는 학문적 자유와 방법을 몰각하는 신경과민이다. 수령론에 대한 내 신학적인 재해석의 요지는 수령의 주체성 개념이 성서적인 하나님 신앙에 접근한다는 통찰에 근거해 있다. 즉, 생사를 주관하시는 창조자 하나님, 인류의 궁극적인 공동체를 가능하게 하는 역사의 궁극적인 목표로서의 하나님 나라의 도래到來를 선포하신 예수 그리스도, 역사내에서 인간을 새롭게 하시고 그 나라의 구원에로 이끄시는 성령의 역사役事하심에 대한 성서적 신앙이 하나님의 주체 되심을 기독교 신앙은 고백한다.

　독재자 수령의 유일성은, 이것이 궁극적인 역사혁명이라는 이념에 관계해서 필연적인 개념이라고 해도, 인간은 유한하고 혁명이념도 유한하며 그 독재성 혹은 유일성은 유한한 인간, 오류를 행할 수 있는 인간 이상이며, 궁극적인 수령의 자리는 하나님의 자리이므로 하나님에게로 양도되어야 한다는 것이 내가 재해석한 수령론의 요지이다. 양도된다는 것은 하나님에 관계해서 수령·주체사상이 상대화된다는 것, 수령의 유일성과 독재가 역사적으로 어떤 역할을 수행했고 또 한다고 해도 절대성을 가지지 못한다는 것을 의미한다. 그렇게 수령론을 재해석함으로써 나는 주체사상이 하나님을 고려할 수 있는 길, 즉 선교의 물꼬를 열어놓으려고 시도한 것이다. 이러한 선교신학적 시도가 수령·주체사상 찬양이라고 곡해되어 종교재판을 연출했다는 것은 공안정치의 큰 오류와 무지에서 비롯된 것이다.

방청객은 무척이나 조용하게 내 진술을 듣고 있었다. 나는 일찍이 그렇게 엄숙한 강연장을 목도한 적이 없었다. 차후에 들으니, 검사·판사의 신문과 내 대답에 의하여 방청객은 내 강연의 요지를 재확인하는 좋은 기회를 가졌다고 한다. 기독교계 방청객은 도쿄강연을 읽으면서 내가 지나치게 주체사상쪽으로 돌아버리지 않았나 하는 기우와 불안감을 가졌던 것 같은데, 내 진술을 듣고 의구심을 풀었다고 하며, 내 진술이 은혜로웠다고 생각하기도 했다는 것이다. 반기독교계 통일인사들은 도쿄강연을 읽고 또 읽고 내 진술을 듣고, 기독교를 새롭게 발견했다고 기뻐했다. 홍성우 변호사도 처음 구치소에 찾아왔을 때는 왜 그런 강연을 했느냐고 말했는데, 첫 재판 다음날 찾아와서는 "내가 박선생님의 강연을 그전에도 들은 적이 있었는데, 이번에······" 하고 말을 끝맺지 않았다. 이번에 감명깊게 또 들었다는 뜻임에 틀림없다. 그는 신실한 기독교인이므로 내 신학적 설명을 관심있게 들은 것이다.

재판부는 그날 재판을 검사의 구형과 내 최후진술까지 진행시키려고 했으나, 검사의 제동으로 재판은 두 번째 휴정 다음에 더 진척되지 않았다. 1991년 1월 23일 범민련준비위 구성을 위한 주요한 두 회의, 즉 1월 5일과 1월 10일 실무회의에 내가 참석하지 못했다는 사실을 검찰에서 진술했음에도 불구하고, 내가 준비위 부위원장단에 속한다는 것 때문인지 공소장에는 내가 그 두 회의에 참석했고 또 이적단체 조직에 가담했다고 기록되어 있었다. 이점이 내 진술과 달랐기 때문에 검사는 증거자료 채택을 판사에게 제의했고, 그리하여 재판은 더이상 진척되지 못했던 것이다.

그러한 사태는 분명히 검찰 수사기록의 오류에서 비롯된 것이다. 고의적인 오류인지 착오인지 판별할 수는 없다. 날 보석시키기 위하여 힘쓴다던, 그렇게도 겸손하고 친절하게 대하던 검사에 대한 의심덩어리가 비로소 내 마음 속에 생겨났다. 그가 자신의 공소장을 변호하기 위하여 어떠한 증거자료를 제출했든, 그것은 진실과 사실이 아니다. 아마도 범민련 남측 준비위 구성으로 구속된 이창복·김희택·권형택 등의 수사자료 가운데 어떤 것을 제출했을 것이다. 그러한 증거자료 제시가 사실에 근거했든 아니든 그것이 공안당국의 짜여진 틀에 어떠한 영향을 미치지는 못할 것이니, 검사는 공소장의 타당한 형식이나 갖추면 된다는 생각이 들기도 했다.

11월 8일 두 번째 재판에서 검사는 징역 3년 자격정지 3년을 선고했다. 그 순간 나는 마음이 서늘해짐을 느꼈다. 홍성우 변호사는 변론하기를 내가 "《구약성서》의 예언자적 신앙에 입각하여 '역사의 전경(Frontier, 이 표현은 내가 쓴 것이다)'에 서서 하나님의 정의로운 심판을 증언하는 예언자적 신학자"라고 했으니, 피고에 대하여 그보다 더한 찬사가 또 있을 수 있을까. 보안법과 재판에 대한 그보다 더 큰 반론이 있을 수 있을까. 나는 흐르는 눈물을 가누지 못했다.

한승헌 변호사는 두 번째 자진출두하여 변론하기를, "보안법이 북한에 다녀왔다는 특수층에게 또 남북정상회담을 제의한 정부수뇌에게는 적용되지 않고 재야 통일인사들에게만 적용되는 것은 보안법 자체의 모순을 나타낸다"고 지적했다. 또한 남북한 유엔가입, 우리 정부의 남북정상회담 제의, 남북총리회담이 진행되는 상황에서 북한을 적성단체라고 규정하는 것은 성립되기 어렵고, 그러한 상황에서 피고에 대한 구형과 처벌은 합당하지 않다고 변론했다.

강철선 변호사는 학술강연인 내 도쿄강연이 민주헌법상 구속조건이 될 수 없다고 지적하면서, 그 강연의 구속조건을 세우기 위하여 사법처리가 마무리된 지 수개월이 지난 범민련준비위 관련문제를 뒤늦게 논란하는 것은 합당하지 않으니 피고의 건강을 고려하여 보석을 허락해달라고 변론했다.

백승헌 변호사는 변호사들의 변론실무를 담당했는데, 첫 재판시 검사심문에 대한 반대신문을 담당했으며, 북한이 반국가단체라는 보안법의 대전제에 대해 근본적으로 검토할 필요성을 제기하고, 다음과 같은 변호인 전체의 변론요지 문서를 작성하여 제출한 것같다.

① 이승만 정권의 적대적 북진통일정책 이외에는 한국헌법이 평화통일을 기초로 삼고 있다는 것(헌법 제4조), 이 평화통일 조항은 반국가단체라는 북한에 대한 규정에 어긋난다는 것.
② 1970년 8·15경축사에서 발표한 박정희 대통령의 남북평화통일 구상과 7·4남북공동성명의 자주·평화·민족대단결이라는 3대 원칙에서 볼 때 반국가단체라는 규정이 어긋난다는 것.
③ 1973년 남한의 '6·23평화통일외교정책선언'에서 남·북한 유엔 동시가입, 상호 내정불간섭, 호혜평등과 대화가 제안되었으니 북한을 반국가단체라고 규정하는 대전제는 성립되기 어렵다는 것.
④ 노대통령은 1988년 7·7선언에서 남·북을 동반자관계·민족공동체로 보고 교류·교역으로 서로 도와야 한다고 했으니 북한=반국가단체라는 보안법의 기초가 부정되었다는 것.
⑤ 현정권이 1989년 9월 11일에 발표한 '한민족공동체통일방안'에서 통일에 이르는 중간단계로서 남·북연합, '남·북 정상회의', '남·북 각료회의' 등을 제안했으니 북의 '조선민주주의인민공화국'의 실체를 사실상 인정했다는 것.
⑥ 남·북이 1991년 9월 17일 유엔에 동시가입했으니 국제법에 따라 주권평등의 원칙이 남·북에 공히 해당되며, 유엔 회원국은 유엔헌장 제4조에 따라 평화애호국으로 규정되어 있으므로 북한은 국제법상 반국가단체라고 규정될 수 없게 된 셈이라는 것이다. 1991년 남·북한 유엔 동시가입 직후인 9월 27일 노대통령은 유엔총회 연설에서 우리의 '형제' 조선민주주의인민공화국의 유엔가입을 '축하한다'고 말했으니, 북한은 더 이상 반국가단체라고 볼 수 없다는 결론이다.

변론은 그와 같이 보안법의 기초 자체의 법적 불합당성을 철저하게 지적한 다음, 현행 보안법을 적용한다는 사실 자체가 자유민주주의의 기본질서를 해치는 위험을 범하고 있다고 지적하였다. 또한 피고의 행위는 자유민주주의 기본질서를 해하려고 목적하지도 해치지도 않았으며, 범민련 준비위 당사자들도 북한의 대남적화 선전·선동활동에 동조한다거나 우리 정부를 타도하려고 하지 않았고, 또 피고는 도쿄강연에서 주체사상을 유일사상으로 받아들이기를 주장한 것이 아니라 선교신학적 입장에서 민족화해와 북한이해를 위하여 기독교와 주체사상의 대화의 필요성을 주장했고, 더구나 피고는 북한을 이롭게 하고 남한을 해롭게 하려는 목적으로 강연하지 않았으니 피고의 건강악화를 고려하고 피고의 학문적 작업을 위하여 석방해줄 것을 호소했다.

위와 같은 변론요지는 내 모두진술 요지와 일치하며 그 변론은 완벽했다. 울음 섞인 내 최후진술은 방청객을 많이 울렸다고 한다. 69세의 노신학자에 대한 공안당국의 잔인하고 부도덕한 처사에 대한 억눌린 분노가 애절한 진술로 표현된 것이다. 또 항일민족운동과 민족분단의 상황에서 피 흘리고 고통당해온 우리 근·현대사의 슬픔이 내 애절한 진술 속에 깃들어 있었다.

1991년 11월 22일 선고재판에서 나는 초조하게 선고를 기다렸다. 정호영 판사는 내 말을 인용하여, 즉 도쿄강연에서 피고는 주체사상을 신학에 관계해서 '상대화' 시켰다고 주장하고 주체사상을 찬양하지 않았다고 하나…… 범민련준비위 부위원장으로서 활동했으므로…… 징역 1년 6월 자격정지 1년 6월…… 나는 2년 형집행을 정지한다는 말을 듣지 못하고 '저것들이 나를 정말 죽이려는구나' 생각하고 피고석에서 일어설 줄을 몰랐다. 교도관들이 집행유예라서 석방된다고 일러주어 그제서야 나는 제정신이 들었다.

피고와 검사는 항소했다. 1992년 초, 검사의 항소이유서를 받아 읽고 나는 끓어오르는 분노를 억제해야 했다. 그에 대해서는 내 애증이 엇갈리곤 했다. 그의 항소이유서는 범민련준비위가 북을 축으로 하는 북의 대남적화 선전·선동에 동조하는 '전위조직'이라면서, 피고는 준비위 부위원장으로서 '활동'했고 도쿄강연을 행함으로써 정부의 존립과 자유민주주의 질서를 위태롭게 했으므로 원심선고 형량이 부족하며 3년 징역 3년 자격정지가 마땅하다는 것이다. 검사가 항소한다면 어찌 달리 이유를 내세울 수 있겠는가. 그러나 그처럼 철저하게 공안당국을 대변하는 그의 처사가 내 분노를 자아내곤 했다.

항소심은 7월 13일 열렸고, 9월 21일 항소심의 모두진술 겸 최후진술에서 나는 검사의 공소장·항소이유서를 집중적으로 공격했다. 제1심의 모두진술은 강연을 위주로 했으며, 공소장에 대하여 반론하면서도 방청객이— 보통 보안법 위반 재판에서 방청객들이 검사를 미워하고 야유하듯이—내 담당검사를 미워하지 않도록 하는 어조를 쓰려고 노력했다. 검사에 대한 그러한 심정과 배려는 무엇을 의미하는가? 나는 그가 언젠가는 회개하고 민변 변호사로 바뀔지도 모른다는 환상을 가졌으며, 또 "우리는 악연으로 만났으나 악연으로 끝나서는 안된다"고 검사실에서 여러 번 토로한 적이 있었기 때문이다.

내 심정과 환상은 허사였을까? 민족분단의 역사가 청산되는 날 그는 깨닫게 되리라. 항소심 선고재판은 10월 26일에 열렸다. 9월 21일 백승헌 변호사는 내가 무죄임을 주장했으나, 공안당국의 지배 아래 있는 재판이 무죄를 선고할 리 만무하다. 결국 10월 26일 항소심 재판은 원심 선고대로라고 판에 박은 듯 선고해버렸다. 항소심 재판들은 제1심 재판들보다 훨씬 더 성의없는 허식으로 보였다.

보안법 피의자들에 대한 재판이란 정권유지를 위한 공안정국의 의도에 따라 진행되고 결정되는 것이어서, 피의자의 자기변호적 진술이나 변호사의 변론이란 별 실효 없는 허식에 불과하다는 것을 나는 특히 항소심 재판들에서 느꼈다. 그럼에도 불구하고 피의자의 진술과 변호사의 변론은 그러한 잘못된 법질서에 대항하는 증언들로서 역사적 의의를 가진다.

심판받은 자가 심판자로 바뀌는 재판 1)

민족분단 냉전체제를 유지시키려는 보안법은 민족의 화해와 대단결에 의한 통일과 새로운 민족사회 창출을 외치는 민족의 양심들을 심판하는 공안정치의 도구이나, 도리어 이들에 의해서 심판받아왔다. 민족분단의 멍에와 세계의 죄악을 짊어지고 10여 년, 20여 년, 30여 년, 40여 년을 철창 속에서 생존하는, 그러면서도 신념과 긍지를 간직해온 민족의지는 눈물겹고 뼈아프다. 이들은 민족사와 세계에 대한 심판자들이다.

기존하는 세상과 불의와 멍에를 짊어지고 이것을 하나님의 심판대 앞에 세우고 새 나라의 도래를 선포한 예수는 죽임을 당할 수밖에 없었으나, 바로 그의 죽으심에서 그는 불의한 세상에 대한 궁극적 심판자가 되신 것이다. 그가 심판자라는 것은 하나님이 정의의 승리와 새 나라의 주체이심을 의미한다. 나는 우리 현대사에서 변증법적 갈등과 고통, 분단체제와 이것을 넘어서려는 민족의지의 반립이 불가피한 상황에서 초래되는 고통을 그러한 예수의 십자가의 의미에 비추어보았다.

나는 서울구치소 감방에서 밤이면 밤마다 십자가를 눈앞에 떠올리고 울었다. 법정에서 재판받고 철창에서 고통받으면서도 긍지를 가지는 민족양심들은 무엇을 의미하는가? 그것은 민족사와 세계사에 대한 정의의식을 나타내며, 새로운 정의로운 민족사회와 새 세계에 대한 희망의 표식이요 변증법적 역사행진의 동력이다.

나는 감방에서 청년학생 양심수들의 당당한 기개를 목격했다. 나이어린 그들은 김밥과 슈크림을 먹고 싶어하고 커피를 생각하고 엄마생각에 시름지으면서도 아침투쟁 저녁투쟁 단식투쟁을 외쳐대곤 했다. 그들의 그 당당함과 자부심은 무엇을 의미하는가? 그들은 보안법과 기존세력에 대한 변증법적 비판의 동력이다. 왜 청년들이 재판을 거부하고 법정에서 소란을 피우는가? 보안법의 타당성을 부정하기 때문이다.

나는 비록 철창 안에서 괴로워했으나, 늦게나마 모래알 만큼이라도 우리 현대사의 고통의 반열에 삽입된 것을 하늘의 섭리라고 감사했으며 법정에서의 내 강연을 민족사적 증언의 계기로 삼았던 것이다. 우리는 법정에서 심판받았으나 보안법-냉전체제라는 우리 현대사의 암초에 대한 심판자들이 된 것이다. 보안법의 탄압 아래 묶인 민족사의 심판자들을 변호하는 변론인들은 잘못된 법질서와 집행에 대한 심판자들이다.

신학적으로 본 재판의 형식과 문제

나는 모두진술을 쓰면서 사법부를 대표하는 판·검·변과 피고의 편에서는 변호사의 역할과 피고·방청자가 만나는 재판의 형식구조를 처음으로 신학적으로 생각하게 되었다. 그러한 재판 형식구조는 하나님과 세계 관계의 축소판이다. 《구약성서》에 따르면 하나님은 법의 근원이며 역사의 궁극적인 심판자이시다. 하나님의 공의公義가 바로 법의 근원이며, 그의 공의로운 법은 피조물 세계의 정의로운 질서를 기초하고 세계의 불의를 심판하고 세계로 하여금 새로운 질서를 실현하게 하는 동력이다.

역사의 변증법적 운동이란 성서에서 보면 의로운 하나님에 대한 불의한 세계의 반립, 이러한 세계에 대한 하나님의 반립과 심판, 이 심판을 증언하면서 새로운 미래의 구원, 즉 정의로운 새 세계질서 창출을 선포하는 예언자적 신앙이 역사변증법의 원형이다. 《신약성서》에서 보면 법의 근원이신 지엄한 심판자 하나님이 미천한 인간 예수의 모습으로 역사에 오신다. 그가 바로 세계를 전적으로 심판하고 새롭게 하는 하나님나라의 도래를 선포하다가 세상법정의 심판을 받고 죄인처럼 십자가에 죽으시고 다시 사셨다는 것이다.

그의 부활은 하나님과 법과 정의의 승리를 선포하는바, 역사의 궁극적인 미래이다. 심판자 하나님이 심판받았다는 그의 죽으심의 사건 자체가 역사에 대한 심판이다. 예컨대 법이 신적인 근원을 갖지만, 의로운 자, 새 나라의 도래를 선포한 자, 예수를 처형한 세계의 법으로서 왜곡되어버린 로마의 실정법은 그의 죽으심에서 악법으로 판정된 것이다. 판·검·변의 법관들과 피고·방청자가 만나는 재판의 형식구조를 나는 심판자 하나님과 세계 혹은 예수와 로마세계의 관계에 비추어 생각하기 시작했다.

판·검·변이라는 법의 담당주역은 심판자 하나님·그리스도·성령,

즉 삼위일체 하나님에 비유될 수 있으며 피고·방청자는 인간세계의 축소판이다. 판·검·변과 피고·방청자는 물론 다 인간세계를 대표하지만, 재판이라는 특정한 상황에서의 역할기능에서 저러한 구별과 특정한 문제가 벌어지게 된다.

재판의 형식구조와 절차가 아주 흥미롭다. 높은 판사석도 판사의 가운도 존엄하게 보인다. 법의 심판자 판사는 입법자 하나님의 대행자요 형상이다. 판사가 입정할 때 모든 사람들이 기립하는 형식도 좋다. 내가 죄수복 차림의 초췌한 꼴로 판사석을 바라보았을 때 하나님을 바라보는 경외의 심정이 내 마음에 떠올랐다.

그러나 그 다음 순간 왜 보안법 위반 재판사례에서 판사가 법의 존엄성을 상실하곤 하는지, 그 상황이 나를 슬프게 했다. 보안법은 분단·냉전체제 유지를 위한 정권의 도구이며 통일의지를 억눌러온 반민족·반민주 악법이라는 것을 그법에 의한 희생자들과 법조계와 정치계 양심들이 증언해 온 바이다. 그러한 실정법 아래 매여 있는 판사는 법의 자유와 신적 근원을 상실하고 만다. 사법부의 독립성은 법의 자유를 의미하며, 법의 자유는 근원적으로 자유롭고 정의로운 입법자 하나님을 가리킨다. 사법부의 독립, 즉 법의 자유와 존엄성을 상실한 법관은 그가 재판하는 민족양심들의 심판 아래 처하게 된다.

법의 본래적 의미에서 판사가 창조자·입법자 하나님의 형상이라면, 검사는 인간세계의 범죄를 노출시켜 하나님의 심판대 앞에 세운다는 역할에서 예언자들 혹은 예수 그리스도에 비유될 수 있다. 범죄자에게는 검사가 원수이지만, 그는 법질서 보존과 피해자 보호를 위한 역할에서 법 정의의 담당자이다.

하나님의 아들 예수 그리스도가 로고스(Logos) 혹은 하나님의 말씀(요한복음 1장 14절)이라는 것은 세계의 새 질서를 가리킨다. 전대미문의 신적 권위를 가지고 새 질서 하나님나라를 선포한 그는 결국 낡은 질서의 법에 의해서 십자가에 처형될 수밖에 없었다. 그와 같이 그는 낡은 기존질서의 죄악의 멍에를 짊어진 것이다. 그래서 그는 우리를 위하여 죽으셨다는 것이다. 법이 잘못된 질서를 유지시키거나 잘못된 질서를 옹호한다면 그 본래적 자유와 공의를 상실하고 악법이 되어버린다.

그러한 법 아래 매인 검사는 예수 그리스도에 비유될 수 있는 하나님 아들의 형상을 왜곡시켜버린다. 검사가 철저하게 법정신에 충실하고 철저하게 기존질서의 죄악을 밝혀내려면 그는 자신의 생명과 자기희생을 걸어야 하는 경우들이 허다하게 벌어진다. 그는 자신의 생명을 걸고 기존질서에 반립하여 새로운 질서창출의 계기를 열어놓아야 한다. 이 경우에 그의 역할은 존엄하고 그는 예수 그리스도의 형상에 비유될 수 있다.

나는 검찰에서 쇠고랑·포승을 풀어주고 내게 친근하고 겸손한 검사를 대하면 그가 내 고발자임을 잊고 친구처럼 느껴졌다. 그가 법관이라는 사실 때문에, 그가 내 막내아들뻘 되는 아이라 해도, 나는 그에 대하여 경외감을 가지고 최대한의 겸손한 어조를 사용했다. 옛날 임금의 모후가 자신의 어린 아들 왕에게 존어를 쓰는 장면을 연상하곤 했다. 첫 재판 모두진술에서 나는 검사를 친구라고 호칭했다. 말하자면 순간 순간 그는 신적 친구의 형상으로 여겨졌다. 나는 그가 정치권력의 시녀 보안법의 굴레를 벗어버리고 회개하는 장면을 상상하곤 했다. 그가 보안법에 철저하다는 것을 발견하고 분노했으나, 그에 대한 내 환상을 내버리지 못한다.

판·검·변은 동등하게 법을 대표하면서 상이한 역할을 수행하고 상호보충한다는 의미에서 삼위일체 하나님의 신비스러운 관계에 비유될 수 있다는 생각이 떠올랐다. 판사는 인간적 한계상 피고의 실제적 처지와 동떨어져 있고 검사는 피고의 실제적 범죄를 밝혀내지만 인간적 한계상 법 적용에서 오류와 편견을 범할 수 있으며, 변호사는 법을 잘 모르는 피고의 실제적 처지에 파고들어가 법 적용의 문제를 밝히면서 변론한다는 점에서 피고의 위로자 역할을 수행한다.

특히 보안법 위반 재판에서는 피고를 변호함으로써 변호사는 법의 양심을 대변할 뿐만 아니라 법의 변혁과 새 질서의 도래를 암시한다. 그와 같이 나는 죄된 세상의 법 아래서 괴로워하는 피고를 위로하고 피고와 더불어 새 질서의 도래를 재촉하는 법관 변호사를 법정에서 성령의 역사하심에 비유한 것이다. 성령은 인간역사내에서 역사하시면서 인간역사를 새롭게 하고 의로운 하나님 나라의 도래에로 이끄신다. 생명을 주시는 하나님의 법은 죄인을 정죄함에서 끝나는 것이 아니라 성령에 의해서 죄인을 새롭게 하는 계기를 허용하는데, 변호사의 역할이 이 계기에 비유된다.

보안법 위반 재판의 경우에는 변호사가 판사와 검사의 회개를 촉구하는, 그래서 법질서를 새롭게 하는 계기를 열어놓는다. 변호사의 이러한 역할은 보안법 위반자인 피고가 심판자가 되는 역할전도의 법적 근거를 대변하는 역할이다. 민족사에서 일어나는 이러한 사건을 나는 성령의 역사하심에 대한 신앙에서 이해한다.

판·검·변이 하나님의 법을 위시한 삼위일체 하나님의 행위에 비유된다면, 피고와 방청자는 세계의 축소형이다. 보안법 위반 재판의 경우 방청자는 피고의 지지세력이며, 피고와 방청자는 민족사 행진의 대열에 서 있으며, 방청자는 잘못 행사되는 법에 대하여 눈망울을 부릅뜨고 귀를 곤두세우고 법관들을 심판하는 심판자이다. 흥분과 분노를 가늠하지 못하면 방청자는 야유와 호통을 치다가 법정소란죄로 쇠고랑을 차기도 한다. 다행히 내 재판에서는 그러한 드라마는 일어나지 않았다. 보안법 위반 재판은 참 이상한 구경거리이며 방청객들의 흥분을 불러일으킨다. 그러한 기이한 재판이 세상 어디에서 또 일어나겠는가?

나는 보안법 아래서 재판받음으로써 우리 현대사의 고난에 동참하게 된 것을 감사하게 생각하며 민족사에 대한 하나님의 섭리가 무엇인지 묻고 있다. 보안법 위반이라는 내 재판에 대한 이 해석적 기록이 다른 보안법 위반 재판기록들과 함께 민족통일의 방향과 새로운 민족사회 창출을 위한 증언들로서 기억되기를 바라는 바이다.

공소사실

공 소 사 실

피고인 박순경

피고인은 대전 중구 목동 24번지 소재 목원대학의 초빙교수로 재직중인 신학자로서 1989. 1. 21. 연세대학교 대강당에서 개최된 전국민족민주운동연합(약칭 전민련) 결성대회에서 전민련 조국통일위원회 명의로 북한조국평화통일위원회에 대하여 동년 3. 1. 12:00 판문점 평화의 집에서 남북 각 10인 이내의 대표가 만나 남북한 민간차원의 교류를 위한 준비회담을 갖자고 제안하는 내용의 '범민족대회 개최를 위한 예비 실무회담 제안서'를 발표하고, 조국통일위원회 주관으로 범민족대회를 추진하기로 결정된 후,

동년 2.경 전민련 조국통일위원회 위원으로 피선되어 동년 2. 15. 09:30경 서울 중구 삼각동 28의 1 소재 전민련 사무실에서 조국통일위원회 위원장 공소 외 이재오가 기자회견을 개최하여 '범민족대회 예비회의 대표단 및 회의의제 발표에 즈음하여' 제하 성명서를 발표하면서 3. 1. 12:00 판문점에서 범민족대회 예비회의를 개최할 것을 재천명하고 범민족대회의 의제로서

— 범민족대회 대표단 구성 및 해외동포 참가문제
— 범민족대회 행사내용, 형식, 일정
— 범민족대회 대표단을 분과별로 나누어 범민족대회를 갖는 문제, 회의내용, 형식, 일정 등

─ 본회의 및 범민족대회 준비를 위한 예비회담과 대표들의 남북 상호 방문시 신변보장 문제
　─ 조국의 평화와 통일에 관한 문제 등을 제안함과 아울러 범민족대회 전민련측 예비회의 대표로서
　단장에 오충일, 지도위원에 계훈제, 박형규, 농민대표에 법성, 지역대표에 한상열 등 10명의 명단을 발표하는 등 범민족대회를 추진하던 중 동년 2. 20. 10:30경 국토통일원을 방문한 공소 외 이재오 등에게 이홍구 장관이
　─ 제6공화국 출범 이후 정부는 민주화, 개방화를 위해 적극 노력해오고 있으나, 대북관계에 있어 정치적 성향을 띤 접촉, 교류관계는 신중히 검토 대처해야 할 것이고,
　─ 범민족대회는 전체적인 남북관계 개선에 도움이 되는지 여부, 대화의 대결이라는 이중구조 속에서 국가안보를 감안하여 신중히 다루어야 할 것이며 국민적 합의에 부합되는지 여부도 고려하여야 할 것이고
　─ 범민족대회는 현단계에서는 적절치 못하며, 특히 북한측이 팀스피리트 훈련을 구실로 기존의 대화채널을 거부하면서 전민련, 정당, 사회단체 등과 개별적으로 협상하겠다는 것은 통일전선 전략을 구사하는 것이다.
　라는 등 범민족대회 재고요청 및 강행시 불허방침을 통보하였고, 동년 2. 28. 전민련의 위 범민족대회 추진과 관련하여 정부 대변인이
　─ 북한측이 팀스피리프 훈련을 구실삼아 남북 국회회담과 적십자회담 마저 거부하면서 전민련을 상대로 한 회담을 추진하겠다고 하는 것은 그들이 진정 남북관계를 개선하겠다는 의지가 있는지를 근본적으로 의심케 하는 것이다.
　─ 전민련이 통일문제와 같은 중대사를 북한측과 독단적으로 논의하겠다는 것은 민주주의 기본원칙에도 위배되는 것일 뿐만 아니라, 북한 노동당 직속단체인 '조국평화통일위원회'와 범민족대회를 추진하는 것은 결국 북한의 대남 교란전략을 부추기는 결과만을 초래하게 될 것이므로 즉각 중지해야 한다.
　─ 정부는 앞으로 전민련을 비롯한 어떠한 단체도 정부와 협의 없이 일

방적으로 북한측과 접촉하고자 하는 활동은 결코 용납하지 않을 방침임을 명백히 밝혀둔다.

는 내용의 회담중지 촉구성명을 발표하였음에도 불구하고 동년 3. 1. 10:00경 위 전민련사무실 앞에서 범민족대회 예비회의를 위해 북한조국평화통일위원회 예비회의 대표 윤기복 등 10명과 회합할 목적으로 45인승 전세버스에 공소 외 이재오, 동 오충일, 동 박형규, 동 백기완, 동 계훈제, 동 이소선, 동 권형택, 동 이종린, 동 홍근수, 동 한상렬, 동 전창일 등 27명과 함께 승차, 동 버스 앞면 유리에 '범민족 대회'라고 써붙이고, 앞밤바 위에는 '범민족대회 예비회의 대표단'이라고 쓴 플래카드 1장, 좌측에는 '민족대단결로 조국통일 앞당기자'라고 쓴 플래카드 1장을 각 부착하고 출발하여 을지로 입구, 시청, 사직터널, 불광동을 거쳐 회담장소인 판문점으로 가던 중, 동일 11:07경 경기 파주군 벽제읍 내유리 소재 700문검문소에서 관할 파주경찰서장으로부터 제지를 받자 탑승자들이 "조국통일 가로막는 현정권 및 미국은 물러가라"는 등의 구호를 제창하면서 차량 밖으로 확성기를 내어걸고 대회사, 기념사, 성명서를 낭독하는 등의 활동에 가담하고, 1990. 7. 4.과 1991. 8. 3. 등 2회에 걸쳐 조국통일 범민족대회추진본부(약칭 범추본)고문으로 선정되어 활동하여온 사실이 있는 바

북한 공산집단은 정부를 참칭하고 국가를 변란할 목적으로 불법조직된 반국가단체로서 대한민국의 국론을 분열시키고 사회혼란을 야기하여 결정적 시기를 포착, 대남적화통일을 이룬다는 기본목표하에, 대한민국의 현실에 대하여 남조선을 미제국주의의 강점하에서 그들이 내세운 군사파쇼 정권을 통하여 철저히 종속된 식민지이므로 조국의 자주적 통일과 인민해방을 위해서는 남조선에서 미제국주의 침략자들과 파쇼정권을 폭격으로 타도함으로써 인민민주주의 혁명을 이룩하여야 한다는 전략 아래, 이를 위하여 그들의 이른바 통일전선 전술에 따라 노동자, 농민 등 피지배계급을 축으로 청년학생, 지식인, 도시 소부르조아, 민족자본가 등 조국의 분열과 미제국주의의 식민지 통제에 의하여 고통받고 있는 모든 애국적 역량을 망라한 반미구국통일전선을 구축하여 조선인민의 주되는 원수인

미제국주의를 반대하는 투쟁을 하여야 한다고 주장하면서 우리 정부당국을 배제한 채 소위 전국 대학생대표자협의회(약칭 전대협)를 대남 교섭창구로 선정하여 제13차 세계청년학생축전에 초청하고 전국민족민주운동연합과의 범민족대회, 전대협 등 재야 운동권과의 '한반도 통일을 위한 국제평화대행진' 등을 추진하는 한편 대한민국과는 불가침선언만을 하고, 미국과는 기존의 정전협정 대신 평화협정을 체결, 미군의 대한민국내 주둔의 명분을 없애 대남적화의 최대장애인 미국을 철수시킬 목적으로 미제국주의는 두 개의 조선 조작책동으로 우리 민족의 영구분단을 고착화하고 있다고 모략하면서 고려연방제 통일방안을 내세워 그 선결조건으로 남조선의 반공정권 퇴진 및 연공정권 수립, 반공정책과 국가보안법 폐지, 남북 불가침선언. 북한과 미국과의 평화협정 체결 등을 끊임없이 선전, 선동하면서 위장평화공세를 전개하고 있다는 사실,

북한의 조국평화통일위원회(약칭 조평통)는 북한공산집단 스스로가 "조선로동당의 영도 밑에 북한의 사회주의 역량과 남조선 각계각층 애국적 민주주의 역량을 단합하여 나라의 자주화 통일을 실현하기 위하여 북한의 정당, 사회단체들과 각 계층 인사들을 망라하여 조직된 사회단체"라고 천명하면서 1961. 5. 이래 우리 사회의 각계각층 인사 및 해외동포를 대상으로 통일실현 투쟁고취를 위한 선전활동을 전개하고 노동당의 통일문제, 남북대화와 관련한 북측입장을 대변, 옹호, 지지하며 우리의 통일방안이나 대북정책을 왜곡하거나 비난을 일삼고 있는 북한 노동당의 외곽단체라는 사실 등을 알고 있음에도 불구하고

1. 전민련 상임의장 겸 범추본 공동본부장인 공소 외 이창복, 전민련 사무처장 겸 범추본 정책기획실장인 공소 외 김희택, 전민련 조국통일위원회 국장 겸 사무처장대행인 권형택, 한국기독교장로회 향린교회 담임목사인 홍근수 등과, 공모하여 1990. 12. 14. 14:00경 서울 중구 명동 소재 전진상 교육관에서 위 이창복, 위 김희택, 위 권형택 등 40여 명이 모인 가운데 '범민족대회 추진본부 제6차 대표자회의'를 개최하여 동년 11. 9. 독일 베를린시 시청에서 북측 범추본대표 전금철(북한 조국평화통일위원회 부위원장), 해

외 범추본대표 정규명, 남측추진본부 대표 조용술, 이해학, 조성우 등이 회합, 개최한 '조국의 평화와 통일을 위한 범민족통일운동기구 결성 3차 실무회담'에서 합의 결정한 소위 '베를린 3차 실무회담 공동선언문' 제하

— 범민련은 한반도의 평화보장을 위하여 외국군 철수, 핵무기 철거, 군비 무력의 상호감축, 휴전협정의 평화협정으로의 대체, 정치적 장벽이 되고 있는 국가보안법 철폐, 물리적 장벽의 철거를 통한 남북한 자유왕래와 전면개방 실현을 위해 투쟁할 것이며

— 이 기회에 남북 양 당국에 유엔 분리가입 반대와 불가침선언을 강력하게 촉구한다.

는 내용의 북한공산집단의 대남적화 선전, 선동활동에 동조하는 공동선언문과 합의사항 등을 추인하는 동시에 1991. 1.말까지 조국통일범민족연합(약칭 범민련)의 결성을 위한 준비위원회를 구성하기로 합의하고 1991. 1. 5. 10:00경 전민련 사무실에서 개최된 '범추본 공동본부장, 집행위원 연석회의'에서 '범민련 남측본부 결성준비 소위원회'를 구성하고 피고인을 비롯하여 공소 외 이창복, 동 권영택, 동 전창일, 동기로써 주사파를 탄압할 것이 아니라 그것을 용인하고 남한 자체의 민족모순을 극복해나가는 수단으로 원용함이 현명하다.

— 교회는 대체로 주체사상의 수령론을 개인숭배 우상이라고 혹은 독재론이라고 생각해왔다. 우리는 수령론을 다시 생각해볼 필요가 있다. 수령은 우선 첫째로 인민주체들의 교황과 유사하다. 하나님을 올바르게 대리하는 교황은 우상이 아니다. 인민들을 착취 지배하지 않는 수령은 독재자가 아니요, 우상이 아니다. 수령의 지도 없이 북조선 인민은 민족의 자주적 생존권을 폐허 위에 건설할 수 없었으리라.

— 그는 국제적 지배세력들과 핵무기의 위협에 마주 서서 전쟁의 폐허 위에 인민의 희생적 노동에 의거하여 민족의 자주적 생존권을 건설해왔다는 점에서 충분한 의미를 갖는다. 피억압 민족의 해방과 생존권 수립은 국제적 지배세력들의 죄악과 핵무기에 대한 저항으로서의 민족적 실체로서 하나님의 정의를 하나님 없이, 즉 무신론의 이름으로 대변해온 것이다.

― 남한에서의 민족·민중해방과 민주·통일운동탄압의 도구는 보안법인데 이법에 입각한 탄압·공안정국은 남·북의 평화공존 혹은 연합체제 유지에 배치되는 자가당착이요, 결국 보안법은 폐지되어야 할 것이다.

― 북조선의 혁명이념이나 남한내의 민민운동 세력은 싫든 좋든 소련과 동유럽의 변화된 상황과 어느정도 보조를 함께하면서, 민족·민중해방과 통일된 새 민족사회 창출을 민주적으로 차근차근 실현해나가고, 미·일과 같은 군사주의·자본주의 지배세력들을 민족자주적으로 견제하면서 세계의 지배-피지배 구조 극복과 평등한 새로운 세계경제 질서 확립, 즉 민족혁명, 세계혁명을 지향해야 할 것이다.

― 남·북의 평화공존 혹은 체제국가 연합은 결코 그 자체로 머물러 있을 수 없으며 단지 연방제 실현에 이르는 과도기적 성격을 가져야 한다. 연방제는 국가연합과 같은 두 독립국가들의 병존이 아니라 두 체제들을 포괄하는 단일한 연방국을 의미한다. 남에로의 북의 흡수통일이 불가능하다면, 연방제 통일이 가장 가능하고 합리적인 방안이다.

― 남은 북의 주체사상, 혁명이념을 배움으로써 정치적 민주주의의 목표가 정치권력 분배나 권력쟁취가 아니라 민족의 평등한 공동체 실현이라는 것을, 자유민주주의를 가장한 자본주의적 황금주의와 여기서 초래되는 계급모순을 극복해야 한다는 것을, 미·일과 같은 군사주의, 자본주의 지배세력을 견제하고 민족자주성을 회복하는 민족정신을 되찾는 것을 배워야 한다.

― 평화협정에로의 휴전협정의 전환, 남한의 미군, 핵무기 철수와 한반도 비핵지대화, 남·북의 군비축소, 남한의 반공국시 시정과 보안법폐지 등과 같은 조치들이 조속히 추진되어야 할 것이다.

― 이 시기에 연방제 실현을 위한 법·정치적 준비기구가 구성되어야 할 것이다. 그것은 남·북 각료회의, 남·북의 법조계를 포함한 국회의원-인민위와 정당대표들로 구성되는 평의회, 그리고 남의 재야 민주통일, 민중운동대표들과 전대협·종교계·학계·민주통일운동대표들과 북의 인민·종교계·학계·학생대표들과 해외 민주통일운동단체들이 대표들

로 구성되는 범민족회의, 즉 3차 협의기구가 설정되어야 할 것이다. 남한정부는 미·일의 세력들에 의해서 통일의 주도권을 행사하려는 시도를 버려야 한다. 그래야만 남한정부의 지금까지의 반통일정책이 용서받을 수 있을 것이다.

— 외롭게 버티는 북조선을 남한은 도와야 한다. 그래야만 민족자주성이 성립된다. 그럼으로써 남한의 자본주의는 새로운 민족적 의의를 획득하게 될 것이니, 즉 자본주의 경제체제를 지배자들에서부터 탈취하여 통일된 민족공동체 형성에 봉사하는 도구로 만들게 될 것이다. 북조선의 혁명원리는 남한 자본주의의 미래이다.

라는 등의 내용을 발표함으로써, 남한은 미국의 신식민지적 예속하에 사회 경제적 불평등 구조의 계급모순을 안고 있고, 남한정부의 정책은 반통일 정책이라고 비방하는 반면, 주체사상은 항일투쟁사를 배경으로 해서 6·25전쟁의 잿더미와 유혈을 디디고 국제세력들과 겨루면서 민족의 자주적 삶을 건설해온 (중략)

김희선 등이 동 위원으로 선임된 후, 그시경 위 소위원회에서 같은 달 10. 개최될 범민련 남측본부 준비위원회 구성을 위한 범추본 대표자회의 상정안건으로서 공소 외 문익환을 동 위원장으로, 위 이창복을 실행위원장으로 하고, 각 부문과 지역단위로 20여 명의 실행위원을 두며 준비위원은 200여 명으로 하기로 하는 등의 논의 결정사항에 따라 동년 1. 10. 14:00경 위 전진상 교육관에서 피고인을 비롯하여 공소 외 이창복, 동 계훈제, 동 문익환, 동 신창균, 동 이규영, 동 김희택, 동 권형택, 동 전창일, 동 이범영 등 60여 명이 모인 가운데 개최된 '범추본 제7차 대표자회의'에 173명의 준비위원과 20인 내외의 실행위원을 두고 준비위원장에 위 문익환, 실행위원장에 위 이창복을 각 선출키로 하는 등 '범민련 남측본부 결성 준비위원회' 구성원칙을 합의하고 동년 1. 23. 14:00경 서울 중구 을지로2가 소재 향린교회에서 피고인을 비롯하여 공소 외 이창복, 동 김희택, 동 권형택, 동 김희선, 동 계훈제, 동 윤영규, 동 진관 등 60여 명이 참석한 가운데 '범민련 남측본부 준비위원회 결성 및 1차회의'를 개최하고, 개회

선언, 민중의례, 위 김희선의 경과보고 등에 이어 동인이 초안한 '범민련 남측본부 준비위원회 내규'를 만장일치로 통과시킨 다음 준비위원장에 문익환, 준비위원장에 피고인을 비롯하여 공소 외 계훈제, 동 윤영규, 동 김종식, 동 권종대, 준비위원에 공소 외 홍근수, 동 이창복, 동 조용술, 동 이해학, 동 김희택, 동 김희선, 동 정광훈, 동 최종진, 동 양연수, 동 고광석, 동 노수희, 동 김승호 12명을 선출하고 준비위원회 확대강화 사업, 각 지역 범민련지부 조직사업, 범민련 선전교양 사업 등을 의제로 채택, 이는 실행위원회에서 결정토록 합의한 후 범민련 출범의 의의와 기본강령을 합리화하고 미국과 대한민국 정부를 파쇼적 반통일 세력으로 매도하면서 현정부를 타도하기 위한 범민련 남측본부 결성과 1995년을 통일원년으로 하는 조국통일투쟁에 4천만 민중이 동참할 것을 호소하는 내용의 '조국통일 범민족연합 남측본부 참여 제안서'를 위 홍근수가 낭독하고 '범민련은 미국과 현정권의 가혹한 탄압 속에서 동지들의 피 어린 투쟁으로 이루어냈다. 우리는 조속히 범민련 남측본부를 결성하여 남북 해외동포의 강철같은 단결대오를 이루어내는 데 총매진하여야 한다'는 취지의 '범민련의 깃발 아래 조국통일 앞당기자' 제하 결의문을 피고인이 낭독한 후, 이를 각 박수로써 채택하는 한편, '범민련은 조국통일이라는 민족지상의 과제를 실현하기 위하여 남북, 해외 모든 통일지향 세력이 사상과 이념, 정견과 신앙으로 차이를 초월해 함께 참여하는 전민족적 통일전선체이다. 미국과 현정부는 비록 남북 고위급 회담, 통일음악제 등 제한된 남북교류를 시도하고 있으나 이는 결국 미국과 현정부의 반통일성을 은폐하고 창구 단일화 논리를 강화, 영구적인 분단상태로 나아가려는 의도에서 비롯된 것이다. 결국 미제국주의와 우리 민족간의 일대격돌은 충분히 예견될 수 있을 것이며 이에 대비한 '전민족적 통일전선의 확보는 결코 늦출 수 없는 과제이다'는 내용의 '범민련 결성의 성격과 의의' 제하 유인물을 참석자들에게 배포하는 등 국가의 존립, 안전이나 자유민주적 기본질서를 위태롭게 한다는 점을 알면서 반국가단체인 북한공산집단의 활동에 동조하여 이를 이롭게 하는 행위를 할 것을 목적으로 하는 단체인 '범민련 남측본부 준비위

원회'를 구성하고

2. 1991. 1. 25. 11:00경 전민련 사무실에서 공소 외 김쾌상, 동 전창일, 동 홍근수 등 15명과 함께 범민련 남측본부 준비위원회 실행위원회 1차회의를 개최하여, 실행위원장으로 이창복, 부실행위원장으로 김희선, 김쾌상, 조직위원장으로 전창일, 정책기획위원장으로 홍근수, 재정위원장으로 이관복 등을 선출하고, 매주 목요일 11:00회의를 정례화하기로 결정하고

동년 6. 19. 09:00경 서울 중구 정동 소재 세실 레스토랑에서 범민련 남측본부준비위원회 주관으로 피고인을 비롯하여 공소 외 이관복, 동 김쾌상, 동 배다지, 동 조용술, 동 신창균, 동 진관 등이 참석한 가운데 기자회견을 개최하여

— 6. 29.부터 6. 30.까지 독일 베를린에서 남·북·해외 대표가 참가하는 범민족대회 제1차 준비회의를 하고

— 범민련 남측본부 준비위원회에서는 준비위원장 대행 강희남을 대표단장으로, 준비위원 문정현, 실행위원 배다지, 실행위원 한철수 등을 대표로 파견할 계획이며

— 의제는 8. 12.부터 8. 18.까지 서울에서 열리는 범민족대회의 세부일정, 운영방법 등이 될 것이다.

라는 내용을 발표하는 등으로 활동해오던 중 동년 7. 8. 08:45경 일본으로 출국하여 동년 7. 9.부터 7. 12.까지 사이에 동경 소재 재일 한국 와이엠씨에이(Y.M.C.A.)에서 대한예수교장로회총회 북한전도대책위원회위원장인 공소 외 조승혁 목사, 대한예수교장로회총회 북한전도대책위원회 서기인 공소 외 이형우 목사 등 남한측 인사 30여 명과 소위 조국통일 북미주협회 대표로 활동하는 로스앤젤레스 선한사마리아인 교회의 담임목사인 공소 외 홍동근 등 해외교포 30여 명을 비롯하여 북한조선기독교도연맹 중앙위원회 서기장 공소 외 고기준, 동연맹 평양시위원회 선전부장 공소 외 김철민, 동연맹 평양시위원회부위원장 공소 외 김운봉, 동연맹 중앙위원회 국제부 책임지도원 공소 외 김혜숙 등 북한측 4명 등 모두 60여 명이 참석한 가운데 재일대한기독교총회 산하 평화통일위원회 주최로 개최

된 제2차 조국의 평화통일과 기독교선교에 관한 기독자 동경회의에 참석하여 7. 10. 제2일째 회의에서 '기독교와 민족통일의 전망' 제하의 주제강연을 하면서

― 반공기독교는 본래 미국을 비롯한 자본주의 서양의 세계지배와 팽창세력과 유착한 서양 기독교 선교의 유산이며 바로 우리 민족의 분단의 종교적 이데올로기이다. 바로 그러한 기독교가 반공, 반통일 세력으로서 작용해온 것이다.

― 한국기독교는 대체로 미국의 식모살이, 즉 신식민주의적 예속을 복음의 자유와 은혜라고 여겨온 것이다. 한국기독교-이승만 반공정권은 미국의 반공강화 정책과 완전히 합일했고 민족모순, 즉 민족의 예속성, 즉 자주성 상실이라는 자가당착은 그와 같이 한국전쟁 이후 심화되기에 이르렀다. 그러한 상황이 오늘날까지 연속되어왔고 그 때문에 재야통일운동이 민족해방을 외친다. 한국기독교는 대체로 왜 민족해방이 필요한지조차 모른다. 통일은 바로 그러한 분단세력들의 극복이요, 민족해방을 의미한다.

― 민족복음화는 민족으로 하여금 민족을 사랑하게 하는 것이다. 민족을 사랑한다는 것은 개인을 사랑할 뿐만 아니라 민족사회내의 불의한 구조적 모순 혹은 계급모순, 즉 사회·경제적 불평등 구조를 극복하고 변혁한다는 것을 의미한다. 사회·경제적 평등화가 바로 남한의 재야 민중운동이 외치는 민중민주주의라는 것이다.

― 주체사상이 주장하는 바 인민공동체를 위한 인간개조 혹은 모택동시절에 중국이 제창한 새 인간, 새 사회제도, 현실적으로 북조선과 중국에 어떠한 문제들이 있든간에, 예언자적 선포와 예수의 하나님나라 선포에 상응하는 것으로 해석되어야 한다. 주체사상의 인간개조론은 본래의 마르크스주의를 넘어서는 새로운 주체이다. 그것은 우선 민족사회내에서 실천되어야 할 혁명적 주체, 기독교적 신앙의 협조를 필요로 하는 주체이다. 민족복음화는 민족애의 실천에 의하여 정의로운 사회 실현, 즉 계급모순 극복과 민중이 역사와 주인이 되는 평등한 사회실현을 주제로 삼고 하나님 안에 숨겨 있는 부활의 새 사람의 나타남, 하나님의 자녀들의 나타남을

증언해야 한다.

― 민족해방·통일문제는 바로 민족의 자주적 존립문제요, 동시에 새로운 평등한 민족사회 창출, 즉 민중민주주의 실현이다. 민족해방 혹은 통일과 민중민주주의 실현은 불가분적이다. 민족의 자주적 존립은 민중민주주의 실현의 전제조건이요, 모체이다.

― 세계적 냉전구조 해소에도 불구하고 한반도는 미국의 군사전략에 몰려 있기 때문에 이땅의 냉전구조는 여전히 존속한다. 그럼에도 불구하고 미국과 한국정부는 북조선이 냉전의 고리를 쥐고 있다는 것이다. 미국이 북조선의 핵사찰을 고집하고 압력을 부가하면서도 남한에 배치된 전술핵무기 동시사찰과 철거, 한반도의 비핵지대화, 한반도에서의 미국의 핵사용금지에 대한 북조선의 요구에 대해서 미국은 무엇을 공작하기에 북조선의 핵사찰만을 주장하는가? 왜 남한당국은 민족의 운명을 미·일 지배전략들에 걸고 있는지?

― 주체사상은 일제 아래서의 항일투쟁사를 배경으로 해서 6·25전쟁의 잿더미와 유혈을 디디고 국제적 세력들과 겨루면서 민족의 자주적 삶을 건설해온 사상이다. 주체사상은 남한에 상당히 유포되어 있는데 정부당국은 보안법이라는 (중략) 생존권을 건설할 수 없었을 것이라고 찬양하면서 남한내 주사파를 탄압할 것이 아니라 용인하고 남한자체의 민족모순을 극복해나가는 수단으로 인용하여야 한다고 주장하고

민족해방·통일문제는 민족의 자주적 존립문제인 동시에 민중민주주의 실현이며, 민족복음화는 민족사회내의 계급모순, 즉 사회·경제적 불평등 구조를 극복하고 변혁한다는 것을 의미한다고 하면서 남한의 '한민족 공동체 통일방안'에 대하여 연방제 통일을 배제하는 것으로 남에로의 북의 흡수통일이 아니면 통일을 부정해버리는 것이고, 주한미군 철수와 군축문제가 침묵되어 있으며, 민족의 자주적 존립과 민중의 사회·경제적 평등권과 변혁의 소리가 완전히 배제되어 있다는 것을 문제점으로 지적하는 반면, 연방제통일이 가장 가능하고 합리적인 방안이며 연방제 실현을 위한 법·정치적 준비기구로서 남북각료회의, 평의회, 남·북·해외교포 사

회단체들로 구성되는 범민족회의, 즉 3자 협의기구가 설정되어야 한다라고 북측의 연방제통일방안을 지지하고 정부 대 정부 차원이 아닌 이른바 민중차원의 통일협상, 교류를 주장하였으며

또한 남한에서의 민족·민중해방과 민주·통일운동 탄압의 도구인 국가보안법은 폐지되어야 한다고 주장하는 등

국가의 존립·안전이나 자유민주적 기본질서를 위태롭게 한다는 점을 알면서 반국가단체인 북한공산집단의 대남적화 선전·선동활동에 동조하여 이를 이롭게 한 것이다.

모두진술

모 두 진 술

정판사님께 드리는 말씀

— 모두진술이 공소장 15면에서 시작되는 동경회의 주제강연 부분에서부터 시작되었으며, 공소장 1~15면 범민족대회, 범민련 준비위에 관한 진술은 차후에 서면으로 혹은 구두로 말씀드리려 합니다.

— 진술이 너무 길어져서 대단히 죄송합니다. 신학적 해명이라서 간략하게 씌어지지 못했습니다. 길더라도 전부 읽도록 고려하여주시기 바랍니다.

— 요통, 무릎관절통, 시력감퇴, 통증으로 진술서 쓰기에 대단히 어려웠습니다. 조석으로 몸의 부기와 해소증이 있고, 감방에서 몸이 시려워 견디어내기 어렵습니다.

— 목원대 박사과정 학생들이 학위논문을 진척시키지 못하고 제 석방을 기다리고 있습니다

그러한 늙은이의 정경을 살피시어 보석을 허락하여주시고, 선처하여주시기 바라옵니다.

1991. 10. 24.
박순경 드림

피고는 1991. 7. 9~12. 재일대한기독교회 평화통일위원회 주최, '평화통일과 선교에 관한 기독자 동경회의' 에서의 '기독교와 민족통일의 전망' 이라는 주제강연에 관련된 진술을 판사님께 제출합니다.

진술은 객관적 논술형식으로 쓰고 일인칭 '나', '나에게', '나를' 이라는 말들을 사용하겠습니다.

시작하는 말

나의 주제강연의 목적은 종래의 반공反共기독교의 문제점을 밝히면서 평화통일을 위한 기독교 선교의 시야를 열어놓으려는 것이었으며, 그 내용은 민족통일을 위한 선교신학적 시도이다. 동시에 나는 내 강연이 남한 정부에 대한 충고와 조언이 되기를 바랐던 것이다. 그런데 검찰당국과 저 동경강연에 참가했던 열네다섯 명으로 추측되는 일부 목사들의 증언들과 언론보도들이 내 강연을 수령찬양 혹은 주체사상 찬양이라고 문제화시킴으로써, 검찰당국은 70을 바라보는 노신학자를 91. 8. 13. 구속하는 불행한 사태를 초래했으며 91. 9. 27. '반국가단체인 북한공산집단의 대남적화 선전, 선동활동에 동조하여 이를 이롭게 한 것'(공소장) 이라고 기소했다는 사실은 내 강연에 대한 실로 엄청난 곡해와 독단에서 비롯된 불행한 일이다. 저 목사들은 예수님 당시 유대교 사제들과 장로들이 예수님을 빌라도에게, 예수님의 말씀을 이해할 수 없었던 로마통치자 빌라도에게 처벌하도록 넘겨준 행위가 혹시 자신들의 행위와 유사하지나 않은지 반성해야 할 것이다. 그러나 나는 이 법정에서 내 입장을 해명할 수 있는 기회가 주어진 것을 하나님의 섭리라고 믿고 감사하게 생각하는 바이다.

나는 금년 8. 9.서울시경 보안1과에서 수사를 받기 시작, 8. 13. 구속되어 유치장에 입감되고 계속 수사를 받다가 구속만기일이 되는 8. 29. 검찰청으로 송치되었고, 당일 밤중에 서울구치소에 갇히는 영어의 몸이 되어버렸다. 한평생 말할 수 없는 온갖 역경을 겪으면서 만 46년간 신학에 몸바쳐온 70고개를 바라보는 노신학자, 사랑하는 대한민국에서 받는 대접이 이것이란 말인가? 감방에서 분노와 울분이 폭발할 것만 같다가도, 우리 민족이 일제치하를 겪고 반 세기를 바라보는 비극적 분단역사를 겪어온 고난이 너무도 엄청나 헤아릴 길 없어 분노와 울분이 의식 밑바닥으로 가라앉아버리고 눈물이 되어 흘러나온다. 종로서 유치장은 여름철 늦더위에 한증막이나 다를 바 없었고 철컥철컥 여닫는 끔찍끔찍한 철문소리와 온갖 소음, 불결한 공기와 담요에 나는 괴로워하고 밤을 지새우곤 했고, 두 팔의 마비증, 요통, 좌골통, 해소증이 생기더니 7일 만에 감기고열을 앓게 되었다. 양재동의 김명덕 박사라는 내 주치의가 공안사범인 나를 치료할 수 없다고 해서 치료가 늦어져 나는 결국 하룻밤을 꼬박 새도록 고열을 스스로 응급치료했으니, 나는 목 위 구강내로 급속도로 퍼지는 VIRUS가 눈과 뇌를 침범할 것같다는 예감에 밤새도록 소금물 양치질로써 VIRUS확산을 억제하고 고비를 넘겼다. 김명덕 박사를 무엇이 그다지도 비겁하게 만들었는가. 그것은 분단의 법이요, 분단의 상황이다. 하나님의 축복이라고 생각했던 바 이 늙은이에게 남아 있던 건강이 종로서 유치장에서 파괴되기 시작했고, 서울구치소에서 무릎관절통, 시력감퇴와 통증, 무기력증이 더 부가되었다.

9. 27. 기소되어 결국 나는 목원대학 대학원 초빙교수라는 직책을 상실했고, 두 박사과정 학생들은 학위논문을 진척시키지 못하고 내 석방을 기다리고 있다. 증거인멸과 도주의 우려가 전혀 없는 나를 구속함으로써 검찰당국은 내 건강파괴, 직장박탈, 늙은이의 얼마 남지 않은 귀중한 시간박탈이라는 손실을 내게 가져다주었다. 검찰은 불구속 상태에서 나를 조사할 수 있었을 것이며, 나는 사명감을 가지고 조사에 응했을 것이다. 그럼에도 불구하고, 나에 대한 조사 때문에 저 난해한 동경강연을 읽고 나로 하여금 그 동경강연에 대한 설명진술서를 내 마음대로 쓰도록 해준 조영수 검사에게 감사한다. 또 나를 수사한 모든 수사관들의 수고를 내 삶의 체험의 일부분으로서 생각한다. 내 석방과 변호를 위하여 수고해온 대책위, 탄원서를 보내주신 여러분들, 여러 교수님들, 국내외의 여러 친지들, 동지들, 제자들에게 감사하여 마지 않으며, 내게 주어지는 그들의 은혜가 하나님으로부터 오는 위로와 보상이라고 믿는다. 저들의 수고와 은혜가 바로 우리 민족의 통일에의 열망에서 나오는 것이다. 저들과 함께 나는 보석을 기다리고 있으며, 판사님 여러분들의 관대한 처분을 기다리고 있는 바이다.

Ⅰ. 반공기독교에 대한 비판(공소장 16~17면)
— 이 비판은 동경강연 전체에 관계된다.

1. 나는 평화통일과 기독교선교의 연관성을 말하기 위해서 종래의 반공反共기독교를 비판하지 않을수 없었다. 한국교회의 반공은 19C 서양기독교 선교와 더불어 한국에 전래된 유산이다. 서양기독교 전통과 문명을 지배자편에 서 지배자 이데올로기라고 역사상 가장 신랄하게 기독교 서양문명을 비판한 MARX주의 공산주의에 반립反立하여 19C 서양기독교는 카톨릭이든 개신교이든 반공으로 대립하게 되었다. 바로 이러한 기독교가 한국에 전래된 반공기독교이며, 한국교회는 1945년 이래 민족분단의 종교적, 정신적 지주로서 작용해온 것이다. 현재 한국교회의 반공은 놀라울 정도로 극복되었음에도 불구하고 여전히 잔존하며, 이 전제를 그대로 가지고 목사들이 평화통일을 운운하니 자가당착도 이만저만이 아니다. 조선의 기독교가 8·15직후 북한에서 공산정책과 충돌할 수밖에 없었던 것은 물론 직접적으로는 양 편에 책임이 있었겠으나, 서양기독교 전통이 MARX주의와 소련혁명에 반립한 역사적 배경에서 연유된 것이며 여기에서 일어난 비극이 우리 땅에서 재현된 것이다. 한국교회는 민족분단의 특수한 상황과 6·25전쟁을 겪으면서 서양기독교를 능가하는 절대적인 반공정신을 가지게 되었고, 반공정신이 강할수록 기독교 신앙을 자본주의 세계와 동일화시킬 수밖에 없게 되었고, 기독교 신앙을 자본주의 세계를 두둔하는 이데올로기로 전락시키게 된 것이다. 이와 같이 한국교회의 반공은 거의 절대화된 것이다. 반공기독교는 절대적인 하나님의 이름과 진리를 빙자하여 절대화시킨다는 사실을, 여기에서 야기되는 문제를 인식하지 못한다. 절대적인 반공은 사회주의 세계 혹은 북한을 무조건적으로 절대적으로 부정하는, 그래서 반공기독교가 전해주는 기독교를 받아들이기만 해야 한다는 오류에 떨어지게 된다. 절대적 반공은 우선 전인류의 창조자 하나님에, 하나님과 인류의 화해자 예수 그리스도에 위배된다. 또 반민족적이다. 왜냐하면 민족분단에서 저질러진 온갖 비극에 대하여 반공기독교는 애통하고 회개할 줄 모르기 때

문이다. 역사적인 특정한 상황들에서 생겨난 기독교적 반공은 상대적인 것이며 절대적으로 불변한 것이 될 수 없다. 상대적인 반공은 변할 수 있을 뿐만 아니라 거부해오던 상대방을 새롭게 보는 여유와 자유를 획득하게 될 수 있어야 한다. 그만한 여유와 자유 없이 한국교회는 복음의 진리를 북한에 전달할 수 없으며 평화통일에 이바지할 수 없다.

이상과 같은 나의 반공기독교 비판은 국내 국외에 있어서 오늘의 많은 기독교인들과 신학자들과 호흡을 함께하는 바이다.

2. 내가 저 동경강연에서 말했듯이, 반공기독교는 1945년 이래 이승만 정권의 반공정책의 지지세력이었으며, 미국의 반공정책과 기독교신앙을 일치시켜왔으며, 따라서 미국의 지배세력으로부터의 민족해방의 필요성을 인식하지 못하다고 말한 것은 나 혼자만의 견해가 아니라 오늘의 많은 기독교인들의, 학자들의, 지식인들의 일반적인 견해이다. 나는 이 맥락(공소장 16면)에서 미주 어느 대학의 법학교수인 김광석 박사의 글(《신한민보》)에 제시된 고무로 나오키라는 일본인의 말, 즉 한국은 일본의 첩살이에서부터 8·15를 계기로 미국의 식모살이를 하게 되었다는 말을 기억해두기 위해서 인용했을 뿐이며, 나는 그 일본인을 개인적으로 알지 못한다. 미국의 식모살이라는 것은 한국에 대한 미국의 신식민주의적 지배에의 예속 혹은 반半예속을 의미함에 틀림없을 텐데, 8·15해방을 계기로 해서 미국의 그러한 지배가 시작되었다는 주장도 한국 경제학계, 사학계, 많은 지식인들의 일반적인 인식이다. 나는 저 강연에서 그러한 객관적 인식을 참석자들에게 전함으로써 목사들을 좀 깨우쳐주고 싶었던 것이다.

Ⅱ. 민족문제와 민족복음화 (공소장17~18면)

1. 한국교회는 오래 전부터 민족복음화, 즉 민족선교를 말해왔는데 어느 사이에 이말이 북한선교라는 말과 결부되기에 이른 것같다. 민족복음화 선교는 민족의 문제를 올바르게 파악해야 함에도 불구하고, 보수주의

기독교인들은 민족문제를 외면한 채 민족복음화니 선교니 하고 교회확장을 의도하므로 나는 저 동경강연에서 민족복음화 선교의 방향과 과제를 제시하려고 한 것이다. 그들은 남북의 온 민족이 예수 믿고 구원받고 영생을 얻게 한다는 구태의연한 선교방식을 생각하는 것같으며, 북한에 교회당을, 게다가 여러 교파 교회들을 많이 세우겠다는 식의 선교방식, 서양 기독교선교의 교회확장을 답습하는 방식을 생각한다.

2. 민족복음화는 우리 민족이 예수 믿고 구원받게 한다는 선교임에는 틀림없다. 그러나 선교가 민족문제를 파악하고 취급하지 않는다면, 그 선교는 민족선교가 될 수 없을 뿐만 아니라 현실세계와 상관없는 환상을 좇는 일이다. 민족문제는 이중적으로밖에 정립될 수 없는데 오늘의 벌어져 있는 현실에서 정립되어야 한다. 즉 민족해방과 민중의 생존권 확립이라는 이중의 과제에 교회가 참여하지 않는다면, 그 교회는 민족을 위한 선교를 수행할 수 없다. 복음선교는 말로만 예수 믿고 구원받으라는 것이 아니라 민족, 민중을 위한 사랑을 실천해야 할 것이다. 민족을 사랑한다는 것은 하나님 앞에서 우리 민족이 자유하도록, 즉 세계의 지배세력들에서부터 해방된 자주적 민족이 되게 한, 그래서 우리 민족이 민족적 삶 자체로 하나님의 의와 정의와 그의 영원한 나라의 도래到來를 민족 전체에 또 세계에 증언하는 것이다. 민족의 분단, 냉전체제는 미, 일, 물론 소련을 포함한 세계의 지배세력들에 의해서 연유되었으며, 민족모순을 심화시켜왔다. 우리민족의 자주평화통일은 그러므로 민족해방의 핵심적 과제이다. 피억압 약소민족이 하나님 앞에서 자유하게 자주적으로 확립된다는 것은 지배세력들에 대한 하나님의 심판의 정의를 세우는 일이다. 그렇기 때문에 민족해방이 바로 민족선교의 과제이다.

목사들이 민족 복음화 선교를 주장하면서 민족해방이 왜 필요한지도 몰라서야 되겠는가. 그러면서 평화통일을 운운하다니 국제사회에서의 약소피지배 민족의 모순과 불이익은 민족사회내의 밑바닥층 혹은 민중에게로 집중되는 것이 민족모순이 민족사회에로 내면화되어서 민중의 계급모순을 야기시킨다. 그래서 민족해방은 민중해방에로 곧 이어질 수밖에 없다. 그래서 민중 민주주의란 민족해방과 민중의 생존권 확립이라는 이중적 과제를 가지는 것이다. 우리가 그러한 민족, 민중해방 혹은 민중민주주의를 주장할 때, 그것은 으레 재야 민족·민주운동의 반미·반정부 운동이라고 해서 국가안보를 위태롭게 하고 북한의 대남적화 선전 선동에 동조하는 것이라고 단정지어서는 안된다.

민족해방, 민중민주주의는 20C의 제3세계 민족들의 공통된 주제들이다. 우리 정부는 우리 민족, 민중의 외침을 듣고 서서히 그 방향에로 정사를 조정해간다는 것을 국민에게 보여준다면, 재야의 저항세력은 변하여 국력이 될 것이다. 민족복음화에 있어서 교회가 그러한 민족, 민중의 문제와 외침을 모른 채 어찌 민족을 위한 민족선교를 수행할 수 있다는 말인가. 한국교회와 선교신학은 정부와 민중문제를 해결하도록 촉구하고, 잘못된 민족사회를 변혁하도록 권고하고 그럼으로써 민족사회 내부의 화해를 매개하여 새 민족공동체를 건설하도록 하는 중보자 역할을 수행하고, 민족사회를 의로운 하나님 나라에로 부단히 행진하도록 하는 전령자 역할을 하는 것이다.

3. 평화통일을 위한 민족복음화 선교는 군사문제에도 관심해야 한다는 것을 제시하기 위해서 나는 저 동경강연에서 군사문제, 일반적으로 국내에서 논의되는 군사문제를 언급했다. 보수주의 목사들은 하나님의 평화니 평화통일이니 운운하지만 군사문제와는 상관없는 것처럼 생각하거나 아니면 한·미 군사체제가 우리를 보호해주므로 상관하지 않아도 된다는 생각을 하는 것같다. 이것은 민족문제를 외면하려는 무책임한 도피주의이다.

평화통일의 여건으로서 미군철수, 평화협정에로의 휴전협정의 전환, 한국에서부터의 핵무기 철거와 한반도 비핵지대화, 남북의 군축 혹은 통제, 남북 공동안보를 위한 점차적 군재편의 필요성이 저 강연에서 언급되었다. 이러한 언급이 북한에 동조하고 적을 이롭게 한다고 검찰이 나를 고발할 수는 없는 시점에 우리는 다다랐다. 또 그러한 언급은 남한내에서도 일반적인 주장을 반복한 것에 지나지 않는다. NCC의 통일위의 성명서들도 벌써 오래 전부터 그만한 정도의 주장을 표명해왔다.

　내가 한 가지 보탠 것이 있다면 남북의 공동안보를 위한 군재편이라는 언급인데 이것은 남한정부에 대한 내 조언이 아닌가. 평화통일이 이루어진다면, 언젠가는 그렇게 되리라는 것이 나의 추측이었다. 다만 목사들이 그러한 시야를 내다보아야 평화통일을 한 선교의 시야를 가질 수 있기 때문에 나는 한마디 언급했을 뿐이지, 군재편을 내가 어찌 더이상 말할수 있겠는가. 동경회의 참석자 목사들이나 안기부 요원들이나 언론인들은 분단, 냉전체제 논리에 너무도 익숙해왔기 때문에 공연히 놀랐을 법하다. 나는 군사문제에 대해서 말할 수 있는 지식을 가지고 있지 않으나 민족의 생존과 자주성 그리고 평화통일에 관계된다는 점에서 관심하지 않을 수 없다. 91. 9. 27.미 부시 대통령의 실전 핵무기 철거라는 선언과 이에 따른 노대통령의 '동북아 비핵지대화론'의 거론과 더불어, 한국의 공중핵을 포함한 모든 실전 핵무기 철거와 한반도 비핵지대화, 그리고 한반도에서의 미국의 핵사용금지 보장과 같은 논의와 추진이 이루어지리라고 예상된다. 이제 한국의 비핵화와 한반도 혹은 동북아 비핵지대화론, 아울러 한반도에서의 미국의 핵사용금지 보장에 대한 주장이 북한의 대남적화 선전에 동조하는 것이 아니라는 것은 너무도 자명하게 되었다. 북한이 그러한 제안을 먼저 했다고 해서 그것이 적화통일의 음모라고 해석될 수 없지 않은가. 북한의 그러한 제안은 미국과 같은 핵지배국에 대한 저항이요, 북한의 존망의 문제에 관계되는 것이 아닌가.

　91. 11. 11. 국회의 대정부 질의에서 노무현 의원은 정부의 대미종속적인 핵논의와 정책에 대하여 질문하면서 다음과 같은 사실을 우리에게 전해주었다. 즉, 88. 2. 와인버거 미 국방장관의 비밀보고서에 의하면 '중동 유사시 동북아 동맹군에 북한공격 명령하고 미국은 핵공격'을 한다는 것이며, 91. 3. 체니 국방장관의 의회보고서에 의하면 '한, 미군의 대북한 기습 선제공격 구상'이 있었으며, 91. 4. 걸프전 승리 이후 콜린 파웰 미 합참의장은 "때려잡아야 할 악마로 카스트로와 김일성이 남아 있다"라고 발

언했다는 것이다.(《한겨레신문》 91. 10. 12. 3면, 인용문구는 노의원의 말이라고 추측됨) 북한은 이제 그러한 위협과 위험을 넘긴 것같다. 우리 국민은 눈물로써 우리 정부에 말한다. 이제 지혜롭게 서서히 미국의 그러한 광적인 군사주의의 손아귀에서부터 벗어나 핵정책의 주도권을 행사하면서 북한과의 평화통일을 추진해달라고, 금수강산 한반도를 보존해달라고……. '동북아 비핵지대화론'은 미국의 핵우산 아래 남, 북을 비롯한 동북아권을 종속시키는 방향에로 추진되어서는 안될 것이며, 미·일과 같은 군사대국들에 대응해서 동북아의 평화정착을 위한 방향에서 우리 민족의 평화통일과 자주성확립을 위주해야 할 것이다. 교회선교는 우선 교회 자체의 분단·반공논리의 잔재를 청산하지 않고는 한반도, 이땅에 하나님의 평화를 선포할 수 없으며, 민족의 자주 평화통일에 관여할 수 없다. 자주평화 통일에 관여하는 교회는 정부로 하여금 분단냉전 체제의 잔재를 청산하도록, 한반도와 동북아의 비핵지대화와 핵 없는 세계를 만들기 위하여 민족 자주성을 회복하도록 촉구해야 할 책임을 가진다.

내 동경강연이 정부에 대한 교회의 그러한 사명을 내포하고 있는 것이지, 정부를 배제하고 북한의 대남적화 노선에 동조하는 것이 아니라는 것을 더 설명할 필요는 없는 것같다.

Ⅲ. 주체사상의 선교신학적 재해석 (공소장 17~21면)

1. 저 동경강연의 주제는 통일의 전망과 방안이며, 주체사상 부분은 부수적인 것임에도 불구하고 동경회의에 참석한 일부 목사들은 주체사상 부분을 과장하여 논란을 일으켰으며, 내가 주체사상 자체를 취급한 것이 아니라 주체사상에 대하여 선교신학적인 접근을 했다는 사실을 전혀 이해하지 못하고, '주체사상 찬양'이라고 곡해하여, 검찰당국과 안기부의 곡해를 조장한 것같다. 그러한 곡해가 나를 구속, 기소하게 한 불행한 사태를 초래했으므로, 이제 나는 좀더 상세하게 여기에서 해명하고자 한다.

나는 주체사상을 선교신학적으로 다루어야 할 필요성을 오래 전부터 생각했으나 그것을 취급할 만큼 연구하지 못하여 미루어왔고 현재도 취급할 만큼 준비되어 있지 않다. 그럼에도 불구하고, 내가 동경회의에서 그러한 시도를 하게 된 몇 가지 계기가 있다.

첫째로 91. 5. 28~30.북미주기독자협의회 연례세미나에 통일원의 허락을 받아 나를 포함한 6명의 남한측 교수들이 참가했는데, 거기에서 북한의 사회과학원 주체사상연구소 소장 박승덕 박사가 주체사상 강연을 했다. 그는 주체사상을 기독교에 접근시키면서 인간사랑, 사회정의, 애국애족, 집단영생이라는 네 가지 주제들에 있어서 기독교와 주체사상이 서로 합일한다는 것이다. 신학적으로 보자면, 그의 그러한 접근시도는 단순하고 또 그 개념들의 신학적 근거와 설명을 제시하지 못했으나, 그의 신학적 관심이 대단히 깊다는 사실을 나는 발견했다. 주체사상 대변가가 그렇게 기독교에 접근해오는데 기독교신학자가 더이상 방관만 하고 있을 수 없다는 생각을 나는 하지 않을 수 없게 되었다. 공산주의와 주체사상의 차이점에 대한 그의 설명이 특히 주목할 만했다. 공산주의는 존재存在와 사유思推 혹은 물질과 의식 혹은 물질과 정신이라는 서양철학 전통의 이분법적二分法的 사고방식의 틀을 전제하고서 물질이 우선이라고 주장한 데 반하여, 주체사상은 그 양면을 통합, 통전적으로 파악하여 인간을 주체로서 설정한다는 것이다. 나는 이점에서 공산주의보다 주체사상의 우월성을 인정하지 않을 수 없었으며, 그러한 생각이 들자 그 순간 주체사상이 뭐 그리 대단한 사상이겠느냐 하는 내 마음 속 한 구석에 잠재해 있던 편견이 와르르 무너지는 것을 느꼈다. 나는 박승덕 박사에게 Karl Marx도 인간을 그러한 통전적 주체로서 이해했다고 말하니, 그는 초기 Marx의 사상에서 그점이 발견된다고 대답했다.

서양관념론 철학 전통은 정신의 우월성을 핵심으로 가지는 것이며, 공산주의는 그 전통을 역전시켜 물질이 근원적이라고 주장한 유물주의이며, 주체사상은 유물주의라고 규정될 수 없는 것같다. 이점에서 나는 주체개념을 신학적으로 재해석할 수 있다는 생각을 하게 된 것이다. 이러한 내 사상판단에서부터 엉뚱하게 '주체사상 찬양'이라는 논리적 비약은 있을 수 없다.

둘째 계기는 91. 6. 23. 카톨릭 북한선교위원회 주최로 명동성당에서 열린 평화통일 세미나에 결부되어 있다. 거기에서도 주체사상과 기독교의 대화의 필요성이 카톨릭측으로부터 제시되었으며, 나는 그 세미나에 토론자들 중의 한 사람으로 참가했다.

셋째의 계기는 서울대 철학교수들이 동아일보와의 협조 아래서 91. 8.에 한민족철학자대회를 주최한다는 소식에 결부되어 있다. 북한의 주체사상 대표자들이 거기에 초청될 것이라는 소식이다. 나는 남한 언론과 정부도 이제 주체사상 토론의 공간을 허락해준다고 추측했으며, 동경강연에서 주체사상을 내 무식한 현단계에서라도 좀 취급해야겠다고 마음먹게 된 것이다.

넷째로 내가 동경강연을 구상하고 있을 때, NCC통일위의 연구자료를 받았는데, 이것은 91. 8. 12~14. NCC주최의 평화통일대회를 위한 토론자료이다. 거기에도 기독교와 주체사상의 대화의 필요성이 언급되어 있었다.

이 모든 계기들이 나로 하여금 이제 기독교신학이 주체사상을 취급할 시기가 다가왔다고 판단하게 했으며, 나는 비록 주체사상 자체를 취급할 준비가 안되어 있으나 기독교 선교의 물꼬를 트기 위하여 선교신학적 접근시도를 해야겠다고 생각하게 된 것이다.

주체사상이 신학을 다루기에는 현재로서는 힘겹다고 생각되며, 신학은 주체사상의 의의와 문제를 다룰 수 있다. 신학이 주체사상에 파고 들지 않으면 기독교신앙과 선교가 북한에 뿌리내릴 수 없을 것이다. 신학사상을 비롯해서 어느 사상체계이든 그 자체로써 완결되어버리고 절대화될 수 없으며, 현실에 비추어서 재검토되고 재구성되면서 발전하는 것이며, 그러한 의도로서 시도된 나의 저 동경강연을 '주체사상찬양'이라고 보도한 언론인들과 검찰에서 그렇게 증언한 목사들은 분단, 냉전체제 논리에 타성화된 무식과 독단을 드러내었다. 주체사상이라면 무조건 무조건적으로 절대적으로 알아보지도 않고 거부하는 목사들이 어찌 평화통일과 민족화해를 위한 북한선교를 운운할 수 있다는 말인가. 나는 주체사상을 부분적으로, 게다가 극히 제한된 범위내에서, 상대적으로 긍정평가했으며, 절대적으로 긍정하지 않았다. 주체사상이 북한에서 특수한 유일사상으로서 작용해온 것은 북한의 특수한 상황에서 이해되어야 하지만, 그것이 기독교신앙 혹은 신학에 관계지어질 때에는 유일사상이기를 중단하게 된다.

그러므로 기독교 신앙과 신학이 주체사상에 접근함으로써, 주체사상은 상대화되고 가변적인 성격을 가지게 되고 기독교 신앙에 대하여 열리게 된다. 주체사상 대변가가 기독교와 신학에 접근해온다는 사실이 이미 그 가변성과 개방성을 암시한다는 사실을 기독교 선교신학은 포착해야 하지 않겠는가, 그 가변성이란 구체적으로 무엇인가? 우선 주체사상의 무신론이 하나님 앞에서 하나님에게 열릴 수 있는, 수정될 수 없는 가능성을 생각해보라. 주체사상이 어떻게 전개될 것인지 누가 예측할 수 있겠는가. 새로운 변화의 가능성을 상상하면서 나는 주체사상에 대하여 선교신학적 시도를 감행한 것이다.

주체사상이 적성집단의 사상이니, 무조건 비판만 해야 한다는, 그렇지 않으면 적을 이롭게 한다는 보안법의 규정은 폭군의 요청이지 자유민주주의가 아니다. 〈한겨레신문〉 91. 10. 12.자 3면 의정녹음에 의하면, 노무현 의원의 대정부 질의 가운데 노대통령의 말이 인용되어 있다. 즉, 91. 9. 노대통령은 뉴욕에서 "필요하다면 김일성 일당체제도, 주체사상도 인정할 것"이라고 말했다는 것이다. 무슨 의도와 목적을 가지고 노대통령이 그렇게 말했는지는 몰라도, 그가 자유민주주의를 신봉한다면, 그만한 정도의 말을 능히 할 수 있다. 그런데 나는 묻고 싶다. 어째서 목사들이나 언론인들이나 검찰이 그를 김일성 찬양, 주체사상 찬양이라고 보도하지 않고, 규탄하지 않고, 구속하지 않는가? 그가 북한의 대남적화 선동에 동조하고, 적을 이롭게 한다고 할 수 있을까?

나는 내 강연에서 주체사상의 세 가지 개념들, 즉 수령론, 인간개조론, 집단영생이라는 개념들을 언급했는데, 이것들에 대해서 확대 설명하고자 한다.

2. 민족자주성과 주체사상 (공소장 19면)

주체사상은 항일독립운동의 민족자주성이라는 주제에 뿌리박고 있으며, 6·25전쟁의 잿더미 위에서 공산주의를 민족적으로 재구성한 사상이라고 여겨진다. 주체라는 개념은 사회집단으로서의 민족의 자주성 혹은 이 집단 안에서 존재하는 인간의 자주성 혹은 집단 안에서 존재하는 인간의 자주성, 의식성, 창조성을 의미한다. 내가 특히 주목하는 점은 민족자주성이다. Marx주의, 공산주의에서는 민족이라는 존재와 문제, 약소 피지배민족들의 해방과 자주성 문제는 부수적으로 고려되었던 것같다. 세계의 지배-피지배 관계는 물질·경제구조를 통해서 현실화 되지만, 물질·경제구조 이상의 집단 대 집단의 문제이며, 민족평등의 문제이다.

주체사상은 북한에서 어떠한 역할을 했는가?

나는 그것의 사회적 역할에 대하여 포괄적으로 말할 수 없으므로 다만 한 가지 역할만을, 일반적으로 말해지는 한 가지 역할만을 지적해 말했다. 즉, 주체사상은 6·25의 폐허 위에서 북한인민들이 피땀을 흘리며 생존권을 건설함에 있어서 필요한 이념적 도구이다. 주체사상이 내세운 자주적 정치, 자립적 경제건설, 자위적 방위가 현실적으로 어떠한 한계와 문제들을 내포하고 있었든지, 인민들의 자주적 건설을 격려하고 통합시키는 도구로서 작용했다. 그들의 그 힘겨운 건설에 있어서 김일성 주석의 영도와 통치가 도외시될 수 있겠는가. 그의 통치에 어떠한 한계와 문제들이 개재해 있든, 북한이 미·일과 같은 막강한 강대국들에 대응해서 자주성을 외치고 지탱해옴에 있어서 김주석의 영도가 도외시될 수 있겠는가.

신학적으로 말하자면 약소민족의 자주성은 지배자 강대국들에 대한 하나님의 심판을 가리킨다. 약소민족의 해방과 자유를 통해서 강대국들은 하나님 앞에서 자신들의 지배국이 하나님을 대적하는 불의라는 것을 배워야 한다. 그러므로 항일투쟁에서 민족의 독립, 자주성 회복을 위하여 몸바친 우리의 선열들을, 그들이 하나님을 믿었든 아니 믿었든, 하나님의 정의를 수행한 것이다. 마찬가지로 6·25 잿더미 위에 자주적 생존권을 건설한 북한인민들과 김주석은 하나님 없이, 왜냐하면 저들은 무신론자들이라고 자처하니, 그럼에도 불구하고 하나님의 정의를 충분히 수행했다고 나는 말했다. '충분히'라는 말은 그 잿더미라는 처철한 상황에 비추어서 쓰인 말이다. 어느 누구도 하나님의 정의를 충분히 수행할 수 없다. 북한에 대한 나의 그러한 평가는 부분적 상대적 평가와 긍정이지, 북한 인민들과 김주석에 관한 전체적 절대적 평가와 긍정이 될 수 없다. 부분적 상대적이라는 것은 비판의 여지를 남겨둔 긍정이다.

나는 저 강연에서 우리 정부에게 두 가지 간곡한 부탁을 했다. 첫째로 정부는 남한내의 토론의 장을 열어줌으로써 그들과의 화해의 길을 터놓아 달라는 것이다. 또 철학자, 신학자, 지식인이 주체사상을 검토하고 토론할 수 있도록 함이 좋다고 그러면 반주사파도 주사파와 아울러 지체를 검토할 기회를 가지게 될 것이다.

주사파니 반주사파니, 나는 그들의 주장들을 정확히 모른다. 이러한 사상적 대립이 공공연하게 토론되도록 하는 것이 건전한 민주주의이다. 그들이 그늘에서 주장하고 행동하게 한다는 것은 남한과 정부를 위해서나 평화통일을 위해서 바람직하지 않다. 나는 저들이 정부의 존립을 위태롭게 할 만한 세력이라고 생각하지 않는다. 정부 자체가 민주화되고 사상토론의 합법적 공간을 열어놓고, 정부와 청년 학생들, 정부와 재야 민족민주 운동세력 사이의 갈등을 서서히 해소해나가는 길이 강구되어야 할 것이다.

둘째로 나는 남한정부가 주체사상을 원용하여 남, 북 공히 동북아에서 또 미국에 대해서 우리 민족의 자주성을 서서히 확립해나가는 방향을 취하라는 조언을 한 것이다. 주체사상을 원용한다는 것은 북한을 원용한다는 뜻이다. 우리의 통일은 동북아에서의 세력균형을 위해서 불가결한 것이다. 남한에서 주체사상이 토론되고 정부가 주체사상을 원용한다고 해서 주체사상이 남, 북을 지배하는 유일사상이 될 수 있는 것은 아니다. 그것은 여러 사상들 중의 하나로 작용하게 되고 발전할 수 있을 것이다.

그러한 요지가 내 강연에 명시되어 있음에도 불구하고 동경회의에 참석한 보수주의 목사들은 전혀 이해하지 못하고 흥분했다는 사실이다. 나의 상대적 부분적인 주체사상 평가와 긍정에서부터 '주체사상 찬양'이라는 논리적 비약이란 있을 수 없다. 또 내 강연은 친북적이라고 규정되어서는 안된다. 내 강연은 기독교와 북한, 남한과 북한의 화해를 위한 중재작업의 작은 부분이라고 평가되어야 한다. 내 강연은 '친정부다, 친북이다' 하는 분단논리를 넘어서야 한다는 것을 특히 목사들에게 그리고 정부에 전달하려는 의도를 가진 것이다.

3. 수령론 (공소장 19~20면)

나는 우선 보수주의 반공 기독교의 목사들이 무조건 절대적으로 김일성 주석은 독재자요 우상이라고 단정해버리는 독선, 독단을 수정하기 위해서 또 수령론을 신학적으로 수정하고 재해석하기 위해서 수령론을 언급했다. 수령을 주체라고 할 때, 그 주체개념은 엄밀히 궁극적으로 말해서 인간 수령 이상 신의 이름을 내세우지 않은 무신론자이기 때문에 그는 우상이라고 무조건 단정되어서는 안된다는 말이다. 그가 북한에서 우뚝 솟아 있는 수령으로 추앙을 받아왔다면, 그것은 북한의 특수한 상활에 관계해서 상대적으로 해석되어야 하므로 무조건 독재자라든지 우상이라고 독선적으로 단정되어서는 안되며, 그러한 반공, 분단논리적 독단, 독선은 평화통일과 민족화해에 어긋나는 것임을 보수주의 목사들은 알아야 한다. 그들의 독단·독선주의는 북한선교를 운운할 자격이 없다.

수령은 무조건적으로 우상이라고 규정되어버려서는 안된다는 것을 말하기 위해서 나는 교황과 수령을 비교했던 것이다. 하나님을 대변하는 교황— Pope, Papa, Pater— 어버이와 인민을 대변하는 어버이 수령은 언어적으로 유사하다는 내 말에, 동경회의 참석자 반공 목사들은 심히 놀랐을 것이고 수령찬양이라고 마음 속으로 외쳤을 것같다. 언론인들, 안기부 요인들, 검찰당국은 사건이 벌어졌다고, 괴상한 수령찬양이라고 생각했을 법하다. 사실은 저 비교가 별 것 아니다. 어째서 기독교인들이 하나님을 대변하는 어버이는 우상이라고 생각하지 않고 인민을 대변하는 어버이는 무조건 우상이라고 생각하느냐 하는 문제제기가 고려되기 바란 것이다. 물론 교황이 올바르게 하나님을 대변하느냐, 또 수령이 인민을 올바르게 대변하느냐 하는 물음은 물어져야 하고, 이 물음은 비판의 여지를 열어놓은 것이다. 내 말은, 수령찬양이라고 생각한 사람들은 내가 교황과 수령을 동일화한다고 판단했을 텐데, 인간이라는 차원에서 물론 양자는 동일하고 기능면에서 구별된다. 교황이 찬양의 대상이 아니듯이 수령도 찬양의 대상이 아니라 사실 나는 동경강연 이전 91. 6. 23.에 카톨릭 교회 북한선교위원회 주최, 평화통일 세미나에 참석해서 교황-수령의 비교를 말했고, 몇몇 사람들에게는 내 말이 듣기 싫었을 것이라고 추측되나, 함세웅 신부는 내 말을 긍정적으로 평가했고, 저들 중 아무도 나를 수령찬양론자라고 소동을 일으키지는 않았다. 저들은 교황이 찬양의 대상이라고 생각하지 않기 때문이었을 것이다. 오로지 만유를 창조하시고, 예수 그리스도를 보내시어 죄된 세상을 용서하시고 화해하신 하나님, 성령을 보내시어 역사를 그의 의로운 나라에로 이끄시는 하나님만이 찬양을 받으실 분이다. 아무래도 보안법이 '찬양'이라는 말을 쓰지 말았어야 했다고 생각한다.

나는 또 저 강연에서 반공 기독교인들이 수령을 무조건적으로 무분별하게 독재자라고 규정해온 독단을 수정하기 위해서 독재자가 아니라고 말했다. 저들은 세계패권을 행사하는 미국의 보이지 않는 독재자, 제3세계에서 흔히 나타난 족벌 독재자, 군부독재자 수령과 혼합적으로 무분별하게 여기고 독재자 수령을 더 혐오한다. 우리는 우선 공산사회주의 국가들에서의 독재론이 어디에서 연유되었는가를 생각해보아야 한다. 나는 동경회의에서 시간의 제한상 이러한 고찰을 할 수 없었으나 저들 반공 목사들은 내가 수령찬양론자나 독재찬양론자가 아니라는 것쯤은 짐작했어야 했고 자신들의 분단·체계논리의 문제를 반성할 기회를 포착했어야 했다.

공산주의 혁명은 역사의 마지막 단계라고 생각되었다는 점에서 볼 때, 그것은 종말론적인 궁극성을, 즉 마지막 미래, 신학적으로 '절대적 미래'(카톨릭 신학자 Karl Rahner) 같은 것을 암시한다. 역사의 궁극적인 마지막 단계는 보편성을 가져야 성립되므로 공산주의 혁명은 세계혁명을 투사했던 것이다. 그런데 궁극적 보편적 혁명의 역사적 실현을 위한 담지자 혹은 주체자가 누구냐 하는 문제가 내가 아는 한 Karl Marx에 있어서 궁극적으로 해답되어 있지 않은 문제로 남아 있으며, 프롤레타리아(Pt로 쓸 것임) 독재는 궁극적인 혁명주체라고 생각되지 않았던 것같다. 그러나 공산·사회주의 국가들에서 Pt를 대표하는 공산당 독재가 불가피했던 것같다. 거기서는 의회민주주의나 다당제 정치체제가 용인될 수 없었으니, 왜냐하면 이 체계에서는 이런 정당도 반대당도 수용될 수 있는 상대적 차원이고 정치권력이 나누어 먹기 식이라서 역사의 궁극적인 혁명이념이 상대화되고 분산, 해소될 가능성이 작용하기 때문이다. 그러나 역사적 상대적 과정이 있는 인민들에게는 의회민주주의가 더 바람직한 것으로 여겨지고, 공산당독재는 그들 개인들의 요구를 통제할 수밖에 없게 된다. 여기에서 당과 인민들 사이에 깊은 골이 생기게 된다. 그 독재는 관료화되어 부패하기 쉽게 되고 공산주의 혁명이념과의 괴리를 초래하게 된다. 궁극적 보편적 혁명이념은 결국 담지·실현자 없이 공허한 이념으로 남아 있게 된다. 주체사상은 주체라는 개념으로써 그 공허한 이념의 자리를 메워준다. 그래서 주체사상에 있어서는 그 혁명이념의 주체인 인간문제가 부각되고 인간개조론이 등장한다. 공산주의에 있어서는 물질혁명이 위주되었고 인간개조론은 내가 아는 한 발견되지 않은 것같다. 주체사상이 혁명이념의 주체를 생각함으로써 공산주의 이념의 공허한 자리를 메워주고 인간개조론을 제창했다는 점에서 공산주의를 많이 보충해준다고 생각된다. 그러나 주체사상도 공산주의와 유사한 문제점을 내포하고 있다. 주체사상의 집단영생이라는 개념을 생각해보자면 그것은 공산주의 혁명의 궁극성, 즉 영원한 공산사회 실현과 동일하다고 여겨진다. 문제는 그 영생하는 집단의 주체가 누구이냐 하는 것이다. 상대적으로는 인민주체들을 대표하는 주체수령이다. 그러나 수령은 유한하므로 역사에서부터 퇴진하게 될 상대적인 존재이며 영생하는 집단의 주체, 궁극적 혁명의 공동체의 주체, 즉 궁극적인 주체는 아니다. 결국 영생하는 집단 혹은 궁극적인 혁명이념의 자리는 공허하게 머물러 있게 된다. 그래서 나는 그 비어 있는 자리는 인간 수령 이상의 신적인 자리, 하나님의 자리라고 저 강연에서 주장했다. 하나님만이 궁극적인 혁명의 주체, 그의 영생하는 나라의 주체이시다. 성서의 종말론적 표현대로 말하자면, 하나님만이 모든 것을 질적으로 완전히 새롭게 만드시는 분이다. 동경 회의에서 나는 수령의 자리는 궁극적으로는 하나님의 자리이므로 하나님에게 양도되어야 한다고 말했다. 이말을 들은 사람들이 어찌 나를 수령 찬양론자라고 혹은 주체사상 찬양론자라고 왜곡할 수 있다는 말인가. 오히려 나는 주체사상과 수령을 하나님과 관계시켜 상대화시키고 하나님이 들어가실 자리를 마련하고 선교의 길을 열어놓으려 한 것이다. 북한에서의 수령 독재는 공산·사회주의권에서의 독재형식과 원칙상 동일하다. 이미 말했듯이, 공산당 독재는 그 혁명이념의 궁극성, 보편성에 대한 의미에서의 유일성이라는 사상에서 불가피하게 연유된 것이다. 공산당독재가 소련이나 북유럽에서 무너지고 따라서 혁명의 궁극적 실현문제가 허공에 달려 있으나 많은 사람들은 그것이 사라져버렸다고 생각하지 않는다. 어쨌든 수령독재는 북한의 특수한 상황에서 이해되어야 한다. 잿더미 위에서 인민의 생존권을 건설하고 미국과 같은 지배세력에 맞서서 민족자주성을 지탱하지 않으면 안되는 북한에 있어서는 유일한 통치자가 필요했을 것이다. 인민을 착취하지 않고 인민을 대변했다면, 반공기독교인들이 부정하는 바와 같은 독재가 아니다. 그들은 독재자와 우상을 동일화시켜서 하나님의 이름으로 수령을 거부하고, 나의 부분적 상대적 수령 긍정을 수령찬양이라고 절대화시키면 안된다. 역사에서 퇴진한 수령은 저들이 단정하는 독재자도 우상도 아니다. 수령독재는, 공산당 독재와 마찬가지로 원칙적으로 궁극적 혁명이념과 실현의 과제와 결부된 것이며 역사적으로는 북한의 특수한 상황에 결부된 것이다. 김일성 주석의 퇴진 후 수령론이 어떻게 전개될 것인지에 관해서 우리는 예측할 수 없으나, 수령독재 형식은 변하리라 예측된다.

4. 인간개조론(공소장 17~18면) 과 집단영생론

주체사상의 주체성, 인간개조, 집단영생과 같은 개념들 자체는 유독 주체사상에만 속하는 말들이 아니며, 성서와 신학적 차원에 들어 있는 말들이다. 구약에서 "나는 나다"라는 야웨 하나님의 이름이 곧 이스라엘과 함께하시고 구원하시는 역사의 주체라는 뜻이다.(출애굽기 3:13f) 구약과 신약을 종합해서 말하자면, 창조자 예수그리스도 화해자 성령으로서의 삼위일체 하나님은 바로 역사의 주체이시다. 헤겔의 철학에서도 신, 즉 절대정신은 역사의 주체라는 것이다. 이 철학적 주체개념은 성서에 뿌리박고 있다. 그러나 철학적 근거로서의 수령의 자리는 궁극적으로 하나님의 자리라고 동경강연에서 나는 말했던 것이다. 인간개조론도 궁극적으로 성서적 구원신앙과 부활신앙에 내포되어 있다. 인간개조론은 주체사상에 있어서 인간성혁명을 의미하는데, 인간의 완전한 질적 변화, 즉 '새 사람'이라는 현실적 인간이 바로 부활의 예수그리스도이다. 나는 인간개조론이 북한에서 어떻게 실제로 작용하여왔는지 또 그 한계와 문제점이 무엇인지 알 수 없으나 그것은 성서에서의 새 창조, 부활의 새 사람이라는 주제에 관련해서 검토되고 재해석될 필요가 있다. 인간개조, 인간의 완벽한 변화, 즉 하나님을 닮고 그를 사랑하고 동시에 타 인간을 완전히 사랑하고 의로운 새 사람이 된다는 것은 성서에 의하면 하나님의 은혜로 주어지는 선물이다. 그러나 역사는 인간개조, 새 사람을 구해야 한다. 역사가 인간개조, 새 사람을 추구하지 않는다면, 부활의 새 사람은 몸이 없는, 즉 역사가 없는 유령처럼 허공에 걸려 있게 된다. 기독교인들은 생각하기를 죽은 후에 새 사람이 되겠지 하는, 혹은 세상 끝날에 홀연히 새 사람이 되겠지 하는 무책임하고 게으른 생각, 즉 역사의 불의를 방치해둔 채 믿으면 새 사람이 되겠지 하는 게으른 생각을 하곤 한다. 역사가 인간개조와 완성을 미래에로 투사하고 그 미래에는 행진하지 않는다면, 역사는 무의미하고 죽은 것이나 다름이 없다. 그것은 역사가 아니다. 그러한 신학적인 근거에서 인간개조론의 원리를 저 강연에서 나는 언급한 것이지 주체사상 자체에 있어서의 인간개조론을 모른다. 그렇게 언급함으로써 기독교 선교의 길을 열고자 한 것이다. 동경회의 참석자 보수주의 반공목사들은 내가 부활신앙과 주체사상에 인간개조론을 동일화시키는 줄 알고 놀랐을 것이다. 그렇지 않다. 부활신앙은 하나님의 새 창조의 행위에 대한 인정이고 주체사상의 인간개조론은 인간측에서부터의 변혁운동을 위한 전자 없이 후자는 성취될 수 없다는 것이 나의 주장이다. 주체사상이 주장하는 집단영생에 있어서,

나는 이미 언급한바 91. 5. 18~30. 미주에서 있었던 북미주 기독학자 세미나에서 북한 주체사상연구소 소장 박승덕 박사가 집단영생 개념이 기독교 영생관과 합일한다고 말함에 대하여 나는 그렇게 합일화시키기 어렵다고 말한 적 있다. 그 이후로부터 나는 집단영생에 대한 개념에 의미를 내 나름대로 생각하기 시작했다. 영생하는 집단, 역사가 추구하는 집단은 물론 하나님의 새 창조에 의하여 은혜로 주어질 영원한 삶과는 다르다. 그러나 나는 역사가, 인간이 영생하는 영원한 사회집단을 추구해야 한다는 생각을 했다. 왜냐하면 영원한 하나님 나라에의 도래로 역사는 행진해야 하기 때문이다. 집단영생은 인간의 영원한 사회성을 의미하며 동시에 어떤 영원한 인간공동체 실현을 지향하는 개념 혹은 원리이다. 이런 생각을 하다보니, 공산주의의 세계혁명 이념, 궁극적 보편적 완전한 공산사회 실현이라는 미래의 투사에도 영원한 인류공동체라는 비전이 함축되어 있으며 그런 인류공동체 개념과 비등하다는 것을 나는 발견했다. 사실 그러한 영원한 사회에 대한 비전은 홍길동전에도 투사되어 있으며, MARX주의 등장 이전 서양의 Utopia에서도 발견된다. 그러나 Marx는 먼 미래에 Utopia이상을 환상하는 데에 치중하지 않고 물질 경제구조의 혁명에 집중했다. 그와 비슷하게 집단영생 개념도 영원한 사회라는 Utopia보다는 인간의 영원한 사회성에 집중한다고 추측된다. 그러나 Marx주의, 공산주의에서와 달리 여기서는 인간성 문제가 위주되어 있다. 그러한 의미에서 집단영생 개념은 공산주의적 유물론과는 구별된다. 인간의 영원한 사회성은 영원한 집단실현에서 성취될 것이다. 그런데 인간이 건설한 어느 사회가 영생하는 집단인가? 북한 사회인가? 물론 아니다. 북한 사람들도 주체사상 대표자들도 그렇게 생각하지 않을 것이다. 그러면 집단영생은 영원한 과정이란 말인가? 실패를 거듭하는 인간집단에 영원한 과정, 궁극적인 성취점에 도달하리라는 보장이 없는 인간집단의 영원과정이란 우리를 허탈하게 하고 허무주의에 떨어지게 할 것이다. 그래서 나는 저 동경회의에서 주체사상에 집단영생 개념은 하나님 나라의 도래에 대한 신앙에 비추어서 재해석되어야 할 것이라고, 하나님 나라의 도래 없이 집단영생, 인간의 사회성은 성취되지 못할 것이라고 주장했다. 내가 이와 같이 상세하게 설명하지 않았다고 해도, 반공목사들은 내가 하나님 나라 개념과 집단영생 개념을 동일화시키지 않았다는 것쯤이야 인식했어야 했다. 내가 그와 같이 기독교 신앙과 주체사상을 동일화시키지 않았다면 어찌 저들은 검찰에서 나를 "주체사상 찬양"이니 혹은 "수령찬양"이니 하는 증언을 할 수 있었을까. 저들은 분단, 냉전체제 논리에 내 말을 전혀 이해하지 못했다. 오히려 나는 당시 주체사상에 대한 내 쥐꼬리 만한 지식을 가지고, 몇 개념들을 가지고 주체사상을 그렇게 신학적으로 다루어도 되는지, 내가 신학적으로 주체사상을 삼켜버리는 것이나 아닌지, 주체사상 당사자들이 도대체 내게 대하여 어떻게 반응할 것인지 하는 마음의 의심들을 가지고 있었고 매우 조심스러워 했고 지금도 그렇다. 어찌 내게 "주체사상 찬양"이라 말해질 수 있다는 말이냐.

IV. 자주평화 통일의 전망

1. 일반적으로 국민들은 서독에로의 동독의 흡수통일이 이루어지면서 우리 정부도 남한에로의 북한의 흡수통일을 예상한다고 추측했다. 이에 반하여 재야 통일운동권은 물론이고, 기독교계의 많은 지도급 인사들도 흡수통일의 불합당성을 주장해왔다. 남, 북의 UN가입 결정이 발표된 직후부터 정부측의 흡수통일론 기류가 신문지상에서 연이어 논의되었다. 나는 동경강연을 하기 훨씬 이전에 통일원 인사들과 안기부직원과 만난 자리에서 흡수통일의 부적당성을 토로했으며, 그들도 흡수통일은 안된다고 말했다. 또 흡수통일이 어렵다는 견해가 정부일각에서 제기되었다는 보도가 신문지상에 제시되기도 했다. 이미 언급한바 N.C.C.의 91. 8. 12~14. 평화통일 대회를 위한 예비연구자료에도 흡수통일의 부적당성이 지적되어 있으며, 연방제 통일 방안에 고려될 수 있다고 제시되어 있었다. 나는 그러한 통일논의의 상황을 고려하면서 동경강연에서 흡수통일론을 분석 비판하고 통일의 전망을 연방제 방향에로 전개할 결정을 내렸던 것이다. 정

부는 종전에 남한내의 연방제론자들을 북한의 대남적화 선전에 동조하는 자들이라고 탄압했으나, 내가 동경강연을 준비하고 있을 무렵에는 정부도 연방제통일방안을 절대적으로 배제하지는 않으리라고 나는 추측했고, 또 노대통령이 한·미 정상회담을 마치고 캐나다에 들렀을 때 연방제론을 고려하겠다는 표명을 했다. 내 연방제론 주장은 정부에 한 조언이기도 하고 또한 교회선교가 통일방안을 생각해야 한다는 것을 기독교 목사들에게 말하기 위한 것이다. N.C.C.통일 위원회와 신학자들을 비롯해서 교회의 통일운동과 선교는 대체로 통일방안을 말하지 않으려는 주저와 보류를 표명해왔는데, 통일을 외치면서 통일과 통일방안은 별개의 것이라는 식의 생각을 수정하기 위해서는 동경강연에서 연방제론을 거론하기로 했던 것이다. 91. 9. UN총회 연설에서 노대통령은 3단계 통일방안, 즉 국가연합시기— 연방제시기— 정치적 통일이라는 방안을 제시했다.— 이 방안은 남한의 '한민족공동체 통일방안' (90년 정부가 내놓은 통일방안) 과 북한의 연방제론을 종합한 것이라고 신문지상에 보도되었다. 사실은 그와 유사한 단계론이 문익환 목사의 방북시 그와 북한 조평통위, 공동선언문에 나타났던 것으로 기억한다. '한민족공동체 통일방안' 은 연방제를 배제하였으나, 노대통령이 연방제를 제시했다는 사실은 중요한 변화라고 생각되며, 그의 유연한 방향제시가 정부 자체에 의해서 어떻게 받아들여질 것인지가 주목되어야 할 것이다. 그런데 91. 9. 국회의 대정부 질의에서 노무현 의원이 질문했듯이 정부의 일관된 통일방안이 공식적으로 논의되지 못하고 있으며, 정부가 통일문제를 주도해나가려면 각 정당들, 사회단체들, 종교계와 학계, 재야통일운동계 대표들의 의견들을 수렴하여 국회의 논의를 거쳐 정부는 일관된 통일방안을 제시해야 할 것이다. 정부일각에서는 연방제론이 논의되고 공식적으로 제시되면서 보안법은 연방제론을 북한의 대남적화 선전에 동조한다고 정죄할 수는 없다. 기독교 선교는 통일이야 어떤 형식으로 되든, 세계정세로 보아 남한에로의 북한의 흡수통일이 이루어질 날이 올 테니 북한에 선교할 계획이나 세우면 된다는 식으로, 민족분단과 비극적 역사에 대하여 무책임한 생각을 해서는 안된다. 이러한 기독교의 문제를 생각하면서 나는 저 동경강연을 구상했던 것이다.

 2. 흡수통일은 남·북에 다 부적당하다. 신문지상에 보도되었듯이 정부 일각에서도 논의된 것처럼, 정부는 흡수통일에서 야기될 여러가지 사회·정치·경제적 혼란과 불안정을 초래할 것이며, 이것을 감당하기 어려울 것이다. 우선 정부는 정치적으로 북한의 저항을 막을 도리가 없을 것이며, 또한 남한의 민족 민주통일운동의 대정부 비판을 강화하게 될 것이다. 흡수통일에 의해서 강력한 자본주의 국가가 되리라고 예상되어서는 안된다. 오히려 자본주의 사회의 혼란이 초래될 것이니, 정부는 북한의 땅을 어찌 처리할 것인가? 정부가 관리할 것인가? 북한기업들은 재벌들의 밥이 되어버릴 것인가? 옛 땅 임자들은 북한에 가서 땅 되찾는다고 아우성칠 것이다. 상상할 수조차 없는 혼란이 야기될 것이다. 민족사회 내적으로 과연 정부가 그 모든 문제들을 감당해낼 수 있을까? 감당해낼 수 있다손 치더라도 그러한 상황을 초래한다는 것은 무모하고 지혜롭지 못하다.
 둘째로 대외적으로 우리 민족의 자주적 존립이 확립되기 어렵게 될 것이다. 흡수통일은 북한마저도 미·일의 세력권에로 편입시키는 결과를 가져올 것이다. 현재 북한이 미·일 관계개선과 국교수립을 추진하고 있지만, 북한은 미·일의 세력권에로 편입되어버리지 않을 것이다. 내가 저 강연에서 주장하기를 남한이 외롭게 버티는, 동유럽의 사회주의가 무너졌다 해도 외롭게 버티는 북한을 도와야 한다고 한 것은 북한이 북한으로서 지탱되도록 함이 우리 민족 전체를 위하여 필요하다는 것이다. 그것이 친북적 언사라고 속단되어서는 안된다. 돕는 쪽이 더 크다는 것을 왜 모른다는 말인가. 필요시에는 친정부도 하고 친북도 해야 하지 않는가. 나는 정부에 대하여 조언한 것이며, 기독교인들의 편견을 수정한 것이며, 무엇보다도 민족 자주성 확립을 위해서 그렇게 말한 것이다. 미·일과 같은 열강들, 냉전체제 해체 후 세계질서를 재편하여 세계의 정치·경제·군사적 지배세력을 형성하려는 열강들에 대응하여 우리 민족이 자주성을 확립하고 지탱하려면, 남한은 북한의 자주성을 세워주고 이용함이 현명하다. 남한 혹은 정부가 주체사상을 원용함이 좋다는 내 주장도 남·북 공히 새롭게 민족자주성을 확립해나감에 있어서 필요하다는 말이다. 종전에 북한이 대변하고 지탱한 자주성은 이제 새로운 형식으로 남·북에 의해서 세워져야 할 것이다. 남·북이 공존적으로 통일한다는 것은, 즉 연방제 통일은 북한을 세워주는 것이다, 그렇게 통일되는 우리 민족은 미·일은 물론이고 소련과 동유럽에 대해서 독자적인 민족적 잠재력을 보여주게 될 것이다. 정부가 재야의 반미·반제운동을 보안법으로 막으려 하면 할수록 정부는 대미 종속세력으로서 규탄을 받을 뿐 아니라 남한내의 정치적 안정을 상실하게 되고, 통일정책에 있어서도 열세에 몰리게 되고, 국제적으로도 미·일에 대응하여 자주성을 확립해나갈 기회를 잃게 될 것이다. 정부는 모름지기 반미·반제운동세력과 학문적 이론들을 수렴하여 이들과의 화합을 서서히라도 도모해나가야 할 것이다. 그렇게 하면서, 정부는 정치·경제·군사적인 대미의존 관계에서부터, 미·일의 지배세력들로부터 서서히 벗어날 길을 모색해야 할 것이다.

3. 남·북UN가입 결정이 공포된 직후 신문지상에 보도된 바에 의하면, 정부측을 위시해서 흡수통일의 가능성과 문제점 그리고 동시에 평화공존 혹은 국가연합론이 논의된 것같다. 91. 9. 노대통령의 UN연설에서의 3단계 통일방안 첫째 단계가 국가연합시기이고 셋째 단계는, 즉 정치적 통일은 흡수 통일의 의도가 내포된 것같다는 생각이 든다. 우리는 이 셋째 단계가 민족—체제—국가라고도 이해할 수 있으나, 우선 첫째 단계와 둘째 단계가 중점적으로 고려되어야 한다. 우선 지적해둘 것은 '국가연합' 이라는 말이 공식적으로 국가수뇌에 의해서 발언되었다는 사실에서 북한을 적성단체라고 규정한 보안법의 원칙은 무너졌다고 생각한다는 점이다. 신문지상의 보도에 의하면, 평화공존 혹은 체제연합(국가연합)이 합법화된다면 재야 민족민주통일운동이 연북세력을 형성하여 가열해질 것이라는 가능성이 정부측에서 논의된 것같다. 체제연합 국가연합은 통일의 형식이 아니므로 오히려 통일 혹은 연방제통일에로 민족·민주운동을 촉진시키는 공간을

허락할 수밖에 없을 것이라는 것이다. 이것은 지나친 기우일지도 모르나, 국가연합의 단계는 필요한 것같지 않다. 91. 10. 국회의 대정부 질의에서 민자당의 최재욱 의원도 중간단계로서의 '평화정책의 단계'(국가연합)를 설정하는 것은 '두 개의 조국론'이라는 오해를 받을 소지가 있는데 이 단계를 굳이 고수할 필요가 있느냐고 질의했다. (《한겨레신문》 91. 10. 12. 3면) 그의 질의에 의하면 정부가 연방제를 고려하고 있다는 것을 암시한다. 국가연합이라는 단계는 불필요한 것같으나, 굳이 필요하다면, 가급적 신속하게 연방제 통일에로 들어가는 준비작업의 단계로 형식적으로 설정될 수도 있을 것이다. 우선 첫째로, 정부는 평화정착을 위하여 군사·핵문제를 타결해야 할 것이다. 평화협정에로의 휴전협정의 전환, 남·북 불가침선언, 미군철수, 남·북의 군축, 한반도 비핵지대화 등의 조치들이 취해져야 할 것이다. 둘째로 남·북 정부는 연방제 통일을 위하여 민주적 준비기구를 만들어야 할 것이다. 남·북 국회를 비롯해서, 남·북의 법조계, 종교계, 학계, 청년학생계, 예술계 등의 부문들과 남·북·해외 통일운동 단체들의 대표들이 참여하는 범민족적 준비기구를 만들고 의견을 수렴할 필요가 있다. 실질적으로 남·북 정부 대 정부 사이에서 연방제안이 구체화되더라도 범민족적 준비기구가 그 구체화 과정에 참여하는 형식이 필요하다.

4. 연방제는 남·북의 두 체제들을 상호인정하고, 체제와 이념의 차이를 넘어서서 민족을 주축으로 하는 평화통일 방안으로서 가장 적합한 방안이라고 생각된다. 연방제가 훗날 어떻게 동화되어 동일한 체제가 될 것인지는 예측되기 어려우나 현단계에 있어서 가장 합리적이라고 생각된다. 한 핏줄이라는 민족적 동질성의식, 문화적 공동유산과 정서, 확대되어가는 경제교류와 합작은 문화공동체, 경제공동체를 형성해나갈 것이다. 두 체제들 사이에서 새로운 제3의 사회가 산출될 수 있을 것이다. 사회주의적 시각에 비추어서 남한의 독점재벌들의 자산축적의 비리와 땅투기가 방지될 수 있을 것이며 그들의 자산이 민족사회에 환원될 수 있는 사회적 여건이 마련될 것이며, 자본주의적 기술의 혜택이 남·북의 민족 전체를 위

하여 쓰이게 될 자극을 받을 것이며 기술발달의 동력이 촉진될 것이다. 자본주의 남한은 북한에 생필품을 제공할 것이며, 북한을 징검다리로 경제적 활로를 중국 연변, 시베리아, 몽고 등 북방에로 열어갈 수 있을 것이다.

　남한에 비추어서 북한은 인민의 보다 더 자유한 정치참여를 허용하게 될 것이며, 인민은 종교와 사상의 폭을 넓혀나가게 될 것이다. 남·북의 자유왕래와 교류가 허락되면, 학술과 문화의 화려한 발달이 예상된다. 연방제 통일은 소련과 동유럽의 비극적 민족 갈등과 경제적 혼란을 겪지 않고서 자본주의와 사회주의를 상호보완적으로 새로운 제3의 사회—민족—체제—국가로서의 제3의 사회를 창출할 수 있는 기회를 가지게 될 것이다. 제3의 사회는 대외적으로 민족평등, 대내적으로 민중평등·인민평등을 확립한 사회이어야 할 것이다. 노대통령의 3단계 통일방안의 셋째 단계, 즉 정치적 통일의 방향은 전혀 제시되어 있지 않으나, 제3의 사회 창출의 방향에로 구체화되어야 할 것이라고 생각한다.

　5. 저 동경강연에서 내가 연방제 구성에 관해서 언급한 바 있으나, 나는 그때나 지금이나 그렇게 할 수 있다고 생각하지 않는다. 다만 어떤 원칙을 암시하려고 의도했을 뿐이다. 내가 언급한 연방제 구성형식의 일부분은 정부가 내놓은 '한민족 공동체 통일방안'에서부터 원용된 것이니, 즉 남·북 각료회의와 남·북 국회의원들로 구성된 평의회 부분이 거기에서부터 이끌어내어진 것이고, 나는 그 두 구성요소들에 제3자, 즉 범민족회의라는 요소를 부가했을 뿐이다. 범민족회의는 남한국민·북한인민·해외동포를 대표하는 기구로서, 종교, 학계, 예술계, 청년학생계 단체들과 사회단체들 및 재야통일운동단체들의 대표들로 구성되는 것이라고 생각했다. 범민족회의 혹은 민족회의라는 연방제의 한 기구를 나는 범민족대회, 범민족연합(약칭 범민련) 준비위에 참여하기 훨씬 이전부터 생각했던 것이다. 아마 86년 혹은 87년 4월 N.C.C.주최 평화통일 국제대회(인천 송도) 시 여성 Forum의 여성국제대회부에서의 강연에서 나는 '민족회의'라는 말을 처음으로 사용했던 것이다. 남측 범민련이 결성된다면, 이것은 저 범

민족회의의 일부분이 되리라고 나는 강연준비시에 생각했다. 범민족회의란 연방제 실현 준비단계와 통일될 연방국의 민주기구로서 생각된 것이다. 나에 대한 공소장에 나의 연방제 구상이 '정부 대 정부 차원이 아닌 이른바 민중차원의 통일협상교류를 주장했으며' (25면)라고 씌어져 있는데 이 말은 오해에서 비롯된 것으로 생각한다. 남·북 각료회의 부분이 바로 정부 대 정부의 차원이며, 연방제가 어떻게 구성되든 남·북정부는 그 전체를 관장해야 한다는 것은 자명한 것이다. 범민족회의에는 물론 민중단체 대표들이 참여해야 할 것이다. 범민족회의는 72년 7·4공동성명에서 말해진 민족대단결의 민주적 기구로서 생각되었으며, 그러한 기구가 연방제 실현준비기와 연방정부에 설치된다면, 그것이야말로 세계에 빛나는, 세계 민주역사의 한 별이 되리라. 우리 국민 누가 생각해도 연방제론 주장은 이제 북한의 적화선전에 동조하는 것이라고 말해질 수 없는 시점에 우리가 도달해 있는 것이다. 연방제론은 7·4공동성명에, 자주·평화·민족대단결에 의한 통일원리에 함축되어 있다.

V. 혁명원리의 신학적 재해석과 기독교 선교

1. 현대사에 있어서는 Marx주의, 공산주의가 기독교에 반립하여 역사의 혁명을 대변해왔으나, Ernst Bloch라는 독일의 대철학자가 Marx주의 혁명원리를 성서에서부터 이끌어냈듯이, 본래 역사혁명 혹은 역사변혁은 구약에서의 이스라엘 백성의 출애굽사건과 가나안 땅 정착이라는 역사에 발단한 예언자적 역사신학의 주제이다. 이 주제는 예수 그리스도의 하나님나라 선포와 부활사건에 비추어서 새롭게 해석되어야 한다. 그의 하나님나라 선포와 십자가와 부활이 역사의 마지막 궁극적인 혁명, 즉 '하나님의 혁명' (스위스 종교사회주의자들의 표현)이다. 구약 예언자들이 선포한 야훼 하나님의 날은 그의 의와 정의가 완전히 실현될 마지막 날이며, 바로 그 역사의 마지막 날이라는 주제가 예수의 하나님 나라 선포에 내포되어 있다. 그것이 바로 성서책 종말론이다. 구약에서의 마지막 날에 도래할 새

하늘 새 땅은 예수의 하나님나라와 부활과 결부되어 신약에서 선포된다. 하나님 나라, 부활의 새 사람, 새 하늘, 새 땅이라는 신약의 선포는 인간과 세계의 완전한 변화와 궁극적 완성, 하나님의 의와 정의, 사람과 평화의 도래를 의미하는 종말론이다. 그것이 하나님의 혁명이다. 하나님의 혁명이라는 말은 그가 궁극적인 역사변혁의 주체자, 죽음의 권세를 이기고 죽은 자 가운데서 새 삶을 일으킨 부활의 주체자, 새 나라. 새 하늘. 새 땅의 주재자라는 뜻이다. 내가 그러한 근거에서 주체사상의 제 개념을 하나님의 차원에로 옮겨놓은 것이다. 수령은 모든 인민주체들과 당의 중심주체로서 주체사상이 체제에 있어서 필요한 존재인 것같으나, 김일성 주석 이후에 수령론이 어떻게 변할 것인지는 예측되기 어렵다. 역사에서 퇴진할 유한한 수령은 우상화 혹은 절대화될 수 없으므로, 수령은 우상이라는 기독교인들의 독단은 성립될 수 없다.

나는 모든 인간주체들의 궁극적인 절대적 주체를 하나님이라고 말했으니 '수령찬양'이라고 규정될 수 없다. 공산당독재도 궁극적인 역사혁명의 주체세력이 못된다. 공산주의와 주체사상은 어떤 궁극적인 종말론적 역사관을 함축하고 있는데, 유한한 인간은 그 궁극적인 종말적 담지자 혹은 주체자가 아니다. 그렇기 때문에 나는 그 궁극적 종말론적 혁명이념이 공허한 채로, 즉 주제 없는 이념으로 머물러 있다고 말했다. 그 비어 있는 이념은 본래 하나님에게 속한다. 도대체 Marx의 역사혁명이라는 정신이 어디에 뿌리박고 있는가. 그의 역사혁명 이념은 희랍철학에 뿌리박고 있지 않으며, 예언자적 전통에 뿌리박고 있다고 나는 75년경부터 생각해왔다. 역사란 인간이 공동체적으로 어떤 목적을 실현하는 장이다. 어떻게 인간이 궁극적인 혁명을 생각하고 투사할 수 있을까. 궁극적인 혁명이란 궁극적 미래, '절대적 미래'(카톨릭 신학자 Karl Rahner의 말)가 없이는 생각될 수도 투사될 수도 없다. 궁극적, 절대적 미래는 사물을 있게 하고 시간을 허락하는 하나님이 아니 계신다면 우리에겐 생각될 수 없는 것이다. 역사의 주재자 하나님이 계시기에 우리가 역사에서 정의를 실천하느니 혁명을 하느니 할 수 있다. 공산주의나 주체사상이 하나님을 알든 모르든 하나님의 시간

안에서 혁명을 설계할 수 있다. 그렇다면 공산주의나 주체사상이 신학의 변형들이란 말인가. 아니다. 공산주의자나 주체사상가는 나처럼 말하지 않는다. 신학의 주제들, 하나님, 예수 그리스도, 성령과 하나님 나라, 새 사람, 새 하늘, 새 땅과 같은 주제들은 인간과 세계의 철저한 변화를 의미하지만 공산주의나 주체사상이 아니다. 공산주의나 주체사상은 인간과 세계에 뿌리박은 인간의 이념들이다. 신학적 주제들은 인간에 의해서 전개되고 설명되나 주제들은 인간에 의해서 전개되고 설명되는 인간의 이념이 아닌 하나님의 역사에서의 계시행위, 단적으로 말하자면 예수그리스도의 하나님나라 선포, 그의 해석, 십자가와 부활, 그에 대한 증언으로서 탄생한 교회와 하나님의 종말적 구원에 근거한, 즉 인간의 이념 이상의 신적인 차원에 근거한 주제들이다. 하나님의 계시행위가 바로 그의 혁명이요, 그가 그 혁명의 주체라는 말이다. 공산주의든 주체사상이든 아무리 혁명이념을 철저화, 궁극화시켜도 또 성공적으로 실현한다 해도 성서적 의미에서의 궁극적 종말적 하나님나라, 새 사람이라는 신앙의 대상에 못 미친다. 그렇다고 신학은 여기에 미친단 말이 아니다. 신학은 그 궁극적 신적인 것을 증언하기 위한 해설작업이다. (그러한 신학을 위하여 몸바쳐온 내가 어찌 주체사상과 수령을 찬양할 수 있는가) 공산주의 혁명이 하나님의 혁명에 못 미칠 뿐만 아니라 오늘날 실패한 것으로 드러났다고 해도, 역사상 가장 획기적인 물질혁명이 시도되었다는 사실이 주목되어야 한다. 정의로운 사회의 기초는 정의로운 물질관계에서 성립한다. 정의로운 물질관계의 실현 없이 우리는 하나님나라, 새 나라·새 사람의 도래, 즉 그로부터 주어질 새 나라·새 사람을 대망할 수 없고 선교할 수 없다. 반공 기독교는 바로 그점을 몰각해온 것이다. 주체사상의 인간개조론은 물질혁명과 이 혁명의 주체로서의 인간성개조를 주장한 것이다. 물질은 인간의 몸에 직결되는 세계이며, 물질구조를 통하여 하나님의 정의가 실현되어야 한다는 것을 우리는 예언자 전통에서 듣는다. 정의로운 물질세계의 건설이 없는 하나님나라, 새 사람이란 죽은 후에나 들어갈 추상적인 유령들의 차원 이외의 다른 것이 아니리라. 하나님이 살아계시고 역사를 주관하시므로 그의 나라와 새 인간성은 살아 있는 이 세계와 직결된다. 우리가 하나님의 영원한 나라에서 새 사람으로 태어난다는 것은 이 세계의 완전한 몸, 물질의 질서의 실현과 합일하는 그날이다. 그것이 몸의 부활이 아니겠는가. 사회·공산주의 혁명은, 하나님을 인정하든 아니하든, 그의 새 나라의 도래를 재촉하려는 시도라고 해석될 수 있다. 이것은 순전히 신학적인 해석이며 사회·공산주의 혁명가들의 이념이나 실천의 범위를 넘어서는 하나님 신앙에서부터만 가능한 해석이다. 사회·공산주의 혁명이 미완성으로, 게다가 실패로 끝나버렸다고 단정될 수는 없다. 동유럽과 동독의 변화들, 소련의 실패를 위시한 전문가들의 상황분석들이 신문지상에 또 논문들로 발표되었는데, 이들에 의하면 사회·공산주의는 사라지지 않고 있다는 것이다. 그것은 세계의 수많은 사람들로 하여금 자본주의 세계의 문제들을 볼 수 있게 하는 계기가 된 것이다.

그러나 그것은 자본주의 세계를 필요로 하고 자본주의 세계와의 상대적 관계에서 자체를 재검토해야 할 것이다. 자본주의도 근대 서양문명이 성취한 일대 물질혁명이다. 그것은 현대과학을 지배하여 물질세계의 신비를 파헤치고 정복하는, 이용하게 하는 수단이 되어왔으며, 인간의 탐구와 지배욕을 충족시켜주는 수단이 됨으로써 인간을 지배하는 수단으로 되었다. 그것은 인간의 노동력과 창조력을 불러일으키고 활동하게 하고 발전시키는 최고의 수단으로 작용하는 동시에 노동력을 착취하고 인간을 지배하는 수단으로 둔갑한 것이다. 그것은 세계에 대한 서양인들의 팽창욕과 지배욕을 충족시키는 수단으로 작용하면서 세계의 또 민족들을 장악하게 만든 것이다. 세계는 자본주의라는 한 배를 타고 한없이 파헤쳐가고 있다. 자본주의는 개인들과 민족들로 하여금 자신들의 창의력을 발동하게 하고 성취하게 하고 물질세계의 비밀을 파헤치게 하고 지배하게 함에 최대의 동력으로 작용하는 것같다. 자본주의야말로 세계혁명, 물질혁명의 최대의 수단인 것이다. 하나님이 인간을 창조하셨을 때 그로 하여금 자유롭게 물질세계를 사용하고 다스리게 하셨다 (창세기 1:28 비교 참조)는 신앙이 자본주의, 과학혁명 정신과 업적의 숨은 신적 동력인 것같다. 그러나 노동력을 착취하고 약소민족들을 지배하는 자본주의, 자본과 자원을 독점하고 끝없이 부유해지는 특권계급을 위해 사용되는 자본주의는 하나님의 정의에 위배된다. 특권계급뿐만 아니라 특권지배국들의 수단으로서의 자본주의는 민족들의 공존의 질서를 파괴한다. 사회·공산주의 혁명은 그러한 세계를 바로잡으려고 했던 것이다. 사회·공산주의 혁명은 자본, 자원의 공유와 분배의 균등을 실현하는 과정에서 공산당독재는 관료화, 특권계급화되어 자본주의 세계의 병폐를 반복한 것이다. 역시 혁명의 주체가 문제이다. 공산당에 대한 신뢰를 잃고 통제된 사회에서 억눌린 인민들은 자유주의, 개인주의 서양을 동정하지 않을 수 없게 된 것이다. 또 블록화된 냉전, 군사 체제 아래서 사회·공산주의는 경제적으로 더 이상 지탱될 수 없었고, 그 혁명이념이 그러한 상황에서 지탱된다는 것도 무의미하게 되었던 것이다. 그러나 많은 유럽의 신학자들은 주장하기를, 자본주의 세계는 그 병폐를 넘어서기 위해서 사회·공산주의의 비판을 필요로 한다는 것이다. 그렇다. 그러나 양자는 담벽을 허물고 상호교류하면서 양자에서부터 제3의 새로운 사회, 세계를 산출해내야 하리라고 생각된다. 학자들이나 전문가들에 의하면, 자본주의와 사회·공산주의를 넘어서는 제3의 이론 혹은 이념은 없다는 것이니, 제3의 사회는 생각될 수 없다는 말이다. 나는 10여 년 전부터 제3의 길 혹은 제3의 요인을 말해왔는데, 그것은 우선 신학에 근거한 주장이다. 하나님, 예수 그리스도, 성령 혹은 교회, 하나님나라, 새 사람과 같은 주제들은 자본주의 세계나 공산주의 세계와 동일화될 수 없는 제3의 초월적 요인이다. 사회·공산주의는 자본주의를 전제로 하고서 그것이 모순을 극복한다는 점에서, 양자는 서로 상대적이다. 자본주의적 발달과정을 거치지 않은 사회주의 국가는 자본주의 세계와 교류해야 하고 자본주의 세계를 원용할 수밖에 없다. 자본주의, 개인주의 세계에서의 개인적 추구와 자기성취는 사회주의 국가의 인민을 부단히 유혹할 것이며, 사회주의 국가의 체계는 와해될 가능성을 항상 내포하게 된다. 인간개조를 위하여 의식교육을 철저화시킨다고 해도 개인적 갈망은 해소되지 않고 자유주의, 진보주의 세계에로 뚫고 나갈 가능성이 상존한다. 사회주의 국가 체제는 사회성을 위하여 많든 적든 통제하지 않을 수 없으며, 통제체제 안에서 공산당 통치 자체도 관료화된다든지 부패할 가능성이 상존한다. 소련혁명도 중국혁명도 북한혁명도, 어느 혁명도 궁극적일 수 없다. 궁극적이고자 한다면, 그것은 조급하고 깨지게 된다. 사회·공산주의혁명이 궁극적이 못된다는 것은 자본주의 세계와 상대적으로 존재한다는 말이다. 이 양자는 서로를 필요로 한다. 이 상대적인 양자를 넘어서는 어떤 궁극적인 물질혁명과 인간개조의 성취는 그 양자에 의해서 담보될 수 없을 것이다. 자본주의와 공산주의를 넘어서는 그 궁극적인 제3의 원천은 역사를 주관하시는 하나님이라고 우리는 고백하지 않을 수 없다. 이 제3의 요인을 증거하는 신앙은 저 양자의 전경— Frontier— 에 서서 새 나라, 새 사람의 도래를 선포하는 파수꾼, 전령자이다. 이 전령자는 양자를 하나님의 궁극적 종말적 구원에 지시함으로써 제3의 사회, 세계를 추구하게 할 것이다. 일단 사회주의 국가들이 실패했다면, 제3의 사회를 추구하고 실현한다고 해서 그것이 하나님의 나라, 새 사람과 일치하는 것은 아니다. 그러나 하나님이 계시고 인간에게 시간을 주시기에, 저 양자는 새로운 미래의 제3의 사회를 추구하고 그 실현을 시도할 수 있다.

2. 내가 신학에 근거해서 제3의 요인 혹은 제3의 길을 주장해온 것은 우리와 민족통일에 직결되어 있다. 8·15 전후부터의 우리의 민족 선열들의 좌·우연합통일노선에, 체제와 이념을 넘어서는 민족대단결에 의한 통일이라는 7·4 공동성명에, 오늘에 논의되는 연방제론에 제3의 길에 함축되어 있다. 우리 민족이 열망하는 민족화해라는 외침에도 그것이 들어 있다. (중국과 소련의 민족들은 제3의 길을 우리 민족처럼 생각할 수 없다) 민족의 살아 있는 실체는 이념과 체제보다 우선하며, 민족이 주축이 되어 통일을 실현시키고, 새로운 제3의 민족사회 건설을 추구해나가야 할 것이다. 남 북 이 두 체제들이 우선 민족경제수립에로 재조정하고 남, 북 공히 중국연변과 소련의 교포사회를 우리의 민족경제권으로 묶고 미, 일과 같은 경제대국들에 대응하여 우리 민족의 자주성을 건설해나가야 할 것이다. 그런데 우리

민족이 그와 같이 대외적인 경쟁에만 종사한다면, 그것은 미, 일과 같은 지배민족국가들을 추종하는 결과를 가져올 뿐이다. 남·북은 공히 민족사회내의 불평등관계를 해결해나가고 그럼으로써 제3의 새로운 사회모델을 건설할 수 있으리라고 본다. 남한의 자본주의는 북한의 사회주의 혹은 삶에로 자본주의를 재조정하면서 국제적 지배세력들로부터 벗어나야 하고, 북한은 인민의 민주적 정치참여와 종교적 자유의 폭을 넓혀나가야 할 것이다. 남한은 반공국시 등 헌법수정을 해야 할 것이고 북한은 남조선 혁명론을 수정해야 할 것이다. 북한이 남한의 혁명의 주체가 되지 못한다. 남, 북은 자본주의와 사회주의를 재조정하여 제3의 사회를 창출해나가되, 이것이 궁극적인 것은 아니리라. 이것은 현재의 두 체제들을 넘어서는 상대적 과정으로서 필요한 단계이다. 새로운 제3의 민족사회 창출이라는 목적이 없이 남, 북이 어쩌어찌 하다가 하나로 화해버린다는 것은 무의미하다. 그것은 비역사적 사고방식이고, 우리 민족의 역사적 과제와 의의를 몰각하는 요행주의이다. 새 나라, 새 사람의 주재자 하나님이 살아 계시어 우리에게 시간을 주시므로, 우리 민족은 새 사회 건설을 추구해나가야 한다.

3 교회는 하나님 나라. 새 사람의 도래 혹은 나타남을 증언하는, 즉 하나님의 혁명을 증언하는 사명을 가지고 민족의 자주 평화통일과 새 사회 건설에 전적으로 참여해야 한다. 교회는 전적으로 민족교회여야 하면서 민족을 초월한다. 바로 그 때문에 교회는 민족들의 경계선을 넘어서 민족들 화해시킬 수 있는 보편성을 가진다. 자본주의가 세계에로 팽창하여 세계를 장악하니, 이에 맞서서 공산주의가 세계혁명을 외쳤으나, 둘 다 세계의 지배자, 보편자가 되지 못한 것이다. 양자는 늘 상대적이므로 붙어 있을 것같다. 오로지 하나님나라 새 사람의 주제가 양자를 넘어서는 보편자이다. 교회는 양자에 대하여 새롭게 선교해야 한다. 교회선교는 양자의 전경—Frontier— 에 서서 양자로 하여금 하나님 나라, 새 사람이 나타나는 날, 마지막날까지 역사를 변혁하면서 '행진하도록 세계 민족들에게 선포' 해야 할 것이다.

이상의 진술이 피고의 동경강연의 신학적 보충설명입니다. 동경강연시 시간의 제한상 충분한 설명이 제시되지 못했으나, 거기서부터 주체사상, 수령찬양이라는 귀결은 이끌어질 수 없습니다. 피고는 어디까지나 신학자이며, 신학과 민족 혹은 기독교와 민족의 접목에 관심해온 것입니다.

범민족대회, 범민련준비위 관계(공소장 1~45면 첫 줄)에 대한 진술은 법정에서 구두로 말씀드리겠습니다.

이상 사실에 진술하였습니다.

    1991. 10. 23.

            위 진술자 박순경
      위 본인의 무인임을 증명함 교도 박상옥

변론요지서

피고인 박순경

위 사건에 관하여 피고인의 변호인들은 다음과 같이 변론합니다.

다 음

1. 박순경 교수에 대한 공소사실의 요지는,

가. 박교수가 1991. 1. 10 반국가단체인 북한공산집단의 활동에 동조하여 이를 이롭게 하는 행위를 할 것을 목적으로 하는 단체인 '범민련 남측본부 준비위원회'를 구성하고,

나. 같은 해 7. 9.부터 7. 12. 사이에 일본 동경에서 열린 재일대한기독교총회 평화통일위원회 주최 '제2차 조국의 평화통일과 기독교 선교에 관한 기독자 동경회의' 2일째인 7. 10.에 '기독교와 민족통일의 전망'이라는 제하의 주제강연을 함으로써 반국가단체인 북한공산집단의 대남적화 선전, 선동활동에 동조하여 이를 이롭게 하였다는 것입니다.

2. 북한공산집단은 반국가단체인가

이건 공소는 북한공산집단이 반국가단체라는 대전제 아래 그에 대한 찬양 또는 동조를 범죄로 보는 듯합니다.
따라서 북한 당국이 과연 '반국가단체' 인지를 우선 검토해보기로 하겠습니다.

가. 국가보안법 제2조 제1항에 보면 '반국가단체' 라 함은 '정부를 참칭하거나 국가를 변란할 목적으로 하는 국내외의 결사 또는 집단' 을 말하는 바, 북한당국이 그와 같은 '반국가단체' 의 요건에 해당하는지를 따지기 위해서는 먼저 정부가 북한을 '반국가단체' 로 보고 있는지를 살펴볼 필요가 있습니다.

8·15 해방 이후 남한정부의 대북한정책은, 1)적대관계(자유당정권 수립에서 7·4성명 전까지), 2)선의의 경쟁관계(7·4공동성명, 6·23선언), 3)선의의 동반자관계(7·7선언) 4) 묵시적 내지 명시적 국가승인 단계(유엔 남북 동시가입)로 크게 변천되어왔습니다.

그런 가운데 한국측의 실정법이나 정책의 내용은 이미 북한당국이 반국가단체가 아니라는 전제를 반복하여 확인 또는 수용하였습니다.

(1) 한국헌법 제4조는 '평화적 통일' 을 강조하고 있으며 역대 정권도 이승만 정권의 북진통일정책을 제외하고는 한결같이 평화통일을 통일정책의 기조로 삼았습니다.

이와 같은 평화통일조항은 북한당국을 반국가단체로 보지 않는다는 정책의지의 확인이라 하겠습니다. 무릇 반국가단체는 정부가 무력을 행사하더라도 이를 토벌, 궤멸시켜야 할 책무가 있습니다. 그러므로 북한당국이 반국가단체라면 무력통일 또는 흡수통일이 아닌 평화통일은 도저히 용인될 수가 없습니다. 결국 북한당국이 반국가단체라는 주장은 헌법상의 평화통일 조항에도 어긋납니다.

(2) 박정희 대통령은 1) 1970년 8·15 경축사에서 남북간의 선의의 경쟁

과 평화통일 구상을 발표하였고, 2) 1972년의 7·4남북공동성명에서 자주·평화·민족대단결의 3대원칙에 입각한 평화통일을 천명하였습니다.

남과 북의 정권이 서로 특사를 교환하면서 협의하고 합의하여 공동성명을 냈다는 것, 그 내용이 앞서 본 북한당국의 반국가성을 고집해가지고는 설명할 수 없는 평화와 민족대단결의 원칙에 입각한 통일이었을 뿐 아니라 남북이 대등한 지위에서 성명이 나온 점을 주목해야 합니다.

또한 그 성명에서는 상호비방의 금지, 군사충돌의 방지 그리고 교류의 증진이라는 항목이 있는 바, 북한이 반국가단체라면 그런 항목은 한국정부로서는 도저히 합의될 수 없는 사안이었습니다.

(3) 1973년의 '6·23 평화통일외교정책선언'에서 남북한의 유엔 동시가입, 상호 내정불간섭, 호혜평등, 대화계속을 제안했습니다.

반국가단체를 상대로 유엔에 동시가입하자든가 내정을 서로 간섭하지 말자든가 또는 호혜평등을 제안할 수는 없는 것인즉, 그것은 어디까지나 북한당국의 실체를 반국가단체와는 다른 국가 또는 정부로 인정한다는 전제 위에서만 가능한 일이었습니다.

(4) 노대통령은 1988년의 '7·7선언'에서 한 민족·두 체제라는 실체를 수용하여 남북관계를 적대관계가 아닌 동반자관계로 보며, 북한을 민족공동체의 일원으로 생각하여 교류와 교역으로 도와주어야 한다고 하였습니다.

동반관계를 바탕으로 한 '민족공동체'와 소탕의 대상이어야 할 '반국가단체'는 양립할 수 없는 개념일진대 위의 선언은 북한당국을 '반국가단체'라고 보던 왕년의 전제를 다시 한번 부정한 것이라고 보기에 충분합니다.

(5) 또한 현정권은 1989. 9. 11. 발표한 '한민족공동체통일방안'에서 통일에 이르는 중간단계로서 '남북연합'을 형성하고 남북정상회의라는 최고결정기구와 남북각료회의 등을 두자고 제의했습니다.

'연합'이나 '정상회의', '각료회의'는 반국가단체가 아닌 국가 또는 정부라는 실체를 상대로 해서만 가능하므로 여기서도 북한당국의 실체를 '조선민주주의인민공화국'이라는 국가 내지 정부로 인정하고 있는 것입니다.

(6) 남·북한은 1991. 9. 17. 유엔에 동시 가입하였습니다. 이로써 국가 존재형식의 정통성 시비는 소멸되었으며 상호간의 묵시적 승인에서 명시적인 승인으로 발전한 것으로 보는 견해가 유력합니다. 그 이유는 1) '국가'만이 유엔 회원국이 될 수 있으며 2) 남북한 상호간에는 국제법의 일반원칙에 따라 주권평등의 원칙이 적용되기 때문입니다.

다시 생각건대, 유엔헌장 제4조에는 회원국의 자격을 '평화애호국'으로 규정하고 있음으로써 남북한의 유엔 동시가입은 북한도 '평화애호국'으로 인정을 받은 것이며 또한 분쟁의 평화적 해결 및 무력 불사용의 원칙을 수락한 것으로 보아야 합니다.

그렇다면 북한 당국을 더 이상 국가를 변란할 목적으로 조직된 반국가단체라고 주장할 근거가 없어지게 된 셈입니다. 아울러 남한정부가 한반도내의 유일 합법정부론―뒤집어 말해서, 북한 당국이 반국가적 불법집단이라는 주장―의 근거로 내세웠던 1948. 12. 12.자 유엔총회 결의 제195호 3항이나 북한을 '침략자'로 규정한 1950년 6·25 직후의 유엔결의는 북한의 유엔가입으로 사실상 효력을 상실하게 되었습니다.

남북이 유엔에 가입한 직후인 같은 해 9월 24일 노대통령은 유엔총회 연설에서 "……우리의 형제 조선민주주의인민공화국도 회원이 되어 진심으로 축하한다"고 말하였습니다. 만일 북한당국이 반국가단체라면 위의 연설도 "반국가단체가 우리와 함께 유엔에 가입한 것을 기쁘게 생각한다"는 말이 되는데 그런 해석은 남한의 정부나 노대통령을 모독하는 결과가 됩니다.

따라서 북한 당국은 현행 한국의 헌법이나 정부의 정책표명 및 그 실천내용에 비추어보더라도 국가보안법상의 반국가단체로 볼 수 없습니다.

3. 국가보안법에 대하여
가. 현행 국가보안법에 대하여는 오래 전부터 그 제정, 개정경위에 있어 그리고 형법상 죄형법정주의와 유추해석 금지의 원칙과 관련하여 그 위헌

성과 정당성에 대한 논란이 계속되어왔습니다. 이러한 굴절 속에 헌법재판소가 일응 한정합헌결정을 하였으나 여전히 그 정당성에 대하여는 의문이 제기되고 있으며 또한 시대의 흐름을 전혀 외면한 냉전질서하의 법률이라는 비판을 받고 있는 것으로, 그것이 실정법으로서의 효력을 가진다 하여도 그 적용 등에 있어 최대한의 비판적 시각을 필요로 한다 할 것입니다.

나. 이러한 맥락하에서 헌법재판소에서도(한정적으로나마) 국가보안법의 위헌적 적용을 염려하여, 자유민주적 기본질서를 해한다는 전제에서 그 가벌성을 승인한 바 있습니다.

그러나 이 사건에서 피고인의 행위는 후에 상술하듯이 전혀 자유민주적 기본질서를 해하려 목적하지도, 해하지도 아니하였습니다.

4. 범민련에 관련하여

가. '범민련 남측본부 준비위'가 이적단체라는 공소장의 주장에 대하여
범민련 남측본부 준비위는 민간부문에서 통일논의를 촉진하고, 보탬이 되기 위한 노력의 일환으로 전민련 범민족대회 추진본부(범추련)가 중심되어 추진된 것으로
첫째, 북한 또는 북한내 단체의 뜻을 일방적으로 지시, 수용받는 관계가 전혀 아니며
둘째, 준비위의 취지에 남한내의 기본질서를 해하려는 어떤 내용도 없는 것입니다.
공소장에서는 '북한공산집단의 대남적화 선전, 선동활동에 동조'(공소장 9쪽) '미국과 대한민국정부를 타도하기 위한 범민련 결성'(공소장 12쪽)이라는 규정을 하고 있으나 공소장내의 이러한 규정을 뒷받침할 만한 아무런 근거가 있지 아니합니다.

나. 범민련 관련부분에 대하여는 이건 구속 이전에 이미 수사가 종결된

부분입니다. 피고인은 1991. 3. 2. 국가안전기획부 소속 수사관으로부터 공소 외 홍근수 목사에 대한 수사와 관련하여 조사를 받았으며 이때 자신과 관련된 모든 사실을 진술한 바 있는데 당시 아무런 문제가 없는 것으로 입건조차 하지 않았던 것인데 그로부터 5개월이 넘은 시점에서 이건 수사, 공소제기를 한 것은 공소권의 남용이라 할 것입니다.

5. 공소사실 제2항(동경 강연)과 관련하여

가. 피고인이 강연을 한 재일대한기독교총회는 재일교포 기독교인들로 구성된 범교파를 포괄하고 있는 단체로 조국의 평화통일에 관심을 가지고, 이에 도움을 주고자 '조국의 평화통일과 (북한에 대한) 기독교 선교'를 위한 회의를 2차에 걸쳐 주최하여왔고, 이 회의에서 다양한 견해를 논의하고자 피고인에게 강연을 요청하여왔고, 피고인도 이를 응락하였던 것입니다.

나. 피고인은 이 강연에서
첫째 선교신학적 입장을 견지하였고,
둘째 기독교도로서 화해와 이해를 전제로 북한을 바라보아야 한다는 신앙인의 자세로,
셋째 북한선교를 위해서 필수적인 북한이해에 대한 견해를 밝힌 것으로, 피고인이 이곳에서 북한의 체제나 사상(주체사상)을 유일사상 체계로 받아들일 것을 주장하거나 한 바는 전혀 없는 것입니다.

다. 주체사상에 대하여 피고인은 기독교와 무신론 또는 공산주의의 대화라는 기독교 역사에 있어서 매우 오래되고 주요한 주제를 다루는 자세로 북한을 이해하고 북한에서 선교활동을 하기 위해서는
첫째 주체사상에 대한 이해가 필수적이고,
둘째 이를 위해 주체사상과 기독교가 대화를 하여야 하며,
셋째 주체사상은 북한이라는 특수상황을 전제로 이해되어야 한다는 기

본틀 아래 논의를 전개한 것입니다.

라. 이러한 맥락하에서 피고인이 강연한 내용을 살펴본다면, 그 강연이 북한을 이롭게 하고 남한을 해롭게 할 목적으로 행한 것이 아님을 알 수 있으며, 개개 내용에 대하여도 공판과정에서 모두 설명된 바 있습니다.

6. 피고인에 대한 정상

가. 피고인은 현재 만 68세가 넘은 고령으로 그 건강상태 또한 극히 좋지 않은 상태입니다. 피고인은 젊은 시절 늑막염을 심하게 앓은 이후 건강을 해쳐 항상 허약한 상태에 있어온 데다, 노령에 이르러 여러가지 지병에 시달려오고 있는 상태입니다. 피고인은 수년 전부터 천식증세에 시달려오고 있으며 이를 치료받기 위해 항상 병원진료(김영덕내과의원)를 받아오던 형편이었으며, 그외 백내장 증세와 소화기계통의 각종 증세에 시달려오고 있습니다. 이러한 허약하고 여러가지 지병을 안고 있는 상태에서 구속수감생활을 하는 것은 고령으로 인해 지병 등이 치명적인 상태로 악화될 우려가 크다할 것으로 피고인 스스로 수감생활로 인해 천식과 백내장이 악화되고 있음을 느낀다는 것을 변호인에게 계속 호소하고 있으며, 경찰과 검찰조사시에도 고통을 호소하여 수사가 수차례 중단된 사례가 있습니다.

나. 피고인은 자신의 학문연구를 마무리하여 이를 후학에게 물려주는 작업중에 있습니다.

피고인은 이화여자대학교 교수직에서 정년퇴임한 이후, 현재의 목원대 교수직에 있으면서 기력이 있을 동안 자신이 평생 동안 연구한 성과를 집대성하기 위한 작업을 하여오던 중 이건 구속에 이르게 된 것인바, 구속상태가 계속될 경우 이와 같은 연구작업의 중단은 물론 건강의 악화로 인해 영영 작업의 계속이 불가능한 상태에 이를 우려가 크다 할 것이고, 이럴 경우, 이는 피고인 개인의 불행에 그치지 않고 전체 학문발전에도 돌이킬 수 없는 손실이라 할 것입니다.

다. 피고인의 이건 행위는 정치적 목적에 의해 이루어진 것이 아닙니다.
앞서 기술한 바와 같이 피고인은 평생 신학연구에만 몰두해왔으며 그 관심은 북한주민에의 선교사업에 미쳐 있습니다. 피고인은 북한을 선교대상의 하나로 너무나 중요하고 빼놓아서는 안되며 북한지역에서의 선교가 가능하기 위하여는 북한자체의 이해가 필수불가결하다는 신앙인으로서의 자세를 한시도 잃지 않았으며 피고인의 이건 행위는 이러한 맥락에서 이해되어야 할 것입니다.

라. 피고인은 향후 정치적인 고려대상이 되는 모든 행동을 더 이상 취하지 않겠다는 결심을 하고 있습니다.
피고인은 고령 등으로 금년초부터 학문연구에 필요한 활동 이외에 다른 활동을 줄여나가고 있었고, 궁극적으로는 목원대 교수직과 학문교류를 위한 활동만을 하려는 상황에서 이건 구속에 이른 것입니다. 석방될 경우 이건 공소사실을 이루고 있는 행위와 유사한 성격의 행위는 일체 중단할 것을 수사과정에서 밝힌 바 있습니다.

1991. 11.

피고인의 변호인
변호사 한승헌
변호사 홍성우
변호사 강철선
변호사 백승헌

서울형사지방법원 제24부 귀중

서 울 형 사 지 방 법 원
제 24부

판 결

사　　건　　91고합 1547 국가보안법위반

피 고 인　　박순경朴淳敬 교수
　　　　　　1923. 7. 14. (△△△△△△-△△△△△△)
주　　거　　안양시 관양동 1396의 1 현대아파트 8동 401호
본　　적　　△△△△△△
검　　사　　조영수
변 호 인　　변호사 홍성우, 백승헌, 강철선, 한승헌

주　　문　　피고인을 징역 1년 6월 및 자격정지 1년 6월에 처한다.
　이 판결 선고 전의 구금일수 중 100일을 위 징역형에 산입한다. 다만, 이 판결 확정일로부터 2년간 위 징역형의 집행을 유예한다.

이　　유
범죄사실　　피고인은 대전 중구 목동 24 소재 목원대학의 초빙교수로 재직중인 신학자로서,

　1989. 1. 21. 연세대학교 대강당에서 개최된 전국민족민주운동연합(약칭 전민련) 결성대회에서 전민련 조국통일위원회 명의로 북한 조국평화통일위원회에 대하여 동년 3. 1. 12:00 판문점 평화의 집에서 남북 각 10인 이내의 대표가 만나 남북한 민간차원의 교류를 위한 준비회담을 갖자고

제안하는 내용의 '범민족대회 개최를 위한 예비 실무회담 제안서'를 발표하고, 조국통일위원회 주관으로 범민족대회를 추진하기로 결정된 후, 동년 2. 경 전민련 조국통일위원회 위원으로 피선되어

　동년 2. 15. 09:30경 서울 중구 삼각동 28의 1 소재 전민련사무실에서 조국통일위원회 위원장 공소 외 이재오가 기자회견을 개최하여 '범민족대회 예비회의 대표단 및 회의의제 발표에 즈음하여' 제하 성명서를 발표하면서 3. 1. 12:00 판문점에서 범민족대회 예비회의를 개최할 것을 재천명하고 범민족 대회의 의제로서

　- 범민족대회 대표단 구성 및 해외동포 참가문제
　- 범민족대회 행사내용, 형식, 일정
　- 범민족대회 대표단을 분과별로 나누어 범민족대회를 갖는 문제, 회의 내용, 형식, 일정 등
　- 본회의 및 범민족대회 준비를 위한 예비회담과 대표들의 남북 상호방문시 신변보장 문제
　- 남북한 민간교류의 전면 자유화 및 민간차원 각종 행사의 정례화 문제
　- 조국의 평화와 통일에 관한 문제 등을 제안함과 아울러

범민족대회 전민련측 예비회의 대표로서

　단장에 오충일, 지도위원에 계훈제, 박형규, 농민대표에 정성현, 학계대표에 피고인, 문화예술계대표에 김규동, 불교대표에 법성, 지역대표에 한상열 등 10명의 명단을 발표하는 등 범민족대회를 추진하던 중

　동년 2. 20. 10:30경 국토통일원을 방문한 공소 외 이재오 등에게 이홍구 장관이

　- 제6공화국 출범 이후 정부는 민주화, 개방화를 위해 적극 노력해오고 있으나, 대북관계에 있어 정치적 성향을 띤 접촉, 교류관계는 신중히 검토 대처해야 할 것이고,

　- 범민족대회는 전체적인 남북관계 개선에 도움이 되는지 여부, 대화와 대결이라는 이중구조 속에서 국가안보를 감안하여 신중히 다루어야 할 것이며 국민적 합의에 부합되는지 여부도 고려하여야 할 것이고,

— 범민족대회는 현단계에서는 적절치 못하며, 특히 북한측이 팀스피리트 훈련을 구실로 기존의 대화채널을 거부하면서 전민련, 정당, 사회단체 등과 개별적으로 협상하겠다는 것은 통일전선 전략을 구사하는 것이다.

라는 등 범민족대회 재고 요청 및 강행시 불허 방침을 통보하였고,

동년 2. 28. 전민련의 위 범민족대회 추진과 관련하여 정부 대변인이

— 북한측이 팀스피리트 훈련을 구실삼아 남북 국회회담과 적십자회담 마저 거부하면서 전민련을 상대로 한 회담을 추진하겠다고 하는 것은 그들이 진정 남북관계를 개선하겠다는 의지가 있는지를 근본적으로 의심케 하는 것이다.

— 전민련이 통일문제와 같은 중대사를 북한측과 독단적으로 논의하겠다는 것은 민주주의 기본원칙에도 위배되는 것일 뿐만 아니라, 북한 노동당 직속단체인 '조국평화 통일위원회'와 범민족대회를 추진하는 것은 결국 북한의 대남 교란 전략을 부추기는 결과만을 초래하게 될 것이므로 즉각 중지해야 한다.

— 정부는 앞으로 전민련을 비롯한 어떠한 단체도 정부와 협의 없이 일방적으로 북한측과 접촉하고자 하는 활동은 결코 용납하지 않을 방침임을 명백히 밝혀둔다.

는 내용의 위 회담중지 촉구성명을 발표하였음에도 불구하고

동년 3. 1. 10:00경 위 전민련사무실 앞에서 범민족대회 예비회의를 위해 북한 조국평화통일위원회 예비회의 대표 윤기복 등 10명과 회합할 목적으로 45인승 전세버스에 공소 외 이재오, 동 오충일, 동 박형규, 동 백기완, 동 계훈제, 동 이소선, 동 권형택, 동 이종린, 동 홍근수, 동 한상렬, 동 이규영, 동 전창일 등 27명과 함께 승차, 동 버스 앞면 유리에 '범민족대회'라고 써붙이고, 앞 범퍼 위에는 '범민족대회 예비회의 대표단'이라고 쓴 플래카드 1장, 좌측에는 '민족대단결로 조국통일 앞당기자'라고 쓴 플래카드 1장을 각 부착하고 출발하여 을지로입구, 시청, 사직터널, 불광동을 거쳐 회담장소인 판문점으로 가던 중, 동일 11:07경 경기 파주군 벽제읍 내유리 소재 700문 검문소에서 관할 파주 경찰서장으로부터 제지를 받

자 탑승자들이 '조국통일 가로막는 현정권 및 미국은 물러가라'는 등의 구호를 제창하면서 차량 밖으로 확성기를 내어걸고 대회사, 기념사, 성명서를 낭독하는 등의 활동에 가담하고, 1990. 7. 4.과 1991. 8. 3. 등 2회에 걸쳐 조국통일 범민족대회추진본부(약칭 범추본) 고문으로 선정되어 활동하여온 사실이 있는 바,

　북한 공산집단은 정부를 참칭하고 국가를 변란할 목적으로 불법조직된 반국가단체로서 대한민국의 국론을 분열시키고 사회혼란을 야기하여 결정적 시기를 포착, 대남적화 통일을 이룬다는 기본목표하에, 대한민국의 현실에 대하여 남조선은 미제국주의의 강점하에서 그들이 내세운 군사파쇼 정권을 통하여 철저히 종속된 식민지이므로 조국의 자주적 통일과 인민해방을 위해서는 남조선에서 미제국주의 침략자들과 파쇼정권을 폭력으로 타도함으로써 인민민주주의 혁명을 이룩하여야 한다는 전략 아래, 이를 위하여 그들의 이른바 통일전선 전술에 따라 노동자, 농민 등 피지배계급을 축으로 청년학생, 지식인, 도시 소부르조아, 민족자본가 등 조국의 분열과 미제국주의의 식민지 통치에 의하여 고통받고 있는 모든 애국적 역량을 망라한 반미구국통일전선을 구축하여 조선인민의 주되는 원수인 미제국주의를 반대하는 투쟁을 하여야 한다고 주장하면서 우리 정부당국을 배제한 채 소위 전국대학생대표자협의회(약칭 전대협)를 대남교섭 창구로 선정하여 제13차 세계청년학생 축전에 초청하고 전국민족민주운동연합과의 범민족대회, 전대협 등 재야 운동권과의 '한반도 통일을 위한 국제평화대행진' 등을 추진하는 한편 대한민국과는 불가침선언만을 하고, 미국과는 기존의 정전협정 대신 평화협정을 체결, 미군의 대한민국내 주둔의 명분을 없애 대남적화의 최대장애인 미군을 철수시킬 목적으로 미제국주의는 두 개의 조선 조작책동으로 우리 민족의 영구분단을 고착화하고 있다고 모략하면서 고려연방제 통일방안을 내세워 그 선결조건으로 남조선의 반공정권 퇴진 및 연공정권 수립, 반공정책과 국가보안법 폐지, 남북 불가침선언, 북한과 미국과의 평화협정 체결 등을 끊임없이 선전, 선동하면서 위장평화 공세를 전개하고 있다는 사실,

북한의 조국평화 통일위원회(약칭 조평통)는 북한공산집단 스스로가 "조선로동당의 영도밑에 북한의 사회주의 역량과 남조선 각계각층 애국적 민주주의 역량을 단합하여 나라의 자주와 통일을 실현하기 위하여 북한의 정당, 사회단체들과 각 계층 인사들을 망라하여 조직된 사회단체"라고 천명하면서 1961. 5. 이래 우리 사회의 각계각층 인사 및 해외동포를 대상으로 통일실현투쟁 고취를 위한 선전활동을 전개하고 노동당의 통일문제, 남북대화와 관련한 북측입장을 대변, 옹호, 지지하며 우리의 통일방안이나 대북정책을 왜곡하거나 비난을 일삼고 있는 북한 노동당의 외곽단체라는 사실 등을 알고 있음에도 불구하고,

  1. 전민련 상임의장 겸 범추본 공동본부장인 공소 외 이창복, 전민련 사무처장 겸 범추본 정책기획실장인 공소 외 김희택, 전민련 조국통일위원회 국장 겸 범추본 사무처장 대행인 권형택, 한국기독교장로회 향린교회 담임목사인 공소 외 홍근수 등과 공모하여

  1990. 12. 14. 14:00경 서울 중구 명동 소재 전진상교육관에서 위 이창복, 위 김희택, 위 권형택 등 40여 명이 모인 가운데 '범민족대회 추진본부 제6차 대표자회의'를 개최하여 동년 11. 9. 독일 베르린시 시청에서 북측 범추본 대표 전금철(북한 조국평화통일위원회 부위원장), 해외 범추본대표 정규명, 남측추진본부 대표 조용술, 이해학, 조성우 등이 회합, 개최한 '조국의 평화와 통일을 위한 범민족통일운동기구 결성 3차 실무회담'에서 합의 결정한 소위 '베르린 3자 실무회담 공동선언문' 제하

  - 범민련은 한반도의 평화보장을 위하여 외국군 철수, 핵무기 철거, 군비무력의 상호감축, 휴전협정의 평화협정으로의 대체, 정치적 장벽이 되고 있는 국가보안법 철폐, 물리적 장벽의 철거를 통한 남북간 자유왕래와 전면개방 실현을 위해 투쟁할 것이며

  - 이 기회에 남북 양 당국에 유엔 분리가입 반대와 불가침 선언을 강력하게 촉구한다.

  는 내용의 북한공산집단의 대남적화 선전·선동활동에 동조하는 공동선언문과 합의사항 등을 추인하는 동시에 1991. 1. 말까지 조국통일범민

족연합(약칭 범민련)의 결성을 위한 준비위원회를 구성하기로 합의하고 1991. 1. 5. 10:00경 전민련 사무실에서 개최된 '범추본 공동본부장, 집행위원 연석회의'에서 '범민련 남측본부 결성준비 소위원회'를 구성하고 피고인을 비롯하여 공소 외 이창복, 동 권형택, 동 전창일, 동 김희선 등이 동 위원으로 선임된 후 그시경 위 소위원회에서 같은 달 10. 개최될 범민련 남측본부 준비위원회 구성을 위한 범추본 대표자회의 상정안건으로서 공소 외 문익환을 동 위원장으로, 위 이창복을 실행위원장으로 하고, 각 부문과 지역단위로 20여 명의 실행위원을 두며 준비위원은 200여 명으로 하기로 하는 등의 논의결정 사항에 따라 동년 1. 10. 14:00경 위 전진상 교육관에서 피고인을 비롯하여 공소 외 이창복, 동 계훈제, 동 강희남, 동 문익환, 동 신창균, 동 이규영, 동 김희선, 동 김희택, 동 권형택, 동 전창일, 동 이범영 등 60여 명이 모인 가운데 개최된 '범추본 제7차 대표자회의'에 173명의 준비위원과 20인 내외의 실행위원을 두고 준비위원장에 위 문익환, 실행위원장에 위 이창복을 각 선출키로 하는 등 '범민련 남측본부 결성 준비위원회' 구성원칙을 합의하고

동년 1. 23. 14:30경 서울 중구 을지로 2가 소재 향린교회에서 피고인을 비롯하여 공소 외 이창복, 동 김희택, 동 권형택, 동 김희선, 동 계훈제, 동 신창균, 동 전창일, 동 윤영규, 동 진관 등 60여 명이 참석한 가운데 '범민련 남측본부 준비위원회 결성 및 1차회의'를 개최하고, 개최선언, 민중의례, 위 김희선의 경과보고 등에 이어 동인이 초안한 '범민련 남측본부 준비위원회 내규'를 만장일치로 통과시킨 다음 준비위원장에 문익환, 준비부위원장에 피고인을 비롯하여 공소 외 계훈제, 동 윤영규, 동 김종식, 동 권종대, 준비위원에 공소 외 홍근수, 동 이창복, 동 조용술, 동 이해학, 동 김희택, 동 김희선, 동 정광훈, 동 최종진, 동 양연수, 동 고광석, 동 노수희, 동 김승호, 동 오용호, 동 이영술, 동 이우정, 동 지선, 동 진관, 동 전창일, 동 윤정석, 동 한상렬 등 144명, 실행위원에 공소 외 최종진, 동 고광석, 동 오용호, 동 이효제, 동 이범영, 동 지선, 동 전창일, 동 김희선, 동 김쾌상 등 12명을 선출하고, 준비위원회 확대강화사업, 각 지역 범민련 지

부 조직 사업, 범민련 선전 교양 사업 등을 의제로 채택, 이는 실행위원회에서 결정토록 합의한 후 범민련 출범의 의의와 기본강령을 합리화하고 미국과 대한민국 정부를 파쇼적 반통일 세력으로 매도하면서 현정부를 타도하기 위한 범민련 남측본부 결성과 1995년을 통일원년으로 하는 조국통일 투쟁에 4천만 민중이 동참할 것을 호소하는 내용의 '조국통일 범민족연합 남측본부 참여 제안서'를 위 홍근수가 낭독하고 '범민련은 미국과 현정권의 가혹한 탄압 속에서 동지들의 피어린 투쟁으로 이루어냈다. 우리는 조속히 범민련 남측본부를 결성하여 남북 해외동포의 강철같은 단결대오를 이루어내는 데 총매진하여야 한다'는 취지의 '범민련의 깃발 아래 조국통일 앞당기자' 제하 결의문을 피고인이 낭독한 후 이를 각 박수로써 채택하는 한편 '범민련은 조국통일'이라는 민족지상의 과제를 실현하기 위하여 남북, 해외 모든 통일 지향세력이 사상과 이념, 정견과 신앙의 차이를 초월해 함께 참여하는 전민족적 통일 전선체이다. 미국과 현정부는 비록 남북 고위급 회담, 통일음악제 등 제한된 남북교류를 시도하고 있으나 이는 결국 미국과 현정부의 반통일성을 은폐하고 창구 단일화 논리를 강화, 영구적인 분단상태로 나아가려는 의도에서 비롯된 것이다. 결국 미제국주의와 우리 민족간의 일대 격돌은 충분히 예견될 수 있을 것이며 이에 대비한 '전민족적 통일전선의 확보는 결코 늦출 수 없는 과제이다'는 내용의 '범민련 결성의 성격과 의의' 제하 유인물을 참석자들에게 배포하는 등 국가의 존립·안전이나 자유민주적 기본질서를 위태롭게 한다는 정을 알면서 반국가단체인 북한공산집단의 활동에 동조하여 이를 이롭게 하는 행위를 할 것을 목적으로 하는 단체인 '범민련 남측본부 준비위원회'를 구성하고

 2. 1991. 1. 25. 11:00경 전민련 사무실에서 공소 외 김쾌상, 동 전창일, 동 홍근수 등 15명과 함께 범민련 남측본부 준비위원회 실행위원회 1차 회의를 개최하여, 실행위원장으로 이창복, 부실행위원장으로 김희선, 김쾌상, 조직위원장으로 전창일, 정책기획위원장으로 홍근수, 재정위원장으로 이관복 등을 선출하고, 매주 목요일 11:00회의를 정례화하기로 결정하고,

동년 6. 19. 09:00경 서울 중구 정동 소재 세실 레스토랑에서 범민련 남측본부준비위원회 주관으로 피고인을 비롯하여 공소 외 이관복, 동 김쾌상, 동 배다지, 동 조용술, 동 신창균, 동 진관 등이 참석한 가운데 기자회견을 개최하여
　- 6. 29.부터 6. 30.까지 독일 베를린에서 남·북·해외대표가 참가하는 범민족대회 제1차 준비회의를 하고
　- 범민련 남측본부 준비위원회에서는 준비위원장 대행 강희남을 대표단장으로, 준비위원 문정현, 실행위원 배다지, 실행위원 한철수 등을 대표로 파견할 계획이며
　- 의제는 8. 12.부터 8. 18.까지 서울에서 열리는 범민족대회의 세부일정, 운영방법 등이 될 것이다.
　라는 내용을 발표하는 등으로 활동해오던 중
　동년 7. 8. 08:45경 일본으로 출국하여 동년 7. 9.부터 7. 12.까지 사이에 동경 소재 재일 한국 와이.엠.시.에이(YMCA)에서 대한예수교장로회 총회 북한전도대책위원회 위원장인 공소 외 이광식 목사, 한국기독교산업개발원 원장인 공소 외 조승혁 목사, 대한예수교장로회 총회 북한전도대책위원회 서기인 공소 외 이형우 목사 등 남한측 인사 30여 명과 소위 조국통일 북미주협회 대표로 활동하는 로스앤젤레스 선한사마리아인 교회의 담임목사인 공소 외 홍동근 등 해외교포 30여 명을 비롯하여 북한조선기독교도 연맹 중앙위원회 서기장 공소 외 고기준, 동 연맹 평양시위원회 선전부장 공소 외 김철민, 동 연맹 평양시위원회 부위원장 공소 외 김운봉, 동 연맹 중앙위원회 국제부책임지도원 공소 외 김혜숙 등 북한측 4명 등 모두 60여 명이 참석한 가운데 재일대한기독교총회 산하 평화통일위원회 주최로 개최된 제2차 조국의 평화통일과 기독교선교에 관한 기독자 동경회의에 참석하여 7. 10. 제2일째 회의에서 '기독교와 민족통일의 전망' 제하의 주제강연을 하면서
　- 반공기독교는 본래 미국을 비롯한 자본주의 서양의 세계지배와 팽창세력과 유착한 서양 기독교 선교의 유산이며 바로 우리 민족의 분단의 종

교적 이데올로기이다. 바로 그러한 기독교가 반공·반통일 세력으로서 작용해온 것이다.

— 한국기독교는 대체로 미국의 식모살이, 즉 신식민주의적 예속을 복음의 자유와 은혜라고 여겨온 것이다. 한국기독교-이승만 반공정권은 미국의 반공강화 정책과 완전히 합일했고 민족모순, 즉 민족의 예속성, 즉 자주성 상실이라는 자가당착은 그와 같이 한국전쟁 이후 심화되기에 이르렀다. 그러한 상황이 오늘날까지 연속되어왔고 그 때문에 재야 통일운동이 민족해방을 외친다. 한국기독교는 대체로 왜 민족해방이 필요한지조차 모른다. 통일은 바로 그러한 분단 세력들 극복이요, 민족해방을 의미한다.

— 민족복음화는 민족으로 하여금 민족을 사랑하게 하는 것이다. 민족을 사랑한다는 것은 개인을 사랑할 뿐만 아니라 민족사회내의 불의한 구조적 모순 혹은 계급모순, 즉 사회·경제적 불평 등 구조를 극복하고 변혁한다는 것을 의미한다. 사회·경제적 평등화가 바로 남한의 재야 민중운동이 외치는 민중민주주의라는 것이다.

— 주체사상이 주장하는 바 인민공동체를 위한 인간개조 혹은 모택동 시절에 중국이 제창한 새 인간·새 사회도, 현실적으로 북조선과 중국에 어떠한 문제들이 있든간에, 예언자적 선포와 예수의 하나님나라 선포에 상응하는 것으로 해석되어야 한다. 주체사상의 인간개조론은 본래의 마르크스주의를 넘어서는 새로운 주제이다. 그것은 우선 민족사회내에서 실천되어야 할 혁명적 주제, 기독교적 신앙의 협조를 필요로 하는 주제이다. 민족복음화는 민족애의 실천에 의하여 정의로운 사회 실현, 즉 계급모순 극복과 민중이 역사의 주인이 되는 평등한 사회실현을 주제로 삼고 하나님 안에 숨겨 있는 부활의 새 사람의 나타남, 하나님의 자녀들의 나타남을 증언해야 한다.

— 민족해방·통일문제는 바로 민족의 자주적 존립문제요, 동시에 새로운 평등한 민족사회 창출, 즉 민중민주주의 실현이다. 민족해방 혹은 통일과 민중민주주의 실현은 불가분적이다. 민족의 자주적 존립은 민중민주주의 실현의 전제조건이요, 모체이다.

− 세계적 냉전구조 해소에도 불구하고 한반도는 미국의 군사전략에 몰려 있기 때문에 이땅의 냉전구조는 여전히 존속한다. 그럼에도 불구하고 미국과 한국정부는 북조선이 냉전의 고리를 쥐고 있다는 것이다.

미국이 북조선의 핵사찰을 고집하고 압력을 부가하면서도 남한에 배치된 전술핵무기 동시사찰과 철거, 한반도의 비핵지대화, 한반도에서의 미국의 핵사용금지에 대한 북조선의 요구에 대해서 미국은 무엇을 공작하기에 북조선의 핵사찰만을 주장하는가? 왜 남한당국은 민족의 운명을 미·일의 지배전략들에 걸고 있는지?

− 주체사상은 일제 아래서의 항일투쟁사를 배경으로 해서 6·25전쟁의 잿더미와 유혈을 디디고 국제적 세력들과 겨루면서 민족의 자주적 삶을 건설해온 사상이다. 주체사상은 남한에 상당히 유포되어 있는데 정부당국은 보안법이라는 무기로써 주사파를 탄압할 것이 아니라 그것을 용인하고 남한 자체의 민족모순을 극복해나가는 수단으로 원용함이 현명하다.

− 교회는 대체로 주체사상의 수령론을 개인숭배 우상이라고 혹은 독재론이라고 생각해왔다. 우리는 수령론을 다시 생각해볼 필요가 있다. 수령은 우선 첫째로 인민주체들의 공동체를 가능하게 하는 구심점으로서, 말하자면 카톨릭 교회의 교황과 유사하다. 하나님을 올바르게 대리하는 교황은 우상이 아니다.

인민들을 착취 지배하지 않는 수령은 독재가가 아니요 우상이 아니다. 수령의 지도 없이 북조선 인민은 민족의 자주적 생존권을 폐허 위에 건설할 수 없었으리라.

− 그는 국제적 지배세력들과 핵무기의 위협에 마주 서서 전쟁의 폐허 위에 인민의 희생적 노동에 의거하여 민족의 자주적 생존권을 건설해왔다는 점에서 충분한 의의를 갖는다. 피억압 민족의 해방과 생존권 수립은 국제적 지배세력들의 죄악과 핵무기에 대한 저항으로서의 민족적 실체로서 하나님의 정의를 하나님 없이, 즉 무신론의 이름으로 대변해온 것이다.

− 남한에서의 민족·민중해방과 민주·통일운동 탄압의 도구는 보안법인데 이법에 입각한 탄압·공안정국은 남·북의 평화공존 혹은 연합체제

유지에 배치되는 자가당착이요, 결국 보안법은 폐지되어야 할 것이다.

- 북조선의 혁명이념이나 남한내의 민민운동 세력은 싫든 좋든 소련과 동유럽의 변화된 상황과 어느 정도의 보조를 함께하면서, 민족·민중해방과 통일된 새 민족사회 창출을 민주적으로 차근차근 실현해나가고, 미·일과 같은 군사주의, 자본주의 지배세력들을 민족자주적으로 견제하면서 세계의 지배-피지배 구조 극복과 평등한 새로운 세계 경제질서 확립, 즉 민족혁명, 세계변혁을 지향해야 할 것이다.

- 남·북의 평화공존 혹은 체제국가연합은 결코 그 자체로 머물러 있을 수 없으며 단지 연방제 실현에 이르는 과도기적 성격을 가져야 한다. 연방제는 국가연합과 같은 두 독립국가들의 병존이 아니라 두 체제들을 포괄하는 단일한 연방국을 의미한다. 남에로의 북의 흡수통일이 불가능하다면, 연방제 통일이 가장 가능하고 합리적인 방안이다.

- 남은 북의 주체사상, 혁명이념을 배움으로써 정치적 민주주의의 목표가 정치권력 분배나 권력쟁취가 아니라 민족의 평등한 공동체실현이라는 것을, 자유민주주의를 가장한 자본주의적 황금주의와 여기서 초래되는 계급모순을 극복해야 한다는 것을, 미·일과 같은 군사주의, 자본주의 지배세력을 견제하고 민족자주성을 회복하는 민족정신을 되찾는 것을 배워야 한다.

- 평화협정에로의 휴전협정의 전환, 남한의 미군, 핵무기 철수와 한반도 비핵지대화, 남·북의 군비축소, 남한의 반공국시 시정과 보안법폐지 등과 같은 조치들이 조속히 추진되어야 할 것이다.

- 이 시기에 연방제 실현을 위한 법·정치적 준비기구가 구성되어야 할 것이다. 그것은 남·북 각료회의, 남·북의 법조계를 포함한 국회의원-인민위와 정당대표들로 구성되는 평의회, 그리고 남의 재야 민주통일·민중운동대표들과 전대협·종교계·학계·민주통일운동대표들과 북의 인민·종교계·학계·학생대표들과 해외 민주통일운동단체들의 대표들로 구성되는 범민족회의, 즉 3자 협의기구가 설정되어야 할 것이다. 남한 정부는 미·일의 세력들에 의해서 통일의 주도권을 행사하려는 시도를 버려

야 한다. 그래야만 남한 정부의 지금까지의 반통일정책이 용서받을 수 있을 것이다.

- 외롭게 버티는 북조선을 남한은 도와야 한다. 그래야만 민족자주성이 성립된다. 그럼으로써 남한의 자본주의는 새로운 민족적 의의를 획득하게 될 것이니, 즉 자본주의 경제체제를 지배자들에게서부터 탈취하여 통일된 민족공동체 형성에 봉사하는 도구로 만들게 될 것이다. 북조선의 혁명원리는 남한 자본주의의 미래이다.

라는 등의 내용을 발표함으로써,

남한은 미국의 신식민지적 예속하에 사회·경제적 불평등 구조의 계급모순을 안고 있고, 남한정부의 정책은 반통일 정책이라고 비방하는 반면, 주체사상은 항일투쟁사를 배경으로 해서 6·25전쟁의 잿더미와 유혈을 디디고 국제세력들과 겨루면서 민족의 자주적 삶을 건설해온 사상이며, 수령의 지도 없이 북조선 인민은 민족의 자주적 생존권을 건설할 수 없었을 것이라고 찬양하면서 남한내 주사파를 탄압할 것이 아니라 용인하고 남한자체의 민족모순을 극복해나가는 수단으로 원용하여야 한다고 주장하고,

민족해방·통일문제는 민족의 자주적 존립문제인 동시에 민중민주주의 실현이며, 민족복음화는 민족사회내의 계급모순, 즉 사회·경제적 불평등 구조를 극복하고 변혁한다는 것을 의미한다고 하면서 남한의 '한민족 공동체 통일방안'에 대하여 연방제 통일을 배제하는 것으로 남에로의 북의 흡수통일이 아니면 통일을 부정해버리는 것이고, 주한미군 철수와 군축문제가 침묵되어 있으며, 민족의 자주적 존립과 민중의 사회·경제적 평등권과 변혁의 소리가 완전히 배제되어 있다는 것을 문제점으로 지적하는 반면, 연방제통일이 가장 가능하고 합리적인 방안이며, 연방제 실현을 위한 법·정치적 준비기구로서 남북각료회의, 평의회, 남·북·해외교포 사회단체들로 구성되는 범민족회의, 즉 3자 협의기구가 설정되어야 한다라고 북측의 연방제통일방안을 지지하고 정부 대 정부 차원이 아닌 이른바 민중차원의 통일협상·교류를 주장하였으며

또한 남한에서의 민족·민중해방과 민주·통일운동 탄압의 도구인 국가보안법은 폐지되어야 한다고 주장하는 등

국가의 존립, 안전이나 자유민주적 기본질서를 위태롭게 한다는 정을 알면서 반국가단체인 북한공산집단의 대남적화 선전·선동활동에 동조하여 이를 이롭게 한 것이다.

증거의 요지
1. 피고인의 이 법정에서의 판시사실에 부합하는 진술
1. 검사 작성의 피고인에 대한 각 피의자신문조서 중 판시사실에 부합하는 각 진술 기재
1. 검사 작성의 김희택, 이창복에 대한 각 피의자신문조서사본 중 판시사실에 부합하는 각 진술 기재
1. 사법경찰리 작성의 이관복, 전창일에 대한 각 피의자신문조서사본 및 이형우, 이광식, 조승혁에 대한 각 진술조서 중 판시사실에 부합하는 각 진술 기재
1. 수사기록에 편철된 각종 유인물, 자료, 강연문사본 및 책자(85정, 91정, 104정, 142정, 144정, 156정, 159정, 162정, 294정, 314정, 329정, 334정, 339정, 343정, 447정, 448정, 1102정, 1607정, 1608정, 1609정, 1610정, 1611정, 1612정, 1613정, 1614정) 중 판시사실에 부합하는 각 기재

법령의 적용
1. 범죄사실에 대한 해당법조
국가보안법 제7조 제3항, 제1항(판시 제1죄), 제7조 제1항(판시 제2죄)
2. 경합범 가중
형법 제37조 전단, 제38조 제1항 제2호, 제50조(형이 보다 무거운 판시 제1죄에 정한 형에 경합범 가중)
3. 자격정지형 병과
국가보안법 제14조

4. 미결구금일수의 산입

형법 제57조

5. 집행유예

형법 제62조 제1항(초범, 고령인 점, 여성신학자로서 오랫동안 교수직에 종사하면서 학문적 업적을 남긴 점, 여생을 후학양성과 학문연구로 보내겠다고 다짐하고 있는 점)

이상의 이유로 주문과 같이 판결한다.

1991. 11. 22.

재 판 장 판 사 정호영
         판 사 석창목
         판 사 김대영

서 울 고 등 법 원
제 1 형 사 부

판 결

사　　건　　92노 302 국가보안법위반

피 고 인　　박순경
　　　　　　직업　대학초빙교수
　　　　　　주거　안양시 관양동 1369의 1 현대아파트 8동 401호
　　　　　　본적　△△△△△△
항 소 인　　피고인 및 검사
검　　사　　안승규
변 호 인　　변호사 한승헌, 강철선, 홍성우, 백승헌

원심판결　　서울형사지방법원 1991. 11. 22. 선고, 82고합 1547판결

주　　문　　피고인 및 검사의 항소를 각 기각한다.

이　　유
1. 피고인의 상소이유의 요지

가. 판시 제1항에 대하여
　(1) 피고인은 1990. 12. 14. 이 사건 조국통일범민족연합(약칭 범민련) 결성을 위한 준비위원회에 참가하여 5인 부위원장단의 1인으로 피선되기는

하였으나 부위원장으로 활동한 사실이 거의 없고, 그후 위 준비위원회의 구체적인 구성과정에도 참가한 사실이 없음에도 불구하고 피고인이 위 준비위원회에서 활동한 것으로 인정한 원심은 사실을 오인하였고,

(2) 위 범민련의 남측본부준비위원회 주장의 연방제론이 북한의 대남 적화노선이라고 간주할 수 없고, 나아가 남북합의서 작성, 정부의 비핵화 선언 등을 종합하여보면 위 범민련남측본부준비위원회의 주장도 위 내용을 흡수하고 있는 것인바, 여기에 국내 정치적 상황을 고려하여보면 범민련 남측본부준비위원회의 행위를 이적행위라고 볼 수 없음에도 불구하고 범민련 남측본부준비위원회를 이적단체로 본 원심판결은 사실을 오인하여 판결에 영향을 미친 위법이라는 취지이고,

나. 판시 제2항에 대하여
피고인은 판시와 같이 일본에서 '기독교와 민족통일의 전망'이라는 제목으로 강연을 한 사실이 있으나 위 강연은 선교신학적 학술강연으로서 한민족의 평화통일을 위한 선교의 의미와 과제를 제시하면서 참석목사들의 교육을 목적으로 한 것인바, 위 강연서 피고인이 김일성을 긍정적으로 평가하고 수령론을 인정하며, 주체사상을 받아들여야 한다고 한 내용이 있기는 하나 이는 어디까지나 북한선교를 위하여 상대적, 부분적 긍정평가에 지나지 아니하고 그외 나머지 주장들도 남북합의서, 비핵화선언에 포함되어 있었던 것에 지나지 아니함에도 불구하고 피고인의 위 강연내용을 반국가단체의 선전활동에 동조하여 이를 이롭게 한 것으로 본 원심판결은 사실을 오인하여 판결에 영향을 미친 위법이 있고,

다. 가사 그렇지 않다 하더라도 원심이 피고인에 대하여 선고한 형은 피고인의 나이, 직업, 건강상태 등을 고려하여보면 그 형량이 너무 무거워 부당하다는 것이고,

2. 검사의 항소이유의 요지는,

이 사건 범민련의 성격, 피고인의 범민련에서의 지위, 활동내용 등을 종합하여보면, 원심이 피고인에 대하여 선고한 형은 너무 가벼워 부당하다는 것이다.

3. 법원의 판단

가. 원심이 적법히 조사, 채택한 각 증거를 종합하여보면, 피고인이 위 범민련 준비위원회에 참석하여 부위원장의 1인으로 피선된 이래 그 일원으로 활동하면서, 1991. 1. 23. 판시 향린교회에서 개최된 범민련 실행위원장 이창복 등 60여 명이 모인 대회에 참가하여 범민련남측본부준비위원회 결성 및 1차회의를 개최하고 '범민련 결성의 성격과 의의' 라는 제목의 유인물을 배포하는 등 행위를 한 사실이 인정되므로 이점에서 피고인의 위 논지 1. 가. (1)은 이유 없고

나. 다음의 범민련남측본부준비위원회가 이적단체가 아니라는 주장에 대하여 보건대, 구 국가보안법 제7조 제1항 소정의 '반국가단체의 활동에 동조하여 이를 이롭게 하는 행위' 라 함은 그 행위의 내용이 객관적으로 반국가단체의 이익이 될 수 있는 것이라면 이에 해당하고, 정상적인 정신과 상당한 지능상식을 가진 사람이 그 행위가 반국가단체를 이롭게 한다는 것을 인식하거나 또는 이익이 될 수 있다는 미필적인 인식이 있으면 충분하며 그 행위자에게 반국가단체를 이롭게 하려는 목적의식(의욕)을 필요로 하는 것이 아닌 바, 원심이 적법히 조사 채택한 각 증거물을 통합하여보면, 피고인이 소속된 범민족대회남측본부준비위원회는 정부의 승인 등 적법한 절차를 거치지도 아니하고 공소 외 조용술, 이해학, 조성우 등을 베를린으로 보내어 반국가단체의 구성원인 전금철 등과 회합케 하고, 그 회합에서 한국내의 외국군철수, 핵무기철거, 군비·무력의 상호감축, 휴전

협정의 평화협정에로의 대체, 국가보안법의 철폐, 남북 양 당국의 유엔분리가입 반대 등의 내용이 담긴 선언문과 합의문을 작성토록 하고 범민련은 이를 추인한 사실, 또한 이와 같이 범민련 남측본부준비위원회의 구성에 합의한 후, 1991. 1. 23. 판시 향린교회에서 범민련 출범의 의의와 기본강령을 합리화하면서 공소 외 홍근수가 '조국통일 범민련 연합 남측본부 참여 제안서'를 낭독하였는 바, 그 내용은 미국과 대한민국정부를 파쇼적 반통일 세력으로 매도하면서 현정부를 타도하기 위한 범민련 남측본부 결성과 1995년을 통일원년으로 하는 조국통일투쟁에 4천만 민중이 동참할 것으로 호소하는 내용 등인 사실, 이어 위 향린교회에서 피고인이 범민련 깃발 아래 조국통일 앞당기자는 제하의 결의문을 낭독하고, '범민련 결성의 성격과 의의'라는 제목의 유인물을 작성 배포하였는 바, 그 내용은 '민족지상의 과제를 실현하기 위하여 남북, 해외 모든 통일지향세력이 사상과 이념, 정견과 신앙의 차이를 초월해 함께 참여하는 전민족적 통일전선체이다. 미국과 현정부는 비록 남북고위급회담, 통일음악제 등 제한된 남북교류를 시도하고 있으나 이는 결국 미국과 현정부의 반통일성을 은폐하고 창구단일화 논리를 강화, 영구적인 분단의 상태로 나아가려는 의도에서 비롯된 것이다. 결국 미제국주의와 우리 민족간의 일대격돌은 충분히 예견될 수 있을 것이며 이에 대비한 전민족적 통일전선의 확보는 결코 늦출 수 없는 과제이다' 등으로 기재되어 있는 사실을 인정할 수 있다. 그렇다면 피고인의 위 행위는 우리나라가 미국의 제국주의적 지배하에 있고 우리 정부는 분단을 고착화하기 위하여 통일에 역행하는 정책을 펴는 등 반민족적, 반민주적 정권이므로 궁극적으로는 타도되어야 할 대상으로 단정하고, 통일을 위한다는 명목이면 우리 헌법이 규정하고 있는 자유민주적 기본질서와 법률이 규정하고 있는 남북교류에 관한 절차를 무시하고, 어떤 수단과 방법이 동원되더라도 무방하다는 기본인식하에 이루어진 것으로서, 그가 소속한 위 범민련남측본부준비위원회의 결성과정이나 그 수단 방법, 목적과 그 결성에 이르기까지의 일련의 주장내용 등에 비추어 피고인의 행위는 결과적으로 북한의 주장에 동조하여 이를 이롭게 하는 것이라 하겠고, 피고인이 주장하는 내용 중에 우리 정부가 수용한 사항들이 일부 포함되어 있다고 하더라도 피고인에게 결과적으로 북한을 이롭게 한다는 인식이 없었다 할 수 없으며, 따라서 이와 같은 행위를 목적으로 구성된 위 범민련남측본부준비위원회는 이적단체에 해당한다 할 것이므로 피고인의 위 논지 1. 가. (2)도 이유 없다.

다. 피고인의 항소이유 나.에 관하여 보건대, 신앙 및 학문의 자유 등의 권리는 헌법이 보장하는 기본적 권리이기는 하나 그렇다고 무제한한 것은 아니며 헌법의 기본이념인 자유민주적 기본질서에 위해를 가할 위험이 현저한 경우에는 헌법이 보장하는 자유의 한계를 벗어난 것이라 할 것이고, 한편 국가보안법 제7조 제1항 소정의 '반국가단체를 이롭게 하는 행위' 라 함은 그 행위의 내용이 객관적으로 반국가단체의 이익이 될 수 있는 것을 말하는 바, 이 사건에서 피고인이 그 주장과 같이 위 동경에서의 강연이 선교신학적 학술강연이라고는 하나 기록에 있는 피고인이 작성발표한 '기독교와 민족통일의 전망'의 내용을 자세히 살펴보면 '주체사상이 주장하는 바, 인민공동체를 위한 인간개조 혹은 모택동 시절에 중국이 제창한 새 인간, 새 사회도 현실적으로 북조선과 중국에 어떠한 문제들이 있든간에, 예언자적 선포와 예수의 하나님나라 선포에 상응하는 것으로 해석하여야 한다. 주체사상은 일제 아래서의 항일투쟁사를 배경으로 해서 6·25전쟁의 잿더미와 유혈을 디디고 국제적 세력들과 겨루면서 민족의 자주적 삶을 건설해온 사상이다. 주체사상은 남한에 상당히 유포되어 있는데 정부당국은 보안법이라는 무기로써 주사파를 탄압할 것이 아니라 그것을 용인하고 남한 자체의 민족모순을 극복해나가는 수단으로 원용함이 현명하다. 수령론에 관하여 수령은 인민공동체를 가능하게 하는 구심점으로서 말하자면 카톨릭 교회의 교황과 유사하다. 인민들을 착취 지배하지 않는 수령은 독재자가 아니요 우상이 아니다. 수령의 지도 없이 북조선 인민은 민족의 자주적 생존권을 폐허 위에 건설할 수 없었으리라. 남한에서의 민족·민주해방과 민주·통일운동탄압의 도구는 보안법인데 이법에 입각한 탄압·공안정국은 남·북한의 평화공존 혹은 연합체제 유지에 배치되는 자가당착이요, 결국 보안법은 폐지되어야 한다. 남한정부는 미·일의 세력 등에 의해서 통일의 주도권을 행사하려는 시도를 버려야 한다. 그래야만 남한정부의 지금까지의 반통일정책이 용서받을 수 있다. 북조선의 혁명원리는 남한 자본주의의 미래이다' 라는 등의 것인 바, 위 연설내용은 그 서두와 결론 부분에서는 피고인이 주장하는 바와 같은 한민족의 평화통일을 위한 선교의 의미와 과제라고 하여 북한선교를 위한 학술연구의 형식을 띠고 있는 것처럼 보이나 그 내용의 주요한 대부분은 반국가단체인 북한공산집단의 주체사상을 용인하여 받아들이고 수령을 찬양하는 것이고, 반면에 남한정부는 미·일의 식민지배를 받아 반통일정책을 펴고 있다는 등 북한공산집단의 기존 대남선전·선동활동 내용과 동일하거나 더욱 적극적인 내용을 포함하고 있다고 할 것이니, 이와 같은 피고인의 행위는 결국 반국가단체임에 북한공산집단의 위 대남선전·선동활동에 동조하여 이를 이롭게 한 것이라고 충분히 인정할 수 있는바, 그렇다면 고등교육을 받아 놓은 지식수준에 있는 피고인으로서는 그 판시소위가 객관적으로 반국가단체인 북한공산집단을 이롭게 했다는 점을 알았거나 또는 그 이익이 될 수 있다는 미필적 인식이 있었다 할 것이며, 피고인의 위와 같은 행위는 우리의 자유민주적 기본질서에 위해를 가할 위험이 현저하고 헌법이 보장하는 신앙 및 학문의 자유의 한계를 벗어난 것으로서 국가보안법 제7조 제1항에 해당한다 할 것이고, 달리 원심의 사실인정과 판단과정에 판결에 영향을 미친 위법을 발견할 수 없어 위 논지도 이유 없다.

라. 마지막으로 피고인 및 검사의 양형부당주장에 관하여 보건대, 이 사건 기록에 나타난 양형의 기준이 되는 피고인의 나이, 직업, 경력, 이 사건 범행경위 및 그 내용, 결과, 범행 후의 정황 등 모든 자료를 종합하여보면 원심이 피고인에 대하여 선고한 형은 적절하고 그것이 너무 무겁거나 가볍다고 보여지지 아니하므로 이점 피고인 및 검사의 위 주장도 이유 없다.

4. 그렇다면 피고인 및 검사의 항소는 모두 이유 없으므로 형사소송법 제364조 제4항에 의하여 이를 각 기각하고 주문과 같이 판결한다.

1992. 10. 26.

재 판 장　판 사　김대환
　　　　　　판 사　이수형
　　　　　　판 사　조용연

58

《즐거운 사라》 필화 사건

피고인 마광수

1. 사건개요: 《즐거운 사라》의 즐겁지 않은 수난 ················· 457
2. 체험기(1): 그래도 '사라'는 즐겁다 – 마광수 ·················· 461
3. 체험기(2): 《즐거운 사라》 재판, 그 탈억압의 끝없는 싸움 – 장석주 ··· 471
4. 판결 (1심; 서울형사지법 92고단 10092) ························ 490
5. 항소이유서 – 한승헌 ·· 504
6. 항소이유보충서 – 마광수 ··· 515
7. 상고이유서 – 한승헌 ·· 527

사건개요

《즐거운 사라》의 즐겁지 않은 수난

한승헌 (변호사)

1992년 10월 29일, 소설 《즐거운 사라》의 작자 마광수 교수(연세대)가 검찰에 연행된 다음 서울구치소에 수감되었다. 《… 사라》가 형법 제244조의 음란물에 해당된다는 혐의였다. 그 동안 사문화되었거나 깊은 잠에 빠져 있던 그 조문이 난데없이 두 눈을 부릅뜨고 일어나 철퇴를 휘두른 것이다.

작품의 음란시비 때문에 작가가 구속까지 된 예는 거의 없었다. 형벌(법정형)도 1년 이하의 징역으로 가벼운 편이어서 모두가 불구속이었다. 그런데 《… 사라》의 경우는 달랐다. 그 소설책을 펴낸 청하출판사 장석주 사장까지도 구속했다.

《즐거운 사라》는 남녀 사이에 벌어지는 변태적 성행위를 묘사해놓은 퇴폐적인 소설이라며 스스로 문학이기를 포기한 도색작품으로 몰았다. 법적으로 보자면, 《… 사라》는 '성욕을 자극·흥분시키고 일반인의 정상적인 성적 수치심과 선량한 도의관념을 해치는' 음란소설이라는 것.

그러나 남녀 사이의 정사장면을 묘사한 소설이라고 해서 이를 곧 반사회적 범죄로 단정할 수는 없다는 반론도 강했다. 음란 내지 음란문서의 개념도 시대의 변천에 따라 그 내용이 달라질 수밖에 없으며, 오늘날 급변하는 개방사회의 성윤리에 비추어보더라도 성적 묘사를 곧 성풍속에 관한 범죄로 볼 수는 없는 일이었다.

나는 곧바로 법원에 구속적부심사를 청구하고, 성문제를 픽션으로 다룬 작품을 윤리·도덕에 어긋난다고 해서 형사법 차원에서 단죄하는 것은 헌법이 보장하는 기본권, 특히 표현의 자유를 침해할 위험이 크다고 주장했다. 그러나 결과는 '기각'이었다. 기소된 후에 낸 보석청구도 역시 기각되었다.

그리고 마침내 1심 재판이 시작되었다. 현직 대학교수를 구속까지 해놓고 재판하는 데 대한 학교 안팎의 비난은 묵살되었다.

마교수는 법정에서 문학을 법의 잣대로 잰다는 일 자체의 부당함과 구속수사라는 극한적 방식이 표현의 자유에 위협이 된다는 점을 역설했다. 그는 또 문제된 작품은 무분별한 성의 탈선을 용인하는 것이 아니라 문학을 통한 카타르시스 내지 대리배설을 생각했던 것이라고 항변했다.

언론을 중심으로 한 사회각계의 공론은 찬반 양론으로 갈리어 논란이 벌어졌지만, 그해 12월 28일 재판부는 두 피고인에게 각 징역 8월에 2년간 집행유예의 형을 선고했다. 1심에서는 시일이 많이 걸리는 감정을 나중으로 미루고 우선 구속상태를 벗어나야겠다는 전략 아래 간략하게 심리를 끝내기로 했던 것이다. 그러므로 항소심에서는 당연히 작품에 대한 감정을 신청하는 등 본격적인 논쟁을 벌이게 되었다.

법원은 민용태(고려대 교수), 하일지(작가) 두 사람에게 감정을 시켰는데, 《… 사라》에는 음란성이 없다는 취지의 공동의견이 나왔다. 법정에서는 검찰측 신청의 감정인 민용태 교수와 담당검사가 언성을 높이며 설전을 벌이는 진풍경도 벌어졌다. 검찰이 신청한 감정인조차도 피고인에게 유리한 감정의견을 냈기 때문에 항소심에서는 무죄판결이 나리라는 전망이 유력해졌다. 그러자 재판부는 이상하게도 검사의 요구를 받아들이는 형식으로 서울법대의 안경환 교수를 새로운 감정인으로 선정했고, 안교수는 《… 사라》가 문학작품의 수준에 이르지 못하는 '단순한 음란물'이라는 감정의견을 내놓았다. 천만뜻밖이었다.

결국 2심 재판부는 피고인들의 항소를 기각하면서 "이 사건 소설은 앞서 살핀 음란성의 요건을 모두 충족하는 것으로서 형법에서 보호하고자 하는 성풍속이나 건전한 성적 도의관념에 반하는 음란물이라 아니할 수 없다"고 이유를 밝혔다.

나는 최종변론 때에 좀 감성적인 공세를 시도했다. 즉, "무릇 음란물이 되자면 우선 사람의 성욕을 자극 흥분시키는 것이 첫째 요건인데, 단상의 재판관 중에 이 소설을 읽고 성적으로 흥분하실 분은 한 분도 안 계시리라고 확신합니다. 고로 무죄판결을 내려주실 줄 믿습니다"라고……

그런데, 기대와는 달리 유죄가 선고되자 주변에서 누군가 말했다.

"요즘 판사들이 너무 젊어서 그 정도에도 흥분을 하신 모양이다."

나는 상고할 생각이 없었다. 이런 사건은 하급심에서 무죄가 났더라도 대법원에 가면 그 보수성 때문에 유죄로 뒤집힐 위험이 있는데, 하물며 1, 2심 모두 유죄가 난 마당에 대법원에서 무죄가 될 가망은 없다고 보았다.

그때 누군가가 대법원은 기대해볼 만하니 상고하자는 의견을 내놓았다. 그 이유인즉 이러했다.

"그래도 대법관들은 나이가 좀 많으니, 그리 쉽게 흥분하지는 않을 것이니까……"

물론 그건 웃는 이야기였고, 나는 최종심의 올바른 판결을 염원하면서 상고이유서를 정성껏 써냈다. 마교수 자신도 장문의 상고이유보충서를 통하여 항소심 유죄판결의 오류를 조리있게 해부·논증했다.

음란물 반포죄로 작가와 함께 재판을 받은 장석주 씨도 시인이자 평론가답게 검찰과 치열하게 논전을 벌였고 강력한 자기방어 역량을 과시했다.

'혹시나' 했던 상고심 판결은 '역시나'로 끝났다.

소설에 대한 문학논쟁이나 윤리적 평가야 자유이겠으나, "성 묘사는 퇴폐 음란이요, 반윤리요, 그러니까 범죄다"라는 식의 유죄론은 참으로 위험하다.

더구나 국가가 하루아침에 윤리 도덕의 수호신이 되어, 음란한 성 묘사는 예술이 아니니까 법의 보호대상이 아닌 범죄라고 한다면, 결국 작품의 예술성 유무를 국가권력인 검찰과 법원의 판단에 의존해야 한다는 말이 된다.

우리나라 사법부가 애지중지하는 '음란' 개념이란 1951년의 일본 판례를 복사한 것이고, 그 판례는 1918년 다이쇼(大正)시대의 판결에 뿌리를 둔 것인즉, 《…사라》에 대한 유죄는 재판 당시 88세 된 노인이 태어날 때, 그리고 1백 세가 넘은 초장수 노인이 사춘기였을 때의 성 풍속을 다스리던 판례를 88년 후, 1백여 년 후의 한국사회에 들이댄 것이었다.

《…사라》의 일어판이 바로 그런 판례의 원산지인 일본에서 아무런 법적 제재도 받음이 없이 10만 부나 팔렸다니, 참으로 이상하지 않은가?

체험기 (1)

그래도 '사라'는 즐겁다

마광수 (연세대 교수)

《즐거운 사라》 필화사건은 외설을 이유로 작가를 전격 구속하고 형사범으로 처벌했다는 점에서 근대 이후 세계최초의 사건이다. 또한 우리나라 최초의 사건이기도 하다. 근대 이후 20세기 중반까지 세계적으로 몇몇 '외설재판'이 있었지만 작가를 구속하고 단죄한 적은 없었다. 모두 다 '판매금지'를 위한 재판이었을 뿐이었다.

《즐거운 사라》 사건은 구시대의 봉건 유교윤리가 새 시대의 자유민주주의 윤리를 억압하는 데 빠른 한국의 정신적 혼란상을 여실히 드러내 보여준 문화사적 사건이라는 게 내 생각이다. 단순한 '외설 파문'으로 보아 넘기기엔 이 사건은 너무나 많은 의문점과 정치적 합의合意를 내포하고 있다. 《즐거운 사라》 사건은 어찌 보면 단순한 외설사건처럼 보일지 모르지만, 사실은 겉으로만 자유민주주의를 내세우고 있는 한국사회의 현실을 상징적으로 보여준 사건이라고 볼 수 있다. 왜냐하면 이 사건은 헌법에 보장된 국민의 자유권을 구속하는 너무나 많은 사례 가운데 하나가 특별히 불거져 나온 사건이기 때문이다.

우선 사건의 개요를 간단히 정리해보기로 하자.

1992년 10월 29일 아침, 나는 집으로 들이닥친 검찰 수사관들에게 연행되어 서울지방검찰청 특수 2부로 끌려갔다. 그리고 그날로 구속영장이 청구되고, 서울지방법원의 결정으로 그날 저녁 서울구치소에 구속 수감되었다. 검찰에서 내게 적용한 법률은 형법 244조 '음란물 제조 혐의'였다.

구속 당시 나는 연세대학교에서 1,000여 명의 대학생들을 상대로 다섯 강좌의 강의를 하고 있었다. 대학교수가 강의 도중 구속된 예는 거의 없었다. 파렴치한 죄의 현행범이거나 반국가사범 몇 명 정도가 고작이었다. 또 '음란물 제조죄'라는 것이 '징역 1년 이하 또는 벌금 40만 원 이하의 지극히 경미한 죄인 데다가 거의 사법화死法化된 죄였고, '현행범이면서 증거 인멸과 도주의 우려가 있고 구형량이 3년 이상이 되는 죄'가 아니면 구속하지 않는 것이 원칙이기 때문에, 돌연한 구속은 나뿐만 아니라 한국사회를 놀라게 했다.

구속 후 나는 구속적부심을 신청하여 2시간 넘게 재판을 벌였으나 상급법원은 이를 기각했다. 그리고 곧바로 서울지방법원의 내 사건 담당판사에게 보석신청을 했으나 이 역시 기각되었다. 보석신청을 기각하면서 담당판사는 "국가적 사안이므로 보석신청을 기각한다"라고 말했다고 일부 신문에 보도되었다. 그말이 사실이라면, 한 교수 겸 작가를 전격 구속하여 사회의 부도덕한 성윤리에 경종(?)을 울리는 것이 '국가적 사안'으로까지 격상됐다는 것을 의미한다.

그리고 나서 나는 두 번의 공판 후 1992년 12월 28일 1심재판에서 징역 8개월에 집행유예 2년을 선고받고 일단 감옥에서 풀려나왔다. 대통령선거가 끝난 직후였다. 나는 곧바로 1심 판결에 불복하여 항소했으나 2심 재판도 1994년 7월 13일에 기각되었다. 2심재판중에는 재판부가 애초에 지정한 감정인인 민용태·하일지 씨가 무죄취지의 감정을 하자, 재판부가 다시 감정인을 바꾸어 재감정을 하는 일이 일어나기도 했다.

2심재판 결과를 보고 사법부에 판단을 맡길 수 있는 사건이 아니란 생각과 '계란으로 바위 치기'라는 생각이 들었지만 나는 명분상 대법원에 다시 상고하였다. 그러나 대법원 역시 1995년 6월 16일에 상고를 "이유 없다"고 기각했다. 그 결과, 나는 사건 발생 후 직위해제 상태로 재직하고 있던 연세대학교에서 해직되었다. 그러다가 새 대통령이 취임한 직후인

1998년 3월 13일자로 사면·복권되었고, 5월 1일자로 복직되었다. 그렇지만 《즐거운 사라》는 아직도 해금되지 않은 상태로 있다.

한국에서 소설의 외설성 때문에 작가가 기소된 것은 내 사건 이전에 딱 한 번 있었다. 1969년에 염재만廉在萬 씨가 '반노叛奴'로 기소돼 재판을 받은 것이 그것이다. 그러나 그가 겪은 재판은 나와는 전혀 상황이 달랐다. 그는 불구속 기소되었으므로 자유로운 상태에서 재판을 받을 수 있었을 뿐만 아니라, 1심에서는 벌금형, 그리고 2심과 3심에서는 무죄선고를 받았다. 적어도 내 사건에 있어서만은 대한민국 사법부는 20여 년 전보다 훨씬 '비민주적'인 태도를 보였다고 볼 수 있다. 판결 결과를 차치하더라도, 우선 전격구속이라는 위압적인 카드를 쓴 것이 그렇다.

그렇다면 염재만 씨와 나는 기소과정이나 판결결과에 있어 왜 그토록 큰 차이가 나는 법적용을 받은 것일까. 이 문제를 따져보면 《즐거운 사라》 사건의 본질과 한국의 정치적 문화적 실상의 시대적 추이를 알 수 있을 것이다.

우선, 미안한 얘기이지만 염재만 씨는 당시에 무명 신인작가였고 나는 꽤 유명한 교수요 작가였다. 《즐거운 사라》 이전에 나는 문학이론서 5권, 시집 3권, 장편소설 2권. 에세이집 4권의 저서를 갖고 있었고, 개방적 성의식과 자유주의적 윤리를 주장하여 열띤 호응(주로 신세대층에서)과 비난(주로 기득권 보수층에서)을 받고 있었다. 내가 대중적 지명도를 얻게 된 것은 1989년 초에 발간한 에세이집 《나는 야한 여자가 좋다》 때문인데. 이책은 상당히 많은 판매부수를 기록하며 찬사와 험담, 그리고 매도의 대상이 되었던 것이다. 자유로운 성적 쾌락의 추구와 수구적 봉건윤리의 척결을 주장한 일종의 문화비평집인 이책은, 당시까지만 해도 도덕적 설교 위주의 성 담론밖에 없었던 한국 사회에 '새로운 패러다임'의 도출서 역할을 했던 것같다. 그리고 나서 곧바로 낸 시집 《가자, 장미여관으로》와 장편소설 《권태》 및 《광마일기》 역시 화제를 불러일으켜, 드디어 관변(官邊) 심의기관인 '간행물윤리위원회'에서는 참다 못해(?) 《광마일기》에 경고처분을 했고, '방송위원회'에서는 방송에서의 야한 발언을 이유로 '방송출연정지'

조치를 하기까지 했다. 이런 상황인 데다 나는 또 이른바 '인기교수'(말하기 쑥스럽지만)였으니, '매스컴 플레이'에 의한 '여론재판'의 희생양 또는 이용물로 썩 좋은 대상이 되었을 게 분명하다.

그 다음으로 생각해볼 수 있는 것은, 염재만 씨 사건 당시, 또는 1980년대 말까지만 해도 한국사회의 관심사는 오직 '이데올로기' 문제 하나뿐이었다는 사실이다. 그때는 유교적 충효사상과 반공이데올로기 두 가지만 가지면 국민훈도가 얼마든지 가능하던 시대였다. 그러나 1992년 당시는 경제성장과 동구 및 구소련의 붕괴 때문에 반유교적 자유주의 윤리(주로 성해방과 개인적 쾌락추구의 자유를 위주로 하는)가 최대의 관심사로 떠오르고 있었고, 마르크시즘이나 반공이데올로기에 국민 모두가 시큰둥해 하던 때였다. 그래서 기득권 지도층에서는 좌파든 우파든 새로운 국민훈육용 카드로 '민족적 국수주의'와 '도덕주의'를 내세울 수밖에 없었다. 다시 말해서 '반공적 매카시즘'이 '도덕적 테러리즘'으로 전환되고 있었던 것이다.

위의 두 가지 이유 때문에 염재만 씨 사건과 내 사건이 그 전개양상에서 커다란 차이점을 보이는 것이고, 염재만 씨 사건 이후 20여 년 만에 죽어 있던 법조문이 벌떡 일어나 '외설소설 사건'을 크게 터뜨리게 된 것이라고 할 수 있다.

사실 한국에서는 작가를 기소하지 않아도 얼마든지 판금을 시킬 수 있는 제도를 갖추고 있다. 문화부에서는 행정명령 하나로 간단히 책의 판매금지를 시행할 수 있다. '간행물윤리위원회'는 그런 목적을 위해 설립된 준정부기관인데, 보수적 인사들이 대부분 심의위원직을 맡고 있다. 간행물윤리위원회에서는 문화부에 '제재'를 건의하고 문화부는 이를 대체로 받아들이는 수순이다. 간행물윤리위원회가 직접 저자와 출판사 대표를 고발할 수도 있는데, 내 경우는 그런 경우가 아니라 검찰의 단독결정에 의한 사건이었다. 사회 여론이 '표현의 자유' 쪽으로 흘러가고 있어서 그랬는지, 《즐거운 사라》가 출간된 지 한 달 후인 92년 9월 말에 간행물윤리위원회가 제재를 건의했음에도 불구하고, 문화부는 내가 구속될 때까지 판금결정을 내리지 못하고 있었던 것이다. 판금결정은 구속이 집행된 직후, 검찰의 요청에 의해 황급하게 이루어졌고, 《즐거운 사라》는 인쇄원판까지 압수되었다.

왜 갑자기 유례 없는 전격구속이 일사천리로 집행됐는지, 그 정치적 배경에 관해서 매스컴에서는 의견이 분분했다. 주로 제시된 이유는 '대통령 선거를 위한 전시용 깜짝쇼(공권력의 무서움을 보이고 동시에 당시 여당의 공약인 도덕정치 강화를 상징하는)'와 '건영 특혜사건 은폐용 깜짝쇼' 두 가지였는데, 건영 특혜사건이란 재벌회사인 건영그룹이 정부의 특혜를 받아 부정한 이득을 취했다고 여론의 의혹을 받은 사건을 뜻한다. 물론 이러한 이유 말고 단순한 이유, 즉 '마광수가 교수의 신성한 직분을 망각하고 전통윤리와 미풍양속을 해칠 가능성이 있는 책을 계속 냈기 때문에 드디어 공권력이 나선 것'이라는 이유가 일부 보수언론과 보수적 지식인들 측에서는 아주 당연한 이유처럼 강조되었다. 하지만 대부분의 언론은 "마광수도 지나쳤지만 검찰도 너무했다"는 식의 양비론으로 이 사건을 얼렁뚱땅 얼버무리려고 애썼다.

사건의 미심쩍은 배경과 과도한 법 집행에 대하여 계속 반발이 따르자, 사건이 발생한 지 1년 후 한 신문(《문화일보》 1993년 11월 25일자)은, '검찰 관계자들'의 말을 빌리는 식으로 이 사건이 당시 현승종 국무총리의 암시적 지시에 의해 급격히 이루어진 것이었다는 내용의 기사를 실었다. 현승종 씨는 6공 말 대통령선거 기간중에 구성된 이른바 '중립내각'을 맡은 사람인데, 고려대학교 법대 교수 출신으로 전형적인 유교윤리 신봉자이다. 만약 그 보도가 사실이라면, 법학을 전공한 사람이 나의 소행이 괘씸하다는 이유로 '절차의 민주성'을 무시하고 '초법적超法的인 매질'을 가한 셈이 되는데, 이런 사실이 나를 슬프게 한다. 설사 현총리의 개인적 결단(?)에 의한 지시로 이 사건이 발생했고, 정치적 배경이 전혀 없다고 해도 이 사건이 갖는 문화사적 의미는 크다.

《즐거운 사라》 사건이 일어나자 검찰과 사법부의 구속집행을 지지 또는 동조하는 글을 발표한 지식인은 손봉호·구중서·이태동 씨 등 대여섯 명에 불과했고(그중에는 한국의 보수문학을 대표하는 이문열 씨가 끼여 있어, 공판중에 담당검사는 이씨가 나를 비난한 글의 한 대목을 일종의 증거로 낭독하기도 했다), 고은·문덕수·김주영·하재봉·조세희·김수경 씨 등 217명의 문인이 항의서명을, 그리고 최일남·임헌영·박범신·김병익·문형렬·신승철 씨 등 40여 명의 지식인이 이 사건을 현대판 '마녀사냥'으로 규정하며 작가를 구속하고 문학작품을 법으로 재판하는 행위를 비판하는 글을 썼다. 그중에서 우선 한국외국어대학교 신문방송학과 조종혁 교수가 쓴 '마광수 교수의 도전과 수난'이라는 글의 한 대목을 여기 소개해보려고 한다. 이 사건의 문화사적 배경과 원인을 잘 지적하고 있다고 생각되기 때문이다.

마광수 교수의 커뮤니케이션 행위는 지금까지 한국사회가 지녀온 '교육의 신화'를 전면적으로 거부하는 것이었다. 신화의 거부—이것이 그에게 주어진 모든 지탄과 비난과 억압의 이유였다. 그러나 신화의 거부, 신화의 파괴는 언제나 새로운 의미의 장을 연다. 그것은 새로운 현실 구축의 가능성을, 새로운 출발점을 시사한다. 마광수 교수는 이땅에 전인교육의 신화를 엮어온 기존의 상징체들, 즉 '대학', '권위', '지성', '윤리', '교수', '학자적 양심' 등의 의미작용에 더 이상 귀기울이기를 거부한 것이다. 이러한 그의 커뮤니케이션 행위는 《즐거운 사라》를 매체로 구체화되었다. 마광수 교수는 과연 대학으로부터 격리되어야 할 반사회적 교수인가?
《즐거운 사라》의 여주인공은 한국의 사회통념상 금지된 사제간의 애정행각을 통해 권위주의를 공격하고, 남성중심의 성문화에 대한 하나의 대안으로 레즈비언을 시험하기도 한다. 또한 그룹섹스를 통해 순결과 성해방 이데올로기에 동시에 눌린 성적 이중구조를 풍자한다. 마땅히 제 자리에 있어야 할 위계질서와 이성간에게만 허용된 성관계 그리고 남녀간의 1대1 소유에 의한 규범적 관계를 '즐거운 혼란'에 빠뜨리는 그의 작품이 추구하는 바는, 속으로는 병들고 겉으로는 멀쩡히 위장된 위선적인 사회에 대한 가식 없는 직시와 새로운 성윤리의 요청이다. 또 그 '즐거운 혼란'은 답답한 일상을 초월한 어느 높이에서 한없이 낙관적이고 생의 긍정적인 유토피아를 열어 보인다. 이점, 경건과 금욕으로 강제된 한국문학사에서 희귀하고 소중한 예에 속한다.

다음은 전북대학교 신문방송학과 강준만 교수가 쓴 '성 혁명과 마광수 교수 구속'의 한 대목.

마교수의 소설 《즐거운 사라》가 문학이 아니라 음란물이라는 검찰의 견해엔 결코 동의할 수 없다. 마교수의 문학세계는 총체적으로 파악되어야 한다. 그가 모 월간지에 정기적으로 기고해온 정치칼럼들은 마교수가 '사이비'가 아닌 진정한 자유민주주의자라는 걸 잘 보여주고 있다. 그가 추구하는 성性의 '자유민주주의'는 논란의 여지가 크지만 적어도 체계성과 철학적 기반을 갖고 있다. 그의 성애론性愛論은 그의 확고한 신념이지 결코 인기추구나 돈벌이의 수단이 아니다.

마광수 교수의 주장은 섹스가 소비의 대상이 된 현실을 직시하자는 요청임을 유념할 필요가 있다. 그는 섹스를 모든 금기에서 해방시켜 자유롭게, 주체적으로 그리고 적극적으로 즐길 것을 제안함으로써 그간 우리 사회에 존재해온 섹스에 대한 이중성을 타파하고자 한다. 그는 섹스가 육체와 정신의 자연스러운 욕구에 부응하는 '소비행위'임을 분명히 함으로써 '성의 신성화'라고 하는 우리 시대의 뿌리 깊은 위선과 기만에 도전하고 있는 것이다.

나를 두둔하는 쪽의 글만 소개했으니, 이번엔 나를 비난한 글들을 소개해보기로 한다. 먼저 앞서 언급한 바 있는 이문열 씨는 '문학을 멀로 아는가'라는 글에서 다음과 같이 말했다.

내가 이 나라에서 글 쓰는 사람들 중에 가장 못마땅해 하는 사람들 중의 하나는 바로 그 《즐거운 사라》를 쓴 마 아무개 교수다. 여기서 굳이 마교수를 소설가로 부르지 않는 것은 아무리 애써도 그가 어떤 공인된 절차를 거쳐 우리 소설 문단에 데뷔했는지 기억나지 않기 때문이다. 내가 마교수를 못마땅하게 생각하는 이유로는 크게 두 가지를 들 수 있다. 그 첫째는 그의 보잘것없는 상품이 쓰고 있는 낯 두꺼운 지성과 문화의 탈이다. 근년 그가 쓴 일련의 글들은 이미 알 만한 사람에게는 그 바닥이 드러났을 만큼

함량미달에 정성까지 부족한 불량상품이었으나 그는 어거지와 궤변으로 과대포장해왔다.

둘째. 그가 못마땅한 이유는 이미 자신의 생산에서 교육적인 효과는 포기한 듯함에도 불구하고 대학교수라는 신분을 애써 유지하는 점이다. 나는 그가 지닌 교수라는 직함이 과대포장된 불량상품을 보증하는 상표로 쓰이고 있는 것같아 실로 걱정스러웠다.

그런 터에 읽게 된 것이 바로 《즐거운 사라》여서 어느 정도 고정관념이나 편견의 위험은 있으나, 읽고 난 뒤 내가 먼저 느껴야 했던 것은 구역질이었고. 내뱉고 싶던 것은 욕지기였다. 나는 솔직히 이제 어떤 식이든 그런 불량상품이 문화와 지성으로 과대포장되어 문학시장에 유통되는 것을 막아야 한다고 생각한다.

다음은 당시 간행물윤리위원회 심의실장으로 있던 박종렬 씨가 쓴 '마광수 신드롬을 척결하자'라는 글의 한 대목이다.

'마광수 신드롬'은 우리들 스스로의 위기관리 능력에 의해서 척결해야 한다. 5,000년간 우리 선인들이 쌓아온 미풍양속과 문화를 수호하는 것은 우리 세대의 의무이며 차세대를 책임질 우리의 청소년에게 물려주어야 할 우리의 가장 소중한 유산이다.

다음은 서울대학교 법학과 안경환 교수가 2심 재판부의 재감정시 제출한 '감정서'의 한 대목.

현대인의 일상생활에 있어서의 성은 도시생활에서의 수도에 비유할 수 있습니다. 도시의 생활에 식용수와 세척용 상수도가 필수적인만큼 상수도에서 효용을 다한 폐기수와 배설물을 처리할 하수도 또한 필요악입니다. 인간의 생활에도 후손의 창출과 사랑의 표현이라는 숭고한 기능의 성이 있듯이, 인간의 저급한 본능을 충족시키기 위한 성 또한 존재하게 마련 입니다.

그러나 양자는 무대가 다르고 영역이 달라야 합니다. 도시계획의 요체는 상수도와 하수도를 적재적소에 배치하고 서로 혼화(混和)되지 않도록 하는 데 있듯이 성을 묘사하는 출판물도 각기 지정된 활동영역내에서 행해져야 합니다. 성에 관한 출판물도 그 형태와 내용에 따라 문학작품과 문학작품이 아닌 단순한 음란물들은 무대가 엄격히 구분되어 서로 섞이지 않도록 해야 합니다. (……) 위의 비유에 입각하면 《즐거운 사라》는 하수도의 무대에 머물러 있어야 함이 마땅한 작품임에도 불구하고 상수도의 무대에서 막이 잘못 오른 작품이라고 생각합니다.

재미있는 것은, 《즐거운 사라》 사건의 공소장에서부터 1·2·3심 판결문에 이르기까지 검찰과 사법부가 줄곧 일본의 50년대 초반 판례를 원용하여 외설의 법개념을 규정했다는 사실이다. 즉, 검찰과 사법부는 외설성(또는 음란성)을, "그 시대의 건전한 사회통념에 비추어 그것이 공연히 성욕을 흥분 또는 자극시키고 또한 보통인의 성적 수치심을 해하는 것이어서, 건전한 성풍속이나 선량한 성적 도의관념에 반하는 것"이라고 정의하고서 나를 기소하고 유죄 판결했다.

그러나 '사라' 사건의 변호를 담당했던 한승헌 변호사의 주장에 의하면, 이러한 음란의 개념은 1951년에 나온 일본 최고재판소의 판례를 그대로 베낀 것이라고 한다. 그런데 이 판례는 1918년 대정(大正)시대의 판결과 근본을 같이하는 것이고 보면, 한국 대법원의 음란죄 판례는 지금 88세 되는 할머니가 태어나던 때의 성풍속에 적용하던 판례의 복사판이라고 할 수 있다는 것이다.

지금 일본에서 외설죄가 어떻게 다루어지는지 나로서는 알 길이 없다. 다만 《즐거운 사라》가 1994년 1월에 일본어로 번역·출간되어, 아무런 문제 없이 한국소설로서는 역사상 최다 판매부수(약 10만 부)를 기록했다는 사실에서 어떤 암시를 받을 수 있을 뿐이다.

어쨌든 적어도 사회적 성관념의 변화와 문화적 개방성의 추세가 법에 반영돼야 한다는 것이, 사건 당시의 내 생각일 뿐만 아니라 한국의 일반적 여론이었다. 또한 문학작품을 법으로 판단할 수 없고, 굳이 '음란물 제조'라는 죄가 있다면, 처벌 가능성을 예견하고 음성적인 루트로 조잡한 음화 같은 것을 만들어내는 것을 의미한다'는 것이 문화계의 지배적 견해였다 그런데도 검찰과 사법부는 시종일관 "미풍양속을 해칠 '가능성'이 있다"는 이유만으로 나를 형사범으로 단죄했다. 구체적 범죄행위가 있고 거기에 따른 피해자가 있어야 죄가 성립되는데, 상상적 허구의 산물인 문학작품을 막연한 '가능성' 하나만으로 단죄했다는 사실이 나로서는 이해가 가지 않는다. 또한 '형평성'의 문제가 크게 제기될 수밖에 없는데, 국민의 기본권 가운데 하나인 '표현의 자유'를 제한하는 데는 엄격한 기준이 있어야 하고, 그 제한에 있어서 조금이라도 치우침이 있어서는 안되기 때문이다. 검찰과 사법부가 《즐거운 사라》의 몇몇 구절을 이유로 나를 단죄하려면 같은 정도의 성묘사가 등장하는 다른 작품에 대해서도 똑같이 법 적용을 해야 한다. 법이 특정한 권력자의 구미에 맞게 행사되거나 일부 보수 기득권층의 여론에 의해서 적용된다면, 이미 그 사회는 법치주의 사회라고 할 수 없다.

그러므로 《즐거운 사라》 사건은 한국사회의 보수·지배세력과 진보·대항세력 모두에게, 최소한의 자유민주주의 체제를 유지하기 위해서 우리가 앞으로 해야 할 일이 무엇인지에 대해 생각할 기회를 준 사건이라고 나는 생각한다. 아울러 신세대의 '여론'이 전혀 무시됐다는 점에서 (연세대 국문학과 학생회는 4·6배판 670쪽의 사건 백서인 《마광수는 옳다》라는 책을 사회평론사를 통해 정식 출간하기까지 했다), 한국의 '문화적 민주화'의 미래에 암영을 짙게 드리운 사건이라고 본다. 한국의 민주화는 이제 수구적 봉건윤리와의 싸움에서 이기느냐 지느냐에 따라 좌우되게 되었다.

어쨌든 나는 한국을 사랑한다. 한국을 사랑하기에 나는 지금껏 자유주의 윤리를 강조하는 글을 써왔다. 아무쪼록 이 사건이 한국의 문화발전에 한 계기로 작용하기를 희망한다.

(1998. 6.)

체험기 (2)

《즐거운 사라》 재판,
그 탈억압의 끝없는 싸움

장석주 (시인, 청하출판사 대표)

　이글을 써야 한다는 생각을 하게 될 때마다 솔직히 말하면 나는 몹시 괴로웠다. 나는 이글을 써야 한다는 생각을 마음 속에서 자꾸 뒷전으로 밀쳐내려고 했다. 조용히 생각해보니 거의 무의식적으로 내가 겪은《즐거운 사라》사건을 내 삶 속에서 적극적으로 지워내려고 애쓰고 있었던 것이다. 그런데 이글을 쓰자면 필연적으로 내 마음과 삶 속에서 지워내려고 했던 그 '끔찍한 경험'을 다시 되새기지 않으면 안되었다. 장 그르니에는 "살아나간다는 것은 체념하는 것이고, 양보를 거듭하다가 결정적인 포기에 이르는 것"이라고 말했다. 나는 고통스럽게 체념하고 포기를 하면서 어느 정도 마음의 평정을 회복한 지금에 와서 다시 그 악몽을 되살려내고 싶지 않았던 것이다.
　처음에 나는 내가 겪은《즐거운 사라》의 재판과 관련하여 분출해내고 싶은 말들이 내 속에서 들끓고 있다고 생각했다. 그래서 이 원고를 써달라는 부탁을 받았을 때 반가운 마음으로 수락했다. 그러나 막상 이글을 써야 한다는 생각을 할 때마다 골치가 지끈거렸고 할 수 있으면 이잔을 피하고 싶었다. 원고 마감일을 훌쩍 넘겨버리고 몇 번이나 원고독촉을 받고, 더는 피할 수 없는 시간까지 나는 밀려왔다. 정말 다시 되돌려 생각하고 싶지 않은 '그것'을, 이제는 내 기억의 저 어두운 밑바닥의 어디엔가 퇴적층을 이루고 있는 그 악몽의 경험을 끄집어내어 내 어눌한 문체로 고정시켜야 한다. 그것은 피할 수 없는 의무이다.

내가 '음란한 문서 판매'라는 파렴치한 죄명의 피의자가 된 것은 1992년 말 세간을 떠들썩하게 만들었던 마광수 교수 필화사건의 문제도서였던 《즐거운 사라》라는 소설의 출판인이었기 때문이다. 그 사건을 《마광수교수 필화사건 백서》에서 다음과 같이 간략하게 설명하고 있으므로 내용을 잘 모르는 분들의 이해를 돕기 위해 인용해보자.

……이번 사건에서 파격적인 구속사태를 가져온 주요한 원인으로는 마교수와 '간행물윤리위원회'와의 감정싸움을 들 수가 있다. 다음은 공식적으로 '간윤'에서 내거는 마교수의 구속사유이다. ……먼저 간추리면, 91년 7월에 '서울문화사'에서 발간한 《즐거운 사라》에 대해서 '경고'를 내려 자진절판을 했던 책을 마교수가 고의로 '간윤'에 대항하여 새로 출간한 것이 못내 '괘씸했다'는 것이다. 또한 책을 고의로 더 야하게 고쳐서 불가피하게 제재할 수밖에 없었다는 얘기이다. 하지만 마교수의 입장은, 작년 '서울문화사'에서 책을 절판한 것은 작자에게 단 한 번의 통고나 소명기회도 주지 않고 절판시킨 것이 못내 가슴 아팠고, 더군다나 '서울문화사'의 종용으로 작품의 통일성을 깨면서까지 삭제를 감수했던 것을 작품의 통일성을 살린다는 측면에서 다시 되살려놓은 것이었을 뿐이며, 과거 《여성자신》이라는 여성잡지에 연재할 때는 아무런 말도 없다가 단행본으로 나온 후에야 문제를 삼는 것은 이해할 수 없는 입장이라는 것이다. 그리고 현행법상 책의 해금을 위해서는 다시 출판하여 재심청구를 하는 방법밖에 없으므로 이책의 재출판은 '재심청구'의 의미를 갖는 것이라는 것이다. 실제로 '청하'에는 '간행물윤리위원회'가 전화 두 통을 한 것밖에 없었고 전화내용도 "계속 그책을 낼 것이냐?"(간윤), "그렇다"(청하)라는 식의 간단한 통화였다고 한다. 법적인 효력을 가지는 계고장이나 어떤 형식의 통지는 전혀 없었다는 것이다. (《마광수 교수 필화사건 백서》 23면)

1992년 10월 29일 새벽에 집으로 들이닥친 세 명의 검찰수사관과 함께 나는 서울지검으로 강제 구인되었다. 그들은 내가 아직 잠에서 깨어나지 않은 새벽시간에 우리집 앞에 도착하여 전화를 했다. 전화를 통해 내가 집에 있다는 사실을 확인하고 곧바로 집으로 들이닥친 그들은 곧장 나를 차에 싣고 검찰청사로 출발했다. 그들은 이미 사전에 나의 집주소는 물론이고 그집의 위치까지 정확하게 사전답사를 통해 파악해두었음이 틀림없었다. 나는 나를 강제구인한 수사관들과 함께 검찰청사 12층에 있는 특수 2부 검사인 김진태 검사의 사무실로 올라갔다. 내가 도착한 그 시간에 김진태 검사는 너무 이른 시간이어서인지 아직 출근 전이었다. 30분쯤 지났을 때 《즐거운 사라》 사건의 전담검사인 김진태 검사가 나타났다. 거의 같은 시각에 나와 똑같은 방법으로 강제구인된 마광수 교수도 모습을 나타냈다. 김진태 검사는 나와 마교수를 자신의 사무실 안쪽에 있는 방의 소파로 안내해서 음료수를 대접했다. 애써 여유 있는 미소를 머금고 있었지만 그는 몹시 긴장하고 있었다. 잠시 후 마교수와 나는 각각 다른 방으로 안내되어 피의자 신문조서를 받게 되었다. 나는 한 층 아래의 어떤 방으로 갔다. 조사를 받기 전에 한 수사관이 내가 지니고 있던 소지품들 일체와 넥타이, 허리띠 등을 풀게 해서 조사가 끝날 때까지 따로 보관하겠다고 했다. 나는 순순히 응해주었다. 내가 조사를 받았던 그방은 한쪽에 욕조가 있는 화장실이 있었고, 방 안에는 아무 장식이 없는 큰 침대가 하나 있었고, 수사관이 사용하는 책상과 의자가 있었고, 그앞에 내가 앉았던 피의자용 의자가 덩그라니 놓여 있었다. 내가 조사를 받는 동안 내내 그 침대에는 수사관 하나가 아무 말 없이 몹시 지루한 표정으로 벽에 몸을 비스듬히 기댄 채 앉아 있었다.

  나를 조사한 사람은 김진태 검사 밑에 있는 수사계장이었다. 그자는 내게 처음부터 반말이었다. 나는 다리 한 쪽을 다른 쪽의 다리 위에 얹은 채 의자에 앉아 있었는데 그는 인상을 쓰며 매우 거친 말투로 "똑바로 앉아!"라고 소리쳤다. 나는 그 순간 얼마나 많은 무고한 사람들이 이방에서 무례한 대접을 받고, 인간적으로 견디기 힘든 수모와 육체적 구타, 고문 등을 당했을까를 생각했다. 그들이 법의 이름으로 얼마나 많은 사람들의 인권을 짓밟았을까를 생각하자 등줄기로 서늘한 전율이 흘러갔다. 그 수사계장은 내게 백지를 내밀며 나의 인적사항들을 간단하게 적어내라고 했다. 생년월일, 본적지, 현주소, 가족관계, 학력, 경력 따위를 의례적으로 묻고 그것들을 자신의 앞에 놓인 타자기로 찍어나갔다. 그것이 피의자신문조서라는 것을 나는 나중에서야 알았다. 그는 주로 내게 물어야 될 주요 내용들을 간단하게 메모한 쪽지에 의거하여 물었다. 그러나 그 물음들은 매우 간단하였고, 그 물음과 물음 사이에 그는 수사와는 상관없는 그 의도가 분명치 않은 모호한 횡설수설을 했고, 또 '잡담'에나 해당될 이야기를 아주 길고 지루하게 늘어놓았다. 이를테면 자신이 읽은 《즐거운 사라》에 관한 독후감에 대하여 (그러나 그는 《즐거운 사라》의 내용 전체를 읽지 않았음이 분명했다) 그는 그 소설을 끝까지 읽었다고 주장하였지만 그의 말 도중에 소설의 세부사항들에 대한 무지를 너무 빈번하게 드러내곤 했다. 아마도 그는 검사가 기소를 위해 《즐거운 사라》에서 '음란'하다고 인정되는 부분들을 발췌한 내용들만 읽었음에 틀림없다. 그리고 자신도 술집에 가면 그보다도 훨씬 더한 퇴폐적인 일도 거리낌없이 한다는 것, 《즐거운 사라》를 자신의 마누라에게 읽혔다는 것, 그리고 그 마누라가 그 소설을 '아주 추잡한 책'으로 규정했다는 따위의 말들이었다. 나는 그의 횡설수설과 잡담을 조용히 경청했고, 그의 물음들에 분명한 어조로 간명하게 대답했다. 그 물음은 한결같이 나를 '음란한 문서 판매' 외 범법자로 만들기 위한 목적성을 가진 물음들이었다. 나에 대한 조사는 간단하게 끝났다. 《즐거운 사라》라는 한 권의 소설을 출판한 것을 갖고 조사하고 말 것도 없었다.

내가 조사를 받고 있던 방으로 김진태 검사가 불쑥 들어왔다. 그는 수사계장에게 피의자 신문조서를 받는 일이 순조롭게 진행되고 있는가를 물었다. 그리고 내게 말을 걸어왔다. 김진태 검사는 "당신한테 한 가지만 물어봅시다. 《즐거운 사라》가 문학이고 소설이요?"라고 내게 물음을 던졌다. 그의 얼굴에는 약간 야비한 느낌을 주는 미소가 어려 있었다. 그는 내가 출판했던 한 소설이 백해무익한 것이며 그 소설의 성적 표현들이 우리 사회에서 일반적으로 허용하고 있는 한계를 넘어섰기 때문에 그 위반과 일탈에 대한 사법적인 제재를 하지 않을 수 없다고 주장했다. 나는 그의 물음에 단순하고 명료하게 "네, 소설이고 문학이지요"라고 말했다. 그는 의기양양한 표정으로 내게 "그래요? 그렇다면 당신은 문학이 뭔지나 알고 있소"라는 물음을 재차 던졌다. 자신이 독서를 엄청나게 많이 한 사람이고, 문학에 대해서도 전문가 못지않게 많은 지식을 갖고 있다고 자랑하는 안경을 끼고 강한 경상도 억양의 말투를 가진 검사에게 나는 아주 분명한 어조로 문학의 본질에 대해 말을 했고, 《즐거운 사라》가 왜 문학일 수밖에 없는가를 얘기했다.

나의 얘기는, 문학담론이란 그가 생각하고 있는 것처럼 언제나 한 사회가 허용하는 관습적, 도덕적 한계 안에서의 사유와 상상력만을 담아내는 것은 아니다. 그리고 그가, 우리 사회가 관습적, 도덕적으로 허용하고 있는 한계를 현저하게 위반, 일탈했기 때문에 문학이 아니라고 규정했던 그 소설은 바로 그 위반, 일탈 때문에 역설적으로 백해무익이라는 혐의를 벗고 사회적 유용성이라는 가치를 획득한다는 요지의 말이었다. 그는 내 말에 반박하는 논리의 말을 했고, 나는 또 그말에 자연스럽게 반론을 펼칠 수밖에 없었다.

……작가의 사회적 책임은 당대의 지배적 도덕체계를 강화함으로써 얻어지는 것이 아니다. 어느 시대에나 모든 위대한 작가들은 사람들이 아무런 의심도 하지 않고 받아들이던 당대의 지배적이고 유용한 가치체계에의 종속을 거부하고 오히려 그것을 의심하고 그것의 본질을 직시하고 성찰하도록 이끈다. 문학적 상상력은 본질적으로 당대적 현실에 대해 일탈적이며 가치전복적으로 움직이며, 끊임없이 금지된 영역에 대한 탐색과 도전을 멈추지 않는다. 문학적 상상력은 항상 경계와 한계를 넘어서려는 인간의 자유에 대한 끊임없는 의지를 반영한다. 그것이 성과 관련된 것이라 할지라도 예외일 수가 없다. 우리 사회에서 성적 담론들은 오랜 세월 동안 지배문화였던 유교적 문화의 억압 때문에 자유로운 표출이 억제되어왔거나 은폐되어왔다. 우리 문학에서 성적 담론이 본격적인 인간본질에 대한

탐구의 매개가 된 것은 90년대에 들어서이다. 90년대 문학에서 성은 더 이상 금지된 것 혹은 금기의 영역에 은폐되어 있는 주제가 아니다. 당신이 문학이 아니라고 단호하게 규정했던, 문학이 아니기 때문에 사법적 규제가 불가피하다고 주장하는 그 소설은, 단죄의 근거라고 지적된 그 위반과 일탈이 상상력으로, 굳어 있는 우리의 고정관념과 도덕체계에 균열을 일으키고 의심하게 하고, 더 나아가 우리 시대의 성과 관련된 우리들의 무의식과 위선적 도덕주의를 가식 없이 직시하게 하고 성찰하도록 이끌어간다…….

내가 분명한 어조로 말을 해나가는 동안, 《즐거운 사라》의 정가가 5,800원이라는 사실을 거듭 들먹이며 나를 '음란한 소설'이나 내서 장사나 해먹으려는 파렴치한 출판업자로 몰아가며 큰소리로 한바탕 훈계나 해주려고 말을 꺼냈던 그 검사의 얼굴색은 붉어졌고 일그러져버렸다. 그는 순간적으로 일개 '파렴치한' 출판업자의 입에서 나온 그말에 대답할 말을 찾지 못하고 허둥거렸다. 그토록 당당하게 자신이 문학에 대해 '아주 잘 안다'고 말했다는 사실의 허구성이 백일하에 드러난 사실에 대해 당황해 하며 분이 나는 것같았다. 그는 참을 수 없다는 듯이 "나는 당신같은 친구하고 문학에 대해 토론이나 하자고 이 자리에 있는 게 아냐"라고 소리를 버럭 지르고는 문을 쾅하고 소리나게 닫고는 나가버렸다. 그 순간 그가 나에 대해서 전혀 모르고 있다는 사실을 알았다. 그는 내가 일간지 신춘문예를 통해 정식으로 등단하여 활동한 지 열세 해째나 되는 문학평론가이며, 세 권의 문학평론집을 출간한 현역 비평가라는 사실을 몰랐음에 분명하다. 그렇지 않고서야 문학전문가 앞에서 문외한이나 다름없는 그가 무모하게 문학의 본질에 대해 토론해보자는 식의 만용을 저지르지는 않았을 것이기 때문이다. 그는 얼마 지나지 않아 다른 검찰수사관을 보내어 내 문학적 약력을 상세하게 물어서 조사해갔다.

오전 9시부터 시작된 신문조서는 오후 3시경쯤 지나 대충 마무리되었고 오후 4시쯤 법원의 구속영장이 떨어졌다. 전격적인 검찰소환, 당일로 신문조서 작성, 즉각적인 구속영장 발부로의 진행은 이례적으로 신속한 것이었다. 저녁 8시에 마교수와 나는 아침에 입고 갔던 옷 그대로 입고 각 방송사, 신문사, 잡지사에서 나온 약 30여 명쯤 되는 사진기자들이 법석대는 검찰청사 현관에서 그들의 사진촬영에 협조를 하고 각각 두 명씩의 수사관과 함께 두 대의 승용차를 나눠 타고 서울구치소로 향했다. 그리하여 그 날로 61일간 서울구치소에서의 수감생활과, 이후로 2년 이상이나 끌게 될 《즐거운 사라》의 재판이 시작되었던 것이다.

그야말로 엉겁결에 서울구치소에 수감되어 푸른 색의 수의囚衣와 검정 고무신을 배당받아 그렇게 차려입고 보니 나는 간데없는 '죄수'였다. 서울구치소에서의 입소절차를 마치고 한 미결사동의 방을 배정받아 들어갔을 때는 거의 자정이 가까운 시간이었다. 꿈만 같은 하루였다. 두 번 다시 꾸고 싶지 않은 악몽인 꿈. 매트리스가 깔린 마루방에 하늘색의 관담요 한 장을 덮고 누우니 제일 먼저 식구 생각이 났다. 눈을 감고 아무리 잠을 청해도 잠은 오지 않았다. 서울구치소에 수감되고 며칠 되지 않아 호송차를 타고 다른 피의자들과 함께 검찰청사로 조사를 받으러 갔다. 검찰에 조사를 받으러 가거나 재판을 받으러 가는 것을 '출정' 나간다고 한다. 각 사동에서 출정자로 불려온 피의자들은 수갑을 차고 온 몸을 포승으로 결박지우고, 거기에다 여러 사람을 한 줄로 엮는 연승이라는 것을 하고 호송차에 올라탄다. 처음으로 수갑을 차고 포승을 하고 검찰로 나가던 그날의 내 마음을 날카롭게 꿰뚫고 지나가던 그 느낌과 충격을 잊을 수가 없다. 수갑을 차고 포승으로 묶였을 때의 그 존재를 훼손당한, 그 치욕스러운 모멸감! 이것은 심연의 존재인 인간이 인간에 대해 저지르는, 용서할 수 없는 모독적인 죄악이다! 재판에 의해 형이 확정되기 이전의 피의자들이란 분명히 죄인이 아님에도 불구하고 어쩐 일인지 조선시대의 중죄인처럼 이렇게 수갑을 채우고 포승을 묶고 연승을 하는 등으로 마구 다루어진다. 교도관들이 반말을 하는 것은 예사이고 그들의 비위를 거스를 때 폭력의 수단을 행사하는 것도 여러 번 목격하였다. 검찰에 불려온 피의자들은 금방 조사를 받는 것이 아니라 검사가 불러줄 때까지 검찰청사의 조그만 대기감방에서 몇 시간이고 마냥 기다려야만 한다. 수갑을 채우고 포승을 했기 때문에 손놀림이 자유롭지 않은 피의자들은 오줌을 한 번 누고 옷을 제대로 추스리는 일조차 여간 버겁지 않다. 물론 능숙한 사람들은 그일이 대수롭지 않을지 모르지만 나는 몇 번이나 다른 사람의 도움을 받고서야 바지를 추켜올리고 허리끈을 묶을 수 있었다. 한겨울에는 난방시설도 제대로 되어 있지 않은 그 비좁은 검찰청사의 대기감방에 몇 시간이고 떨면서 기다리는 일 그 자체가 고통이었다. 나는 세 번 그렇게 출정을 나갔는데 고작 몇 마디 묻고는 되돌려보내기 일쑤였다. 그렇게 온 몸을 포박당한 채 몇 시간을 대기감방에서 떨다가 불려 올라가 별로 중요하지도 않은 몇 마디를 묻고는 돌려보내는, 난방이 잘된 방에서 흰 와이셔츠 바람으로 업무를 보는 그들에게 나는 엄청난 적의를 느꼈다.

1992년 11월 17일에 나는 정식으로 기소되었다. 서울구치소에 수감된 지 만 20일 만이었다. 서울지방검찰청에서 작성된 공소장에 기재된 죄명은 '음란한 문서 판매'였고 적용법조는 형법 제244조. 제243조, 제30조, 제37조, 제38조 그리고 형법 제58조 제1항이었다. 공소장의 공소사실란에는 다음과 같이 적혀 있다.

피고인 마광수는 84년경부터 현재까지 연세대학교 국어국문학과 교수로 재직하면서 신문이나 잡지 또는 단행본 등을 통하여 시, 소설, 수필 등을 발표하여온 자로서, 소설 '광마 일기'에 대하여 음란성을 이유로 90년 7월 26일 간행물윤리위원회로부터 경고 결정을, 91년 서울문화사에서 출판한 소설 《즐거운 사라》에 대하여 같은 이유로 91년 9월 3일 위원회로부터 '관계당국에 제재결정'을, 여성잡지 《여원》에 연재한 소설 '절망보다 더 두려운 희망'에 대하여 같은 이유로 91년 11월 19일 및 91년 12월 10일 등 2회에 걸쳐 위 위원회로부터 '경고' 결정을, 91년 5월 4일 불교방송 F.M.의 '밤의 창가에서' 프로에서의 외설스러운 발언을 이유로 '방송 출연금지' 결정을, 92년 8월 20일경 청하에서 출판한 소설 《즐거운 사라》에 대하여 '음란성'을 이유로 92년 9월 1일 간행물윤리위원회로부터 '관계당국에 제재결정'을 각각 받은 사실이 있는 자이고, 피고인 장석주는 문학평론가로서 88년 8월 1일경부터 현재까지 도서출판 청하의 대표로 재직중인자 등인바, 공모하여

1. 판매할 목적으로 1992년 5월 말경 서울 서대문구 신촌동 소재 연세대학교 구내 피고인 마광수의 연구실에서 마광수가 ……중략…… 등 '별지' 기재와 같이 성행위 등 성관계를 노골적이고도 구체적으로 묘사함으로써 성욕을 자극하여 흥분시키고 일반의 정상적인 성적 정서와 선량한 사회풍속을 해칠 가능성이 있는 내용으로 된 '즐거운 사라'라는 소설을 저작한 다음 92년 5월 말경 일자불상경 위 연구실에서 상 피고인 장석주와 위 소설을 장석주가 발행하되 저작료는 권당 정가의 10%씩 주기로 하는 내용으로 된 위 소설출판 계약을 체결하여 위 장석주가 92년 8월 20일경 서울 강남구 청담동 79의 5 도서출판 청하에서 초판 5,000권을 인쇄하여 음란한 문서를 제조하고,

2. 92년 8월 20일경 서울 종로구 종로 1가 소재 교보문고 등에서 위 장석주가 위 소설을 권당 5,800원씩 위 서점 등을 통하여 전국에 판매함으로써 음란한 문서를 판매한 것이다.

참으로 어처구니없게도 1980년도에 출판사 '청하'를 설립하고 지난 열두 해 동안 양서만을 고집스럽게 출판해오던 한 명망있는 출판인이자 문인이었던 나는 단 한 권의 소설의 출판으로 인해 하루아침에 '음란한 문서 판매'의 범법자로 전락해버린 것이다. 내가 《즐거운 사라》를 출간하게 된 것은 실로 우연한 일이었다. 마교수는 이전에 그의 대표적 저술이라고 할 수 있는 《상징시학》, 《마광수문학론집》, 《심리주의 비평의 이해》와 같은 책들을 청하에서 출판한 바 있고, 같은 문인으로 나와는 오랜 친분관계를 유지해오고 있었다. 1992년 5월말 내가 그의 연구실을 찾은 것은 서로 오랫동안 왕래가 없었기 때문에 안부도 확인하고 살아온 얘기도 나누며 회포도 풀기 위한 단순한 방문이었다. 이런저런 얘기끝에 최근에 어느 일간

지에 연재를 막 끝낸 그의 장편소설 '자궁 속으로'를 개작해서 청하에서 출간하기로 구두계약을 맺고 우리는 기분좋은 상태에 있었다. 그가 무슨 얘기 끝엔가 《즐거운 사라》얘기를 꺼냈다. 마교수는 내게 그 소설이 한국간행물윤리위원회로부터 '관계기관에 제재 건의'라는 판매금지 결정을 받고 서점에서 싹 거둬졌다고 말했다. 나는 그때까지 그 소설을 읽지 못했고, 그 책이 판금되고 있다는 사실도 처음 알게 되었다. 우리 얘기는 자연스럽게 윤리위의 행태에 대한 성토로 발전되었다. 1980년대에는 주로 이념서적들에 대한 판금을 내리다가 1990년대 들어 이념서적들이 주춤해지자 이제 '음란성'이라는 새로운 일거리를 찾아낸 그들에게 마교수는 대표적 희생물이었다. 우리는 이구동성으로 윤리위의 판금조처들이 당사자인 저자에게 단 한 번의 소명기회조차 주지 않은 채 몇몇 심의위원들의 밀실에서의 논의만으로 결정되는 등 절차의 민주화가 무시되고 있는 점과, 들쭉날쭉하는 객관적 기준의 모호함을 들어 윤리위의 실제적인 '검열행위'를 비판했다. 누가 먼저 제안했는지는 명확하지 않지만 우리는 그것을 재출간해서 1980년대에 주로 진보적 사회과학 서적들을 판금하는 데 주력하다가 이념서적들이 줄어들자 소위 '음란물'의 단속쪽으로 방향을 선회한 윤리위의 반문화적 전횡의 실체를 여론화해서 사회에 알리자는 쪽으로 의견을 같이했다. 검찰 공소장에서 말하는 '공모'가 이루어진 순간이다.

　나는 그날 작가가 서명한 《즐거운 사라》를 받았고, 그걸 들고 와 집에 오자 마자 단숨에 다 읽었다. 그것을 다 읽은 느낌은 그 이전에 내가 읽었던 자유분방한 성적 상념들이 넘실거렸던 마교수의 '권태'나 '광마일기'보다도 그 성의 표현들이 현저하게 줄어 있었고, 드라이한 묘사로 일관하고 있다는 느낌이었다. 그 동안 내가 읽었던 여러 국내외 작가들의 소설들과 비교해서도 《즐거운 사라》는 크게 문제될 것이 없겠다는 판단을 했고, 나는 내 느낌들을 솔직하게 마교수와 전화통화를 하면서 밝혔다.

　《즐거운 사라》는 1992년 8월 20일경쯤 출간되었다. 재출간하면서 서울문화사에서 냈을 때 '검열'을 의식하면서 삭제했던 부분들을 다시 보완하여 작가로서는 완성도를 더 높인 소설을 출간했기 때문에 상당히 즐거워

했다. 그러면서도 내심으로 윤리위에서 어떤 반응을 보일 것인가에 대해 우리는 예의주시하기로 하고, 만약 그전처럼 판금과 같은 '제재 결정'을 내리면 즉각적으로 대응한다는 약조를 굳게 했다. 《즐거운 사라》가 출간되자 윤리위쪽의 신경질적인 반응이 나타났고, 대중매체들에서 이 문제에 대해 관심을 보이기 시작했다. 신문이나 잡지, 방송 등에서는 표현의 자유와 한계의 문제, 그리고 이에 대한 공권력의 개입은 정당한가 하는 점에 초점을 맞추어 이 문제를 다루었다. 〈한국일보〉, 시사주간지인 《시사저널》, 《출판저널》 그리고 KBS 1 텔레비전의 '여의도법정'이라는 프로에서도 생방송으로 이 문제가 다뤄졌다. 그런 와중에 느닷없이 검찰이 개입하여 작가와 출판인을 전격적으로 구속해버림으로써 이 사건은 기름에 불을 붓듯이 삽시간에 전국을 온통 들쑤셔놓는 엄청난 '필화사건'으로 비화되었던 것이다.

우리의 변호를 맡았던 한승헌, 박용일 변호사 등이 했던 구속적부심사와 금보석 신청 등이 모두 거부되고 증거인멸이나 도주 등의 가능성이 거의 없는 우리는 결국 구속상태에서 재판을 받을 수밖에 없었다. 서울지방법원(판사 석호철)의 1심 판결은 그해 12월 28일에 있었고, 이 판결에서 마교수와 나는 징역 8월에 집행유예 2년을 언도받았다. 서울구치소에서 수감된 지 61일 만이었다. 한 편의 소설이 '음란문서'로 위조되고, 수십 년간 사문화되다시피 했던 법을 적용하여 작가와 출판인을 전격 구속수감하고, 유죄선고를 내린 《즐거운 사라》 재판은 국외에서는 물론 국내에서도 전무후무한 사건이었다. 이 사건의 핵심부분인 '음란성의 판단기준'에 대하여 1심 판결문은 다음과 같이 설명하고 있다.

첫째로는, 성문화관은 시대에 따라 변천하고 사회에 따라 다르므로 현재 이 사회에서의 건전한 사회통념에 따른 지배적인 성문화관에 의거하여 판단하여야 할 것이고, 둘째로는, 문서 자체로서 객관적으로 판단하여야 하고 제조나 판매자의 주관적인 의도에 따라 좌우되어서는 아니 될 것이며, 셋째로는 성적 수치 감정이 지나치게 민감 또는 둔감한 자나 미성년자가 아닌 그 시대의 통상적인 성인을 기준으로 하여야 할 것이고, 넷째로는 우리 헌법이 예술의 자유(제22조 제1항) 및 언론·출판의 자유(제21조 제1항)를 기본권의 하나로서 보장하고 있지만, 한편 언론·출판은 타인의 명예나 권리 또는 공중도덕이나 사회윤리를 침해하여서는 아니된다고 하고(제21조 제4항), 국민의 자유와 권리는 국가안전보장, 질서유지 또는 공공복리를 위해 필요한 경우에 한하여 법률로써 제한할 수 있도록 하고 있으며(제37조 제2항), 그러한 법률 유보규정에 따라 형법에서 음란문서 제조판매죄(제243조, 제244조)를 규정하고 있는 이상 문학작품이라고 해서 무한정의 표현의 자유를 누려 어떠한 정도의 성적 표현도 가능하다고 할 수는 없는 것이어서 문학작품이라는 이유만으로 당연히 음란성이 부정되는 것으로 볼 수 없을 것이며, 다섯째로는 다만 문학작품의 음란성 여부는 그 작품 중 어느 일부분만을 따로 떼어 논할 수는 없고 그 작품 전체와 관련시켜 전체적인 내용의 흐름에 비추어 이를 판단하여야 할 것이다.

결국 《즐거운 사라》는 성행위에 대한 묘사가 '노골, 상세, 구체적인 데다가 그 묘사부분이 양적, 질적으로 문서의 중추를 차지하고 있을 뿐만 아니라 그 구성이나 전개에서도 문예성, 예술성, 사상성 등에 의한 성적 자극 완화의 정도가 별로 크지 아니하여 주로 독자의 호색적 흥미를 돋우는 음란문서에 해당한다는 이유로 유죄판결이 내려졌다. 나는 이 판결문의 대목 대목에 반론을 붙이고 싶지는 않다. 또한 그럴 필요도 느끼지 않는다. 다만 이 판결문 전체를 하나의 큰 줄기로 보아 그 논지의 모순과 문제점들만 개략적으로 말하겠다. 판결문에서 음란성 여부는 '건전한 사회통념에 따른 지배적인 성문화관'에 근거해서 판단해야 된다고 말한다. 그리고 '음란'의 개념을 '그 시대의 건전한 사회통념에 비추어서 그것이 공연히 성욕을 흥분 또는 자극시키고 또한 보통인의 성적 수치심을 해하는 것이어서 건전한 성풍속이나 선량한 성적 도의관념에 반하는 것'이라고 규정하고 있다. 판사가 자인하고 있듯이 이것은 너무나 추상적이다. 추상적인 대로 이것을 정리해보면, 서울형사지방법원이 말하는 '음란'의 범위는, 첫째 성욕을 흥분·자극시키는 것(너무나 추상적이고 광범위하다), 둘째 '보통인의 성적 수치심'(이것도 너무 추상적이다. 도대체 보통인의 성적 수치심이라는 것은 무엇을 말하는가)을 해롭게 하는 것이라고 할 수 있다. 흥분되어서도 안되고 자극되어서도 안되는, 오, 그토록 불길한 성욕이라니!

그러나 인간의 성욕이란, 살아있는 건강한 사람의 성욕이란 활동하는 생의 한 에너지이고, 그것은 우리 시대의 개방적인 문화 앞에 그대로 노출되어 있다. 우리는 거의 매순간 성욕을 자극하고 흥분시키는 '개방적인 문화'들과 접촉하며 살고 있다. 텔레비전 드라마와 수없이 쏟아지는 광고들, 심지어 뉴스, 비디오, 영화와 같은 영상매체들이나 신문, 잡지, 도서들, 지하철 벽면에 부착된 광고들…… 특히 생산된 재화의 잠재소비를 창출해내기 위한 소비사회의 광고들이 '육감적인 육체의 이미지'들을 주로 사용하고, 사람들의 성적 호기심을 자극하고, 그것을 매개로 상품에 기호와 환영을 부여한다는 사실은 일종의 상식이다. 그것들을 전부 '음란'이라는 죄목으로 가둘 수 있는가!

더이상 우리는 육체를 감추고 옭죄던 유교문화적 윤리의 지배를 받는 사회에서 살지 않는다. 오늘의 육체들은 더이상 권력과 제도의 담론들에 의해 억압되어 감추어지지 않는다. 육체들은 은폐되지 않고 과감하게 자신을 드러내 보이고, 자기를 표현하고, 자기를 과시한다. 땀에 젖어 육체의 굴곡을 그대로 드러내는 강리나가 "온 몸이 달아오를 때 나는 이오니카!" 하며 음료수 광고 속에서 속삭일 때 건전한 사회통념을 가진 보통인들의 성욕도, 노골적으로 드러난 강리나의 매혹적인 젖무덤의 굴곡과 '달아오르다'라는 어사 속에 숨은 성적 암시의 속삭임으로 흥분되고 자극될 수 있는 것이다. 아무런 성적 흥분과 자극을 느끼지 못하는 사람이라면 불감증이거나 병적 증상이므로 클리닉의 도움을 받아야 하리라. 우리의 성욕을 흥분시키고 자극하는 이 모든 개방적인 문화들을 그 추상적인 '음란'의 법개념을 기계적으로 적용하여 다 구속시킬 수 있는가. 그것은 현실적으로 불가능한 일이다. 이 한 가지 사실만 보더라도 《즐거운 사라》 재판에 적용된 법이 왜 그토록 오랫동안 사문화될 수밖에 없었는가를 알 수 있다. 성적으로 흥분되는 것 자극되는 것은 죄악이 아니며, 살아있는 인간의 너무나 자연스러운 생명충동의 활동이다.

덧붙여서 판결문은 문학작품의 음란성 여부는 '어느 일부분만을 따로 떼어 논할 수 없다'고 말하고 있고, 작품 전체 내용과 관련하여 판단해야 된다고 명시하고 있다. 문학작품이 부분과 전체가 분리될 수 없는 유기적 관련 속에서 하나의 총체를 이루는 예술양식이기 때문에 이것은 너무나도 당연한 얘기이다. 한 편의 소설 중에서 어느 특정부분을 떼어 논하는 것은 논리적인 과장과 왜곡을 초래할 수 있다. 법원의 판결문도 그런 이유 때문에 그점을 명시해놓았을 것이다. 그러면서 검사의 공소장이나 판결문의 뒤에 '《즐거운 사라》 중 성행위 등 성관계를 노골적이며 구체적으로 묘사한 부분'이라고 부분부분에서 따온 대목들을 열한 쪽에 걸쳐 적시하여 별지로 붙이고 있는 모순을 저지르고 있다. 성행위 등이 '노골적이며 구체적'으로 묘사되었다는 그 부분들만을 두드러지게 드러냄으로써 '문학작품의 음란성은 어느 일부분만을 따로 논할 수 없다'는 스스로의 논리를 거스르는 모순에 빠져 있다. 그리고 그것이 그대로 보도자료로 돌려짐으로써 직접 그책을 접하지 않은 사람들로 하여금 《즐거운 사라》의 내용 전체가 마치 그러한 묘사들만으로 채워진 것처럼 오도하고 있다.

《즐거운 사라》는 작가와 그 출판인을 구속하고 유죄선고를 내릴 만큼 위험한 소설일까? 문학에 대한 역사를 조금만 돌이켜보아도 문학사가 끝없는 탈억압을 위한 싸움의 역사라는 사실을 곧 알 수가 있다. 《소돔성 120일》과 《규방철학》을 썼던 마르키 드 사드는 감옥에서 죽었고, 보들레르는 그 유명한 《악의 꽃》에 씌워진 풍기문란의 혐의 때문에 법정에 서야 했고, 《보봐리 부인》의 플로베르가 그랬고, 《챠탈레 부인의 연인》의 D.H. 로렌스가 그랬고, 《북회귀선》의 헨리 밀러가 그랬고, 《벌거벗은 점심》의 윌리엄 버로즈가 그런 수난을 당했다. 말할 것도 없이 《즐거운 사라》는 성의 해방을 꿈꾸는 작가 자신의 성에 관한 사상과 논리를 보여주기 위한

'소설적 실천의 한 행위'이다. 따라서 《즐거운 사라》에 성적 담론들이 많은 것은 지극히 자연스러운 일이다. 이 성애소설을 처음 읽었을 때 첫번째 느낌은 이 소설이 성을 달콤하거나 유혹적―많은 통속소설들이 그러하듯이―으로 묘사하고 있지 않다는 사실이었다. 그 문체는 분명 거치르고 생략적이고 건조했다. 그것은 이 소설이 다른 많은 통속소설들이 그러하듯이 독자들의 일시적인 호색적 쾌락을 충족시키기 위해 씌어진 것이 아니라는 사실을 입증한다.

마이클 퍼킨스는 현대의 성애소설이 정당화될 수 있는 세 가지 근거, 즉 공격적인 측면, 매혹적인 측면, 철학적인 측면을 가지고 있다고 말한다. 그에 의하면 '에로티시즘 저작의 공격적인 형태에서는 에로티시즘을 통해 무정부적인 충동을 자아내는 극단적인 표현을 포함한다. 그것의 공격적이고 잔인한 이미지들은 독자들에 충격을 가해 그들로 하여금 자기 자신의 억압되어 있는 성적 감정의 파괴적 측면을 자각하도록 만들기 위해 의도된 것'이라고 말하고, 매혹적인 형태에서는 성적 공감의 정서를 이끌어내어 독자의 본성을 비춰주며, 철학적인 형태에서는 에로티시즘의 본질을 탐색하고, 특히 에로티시즘을 통해 죽음의 의미나 자아의 초월을 깨닫게 해주는 의식적, 무의식적 충동을 고찰한다는 것이다(모리스 차니, 《우리는 문학 속의 성을 어떻게 이해하는가》에서 재인용).

《즐거운 사라》의 파문이 일어났을 때, 보수적 기득권에 속해 있는 사람들이 보여주었던 반응들은 마이클 퍼킨스의 성애소설이 '무정부적 충동을 자아내는 공격적인 측면이 있다는 지적을 생각나게 한다. 어느 사회에서나 보수적 기득권층들은 자신의 기득권을 보호하기 위해 현상유지를 원한다. 그들은 결코 그들의 삶의 토대인 현실이 무정부적인 상태가 되기를 원치 않는다. 《즐거운 사라》와 같은 성애소설은 사람들로 하여금 자신이 가진 성적 본성을 통찰하게 할 뿐만 아니라 기존의 도덕체계를 뒤흔들고 급진적인 현실변화를 초래할 만큼 위험한 '뇌관'을 가진 소설이다. 여러 편의 베스트셀러를 내며 1980년대 내내 대중적 장악력을 보여온 작가 이모씨가 작가의 구속에 항의하는 서열에 동참하고도 작은 꼬투리를 잡아 작가를 극렬한 언어를 동원해서 비난하는 이해하기 어려운, 그토록 불안하고 신경질적인 반응을 보였던 것도 그런 시각에서 보면 이해가 된다. 그가 부정을 하든 인정을 하든 그는 이 사회에서 남들이 쉽게 이룰 수 없는 부와 명성을 손에 거머쥔 크게 성공한 기득권층이고, 그 자신이 기득권을 가능하게 했고 또 그것의 계속적인 유지를 위해 현실의 급진적인 변화를 거부하는 보수주의의 심리가 그렇게 돌출적 행위로 드러났던 것은 아닐까. 그가 신문에 기고했던 그글의 논지는 구속을 정당화하려는 검찰이나 재판부를 크게 고무시켰고, 재판에서 '유죄의 정당성'을 보강해주는 근거로 자주 거론되었다는 사실을 그는 알고 있었을까. 그러나 그의 보수주의는 결코 돌연한 것이 아니다. 어쩌면 그것은 그의 문학의 본질이고 핵심인지도 모른다. 이데올로기의 첨예한 갈등이 소용돌이치던 1980년대 내내 그의 보수주의는 현실 변혁적 전망의 이념을 완강하게 거부하고 비판하는 논리로 드러난다. 그의 그러한 논리들은 항상 현상유지를 원하는 기득권층과 체제유지에 급급했던 권력들에게 반사이득을 안겨주곤 했다. 그의 소설들에 일관되게 깔려 있는 의고적擬古的 태도, 관념과잉은 작가가 자신의 체제유지의 보수이데올로기를 감추는 엄폐물이 되곤 한다. 그 사실을 확인하기 위해서 그의 소설 전부를 읽을 필요는 없다. 한 외제 볼펜, 즉 내면이 없는 무뇌아적인 사물을 화자로 내세워 세태를 풍자했다는 그의 《오디세이아 서울》의 지리멸렬한 실패는 전망 없는 한 작가의 예견된 실패이기도 하지만, 더 직접적으로 그 소설의 실패는 풍자와 우의의 날카로움은 지워져 있고 적당한 양비론과 흉하게 군데군데 돌출하는 보수주의에 대한 그의 반성 없는 완강한 신념으로부터 비롯된 것이다.

1992년 12월 28일, 1심 판결에서 집행유예를 받고도 나는 그대로 석방되지 않았다. 나는 다시 법정에 나올 때 타고 왔던 호송차에 실려 서울구치소로 갔고, 집행유예를 받고 석방을 위해 대기하는 피의자들을 따로 모아놓는 독방에 다시 몇 시간 동안 갇혀 있어야 했다. 그 독방들은 오래 관리하지 않은 공중변소처럼 지저분했고 난방도 전혀 되지 않았다. 그곳에서 한겨울의 추위로 덜덜 떨며 몇 시간을 기다린 끝에 퇴소절차를 받고 구치소에 입소할 때 영치시켰던 옷과 사물들을 찾아 구치소 밖으로 나왔을 때는 캄캄해진 밤 8시가 넘어서였다. 이것도 피의자들의 인권을 전혀 고려하지 않은 행정편의주의의 한 전형이라고 할 수밖에 없다.

마교수와 나는 출감하자 마자 그 이틀 뒤에 한승헌 변호사와 상의하여 곧바로 고등법원에 항소하였다. 그리고 항소심 재판은 1994년 8월, 지리하게 거의 2년여의 시간을 끈 끝에 항소기각이라는 결과로 끝나고 말았다. 그것은 예정된 시나리오의 한 결과였고, 한가닥 사법부의 양식과 소신 있는 판결을 기대했던 나는 그저 커다란 실망을 안고 대법원에 상고하는 것을 포기하고 말았다. 애당초 이 재판 자체가 권력 상층부의 지시에 의하여 급조된 것이고, 따라서 그 결과를 뒤집기 위해서는 자신의 모든 기득권을 내던지고 그 권력에 맞설 만한 비상한 소신과 용기를 가진 법관이 필요했던 것이다. 그러나 2년여 동안 재판을 지켜보며 권력에 예속되어 권력의 눈치를 보지 않을 수 없는 검찰은 말할 것도 없고, 우리 사법부의 관행과 토대 속에서 그런 용기와 소신, 정의를 가진 법관이 길러지기에는 아직은 요원한 일이라는 생각이 들었다. 특히 항소심을 맡았던 주심판사는 검찰과 변호인의 동의하에 진행되었던 전문인의 감정평가가 피고인들에게 유리하게 나오자 예정된 판결을 미루고 새로운 감정평가를 구해보자는 검찰측의 부당한 요구를 납득할 수 없는 궤변을 늘어놓으며 받아들이는 우유부단함과 무소신으로 일관하였다. 그는 끝까지 이 재판이 "유죄선고를 내려도 비판을 받고 무죄선고를 받아도 비판을 피할 수 없다" 는 알쏭달쏭한 명언을 남기고 시간만 질질 끌다가 법관의 정기이동때 다른 곳으로 가버리는 우유부단함의 극치를 보여주기도 했다.

한 명망있는 출판인의 꿈은 여지없이 깨져버렸고, 그 대신 너무나 많은 환멸을 안게 되었다. 아직 나는 《즐거운 사라》의 재판 후유증을 앓고 있다. 월남전이 끝난 지 오래인 지금에도 고엽제의 심각한 후유증을 앓고 있는 월남전 참전군인들처럼. 열두 해나 소중하게 키워오던 청하출판사는 타인에게 양도되었고, 나는 내 삶 속에 일어났던 두 번 되돌이키기 싫은 그 끔찍한 악몽을 지우기 위해 지금도 애쓰고 있다. 나는 하고 싶은 말을 충분히 다하지 못했다. 우선 이것으로부터 도피하기 위해 그토록 뒤로 미뤄놓은 끝이라 내게 주어진 시간이 너무나 촉박하고, 또 지면 또한 한정되어 있기 때문이다. 언젠가 또 내 속에 있는 뜨거운 말들을 토해낼 기회가 있으리라. 나는 이글을 1심재판 때 법정에서 내가 했던 최후진술의 일부를 기술하는 것으로 끝내고자 한다.

……《즐거운 사라》에 대해 검찰이나 또 검찰의 자문에 응했던 여러분들이 그것이 거둔 문학적 성과와는 상관없이 성표현이 지나치다고 지적했습니다. 저 역시 그점을 부정하고 싶지는 않습니다. 그러나 《즐거운 사라》의 성표현이 우리 사회의 평균적 규범과 정서를 앞지르고 있고 우리 의식을 충격하는 현저한 일탈을 성취하고 있다 하더라도, 그것이 추구하는 바는 한 젊은 작가가 지적하고 있듯 '속으로는 병들고 겉으로는 멀쩡히 위장된 사회에 대한 가식 없는 직시와 새로운 성윤리의 요청'이고, 또 한 비평가의 지적대로 《즐거운 사라》가 있다는 것만으로도 한국사회의 성윤리에 대한 총체적이고 생산적인 논의를 가능하게 했다는 순기능을 간과해서는 안 된다고 생각합니다. 아울러 《즐거운 사라》는 90년대 들어 일군의 젊은 신세대 작가들을 중심으로 새롭게 문학의 중요한 탐구영역으로 떠오르고 있는 인간의 내면, 자아, 욕망의 문제를 선도적으로 이끌고 있다고 생각했습니다. 《즐거운 사라》의 작가인 마광수 교수가 의도했건 아니건 간에 이 소설은 병든 관능주의를 앓고 있는 우리 사회의 한 일면을 의미심장하게 반영하고 있으며, '사라'는 우리 문학사 안에서는 그 유례를 찾아보기 힘든 사회일탈적인 한 자아의 내면과 욕망을 끈질기게 천착해냄으로써, 또 그 분방한 개성과 그 개성의 현존을, 허구의 지평 속에 활짝 펼쳐 보임으로써 타락한 세계의 치부를 가리고 있는 위선적 경건과 금욕에 대한 신랄한 야유를 퍼붓고 이중적 도덕구조를 가진 우리 사회에 도덕적 충격을 가하고 있습니다. 바로 그점이 이 작품이 거두고 있는 성과라고 봤습니다. 저는 《즐거운 사라》를 읽으며 쾌락이 아니라 고통을 느꼈고, 저라는 한 개체 속

에 잠재해 있는 욕망들에 대한 반성과 성찰의 계기를 발견했습니다. 한 사회의 도덕체계는 시간을 초월한 고정불변의 개념이 아니며 그 사회구성원들의 의식의 변화에 따라 유동적이고 가변적으로 변하는 개념이라고 할 때 90년대의 변화된 성의식과 행동양식을 의미있게 머금고 있는 《즐거운 사라》를 과거의 도덕률에 기초해 만들어진 법체계에 대한 기계적인 해석에만 의거하여 공권력을 발동하고 타율적인 규제를 가하고 사법적으로 처벌하겠다고 나서는 것은 상당히 위험한 발상이며, 빠르게 변화하는 시대를 따라가지 못하는 구태의연한 행위가 아닐 수 없습니다.

작가란 그의 작품을 통해 당대의 지배적 가치체계의 정당성에 대해 끊임없이 의문과 회의를 드러내고, 또 일탈적이고 가치전복적인 상상력을 펼칠 수 있을 때라야 비로소 작가의 소임을 다했다고 말할 수 있습니다. 우리의 한 유명한 시인이 "본질적으로 문학은 불온하다"라고 한 말은 현실에 대해 일탈적이고 가치전복적일 수밖에 없는 문학의 본질성을 압축하고 있는 것입니다. 문학은 굶주린 자에게 빵 한 조각의 충족도 줄 수 없으며 물리적 폭력 앞에 무방비하게 노출된 자에게 스스로를 방어할 어떤 도구도 될 수 없습니다. 문학은 빵도 아니며 칼도 아닙니다. 문학은 인간의 생물학적 필요 혹은 도구적 측면에서 보자면 그렇게 무용한 것이며, 무기력 그 자체일 것입니다. 다만 문학은 본질적으로 현실에 결핍된 꿈 혹은 유토피아를 추구하고 보여줌으로써 꿈이 아니고 유토피아가 아닌, 그것을 결핍하고 있는 당대 현실을 '불완전한 것'으로, 또 '추문'으로 떠들고 비판하고 충격을 가할 때 '쓸모 없는 것'이었던 문학은 돌연 한 조각의 빵보다, 한 사람의 신체와 생명을 폭력 앞에서 보호해주는 칼보다 더 중요한 의미를 획득하는 것입니다. 다시 말해, 문학이 그 본연의 기능에 충실하면 할수록 당대의 지배적 욕망과 권력 그리고 도덕, 풍속, 가치체계와 상충될 수 있는 가능성은 증대되며, 상호 충돌하는 그 문학과 당대의 지배적 가치체계는 시간을 두고 완만하게 때로는 급격하게 긴장·대립·타협·동화·삼투의 과정을 거치면서 한 사회의 아이덴터티를 파괴시키지 않으면서도 그 사회를 더 나은 사회로 변화시키는 힘으로 작용하는 것입니다······.

판결문

서 울 형 사 지 방 법 원

판 결

사 건   92고단 10092
　　　　가. 음란한 문서 제조
　　　　나. 음란한 문서 판매

피 고 인   1. 가, 나. 마광수, 교수
　　　　△△△△△△-△△△△△△△
　　　　주거　서울 용산구 이촌동 삼익아파트 1동 402호
　　　　본적　△△△△△△
　　　　2. 가, 나. 장석주, 출판업
　　　　주거　서울 강남구 대치1동 633의 7 조형빌라 2동 303호
　　　　본적　△△△△△△
검 사   김진태
변 호 인   변호사 한승헌, 박용일 (피고인들을 위하여)

주　문　피고인들을 각 징역 8월에 처한다.

　이 판결 선고 전의 구금일수 60일씩을 위 각 형에 산입한다. 다만 이 판결이 확정되는날부터 2년간씩 위 각 형의 집행을 유예한다.

　압수된 《즐거운 사라》 소설이 인쇄원판 23매(증제1호), 《즐거운 사라》 소설책자 1,890권(증제2호)을 피고인 장석주로부터 각 몰수한다.

이 유

범죄사실 피고인 마광수는 1984년경부터 현재까지 연세대학교 국어국문학과 교수로 재직하면서 신문이나 잡지 또는 단행본 등을 통하여 시, 소설, 수필 등을 발표하여온 자로서, 소설 '광마일기'에 대하여 음란성을 이유로 1990. 7. 26. 간행물윤리위원회로부터 '경고' 결정을, 1991 서울문화사에서 출판한 소설 《즐거운 사라》에 대하여 같은 이유로 1991. 9. 3. 위 위원회로부터 '관계당국에 제재결정'을, 여성잡지 《여원》에 연재한 소설 '절망보다 더 두려운 희망'에 대하여 같은 이유로 1991. 11. 19. 및 1991. 12. 10. 등 2회에 걸쳐 위 위원회로부터 '경고' 결정을, 1991. 5. 4. 불교방송 F. M.의 '밤의 창가에서' 프로에서의 외설스런 발언을 이유로 '방송출연금지' 결정을, 1992. 청하에서 출판한 소설 《즐거운 사라》에 대하여 '음란성'을 이유로 1992. 9. 1. 간행물윤리위원회로부터 '관계당국에 제재결정'을 각 받은 사실이 있는 자이고, 피고인 장석주는 문학평론가로서 1988. 1.경부터 현재까지 도서출판 청하의 대표로 재직중인 자 등인 바, 공모하여

1. 판매할 목적으로 1992. 5.말경 서울 서대문구 신촌동 소재 연세대학교 구내 피고인 마광수의 교수연구실에서 피고인 마광수가 '안주로 가져온 것은 껍질을 깐 땅콩이었다. 그냥 집어 먹으려는데, 문득 어떤 에로틱한 그림 하나가 머릿속에 떠올라왔다. 그래서 나는 땅콩 서너 알을 질 속에다 집어넣고 손가락으로 휘휘 저어보았다. ……나는 불두덩 근처가 차츰 달아오르는 것을 느꼈다. 다시금 한주먹의 땅콩을 질 속에다 쑤셔넣어본다. 꽉 찬 만복감, 아니 만질감 같은 느낌이 항문에서부터 머리 끝까지 올라오는 것이 거 참 기분이 상당히 괜찮다. 근사하다. 나는 다시 질 속에 꼭꼭 숨어 있는 땅콩 알갱이들을 뾰족한 손톱 끝으로 한알 한알 빼내어 입에다 넣고 먹어본다. 처음에는 빼내기가 쉬웠지만 나중에는 어려웠다. 하지만 깊숙이 박혀 있는 땅콩 알갱이를 빼내려고 손가락들을 집어넣고 휘저어대다보니 정말로 저릿저릿하면서도 그윽한 쾌감이 뼈 속 깊숙이 밀려왔다. 그래서 나는 일부러 손가락 동작을 아주 천천히 하여 질 속의 땅콩

을 우아한 방법으로 수색해내기 시작했다. 얼큰한 취기와 함께 남자의 페니스에 의해서 이루어지는 싱거운 오르가즘보다 훨씬 더 유연하고 지속적인 오르가즘이 찾아왔다'(30쪽) 등 '별지' 기재와 같이 성행위 등 성관계를 노골적이고도 구체적으로 묘사함으로써 성욕을 자극하여 흥분시키고 일반의 정상적인 성적 정서와 선량한 사회풍속을 해칠 가능성이 있는 내용으로 된 《즐거운 사라》라는 소설을 저작한 다음 1992. 5.말 일자불상경 위 연구실에서 피고인 장석주와 위 소설을 피고인 장석주가 발행하되 저작료는 권당 정가의 10%씩 주기로 하는 내용으로 된 위 소설 출판계약을 체결하여 피고인 장석주가 1992. 8. 20. 경 서울 강남구 청담동 79의 5 소재 도서출판 청하에서 초판 5,000권을 인쇄하여 음란한 문서를 제조하고,

2. 1992. 8. 20.경 서울 종로구 종로 1가 소재 교보문고 등에서 피고인 장석주가 위 소설을 권당 5,800원에 판매하는 위탁계약을 체결하여, 위 소설을 권당 5,800원씩 위 서점 등을 통하여 전국에 판매함으로써 음란한 문서를 판매한 것이다.

증거의 요지
1. 피고인들의 이 법정에서의 판시사실에 일부 부합하는 각 진술
1. 검사 작성의 피고인들에 대한 각 피의자 신문조서 중 판시사실에 부합하는 각 진술 기재
1. 검사 작성의 신태웅, 김남규에 대한 각 진술조서 중 판시사실에 부합하는 각 진술 기재
1. 장연식, 방순영 작성의 각 진술서 중 판시사실에 부합하는 각 기재
1. 검사 작성의 압수조서 중 판시사실에 부합하는 압수결과의 기재
1. 압수된 증 제1, 2호의 각 현존 및 그 기재 내용

법령의 적용
1. 각 형법 제244조, 제243조, 제30조 (각 징역형 선택)
1. 각 형법 제37조 전단, 제38조 제1항 제2호, 제50조

1. 각 형법 제57조
1. 각 형법 제62조 제1항
1. 피고인 장석주: 형법 제48조 제1항

(음란성 여부에 관한 판단)

(1) 피고인들 및 변호인의 주장

피고인들 및 변호인은, 형법에 규정된 '음란'의 개념은 그 시대의 보편적 정서와 가치를 반영하는 것이어서 시대의 흐름과 변천에 따라서 그 내용이 달라질 수밖에 없으며, 특히 문학작품에 대한 '음란'의 판단에 있어서는 문학, 예술 등이 허구의 세계를 다루는 것을 그 본질적 속성으로 하고 있는 점 및 우리 헌법이 예술의 자유와 언론, 출판의 자유를 국민의 기본권의 하나로서 보장하고 있는 점에 비추어 '음란'의 개념을 더욱 엄격하게 해석하여 창작활동을 위축시키지 않도록 하여야 할 것이므로, 그러한 관점에 서서 오늘날의 개방된 성윤리나 성문화 및 이 사건 소설의 전체적인 주제 등을 종합하여 검토해볼 경우 이 사건 소설은 음란성이 있는 것으로 볼 수 없다는 취지의 주장을 하고 있다.

(2) 음란성 판단의 기준

문서의 음란성 여부는 다음과 같은 기준에 의하여 판단하여야 할 것이다.

첫째로는, 성문화관은 시대에 따라 변천하고 사회에 따라 다르므로 현재 이 사회에 있어서의 건전한 사회통념에 따른 지배적인 성문화관에 의거하여 판단하여야 할 것이고,

둘째로는, 문서 자체로서 객관적으로 판단하여야 하고 제조자나 판매자의 주관적인 의도에 따라 좌우되어서는 아니될 것이며,

셋째로는, 성적 수치 감정이 지나치게 민감 또는 둔감한 자나 미성년자가 아닌 그 시대의 통상적인 성인을 기준으로 하여야 할 것이고,

넷째로는, 우리 헌법이 예술의 자유(제22조 제1항) 및 언론·출판의 자유(제21조 제1항)를 기본권의 하나로서 보장하고 있지만, 한편 언론·출판은

타인의 명예나 권리 또는 공중도덕이나 사회윤리를 침해하여서는 아니된다고 하고(제21조 제4항), 국민의 자유와 권리는 국가안전보장, 질서유지 또는 공공복리를 위해 필요한 경우에 한하여 법률로서 제한할 수 있도록 하고 있으며(제37조 제2항), 그러한 법률유보 규정에 따라 형법에서 음란문서 제조·판매죄(제243조, 제244조)를 규정하고 있는 이상 문학작품이라고 해서 무한정 표현의 자유를 누려 어떠한 정도의 성적 표현도 가능하다고 할 수는 없는 것이어서 문학작품이라는 이유만으로 당연히 음란성이 부정되는 것으로는 볼 수 없을 것이며,

다섯째로는, 다만 문학작품의 음란성 여부는 그 작품 중 어느 일부분만을 따로 떼어 논할 수는 없고 그 작품 전체와 관련시켜 전체적인 내용의 흐름에 비추어 이를 판단하여야 할 것이다.

(3) 음란성의 개념

위와 같은 판단기준을 종합하여 음란성의 개념을 정의하면 '음란'이란 '그 시대의 건전한 사회통념에 비추어서 그것이 공연히 성욕을 흥분 또는 자극시키고 또한 보통인의 성적 수치심을 해하는 것이어서 건전한 성풍속이나 선량한 성적 도의관념에 반하는 것'이라고 할 수 있을 것이다.

다만 위와 같은 추상적 개념만으로는 구체적 문서의 음란성 판단이 용이하지 아니할 경우가 많을 것이므로 그 판단방법으로서는 당해문서의 성에 관한 노골적이고 상세한 묘사서술의 정도와 그 수법, 그 묘사서술이 문서 전체에서 차지하는 비중, 문서에 표현된 사상 등과 묘사서술과의 관련성, 문서의 구성이나 전개, 더 나아가 예술성, 사상성 등에 의한 성적 자극의 완화의 정도, 이들의 관점으로부터 당해문서를 전체로서 보았을 때 주로 독자의 호색적 흥미를 돋우는 것으로 인정되느냐의 여부 등 여러 관점을 종합 검토하여 위와 같은 개념의 음란에 해당하는지 여부를 판단할 수 있을 것이다.

(4) 이 사건 소설의 음란성 여부

이 사건 소설《즐거운 사라》는 미대생인 여주인공 '사라'가 벌이는 자유분방하고 괴벽스러운 섹스행각 묘사가 대부분을 차지하고 있는데, 그

성희의 대상도 미술학도, 처음 만난 남자, 여중시절 동창생 및 그의 기둥서방, 동료 대학생 및 스승 등으로 여러 유형의 남녀를 포괄하고 있고, 그 성애의 장면도 자위행위에서부터 오럴섹스, 동성연애, 그룹섹스, 카섹스, 비디오섹스, 에이널 섹스 등으로 아주 다양하며, 그 묘사방법도 매우 적나라하고 장황하게, 구체적 사실적으로 또한 자극적 선동적으로 묘사하고 있어서 위 소설은 위와 같이 때와 장소, 상대방을 가리지 않는 각종의 난잡하고 변태적인 성행위를 선동적인 필치로 노골, 상세, 구체적으로 묘사하고 있는 데다가 나아가 그러한 묘사부분이 양적, 질적으로 문서의 중추를 차지하고 있을 뿐만 아니라 그 구성이나 전개에 있어서도 문예성, 예술성, 사상성 등에 의한 성적 자극 완화의 정도가 별로 크지 아니하여 주로 독자의 호색적 흥미를 돋우는 것으로밖에 인정되지 아니하는바, 위와 같은 여러가지 점을 종합고찰하여볼 때 위 소설은 문학작품에 있어서의 표현의 자유의 최대한 보장이라는 명제와 오늘날의 개방된 성문화 및 작가가 주장하는 '성논의의 해방'이라는 전체적인 주제를 고려한다 하더라도 형법 제243조, 제244조에서 말하는 음란한 문서에 해당되는 것으로 봄에 의심의 여지가 없다 할 것이다.

(양형의 이유에 관하여)
오늘날에 이르러서는 지난날에 비해 성도덕 및 성문화가 많이 개방화 되었지만 사회의 건강한 유지, 발전을 위해서 건전한 성적 풍속 내지 성도덕을 보호해야 할 필요성은 여전하다 할 것이고, 특히 근자에 이르러 성의 문란으로 인한 성도덕과 성풍속의 타락은 퇴폐, 향락 풍조를 조장하고 건전한 문화 발전을 저해하며 각종 성범죄 유발의 동기를 제공할 우려가 있으므로 이로부터 사회공동체를 보호하여야 할 필요성은 더욱 크다 할 것인바, 그럼에도 불구하고 피고인 마광수는 대학교수의 신분에, 피고인 장석주는 출판사 대표의 신분에 있어 위와 같은 필요성을 충분히 알 만한 위치에 있으면서도 음란성의 정도가 결코 적지 아니한 위와 같은 소설을 저작, 출판하여 판매한 행위는 비난받아 마땅할 것이다.

그러나, 한편 피고인 마광수는 아무런 전과 없고 피고인 장석주는 벌금형 1회 이외의 전과가 없는 자이고, 피고인 마광수는 문학가 및 대학교수로, 피고인 장석주는 문학평론가 및 출판사 대표로 각 10여 년간 성실히 강의, 저작, 평론, 출판 등의 업무를 수행해왔으며, 나아가 피고인들은 그동안의 적지 않은 구금기간을 통하여 자신들의 잘못을 뉘우치고 다시는 위와 같은 행위를 하지 않을 것을 다짐하고 있을 뿐만 아니라 피고인 마광수는 노모, 피고인 장석주는 처, 자녀를 부양해야 하는 딱한 가정사정에 놓여 있는 점 등의 제반 정상을 참작해보면 피고인들에 대해 이번에 한하여 집행을 유예함이 상당하다고 판단된다.

이상의 이유로 주문과 같이 판결한다.

1992. 12. 28.

판 사 석호철

(마광수 장편소설 《즐거운 사라》 중 성행위 등 성관계를 노골적이며 구체적으로 묘사한 부분)

- '나는 그가 내 두 다리를 그의 양 어깨 위에 걸쳐놓고 내 삼각주 부분에서 흘러나오는 애액을 맛있게 빨아먹고 있는 소리를 들어보려고 애쓴다. 아아아아 흐흐흐흐흥……, 나는 나직한 톤으로 기쁨의 신음소리를 내뱉는다' (31쪽)

- '그 녀석은 아주 작고 말랑말랑해져 있을 때 더 귀엽고 예쁘다. 그럴 때 남자의 심볼은 갖고 놀기에 아주 좋은 장난감이 된다. 나는 기철의 페니스를 머릿속에 그려보면서, 그 아래 매달린 고환 속의 방울 두개를 내 손바닥 안에 넣고 살살살 비벼본다. 그리고 말랑말랑한 고추를 손가락으로 이러저리 톡톡 건드려도 본다. 그러다 보면 어느새 그놈이 성을 내기 시작한다. 이제부터는 이쪽에서 당할 차례다. 그 녀석은 몸 안의 살덩어리 안으로 비집고 들어와, 좁은 터널 속을 이리저리 종횡무진으로 휩쓸고 다닌다……' (33쪽)

- '기철은 치마를 벗기지 않은 채로 나의 두 다리를 벌리게 하여 자기의 무릎 위에 앉힌다. 그의 성난 남근이 내 팬티를 뚫는다. 아니 뚫는게 아니라 나의 팬티가 마치 콘돔처럼 기철의 남근을 감싸고 나의 성기 안으로 들어온다. …… 나는 손으로 기철이 불두덩을 밀어내고 팬티를 아래로 내려버리려고 한다. 그러나 다리를 벌린 상태이기 때문에 팬티가 밑으로 잘 내려가지 않는다. 그러자 기철이가 나를 번쩍 들어안아 침대 위에 메다꽂듯이 눕힌다. …… 나는 그의 살집 없는 엉덩이의 근육과 고불고불하게 나 있는 무릎 밑의 털을 발바닥으로 살금살금 간지르듯 만져준다. 기철은 침대 위에 벌렁 드러눕는다. 나는 기철의 배 위에 올라가 두 몸이 한 몸이 되도록 조립한다. 그리고 나의 하반신을 이리저리 멧돌 굴리듯 빙글빙글 음산하게 움직인다.' (46~47쪽)

― '내 젖꼭지가 그의 입 속에서 잘근잘근 씹혀지고 내 클리토리스가 그의 손가락에 의해 사정없이 짓이겨졌다. 너무 서둔다, 너무 서둘러…… 이왕에 먹을 건데 좀 천천히 씹어먹을 일이지…… 무슨 이유 때문인지는 몰라도 남자는 사랑에 무척이나 허기져 있었던 것같았다.……

그는 허연 액체를 헐레벌떡 내 몸 안에 쏟아붓고 나서, 심각한 표정이 되어 내 몸뚱이 위에 엎어져 있었다. 확실히 코가 높은 남자들은 섹스를 할 때도 심각하고 사색적인 방식으로 하는구나'(87쪽)

― '자기가 식사를 하고 있는 동안 나는 계속 그이의 페니스를 빨아줘야 할 때도 있어. 그리고 내가 식사를 할 때 음식마다 정액을 뿌려놓을 때도 있구. 가끔 가죽혁대로 내 엉덩이를 때리는 적도 많아. 술을 마실 땐 내가 언제나 술이나 안주를 내 입 속에다 머금었다가 다시 그이의 입에다 넣어줘야 해. 삽입성교를 할 때도 가끔은 편안한 침대를 놔두고 화장실 안에서 하기를 좋아하지. 하루종일 내 그 부분에다가 계속 모조페니스를 끼워놓고 있게 한 적도 있어. 또 내가 꽁꽁 묶인 채로 그의 페니스와 항문을 핥아줘야 할 때도 있구……'(125쪽)

― '처음엔 가끔씩 자기 오줌을 받아 먹으라고 시키더니, 요즘은 아예 오줌이 마려울 때마다 몽땅 다 받아 마시라는 거야. 그리고 또 내 성기 안에다가 밤알 만한 크기의 금방울 두 개를 계속 집어넣고 있으라지 뭐니. 항문 섹스를 할 때 잠깐 동안만 넣었다 빼내면 안되냐고 했더니 절대로 안된다는 거야. 언제나 집어넣고 있어야만 내가 진짜 음탕한 여자가 될 수 있다나. 그래서 시험삼아 한번 넣어봤더니 너무 아프고 불쾌하더군. 그래서 이것만은 제발 봐달라고 했더니, 차마 강제로 시킬 순 없고 하니까 자주자주 짜증을 내는 거야'(126쪽)

― '나는 정아와 키스를 나누면서 마음 속으로, 이애는 절대로 불감증이 아니로군, 하고 중얼거렸다. …… 우리는 계속해서 흘끔흘끔 비디오 테이

프를 참조해가며 철부덕 철부덕 끈끈한 애무를 나누었다. 옷을 벗었지만 그래도 더워서, 우리 두 사람이 몸뚱이를 슬근슬근 비벼댈 때마다 마치 때가 밀려나올 것만 같은 느낌이 들었다. 그래도 나는 기분이 나쁘지 않았다. 난생 처음 맛보게 된 멋진 신세계요, 유쾌한 경험이었다'(133쪽)

— '두 사람은 발가벗은 채 한창 힘겨운 레슬링 경기를 벌이고 있었다. 그런데 자세히 보니 정말 정아 말대로 김승태는 정아 뒤에 쭈그린 자세로 서서 에이널 섹스를 시도하고 있는 것이었다. 책에 씌어 있기로는, 에이널 섹스는 고추의 길이가 우리나라 남자보다 훨씬 더 길고 또 정력도 센 서양 남자들의 특기라고 하던데, 김승태가 그걸 즐기는 걸 보니 꽤나 장대한 페니스를 갖고 있는 것같았다'(138쪽)

— '그래서 나는 옷을 벗어붙이고 다짜고짜 두 사람 사이를 비집고서 돌진하여 들어갔다. 분위기를 돋우겠다는 건지 김승태가 비디오 테이프 하나를 골라서 틀었다. 내가 예상했던 대로 남자 하나와 여자 둘이 나오는 포르노 필름이었다. …… 김승태가 매일같이 한숨 쉬며 보채댔던 1대 2의 섹스를, 이젠 드디어 해보게 됐다는 것에 대해 감사한 마음이 드는 듯한 표정을 했다. 나는 텔레비전의 화면을 슬쩍슬쩍 봐가면서 될 수 있는 한 미친년처럼 흥분해보려고 애썼다. …… 우리들은 한 시간 남짓 서로 얽히고 설켜 꽤 유난스런 페팅을 즐겼다. 정아와 내가 김승태의 페니스를 혓바닥으로 애무해줄 때마다, 김승태는 아주 기분좋은 표정이 되어 흡사 어린 아이 같은 미소를 흘리고 있었다. …… (3)이라는 숫자는 언제나 (완벽한 조화)를 뜻한다고 들었다. …… 남자와 여자를 섞어 세 사람이 한데 모여 발가벗고 놀 때, (관능적 긴장감)이 가장 완벽하게 유지되는 것같다. 남자 둘에 여자 하나든 여자 둘에 남자 하나든 아무래도 좋다. 그렇게 되면 동성의 두 사람끼리 야릇한 질투심이 오가게 마련이어서 권태감을 방지해주는 역할을 하고, 사랑하는 마음을 더 돈독하게 하고'(139-140쪽)

― '방에서 식사할 때가 제일 재미있는 시간이었는데, 김승태는 나와 정아로 하여금 교대로 자기의 심볼을 빨게 했다. 서울의 정아네 아파트에서 김승태 혼자서 밥을 먹을 때 정아가 그의 페니스를 핥고 빨아주었다면 그건 꽤나 을씨년스런 풍경이었을 게 틀림없다. 그런데 두 사람 사이에 내가 끼어들어, 정아가 식탁 밑에 개처럼 웅크리고 앉아 그의 심볼을 혀로 애무해줄 때 나는 김승태 곁에 붙어 앉아 있었다' (155쪽)

― '한참 동안 빨아주었는데도 김승태는 도무지 사정할 기미를 안 보인다. …… 나도 팬티를 벗어 던지고 치마를 위로 젖힌 다음 그에게 핥아 달라고 했다. …… 그는 나의 주문에 순순히 응해주었다. 그의 느물느물한 혀끝이 내 사타구니 사이를 미끌미끌 스치고 지나갔다. 하지만 나는 별로 기분이 좋지도 않았다. 아무래도 나는 매저키스트의 체질을 타고 난 것이 분명하다. 김승태가 오로지 의무감에 넘쳐 내 클리토리스를 혀끝으로 힘겹게 찾아 헤매는 게 안쓰러워 보이고 또 감질만 나서, 나는 손으로 그의 입술을 밀어버리고 다시금 그의 페니스를 향해 입을 벌리고서 엎어졌다. 혓바닥이 얼얼해질 정도로 한참동안 핥아주고 나니까, 그제서야 드디어 쩔쩔쩔 정액이 흘러나온다. 생각보다는 수압이 별로였다. 나는 그것을 한 방울도 남기지 않고 다 받아 마셨다. 별로 맛있게 느껴지지가 않았다. 예전에는 그게 한없이 감칠맛나게 느껴질 때도 있었는데 말이다' (171-172쪽)

― '나는 왠지 신경질이 나서 김승태의 윗도리까지 홀라당 다 벗겨버렸다. 그리고는 혓바닥에 잔뜩 힘을 주어 그이 배꼽에서부터 젖꼭지까지, 그리고 젖꼭지에서부터 모가지 언저리까지 날름날름 핥아나갔다. 김승태는 나를 얼싸안고 소파 위에 벌러덩 나자빠지더니 계속 끼둥거리며 헉헉댔다. 아깐 자기가 늙었다고 엄살을 떨어대더니만 정력이 어지간히 센 모양이다. 그러니까 정아하고 항문성교까지 하지 …… 그 구멍이 좀 좁나…… 그는 결국 나를 발딱 젖혀놓더니, 뻣뻣하게 선 페니스를 앞장세우고 씨근씨근 돌진해 들어왔다. 하지만 이번만은 내 쪽에서 생각이 달라졌다. 이젠

정말 싱거운 삽입은 싫다. 나는 나이트클럽에서 만난 어중이 떠중이들과 실없이 나눴던 인터코스가 생각나 몸서리가 쳐졌다. 그가 나를 사랑하고 나도 그를 사랑하는, 그리고 나를 정말 진정으로 아끼고 위해 주는 그런 남자하고만 삽입성교를 하고 싶다 …… 나는 돌진해 들어오는 김승태의 페니스를 손으로 붙잡아 스톱시키고 나서 그것을 다시 내 입안으로 끌어들였다. 그런 다음 이빨로 잘근잘근 살짝 깨물어주었다' (177쪽)

- '핥는 솜씨가 대단했다. 정말 온 몸 구석구석까지 꼼꼼하게 뒤져가며 정성껏 핥아준다. 아주 부드럽다. 아주 달콤하다. 이런 남자라면 같이 살아도 괜찮을 것같다는 생각이 든다. 하지만 언제까지나 이렇게 잘 해주진 않을 테지. 남자들은 다 욕심쟁이니까 …… 나는 그가 어쩌나 보려고 계속 꼼짝없이 누워만 있었다. 정말 혓바닥 힘이 대단했다. 그리고 침도 많다. 혀가 깔깔해졌을 텐데 계속 부드럽게 잘도 핥아댄다. 그래서 결국은 내가 항복하고 말았다. 나는 도저히 못 참을 지경이 되었다. 그래서 나는 그의 바지춤에서 페니스를 끄집어내었다. 어떻게 생겼나 정말 궁금했기 때문이었다. 내가 예상했던 대로 그건 별로 크지 않았다. 술을 많이 마셔서 그런 것일까. 발기조차 제대로 되어 있지 않았다. 그래서 나는 그의 심볼을 입 속에다 넣고 우물거려보았다.' (221쪽)

- '그는 페팅의 면에 있어서만은 나를 정신없이 헷갈리게 했다.……
그는 거미와도 같았다. 그가 가늘고 긴 손가락을 촉수처럼 뾰족하니 세우고 나를 간지럼 태우거나 내 음문을 후빌 때, 나는 자지러질 수밖에 없었다.
…… 그의 차가운 손끝이 내 젖꼭지와 젖꼭지 주변, 그리고 속눈썹과 입술, 목, 가슴, 배, 팔과 넓적다리의 안쪽, 겨드랑이의 우묵한 부분, 발바닥과 혓바닥, 사타구니와 항문 주위를 간지럽힐 때, 나는 깊고 깊은 수렁 속으로 한없이 빠져들어가고 있는 듯한 착각에 빠져들었다.
…… 그러다가 그는 그의 머리털과 입술 그리고 무성한 음모 등을 이용

하여 내 몸을 부드럽게 비벼준다. 그러다가 최종단계에 이르러서는 드디어 축축한 그의 혓바닥이 등장하여 뱀처럼 나를 휘어감는 것이다. 그는 정말 개처럼 잘도 핥았다. …… 그는 미칠 듯이 핥아대다가 내 몸에 침을 뱉기도 하고 어떤 때는 내 몸 전체에 술을 붓고 핥아먹기도 했다. 그러다가 페팅의 종반부에 이르면 처음과는 달리 거의 신경질적으로 내 질구를 거칠게 쑤셔대었다. 그때 그가 사용하는 손가락은 검지와 장지 두 개일 때가 보통이었고, 어떤 때는 약지까지 가세하여 세 개가 될 때도 있었다. 그리고는 손가락에 묻은 점액을 자기가 빨아먹기도 하고 또 내게 빨아먹도록 시키기도 했다. …… '네 멘스를 받아서 거기에 밥을 말아 먹고 싶다'거나 '손톱을 한 10센티미터쯤 되게 더 뾰족하게 길러 그리고 거기에 빳빳하게 풀을 먹여. 그런 다음에 그걸로 빗 대신 내 머리를 빗겨주고 포크 대신 음식을 먹여줘. 그리고 가끔씩 내 온 몸을 할퀴고 찔러줘. 피가 흘러나오면 아주 천천히 핥아먹어' 같은 것도 있었고, …… 또 네가 이빨이 하나도 없다면 얼마나 좋을까. 그러면 네가 내 페니스를 빨아줄 때 너나 나나 한결 더 맛이 좋을 텐데.' (292-294쪽)

- '오럴섹스 도중에 그는 내 흥분을 돋우어주려고 내 눈을 두터운 머플러로 묶어 거리거나, 당근이나 오이를 거기다 박아넣기도 했다(거기다가 당근이나 오이를 처음으로 박아넣었을 때, 나는 김승태가 정아에게 사용했던 고무로 만든 모조남근을 생각했다. 그렇지만 가만히 생각해보니 모조남근보다는 당근이나 오이가 더 자연스럽고 야한 느낌을 주는 것같았다). 어떤 때는 또 내 두 손을 묶거나 두 발까지 묶어 내가 아주 불편한 상태에서 펠라티오를 하도록 시키기도 했고, 페니스에 잼이나 버터를 발라놓고 아주 천천히 핥아먹게 하기도 했다. 그러면서 그는 좀체로 사정을 하지 않고 나를 짐승부리듯 부려먹기만 하는 것이었다. 내 조그만 입과 목구멍이 그의 우람한 페니스로 가득 찰 때, 나는 금방이라도 질식해 죽어버릴 것만 같은 공포감에 휩싸였다. 그는 내가 숨이 막혀 헉헉거릴 때면, 페니스를 끝까지 몽땅 목구멍 속에다가 집어넣지 말고 그냥 핥기만 하라고 했다. 그렇

지만 나는 그의 명령을 거역하고 그의 페니스를 일부러 목구멍 깊숙이까지 꾸역꾸역 우겨넣는 경우가 많았다. 그럴 때마다 나는 죽음의 쾌감이 얼마나 감미로운 것이라는 것을 드디어 알 수가 있었다.' (296-297쪽)

— '그가 진심으로 나를 야단쳐줬기 때문인지, 이상하게도 나는 관능적으로 흥분이 되었다. 형언할 수 없으리만치 짜릿짜릿한, 그리고 미치도록 감미로운 기분이었다. 나는 무의식중에 그의 사타구니 사이로 엎어져 그의 심볼을 정신없이 빨아대고 있었다. 그러면서 생각해보니 한지섭과 나는 앞으로도 계속 선생과 학생 사이로 약간 거리를 두고 지내는 게 나을 것같다는 생각이 들었다. 그래, 그래…… (당신)은 역시 어색해. 이제부터는 죽어도 그를 (선생님)이라고만 부르기로 하자. 그리고 꼭 존댓말을 써야지. 그 편이 관능적 쾌감을 상승시키는 데 훨씬 더 도움이 되겠다…… 오랫동안 입씨름만 했기 때문인지, 그날따라 그의 페니스에서 풍겨나오는 퀴퀴한 냄새가 그렇게 고소할 수가 없었다. 한지섭도 흥분한 듯했다. 그는 내 몸 여기저기에다 입술을 대고 짓뭉개기라도 할 듯 정신없이 비벼댔다' (315쪽)

—이 상—

항소이유서

93노 446호

항 소 이 유 서

피고인 마광수
장석주

위 사람들에 대한 음란문서 제조·반포 피고사건에 관하여 다음과 같이 항소이유를 밝힙니다.

다 음

1. 원판결은 피고인 마광수가 창작하고 같은 장석주가 발행한 소설 《즐거운 사라》가 형법 제244조 및 같은 법 제243조의 음란문서에 해당된다는 공소사실을 그대로 받아들여 유죄로 인정하고 피고인들에게 각 징역 8월과 2년간 집행유예의 판결을 선고하였습니다.

그러나 이건에서 문제삼고 있는 위 소설은 이른바 '음란문서'가 아닙니다.

2. 피고인들에 대한 적용법조인 형법 제244조 및 제234조의 '음란'의 개념 또는 정의는 법에 없습니다. 따라서 '음란'의 개념은 매우 애매하여 다만 판례와 학설에 의존할 수밖에 없게 되었습니다.

재판의 실제면에서는 대법원 판례에 좇아, 사람의 성욕을 자극·흥분시키고 정상인의 성적 수치심을 해치며 선량한 성적 도의 관념에 반하는 것을 '음란'이라고 정의하고 있습니다.

그러나 사람의 성욕을 자극·흥분시키는 것이 과연 범죄가 될 수 있는지를 먼저 생각해보아야 합니다. 또한 '성적 수치심'이니 '선량한 성도의 관념'은 또 무엇이며 그처럼 종잡을 수가 없는 '수치심'이나 '관념'을 처벌기준으로 삼는 것이 죄형법정주의에 어긋나는 일이 아닌가라는 물음에도 대답할 수 있어야 합니다.

3. 사람의 언동이나 표현물의 '음란성' 여부는 한 시대의 사회통념에 따라 판단되어야 합니다.

우리 대법원 판례가 의존하고 있는 일본의 《채털리 부인의 연인》 번역 출판사건의 판결은 1950년대의 일본의 사회통념에 입각한 판단이었습니다. 당시의 일본에서는 '음란'의 개념을 그렇게 보았다 할지라도 반 세기 가까운 세월이 지나는 동안 성에 대한 의식과 풍속이 엄청나게 달라졌기 때문에 오늘에 와서는 그와 같은 음란의 개념풀이는 이미 타당성 내지 규범력을 상실하였다고 봅니다. 지금은 《채털리 부인의 연인》의 완역판(무삭제)이 일본에서 아무런 처벌도 당하지 않고 판매되고 있음이 그런 변화를 증명하고 있습니다.

이점에 관해서 일본의 한 판례는 "외설문서의 범위는 시대의 진보에 따라 점차 감축되어가는 경향이 있다고 해석될 것인바, ……외설문서에 해당되는지의 여부는 당시의 일반사회의 양식에 비추어 객관적으로 판단되어야" 할 것이라고 하였습니다.

그리고 시대와 풍조는 크게 달라졌습니다. 특히 성에 대한 표현과 논의의 폐쇄성이 무너지고 성윤리와 성도덕도 금기禁忌일변도에서 해방되었습니다. 신체의 노출에서부터 성적 표현의 자유에 이르기까지 종래의 억압과 금기가 놀랍도록 해제된 지 오래입니다. 문학 예술, 대중매체, 오락 등 할 것 없이 성적 표현 내지 성문제를 대담하게 다루고 있으며 옛날같으면 음란이라고 금지당할 일이 별다른 죄의식이나 제재를 받음이 없이 수용되고 있습니다. 심지어는 한 공연윤리기구의 책임자가 포르노 극장의 필요성을 역설했을 만큼 우리나라의 사회통념도 변화되었습니다. 그런데도 50년대식 음란의 개념을 그대로 적용하여 형사처벌을 시도한다는 것은 납득되지 않는 일입니다.

4. 이건에서 문제삼고 있는 소설 《즐거운 사라》는 종래의 판례대로 하더라도 음란문서가 아닙니다.

이 소설의 독자 중에는 주인공 사라의 다양한 성편력과 대담한 성행위를 이례적인 느낌을 가지고 접한 사람도 적지 않을 것입니다. 동시에 그런 남녀의 교섭이 옳고 그름을 떠나서 오늘날 우리의 현실과 무관할 수 없는 어떤 의미를 심어주고 있다는 점도 시인하게 될 것입니다. 무분별하리만큼 방만한 오늘의 성풍속을 가감 없이 담아놓은 이 작품은 '사라'라고 하는 여대생을 내세워 헷갈리고 방황하는 가운데 자신의 정체성을 깨달아가는 젊은이를 그린 것입니다.

작가는 오늘날 젊은 세대가 갖고 있는 성의식과 행복관을 주인공을 통해서 사실적寫實的으로 표현하고자 하였으며, 문학은 위선적으로 고착된 도덕주의와 경건주의로부터 해방될 때 비로소 참다운 문학이 될 수 있기 때문에 이광수류의 계몽주의적 잣대로 문학을 재려는 기도에 반대한다고 하였습니다.

5. 이건 소추의 이유 가운데는 사라와 같은 성적 행각이 일반성이 없고 부도덕, 반윤리, 퇴폐, 변태, 무분별 따위로 매도될 수밖에 없다는 판단이 작용한 듯합니다.

그러나 소설작품은 (앞서 말한 대로) 도덕과 윤리에 얽매이는 권선징악의 교과서가 아니기 때문에 작가는 작품 속의 등장인물이 반드시 도덕적이어야 한다거나 변태성욕자여서는 안된다던가 하는 주문을 받아들일 의무는 없습니다.

6. 사라라는 인물의 설정이 오늘날의 성윤리와 무관할 수 없는 이상, 사라의 행각은 옳다 그르다는 평가 이전에 현실의 거울임을 부정할 수 없습니다. 그러기에 성급하게 선악의 저울을 들이대기보다는 사라라는 한 여자의 사고와 행태에 내포되어 있는 실존적인 의미를 음미하고 이해해야 합니다. 한국의 성윤리는 쓰레기통에 뚜껑만 덮어놓고 있는 양상이라고 생각한 작가가 그 뚜껑을 열어보인 것이 과연 범죄일 수가 있겠는지 의문입니다.

흔히 문학과 현실 사이의 상관성에 관해서 말할 때에, 문학은 현실을 반영하는 거울이라고 합니다. 그렇다면 실제생활에서는 성의 문란을 보고 겪으면서 왜 문학이 그것을 다루어서는 안되며 문학에 대해서 문란의 책임을 물으려고 하는지 납득할 수가 없습니다. 거울에 비치는 현실을 거울 탓으로 돌려서는 안됩니다.

7. 원판결은 음란성의 개념을 '그 시대의 건전한 사회통념에 비추어 그것이 공연히 성욕을 흥분 또는 자극시키고 또한 보통인의 성적 수치심을 해하는 것이어서 건전한 성풍속이나 선량한 성적 도의관념에 반하는 것'이라고 정의하였습니다.

그러나 '건전한 사회통념', '공연히 성욕을 흥분 또는 자극시킨다.' '보통인의 성적 수치심', '건전한 성풍속'. '선량한 성적 도의관념'이란 말 자체가 지극히 애매모호하고 추상적이어서 그 내용 또는 기준을 종잡을 수가 없기 때문에 법관의 자의나 독단의 개입을 불가피하게 만드는 표현이므로 형사책임의 유무가 걸린 구성요건의 해석기준으로 삼을 수는 없다고 하겠습니다.

형벌법규는 조문 자체에서 허용과 금지의 한계를 분명히 정해놓아야 하며, 적어도 해석(판례)상으로라도 그 구성요건 해당성이 명백히 되어야 함에도 불구하고 그러한 윤곽조차 제시하지 못하고 귀걸이 코걸이식의 해석·적용밖에 할 수 없도록 추상적인 용어만 나열한 것은 죄형법정주의에 위반된다고 보지 않을 수 없습니다.

8. 원판결 역시 무엇이 '건전한 사회통념'인지, 성욕을 흥분·자극시키는 것이 왜 나쁘며 왜 그것을 범죄의 요건으로까지 보아야 하는지, '보통인의 성적 수치심', '선량한 성적 도의관념'은 과연 무엇인지에 대해서는 아무런 언급도 (하지 않고) 하지 못하고 있습니다.

원판결도 앞서와 같은 '음란성' 개념의 막연함을 시인하면서 "다만 위와 같은 추상적 개념만으로는 구체적 문서의 음란성 판단이 용이하지 아니할 경우가 많을 것"이라면서 그 '판단방법' 몇 가지를 제시하였습니다. 그러나 '음란성'이 구체적으로 무엇을 뜻하는지 불확실한 터에 판단의 방법만을 열거하는 것은 의미가 없습니다. 다시 말해서 '음란'의 요건 또는 기준을 명확히 규정하고 난 뒤에라야 그에 해당되는지의 여부를 판단하는 방법론의 실익이 있습니다.

마치 횡령죄나 내란죄의 개념·요건을 명확히 한 뒤라야 그 요건에 맞는지의 여부를 판단하는 방법론이 쓸모가 있는 것과 같습니다.

9. 원심은 이건 소설이 여주인공 사라가 벌이는 분방하고 괴벽스러운 섹스행각 묘사가 대부분을 차지하고 있다든가, 그것이 사실적이라든가 문예성, 예술성, 사상성 등에 의한 성적 자극 완화의 정도가 별로 크지 아니하다든가라는 등의 이유를 들어 형법 제244조에서 말하는 음란문서에 해당된다고 설시하였습니다. 그리고 '문학작품에 있어서의 표현의 자유의 최대한의 보장'이라는 명제와 오늘날의 개방된 성문화 및 작가가 주장하는 '성논의의 해방'이라는 전체적인 주제를 고려한다 하더라도 역시 그렇게 볼 수밖에 없다고 했습니다.

그러나 만일 원판결이 그러한 관점을 제대로 살려서 판단했다면 이 사건의 사법적 결론은 전혀 달라졌을 것입니다. 요컨대 원판결은 성의 대담한 묘사를 곧 범죄시하려는 낡은 사고에서 벗어나지 못하였으며 이는 시대 풍조의 변화와 그에 영향을 받은 90년대 문학사조의 경향을 이해하지 못한 소치입니다.

10. 실제생활에서는 놀라운 성적 표현과 입에 담을 수 없이 타락한 성문란을 보고 겪으면서 픽션인 소설에서는 왜 그것을 다루면 안되는가를 묻고 싶습니다.

일본의 판결례에도 '⋯⋯각종 형태로 성표현의 정도가 대담해지고 예전에 터부시되었던 성표현 방법이 공개·유포되어 점차 그 정도를 높여가고 있다. 보통인의 의식이 구시대에 비하여 보다 솔직·대담한 성표현을 긍정·수용하는 변화를 보이고 있음은 부정 할 수 없다'고 하여 무죄를 선고한 사례가 있습니다. (1979. 10., 동경東京지방재판소 판결)

우리의 경우에도 각종 형태로 성표현의 정도가 대담해진 점, 예전에 터부시되었던 성표현 방법의 공개·유포의 정도가 높아지고 있는 점, 보통인의 의식이 구시대에 비하여 보다 솔직·대담한 성표현을 긍정·수용하는 변화를 보이고 있는 점 등을 감안하여 음란문서의 개념을 시대에 맞게 정립해야 합니다. 만일 그러지 않고 원판결처럼 수신修身교과서나 국민윤리교사 같은 안목에서 성을 다룬 작품을 읽는다면 많은 문학적 명작들조차도 '음란'의 굴레를 벗어나지 못할 것입니다.

11. 도대체 인간의 창작적 표현물(비단 문학에 국한하지 않고)에서 성문제를 다루는 가운데 설령 본능적인 흥분을 유발시키기도 하고 이른바 '대리체험'을 통해서 성적 욕구를 충족시키는 일면이 있다고 하더라도 그것을 실정법상의 범죄라고까지 탓하는 것은 성에 대한 이중적 위선과 전제적 억압의 발로일 뿐이며 '봉건주의 시대의 폐쇄적 윤리의식을 오늘의 개방화·자유화시대에 강요하는 시대착오적인 규제의 시도라 할 것입니다. 하물며 소설 속에 나오는 주인공의 행위가 부도덕하고 반윤리적이며 무분별한 성의 편력과 변태행위를 감행한다고 해서 그러한 작중인물의 행위를 곧 작가 자신의 행위로 혼동하여 법적인 책임을 묻는 것은 더구나 잘못입니다. 예컨대, 작중인물이 강간을 하거나 살인을 저질렀다고 해서 그 작가가 강간죄나 살인죄로 처벌될 수 없듯이 비록 사라가 음탕한 짓을 반복했다고 하더라도 작가를 음란죄로 다스릴 수는 없습니다.

12. 그러한 소설의 주제나 주인공의 행태를 평가하는 것은 문학적 비평의 몫으로서 평론가나 독자가 나설 영역이지 검찰권이나 재판권 행사의 영역은 아닙니다. 더구나 원판결처럼 법관이 '문예성, 예술성, 사상성 등에 의한 성적 자극의 완화 정도'를 따지는 태도는 결국 국가권력이 작품의 문예성·예술성을 심사하여 그 결과에 따라 유무죄를 가름한다는 것으로서 매우 위험스러운 일면이 있다고 하겠습니다. 예술(또는 문학)이냐 음란이냐 하는 식의 2원론으로 치달게 되면 자칫, "이 소설은 문학작품이 아니라 음란문서다" —라는 식의 2분법적 사고에 끌리게 되어 결국 수사기관이나 사법기관이 작품의 문학성을 권력으로 판단하는 위험을 빚어내게 됩니다. 그러나 앞서도 지적했듯이 문학적 가치의 유무에 관한 판단에까지 검찰이나 법원이 개입하는 것은 창작과 예술의 자유 등 표현의 자유를 침해하는 월권행위가 아닐 수 없습니다.

13. 소설의 전개과정에서 성욕을 흥분 자극시키거나 불륜하고 변태적인 성행위를 묘사하는 것은 결코 드물지 않는 일이며, 세계의 명작에서는 말할 것도 없고 한국문학에서도 아주 자연스럽게 활용되는 창작기법의 하나입니다. 생각건대, 명작소설 중에는 남녀간의 정사를 적나라하게 다루거나 작품이 많으며 부도덕하고 퇴폐적 성행위를 묘사하고 있는 작품이 많은데, 그렇다고 해서 그 작가들이 음란죄로 처벌된 적은 없습니다. 그러한 성묘사를 통해서 무엇을 말하려고 하는가에 주목해야지, 성묘사 부분만을 떼어내서 현미경을 들이대서는 안됩니다.

만일 스토리나 묘사의 음란·부도덕·변태를 그 대목만을 가지고 문제 삼는다면, 심지어 기독교의 최고경전인 《성경》조차도 음란도서라는 판정을 면치 못할 것입니다. 성경에는 두 딸이 아버지와 한자리에서 교대로 혼음하는 부녀상간, 여성상위, 동성연애, 질외사정, 윤락행위, 자위행위 등이 아주 직설적으로 서술된 대목이 있기 때문입니다. 그럼에도 불구하고 그 경전을 '성서性書' 아닌 성서聖書로 받드는 까닭은 가리키는 손가락을 보지 않고 달을 보기 때문입니다.

14. 굳이 성적 자극·흥분의 조성을 음란의 요건으로 삼는다면 그러한 음란성은 작품의 스토리에 있지 않고 그 전개과정의 묘사에서 찾을 수 있습니다.

즉, 성행위의 과정을 육체의 동작뿐 아니라 심리적인 변화·격정까지 아주 자세하고 정확하게 묘사하여 읽는 이로 하여금 부지불식간에 그 성행위의 분위기에 몰입될 수 있을 만큼 상당분량의 서술을 해나가야만 할 것입니다. '옷을 벗었다'나 '옷을 벗겼다'는 말은 그속에 아무리 나체를 드러냈다는 의미가 있을지라도 음란이 아닙니다. 옷을 벗(기)는 과정 내지 우여곡절이 자세하고 진지하게 표현되어서 비로소 흥분이나 자극을 일으킬 수 있습니다. '그날 밤 몇 차례나 성행위를 했다. 그때마다 그녀는 절정을 느꼈다'라고 쓴 대목을 읽고 성적 흥분을 느낄 사람은 없습니다. (혹시 있다면 이상체질의 소유자이지 '보통사람'은 아닙니다.) 성행위의 전개와 절정에 이르는 과정이 읽는 이로 하여금 자제력을 잃을 정도의 성적 흥분을 유발할 만큼 상당한 지면을 할애하여 구체성 있게 묘사되어 있어야만 비로소 성적 흥분을 일으킨 작품이라고 할 수 있습니다.

그런데 마광수 피고인의 이 소설은 정작 성행위의 묘사장면이 불과 몇 줄씩의 문장으로 간략하게 그리고 개괄적으로 처리되어 있기 때문에 성적인 흥분·자극을 줄 정도에는 미치지 못합니다.

16. 흔히 음란성 여부는 그 시대의 사회통념에 의해서 판단할 수밖에 없다고 합니다. 그렇다면 시대상의 변천에 따른 사회통념의 변화를 외면한 채 몇십 년 전의 낡은 사회통념을 가지고 표현물을 재단해서는 안됩니다. 원판결도 역시 '그 시대의 사회통념'을 내세우고는 있으나 그 판시이유를 종합하여보면, 근 반 세기 전 이웃 일본에서 고안된(그리고 많은 비판을 받기도 한) 음란개념에 의존하고 있으며 '이 시대의 사회통념'과 동떨어진 교조주의적인 입장을 벗어나지 못하고 있습니다. 쉽게 말해서, 여체의 노출이 가위 혁명적이라고 할 만큼 대담해진 데다 성적 자극을 공공연하게 끌어내려는 표현물들이 광범하게 늘어났는가 하면 영상물, 공연물, 간행물 등

이 종전에 금제禁制의 대상이던 성문제를 대담하게 선정적으로 전파하고 있습니다.

　나체의 성을 다룬 표현물들은 길거리의 가판대나 동네의 비디오 가게에서 얼마든지 구할 수 있는 형편입니다. 이와 같은 대담한 성관계 묘사(물)의 일상적인 범람은 오히려 성적인 흥분과 자극을 둔화시킨다는 점도 유의해야 합니다. 다시 말해서, 독자는 소설 속의 자유분방한 성적 행각이나 대담한 성행위의 묘사를 읽더라도 결코 옛날처럼 성적 흥분을 느끼지 아니하며, 아무리 대담한 성표현도 '인간의 이성으로서도 제어할 수 없는 성적 흥분을 유발시키지 않게 되었습니다.

　또한 그것을 시대상의 변화를 사회통념이 수용 또는 묵인함으로써 종전에는 금지된 언행이나 표현을 이해하고 받아들이는 쪽으로 달라져간다는 가치관의 변화를 반영하는 것이며 따라서 '사회통념'이라는 저울 또는 잣대의 눈금이 예전과 달라졌다는 것을 의미합니다.

　이런 점에서도 한 작가를 함부로 음란죄로까지 다스리는 처사는 그야말로 사회통념에도 반하는 것입니다.

　17. 이른바 음란성은 정상적인 평균인의 수준과 의식을 기준으로 하여 객관적으로 판단되어야 합니다. 소설로 말하면 일반적 평균독자의 입장에서 어떻게 느끼고 받아들이느냐를 기준삼아서 판단할 문제이며, 청교도적 윤리를 내세우는 종교인이나 결벽성潔僻性에 집착하기 쉬운 윤리단체 또는 편협한 도덕론자 등의 특이한 과잉반응을 근거로 삼아서는 안됩니다. 하물며 검열관적 안목의 규제논리로 매사에 혐의를 두는 편견은 더구나 금물이라 하겠습니다.

　또한 청소년층과 같이 특이한 연령층의 독자를 염두에 두고 그들에게 미치는 영향을 가상하여 책임을 논하는 것도 일반 평균독자를 기준으로 해야 할 평가원칙에 어긋나는 일입니다.

　이건 소설도 그 평균적 독자층이 아닌 사람이 혹시 보일 수도 있는 예외적인 반응을 일반적인 위험성으로 비약시켜서 성적 문란의 독소가 있다고 단정해서는 안됩니다. 그것은 마치 감기약을 먹고도 체질에 따라서는 부작용을 일으켜 사망하는 사람이 있을 수 있지만 그렇다고 감기약 자체를 독약으로 보거나 감기약 제조판매자를 처벌할 수 없는 이치와도 같습니다.

일본의 한 판결이 "무엇이 외설문서인가의 판정은 미성년자라고 하는 국한된 일정의 독자층에 대한 영향만을 생각해서는 안되고 널리 사회일반의 독자를 대상으로 하여 고려하여야 한다"고 설시한 것은 그러한 이치를 잘 집약한 적례라고 하겠습니다.

18. 이 소설의 작자인 마광수 교수는 연세대학교 문과대학에서 봉직하면서 그 동안 많은 연구논문과 학문적 저술을 남겼으며 연구생활과 학교 강의에 조금도 소홀함이 없었습니다.

그리고 이론의 연구·강의만으로는 충족되기 어려운 창작의욕을 살려서 에세이나 시 그리고 소설을 발표하게 되었습니다. 다만 그는 인간의 욕구에 대한 금기의 타파와 성논의의 해방을 지향하면서 문학을 통한 인간 내면의 카타르시스를 강조하는 경향의 작품을 써왔던 것인데, 그의 작품이 마치 오늘날과 같은 성적 타락풍조를 부추기기라도 한 듯이 곡해한 일부사람들의 불만을 사게 되어 이건 《즐거운 사라》가 물의의 대상이 되었을 뿐입니다. 그러나 그의 소설이 갖는 성향이나 다른 작가의 작품에서도 드물지 않게 확인될 수 있으며, 이는 주제 및 성표현의 농도 등은 90년대 들어서 큰 흐름을 이루고 있는 한국 소설문학의 변모와도 상통하는 것입니다. 물론 한 작품은 그것이 세상에 발표되고 나면 작가의 창작의도와 달리 평가될 수도 있겠지만, 그러나 작자의 신분, 경력, 문학관 그리고 창작의도 등은 평가에서 고려되어야 할 중요한 요소라고 믿습니다.

19. 이 소설을 책으로 발행한 장석주 피고인 역시 음란도서나 발간할 그런 출판인이 아닙니다. 그는 시인이자 평론가로서 괄목할 만한 자취를 남겼으며 그의 출판행위 역시 독자에게 유익하고 값진 저술 또는 창작물을 널리 펴내는 문화활동의 일환이었으며 그가 '청하'라는 출판사를 설립한

이후 오늘날까지 간행한 근 500종의 출판물의 내용이 그점을 웅변으로 증명하고 있습니다.

특히 그는 마교수의 이건 소설이 정당한 이유와 절차에 의하지 않고 판매금지된 것을 출판과 창작의 자유에 대한 부당한 침해라고 판단한 나머지 자기 출판사에서 그책을 다시 발행하기로 하였던 것이며 조금이라도 이 소설이 음란성 작품이라고 생각했던들 자신의 명예와 자존심을 위해서도 절대로 이건과 같은 출판·배포행위를 하지 않았을 사람입니다.

이상과 같이 살펴볼 때 원판결에는 음란문서가 아닌 작품을 음란문서로 인정한 사실오인, 형법상의 음란죄에 대한 해석을 그르친 법리오해의 허물이 있다 할 것이고 나아가서 '음란'의 개념이 애매모호하여 범죄의 요건을 종잡을 수 없는 형법 제243조 및 제244조도 죄형법정주의에 어긋나는 것으로 위헌이라고 할 것입니다.

따라서 원심의 유죄판결을 취소하고 무죄의 판결을 하여주시기를 바라는 뜻에서 이 항소에 이르렀습니다.

1993. 2. 11.

위 피고인들의 변호인
변호사 한승헌

서울형사지방법원 항소 1부 귀중

항 소 이 유 보 충 서

피고인 마광수

앞서 제출한 항소이유서에 첨가하여, 저자 입장에서 다음과 같이 항소이유를 밝힙니다.

다 음

1. 우선 저는 제 소설 《즐거운 사라》가 작가를 구속까지 해가며 수사하고 재판해야만 할 만큼, 극도로 반사회적이고 음란한 문서인가 하는 데 대하여 의문을 갖습니다. 게다가 저는 이 사건으로 하여 구속될 때, 대학에서 강의를 하고 있었습니다. 저의 법적 상식으로는 증거인멸과 도주의 우려가 있는 피의자에 대하여 구속수사하는 것으로 알고 있습니다. 그런데 이미 출간이 된 상태에 있었고, 저 또한 강의 도중 도주할 생각은 추호도 없었습니다. 그래서 검찰측에서 전화를 걸어왔을 때, 기꺼이 소환에 응할 뜻을 밝혔던 것입니다. 그런데도 저는 전격적으로 구속되었고 또 적부심이 기각되는 것은 물론, 보석신청도 기각되었습니다. 저는 문학을 법의 잣대로 잰다는 사실 자체가 최근의 창작분위기와 독자들의 독서수준 등에 비추어 무리라는 생각을 갖고 있습니다만, 백 번 양보해서 그것을 인정한다 하더라도, 구속수사라는 극한적인 방법을 쓴 것이 '표현의 자유'를 위

축시키는 '공권력 남용'의 측면에서 벗어날 수 없다는 생각을 하지 않을 수 없습니다. 왜냐하면, 민주화를 지향하고 있는 자유주의 체제하에서 한 지식인의 소신과 사상을 물리적으로 억압하는 일은 민주주의 사회의 기본정신을 위배하는 일이라고 사료되기 때문입니다. 작가로서의 지식인의 가치관과 신념에 대한 평가는 공권력에 의해서 가늠되어서는 안되고 일반독자와 그가 속해 있는 자발적 결사체(예를 들면 문학가 집단)의 자율·자정기능에 위임되어야만 합니다. 사실 우리 사회는 더디지만 그래도 무시 못할 자율적 자정기능이 작용하고 있습니다. 그것은 제가 지금까지 발표한 글들에 대한 독자의 반응이 양극을 달리고 있었다는 것만 봐도 알 수 있습니다. 그런데 '옹호'쪽의 의견을 무시하고 '비판 또는 비난'쪽의 의견만 가지고 그것을 사회 전체의 의견으로 간주하여, 작가를 구속시키기까지 했다는 것은 민주주의 사회의 기초적 상식을 무시한 처사라고 하지 않을 수 없습니다.

2. '표현의 자유'는 정말로 중요합니다. 그것은 당연히 보장되어야 합니다. 설사 그것이 일부 보수윤리주의자들의 눈살을 찌푸리게 하는 이른바 '퇴폐적' 표현이라고 해도, "그점에도 불구하고 표현의 자유는 더욱 중요하다"라고 대답할 수밖에 없습니다. '퇴폐적인 표현'은 '표현의 자유'의 권역 밖이라고 반박하는 것 자체도, 표현의 자유를 전제했을 때나 가능한 것이기 때문입니다. 성에 대한 표현의 자유는 한 나라의 정치적 민주화와 분배정의의 실현, 사회복지, 다양한 문화적 가치 발달과 비례하는 관계를 가지고 있습니다. 그것은 역사적 전개과정에서 자연스럽게 나타나는 현상입니다. 성에 대한 억압이 약화되고 그것에 대한 법의 간섭이 최소화될수록, 그 나라의 구성원들이 누리는 정치적 자유가 확대되고 불평등이 축소되어 경제적 재분배가 가능해지고 있는 것입니다. 이것은 북구北歐사회 등 사회복지제도가 완성도 높게 이루어진 나라들에서 볼 수 있는 현상입니다.

과거의 성은 전제군주나 귀족의 전유물이었고, 역사가 시민사회로 발전함에 따라 사회 하층구조로 내려와 누구나 즐길 수 있게 되었습니다. 특히 경제가 발전할수록 성적 자유에의 갈구는 커지게 마련인데, 그 까닭은 인간의 2대 본능인 식욕과 성욕 가운데서, 경제형편이 열악할 때는 주로 식욕에만 관심을 쏟다가, 경제형편이 나아짐에 따라 성욕에 대한 일반국민들의 관심이 높아질 수밖에 없기 때문입니다. 최근의 우리나라에서 성문화에 대한 수요가 점점 더 높아지고 있는 것은, 정치적 민주화와 경제적 발전의 추세에 따른 당연한 현상이라 하겠습니다.

3. 그렇다고 해서 제가 생각하고 있는 '성의 자유'가 무분별한 탈선과 일탈까지도 용인하자는 것은 절대로 아닙니다. 저는 '카타르시스'의 효용에 일찍이 착안하여 카타르시스를 주제로 한 논문을 수편 발표한 바 있습니다. '카타르시스'는 그리스어로 '배설'을 뜻하는 말인데, 마치 사하제瀉下劑에 의하여 장내의 불순물을 청소해주면 병이 낫듯이, 우리의 정신적 억압과 축적된 스트레스들을 문학 또는 기타 예술작품에 의하여 배설시켜주면 정신적 울체鬱滯상태가 해소되어 건강한 정신수준을 유지할 수 있다는 이론입니다. 그래서 저는 카타르시스를 '정화'라는 말보다 '대리배설'이라는 말로 번역하여 학술용어화한 바 있습니다. 장내의 숙변을 청소, 즉 정화해주면 병이 낫듯이 정신 역시 억압된 본능 등에 의한 각종의 컴플렉스들을 정화시켜주면 오히려 정신이 평형을 유지할 수 있는데, '정화'라는 용어에 지나치게 집착하다보면 도덕적 설교 위주의 예술만이 그 기능을 한다고 오해되기 쉽기 때문입니다.

아리스토텔레스는 '카타르시스'를 설명하면서 카타르시스의 효용을 낳는 비극작품의 중요요소로 '파토스', 즉 '고통'을 꼽았습니다. 즉, 관객은 극중인물의 고통을 보면서 원초적 본능 중의 하나인 가학욕을 대리충족받는 동시에 현실에서의 실제적 가학(이를테면 살인 등)을 방지할 수 있다는 것입니다. 이것을 '면역이론'이라고 하는데, 우리가 예방주사를 맞으면 병을 예방할 수 있듯이(예방주사의 내용물은 소량의 병원균입니다) 간접체험에 의한 일탈이 실제적 일탈충동을 예방할 수 있다고 본 것입니다.

　이러한 이론의 적용을 우리는 요즘도 많은 공포소설이나 범죄소설 등에서 찾아볼 수 있습니다. 그러한 소설에 나오는 엽기적 살인이나 극한적 일탈행동을 독자가 본다고 해서 그것을 실제행동으로까지 적용시키지는 않습니다. 소설은 허구의 세계라는 대전제와 더불어, 독자의 마음 속에 있는 동물적 충동을 대리배설시켜주기 때문입니다.

　4. 이러한 원칙은 성 또는 성윤리에도 그대로 적용됩니다. 그래서 자고로 명작이라는 작품을 보면 혼외정사 등 '불륜'을 소재로 한 작품들이 많은 것입니다. 《보바리 부인》은 간통을 다루고 있고, 우리나라의 최고 고전이라고 하는 《춘향전》조차 혼전성교를 다루고 있습니다. 《즐거운 사라》의 불륜성을 공격하는 분들 중 "로렌스의 《채털리 부인의 사랑》은 명작이나 《즐거운 사라》는 그렇지 못하다"는 의견을 제시한 분들이 많았는데, 《채털리 부인의 사랑》의 중심소재가 유부남과 유부녀의 간통이라는 사실을 간과하고 있었습니다. 물론 《즐거운 사라》가 명작이 아닐지도 모르고, 사실 아닌 것만은 사실입니다. 명작이냐 아니냐 하는 것은 긴 세월을 두고 평가되어야 하는 사항이기 때문입니다. 그러나 60년 전에 나온 작품과 현재의 작품을 그대로 비교한다고 해도, 사라의 탈선과 채털리 부인의 탈선은 동일선상에 놓일 수밖에 없는 것입니다. 소설 속의 일탈적 성윤리가 독자에게 그대로 세뇌작용을 하여 독자를 실제적 일탈행동으로 이끌어간다고 보는 것은 독자의 수준을 얕잡아보는 견해인 동시에, 카타르시스(대리배설)의 효용을 무시하고 소설을 도덕교과서로만 보는 편협한 문학관일 수밖에 없습니다.

　5. 그래서 현대사회와 '대리배설 장치로서의 성문화'는 뗄래야 뗄 수 없는 관계를 가질 수밖에 없습니다. 사람들은 경제형편의 신장에 따라, 그리고 개인의 자유의 신장에 따라, 성적 욕구의 대리배설을 절실히 원하게 되었고, 따라서 요즘 보는 바와 같이 영화, 연극, 미술, 문학 등 모든 예술

장르에 걸쳐 에로티시즘을 소재로 하는 작품들이 홍수처럼 쏟아져나오게 된 것입니다. 그중에는 보는 사람의 가치관에 따라 '적당히 야하다' 거나 '너무 야하다' 거나 하는 식의 변별성이 생길 수는 있습니다만 에로티시즘 소재의 예술 전체를 싸잡아 '음란하니까 안된다' 고 금지시키거나 매도할 수는 없는 상황인 것이 사실입니다. 그러면 그럴수록 더욱 조악한 에로시티즘 문화가 음성적으로 판을 치게 될 우려가 있고, 또 금지시키면 금지시킬수록 일반대중의 호기심을 더 부추길 수밖에 없기 때문입니다. 그래서 저는 우리 사회의 급변하는 성 모럴 등을 관찰한 결과, 무조건 막는 것보다 자유평가 원리에 맡겨 독자의 자정능력과 심미안을 길러주는 것이 바람직하다는 결론에 도달하였고, 그러한 생각을 이미 칼럼, 에세이 등을 통해 누차 강조한 바 있습니다. 물론 우리나라는 그 동안 경제가 급성장하고 유교문화가 서구문화로 급전환되는 과정에서 세대별 개인별로 갖가지의 도덕관과 가치관들이 혼재되어 있는 상황이기 때문에, 극단적인 보수억압의 문화관을 갖고 사는 분도 있고, 또 극단적인 자유주의적 진보 이데올로기를 가지고 있는 분도 있습니다. 그래서 예술작품의 심의기준 등이 항상 엇갈리고 변덕스러울 수밖에 없는데, 저는 그럴수록 보다 너그러운 예술관을 절실히 필요로 한다는 생각을 하게 되었습니다. 앞서도 말씀드린 바와 같이, 무조건 막는 것보다는 자유시장 원리에 의한 선택권을 부여해주는 것이 쓸 데 없는 호기심을 진정시켜주는 역할을 하고, 일종의 '면역효과' 를 가져온다고 믿었기 때문입니다. 제가 생각건대, 선별적으로 몇몇 작품을 단죄하거나 판금시킨다고 해서 자유민주주의 사회에서 자생적으로 나타날 수밖에 없는 성문화 현상을 근본적으로 막을 수 없고, 또 그럴 수 있다 하더라도 그것은 더 큰 부작용을 초래한다고 봤기 때문입니다. 지금껏 제가 '성해방' 이 아닌 '성에 대한 논의의 해방' 을 주장해온 것은 바로 이런 까닭에서였습니다. 성문제 역시 '아는 것이 힘' 이지 '모르는 것이 약' 은 아니라는 생각을, 저는 젊은 대학생들이 갖고 있는 성적 고통들을 접하면서 절실하게 깨달았기 때문입니다.

6. 문학은 허구의 세계요, 상상력의 세계입니다. 그것의 소재가 현실적인 것이든 비현실적인 것이든, 문학 자체는 '허구성'과 '상상성'을 떠나 존재할 수 없습니다. 문학을 '창조적 백일몽'이라는 표현으로 대체시킬 수 있는 것은 이런 특성 때문입니다. 우리는 꿈 속에서 여러가지 비현실적이고 일탈적인 경험을 합니다. 그러나 꿈 속에서 살인행위를 했다고 해서 꿈을 깨고 나서 직접 살인행위를 저지르는 일은 없습니다. 그러므로 《즐거운 사라》 역시 그런 측면에서 바라봐야 할 것입니다. 꿈 속의 일탈행위가 우리의 정서를 가라앉혀주고 현실윤리에 억압된 본능윤리 또는 상상윤리에 대리만족감을 심어주는 것처럼, 사라의 일탈행위 역시 그런 효과를 갖도록 집필된 것입니다.

옛부터 우리가 아끼는 명작 속의 여성상은 거의가 당돌한 성격과 파격적 행동을 하는 일탈적이고 반항적인 성격의 여성들이었습니다. 그런 까닭은 여성이 워낙 도덕적으로 많은 제한과 억압에 시달려 있었기 때문인지도 모릅니다. 그러나 남자 역시 도덕적 억압에 시달리고 있기는 마찬가지이기 때문에, 남성독자가 읽든 여성 독자가 읽든, 여성 주인공은 무언가 파격적이라야 감동과 재미를 줄 수 있는 것입니다. 앞서 말씀드린 《춘향전》에서는 사춘기의 젊은 춘향이가 이도령과 만나 혼전에 질탕한 성희를 벌일 정도로 당돌한 여성을 그리고 있습니다. 《마농레스코》나 《카르멘》《춘희》 같은 소설에도 바람기 많은 여성이 주인공으로 나와 무분별한 남성편력을 합니다. 우리나라의 현대소설 '감자'나 '김연실전'(김동인 작)에도 당돌한 성격의 여자주인공이 나와 순결 이데올로기를 비웃으며 남자편력을 거듭합니다. 그런데도 이런 작품을 명작이라고 부르는 까닭은 그러한 성적 표출 속에 인간의 원초적 욕구가 리얼하게 드러나 있기 때문입니다.

물론 문학의 목적을 카타르시스(넓게 말하여 쾌락)로 보지 않고 '교훈'으로 보는 문학자들도 있습니다. 그런 문학관의 결과로 나온 작품은 톨스토이의 《부활》이나 이광수의 '무정' 등인데, 문학의 고른 발전을 위해서는 이 두 가지 문학관을 아울러 포용해야만 하는 것입니다. 저는 문학의 목적(또는 효용)을 '교훈'이 아니라 '쾌락'으로 보아 '사라' 같은 여인상을 창조해낸 것입니다만, 그것이 교훈주의적 문학관에 반한다고 하여 일방적으로 매도하거나 단죄해서는 안될 것입니다. 한 사회가 발전하려면 보수와 진보가 적당히 엇섞여 있어야 하듯이 문학 역시 교훈주의와 쾌락주의가 적당히 엇섞여 있어야 하고 또 각자의 기능을 제대로 발휘할 수 있어야 그 발전이 가능해지기 때문입니다.

7. 《즐거운 사라》는 상상과 허구를 전제로 한 작품이긴 하되, 주로 리얼리즘의 시각에서 씌어졌습니다. 리얼리즘은 묘사법의 활용과 함께 사회의 조감도를 만드는 방식을 취합니다. '사라'라는 여성이 만들어진 것은 그러한 여성의 숫자가 비록 적다 하더라도, 엄연히 이 시대의 한 개성으로 실존할 수 있는 인물이기 때문이었습니다. 당돌한 젊은 여성이 전환기의 성윤리에 헷갈리며 방황하면서, 성에 대한 '학습욕구'를 실천해보려고 시행착오를 거듭하는 중에 복잡한 갈등을 겪는 것을 그려보려고 한 것입니다. 특히 요즘 우리나라는 여성해방 운동의 여파로 젊은 여성들일수록 성에 대한 학습욕구를 더 고조시키고 있고, 또한 혼전순결 등 조선시대의 유교이데올로기에 반항하는 면을 많이 보여주고 있습니다. '사라' 같이 당돌하게 행동으로까지 옮기지는 못하지만, 내면적으로는 사라에 공감을 표시하는 여성이 상당수 있다는 사실을 우리는 부인할 수 없습니다. 독자의 반응을 통해서 보더라도, 저는 '사라' 같은 심리를 갖고 있는 젊은 여성이 많아져간다는 것을 알 수 있었습니다. 물론 보수적인 윤리관을 가진 독자들은 사라의 행동에 분노를 표시하기도 했습니다만, 어쨌든 소설이 한 사회의 평균적 가치관을 보여주는 예술형식은 아니기 때문에, 사라의 행동을 소설로 보여줬다고 해서 그것이 죄가 될 수는 없다고 봅니다. 저는 오히려 있는 현실을 그대로 드러내 보여줌으로써, 새로운 처방을 찾을 수 있다고 본 것입니다. 쓰레기통의 뚜껑을 벗겨봐야만 쓰레기통 속의 실정을 알 수 있듯이, 저는 '사라'를 통해 전환기의 젊은이들의 정서를 드러내 보여주어 독자들로 하여금 새로운 생각의 실마리를 제공해주고자 하였습니다. 다시 말씀드려서, 제가 사라라는 인물을 현상화해본 것은, 누구나 사라처

럼 행동하라고 권장한 것이 아니고, '이런 여자도 있다'는 것을 단순히 제시해본 것입니다. 문학작품은 교과서가 아니기 때문에 독자에게 이래라저래라 교시해서는 안된다는 것이 저의 문학적 소신입니다. 그런데도 《즐거운 사라》가 문제가 되고 원심에서 유죄판결을 받게 된 것은, 소설을 수신교과서로 착각하고, 독자를 우매한 집단으로 보는 사고방식의 결과였다고 사료됩니다. 또한 여성을 지나치게 조선조식 부덕의 굴레 안에 묶어두려고 하는 극단적 보수주의 윤리관을 가진 남성들의 남성 쇼비니즘적 가치관 때문이 아닌가 합니다. 만약 이책의 주인공이 여대생 사라가 아니라 남대생 '영수' 쯤 되었다면 문제는 달라졌을 것입니다.

8. 이 소설이 기소되는 데 배경으로 작용한 간행물윤리위원회의 각종 제재도, 그것이 일방적인 견해표시의 성격을 벗어날 수 없기 때문에 유죄판결의 원인으로 작용할 수 없습니다. 저는 한번도 경고장을 받아본 적이 없습니다. 단지 출판사로만 경고장이 나가고, 또한 필자 당자의 소명기회나 변론의 기회 또는 재심사의 기회도 주어지지는 않는, 일방적인 밀실재판의 형태를 띠고 있는 것이 바로 현 간행물심의 관행이기 때문입니다. 차라리 사전검열제도라면 저는 구속까지 안 갔을 것입니다. 그런데 현행제도는 표면적으로는 어디까지나 자율단체인 간행물윤리위원회가 몇몇 사람들의 의견을 가지고 사후심의를 하여 책을 단죄합니다. 그러나 그 기준이 애매하여 정말 답답하기 짝이 없습니다. 《즐거운 사라》만 해도 이 작품이 청하출판사판과 거의 같은 내용으로 모 여성지에 연재될 때는, 경고는 커녕 주의조치조차 내리지 않았습니다. 그런데 많은 부분(항상 부분묘사를 문제삼으므로)을 삭제하여 출간한 서울문화사판에 대해서는 극형이라고 할 수 있는 판금조치를 취했습니다. 또 외국작품에 대해서는 너그러우면서 국내작품에 대해서는 가혹하고, 또한 저같은 특정작가에 대해서는 특별히 가혹한 것도(《열려라 참깨》는 수필집인데도 '경고'를 받았습니다) 이해하기 어려운 부분입니다.

서울문화사판 《즐거운 사라》를 내고 나서 나는 많은 독자들로부터 항의를 받았습니다. 묘사가 툭툭 끊어져나가기 때문에 줄거리의 개연성이 없고, 또 비겁하다는 것이었습니다. 그래서 저는 심히 부끄러울 수밖에 없었고, 문학적 양심의 가책을 받았습니다. 그래서 부분묘사를 복원하고 세세히 개작하여 재심을 받는 뜻에서 새로운 책을 준비해본 것입니다. 간행물윤리위원회가 자율단체인 이상 저자가 저자의 의견을 개진할 기회를 갖는 것은 당연하다고 생각되며, 또한 검열이 없는 민주사회에서 애매모호한 기준으로 위압적이고 권위주의적인 심의관행으로 독자의 판단력을 무시하는 처사가 계속된다는 것을 저는 납득하기 어렵습니다. 간행물윤리위원회의 심의는 어디까지나 '견해표시'로 그쳐야 합니다. 심의위원도 많은 독자들 중의 일인에 불과하기 때문입니다.

9. 또한 문제가 된 부분묘사 역시 그것이 숲이 아니라 나무에 불과하다는 측면에서 볼 때, 작가가 이모저모 작품의 완성도를 높이기 위해 긴 고민 끝에 보충해낸 부분을, 단지 읽는 이의 가치관에 부합되지 않는다는 이유 하나만으로 '음란' 등으로 규정하여 유죄의 이유로 삼는 것은 부당하다고 생각합니다. 독자는 천차만별이어서, 제 소설을 보고 '너무 묘사가 싱겁다'는 이도 있었고, '너무 묘사가 퇴폐적이다'는 이도 있었습니다. 어떤 특정한 시각이 작품을 단죄하는 잣대구실을 해서는 문학은 위축될 수밖에 없습니다. 또한 성희의 묘사가 '괴벽스럽고' '변태스럽다'는 이유로 단죄의 이유가 되어서도 안됩니다. 변태성욕은 인간심리의 밑바닥에서 나오는 것이기 때문에 존재하는 것이지 한 작가의 창안에 의해 나오는 것은 아닙니다. 사드(Sade)가 새디즘(Sadism)을 소재로 한 소설을 쓴 것은, 그러한 성적 심리가 인간의 잠재의식 안에 내재해 있기 때문이지, 사드의 창조물로서 새디즘이 등장한 것은 아닌 것입니다. 우리가 범죄소설에서 갖가지 변태심리를 다루듯, 성애소설에서 변태심리를 다룬다는 것이 하나도 이상할 게 없습니다. '정상적인 성'과 '모범적인 성'만이 소재가 될 수 있다면, 우리는 인간의 내면세계를 보다 깊게 파헤칠 수 없을 것입니다. 새디즘이나 매저키즘 등의 변태심리는 이제 단지 성애의 면뿐에서가 아니라 정치학이나

사회학에서까지도 폭넓게 응용되고 있습니다(에리히 프롬의 《자유로부터의 도피》는 매저키즘 심리를 정치사회학적 측면에서 다룬 명저입니다). 읽는 이의 성관에 배척된다고 해서 그것을 무조건 음란퇴폐물로 규정해버리는 것은, 마치 남성상위의 정상체위 이외의 방법으로 성교하는 사람들 역시 단죄해야 마땅하다는 중세기적 논리와 다를 바 없습니다. 변태성욕은 이제 명화나 문학 일반에서 단골소재로 등장하고 있으며, 일반독자들 역시 그러한 종류의 묘사에 세련된 반응을 보일 정도에 이르고 있는 것이 사실입니다. 독자들은 어쨌든 평범하지 않은 사건이나 성애를 바라고 있기 때문입니다. 그 이유는 역시 억압된 스트레스를 풀어 심리적 카타르시스를 맛보기 위해서는, 일탈적 행위묘사가 중요한 역할을 해주기 때문이라 하겠습니다.

10. 기소의 내용 중 '청소년 오염' 문제가 있는데, 이는 특정집단에만 초점을 맞춰 표현의 자유를 억압하는 발상이라 아니할 수 없습니다. 사실 제 소설의 독자는 30대에서 40대 정도가 대부분이고, 청소년 독자가 없습니다. 또 설사 청소년독자가 있다 하더라도 그들을 염려한다면 성인소설은 존재할 수가 없고 오직 청소년용 소설만 출간이 가능하다는 결론에 도달하게 됩니다. 청소년들이 담배를 배워서는 안되므로 어른들도 다 담배를 끊어야 하고, 청소년이 강도질을 해서는 안되므로 이 세상의 칼을 다 없애버려야 한다는 논리가 통하지 않듯이, 청소년이 보면 곤란하므로 이책은 단죄받아야 한다는 논리 역시 통하지 않습니다. 저는 청소년들의 일탈방지를 위해서는 성교육을 보다 실용화하고, 그들에게 보다 많은 건전한 놀이공간을 주어야 한다고 늘 주장해왔습니다. 청소년들의 일탈이 늘어나는 것은 억압적인 교육풍토와 빈부격차, 폐쇄적인 도덕교육 등에 있는 것이지 소설 몇 권 때문이 아닙니다. 일본은 우리나라보다 성문화가 상당히 개방돼 있는 곳인데, 한 통계에 의하면 그곳의 청소년 성범죄율이 우리나라의 7분의 1로 되어 있습니다. 이것만 봐도 우리나라의 폐쇄적 성윤리가 은폐된 이중성을 띠게 되어 청소년들에게 쓸데없는 호기심만을 더 부추기고 있다는 결론에 도달하게 됩니다.

11. 또한 이번에 제가 단죄받은 이면에는 저의 직업이 대학교수라는 사실이 큰 작용을 하였습니다. 그러나 저는 교수가 할 일을 제대로 하였다고 감히 말씀드리고 싶습니다. 교수는 어떤 편견에 사로잡혀서도 안되고 또 사회여론에 눈치보며 무조건 보수적 도덕주의자를 위장해서도 안됩니다. 교수야말로 사고에 있어 보다 많은 자유를 확보하고 있어야 하며 보다 더 근본적인 문제에 착안할 수 있어야 합니다. 제가 성문제를 집중적으로 다룬 것은 일종의 사명감 때문이었습니다. 성이라는 음지를 우리나라의 교수 등 지식인들은 거의 돌아보지 않음으로써 보신의 수단으로 삼는 경향이 농후하기 때문입니다. 제가 전공한 것이 심리주의 비평이론이고, 또 카타르시스 이론이니만큼, 저는 심리주의비평의 중요요소로 돼 있는 성심리를 작품을 통해 실천에 옮기고 싶었고, 거기서 성문제에 대한 생산적인 논의의 기회가 확대되기를 바랐습니다. 그런데도 제가 《나는 야한 여자가 좋다》라는 에세이집을 내고부터, 많은 사람들이 저를 성을 상품화하고 교수의 체면을 추락시킨 자라고 매도하였습니다. 그 반면, 저에게 찬동하는 독자의 숫자도 많았습니다만, 엘리트 독재주의적 사고방식을 갖고 있는 일부 지식인들의 눈에는 제가 그저 교수의 품위를 실추시킨 사람으로만 보였던 모양입니다. 교수는 어떤 것에도 관심을 쏟아야 하고 거기서 성만이 예외가 될 수는 없는 것입니다. 또한 문학을 전공하는 교수가 스스로 필요성을 절감하여 성문학을 한다고 해서 그것이 단죄돼서는 더욱 안 될 것입니다. 또한 작자와 작중인물을 동일시하여, 허구와 상상력의 산물인 문학작품의 내용을 가지고 작자의 인격을 저울질하는 것은 더더욱 안될 일이라고 생각됩니다.

12. 이번 사건을 계기로 하여 저는 심대한 충격을 받았고, 또한 본의 아니게 강의도 중단케 되어 학생들에게도 미안한 마음 금할 수 없습니다. 제가 구속된 후, 각 매스컴을 통하여 제게 쏟아진 비난과 비판 그리고 옹호의 기사들을 접하면서, 저는 새롭게 제 문학세계를 반추해본 동시에 큰 참고가 된 것도 사실입니다. 그러나 이토록 호악감이 뚜렷하고 활발한 의견

개진을 서슴지 않는 현문단 상황에서, 굳이 검찰이 문학작품에 개입할 필요가 있었을까 하는 의문을 아직껏 떨쳐버리지 못하고 있습니다. 저는 앞으로 보다 더 심사숙고하여 제 문학이론의 체계를 정립해나가고, 또한 여건이 허락하는 한 보다 폭넓은 감동을 주는 문학작품을 생산해보려고 마음먹고 있습니다마는, 현재로서는 제가 평소에 가지고 있었던 '문화의 민주화'에 대한 낙관적 전망과 신념 그리고 다원주의적 사고와 개방적 사고에 바탕한 보다 창의적이고 개성적인 문학창작 의욕이 여지없이 사그라든 것이 사실입니다. 저뿐만 아니라 많은 문학인들이 표현의 자유가 위축되어가고 있다는 사실을 엄연한 현실로 인식했을 것이며, 그것은 한국문학의 발전에 지장을 초래하리라고 생각됩니다. '정치적 민주화' 못지 않게 '문화적 민주화'도 중요하다는 사실을 부디 유념해주시기 바라면서, 영명하신 판결을 기대해 마지 않습니다.

1993년 2월 18일

피고인 마광수 드림

서울형사지방법원 항소 1부 귀중

상고이유서

상 고 이 유 서

피고인 마광수

위 사람에 대한 음란문서제작 등 피고사건에 관하여 다음과 같이 상고이유를 밝히고자 합니다.

다 음

원판결은 피고인 마광수가 창작하고 도서출판 청하에서 간행한 소설 《즐거운 사라》가 형법 제243조가 정하는 음란문서라고 판시한 제1심 판결을 전폭 지지하는 한편, 피고인의 변호인이 적시한 여러 항소이유는 모두 배척하면서 항소기각 판결을 내렸습니다.
그러나 그와 같은 원판결에는 다음과 같은 허물이 있어 판결에 영향을 미쳤습니다.

1. 법리오해의 위법

가. 원판결은 헌법상 표현의 자유의 법리를 오해하였습니다.

1) 원판결은 '문학작품은 도덕적 윤리에 얽매이는 권선징악적인 교과서

가 아니며 문학작품에 있어서 변태적인 성행위 등을 포함한 자유로운 성행위의 표현이 있다 하여 이를 형법상의 음란문서제조판매죄의 대상으로 삼아서는 아니 된다'는 요지의 항소이유에 대하여 다음과 같이 판시하였습니다.

'…… 우리 헌법에는 …… 문학에 있어서의 표현의 자유를 국민기본권으로 보고 있으나 (이러한 표현의 자유도) 공중도덕이나 사회윤리를 침해하는 경우에는 이를 제한할 수 있도록 하였으며, 이에 따라 우리 형법에 음란문서를 제조 또는 판매한 자를 처벌할 수 있도록 한 것이므로 문학작품이라고 하여 무한정의 표현의 자유를 누려 어떠한 정도의 성적인 표현도 가능하다고는 할 수 없고, 그것이 건전한 풍속이나 성도덕을 침해하는 경우에는 앞서의 형법규정으로 처벌할 수밖에 없다 할 것이니 위 항소논지는 이유 없다'

2) 그러나 위와 같은 원판결의 기본권한계론은 다소 논리의 혼선이 있기는 하나 추상적인 '일괄합헌론'에 속한다 할 것인데, '건전한 풍속이나 성도덕' 유지라는 추상적 개념을 남용하여 그처럼 안이하게 '공공복지'의 내용을 넓게 잡는다면 결과적으로 헌법상 표현의 자유는 유명무실해질 수밖에 없습니다. 국민 기본권의 하나인 표현의 자유가 무제한일 수가 없듯이 그 자유에 대한 제한에도 엄연한 한계가 있는 것이며, 따라서 '건전한 풍속이나 성도덕'과 같이 개념과 실체가 막연한 풍속론, 도덕론을 가지고 이건 피고인(의 소설)을 처벌하는 이유로 삼는다면 이것은 결국 헌법상 보장된 언론·출판의 자유(헌법 제21조 제1항), 학문과 예술의 자유(헌법 제22조 제1항), 국민의 자유와 권리는 …… 법률로써 제한할 수 있으되 자유와 권리의 본질적인 내용을 침해할 수 없다는 원칙(헌법 제37조 제2항), 언론·출판은 …… 공중도덕이나 사회윤리를 침해하여서는 아니 된다는 한계조항(헌법 제21조 제4항)의 법리를 잘못 이해한 탓이라고 아니할 수 없습니다.

나. 원판결은 형법 제243조 및 제244조가 죄형법정주의에 어긋난다는

점을 간과하였습니다.

1) 원판결은 음란의 개념이나 정의에 관하여는 형법상 이에 관한 명시적인 규정이 없을 뿐 아니라 원심과 같이 음란의 개념에 대하여 '그 시대의 건전한 사회통념에 비추어 그것이 공연히 성욕을 흥분 또는 자극시키고 또한 보통인의 성적 수치심을 해하는 것이어서 건전한 성풍속이나 선량한 성적 도의관념에 반하는 것이라고 정의하는 경우에는 그 내용이 애매모호하고 추상적이어서 명확성을 결여하고 있으므로 이는 죄형법정주의원칙에 반한다'고 위와 같은 요지의 항소이유에 대하여 이렇게 설시하였습니다.

"일반적으로 법규는 그 규정의 문언에 표현의 한계가 있을 뿐 아니라 그 성질상 어느 정도의 추상성을 가지는 것은 불가피하고, 형법 제243조, 제244조에서 규정하는 '음란'은 평가적 정서적 판단을 요하는 규범적인 구성요건요소이므로 통상의 기술적 구성요건요소와 비교하여 그 명확성이 뒤떨어지는 것은 부득이한 것이나, 그렇다고 하여 죄형법정주의에서 요구되는 형벌법규의 명확성의 원칙에 반하는 것이라고는 할 수 없고 …… 원심이 음란성에 대하여 그 개념을 정의하면서 추상적인 용어를 사용하였다 하여 원심판단이 죄형법정주의에 반하는 것이라고는 볼 수 없다 ……"

2) 그러나 법규의 표현력의 한계나 어느 정도의 추상성이라는 일반론을 이유로 범죄구성 요건의 불명확성이 용인될 수는 없습니다. 다시 말해서 허용과 금지의 한계가 분명치 않은 형벌법규는 죄형법정주의에 입각한 기본권의 보장을 무의미하게 만들기 때문에 위헌성을 면치 못하게 됩니다. 생각건대 형법 제243조와 제244조에서 씌어진 '음란'이란 용어는 범죄구성요건으로서의 명확성이나 구체성을 띠고 있지 않아서 규정 자체로서 죄형법정주의에 반합니다.

다. 원판결은 형법 제243조, 제244조의 '음란문서'의 해석을 잘못하여 죄형법정주의에 어긋나는 '기준'을 가지고 판단한 잘못을 저질렀습니다.

1) 또한 원판결이 말하는 '법규의 추상성'을 법관이나 학자의 '해석'으로서 보완한다고 할지라도 원심이 지지한 제1심(아니, 그 1심이 의존한 대법원 판결 그리고 그 대법원 판결이 모방한 일본 최고재판소의 판결)의 음란문서에 대한 해석 또는 요건풀이는 여전히 모호하여 죄형법정주의에 어긋나기는 마찬가지입니다. 즉 원심은 '음란성'을 '그 시대의 건전한 사회통념에 비추어 그것이 공연히 성욕을 흥분 또는 자극시키고 또한 보통인의 성적 수치심을 해하는 것이어서, 건전한 성풍속이나 선량한 성적 도의관념에 반하는 것'이라고 정의하였습니다. 이에 그런 정의의 옳고 그름을 순차 검증해보고자 합니다.

2) 먼저 '건전한 사회통념'은, 그 실체를 알 수 없는 '기준'입니다. 물론 법의 해석에 있어서 '사회통념'이 원용되고 있기는 하나, 형법 제243조, 제244조의 경우에는, 사회통념의 내용이 더욱 명확치 못하고, 개인에 따라 견해차의 폭이 크며, 시대의 흐름에 따른 변화의 정도가 심하기 때문에 그뜻조차도 객관적으로 파악하기가 어렵습니다. 결국 법관의 주관적 견해에 따라 음란성 여부가 판가름된다는 위험을 안게 됩니다. 특히 '그 시대의 건전한 사회통념'이라고 한다면 적어도 1950년대 초반의 (일본에서의) 사회통념을 기준으로 생겨난 일본 최고재판소의 판결(음란성의 해석)은 반세기가 지난 오늘의 한국에 통용될 '이 시대의 건전한 사회통념'으로 재탕될 수는 없을 것입니다.

3) 그리고 음란성을 규정하는 세 가지 요건 중의 첫 번째로 내세운 '성욕의 흥분 또는 자극'이 왜 반사회적이며 범죄요건의 하나가 되는지에 대해서 원판결은 아무런 이유도 밝혀놓지 않았습니다. 사실 성욕을 흥분 또는 자극시키는 것은 그 자체로서 나쁘다고만 할 수가 없는 일이며, 그것은

인간의 본능이자 생명의 근원 및 본질과 맞닿아 있는 현상이기 때문에 오히려 소중한 것이기도 합니다. 내심으로나 자기 체험으로는 그점을 긍정하면서 겉으로는 성충동을 죄악시하는 것은 성에 대한 이중성에서 나온 위선적 가면이거나 결벽증의 소치일 뿐입니다. 국가는 대중문화, 향락산업, 관능문란의 기풍 등을 허가 내지 묵인함으로써 사회전반에 걸친 성의 문란을 조성 또는 방임해왔으면 유독 이건과 같은 소설을 성적인 흥분이나 자극의 요인이라고 문제삼는 것은 희극에 가깝습니다. 성적 흥분이 안 되는 사람을 치료하는 행위가 적법한 면허와 영업으로 공인되어 있고, 최음제와 같이 성적 흥분을 야기·지속시키는 의약품의 제조판매를 국가가 허가하고 있음에 비추어보더라도 성욕의 흥분·자극은 결코 범죄요건이 될 수 없습니다.

4) 시대와 풍속의 변천에 따라서 사람의 동작, 모습, 시청각물을 통한 성의 대담한 표현이 우리 주변에 범람하고 있는 오늘날, 굳이 책방까지 가서 돈 주고 사서 읽어야만 하는 활자매체인 소설(책)만을 국가형벌권의 대상으로 삼아 음란성의 3요소를 들이대는 것은 어느 모로 보나 가당치가 않습니다. 다시 말해서 사회통념은 시대와 함께 변천하기 때문에 오늘날 성표현의 정도는 매우 대담해졌을 뿐 아니라, 보다 솔직·대담한 성표현을 긍정·수용할 정도로 의식이 변화되었고, 특히 다양한 성표현물이 방임되어온 현실 속에서 보통인이 수용受容하는 성표현의 정도 역시 크게 달라졌습니다. 그렇게 본다면 이건 소설은 이 시대의 건전한 사회통념에 비추어 보더라도 음란문서가 아닙니다.

5) '보통인의 성적 수치심'이란 것도 지극히 애매한 말이어서 범죄요건의 기준이 되기에는 너무도 위험합니다. '보통인'은 누가 무슨 기준으로 정하며 '성적 수치심'은 또 무슨 척도로 규정할 수 있는가에 관해서는 누구도 명확한 대답을 할 수가 없을 것입니다. 그러므로 그것은 결국 사건을 다루는 법관의 머리 속에서 가설假說이나 '희망사항'으로 떠오르는 측정

기준, 즉 법관 개인의 주관적 사유작용에 전적으로 좌우될 수밖에 없는 '기준 아닌 기준' 입니다. 법관이 "이 소설은 보통인의 성적 수치심을 해친다"라고 하면 그뿐이고, 그런 판단에 대한 아무런 논리적 설명이나 검증이 생략되거나 불가능한 마당에는 재판받는 측의 방어권 행사도 불가능하거나 무의미하게 됩니다. 따라서 '보통인의 성적 수치심을 해친다' 는 것은 범죄성립의 요건 또는 음란성 해석의 요소가 될 수 없습니다. 사실 "성적 수치심을 해친다"는 말은 일본의 판례에 나오는 문구를 무비판적으로 옮겨다 쓰고 있을 뿐 그 자체로서 어법語法에도 맞지 않거니와 뜻도 분명치 못한 말입니다.

6) "건전한 성풍속과 선량한 성적 도의관념에 반한다"는 말도 안개잡기처럼 실체를 파악할 수 없거나 고무줄처럼 신축자재하여 누구도 그 판단에 일정한 척도를 마련하기가 불가능합니다. 또한 풍속이나 도의관념에 반하는 것을 곧 범죄요건으로 삼는다는 것도 납득하기 어렵습니다. 이처럼 형법 제243조와 제244조가 다른 범죄의 구성요건에 비해서도 그 명확성이 뒤떨어지는 것은 원판결도 인정한 바와 같은데, 그렇다면 죄형법정주의가 요구하는 형벌법규의 명확성의 원칙에 어긋나는 것이 분명합니다. 그럼에도 불구하고 원심판결은 "구성요건의 명확성이 뒤떨어진다"고 시인해놓고서도 "형벌법규의 명확성의 원칙에 반하는 것이라고는 할 수 없다" 또는 "음란성에 대하여 그 개념을 정의하면서 추상적인 용어를 사용하였다 하여 죄형법정주의에 반하는 것이라고 볼 수 없다"고 앞뒤가 맞지 않거나 설득력이 없는 설시를 해놓았습니다. 이점만 보더라도 형법 제243조 및 제244조는 물론이고 그 조문 중 '음란성'에 대한 원심의 해석은 모두 죄형법정주의에 위반되는 위헌적 논쟁임을 쉽게 알 수 있습니다. 그런데도 항소이유를 배척한 것은 필시 죄형법정주의의 법리를 그릇 이해한 탓이라 하겠습니다.

2. 채증법칙 위배

가. 변호인은 또한 '항소이유'를 통하여 다음과 같이 주장하였습니다. "음란성 여부는 한 시대의 정상적인 평균인의 수준과 의식을 기준으로 사회통념에 따라 판단되어야 하는바, 성에 대한 표현과 논의의 폐쇄성이 급격히 무너지고 영상·출판 등의 대중매체를 통한 성표현 내지 성문제의 논의가 솔직·대담하게 이루어져 정상적인 평균인의 사고 역시 이를 수용 내지 묵인하는 단계에 와 있으므로 …… 성에 대한 금기의 타파와 성 논의의 해방을 위하여 …… 작품 중의 성행위의 묘사는 필수불가결할 뿐 아니라 그 묘사가 간략하고 개괄적인 점 등에 비추어보면, 이 사건 소설에 나타난 공소사실 기재의 성적 표현만으로는 그것이 정상적인 평균인의 성적 수치심을 해하거나 건전한 성풍속, 선량한 성적 도의관념에 반하여 음란하다고는 도저히 볼 수 없음에도 불구하고 원심(즉 제1심)은 이 사건 소설에서의 그 판시 성행위에 대한 묘사가 음란하다 하여 피고인을 유죄로 처벌함으로써 음란성에 관한 판단을 그르치고' 나아가 형법상의 음란문서제조판매죄에 대한 해석을 그르친 위법을 저질렀습니다."

나. 위와 같은 항소이유에 대하여 원판결은 다음과 같이 판시하였습니다. 이 사건 소설은 ① 주인공인 한 젊은 여성이 그가 만나는 모든 남녀를 상대로 변태적인 성행위를 한다. ② 다양한 방법의 성행위 장면이 노골적이고 적극적 지속적으로 묘사되어 있다. ③ 성행위에 대한 묘사가 동물적 차원에서 통속적으로 형상화되어 있을 뿐 인간의 성적 욕구의 본질을 제시하거나 삶에 대한 새로운 통찰이나 비전을 제시한 흔적을 찾아볼 수 없다. ④ 성행위의 묘사와 서술 등은 작가가 내세우는 성의 해방 등의 주제를 숙고할 여지도 없이 그들을 호색적인 흥미 속으로 몰아넣음과 아울러 그들의 성적 수치감정을 자극하여 인간의 성행위 그 자체에 대하여 혐오감과 불쾌감을 불러일으킨다. 따라서 이 사건 소설을 음란물이라고 판단한 원심(제1심) 판결은 옳고 항소논지는 이유가 없다 ─ 이런 요지입니다.

다. 그러나 위의 ①에서 여러 사람을 상대로 변태적인 성행위를 한 것을 탓하지만, 그렇다면 오직 한 사람을 상대로 정상위의 성교를 하지 않은 것이 잘못이라는 뜻인지, 그러한 행위를 한 것은 피고인이 아닌 작중인물인데, 작중인물이 살인행위를 했다고 해서 그 작가를 살인죄로 처벌할 수 있단 말인가. ―라는 의문만으로도 원판결의 편견과 허구는 금방 무너질 수밖에 없습니다. 이 재판은 작중인물의 행위를 단죄하고 있는 것인가, 현실에서 사라와 같은 성의 행각(작품 속의 사라는 성범죄를 범한 일이 없다)을 하는 사람이 있더라도 처벌할 수가 없는데 작중인물의 행위에 대해서는 작가를 처벌할 수 있단 말인가. ―라는 의문도 제기될 수 있습니다.

위 ②에 있어서는, '현실적으로 있을 수 있는 다양한 장면의 성행위' 자체가 죄될 것이 없는데 그런 장면의 노골적 지속적 '묘사'가 죄가 되는가. 그나마 이 사건 작품 속의 성행위 묘사는 실인즉 노골적이지도 지속적이지도 못하다고 하는 감정의견까지 나와 있지 않은가. ―라는 반론과 함께 심지어 옛날의 고전소설인 춘향전만큼도 성의 묘사가 노골적이지 못하다고 한 감정증인의 견해가 수긍되기도 합니다.

위 ③은 그야말로 사법(법적 판단)의 영역 밖의 일을 법관이 월권을 했습니다. 성행위에 대한 묘사가 통속적으로 형상화되었다든가, 한 작품이 인간의 성적 욕구의 본질이나 삶에 대한 새로운 통찰이나 비전을 제시하였는가의 여부는 문학평론에서 따질 일이지 사법판단의 대상이 될 수가 없습니다. 만일 형사재판이 문학적 가치에 대한 심판까지 겸하게 된다면, 더구나 그것이 유무죄를 가름하는 판시이유의 하나로 작용한다면 문학·예술의 자유는 존립할 수가 없습니다. 원심의 그와 같은 영역일탈은 혹시 '예술성이 음란성을 완화 내지 해소시킬 정도인가'를 살펴서 양자를 견주어 보는 이른바 법익교량설法益較量說의 입장에서 비롯된 것인가 하고 선의의 짐작을 해보려고 했으나 원판결 어디에도 그런 흔적은 나타나 있지 않습니다.

위 ④에서 이 작품이 독자를 '호색적인 흥미 속으로 몰아넣음과 아울러 인간의 성행위 그 자체에 대하여 혐오감, 불쾌감을 불러일으킨다'고 하였는데 '아울러'라는 접속사의 앞뒤말은 과연 그처럼 양립공존이 가능한지

의문스럽다. 다시 말해서, 즉 독자를 호색적인 흥미 속으로 몰아넣는 작품이 성행위 자체에 대한 혐오감, 불쾌감을 불러일으킨다는 것은 이만저만한 모순이 아닙니다. 성행위에 대한 혐오감, 불쾌감을 불러일으키는 것은 음란죄의 요건이 아니라면, 그리고 피고인의 이 사건 소설이 성행위에 대한 혐오감, 불쾌감을 불러일으키는 작품이라면 성적 흥분이나 자극을 오히려 감쇄 또는 소멸시켰을 것이니, 원판결의 음란죄 해석에 따르더라도 피고인은 무죄가 되었어야 마땅합니다. 일본에는 "성적 자극과 같은 것은 불쾌감 앞에 소멸되거나 거의 위축되는 성질이 있다"라고 하여 무죄를 선고한 하급심 판결도 있었습니다. (동경지재 소화 37년 10월 16일 판결)

이점에서 원판결은 적어도 이유모순 내지 이유불비의 위법까지도 범하고 있습니다.

라. 그런데도 원심이 이건 소설을 '형법에서 보호하고자 하는 건전한 성풍속이나 건전한 성적 도의관념에 반하는 음란물이라고 아니할 수 없다'고 그릇된 판단을 한 것은 채증법칙을 위배한 잘못에서 비롯된 결과입니다.

즉, 원심은 '시대에 따라 변천하는 성에 대한 사회통념'을 염두에 두지 않고 오로지 검열관적인 관점에서 이 사건 작품을 잘못 읽고 잘못 이해하였으며, 거기에다 원심이 유죄 인정의 자료로 열거한 증거 중에는 그 내용이 유죄의 증거가 될 수 없는 것이 있으니, '피고인들의 원심 및 당심 법정에서의 각 일부 진술, 검사 작성의 피고인들에 대한 각 피의자 신문조서의 각 일부 기재'에는 피고인이 이 사건 소설을 창작했다는 사실 외에, 이 소설은 음란문서 볼 수 없다는 진술내용이 있을 뿐이고, 검사 작성의 신태웅, 김남규에 대한 각 진술조서는 그것을 증거로 하는 데 피고인측이 동의한 일도 없고 그 원진술자가 법정에 나와서 그 성립의 진정을 밝힌 일도 없어서 증거능력 자체가 의문스러운 데다가 그 내용 또한 원판결이 유죄의 자료로 삼을 만한 대목이 없습니다.

마. '감정인 안경환, 이태동 작성의 각 감정서 기재'에 관해서 살피건대, 실인즉 위 사람들에 대한 감정명령의 과정부터가 원심 재판부의 이해하기 어려운 입장변화에 따라 부자연스럽게 이루어졌습니다. 즉 원심에서는 당초 검찰측과 피고인측이 각기 추천한 감정인 두 사람(장정일, 민용태)에 대하여 재판부가 공동감정을 명하여 감정서를 제출케 하였던 바, 그 감정의견이 이 사건 소설의 음란성을 부정하고 피고인에게 매우 유리한 내용으로 되어 있음을 알고 나서 재판부는 돌연 다른 사람에게 재감정을 시키자고 이례적인 자세를 보였고, 변호인이 이를 반대하는 서면까지 제출하였음에도 불구하고 굳이 그렇게 할 사유도 없는데 끝내 재감정을 명하여 위 두 사람과 신승철이 감정을 하게 되었던 것입니다. 결국 이렇게 해서 원심 재판부는 새로운 감정에서 유죄의 자료를 기대하는 듯한 오해를 무릅쓰고 납득할 수 없는 재감정을 강행하였고 그런 결과로 위 두 사람의 감정의견이 나왔던 것이니, 원심 재판부가 그것을 반갑게(?) 유죄의 증거로 열거한 것은 그리 떳떳할 수 없는 노릇이었습니다.

바. 그러나 감정인 안경환의 감정서에도 "이 작품은 독자에게 성적 충동적 모방심을 자극시키고 성범죄를 유발하는 등 사회적 현실로서 위험을 가져올 우려가 있는가"라는 물음(감정사항)에 대하여 "그러한 위험은 없다. 보편적인 윤리의식과 충동적인 행동의 자제력을 보유한 독자라면, 이 작품을 읽고 성범죄에의 충동을 느끼고 이를 실행에 옮길 위험은 전혀 없다고 생각됩니다"라고 답변하였습니다. 그렇다면 위 감정인은 (음란문서 제작·판매죄를 이른바 추상적 위험범으로 보는 종래의 통설에 의하더라도) 이건 소설은 음란문서가 될 수 없음을 확실히 밝혀주었다고 할 것입니다.

사. 한편 감정인 이태동은 실질적으로 이 사건의 고발역할을 한 간행물윤리위원회의 위원으로서 처음부터 편향된 입장과 견해를 가지고 있었으며 감정서 기재내용을 보더라도 매우 감정적이고 독단적인 의견표출이 많아서 도저히 공정성을 인정하기가 어렵습니다.

이렇게 볼 때에 원심은 유죄인정의 자료가 될 수 없는 증거 및 신빙성과 증명력이 희박한 증거를 기초로 사실인정을 함으로써 채증법칙을 위반하였을 뿐더러 마땅히 믿었어야 할 '증인 이윤석, 김형진, 민용태의 진술과 감정인 하일지 및 민용태, 같은 신승철 작성의 감정서'는 오히려 배척하였으니 (위 증인들의 진술 및 감정서들을 믿지 않은 잘못에 관해서는 항소이유보충서로서 따로 밝히고자 함) 이는 원심이 자유심증을 남용하고 채증법칙을 위반한 것으로 보지 않을 수 없습니다.

3. 심리미진의 위법

가. 또한 원심은 '……이 시대를 사는 우리나라의 정상적인 성인들이 위와 같은 성적인 표현에 노출되어 그에 익숙해져 있다고는 아직 보이지 아니하며, 일부 위와 같은 성적인 표현과 동일 또는 유사한 성표현물이 일부 제작 유통된다 할지라도 이들은 어디까지나 일부사람을 상대로 한 비공식적 음성적인 유통경로를 통하여 이루어지는 범죄적인 현상에 불과하고……' 라고 판시하고 나서 '이 시대 사람들이 간직하고 있는 건전한 사회통념에 비추어볼 때 위와 같은 성표현물이 오늘 우리 앞에 노출됨을 허용하여 이를 형법상의 음란물에서 제외시키기에는 아직 그때가 이르다고 할 것이니 위 주장은 이를 받아들일 수 없다' 고 결론지었습니다.

나. 그러나 원심은 누구를 정상적인 성인으로 보고 성표현에 익숙해 있는지의 여부를 조사·심리한 적이 없고, 음란한 성표현물이 음성적 유통경로만 유통되고 있는지, 정상적인 유통경로나 노출된 유통경로를 통하여 이루어지는 것인지에 대해서도 전혀 조사 심리한 바 없습니다. 그리고 성표현물을 음란물에서 제외시키기에는 '아직 그때가 이르다' 고 한 시기상조론도 그것을 뒷받침할 아무런 심리조사가 이루어지지 않은 상태에선 오직 법관의 주관에 의해서 추측·평가한 데 지나지 않습니다.

다. 원심이 좀더 자세한 심리를 하여 지금 우리 사회의 성풍조 및 성표현의 놀라운 개방추세와 성문제를 대담 솔직하게 다룬 영상물 및 도서 등의 유통 보급현상, 그리고 그에 따라 달라진 성에 관한 사회통념 등을 제대로 파악했더라면 원판결의 주문과 이유는 전혀 달라졌을 것입니다. 결국 원심은 마땅히 했어야 할 심리를 제대로 하지 않음으로써 심리미진의 위법을 저질렀다고 하겠습니다.

라. 일본에서는 '저작 자체가 형법 제175조의 외설문서에 해당되는지 여부의 판단은 당해 저작에 대하여 행하여지는 사실인정의 문제가 아니라 법해석의 문제이다' 라고 판시한 판결이 있었습니다. 이처럼 '음란성의 판단은 사실인정의 문제가 아니라 법해석의 문제' 라는 판례의 입장을 우리도 답습한다면, 사실문제를 매개시키지 않은 채 법률판단을 할 수가 있느냐는 의문과 함께 이른바 '규범적 구성요건' 이라고 해서 사실인식의 근거 또는 증거를 소홀히 한 채 법관 개인의 규범적 평가만 제시해놓을 경우의 위험성을 이 사건에서 실감하게 됩니다.

4. 맺는 말.

이상 살펴본 바와 같이 원판결은 ① 형법 제243조 및 제244조와 그에 관한 해석의 위헌성을 그냥 보아넘겼고, ② 표현의 자유를 포함한 국민기본권 제한과 죄형법정주의 및 음란문서 제조·반포죄의 법리를 오해하였으며, ③ 채증법칙을 위배하였을 뿐만 아니라 ④ 심리미진의 위법까지 범하여 판결에 영향을 미쳤습니다.

생각건대 성에 관한 자유로운 논의와 표현이 바람직스러운가에 대한 견해차는 사회 각 분야의 논쟁의 대상이어야지 사법판단의 도마 위에 올려 놓을 일이 아닙니다. 증명 불가능한 '사회통념' 이나 '성적 수치심' 이 판단의 기준 또는 처벌의 기준이 된다면 권력이 마음먹기에 따라서는 누구나 '범인' 이 될 위험이 있습니다.

실제 하는 인간이 행동으로서 성적 문란을 저질러도(성범죄가 아닌 한) 처벌되지 않는데 하물며 소설 속의 가공인물의 그런 행위(묘사)가 작가처벌의 이유가 될 수는 없습니다.

성性은 그 본질이나 속성이 (법적 개념 아닌) 통상적 용어로 말해서 음란한 면을 배제하기가 어렵습니다. 그것은 속박과 자유의 갈등을 불러일으키는 인자因子가 되기도 하고 쾌락 만큼의 위험과 추악도 걱정할 만합니다. 그러나 현실적으로 존재하는 그 세계를 그냥 두고 그것을 다룬 픽션을 범죄시하려고 하는 식의 법적용은 올바르지가 못합니다. 더구나 하나의 픽션 속에서 전개되는 성의 세계를 피해망상적인 가상假想 아래 규탄하고 저주하다보면 자칫 표현의 자유가 짓밟히거나 무의미해질 위험이 있습니다. 기본권의 헌법상 보장은 소수의견 내지 이단異端 그리고 지배세력이 꺼려하는 사상까지도 아울러 포용하고 존중하는 것입니다. 법의 질서유지 기능이 너무 지나치게 강조된 나머지 우리 시대의 문화와 자유와 진실을 국가권력의 자의로부터 지켜야 할 헌법의 보장적 기능이 경시되어서는 안 될 것입니다.

아무쪼록 대법원에서만은 지금까지 반복된 하급심의 과오를 제대로 밝혀주시고 다시 올바른 판결을 내려주실 것을 확신합니다.

     1994. 10. 1.
     위 피고인의 변호인
          변호사 한승헌

대법원 귀중

한승헌변호사 변론사건실록 6

2006년 11월 25일 초판 1쇄 발행

엮은이	한승헌변호사변론사건실록간행위원회
펴낸이	윤형두
펴낸데	범우사

등록	1966. 8. 3. 제 406—2004—000012호
주소	(413-756)경기도 파주시 교하읍 문발리 출판단지 525-2
전화	031-955-6900~4
팩스	031-955-6905
홈페이지	http://www.bumwoosa.co.kr
이메일	bumwoosa@chol.com

편집	윤아트
교정	김정숙

ISBN 89-08-04392-6
　　　89-08-04386-1 (세트)

*값은 뒤표지에 있습니다.

범우비평판 세계문학

2005년 서울대·연대·고대 권장도서 및 미국 수능시험주관 대학위원회 추천도서!

1 토마스 불핀치	1 그리스·로마 신화 최혁순★●	
	2 원탁의 기사 한영환	
	3 샤를마뉴 황제의 전설 이성규	
2 도스토예프스키	1,2 죄와 벌 (상)(하) 이철◆	
	3,4,5 카라마조프의 형제 (상)(중)(하) 김학수★●	
	6,7,8 백치 (상)(중)(하) 박형규	
	9,10,11 악령 (상)(중)(하) 이철	
3 W. 셰익스피어	1 셰익스피어 4대 비극 이태주●●	
	2 셰익스피어 4대 희극 이태주	
	3 셰익스피어 4대 사극 이태주	
	4 셰익스피어 명언집 이태주	
4 토마스 하디	1 테스 김회진◆	
5 호메로스	1 일리아스 유영★●●	
	2 오디세이아 유영★●●	
6 밀턴	1 실낙원 이창배	
7 L.톨스토이	1,2 부활 (상)(하) 이철	
	3,4 안나 카레니나 (상)(하) 이철◆	
	5,6,7,8 전쟁과 평화 1,2,3,4 박형규◆	
8 토마스 만	1 마의 산(상) 홍경호 ★●●	
	2 마의 산(하) 홍경호 ●●◆	
9 제임스 조이스	1 더블린 사람들 김종건	
	2,3,4,5 율리시즈 1,2,3,4 김종건	
	6 젊은 예술가의 초상 김종건 ★●●	
	7 피네간의 경야(초)·詩·에피파니 김종건	
	8 영웅 스티븐·망명자들 김종건	
10 생 텍쥐페리	1 전시 조종사(외) 조규철	
	2 젊은이의 편지(외) 조규철·이정림	
	3 인생의 의미(외) 조규철	
	4,5 성채(상)(하) 염기용	
	6 야간비행(외) 전채린·신경자	
11 단테	1,2 신곡(상)(하) 최현★●●	
12 J. W. 괴테	1,2 파우스트(상)(하) 박환덕★●●	
13 J. 오스틴	1 오만과 편견 오화섭◆	
	2,3 맨스필드 파크(상)(하) 이옥용	
	4 이성과 감성 송은주	
14 V. 위고	1~5 레 미제라블 1~5 방곤	
15 임어당	1 생활의 발견 김병철	
16 루이제 린저	1 생의 한가운데 강두식	
	2 고원의 사랑·옥중기 김문숙·홍경호	
17 게르만 서사시	1 니벨룽겐의 노래 허창운	
18 E. 헤밍웨이	1 누구를 위하여 종은 울리나 김병철	
	2 무기여 잘 있거라(외) 김병철◆	
19 F. 카프카	1 성(城) 박환덕	
	2 변신 박환덕★●●	
	3 심판 박환덕	
	4 실종자 박환덕	
20 에밀리 브론테	1 폭풍의 언덕 안동민◆	
21 마가렛 미첼	1,2,3 바람과 함께 사라지다(상)(중)(하) 송관식·이병규	
22 스탕달	1 적과 흑 김붕구★◆	
23 B. 파스테르나크	1 닥터 지바고 오재국◆	
24 마크 트웨인	1 톰 소여의 모험 김병철	
	2 허클베리 핀의 모험 김병철◆	
	3,4 마크 트웨인 여행기(상)(하) 박미선	
25 조지 오웰	1 동물농장·1984년 김회진◆	
26 존 스타인벡	1,2 분노의 포도(상)(하) 전형기◆	
	3,4 에덴의 동쪽(상)(하) 이성호	
27 우나무노	1 안개 김현창	
28 C. 브론테	1,2 제인 에어(상)(하) 배영원 ◆	
29 헤르만 헤세	1 知와 사랑·싯다르타 홍경호	
	2 데미안·크눌프·로스할데 홍경호	
	3 페터 카멘친트·게르트루트 박환덕	
	4 유리알 유희 박환덕	
30 알베르 카뮈	1 페스트·이방인 방곤	
31 올더스 헉슬리	1 멋진 신세계(외) 이성규·허정애●	
32 기 드 모파상	1 여자의 일생·단편선 이정림	
33 투르게네프	1 아버지와 아들·연기 이철◆	
	2 처녀지·루딘 김학수	
34 이미륵	1 압록강은 흐른다(외) 정규화	
35 T. 드라이저	1 시스터 캐리 전형기	
	2,3 미국의 비극(상)(하) 김병철 ◆	
36 세르반떼스	1 돈 끼호떼 김현창 ★●●	
	2 (속)돈 끼호떼 김현창	
37 나쓰메 소세키	1 마음·그 후 서석연★	
	2 명암 김정훈	
38 플루타르코스	1~8 플루타르크 영웅전 1~8 김병철	
39 안네 프랑크	1 안네의 일기(외) 김남석·서석연	

범우비평판 한국문학

근대 개화기부터 8·15광복까지 집대성한 '한국문학의 정본'

40 강용흘	1 초당 장문평	1-1 신채호편	《백세 노승의 미인담》(외) 김주현(경북대)
	2 동양선비 서양에 가시다 유영	2-1 개화기 소설편	《송뢰금》(외) 양진오(경주대)
41 나관중	1~5 원본 三國志 1~5 황병국	3-1 이해조	《홍도화》(외) 최원식(인하대)
42 귄터 그라스	1 양철북 박환덕★●	4-1 안국선편	《금수회의록》(외) 김영민(연세대)
43 아쿠타가와 류노스케	1 아쿠타가와 작품선 진웅기·김진욱	5-1 양건식·현상윤(외)편	《슬픈 모순》(외) 김복순(명지대)
44 F. 모리악	1 떼레즈 데께루·밤의 종말(외) 전채린	6-1 김억편	《해파리의 노래》(외) 김용직(서울대)
45 에리히 M. 레마르크	1 개선문 홍경호	7-1 나도향편	《어머니》(외) 박헌호(성균관대)
	2 그늘진 낙원 홍경호·박상배	8-1 조명희편	《낙동강》(외) 이명재(중앙대)
	3 서부전선 이상없다(외) 박환덕 ◆	9-1 이태준편	《사상의 월야》(외) 민충환(부천대)
	4 리스본의 밤 홍경호	10-1 최독견편	《승방비곡》(외) 강옥희(상명대)
46 앙드레 말로	1 희망 이가형	11-1 이인직편	《은세계》(외) 이재선(서강대)
47 A.J. 크로닌	1 성채 공문혜	12-1 김동인편	《약한 자의 슬픔》(외) 김윤식(서울대)
48 하인리히 뵐	1 아담 너는 어디 있었느냐(외) 홍경호	13-1 현진건편	《운수 좋은 날》(외) 이선영(연세대)
49 시몬느 드 보봐르	1 타인의 피 전채린	14-1 백신애편	《아름다운 노을》(외) 최혜실(경희대)
50 보카치오	1,2 데카메론(상)(하) 한형곤	15-1 김영팔편	《곱장칼》(외) 박명진(중앙대)
51 R. 타고르	1 고라 유영	16-1 김유정편	《산골 나그네》(외) 이주일(상지대)
52 R. 롤랑	1~5 장 크리스토프 1~5 김창석	17-1 이석훈편	《이주민 열차》(외) 김용성(인하대)
53 노발리스	1 푸른 꽃(외) 이유영	18-1 이 상편	《공포의 기록》(외) 이경훈(연세대)
54 한스 카로사	1 아름다운 유혹의 시절 홍경호	19-1 홍사용편	《나는 왕이로소이다》(외) 김은철(상지대)
	2 루마니아 일기(외) 홍경호	20-1 김남천편	《전환기와 작가》(외) 채호석(한국외대)
55 막심 고리키	1 어머니 김현택	21-1 초기 근대희곡편	《병자삼인》(외) 이승희(성균관대)
56 미우라 아야코	1 빙점 최현	22-1 이육사편	《광야》(외) 김종회(경희대)
	2 (속)빙점 최현	23-1 이광수편	《삼봉이네 집》(외) 한승옥(숭실대)
57 김현창	1 스페인 문학사	24-1 강경애편	《인간문제》(외) 서정자(초당대)
58 시드니 셀던	1 천사의 분노 황보석	25-1 심 훈편	《그날이 오면》(외) 정종진(청주대)
59 아이작 싱어	1 적들, 어느 사랑이야기 김회진	26-1 계용묵편	《백치 아다다》(외) 장영우(동국대)
60 에릭 시갈	1 러브 스토리·올리버 스토리 김성렬·홍성표	27-1 김소월편	《진달래꽃》(외) 최동호(고려대)
61 크누트 함순	1 굶주림 김남석	28-1 최승일편	《봉희》(외) 손정수(계명대)
62 D.H. 로렌스	1 채털리 부인의 사랑 오영진	29-1 정지용편	《장수산》(외) 이숭원(서울여대)
		30-1 최서해편	《홍염》(외) 하정일(원광대)
		31-1 임노월편	《춘희》(외) 박정수(서강대)
		32-1 한용운편	《님의 침묵》(외) 김재홍(경희대)
		33-1 김정진편	《기적 불 때》(외) 윤진현(인하대)
		34-1 이기영편	《서화》(외) 김성수(성균관대)
		35-1 방정환편	《어린이 찬미》(외) 이재철(한국아동문학회 회장)
		36-1 나혜석편	《경희》(외) 이상경(한국과학기술원)
		37-1 대중가요편	《사의찬미》(외) 이영미·이준희

✚ 크라운변형판 · 전 152권　▶계속 펴냅니다
✚ 각권 7,000원~15,000원
전국 서점에서 낱권으로 판매합니다

▶계속 펴냅니다